U0904972

《现代物理基础丛书》编委会

现代物理基础丛书·典藏版

量子统计力学

（第二版）

张先蔚　编著

科学出版社
北京

内 容 简 介

本书内容共分七章：首先系统论述了量子统计力学的概念、理论和方法，接着讨论了统计力学中最令人感兴趣的相变及临界现象问题，以及将场论方法应用于统计力学的格林函数理论，最后介绍了当前正在发展的低维系统统计力学问题.

本书可供物理相关专业的高年级本科学生、研究生以及教师使用.

图书在版编目（CIP）数据

量子统计力学/张先蔚编著. —2 版. —北京：科学出版社，2008.2
(现代物理基础丛书・典藏版)

ISBN 978-7-03-020055-6

Ⅰ. 量… Ⅱ. 张… Ⅲ. 量子统计力学—研究生—教材 Ⅳ. 0414.2

中国版本图书馆 CIP 数据核字(2008)第 003247 号

责任编辑：胡　凯　刘凤娟 / 责任校对：彭　涛
责任印制：张　伟 / 封面设计：陈　敬

科学出版社 出版
北京东黄城根北街 16 号
邮政编码：100717
http://www.sciencep.com

北京凌奇印刷有限责任公司 印刷
科学出版社发行　各地新华书店经销
*
2008 年 2 月第二版　开本：B5(720×1000)
2017 年 1 月印　刷　印张：25
字数：491 000

POD定价：168.00元
（如有印装质量问题，我社负责调换）

前　　言

用量子力学的观点来研究多体系统的物理性质,论述体系的宏观特性与微观特性之间的联系是物理学各领域的重要课题,而统计力学为这种研究提供了不可缺少的工具,特别是统计力学本身近几十年来的迅速发展及其在各方面的成功应用,更说明了对一个学习物理学的人来说,掌握这门学科的基本理论和方法是极为重要的,此书则是为这一目的而编写的.

本书是根据作者多年来在中国科学院研究生院为物理及其他有关专业研究生讲授“量子统计力学”课程的讲义和讲稿编写而成.鉴于该课程是研究生的一门基础课,考虑到选修此课程的研究生在大学期间已学习了经典统计力学及部分量子统计力学的基本概念,且大部分学生将来并不直接从事统计物理理论的研究,故在选材和论述上强调了以下几个方面:

(1) 本书着重介绍将统计力学应用于物理体系的各种行之有效的理论方法.实际的物理体系总是复杂的,各种有关的及无关的、重要的及次要的因素交织在一起,因而本书在论述中注意强调了如何对实际物理体系排除其次要的因素,对问题的重要方面用统计力学方法进行理论上的分析研究.

(2) 在内容的选择上将主要介绍近几十年来统计力学的新成就,为研究生学习其他近代物理课程及尽快进入各学科前沿提供良好的基础.

(3) 现代科学发展的重要特点之一是各学科之间的交叉,虽然本课程是基础课,但对研究生来说,了解该学科的现状及正在研究、发展的一些领域亦将是十分必要的.因此本教材也注意介绍了当前统计力学中引起很大兴趣并可能有广泛应用前景的新课题.

依据课程的分工,本书只讨论平衡态的统计理论.

本书的这些特点希望对读者有所帮助.第二版除对第一版的印刷错误作了改正外,对部分内容也作了必要的修改和补充.

目　　录

第 1 章　密度矩阵及量子系综理论

经典统计中计算力学量的平均值是通过经典系综理论来进行. 当我们的研究对象从经典体系转为量子体系时, 对经典的系综理论也必须作适当改造, 这就是用量子力学的算符及波函数语言来改写系综理论. 在量子统计力学中系综被定义为: 具有相同性质且在同样宏观条件下各处于某个量子态的大量体系的集合.

量子系综理论是通过密度矩阵来引进的, 本章将首先介绍有关密度矩阵的定义、主要性质及其应用; 然后建立平衡态的系综理论, 最后证明量子系综理论在高温极限下, 与经典系综理论有相同的形式, 这就是量子体系的经典极限.

1.1　密 度 矩 阵

考虑一个由 N 个体系组成的系综, $N \gg 1$, 体系的状态用态矢量 $|K\rangle$ 来表示 $(K = 1, 2, \cdots, N)$, 引进一组正交归一的基矢 $|n\rangle$, 将态矢量用基矢作展开, 有

$$|K\rangle = \sum_n \langle n|K\rangle |n\rangle.$$

按照量子力学原理, 系数 $\langle n|K\rangle$ 就是在 $|n\rangle$ 表象中的波函数. 任意力学量 $\hat{A}$ 对第 K 个体系的平均值为

$$A_K = \langle K|\hat{A}|K\rangle. \tag{1.1.1}$$

对 A_K 作整个系综的平均, 用 $\langle \hat{A}\rangle$ 来表示:

$$\begin{aligned}\langle \hat{A}\rangle &= \frac{1}{N}\sum_{K=1}^{N}\langle K|\hat{A}|K\rangle \\ &= \frac{1}{N}\sum_{K=1}^{N}\sum_{m,n}\langle K|m\rangle\langle m|\hat{A}|n\rangle\langle n|K\rangle,\end{aligned} \tag{1.1.2}$$

其中 $\langle m|\hat{A}|n\rangle$ 是算符 $\hat{A}$ 在 n 表象中的矩阵元.

定义矩阵 $\hat{\rho}$, 它的矩阵元为

$$\rho_{mn} \equiv \frac{1}{N}\sum_K \langle m|K\rangle\langle K|n\rangle. \tag{1.1.3}$$

用这定义可将 (1.1.2) 式写成

$$\langle \hat{A} \rangle = \sum_{m,n} A_{mn}\rho_{nm} = \mathrm{Tr}(\hat{\rho}\hat{A}). \tag{1.1.4}$$

算符 $\hat{\rho}$ 被称为密度算符, 亦称密度矩阵. 有了密度矩阵, 由 (1.1.4) 式可知, 任何力学量对系综的平均值可用相应的算符与密度矩阵乘积的迹来表示.

需注意的是这里的平均值是二次平均的结果, 先对量子力学状态求平均 (也称期望值), 然后是对系综的平均.

密度矩阵是通过它的矩阵元来定义的, 密度矩阵的具体形式与所选择的表象有关, 如果换一个表象其形式会改变, 如同量子力学的表象变换一样. 如果将密度矩阵写成算符的形式, 与表象无关, 密度算符为

$$\hat{\rho} \equiv \frac{1}{N}\sum_{K} |K\rangle\langle K|.$$

下面我们讨论密度矩阵的几个主要性质.

(1) 由定义直接可以看出, 密度矩阵是厄米矩阵.

$$\rho_{mn} = \rho_{nm}^*.$$

(2) 密度矩阵的迹为 1.

只需将平均值公式用到单位算符上就可,

即:

$$\langle \hat{I} \rangle = \mathrm{Tr}(\hat{\rho}\hat{I}) = \mathrm{Tr}(\hat{\rho}) = 1.$$

(3) 由密度矩阵的厄米性可知, 对角元素是实数, 且满足条件:

$$\sum_{n} \rho_{nn} = 1; \quad 0 \leqslant \rho_{nn} \leqslant 1.$$

这性质是对密度矩阵对角元的取值范围作了一定的限制, 也可进一步推广到非对角元.

选择密度矩阵为对角的表象, 即

$$\rho_{mn} = \rho_m \delta_{mn},$$

由于

$$\mathrm{Tr}(\hat{\rho}^2) = \sum_{m} \rho_m^2 \leqslant \left(\sum_{m} \rho_m\right)^2 = 1,$$

对任何幺正变换, 矩阵的迹不变, 所以在 ρ 为非对角的表象中有

$$\sum_{n,m}\rho_{mn}\rho_{nm}=\sum_{m,n}|\rho_{mn}|^2\leqslant 1.$$

这结果对密度矩阵的每一个元素, 包括对角的及非对角的元素的取值范围给了一定限制.

从以上性质的讨论, 可以看出密度矩阵的物理意义是什么.

将对角元素明显写出来为

$$\rho_{nn}=\frac{1}{N}\sum_K\langle n|K\rangle\langle K|n\rangle=\frac{1}{N}\sum_K|\langle n|K\rangle|^2.$$

由量子力学可知, $|\langle n|K\rangle|^2$ 是表示系综中第 K 个体系处在状态 $|n\rangle$ 的概率; 平均来说, 系综中任何一个体系处在状态 $|n\rangle$ 的概率为 $\frac{1}{N}\sum_K|\langle n|K\rangle|^2=\rho_{nn}$.

所以密度矩阵的对角元正是系综中任何一个体系处在某个状态的概率, 说明密度矩阵就是与经典统计中概率密度很相似的物理量.

密度矩阵的表象变换与量子力学的表象变换完全相同; 在 $|n\rangle$ 表象与 $|p\rangle$ 表象之间密度矩阵的变换关系为

$$\rho_{pq}=\sum_{m,n}\langle p|m\rangle\rho_{mn}\langle n|q\rangle. \tag{1.1.5}$$

量子系综被分为纯粹系综及混合系综两种. 系综中每个体系均处在相同的量子态, 这样的系综被称为纯粹系综, 否则就是混合系综. 纯粹系综满足条件:

$$\rho^2=\rho. \tag{1.1.6}$$

在密度矩阵为对角化的表象中, 纯粹系综对应的密度矩阵仅存在一个非零对角元, 其值为 1, 其他矩阵元均为零, 故满足上述条件. 在非对角表象中, 纯粹系综对应于:

$$\rho_{mn}=\frac{1}{N}\sum_{K=1}^{N}\langle m|K\rangle\langle K|n\rangle\equiv\langle m|K\rangle\langle K|n\rangle,$$

而

$$\begin{aligned}\rho^2_{mn}&=\sum_l\rho_{ml}\rho_{ln}=\sum_l\langle m|K\rangle\langle K|l\rangle\langle l|K\rangle\langle K|n\rangle\\&=\langle m|K\rangle\langle K|n\rangle=\rho_{mn}.\end{aligned}$$

亦满足条件 (1.1.6), 因此, 这一条件在任何表象中均成立.

下面讨论密度矩阵的运动方程. 令描写系综的哈密顿量为 $\hat{H}$, 由密度算符的定义:

$$
\begin{aligned}
\mathrm{i}\hbar\frac{\partial}{\partial t}\hat{\rho} &= \mathrm{i}\hbar\frac{\partial}{\partial t}\left(\frac{1}{N}\sum_{K}|K\rangle\langle K|\right)\\
&= \sum_{K}\frac{1}{N}\hat{H}|K\rangle\langle K| - \sum_{K}\frac{1}{N}|K\rangle\langle K|\hat{H}\\
&= [\hat{H},\hat{P}].
\end{aligned} \tag{1.1.7}
$$

这就是量子刘维方程. 由这方程可得力学量平均值随时间变化的公式:

$$
\begin{aligned}
\mathrm{i}\hbar\frac{\mathrm{d}\langle\hat{A}\rangle}{\mathrm{d}t} &= \mathrm{Tr}\left(\mathrm{i}\hbar\frac{\partial\hat{\rho}}{\partial t}\hat{A} + \mathrm{i}\hbar\hat{\rho}\frac{\partial\hat{A}}{\partial t}\right)\\
&= \mathrm{Tr}\left\{[H,\hat{\rho}]\hat{A} + \mathrm{i}\hbar\hat{\rho}\frac{\partial\hat{A}}{\partial t}\right\}\\
&= \mathrm{Tr}\left(\hat{\rho}\cdot\left\{\mathrm{i}\hbar\frac{\partial\hat{A}}{\partial t} + [\hat{A},\hat{H}]\right\}\right)\\
&= \mathrm{i}\hbar\left\langle\frac{\partial\hat{A}}{\partial t}\right\rangle + \langle[\hat{A},\hat{H}]\rangle.
\end{aligned}
$$

最后我们以一个简单例子来看一下密度矩阵的具体形式.

考虑沿 z 方向的入射光, 首先定义

x 方向极化态的波函数为 $\begin{pmatrix}1\\0\end{pmatrix}$;

y 方向极化态的波函数为 $\begin{pmatrix}0\\1\end{pmatrix}$.

入射光的任意极化态将由上述两波函数的线性组合决定:

$$
\begin{pmatrix}a\\b\end{pmatrix} = a\begin{pmatrix}1\\0\end{pmatrix} + b\begin{pmatrix}0\\1\end{pmatrix},
$$

其中,

$$
|a|^2 + |b|^2 = 1.
$$

因而对纯粹系综的密度矩阵为

$$
\rho = \begin{pmatrix}aa^* & ab^*\\ ba^* & bb^*\end{pmatrix}. \tag{1.1.8}
$$

考察四种不同的状态:

x 方向极化态的密度矩阵：$a=1, b=0$;

$$\rho_1=\begin{pmatrix}1 & 0\\ 0 & 0\end{pmatrix}.$$

y 方向极化态的密度矩阵：$a=0, b=1$;

$$\rho_2=\begin{pmatrix}0 & 0\\ 0 & 1\end{pmatrix}.$$

45° 方向极化态的密度矩阵：$a=\frac{1}{\sqrt{2}}, b=\frac{1}{\sqrt{2}}$;

$$\rho_3=\begin{pmatrix}\frac{1}{2} & \frac{1}{2}\\ \frac{1}{2} & \frac{1}{2}\end{pmatrix}.$$

135° 方向极化态的密度矩阵：$a=-\frac{1}{\sqrt{2}}, b=\frac{1}{\sqrt{2}}$;

$$\rho_4=\begin{pmatrix}\frac{1}{2} & -\frac{1}{2}\\ -\frac{1}{2} & \frac{1}{2}\end{pmatrix}$$

对混合态的密度矩阵可表示成:

50% x 方向与 50% y 方向偏振的混合态为

$$\rho_5=\frac{1}{2}\rho_1+\frac{1}{2}\rho_2=\begin{pmatrix}\frac{1}{2} & 0\\ 0 & \frac{1}{2}\end{pmatrix}$$

50% 45° 方向与 50% 135° 方向偏振的混合态为

$$\rho_6=\frac{1}{2}\rho_3+\frac{1}{2}\rho_4=\begin{pmatrix}\frac{1}{2} & 0\\ 0 & \frac{1}{2}\end{pmatrix}.$$

显然, ρ_5 与 ρ_6 完全相同, 说明这两种状态有相同的物理现象.

1.2　量子系综理论

从 1.1 节的讨论可知, 如果已经知道体系的密度矩阵, 就可以计算力学量的平均值. 现在就是要找出 $\hat{\rho}$ 的具体形式.

对一个处在平衡态的体系, 有 $\dfrac{\partial\hat{\rho}}{\partial t}=0$, 即 $[\hat{\rho},\hat{H}]=0$, 因而 $\hat{\rho}$ 可以看成是 $\hat{H}$ 的函数, $\rho=\rho(\hat{H})$.

当体系的 $\hat{H}$ 不显含 t, 选择一组基矢 $|n\rangle$, 是 $\hat{H}$ 的本征态, 则 $\hat{H}$ 和 $\hat{\rho}$ 可以同时为对角的.

$$\rho_{mn}=\rho_n\delta_{mn}.$$

从密度矩阵的物理意义可知, ρ_n 是表示系综中任何一个体系处在本征态 $|n\rangle$ 的概率, 显然 ρ_n 将依赖于相应的本征值 E_n.

但仅有上述分析并不能给出 $\hat{\rho}$ 的具体形式, 还需要作进一步的假设, 并与经典统计相类似, 在各种不同宏观条件下, 构造不同系综, 以找出 $\hat{\rho}$ 的具体形式.

1. 微正则系综

微正则系综的构造是基于这样的宏观条件, 即组成系综的体系有固定的粒子数 N, 固定的体积 V, 能量处于 E 和 $E+\Delta E(\Delta E\ll E)$ 之间. 一个体系可能具有的微观态总数用 $\varGamma$ 来表示, 假设经典统计的等概率假设在量子统计中依然成立, 即平衡时体系处在任何一个可能状态的概率相同. 在能量表象密度矩阵为

$$\rho_{mn}=\rho_n\delta_{mn},$$

其中,

$$\rho_n=\begin{cases}\dfrac{1}{\varGamma(N,V,E_K}), & E\leqslant E_K\leqslant E+\Delta E;\\ 0, & E_K<E \text{ 和 } E_K>E+\Delta E.\end{cases}\tag{1.2.1}$$

正如我们已经知道的, 系统的热力学性质完全由其熵的表达式所确定, 对微正则系综:

$$S=k\ln\varGamma\tag{1.2.2}$$

其中 k 为玻尔兹曼常量. 对纯粹系综 $\varGamma=1$, 所以有 $S=0$.

2. 正则系综

当体系与大热源接触并达到平衡, 这时宏观条件是 N,V,T 不变, 而能量 E 则是可变的. 系综中任一体系具有能量为 E_n 的概率由玻尔兹曼因子 $\exp(-\beta E_n)$ 决定, 这里 $\beta=\dfrac{1}{kT}$. 因此能量表象中密度矩阵为

$$\rho_{mn}=\rho_n\delta_{mn},$$

其中,

$$\rho_n = C \cdot \mathrm{e}^{-\beta E_n}. \tag{1.2.3}$$

常数 C 由归一化条件决定:

$$C = \frac{1}{\sum_n \mathrm{e}^{-\beta E_n}} \equiv \frac{1}{Z} \equiv \mathrm{e}^{-\psi}. \tag{1.2.4}$$

Z 被称为配分函数, 有

$$\rho_n = \frac{1}{Z}\mathrm{e}^{-\beta E_n} = \mathrm{e}^{-\psi-\beta E_n}. \tag{1.2.5}$$

相应的密度算符就是

$$\begin{aligned}
\hat{\rho} &= \frac{1}{N}\sum_K |K\rangle\langle K| \\
&= \frac{1}{N}\sum_{mn}\sum_K |K_m\rangle\langle E_m|K\rangle\langle K|E_n\rangle\langle E_n| \\
&= \sum_n \rho_n |E_n\rangle\langle E_n| \\
&= \frac{1}{Z}\sum_n \mathrm{e}^{-\beta E_n}|E_n\rangle\langle E_n| \\
&= \frac{1}{Z}\mathrm{e}^{-\beta \hat{H}}\sum_n |E_n\rangle\langle E_n| \\
&= \frac{1}{Z}\mathrm{e}^{-\beta \hat{H}} = \mathrm{e}^{-\psi-\beta\hat{H}}.
\end{aligned} \tag{1.2.6}$$

由配分函数定义:

$$Z = \sum_n \mathrm{e}^{-\beta E_n} = \mathrm{Tr}(\mathrm{e}^{-\beta\hat{H}})$$

所以,

$$\hat{\rho} = \frac{\mathrm{e}^{-\beta\hat{H}}}{\mathrm{Tr}(\mathrm{e}^{-\beta\hat{H}})}. \tag{1.2.7}$$

任意力学量 $\hat{f}$ 在正则系综中的平均值为

$$\langle\hat{f}\rangle = \mathrm{Tr}(\hat{\rho}\hat{f}) = \frac{\mathrm{Tr}(\hat{f}\mathrm{e}^{-\beta\hat{H}})}{\mathrm{Tr}(\mathrm{e}^{-\beta\hat{H}})} \tag{1.2.8}$$

以上的讨论都是用能量表象, 除此以外, 常用的还有坐标表象, 下面给出正则系综密度矩阵在坐标表象的表示式.

N 个全同体系在坐标表象中的基矢可写成

$$|\boldsymbol{r}_1, \boldsymbol{r}_2, \cdots, \boldsymbol{r}_N\rangle \equiv |\boldsymbol{r}^N\rangle$$

密度矩阵的矩阵元为

$$\begin{aligned}\rho(\boldsymbol{r}^N,\boldsymbol{r}^{N'}) &= \langle \boldsymbol{r}^N|\hat{\rho}|\boldsymbol{r}^{N'}\rangle \\ &= \sum_n \mathrm{e}^{-\psi-\beta E_n}\langle \boldsymbol{r}^N|E_n\rangle\langle E_n|\boldsymbol{r}^{N'}\rangle\end{aligned}$$

令

$$\langle \boldsymbol{r}^N|E_n\rangle \equiv \varphi_n(\boldsymbol{r}^N).$$

显然, $\varphi_n(\boldsymbol{r}^N)$ 是能量本征态在坐标表象中的表示式, 可得

$$\langle \boldsymbol{r}^N|\hat{\rho}|\boldsymbol{r}^{N'}\rangle = \sum_n \mathrm{e}^{-\psi-\beta E_n}\varphi_n(\boldsymbol{r}^N)\varphi_n^*(\boldsymbol{r}^{N'}). \tag{1.2.9}$$

3. 巨正则系综

统计力学中经常用到的另一个系综是巨正则系综, 体系与大热源、大粒子源接触并达到平衡, 宏观条件为 T,V 及化学势 μ 不变.

与正则系综类似, 在能量表象中密度矩阵为

$$\rho_{mn} = \mathrm{e}^{-\zeta-\beta E_{nN}-\alpha N}\delta_{mn},$$

其中 $\alpha = -\mu/kT, E_{nN}$ 表示粒子数为 N 的能量本征值.

由归一化条件可得

$$\mathrm{e}^{\zeta} = \sum_N\sum_n \mathrm{e}^{-\beta E_{nN}-\alpha N} \equiv \varXi \tag{1.2.10}$$

$\varXi$ 称为巨配分函数. 所以

$$\rho_{mn} = \frac{1}{\varXi}\mathrm{e}^{-\beta E_n N-\alpha N}\delta_{mn}.$$

相应的密度算符写成

$$\begin{aligned}\hat{\rho} &= \mathrm{e}^{-\zeta-\beta\hat{H}-\alpha\hat{N}} = \frac{1}{\varXi}\mathrm{e}^{-\beta\hat{H}-\alpha\hat{N}} \\ &= \frac{1}{\varXi}\mathrm{e}^{-\beta(\hat{H}-\mu\hat{N})},\end{aligned} \tag{1.2.11}$$

其中 $\alpha = -\beta\mu$. 力学量 $\hat{f}$ 在巨正则系综的平均值为

$$\langle\hat{f}\rangle = \frac{\mathrm{Tr}(\hat{f}\mathrm{e}^{-\beta(\hat{H}-\mu\hat{N})})}{\mathrm{Tr}(\mathrm{e}^{-\beta(\hat{H}-\mu\hat{N})})} \tag{1.2.12}$$

1.3 密度矩阵的计算及布洛赫方程

根据用密度矩阵计算力学量平均值的公式 (1.1.4), 对一个给定的物理体系, 如果我们可以找出其密度矩阵, 就可以计算出一系列力学量的平均值, 本节用几个简单例子说明由密度矩阵定义及由布洛赫方程出发, 计算密度矩阵的方法.

1. 磁场中的电子

设一电子处在外磁场 $\boldsymbol{B}$ 中, 电子自旋为 $\frac{1}{2}\hbar\hat{\sigma}$, $\hat{\boldsymbol{\sigma}}$ 为泡利自旋算符, 电子的自旋磁矩为 $\mu_B = \frac{e\hbar}{2mc}$. 如果磁场 $\boldsymbol{B}$ 沿 z 方向, 电子自旋可取平行或反平行于磁场方向, 与自旋有关的哈密顿量为

$$\hat{H} = -\mu_B(\hat{\boldsymbol{\sigma}} \cdot \boldsymbol{B}) = -\mu_B B\hat{\sigma}_z. \tag{1.3.1}$$

选择 $\hat{\sigma}_z$ 为对角的表象, 有

$$\hat{\sigma}_x = \begin{pmatrix} 0 & 1 \\ 1 & 0 \end{pmatrix}, \hat{\sigma}_y = \begin{pmatrix} 0 & -\mathrm{i} \\ \mathrm{i} & 0 \end{pmatrix}, \hat{\sigma}_z = \begin{pmatrix} 1 & 0 \\ 0 & -1 \end{pmatrix}.$$

按定义正则系综密度矩阵为

$$\begin{aligned} \hat{\rho} &= \frac{\mathrm{e}^{-\beta\hat{H}}}{\mathrm{Tr}(\mathrm{e}^{-\beta\hat{H}})} \\ &= \frac{1}{\mathrm{e}^{\beta\mu_B B} + \mathrm{e}^{-\beta\mu_B B}} \begin{pmatrix} \mathrm{e}^{\beta\mu_B B} & 0 \\ 0 & \mathrm{e}^{\beta\mu_B B} \end{pmatrix}. \end{aligned} \tag{1.3.2}$$

用 $(\hat{\rho})$ 我们很容易求出 $\langle\hat{\sigma}_z\rangle$:

$$\begin{aligned} \langle\hat{\sigma}_z\rangle &= \mathrm{Tr}(\hat{\rho}\hat{\sigma}_z) \\ &= \frac{\mathrm{e}^{\beta\mu_B B} - \mathrm{e}^{-\beta\mu_B B}}{\mathrm{e}^{\beta\mu_B B} + \mathrm{e}^{-\beta\mu_B B}} = \tanh(\beta\mu_B B). \end{aligned} \tag{1.3.3}$$

2. 自由粒子

一个质量为 m 的自由粒子, 处在边长为 L 的正方形盒中, 体系的哈密顿量为

$$\begin{aligned} \hat{H} &= -\frac{\hbar^2}{2m}\nabla^2 \\ &= -\frac{\hbar^2}{2m}\left(\frac{\partial^2}{\partial x^2} + \frac{\partial^2}{\partial y^2} + \frac{\partial^2}{\partial z^2}\right), \end{aligned}$$

系统的薛定谔方程为

$$\hat{H}\varphi(x,y,z) = E\varphi(x,y,z).$$

选择周期性边界条件:

$$\begin{aligned}\varphi(x+L,y,z)&=\varphi(x,y+L,z)=\varphi(x,y,z+L)\\&=\varphi(x,y,z),\end{aligned}$$

很容易求得 $\hat{H}$ 的本征函数为

$$\varphi E(\boldsymbol{r})=\frac{1}{L^{3/2}}\mathrm{e}^{\mathrm{i}\boldsymbol{k}\cdot\boldsymbol{r}},\tag{1.3.4}$$

相应的本征值为

$$E=\frac{\hbar^2k^2}{2m},\quad k=|\boldsymbol{k}|,\tag{1.3.5}$$

其中波矢量 $\boldsymbol{k}$ 为

$$\boldsymbol{k}=(k_x,k_y,k_z)=\frac{2\pi}{L}(n_x,n_y,n_z).\tag{1.3.6}$$

量子数 n_x,n_y 及 n_z 可取 0 及正负整数.

在坐标表象, 正则系综的密度矩阵由 (1.2.9) 式可写成

$$\begin{aligned}\langle\boldsymbol{r}|\mathrm{e}^{-\beta\hat{H}}|\boldsymbol{r}'\rangle&=\sum_E\langle\boldsymbol{r}|E\rangle\mathrm{e}^{-\beta E}\langle E|\boldsymbol{r}'\rangle\\&=\sum_n\mathrm{e}^{-\beta E}\varphi E(\boldsymbol{r})\varphi_E^*(\boldsymbol{r}'),\end{aligned}\tag{1.3.7}$$

将 (1.3.4) 式及 (1.3.5) 式代入 (1.3.7) 式, 并用 (1.3.6) 式, 有

$$\langle\boldsymbol{r}|\mathrm{e}^{-\beta\hat{H}}|\boldsymbol{r}'\rangle=\frac{1}{L^3}\sum_k\exp\left[-\frac{\beta\hbar^2}{2m}k^2+\mathrm{i}\boldsymbol{k}\cdot(\boldsymbol{r}-\boldsymbol{r}')\right].\tag{1.3.8}$$

当体积 V 很大, 能级近似为连续的, 将求和换成积分:

$$\frac{1}{L^3}\sum_k\longrightarrow\int\frac{\mathrm{d}^3k}{(2\pi)^3},$$

(1.3.8) 式可写成

$$\begin{aligned}&\langle\boldsymbol{r}|\mathrm{e}^{-\beta\hat{H}}|\boldsymbol{r}'\rangle\\&\quad\approx\frac{1}{(2\pi)^3}\int\exp\left[-\frac{\beta\hbar^2}{2m}k^2+\mathrm{i}\boldsymbol{k}\cdot(\boldsymbol{r}-\boldsymbol{r}')\right]\mathrm{d}^3k\\&\quad=\left(\frac{m}{2\pi\beta\hbar^2}\right)^{\frac{3}{2}}\exp\left[-\frac{m}{2\beta\hbar^2}(\boldsymbol{r}-\boldsymbol{r}')^2\right],\end{aligned}\tag{1.3.9}$$

(1.3.9) 式推导的最后一步利用了积分公式

$$\begin{aligned}&\int_{-\infty}^{\infty}\exp\left[-\frac{a}{2}x^2+\mathrm{i}xy\right]\mathrm{d}x\\&=\int_{-\infty}^{\infty}\exp\left[-\frac{a}{2}\left(x-\frac{\mathrm{i}y}{a}\right)^2-\frac{y^2}{2a}\right]\mathrm{d}x=\sqrt{\frac{2\pi}{a}}\mathrm{e}^{-y^2/2a}.\end{aligned}$$

由 (1.3.9) 式可导出

$$\begin{aligned}\mathrm{Tr}(\mathrm{e}^{-\beta\hat{H}})&=\int\langle\boldsymbol{r}|\mathrm{e}^{-\beta\hat{H}}|\boldsymbol{r}'\rangle\mathrm{d}^3r\\&=V\left(\frac{m}{2\pi\beta\hbar^2}\right)^{\frac{3}{2}}.\end{aligned}\tag{1.3.10}$$

(1.3.10) 式就是自由粒子的配分函数. 由 (1.3.9) 式及 (1.3.10) 式得坐标表象中密度矩阵的表示式为

$$\begin{aligned}\rho(\boldsymbol{r},\boldsymbol{r}')=\langle\boldsymbol{r}|\hat{\rho}|\boldsymbol{r}'\rangle&=\frac{\langle\boldsymbol{r}|\mathrm{e}^{-\beta\hat{H}}|\boldsymbol{r}'\rangle}{\mathrm{Tr}(\mathrm{e}^{-\beta\hat{H}})}\\&=\frac{1}{V}\exp\left[-\frac{m}{2\beta\hbar^2}(\boldsymbol{r}-\boldsymbol{r}')^2\right],\end{aligned}\tag{1.3.11}$$

(1.3.11) 式说明密度矩阵的对角元素 $\rho(\boldsymbol{r},\boldsymbol{r})=V^{-1}$ 与 $\boldsymbol{r}$ 无关, 也就是当盒中只有一个粒子时, 它处在空间任何位置的概率都相同; 非对角元 $\rho(\boldsymbol{r},\boldsymbol{r}')$ 表示了粒子在状态 $\boldsymbol{r}$ 与 $\boldsymbol{r}'$ 之间的自发跃迁概率, 也就是离开波包中心距离为 $|\boldsymbol{r}-\boldsymbol{r}'|$ 时波包相对强度的一种量度. 波包的空间扩展范围具有 $\hbar/(mkT)^{\frac{1}{2}}$ 的量级. 这是一种纯粹的量子力学效应, 高温下, 即 $\beta\to 0$ 时,(1.3.11) 式趋于 δ 函数, 也就是回到经典状态.

用所得到的密度矩阵计算哈密顿量的平均值:

$$\begin{aligned}\langle\hat{H}\rangle&=\mathrm{Tr}(\hat{\rho}\hat{H})\\&=\int\mathrm{d}^3\boldsymbol{r}\mathrm{d}^3\boldsymbol{r}'\langle\boldsymbol{r}|\hat{\rho}|\boldsymbol{r}'\rangle\langle\boldsymbol{r}'|\hat{H}|\boldsymbol{r}\rangle\\&=-\frac{\hbar^2}{2mV}\int\mathrm{d}^3\boldsymbol{r}\mathrm{d}^3\boldsymbol{r}'\exp\left[-\frac{m}{2\beta\hbar^2}(\boldsymbol{r}-\boldsymbol{r}')^2\right]\nabla_{\boldsymbol{r}}^2\delta(\boldsymbol{r}-\boldsymbol{r}'),\end{aligned}$$

利用积分公式

$$\begin{aligned}\int f(t)\frac{\mathrm{d}^n}{\mathrm{d}t^n}\delta(t)\mathrm{d}t&=(-1)^n\int\delta(t)\frac{\mathrm{d}^n}{\mathrm{d}t^n}f(t)\mathrm{d}t\\&=(-1)^n\frac{\mathrm{d}^n}{\mathrm{d}t^n}f(t)|_{t=0}\end{aligned}$$

可得

$$\begin{aligned}\langle\hat{H}\rangle &= -\frac{\hbar^2}{2mV}\int \mathrm{d}^3\boldsymbol{r}\mathrm{d}^3\boldsymbol{r}'\delta(\boldsymbol{r}-\boldsymbol{r}')\nabla_{\boldsymbol{r}}^2[\mathrm{e}^{-\frac{m}{2\beta\hbar^2}(\boldsymbol{r}-\boldsymbol{r}')^2}]\\ &= -\frac{\hbar^2}{2mV}\int \mathrm{d}^3\boldsymbol{r}'\{\nabla_{\boldsymbol{r}}^2\mathrm{e}^{-\frac{m}{2\beta\hbar^2}(\boldsymbol{r}-\boldsymbol{r}')^2}\}_{\boldsymbol{r}=\boldsymbol{r}'}\\ &= \frac{3}{2}kT.\end{aligned}$$

这正是我们所预期的结果.

3. 布洛赫方程

密度矩阵可以表示成

$$\hat{\rho} = \mathrm{e}^{-\beta\hat{H}}/\mathrm{Tr}(\mathrm{e}^{-\beta\hat{H}}),$$

可以将 $\hat{\rho}$ 看成是 β 的函数 $\hat{\rho}=\hat{\rho}(\beta)$, 导出 $\hat{\rho}$ 所满足的微分方程, 在一定的初始条件下, 求解这一方程亦可用来计算物理体系的密度矩阵.

没有归一化的密度矩阵

$$\hat{\rho} = \mathrm{e}^{-\beta\hat{H}}$$

在能量表象为

$$\rho_{nm} = \delta_{nm}\mathrm{e}^{-\beta E_n} \tag{1.3.12}$$

将 (1.3.12) 式对 β 求导数:

$$-\frac{\partial\rho_{nm}}{\partial\beta} = \delta_{nm}E_n\mathrm{e}^{-\beta E_n} = E_n\rho_{nm}.$$

把上式写成算符的形式:

$$-\frac{\partial\hat{\rho}}{\partial\beta} = \hat{H}\hat{\rho}. \tag{1.3.13}$$

(1.3.13) 式就是 $\hat{\rho}$ 作为 β 的函数所满足的微分方程, 被称为布洛赫方程. 相应的初始条件为

$$\rho(0) = 1.$$

在坐标表象中, 布洛赫方程及初始条件成为

$$-\frac{\partial\rho(x,x';\beta)}{\partial\beta} = \hat{H}\rho(x,x';\beta); \tag{1.3.14a}$$

$$\rho(x,x';0) = \delta(x-x'). \tag{1.3.14b}$$

以线性谐振子为例, 通过求解布洛赫方程来计算系统的密度矩阵.

线性谐振子的哈密顿量是

$$\hat{H} = \frac{p^2}{2m} + \frac{1}{2}m\omega^2 x^2. \tag{1.3.15}$$

系统的布洛赫方程为

$$-\frac{\partial \rho}{\partial \beta} = -\frac{\hbar^2}{2m}\frac{\partial^2}{\partial x^2}\rho + \frac{1}{2}m\omega^2 x^2 \rho. \tag{1.3.16}$$

作变数变换, 令

$$\xi = \sqrt{\frac{m\omega}{\hbar}}x; \quad f = \frac{\hbar\omega}{2}\beta. \tag{1.3.17}$$

方程 (1.3.16) 成为

$$-\frac{\partial \rho}{\partial f} = -\frac{\partial^2 \rho}{\partial \xi^2} + \xi^2 \rho. \tag{1.3.18a}$$

由 (1.3.14b) 式, 相应的初始条件:

$$当 f = 0: \quad \rho = \delta(x - x') = \sqrt{\frac{m\omega}{\hbar}}\delta(\xi - \xi'), \tag{1.3.18b}$$

$f \to 0$ 相当于 $T \to \infty$ 的高温极限, 可以预期谐振子的动能很大, ρ 将具有高斯分布的形式:

$$\rho(\xi, \xi'; f) \sim \sqrt{\frac{m\omega}{4\pi\hbar f}}\mathrm{e}^{-(\xi-\xi')^2}/4f \tag{1.3.19}$$

(ρ 的这一形式可以通过与一维自由粒子的类比得出). 由上式的启发, 可以选择方程 (1.3.18a) 的解为

$$\rho = \exp\{-[a(f)\xi^2 + b(f)\xi + c(f)]\}. \tag{1.3.20}$$

将 (1.3.20) 式代入 (1.3.18a) 式得

$$\frac{\mathrm{d}a}{\mathrm{d}f} = 1 - 4a^2, \tag{1.3.21a}$$

$$\frac{\mathrm{d}b}{\mathrm{d}f} = -4ab, \tag{1.3.21b}$$

$$\frac{\mathrm{d}c}{\mathrm{d}f} = 2a - b^2. \tag{1.3.21c}$$

由 (1.3.21a) 式得

$$a = \frac{1}{2}\coth 2(f - f_0),$$

f_0 为积分常数, 由 (1.3.19) 式要求 $f_0 = 0$, 于是

$$a = \frac{1}{2}\coth 2f.$$

同样可得

$$b = \frac{A}{\sinh 2f},$$

$$c = \frac{1}{2}\ln(\sinh 2f) + \frac{A^2}{2}\coth 2f - \ln B,$$

其中 A, B 均为积分常数, 将 a, b, c 代入 (1.3.20) 式有

$$\rho = \frac{B}{\sqrt{\sinh 2f}}\exp\left[-\left(\frac{\xi^2}{2}\coth 2f + \frac{A\xi}{\sinh 2f} + \frac{A^2}{2}\coth 2f\right)\right], \tag{1.3.22a}$$

让 $f \to 0$, (1.3.22) 式成为

$$\rho \to \frac{B}{\sqrt{2f}}\exp\left[-\frac{\xi^2 + 2A\xi + A^2}{4f}\right]. \tag{1.3.22b}$$

比较 (1.3.22b) 式与 (1.3.19) 式, 有

$$A = -\xi'; \quad B = \sqrt{m\omega/2\pi\hbar}. \tag{1.3.23}$$

将 (1.3.23) 式代入 (1.3.22a) 式得密度矩阵为

$$\begin{aligned}\rho(x, x'; \beta) = &\sqrt{\frac{m\omega}{2\pi\hbar\sinh 2f}}\\ &\times\exp\left\{\frac{-m\omega}{2\hbar\sinh 2f}\left[(x^2 + x'^2)\cosh\frac{\hbar\omega}{kT} - 2xx'\right]\right\},\end{aligned} \tag{1.3.24a}$$

或写成

$$\begin{aligned}\rho(x, x'; \beta) = &\sqrt{\frac{m\omega}{2\pi\hbar\sinh(\hbar\omega/kT)}}\\ &\times\exp\left\{\frac{-m\omega}{2\hbar\sinh(\hbar\omega/kT)}[(x^2 + x'^2)\cosh\frac{\hbar\omega}{kT} - 2xx']\right\}.\end{aligned} \tag{1.3.24b}$$

当 $x = x'$ 时给出

$$\rho(x, x; \beta) - \sqrt{\frac{m\omega}{2\pi\hbar\sinh(\hbar\omega/kT)}}\exp\left(\frac{-m\omega}{\hbar}x^2\tanh\frac{\hbar\omega}{2kT}\right). \tag{1.3.25}$$

并由此可求出

$$\begin{aligned}\mathrm{Tr}(\mathrm{e}^{-\beta\hat{H}}) &= \int \rho(x, x'; \beta)\mathrm{d}x\\ &= \frac{1}{2\sinh(\hbar\omega/2kT)} = \frac{\mathrm{e}^{-\hbar\omega/2kT}}{1 - \mathrm{e}^{-\hbar\omega/kT}}.\end{aligned} \tag{1.3.26}$$

这正是线性谐振子的配分函数. 由 (1.3.25) 式可知, $\langle x\rangle=0$, 因而进一步计算 $\langle x^2\rangle$:

$$\langle x^2\rangle=\frac{\int x^2\rho(x,x';\beta)\mathrm{d}x}{\int\rho(x,x';\beta)\mathrm{d}x}=\frac{\hbar}{2m\omega}\coth\frac{\hbar\omega}{2kT} \tag{1.3.27}$$

由 (1.3.27) 式可求出势能、动能及 $\hat{H}$ 的平均值:

$$\begin{aligned}&\langle\text{平均势能}\rangle=\frac{1}{2}m\omega^2\langle x^2\rangle=\frac{\hbar\omega}{4}\coth\frac{\hbar\omega}{2kT};\\&\langle\hat{H}\rangle=-\frac{\partial}{\partial\beta}\ln Z=\frac{\hbar\omega}{2}\coth\frac{\hbar\omega}{2kT};\\&\langle\text{平均动能}\rangle=\langle-\frac{\hbar^2}{2m}\frac{\partial^2}{\partial x^2}\rangle=\frac{\hbar\omega}{4}\coth\frac{\hbar\omega}{2kT}.\end{aligned}$$

我们来分析两种极限情况:

高温极限:$\beta\hbar\omega\ll 1$

$$\langle x|\rho|x\rangle\approx\exp\left(-\frac{m\omega^2}{2kT}x^2\right)=\exp\left(\frac{-V(x)}{kT}\right),$$

这是没有量子效应的单纯热分布, 正是经典统计的结果, 亦说明高温极限即为经典极限.

低温极限:$\beta\hbar\omega\gg 1$

$$\langle x|\rho|x\rangle\approx\sqrt{\frac{m\omega}{\pi\hbar}}\exp\left(-\frac{m\omega}{\hbar}x^2\right),$$

这是没有热效应的单纯量子力学分布, 注意到谐振子的基态波函数:

$$|\varphi_0(x)|^2=\sqrt{\frac{m\omega}{\pi\hbar}}\exp\left(-\frac{m\omega}{\hbar}x^2\right).$$

所以, 在低温极限下, 得到的正是谐振子基态的分布. 低温极限也就是纯量子力学极限.

1.4 密度矩阵的微扰展开

1.3 节 (1.3.13) 式给出了密度矩阵满足的布洛赫方程, 这一方程只有在少数几种简单情况下才可能严格求解, 对多数问题就需要采用近似方法, 与量子力学一样, 微扰论就是其中的一种. 本节将讨论密度矩阵的微扰展开.

1. 微扰展开

当体系的哈密顿量可以写成这样的形式:

$$\hat{H} = \hat{H}_0 + \hat{H}_I$$

其中 $\hat{H}_0$ 是可以严格求解的部分, 而 $\hat{H}_I$ 与 $\hat{H}_0$ 相比, 是一个小量, 可以看成是微扰, 这时与 $\hat{H}_0$ 相对应的密度矩阵 ρ_0 满足的方程为

$$\frac{\partial\hat{\rho}_0}{\partial\beta} = -\hat{H}_0\hat{\rho}_0. \tag{1.4.1}$$

$\hat{\rho}_0$ 的解可以写成 $\hat{\rho}_0 = \mathrm{e}^{-\beta\hat{H}_0}$, 由于 $\hat{\rho}$ 应该很接近 $\hat{\rho}_0$, 也就是很接近 $\mathrm{e}^{-\beta\hat{H}_0}$, 故可以预期 $\mathrm{e}^{\hat{H}_0\beta}\hat{\rho}$ 随 β 的变化将是很慢的, 对 β 求导数:

$$\begin{aligned}\frac{\partial}{\partial\beta}(\mathrm{e}^{\hat{H}_0\beta}\hat{\rho}) &= \hat{H}_0\mathrm{e}^{\hat{H}_0\beta}\hat{\rho} + \mathrm{e}^{\hat{H}_0\beta}\frac{\partial\hat{\rho}}{\partial\beta}\\ &= \mathrm{e}^{\hat{H}_0\beta}\hat{H}_0\hat{\rho} - \mathrm{e}^{\hat{H}_0\beta}\hat{H}\hat{\rho} = -\mathrm{e}^{\hat{H}_0\beta}\hat{H}_I\hat{\rho}.\end{aligned} \tag{1.4.2}$$

当 $\beta = 0$ 时, 有

$$\mathrm{e}^{\hat{H}_0\beta}\hat{\rho} = 1,$$

将 (1.4.2) 式从 0 到 β 积分, 可得

$$\mathrm{e}^{\hat{H}_0\beta}\hat{\rho}(\beta) - 1 = -\int_0^\beta \mathrm{e}^{\hat{H}_0\beta'}\hat{H}_I\hat{\rho}(\beta')\mathrm{d}\beta',$$

所以有

$$\hat{\rho}(\beta) = \hat{\rho}_0(\beta) - \int_0^\beta \hat{\rho}_0(\beta-\beta')\hat{H}_I\hat{\rho}(\beta')\mathrm{d}\beta', \tag{1.4.3}$$

由于 $\hat{H}_I$ 是小量, 故 (1.4.3) 式的最后一项是小量, 可将这一项看成方程 $\hat{\rho}(\beta) \approx \hat{\rho}_0(\beta)$ 的一级修正项. 对方程 (1.4.3) 作进一步的迭代, 可求得二级项:

$$\begin{aligned}\hat{\rho}(\beta) &= \hat{\rho}_0(\beta) - \int_0^\beta \hat{\rho}_0(\beta-\beta')\hat{H}_I[\hat{\rho}_0(\beta')\\ &\quad - \int_0^{\beta'} \hat{\rho}_0(\beta'-\beta'')\hat{H}_I \times \hat{\rho}(\beta'')\mathrm{d}\beta'']\mathrm{d}\beta'\\ &= \hat{\rho}_0(\beta) - \int_0^\beta \mathrm{d}\beta'[\hat{\rho}_0(\beta-\beta')\hat{H}_I\hat{\rho}_0(\beta')]\\ &\quad + \int_0^\beta \mathrm{d}\beta'\int_0^{\beta'} \mathrm{d}\beta''[\hat{\rho}_0(\beta-\beta')\hat{H}_I\hat{\rho}_0(\beta'-\beta'')\hat{H}_I\hat{\rho}_0(\beta'')].\end{aligned} \tag{1.4.4}$$

继续迭代, 可以得到任意级修正的表达式, 这就是密度矩阵的微扰展开式. 也可以将这一展开表示成坐标表象的形式:

$$\begin{aligned}\rho(x,x';\beta) &= \langle x|\rho(\beta)|x'\rangle \\ &\approx \rho_0(x,x';\beta) - \int_0^\beta \langle x|\hat{\rho}_0(\beta-\beta')\left(\int_{-\infty}^{\infty}|x''\rangle\langle x''|\mathrm{d}x''\right)\hat{H}_I \\ &\times \hat{\rho}_0(\beta')|x'\rangle \mathrm{d}\beta',\end{aligned} \tag{1.4.5}$$

其中,

$$\int_{-\infty}^{\infty}|x''\rangle\langle x''|\mathrm{d}x''=1.$$

令 $\hat{H}_I=\hat{V}(x)$, 则

$$\langle x''|\hat{H}_I\hat{\rho}_0(\beta')|x'\rangle = V(x'')\rho_0(x'',x';\beta')$$

方程 (1.4.5) 可以写成

$$\begin{aligned}\rho(x,x';\beta) =&\rho_0(x,x';\beta) \\ &-\int_{-\infty}^{\infty}\mathrm{d}x''\int_0^\beta \mathrm{d}\beta'[\rho_0(x,x'';\beta-\beta')V(x'')\rho_0(x'',x';\beta')]+\cdots\end{aligned} \tag{1.4.6}$$

2. 不等式 $F\leqslant F_0+\langle\hat{H}-\hat{H}_0\rangle_0$

用密度矩阵的微扰展开来证明自由能满足不等式:

$$F\leqslant F_0+\langle\hat{H}-\hat{H}_0\rangle_0, \tag{1.4.7}$$

其中 F 是与 $\hat{H}$ 对应的自由能, F_0 是与 $\hat{H}_0$ 对应的自由能; 而

$$\langle\hat{H}-\hat{H}_0\rangle_0=\frac{\mathrm{Tr}[(\hat{H}-\hat{H}_0)\mathrm{e}^{-\beta\hat{H}_0}]}{\mathrm{Tr}(\mathrm{e}^{-\beta\hat{H}_0})},$$

当 $\hat{H}=\hat{H}_0$ 时, (1.4.7) 式等号成立.

设 $\hat{V}=\hat{H}-\hat{H}_0$, 自由能由下式决定:

$$\mathrm{e}^{-\beta F}=\mathrm{Tr}(\mathrm{e}^{-\beta(\hat{H}_0+\hat{V})}). \tag{1.4.8}$$

由密度矩阵的微扰展开式:

$$\begin{aligned}\hat{\rho} &= \mathrm{e}^{-\beta(\hat{H}_0+\hat{V})} \\ &= \mathrm{e}^{-\beta\hat{H}_0} - \int_0^\beta \mathrm{e}^{-(\beta-u)\hat{H}_0}\hat{V}\mathrm{e}^{-u\hat{H}_0}\mathrm{d}u \\ &\quad + \int_0^\beta\int_0^{u_1}\mathrm{d}u_1\mathrm{d}u_2\mathrm{e}^{-(\beta-u_1)\hat{H}_0}\hat{V}\mathrm{e}^{-(u_1-u_2)\hat{H}_0}\hat{V}\mathrm{e}^{-u_2H_0}-\cdots\end{aligned} \tag{1.4.9}$$

取 (1.4.9) 式的迹

$$
\begin{aligned}
\mathrm{e}^{-\beta F} &= \mathrm{Tr}(\mathrm{e}^{-\beta(H_0+V)}) \\
&= \mathrm{e}^{-\beta F_0} - \int_0^\beta \mathrm{Tr}[\mathrm{e}^{-(\beta-u)\hat{H}_0}\hat{V}\mathrm{e}^{-u\hat{H}_0}]\mathrm{d}u \\
&\quad + \int_0^\beta \int_0^{u_1} \mathrm{d}u_1\mathrm{d}u_2\mathrm{Tr}[\mathrm{e}^{-(\beta-u_1)\hat{H}_0}\hat{V}\mathrm{e}^{-(u_1-u_2)\hat{H}_0}\hat{V}\mathrm{e}^{-u_2\hat{H}_0}] - \cdots,
\end{aligned}
\tag{1.4.10}
$$

用矩阵迹的循环性质, 得

$$
\begin{aligned}
\mathrm{e}^{-\beta F} =&\mathrm{e}^{-\beta F_0} - \int_0^\beta \mathrm{d}u\mathrm{Tr}(\mathrm{e}^{-\beta\hat{H}_0}\hat{V}) \\
&+ \int_0^\beta \int_0^{u_1} \mathrm{d}u_1\mathrm{d}u_2\mathrm{Tr}[\mathrm{e}^{-\beta\hat{H}_0}\mathrm{e}^{(u_1-u_2)\hat{H}_0}\hat{V}\mathrm{e}^{-(u_1-u_2)\hat{H}_0}\hat{V}] - \cdots.
\end{aligned}
\tag{1.4.11}
$$

为了简化上述的二级项, 令

$$\omega = u_1 - u_2; \quad x = u_1,$$

(1.4.11) 式中二级项的积分可写成

$$\int_A\int \mathrm{Tr}[\mathrm{e}^{-\beta\hat{H}_0}\mathrm{e}^{\omega\hat{H}_0}\hat{V}\mathrm{e}^{-\omega\hat{H}_0}\hat{V}]\mathrm{d}x\mathrm{d}\omega, \tag{1.4.12}$$

其中 A 是积分区域, 即图 1.4.1 中用阴影线表示的部分. 再令

$$\omega' = \beta - \omega; \quad x' = \beta - x.$$

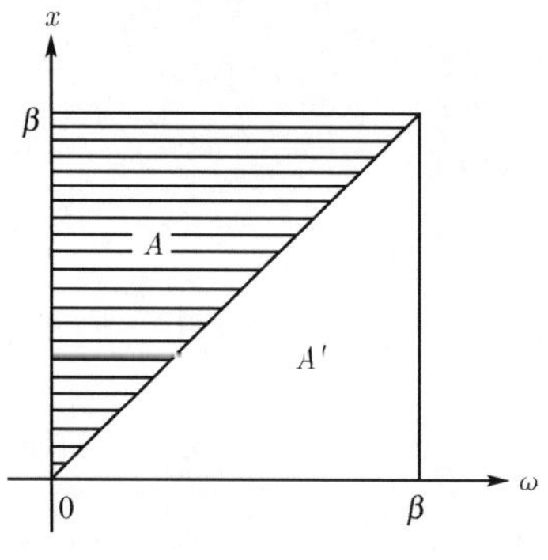

图 1.4.1 (1.4.12) 式的积分区域

(1.4.12) 式成为

$$\int_A\int \mathrm{Tr}[\mathrm{e}^{-\beta\hat{H}_0}\mathrm{e}^{\omega'\hat{H}_0}\hat{V}\mathrm{e}^{-\omega'\hat{H}_0}\hat{V}]\mathrm{d}x'\mathrm{d}\omega'. \tag{1.4.13}$$

在方程 (1.4.13) 中再令

$$\omega' \to \omega; \quad x' \to x.$$

将 (1.4.12) 式与 (1.4.13) 式合并, 代入方程 (1.4.11), 得

$$\begin{aligned} \mathrm{e}^{-\beta F} =& \mathrm{e}^{-\beta F_0} - \beta \mathrm{Tr}[\mathrm{e}^{-\beta \hat{H}_0} \hat{V}] \\ &+ \frac{\beta}{2} \int_0^\beta \mathrm{d}\omega \mathrm{Tr}[\mathrm{e}^{-\beta \hat{H}_0} \mathrm{e}^{\omega \hat{H}_0} \hat{V} \mathrm{e}^{-\omega \hat{H}_0} \hat{V}] + \cdots, \end{aligned} \tag{1.4.14}$$

让 $|m\rangle$ 和 $|n\rangle$ 表示 $\hat{H}_0$ 的本征态, E_m 和 E_n 是相应的本征值, 则

$$\begin{aligned} &\mathrm{Tr}(\mathrm{e}^{-\beta \hat{H}_0} \hat{V}) = \sum_n \langle n|\mathrm{e}^{-\beta \hat{H}_0} \hat{V}|n\rangle = \sum_n \mathrm{e}^{-\beta E_n} V_{nn}. \\ &\mathrm{Tr}[\mathrm{e}^{-\beta \hat{H}_0} \mathrm{e}^{\omega \hat{H}_0} \hat{V} \mathrm{e}^{-\omega \hat{H}_0} \hat{V}] \\ &\qquad = \sum_n \langle n|\mathrm{e}^{-\beta \hat{H}_0} \mathrm{e}^{\omega \hat{H}_0} \hat{V} \sum_m |m\rangle\langle m|\mathrm{e}^{-\omega \hat{H}_0} \hat{V}|n\rangle \\ &\qquad = \sum_{nm} \mathrm{e}^{-\beta E_n} \mathrm{e}^{\omega(E_n - E_m)} V_{nm} V_{mn}. \end{aligned}$$

(1.4.14) 式可以写成

$$\begin{aligned} \mathrm{e}^{-\beta F} =& \mathrm{e}^{-\beta F_0} - \sum_n \beta \mathrm{e}^{-\beta E_n} V_{nn} \\ &+ \frac{\beta}{2} \sum_{n,m} \frac{\mathrm{e}^{-\beta E_m} - \mathrm{e}^{-\beta E_n}}{E_n - E_m} |V_{mn}|^2 + \cdots, \end{aligned} \tag{1.4.15}$$

如果 $m = n$, 则

$$\frac{\mathrm{e}^{-\beta E_m} - \mathrm{e}^{-\beta E_n}}{E_n - E_m} = \mathrm{e}^{-\beta E_n} \frac{\mathrm{e}^{\beta}(E_n - E_m) - 1}{E_n - E_m} = \beta \mathrm{e}^{-\beta E_n}. \tag{1.4.16}$$

将自由能 F 写成微扰展开的形式:

$$F = F_0 + F_1 + F_2 + \cdots, \tag{1.4.17}$$

其中 F_1 是微扰的一级项, F_2 是二级项. 将 $\mathrm{e}^{-\beta F}$ 中的 F 作展开:

$$\begin{aligned} \mathrm{e}^{-\beta F} &= \mathrm{e}^{-\beta F_0} \mathrm{e}^{-\beta(F_1 + F_2 + \cdots)} \\ &= \mathrm{e}^{-\beta F_0} [1 - \beta(F_1 + F_2 + \cdots) + \frac{\beta^2}{2}(F_1 + F_2 + \cdots)^2 + \cdots] \\ &= \mathrm{e}^{-\beta F_0} \left[1 - \beta F_1 + \left(\frac{\beta^2}{2} F_1^2 - \beta F_2\right) + \cdots\right]. \end{aligned} \tag{1.4.18}$$

比较 (1.4.15) 式与 (1.4.18) 式可得

$$-\mathrm{e}^{-\beta F_0}\beta F_1 = -\sum_n \beta \mathrm{e}^{-\beta E_n} V_{nn},$$

$$\mathrm{e}^{-\beta F_0}\left(\frac{\beta^2}{2}F_1^2 - \beta F_2\right) = \frac{\beta}{2}\sum_{m,n}\frac{\mathrm{e}^{-\beta E_m} - \mathrm{e}^{-\beta E_n}}{E_n - E_m}|V_{mn}|^2.$$

上述两方程的解为

$$F_1 = \frac{\mathrm{Tr}(\hat{V}\mathrm{e}^{-\beta \hat{H}_0})}{\mathrm{Tr}(\mathrm{e}^{-\beta \hat{H}_0})} = \langle \hat{V} \rangle_0, \tag{1.4.19}$$

$$\begin{aligned}F_2 =& \frac{\beta}{2}\left[\frac{\sum\limits_n V_{nn}\mathrm{e}^{-\beta E_n}}{\sum\limits_n \mathrm{e}^{-\beta E_n}}\right]^2 - \frac{1}{2}\mathrm{e}^{\beta F_0}\sum_{\substack{m,n\\ m\neq n}}\frac{\mathrm{e}^{-\beta E_m} - \mathrm{e}^{-\beta E_n}}{E_n - E_m}|V_{mn}|^2 \\ &- \frac{\beta}{2}\left[\frac{\sum\limits_n |V_{nn}|^2\mathrm{e}^{-\beta E_n}}{\sum\limits_n \mathrm{e}^{-\beta E_n}}\right].\end{aligned} \tag{1.4.20}$$

由 Cauchy-Schwarz 不等式:

$$\left|\sum_n a_n b_n\right|^2 \leqslant \left[\sum_n |a_n|^2\right]\cdot\left[\sum_n |b_n|^2\right],$$

很容易证明对任意一组正实数 ω_n, 有

$$\left[\frac{\sum\limits_n \omega_n a_n}{\sum\limits_n \omega_n}\right]^2 \leqslant \frac{\sum\limits_n \omega_n |a_n|^2}{\sum\limits_n \omega_n}.$$

将这不等式用于 (1.4.20) 式:

$$F_2 \leqslant -\frac{1}{2}\mathrm{e}^{\beta F_0}\sum_{\substack{m,n\\ m\neq n}}\frac{\mathrm{e}^{-\beta E_m} - \mathrm{e}^{-\beta E_n}}{E_n - E_m}|V_{mn}|^2 \leqslant 0. \tag{1.4.21}$$

令

$$\hat{H}(\lambda) = \hat{H}_0 + \lambda \hat{V}. \tag{1.4.22}$$

让与 $\hat{H}(\lambda)$ 所对应的自由能为 $F(\lambda)$, 则 $F(0) = F_0; F(1) = F$. 由 F 的微扰展开式可得

$$F(\lambda) = F_0 + \lambda F_1 + \lambda^2 F_2 + O(\lambda^3). \tag{1.4.23}$$

因而

$$F'(0) = \frac{\partial F(\lambda)}{\partial \lambda}|_{\lambda=0} = F_1 = \langle V \rangle_0. \tag{1.4.24}$$

如果我们可以证明:

$$F''(\lambda) = \frac{\partial^2 F(\lambda)}{\partial \lambda^2} \leqslant 0 \tag{1.4.25}$$

对所有的 λ, 则 $F(\lambda)$ 是 λ 的一个下凹函数 (图 1.4.2),$F(\lambda)$ 曲线必然落在直线 $F(0)+\lambda F'(0) = F_0 + \lambda F_1$ 的下面, 于是有

$$F \leqslant F_0 + F_1 = F_0 + \langle V \rangle_0,$$

亦就是

$$F \leqslant F_0 + \langle \hat{H} - \hat{H}_0 \rangle_0. \tag{1.4.26}$$

这就是我们要证明的自由能不等式.

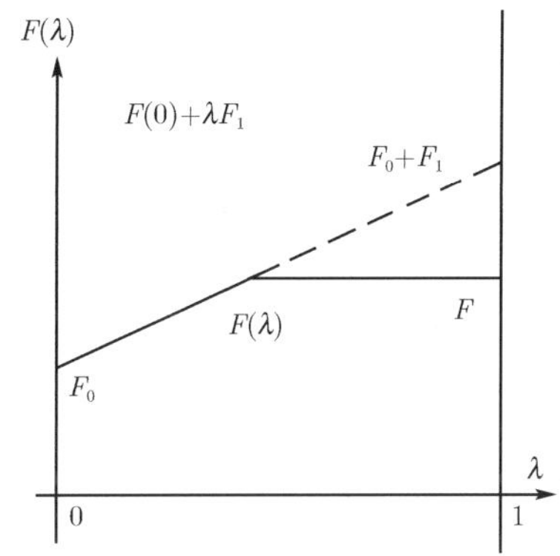

图 1.4.2 下凹函数

现在我们来证明 (1.4.25) 式.

对自由能 $F(\lambda)$ 再作一次微扰分析 (对所有 λ):

$$F(\lambda+\gamma) = F_0(\lambda) + \gamma \cdot F_1(\lambda) + \gamma^2 F_2(\lambda) + O(\gamma^3) \tag{1.4.27}$$

其中 $F_0(\lambda) = F(\lambda)$, 而 $\gamma F_1(\lambda)$ 和 $\gamma^2 F_2(\lambda)$ 可以作与推导 (1.4.19) 式、(1.4.20) 式及 (1.4.21) 式过程完全同样的处理, 只需将 $\hat{H}_0$ 换成 $\hat{H}(\lambda)$、将 $\hat{H}$ 换成 $\hat{H}(\lambda+\gamma) = \hat{H}(\lambda) + \gamma \hat{V}$, 与 (1.4.21) 式相类似, 得

$$F_2(\lambda) \leqslant 0, \tag{1.4.28}$$

因此

$$F''(\lambda) = \frac{\partial^2}{\partial \gamma^2} F(\lambda+\gamma)|_{\gamma=0} = 2F_2(\lambda) \leqslant 0. \tag{1.4.29}$$

也就是证明了 (1.4.25) 式成立.

将自由能不等式应用于 F_0, 有

$$F_0 \leqslant F + \langle -\hat{V} \rangle, \tag{1.4.30}$$

其中,

$$\langle -\hat{V} \rangle = \frac{\mathrm{Tr}[(-\hat{V})\mathrm{e}^{-\beta\hat{H}}]}{\mathrm{Tr}(\mathrm{e}^{-\beta\hat{H}})}.$$

组合 (1.4.26) 式与 (1.4.30) 式有

$$F_0 + \langle \hat{V} \rangle \leqslant F \leqslant F_0 + \langle \hat{V} \rangle_0.$$

将 F_1 和 F_2 的表示式 (1.4.19) 式、(1.4.20) 式代入 (1.4.17) 式, 得到精确到二级项的自由能展开式:

$$F \approx F_0 + \langle \hat{V} \rangle_0 + \frac{\beta}{2}\langle \hat{V} \rangle_0^2 - \frac{1}{2}\left\langle \int_0^\beta \mathrm{e}^{\omega H_0}\hat{V}\mathrm{e}^{-\omega H_0}\hat{V}\mathrm{d}\omega \right\rangle_0 \mathrm{e}^{\beta F_0},$$

其中,

$$\left\langle \int_0^\beta \mathrm{e}^{\omega \hat{H}_0}\hat{V}\mathrm{e}^{-\omega \hat{H}_0}\hat{V}\mathrm{d}\omega \right\rangle_0 = \sum_{n,m} \frac{\mathrm{e}^{-\beta E_m} - \mathrm{e}^{-\beta E_n}}{E_n - E_m}|V_{mn}|^2.$$

3. 非简谐振子

考虑一个非简谐振子, 势能函数 (图 1.4.3) 为

$$V(x) = \frac{m}{2}\omega^2 x^2 + \alpha x^3 \tag{1.4.31}$$

只限于讨论 $x = 0$ 附近的运动, 因而不会出现 $V(x) < 0$ 的情况.

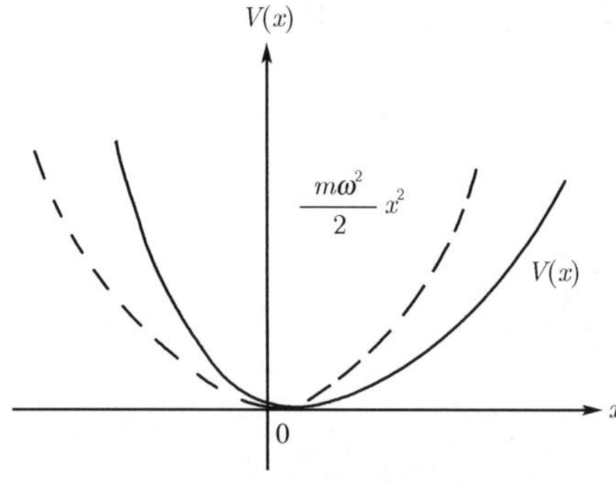

图 1.4.3　非简谐振子

由于振子的非简谐性, 当温度升高时, 振子的平均位置将会离开原点, 而有一个位移 (见图 1.4.4). 现在用前面讨论过的自由能极小原理来研究非简谐振子的自由能. 自由能极小原理为

$$F \leqslant F_0 + \langle \hat{H} - \hat{H}_0 \rangle_0, \tag{1.4.7}$$

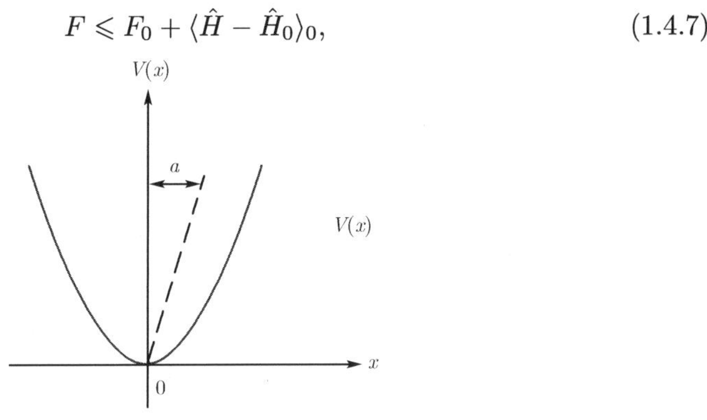

图 1.4.4 振子的平均位置

其中 $\hat{H}$ 是非简谐振子的哈密顿量, F 是非简谐振子的自由能; F_0 是与 $\hat{H}_0$ 对应的自由能, 选择 $\hat{H}_0$ 为

$$\hat{H}_0 = \frac{p^2}{2m} + \frac{m\omega^2}{2}(x-a)^2, \tag{1.4.32}$$

这是一个振子中心位移为 a 的简谐振子的哈密顿量, 由谐振子的配分函数 (1.3.26) 式可得 F_0 为

$$F_0 = kT\ln[2\sinh(\hbar\omega/2kT)], \tag{1.4.33}$$

因而只需计算:

$$\langle \hat{H} - \hat{H}_0 \rangle_0 = \left\langle \frac{m\omega^2}{2}x^2 + \alpha x^3 - \frac{m\omega^2}{2}(x-a)^2 \right\rangle. \tag{1.4.34}$$

作变数变换, 令

$$y = x - a,$$

(1.4.34) 式成为

$$\langle \hat{H} - \hat{H}_0 \rangle_0 = \left\langle m\omega^2 ay + \frac{m\omega^2}{2}a^2 + \alpha y^3 + 3\alpha y^2 a + 3\alpha y a^2 + \alpha a^3 \right\rangle_0. \tag{1.4.35}$$

由 (1.3.25) 式可知, 谐振子的密度矩阵具有高斯型函数形式, 故

$$\langle y \rangle_0 = \langle y^3 \rangle_0 = 0$$

且有

$$\langle y^2 \rangle_0 = \frac{\hbar}{2m\omega}\coth\frac{\hbar\omega}{2kT}$$

将上述结果代入 (1.4.35) 式:

$$F \leqslant F_0 + \langle \hat{H} - \hat{H}_0 \rangle_0 \\ = F_0 + \frac{m\omega^2}{2}a^2 + \alpha a^3 + 3a\alpha\langle y^2\rangle_0. \tag{1.4.36}$$

由于不考虑 $V(x) < 0$ 的情况, 故可以忽略 αa^3 项. 为了得到自由能的最佳估计值, 必须使 (1.4.36) 式右边为极小. 将 (1.4.36) 式对 a 求导数:

$$m\omega^2 a + 3\alpha\langle y^2\rangle_0 = 0.$$

即

$$a = -\frac{3\alpha}{m\omega^2}\langle y^2\rangle_0 \\ = -\frac{3\alpha\hbar\coth\left(\dfrac{\hbar\omega}{2kT}\right)}{2m^2\omega^3}. \tag{1.4.37}$$

(1.4.36) 式成为

$$F \leqslant F_0 - \frac{m\omega^2}{2}a^2, \tag{1.4.38}$$

其中 F_0 由方程 (1.4.33) 给出.

由 (1.4.37) 式给出的 a 值, 在物理上正是表示了振子所受的平均力为零的位置. 其原因是如果用 f 表示振子所受的力, 则

$$f = \frac{\partial V(x)}{\partial x} = m\omega^2 x + 3\alpha x^2 \\ = m\omega^2(y+a) + 3\alpha y^2 + \cdots, \\ \langle f\rangle_0 = m\omega^2 a + 3\alpha\langle y^2\rangle_0 + \cdots.$$

由 $\langle f\rangle_0 = 0$ 就得到了 (1.4.37) 式的结果.

1.5 约化密度矩阵及维格纳函数

1. 约化密度矩阵

对一个由 N 个粒子组成的体系, 其密度矩阵可以表示成

$$\rho(x_1, \cdots, x_N, x_1', \cdots, x_N') \\ = \sum_n \rho_n \Psi_n(x_1, \cdots, x_N)\Psi_n^*(x_1', \cdots, x_N') \tag{1.5.1}$$

用密度矩阵 $\hat{\rho}$ 可以计算算符 (即力学量) 的平均值. 在很多情况下, 我们所遇到的算符是单体或两体算符, 例如动能、位能等, 这时可以定义单粒子或双粒子约化密度矩阵. 为此, 先看一下一个粒子的动能 $p_1^2/2m$ 的平均值:

$$\begin{aligned}\left\langle \frac{p_1^2}{2m} \right\rangle &= \frac{\mathrm{Tr}\left(\hat{\rho}\cdot\dfrac{p_1^2}{2m}\right)}{\mathrm{Tr}(\hat{\rho})} \\ &= -\frac{1}{\mathrm{Tr}(\hat{\rho})}\frac{\hbar^2}{2m}\int \frac{\partial^2}{\partial x_1^2}\rho(x_1,\cdots,x_N,x_1',\cdots,x_N')|_{x_i=x_i'}\mathrm{d}x_1\cdots\mathrm{d}x_N \\ &= -\frac{\hbar^2}{2m}\int \mathrm{d}x_1\frac{\partial^2}{\partial x_1^2}\rho_1(x_1,x_1')|_{x_1=x_1'} = \mathrm{Tr}\left(\hat{\rho}_1\frac{p_1^2}{2m}\right)\end{aligned} \tag{1.5.2}$$

其中,

$$\rho_1(x_1,x_1') \equiv \frac{\int \rho(x_1,x_2,\cdots,x_N;x_1',x_2,\cdots,x_N)\mathrm{d}x_2\cdots\mathrm{d}x_N}{\mathrm{Tr}(\hat{\rho})} \tag{1.5.3}$$

$\rho_1(x_1,x_1')$ 被称为单粒子约化密度矩阵. 用 (1.5.3) 式的定义可得 N 个全同粒子的平均动能:

$$\begin{aligned}\left\langle \sum_{k=1}^{N}\frac{p_k^2}{2m} \right\rangle &= -N\int\left[\frac{\hbar^2}{2m}\frac{\partial^2}{\partial x^2}\rho_1(x,x')\right]_{x=x'}\mathrm{d}x \\ &= N\mathrm{Tr}\left(\frac{p^2}{2m}\hat{\rho}_1\right);\end{aligned}$$

类似地, 作用于单粒子上的势能平均值为

$$\left\langle \sum_{k=1}^{N}V(x_k) \right\rangle = N\int V(x)\rho_1(x,x)\mathrm{d}x = N\mathrm{Tr}(V\hat{\rho}_1)$$

同样也可以定义双粒子约化密度矩阵:

$$\rho_2(x_1,x_2;x_1',x_2') = \frac{\int \rho(x_1,x_2,\cdots,x_N,x_1',x_2',x_3,\cdots,x_N)\mathrm{d}x_3,\cdots,\mathrm{d}x_N}{\mathrm{Tr}(\hat{\rho})} \tag{1.5.4}$$

于是, 双粒子势能 $V(x_1,x_2)$ 的平均值为

$$\left\langle \sum_{i<j}V(x_ix_j) \right\rangle = \frac{N(N-1)}{2}\int V(x_1,x_2)\rho_2(x_1,x_2;x_1,x_2)\mathrm{d}x_1\mathrm{d}x_2.$$

约化密度矩阵的对角元素直接与粒子分布函数有关, 单粒子分布函数为

$$P_1(x) = \rho_1(x,x), \tag{1.5.5a}$$

双粒子分布函数则为

$$P_2(x_1,x_2) = \rho_2(x_1,x_2;x_1,x_2). \tag{1.5.5b}$$

约化密度矩阵的非对角元素是另一个令人感兴趣的问题, 将单体约化密度矩阵表示成

$$\begin{aligned}\langle r_1|\hat{\rho}_1|r_2\rangle &= \sum_j \lambda_j \langle r_1|\varphi_j^{(1)}\rangle\langle\varphi_j^{(1)}|r_2\rangle \\ &= \sum_j \lambda_j \varphi_j^{(1)^*}(r_2)\varphi_j^{(1)}(r_1).\end{aligned}$$

考虑系统在热力学极限下, 即 $V\to\infty, N\to\infty$ 而 N/V 为有限常数, 此时非对角元的值是什么? 如果本征值 λ_j 在热力学极限下为有限, 由于 $V\to\infty$ 即 $|\boldsymbol{r}_1-\boldsymbol{r}_2|\to\infty$, 而 $\varphi_j^{(1)^*}(r_2)\cdot\varphi_j^{(1)}(r_1)\sim\dfrac{1}{V}$, 则

$$\lim_{|\boldsymbol{r}_1-\boldsymbol{r}_2|\to\infty}\langle r_1|\hat{\rho}_1|r_2\rangle = 0,$$

然而, 若本征值之一 λ_0 正比于粒子数, 即

$$\lambda_0 = N\alpha, \quad \alpha\text{为有限的分数}$$

当 $|\boldsymbol{r}_1-\boldsymbol{r}_2|\to\infty$ 时, 上述极限不为零, 有

$$\lim_{|\boldsymbol{r}_1-\boldsymbol{r}_2|\to\infty}\langle r_1|\hat{\rho}_1|r_2\rangle = \frac{N}{V}\alpha f(r_1,r_2). \tag{1.5.6}$$

其中 $f(r_1,r_2)$ 是 r_1 及 r_2 的函数. 如果一个系统的行为满足 (1.5.6) 式, 称这系统在单粒子约化密度矩阵中显示了非对角长程序 (ODLRO). 体系是否显示非对角长程序与是否存在相变直接有关. 对费米子系统, 由于泡利原理的限制, $\lambda_j\leqslant 1$, 因而在单粒子约化密度矩阵中不可能存在非对角长程序, 但在较高级的约化密度矩阵 (通常为双粒子约化密度矩阵 ρ_2) 中则可能显示非对角长程序, 这样的例子就是金属中的超导性和液氦 ^{3}He 中的超流性. 在玻色子组成的系统中, 单粒子约化密度矩阵可以显示非对角长程序, 这就是玻色子系统中规范对称性遭到破坏而成为超流体的情况. 有关非对角长程序的详细讨论可参阅杨振宁的文章 [1.1].

2. 维格纳函数

对于量子力学系统, 粒子的相空间坐标不对易, 不可能同时给定粒子的位置和动量, 也就不能定义一个解释为相空间中概率密度的分布函数. 然而, 维格纳证明, 有可能引入这样一个函数, 它在形式上与经典概率密度相似, 并在经典极限下趋于经典概率密度. 这样的函数被称为维格纳函数.

下面我们引入单粒子及双粒子的约化维格纳函数.

定义单粒子约化维格纳函数为

$$f_1(p,x)\equiv\int\rho_1\left(x+\frac{\eta}{2},x-\frac{\eta}{2}\right)\mathrm{e}^{-\frac{\mathrm{i}}{\hbar}p\eta}\mathrm{d}\eta, \tag{1.5.7}$$

或

$$\rho_1(x,x') \equiv \int f_1\left(p,\frac{x+x'}{2}\right)\mathrm{e}^{\frac{\mathrm{i}}{\hbar}p(x-x')}\frac{\mathrm{d}p}{(2\pi\hbar)^{3N}}. \tag{1.5.8}$$

(1.5.8) 式说明维格纳函数正是约化密度矩阵的傅里叶变换. 将 $\rho_1(x,x')$ 看成为 $(x+x')/2$ 及 $(x-x')/2$ 的函数, 把 $(x+x')/2$ 写成 x, 对 $(x-x')/2$ 作傅里叶变换即得 (1.5.7) 式.

经典概率分布函数 $f(p,x)$ 满足下述方程:

$$P(p) = \int f(p,x)\mathrm{d}x, \tag{1.5.9}$$

$$P(x) = \frac{1}{(2\pi\hbar)^{3N}}\int f(p,x)\mathrm{d}p. \tag{1.5.10}$$

可以证明, 维格纳函数满足同样的方程.

密度矩阵在坐标表象及动量表象的表示:

$$\rho_1(x,x') = \sum_i \mathrm{e}^{-\beta E_i}\varphi_i(x)\varphi_i^*(x'), \tag{1.5.11}$$

$$\begin{aligned}\rho_1(p,p') &= \sum_i \mathrm{e}^{-\beta E_i}\varphi_i(p)\varphi_i^*(p') \\ &= \int\int \rho(x,x')\mathrm{e}^{-\frac{\mathrm{i}}{\hbar}(px-p'x')}\mathrm{d}x\mathrm{d}x'.\end{aligned} \tag{1.5.12}$$

对角元素

$$\rho_1(x,x) \equiv P(x). \tag{1.5.13}$$

$$\rho_1(p,p) \equiv P(p). \tag{1.5.14}$$

分别表示找到粒子坐标为 x 或找到粒子动量为 p 的概率.

由 (1.5.7) 式对动量 p 积分:

$$\begin{aligned}&\frac{1}{(2\pi\hbar)^{3N}}\int f_1(p,x)\mathrm{d}p \\ &= \frac{1}{(2\pi\hbar)^{3N}}\int\int \rho_1\left(x+\frac{\eta}{2},x-\frac{\eta}{2}\right)\mathrm{e}^{-\frac{\mathrm{i}}{\hbar}p\eta}\mathrm{d}\eta\mathrm{d}p \\ &= \int \rho_1\left(x+\frac{\eta}{2},x-\frac{\eta}{2}\right)\delta(\eta)\mathrm{d}\eta \\ &= \rho_1(x,x) = P(x).\end{aligned} \tag{1.5.15}$$

这结果与方程 (1.5.10) 一致. 类似的可以证明 (1.5.9) 式的结果; 将 (1.5.7) 式对 x 积分:

$$\int f_1(p,x)\mathrm{d}x = \int\int \rho_1\left(x+\frac{\eta}{2},x-\frac{\eta}{2}\right)\mathrm{e}^{-\frac{\mathrm{i}}{\hbar}p\eta}\mathrm{d}x\mathrm{d}\eta.$$

作变数变换:

$$y = x + \eta/2; \quad y' = x - \eta/2.$$

上式成为

$$\begin{aligned}&\int\int \rho_1(y,y')\mathrm{e}^{-\frac{\mathrm{i}}{\hbar}p(y-y')}\mathrm{d}y\mathrm{d}y'\\&= \rho_1(p,p) = P(p).\end{aligned} \tag{1.5.16}$$

(1.5.16) 式的最后一步应用了 (1.5.12) 式. 以上结果说明了量子系统中的维格纳函数是与经典概率密度函数相似的量.

任意的单粒子算符 $\hat{A}(x,p)$, 如果仅是 x 或仅是 p 的函数, 可以用单粒子约化维格纳函数计算平均值:

$$\langle \hat{A}(p,x)\rangle = \frac{1}{(2\pi\hbar)^{3N}}\int f_1(p,x)A(p,x)\mathrm{d}p\mathrm{d}x, \tag{1.5.17}$$

但如果 $\hat{A}$ 同时是 p 及 x 的函数, 则 (1.5.17) 式就不适用了. f_1 函数虽然满足与经典 (1.5.9) 式及 (1.5.10) 式同样的方程, 但 f_1 不能被解释成在 x 点找到粒子动量为 p 的概率, 因为对某些 x 及 p 的值, 函数 f_1 可以成为负的.

与单粒子约化维格纳函数相似, 也可以定义双粒子约化维格纳函数:

$$\begin{aligned}&f_2(p_1,p_2,x_1,x_2)\\&= \int\int \rho_2\left(x_1+\frac{\eta_1}{2}, x_2+\frac{\eta_2}{2}, x_1-\frac{\eta_1}{2}, x_2-\frac{\eta_2}{2}\right)\\&\quad\times \mathrm{e}^{-\frac{\mathrm{i}}{\hbar}p_1\eta_1-\frac{\mathrm{i}}{\hbar}p_2\eta_2}\mathrm{d}\eta_1\mathrm{d}\eta_2.\end{aligned} \tag{1.5.18}$$

更高级的维格纳函数也可以类似地定义.

1.6　密度矩阵的路径积分形式

如同量子力学可以用路径积分形式来表示一样, 密度矩阵也可以用路径积分形式来表述.

对布洛赫方程作变数变换, 令

$$\beta\hbar = u \tag{1.6.1}$$

方程 (1.3.13) 成为

$$\hbar\frac{\partial\rho(u)}{\partial u} = -\hat{H}\rho(u), \tag{1.6.2}$$

ρ 的形式解为

$$\rho(u) = \mathrm{e}^{-\hat{H}u/\hbar}. \tag{1.6.3}$$

变数 u 具有时间量纲, 可将 u 分成长度为 ε 的 n 份, 即 $u=n\varepsilon.\rho(u)$ 可写成

$$\begin{aligned}\rho(u)&=\mathrm{e}^{-\hat{H}\varepsilon/\hbar}\mathrm{e}^{-\hat{H}\varepsilon/\hbar}\cdots\\&=\rho_\varepsilon\cdot\rho_\varepsilon\cdot\rho_\varepsilon\cdots\qquad(\text{共}n\text{个因子}),\end{aligned}\tag{1.6.4}$$

在坐标表象中 ρ 可写成

$$\rho(x,x';u)=\int\cdots\int\rho(x,x_{n-1};\varepsilon)\rho(x_{n-1},x_{n-2};\varepsilon)\cdots,\tag{1.6.5}$$

$$\cdots\quad\rho(x_1,x';\varepsilon)\mathrm{d}x_1\cdots\mathrm{d}x_{n-1}.$$

(1.6.5) 式可以用图形来表示 (图 1.6.1), 当粒子从 x' 到 x 点需经过 $x_1,x_2,\cdots,x_{n-1}$ 个中间步骤, 或者说一组 $\{x_1,x_2,\cdots,x_{n-1}\}$ 的值给出了一条 "路径", 粒子从 x' 到 x 的总的密度矩阵 $\rho(x,x';u)$ 是所有可能路径之和给出的. 当我们将间距 ε 越分越细, 即当 $\varepsilon\to0$ 时, 中间步骤将趋于无穷多个, 因而方程 (1.6.5) 在形式上可以写成其中,

$$\rho(x,x';U)=\int\varPhi[x(u)]\mathcal{D}x(u),\tag{1.6.6}$$

$$\varPhi[x(u)]=\lim_{\substack{\varepsilon\to0\\n\varepsilon=u}}\rho(x,x_{n-1};\varepsilon)\cdots\rho(x_1,x';\varepsilon);\tag{1.6.7}$$

$$\mathcal{D}x(u)=\lim_{n\to\infty}\mathrm{d}x_1\cdot\mathrm{d}x_2\cdots\mathrm{d}x_{n-1}.\tag{1.6.8}$$

方程 (1.6.6) 称为路径积分形式. 下面通过两个例子来找出 $\varPhi$ 的具体形式.

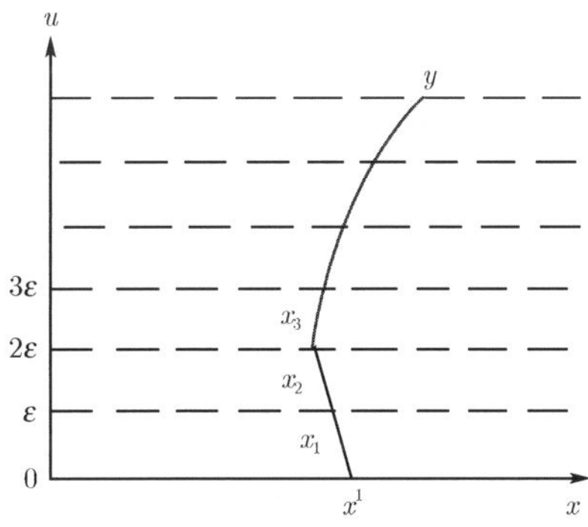

图 1.6.1 粒子从 x' 到 x 的运动路径

1. 自由粒子

$$\hat{H}=-\frac{\hbar^2}{2m}\frac{\partial^2}{\partial x^2}.$$

前面讨论密度矩阵计算时已得出, 自由粒子的密度矩阵在坐标表象中可以写成

$$\rho(x,x';\varepsilon)=\sqrt{\frac{m}{2\pi\hbar\varepsilon}}\exp[-\frac{m}{2\hbar\varepsilon}(x-x')^2], \tag{1.6.9}$$

故

$$\begin{aligned}\rho(x,x';U)=\lim_{\varepsilon\to 0}\int\cdots\int\exp\bigg\{-\frac{m\varepsilon}{2\hbar}\bigg[\left(\frac{x-x_{n-1}}{\varepsilon}\right)^2+\left(\frac{x_{n-1}-x_{n-2}}{\varepsilon}\right)+\cdots\\+\left(\frac{x_1-x'}{\varepsilon}\right)^2\bigg]\bigg\}\frac{\mathrm{d}x_1}{\sqrt{2\pi\hbar\varepsilon/m}}\cdots\frac{\mathrm{d}x_{n-1}}{\sqrt{2\pi\hbar\varepsilon/m}},\end{aligned} \tag{1.6.10}$$

所以对自由粒粒子:

$$\varPhi[x(u)]=\lim_{\varepsilon\to 0}\exp\bigg\{\frac{-m\varepsilon}{2\hbar}\bigg[\left(\frac{x-x_{n-1}}{\varepsilon}\right)^2+\cdots+\left(\frac{x_1-x'}{\varepsilon}\right)^2\bigg]\bigg\}. \tag{1.6.11}$$

当 $\varepsilon\to 0$ 时:

$$\frac{x_k-x_{k-1}}{\varepsilon}\to\frac{\mathrm{d}x(u)}{\mathrm{d}u}|_{u=k\varepsilon}\equiv\dot{x}(u)|_{u=k\varepsilon}.$$

将方程 (1.6.11) 中指数上的求和式换成积分, 有

$$\varPhi[x(u)]=\exp\bigg\{-\frac{1}{\hbar}\int_0^U\frac{m}{2}[\dot{x}(u)]^2\mathrm{d}u\bigg\}. \tag{1.6.12}$$

从方程 (1.6.6) 可以看出, 原则上总的密度矩阵 ρ 是所有可能路径之和, 但实际上, 只有每个 $\rho(\varepsilon)$ 都不是很小时的那些路径才是主要的, 而 (1.6.9) 式说明 $\rho(\varepsilon)$ 是高斯型函数, 要求 ρ 值不太小就相当于要求 (x_k-x_{k-1}) 的值很小, 换言之, 对密度矩阵的主要贡献来自于较光滑 (即曲率小) 的路径.

2. 在一维势场 $V(x)$ 中运动的粒子

系统的哈密顿量为

$$\hat{H}=-\frac{\hbar^2}{2m}\frac{\partial^2}{\partial x^2}+V(x) \tag{1.6.13}$$

ρ 所满足的方程是

$$-\hbar\frac{\partial\rho}{\partial u}=-\frac{\hbar^2}{2m}\frac{\partial^2}{\partial x^2}\rho+V(x)\rho \tag{1.6.14}$$

与前面相似, 可将 u 分成间隔为 ε 的 n 份, 对 $\rho(x,x';\varepsilon)$ 用微扰展开的形式可以写成

$$\begin{aligned}\rho(x,x';\varepsilon)=&\rho_0(x,x';\varepsilon)\\&-\int_{-\infty}^{\infty}\mathrm{d}x''\int_0^{\varepsilon}\rho_0(x,x'';\varepsilon-\varepsilon')V(x'')\\&\times\rho_0(x'',x';\varepsilon')\frac{\mathrm{d}\varepsilon'}{\hbar}\end{aligned} \tag{1.6.15}$$

其中 ρ_0 为自由粒子的密度矩阵. 当 ε 很小时, ρ_0 是高斯型函数, (1.6.15) 式中对 x'' 的积分主要贡献来自于接近 $x''=x_0$ 处, x_0 是 x 及 x' 的带有权重的平均值, 写成

$$x_0=\frac{\varepsilon' x+(\varepsilon-\varepsilon')x'}{\varepsilon}; \tag{1.6.16}$$

$$V(x'')\approx V(x_0). \tag{1.6.17}$$

如果 $x\approx x', x_0$ 也必然很接近于 $x, V(x_0)$ 在积分区间内可近似地看成为常数, (1.6.15) 式成为

$$\begin{aligned}\delta\rho(x,x';\varepsilon)&\equiv\rho-\rho_0\\&\approx-\int_0^{\varepsilon}\frac{\mathrm{d}\varepsilon'}{\hbar}V(x_0)\int_{-\infty}^{\infty}\mathrm{d}x''\rho_0(x,x'';\varepsilon-\varepsilon')\rho_0(x'',x';\varepsilon')\\&=-\int_0^{\varepsilon}\frac{\mathrm{d}\varepsilon'}{\hbar}V(x_0)\rho_0(x,x';\varepsilon)\\&\approx-\frac{\varepsilon}{\hbar}V(x)\rho_0(x,x';\varepsilon).\end{aligned} \tag{1.6.18}$$

把 (1.6.18) 式写成

$$\begin{aligned}\rho(\varepsilon)&\approx\rho_0(\varepsilon)\left[1-\frac{V(x)}{\hbar}\varepsilon\right]\\&\approx\rho_0(\varepsilon)\mathrm{e}^{-V(x)\varepsilon/\hbar}\end{aligned}$$

所以

$$\rho(x,x';\varepsilon)\approx\sqrt{\frac{m}{2\pi\hbar\varepsilon}}\exp\left[-\frac{m(x-x')^2}{2\hbar\varepsilon}-\frac{\varepsilon V(x)}{\hbar}\right]. \tag{1.6.19}$$

将修正项 $\mathrm{e}^{-V(x)\varepsilon/\hbar}$ 用到自由粒子路径的每一小段上, 且让 $\varepsilon\to 0$ 得

$$\begin{aligned}\rho(x,x';U)&=\int\exp\left\{-\frac{1}{\hbar}\int_0^U\left[\frac{m\dot{x}(u)^2}{2}+V(x(u))\right]\mathrm{d}u\right\}\mathcal{D}x(u)\\&=\int\Phi[x(u)]\mathcal{D}x(u)\end{aligned}$$

其中 $x(0)=x', x(U)=x$. 因此

$$\Phi[x(u)]=\exp\left\{-\frac{1}{\hbar}\int_0^U\left[\frac{m\dot{x}(u)^2}{2}+V(x(u))\right]\mathrm{d}u\right\}.$$

系统的配分函数为

$$\begin{aligned}Z&=\int\rho(x,x)\mathrm{d}x\\&=\int\mathrm{d}x\left\{\int\exp\left\{-\frac{1}{\hbar}\int_0^U\left[\frac{m\dot{x}(u)^2}{2}+V(x(u))\right]\mathrm{d}u\right\}\mathcal{D}x(u)\right\}_{x(0)=x(U)=x}\end{aligned}$$

以上导出了 Φ 的表示式, 现在的问题是什么样的路径对积分的贡献是重要的? 可以分两种情况来看: 如果势场不依赖于位置, 其结果与自由粒子相似, 路径越短对积分贡献越大, 原因是路径越长, 平均 "速度" 越大, 即 $[\dot{x}(u)]^2$ 越大, 使指数因子变得更负, 对积分贡献变小. 而当势场依赖于位置时, 为简单起见, 设势场随 x 增大而增加, 这时更短的路径, 例如图 1.6.2 中路径 1 并不一定比路径 2 的贡献大, 原因是这时路径 1 的势能积分值比路径 2 更高. 因此可以看出, 只有这样一些路径对密度矩阵的贡献是主要的, 在这些路径上势能的下降比动能增加更快.

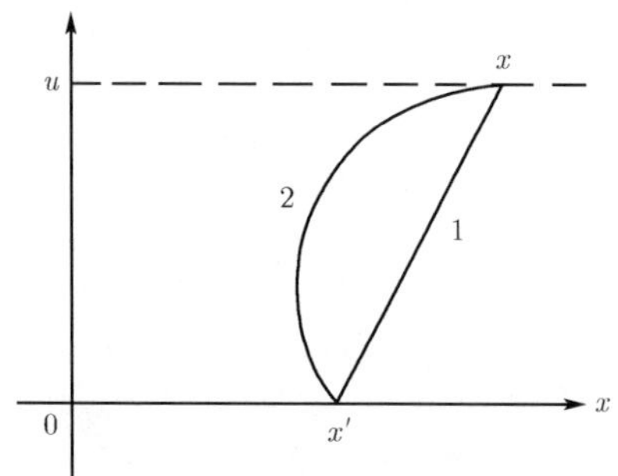

图 1.6.2　从 x' 到 x 的两条路径

上面我们只讨论了一个自由度的情况, 但所得结果可以推广到任意多个自由度的情况. 对 N 个自由度的体系, 用 $x^{(1)}, x^{(2)}, \cdots, x^{(N)}$ 表示体系的坐标, 相应的 $\mathcal{D}x(u)$ 为

$$\mathcal{D}x(u) = \lim_{n\to\infty} \mathrm{d}x_1^{(1)} \cdots \mathrm{d}x_1^{(N)} \mathrm{d}x_2^{(1)} \cdots \mathrm{d}x_n^{(N)}.$$

其他的量作相应的推广即可.

1.7　热力学函数

在量子系综理论的讨论中给出了各系综密度矩阵的具体形式, 用密度矩阵求系综的平均值问题, 最后被归结为求体系的配分函数或巨配分函数的问题. 本节的讨论将给出体系物理量的平均值与配分函数或巨配分函数之间关系的一些表达式, 从而当我们用系综理论去研究多体系统时, 一旦求得了体系的配分函数或巨配分函数, 不必再写出密度矩阵的具体表示式去求平均值, 而可以利用所给出的这些关系, 直接得到物理量的平均值.

1. 正则系综

热力学函数可以分成两类, 其中一类是有直接对应的力学量, 这时只需要用密度矩阵对相应力学量求平均即可. 例如, 体系哈密顿量平均值是系统的总能量:

$$\begin{aligned}\overline{\hat{H}} = \bar{E} &= \sum_n E_n \rho_{nn} = \frac{1}{Z}\sum_n E_n \mathrm{e}^{-\beta E_n} \\ &= -\frac{\partial \ln Z}{\partial \beta}.\end{aligned} \tag{1.7.1}$$

如果用 y_λ 表示描写体系几何位形的变数, 相应的广义力为 Y_λ 有

$$Y_\lambda = -\frac{\partial \hat{H}}{\partial y_\lambda} \quad (\lambda = 1, 2, \cdots, s), \tag{1.7.2}$$

广义力的平均值为

$$\begin{aligned}\bar{Y}_\lambda &= -\left\langle \frac{\partial \hat{H}}{\partial y_\lambda} \right\rangle = -\frac{1}{Z}\mathrm{Tr}\left(\mathrm{e}^{-\beta \hat{H}}\frac{\partial \hat{H}}{\partial y_\lambda}\right) \\ &= \frac{1}{\beta}\frac{\partial \ln Z}{\partial y_\lambda}.\end{aligned} \tag{1.7.3}$$

对气体系统, y_λ 代表体积, Y_λ 为压强, (1.7.3) 式给出:

$$P = \frac{1}{\beta}\frac{\partial \ln Z}{\partial V}. \tag{1.7.4}$$

(1.7.4) 式给出了气体的状态方程.

对另一类热力学函数, 没有与其对应的力学量, 可以通过热力学关系找出其平均值的表示式. 例如熵 S, 由热力学关系:

$$\mathrm{d}\overline{E} = T\mathrm{d}S - \sum_\lambda \overline{Y}_\lambda \mathrm{d}y_\lambda, \tag{1.7.5}$$

$$\mathrm{d}S = \frac{1}{T}(\mathrm{d}\overline{E} + \sum_\lambda \overline{Y}_\lambda \mathrm{d}y_\lambda). \tag{1.7.6}$$

由于

$$\begin{aligned}\beta(\mathrm{d}\overline{E} + \sum_\lambda \overline{Y}_\lambda \mathrm{d}y_\lambda) &= -\beta \mathrm{d}(\frac{\partial \ln Z}{\partial \beta}) + \sum_\lambda \frac{\partial \ln Z}{\partial y_\lambda}\mathrm{d}y_\lambda \\ &= -\mathrm{d}(\beta\frac{\partial \ln Z}{\partial \beta}) + \frac{\partial \ln Z}{\partial \beta}\mathrm{d}\beta + \sum_\lambda \frac{\partial \ln Z}{\partial y_\lambda}\mathrm{d}y_\lambda \\ &= \mathrm{d}(\ln Z - \beta\frac{\partial \ln Z}{\partial \beta}),\end{aligned} \tag{1.7.7}$$

由 (1.7.6) 式及 (1.7.7) 式, 得

$$S = k\left(\ln Z - \beta\frac{\partial \ln Z}{\partial \beta}\right). \tag{1.7.8}$$

对 S 也可用另一种形式来表示, 即直接用密度矩阵来表示:

$$\begin{aligned} S &= k(\ln Z + \beta\overline{E}) = -k(-\psi - \beta\overline{E}) \\ &= -k\overline{(-\psi - \beta\hat{H})} = -k\overline{\ln\hat{\rho}} \\ &= -k\mathrm{Tr}(\hat{\rho}\ln\hat{\rho}). \end{aligned} \tag{1.7.9}$$

与 S 相类似, 可以求出其他一些热力学函数:

$$F = \overline{E} - TS = -kT\ln Z, \tag{1.7.10}$$

$$C_V = \left(\frac{\partial\overline{E}}{\partial T}\right)_{N,V} = \left(k\beta^2\frac{\partial^2\ln Z}{\partial\beta^2}\right)_{N,V}, \tag{1.7.11}$$

$$\mu = \left(\frac{\partial F}{\partial N}\right)_{V,T} = -\frac{1}{\beta}\left(\frac{\partial\ln Z}{\partial N}\right)_{V,T}. \tag{1.7.12}$$

2. 巨正则系综

巨正则系综的密度矩阵为

$$\rho = \mathrm{e}^{-\zeta-\beta E_{Nn}-\alpha N} = \frac{1}{\varXi}\mathrm{e}^{-\beta E_{Nn}-\alpha N}.$$

很容易求出热力学函数的平均值

$$\begin{aligned} \overline{N} &= \frac{1}{\varXi}\sum_N\sum_n N\mathrm{e}^{-\beta E_{Nn}-\alpha N} \\ &= \frac{1}{\varXi}\left(-\frac{\partial}{\partial\alpha}\sum_N\sum_n \mathrm{e}^{-\beta E_{Nn}-\alpha N}\right) = -\frac{\partial\ln\varXi}{\partial\alpha}, \end{aligned} \tag{1.7.13}$$

$$\overline{E} = -\frac{\partial\ln\varXi}{\partial\beta} \tag{1.7.14}$$

$$\overline{Y}_\lambda = \frac{1}{\beta}\frac{\partial\ln\varXi}{\partial y_\lambda}. \tag{1.7.15}$$

对巨正则系综, 粒子数是可变的, 熵的公式为

$$\mathrm{d}\overline{E} = T\mathrm{d}S - \sum_\lambda\overline{Y}_\lambda\mathrm{d}y_\lambda + \mu\mathrm{d}\overline{N}.$$

另一方面, 由于

$$\begin{aligned} \beta\left(\mathrm{d}\overline{E} + \sum_\lambda\overline{Y}_\lambda\mathrm{d}y_\lambda\right) &= -\beta\mathrm{d}\left(\frac{\partial\ln\varXi}{\partial\beta}\right) + \sum_\lambda\frac{\partial\ln\varXi}{\partial y_\lambda}\mathrm{d}y_\lambda \\ &= -\mathrm{d}\left(\beta\frac{\partial\ln\varXi}{\partial\beta}\right) + \frac{\partial\ln\varXi}{\partial\beta}\mathrm{d}\beta + \sum_\lambda\frac{\partial\ln\varXi}{\partial y_\lambda}\mathrm{d}y_\lambda + \frac{\partial\ln\varXi}{\partial\alpha}\mathrm{d}\alpha - \frac{\partial\ln\varXi}{\partial\alpha}\mathrm{d}\alpha \\ &= \mathrm{d}\left(\ln\varXi - \alpha\frac{\partial\ln\varXi}{\partial\alpha} - \beta\frac{\partial\ln\varXi}{\partial\beta}\right) - \alpha\mathrm{d}\overline{N} \end{aligned}$$

得

$$\beta\left(\mathrm{d}\overline{E}-\sum_{\lambda}\overline{Y}_{\lambda}\mathrm{d}y_{\lambda}\right)+\alpha\mathrm{d}\overline{N}=\mathrm{d}\left(\ln\varXi-\alpha\frac{\partial\ln\varXi}{\partial\alpha}-\beta\frac{\partial\ln\varXi}{\partial\beta}\right),$$

所以

$$S=k\left(\ln\varXi-\alpha\frac{\partial\ln\varXi}{\partial\alpha}-\beta\frac{\partial\ln\varXi}{\partial\beta}\right). \tag{1.7.16}$$

其中我们用了关系

$$\alpha=-\beta\mu.$$

正则系综热力学函数的公式中, 用密度矩阵表示熵的公式在巨正则系综中依然成立, 只需将 $\hat{\rho}$ 换成巨正则系综的密度矩阵即可.

$$S=-k\mathrm{Tr}(\hat{\rho}\ln\hat{\rho}) \tag{1.7.17}$$

对其他热力学函数同样可以得到

$$F=-kT\left(\ln\varXi-\alpha\frac{\partial\ln\varXi}{\partial\alpha}\right) \tag{1.7.18}$$

用 G 表示吉布斯函数, 有

$$G=\mu\overline{N}=-\mu\frac{\partial\ln\varXi}{\partial\alpha} \tag{1.7.19}$$

$$C_V=\left(\frac{\partial\overline{E}}{\partial T}\right)_V=\left(k\beta^2\frac{\partial^2\ln\varXi}{\partial\beta^2}\right)_V \tag{1.7.20}$$

在巨正则系综中, 通常定义热力学势 $\varOmega$ 为

$$\varOmega(\beta,\mu,V)=-kT\ln\varXi(\beta,\mu,V). \tag{1.7.21}$$

1.8 平衡系综的等价性

量子系综理论同经典系综理论一样, 是在不同的宏观条件下, 建立起不同的系综. 但可以证明在热力学极限的条件下, 三种系综是等价的; 换言之, 当我们研究一个具体物理体系时, 在热力学极限的条件下, 无论选择哪个系综, 得到的结果是相同的. 证明这一等价性的意义就在于当我们计算体系的热力学函数时, 可以根据计算方便而任意选择系综, 不必受宏观条件的严格限制.

1. 热力学极限

我们所感兴趣的很多热力学函数总是与系统的体积或者说粒子数有关, 例如自由能 F 与系统的总能量有关, 系统总能量是由组成系统的粒子的动能、相互作用位能及粒子与外场的相互作用能所决定, 因此计算体系的自由能所得数值与所选择的粒子数从而也与体积有关 (当密度为固定时), 为了消除这一因素的影响, 可以定义自由能密度, 即每个粒子的自由能, 这样做并不影响体系的实际物理性质.

实际的物理体系, 其体积 (或粒子数) 总是有限的, 有限体积所带来的影响, 除了上面所讲的一些量的广延性外, 另一个重要方面就是边界效应. 当我们研究物理体系的宏观性质时, 感兴趣的总是体系本身的性质, 希望尽可能减小边界效应的影响, 宏观等价性原理给了我们消除这种影响的可能. 这一原理说明在研究宏观系统的局域性质时, 系统的体积是不重要的参数, 这一参数的影响随体积增大而减小. 由此很容易想到, 当我们研究具体的体系时, 让体积逐渐增大以致趋于无穷, 来减小有限体积的影响. 随着体积增大, 粒子数自然也增加, 但保持粒子的密度不变, 以保持体系的相似性, 这就是热力学极限. 因此热力学极限的条件是

$$V \to \infty; \quad N \to \infty; \quad N/V = \text{有限的常数}.$$

系统满足热力学极限的条件, 不仅使理论处理得到简化, 消除了 N 或 V 变化引起的困难, 更重要的是在相变理论研究中具有举足轻重的影响.

下一个问题自然会问: 系统是否确实存在热力学极限? 杨 – 李第一定理证明了在一定条件下, 热力学极限确实存在. 关于杨 – 李定理的详细讨论将在第 5 章中进行, 目前我们只需承认热力学极限存在.

2. 微正则系综与正则系综的等价性

按照系综的宏观条件, 微正则系综的能量被限制在很窄的范围内; 而正则系综中一个系统能够具有介于零和无限大之间的任何能量值. 为了证明两个系综所得结果是相同的, 必须通过检验正则系综内系统具有显著概率的能量散布的实际范围来决定. 因此我们首先要考察正则系综中能量平均值的涨落. 这涨落可以表示成

$$\begin{aligned}
&\overline{(E-\overline{E})^2} = \overline{E^2} - \overline{E}^2, \\
&\overline{E} = -\frac{\partial \ln Z}{\partial \beta}, \\
&\overline{E^2} = \left(\frac{\partial \ln Z}{\partial \beta}\right)^2 + \frac{\partial^2 \ln Z}{\partial \beta^2},
\end{aligned}$$

所以

$$\overline{(E-\overline{E})^2} = \frac{\partial^2 \ln Z}{\partial \beta^2} = -\frac{\partial \overline{E}}{\partial \beta}. \tag{1.8.1}$$

(1.8.1) 式对 β 的导数是在保持 V 不变的条件下进行, 对正则系综粒子数 N 不变, 故可用 C_V 表示:

$$\overline{(E-\overline{E})^2}=kT^2C_V, \tag{1.8.2}$$

C_V 为广延量, $C_V\propto N$, 而 $E\propto N$, 所以得

$$\frac{\sqrt{\overline{(\Delta E)^2}}}{\overline{E}}\propto\frac{\sqrt{N}}{N}\underset{N\to\infty}{\longrightarrow}0. \tag{1.8.3}$$

(1.8.3) 式说明正则系综能量相对涨落在热力学极限的条件下完全可以忽略. 也就是说对任意体系, 虽然其能量值是可变的, 但体系的实际能量却是以极大的概率处在平均值附近, 且随 $N\to\infty$, 其能量与平均值的偏离 $\to 0$, 这实际上与微正则系综相同, 也就说明微正则系综与正则系综是等价的.

为了进一步看清这问题, 从概率分布的角度来考察能量以什么方式分布在正则系综各成员中间.

令体系能量处在 $E\sim E+\Delta E$ 中的概率为 $P(E)\Delta E$, 则

$$P(E)\Delta E\propto \mathrm{e}^{-\beta E}g(E)\Delta E, \tag{1.8.4}$$

其中 $g(E)$ 为体系的态密度.

可以看出, 概率密度 $P(E)$ 由两个因子决定:

(1) 玻尔兹曼因子 $\mathrm{e}^{-\beta E}$, 随 E 的增加而单调下降;

(2) 态密度 $g(E)$, 随 E 的增加而单调增加.

两个因子的乘积在 E 的某个值例如 $E=E^*$ 有极限, E^* 的值由 (1.8.5) 式决定:

$$\frac{\partial}{\partial E}\left[\mathrm{e}^{-\beta E}g(E)\right]\bigg|_{E=E^*}=0, \tag{1.8.5}$$

即

$$\left.\frac{\partial \ln g(E)}{\partial E}\right|_{E=E^*}=\beta. \tag{1.8.6}$$

由于 $S=k\ln g$, 代入 (1.8.6) 式, 成为

$$\left(\frac{\partial S}{\partial E}\right)_{E=E^*}=k\beta. \tag{1.8.7}$$

另一方面, 由 S 的热力学关系, 得

$$\left[\frac{\partial S(E)}{\partial E}\right]_{E=\overline{E}}=\frac{1}{T}=k\beta. \tag{1.8.8}$$

比较 (1.8.7) 式与 (1.8.8) 式, 不难得出

$$E^* = \overline{E}. \tag{1.8.9}$$

这结果说明不论体系的物理性质如何, 系统能量的最可几值总是与平均值相同. 将概率密度 $P(E)$ 的对数在能量值 $E^* = \overline{E}$ 附近展开, 有

$$\begin{aligned}
&\ln[\mathrm{e}^{-\beta E}g(E)] \\
&= \left(-\beta\overline{E} + \frac{S}{k}\right) + \frac{1}{2}\frac{\partial^2}{\partial E^2}\ln[\mathrm{e}^{-\beta E}g(E)]_{E=\overline{E}}(E-\overline{E})^2 + \cdots \\
&= -\beta(\overline{E} - TS) - \frac{1}{2kT^2C_V}(E-\overline{E})^2 + \cdots.
\end{aligned} \tag{1.8.10}$$

(1.8.10) 展开式中用了 (1.8.6) 式的结果. 由 (1.8.10) 式得

$$P(E) = \mathrm{e}^{-\beta E}g(E) \approx \mathrm{e}^{-\beta(\overline{E}-TS)}\mathrm{e}^{-\frac{(E-\overline{E})^2}{2kT^2C_V}}, \tag{1.8.11}$$

因此正则系综里的能量分布是一个平均值为 $\overline{E}$, 方差为 $\sqrt{kT^2C_V}$ 的高斯型分布. 由 (1.8.3) 式可知, 当 $N \gg 1$ 时, 有一个很尖锐的分布, 而当 $N \to \infty$ 时, 该分布趋向于一个 δ 函数.

下面我们以线性谐振子为例, 来说明上述理论. 线性谐振子的能量本征值为

$$\varepsilon_n = \left(n + \frac{1}{2}\right)\hbar\omega, \quad n = 0, 1, 2, \cdots. \tag{1.8.12}$$

单个振子的配分函数

$$Z_1(\beta) = \sum_{n=0}^{\infty}\mathrm{e}^{-\beta(n+\frac{1}{2})\hbar\omega} = \frac{\mathrm{e}^{-\frac{1}{2}\beta\hbar\omega}}{1-\mathrm{e}^{-\beta\hbar\omega}} = \frac{1}{2\sinh\left(\frac{1}{2}\beta\hbar\omega\right)}. \tag{1.8.13}$$

对 N 个振子的配分函数应为

$$Z_N(\beta) = [Z_1(\beta)]^N = \frac{\mathrm{e}^{-\frac{1}{2}N\beta\hbar\omega}}{(1-\mathrm{e}^{-\beta\hbar\omega})^N}. \tag{1.8.14}$$

由此可求出有关的热力学函数为

$$\begin{aligned}
F &= NkT\ln Z_N(\beta) \\
&= N\left[\frac{1}{2}\hbar\omega + kT\ln(1-\mathrm{e}^{-\beta\hbar\omega})\right],
\end{aligned} \tag{1.8.15}$$

$$S = Nk\left[\frac{\beta\hbar\omega}{\mathrm{e}^{\beta\hbar\omega}-1} - \ln(1-\mathrm{e}^{-\beta\hbar\omega})\right], \tag{1.8.16}$$

$$U = N\left[\frac{1}{2}\hbar\omega + \frac{\hbar\omega}{\mathrm{e}^{\beta\hbar\omega} - 1}\right], \tag{1.8.17}$$

$$C_V = C_P = Nk(\beta\hbar\omega)^2\frac{\mathrm{e}^{\beta\hbar\omega}}{(\mathrm{e}^{\beta\hbar\omega} - 1)^2}. \tag{1.8.18}$$

由于讨论的是量子谐振子, 以上的结果显然与经典情况不同, (1.3.17) 式说明不服从能量均分定理, 每个振子的能量平均值高于均分值 kT; 而 (1.8.18) 式说明比热低于经典值. 在 $kT \gg 2\hbar\omega$ 的经典极限下, (1.8.15) 式 ~(1.8.18) 式的结果都趋于经典值.

现在从配分函数 (1.8.14) 式来决定 N 个振子系统的态密度. 将 (1.8.14) 式中 $(1-\mathrm{e}^{-\beta\hbar\omega})^{-N}$ 作幂级数展开, 有

$$Z_N(\beta) = \sum_{R=0}^{\infty}\mathrm{C}_{N+R-1}^{R}\mathrm{e}^{-\beta(\frac{1}{2}N\hbar\omega + R\hbar\omega)}; R = 0, 1, 2, \cdots, \tag{1.8.19}$$

另一方面用态密度直接表示配分函数有

$$Z_N(\beta) = \int_0^{\infty} g(E)\mathrm{e}^{-\beta E}\mathrm{d}E. \tag{1.8.20}$$

比较 (1.8.19) 式与 (1.8.20) 式, 得

$$g(E) = \sum_{R=0}^{\infty}\mathrm{C}_{N+R-1}^{R}\delta\left[E - \left(R + \frac{N}{2}\right)\hbar\omega\right]. \tag{1.8.21}$$

(1.8.21)式说明系统能量E具有分立值$\left(R+\dfrac{1}{2}N\right)\hbar\omega$时, 相应的状态数为$\dfrac{(N+R-1)!}{(N-1)!R!}$, 对其他的能量值, 状态数为 0. 这是量子谐振子系统能量不连续的必然结果.

我们再用微正则系综来讨论同一个系统. 设 N 个谐振子组成的体系, 总能量 E 为确定的, 每个振子都可以处在 (1.8.12) 式给出的任一本征态中, 现在的问题是将能量 E 分配给 N 个振子, 可能出现多少种不同的分配方式? 为了方便起见, 首先消去每个振子的零点能, 因为这部分是不能分配的; 让其余的能量变换成具有能量 $\hbar\omega$ 的量子, 让 R 表示量子的数目, 可得

$$R = \frac{\left(E - \dfrac{1}{2}N\hbar\omega\right)}{\hbar\omega}, \tag{1.8.22}$$

显然 R 应该是整数; E 的形式为 $(R + \dfrac{1}{2}N)\hbar\omega$. 因而能量分配问题可以换一种说法: 将 R 个量子分配给 N 个振子的各种可能分法的总数, 可以用排列组合的问题来研

究, 也就是把 R 个不可分辨的球放入 N 个可分辨的盒子中去的各种可能方式的总数. 这数为

$$\frac{(R+N-1)!}{(N-1)!R!}, \tag{1.8.23}$$

这结果与 (1.8.21) 式是一致的. 由这排列数计算系统的熵为

$$\begin{aligned} S &\approx k[\ln(R+N)! - \ln(N-1)! - \ln R!] \\ &\approx k[(R+N)\ln(R+N) - R\ln R - N\ln N], \end{aligned} \tag{1.8.24}$$

系统的温度为

$$\begin{aligned} \frac{1}{T} &= \left(\frac{\partial S}{\partial E}\right)_N = \left(\frac{\partial S}{\partial R}\right)_N \quad \frac{1}{\hbar\omega} = \frac{k}{\hbar\omega}\ln\left(\frac{R+N}{R}\right) \\ &= \frac{k}{\hbar\omega}\ln\left(\frac{E+\dfrac{N}{2}\hbar\omega}{E-\dfrac{N}{2}\hbar\omega}\right). \end{aligned} \tag{1.8.25}$$

由此可得每个粒子的能量为

$$\frac{E}{N} = \frac{1}{2}\hbar\omega\frac{\mathrm{e}^{\hbar\omega/kT}+1}{\mathrm{e}^{\hbar\omega/kT}-1}. \tag{1.8.26}$$

同样, 我们可以推导 S 的公式, 由 (1.8.25) 式可得

$$\ln\left(\frac{R+N}{R}\right) = \frac{\hbar\omega}{kT}, \tag{1.8.27}$$

并由 (1.8.27) 式得

$$R = \frac{N}{\mathrm{e}^{\beta\hbar\omega}-1}; \quad R+N = \frac{N\mathrm{e}^{\beta\hbar\omega}}{\mathrm{e}^{\beta\hbar\omega}-1}. \tag{1.8.28}$$

将 (1.8.24) 式改写成

$$S = k\left(R\ln\frac{R+N}{R} + N\ln\frac{R+N}{N}\right). \tag{1.8.29}$$

(1.8.27) 式与 (1.8.28) 式代入 (1.8.29) 式, 得 S 的公式为

$$S = Nk\left[\frac{\beta\hbar\omega}{\mathrm{e}^{\beta\hbar\omega}-1} - \ln(1-\mathrm{e}^{-\beta\hbar\omega})\right]. \tag{1.8.30}$$

显然, (1.8.26) 式、(1.8.30) 式与 (1.8.17) 式、(1.8.16) 式完全相同, 也就是对物理体系, 无论从微正则系综或正则系综出发, 计算热力学函数所得的结果完全相同.

3. 巨正则系综与正则系综的等价性

巨正则系综与正则系综的差别在于前者的粒子数是可变的, 故为了得出两者的等价性, 需分析巨正则系综中粒子数的涨落.

从巨正则系综热力学函数的公式, 很容易得到

$$\overline{(N-\overline{N})^2}=\overline{N^2}-\overline{N}^2=-\left(\frac{\partial \overline{N}}{\partial \alpha}\right)_{\beta,V}=kT\left(\frac{\partial \overline{N}}{\partial \mu}\right)_{T,V}, \tag{1.8.31}$$

$\overline{N}$ 为广延量, 可写成

$$\overline{N}=\overline{N}(\mu,T,V)=Vf(\mu,T),$$

故 (1.8.31) 式可表示成

$$\overline{(N-\overline{N})^2}=kTV\left(\frac{\partial f}{\partial \mu}\right)_T\propto V\propto \overline{N}.$$

粒子数的相对涨落为

$$\frac{\sqrt{\overline{(N-\overline{N})^2}}}{\overline{N}}\propto\frac{1}{\sqrt{N}}\xrightarrow[N\to\infty]{}0. \tag{1.8.32}$$

与前面讨论相类似, 这结果说明在热力学极限下, 巨正则系综的粒子数涨落很小, 体系的粒子数以极大的概率处在平均值附近, 且随着 $N\to\infty$, 涨落趋于零, 说明巨正则系综与正则系综是等价的.

需指出的是在某些特殊情况下, 上述等价性可能不成立, 当所讨论的体系出现相变时就属于这种情况. 原因是当体系处在相变点附近时, 粒子数密度的涨落可以变得很大, 即产生被称为“临界乳光”的现象, 这种情况下, 由巨正则系综得出的结果与正则系综的结果不一定相同, 因而在讨论相变问题时更多地使用巨正则系综表述形式, 因为这种形式能更好地反映出物理图像. 为了更清楚看出这一问题, 将粒子数涨落的表示式作些改变. 由于

$$\mathrm{d}\mu=\frac{V}{N}\mathrm{d}P-\frac{S}{N}\mathrm{d}T$$

即

$$\left(\frac{\partial \mu}{\partial v}\right)_T=v\left(\frac{\partial P}{\partial v}\right)_T \tag{1.8.33}$$

其中 $v=V/N$. 由 (1.8.32) 式可得

$$-\frac{N^2}{V}\left(\frac{\partial \mu}{\partial N}\right)_{T,V}=V\left(\frac{\partial P}{\partial V}\right)_{N,T} \tag{1.8.34}$$

将 (1.8.34) 式代入 (1.8.31) 式得

$$\overline{(\Delta N)^2} = \frac{kTN^2}{V}\kappa_T \tag{1.8.35}$$

其中 κ_T 为等温压缩率, 当体系处在相变点时, 等温压缩率趋于无穷, 因而粒子数涨落变得很大.

总之, 从以上讨论可以得出结论: 当我们研究任何物理体系的热力学性质时, 只要体系不是处在临界点附近, 就可以根据计算方便, 任意选择一个系综进行.

1.9 配分函数的经典极限

前面我们已经多次遇到当体系处在很高温度下, 由量子系综理论所得的结果与经典理论的结果相同; 在这一节我们将证明量子配分函数在高温极限下与经典配分函数相同, 从而在这两种情况下所得到的热力学函数是相同的这一事实, 也就成为必然的结果.

用 $\hat{H}$ 表示系统的哈密顿量, 由动能及位能两部分组成:

$$\hat{H} = \hat{K} + \hat{U}, \tag{1.9.1}$$

其中位能表示成

$$U(\boldsymbol{r}_1, \cdots, \boldsymbol{r}_N) = \sum_{i<j} u_{ij}, \tag{1.9.2}$$

$$u_{ij} \equiv u(|\boldsymbol{r}_i - \boldsymbol{r}_j|). \tag{1.9.3}$$

系统的配分函数为

$$\begin{aligned} Z_N(V,T) &= \mathrm{Tr}(\mathrm{e}^{-\beta\hat{H}}) \\ &= \sum_n \int \psi_n^*(1,2,\cdots,N)\mathrm{e}^{-\beta\hat{H}}\psi_n(1,2,\cdots,N)\mathrm{d}^{3N}r. \end{aligned} \tag{1.9.4}$$

其中 ψ_n 是系统的一组波函数的完全集合. 现在需要证明的是在足够高的温度下, 配分函数可以表示成

$$Z_N(V,T) \approx \frac{1}{N!h^{3N}} \int \mathrm{d}^{3N}p\mathrm{d}^{3N}\boldsymbol{r}\mathrm{e}^{-\beta\hat{H}(p,r)}, \tag{1.9.5}$$

其中 $\hat{H}(p,r)$ 是经典哈密顿量:

$$\hat{H}(p,r) = \sum_{i=1}^{N} \frac{p_i^2}{2m} + U(\boldsymbol{r}_1, \cdots, \boldsymbol{r}_N). \tag{1.9.6}$$

首先考虑粒子间没有相互作用的情况, 即

$$\hat{U}=0.$$

哈密顿量的本征态可以用自由粒子波函数 $\varPhi_p(1,2,\cdots,N)$ 来表示, 其中 p 表示 N 个动量的集合:

$$p\equiv\{\boldsymbol{p}_1,\cdots,\boldsymbol{p}_N\},$$

波函数所满足的本征值方程为

$$\hat{K}\varPhi_p(1,\cdots,N)=K_p\varPhi_p(1,\cdots,N), \tag{1.9.7}$$

其中,

$$K_p=\frac{1}{2m}(p_1^2+\cdots+p_N^2). \tag{1.9.8}$$

设系统的体积为 V, 选择周期性边界条件, $\boldsymbol{p}_i$ 的值为

$$\boldsymbol{p}_i=\frac{2\pi\hbar}{\sqrt[3]{V}}\boldsymbol{n}$$

$\boldsymbol{n}$ 为一矢量, 其分量的取值为 $0,\pm1,\pm2,\cdots$. 根据量子力学原理, 波函数 $\varPhi_p$ 必须满足一定对称性的要求, 对波色子组成的体系, 波函数对粒子的变换为对称的, 而费米子组成的体系是反对称的. 用单粒子的平面波波函数组合成体系的波函数 $\varPhi_p$:

$$\begin{aligned}\varPhi_p&=\frac{1}{\sqrt{N!}}\sum_{P_e}(\pm1)^{p_e}P_e[\varphi_{\boldsymbol{p}_1}(1)\cdots\varphi_{\boldsymbol{p}_N}(N)],\\ \varphi_{\boldsymbol{p}}(\boldsymbol{r})&=\frac{1}{\sqrt{V}}\mathrm{e}^{\mathrm{i}\boldsymbol{p}\cdot\boldsymbol{r}/\hbar}.\end{aligned} \tag{1.9.9}$$

(1.9.9) 式中 (+) 号适用于玻色子, (−) 号适用于费米子, 算符 P_e 表示对 N 个粒子坐标 $\boldsymbol{r}_1,\cdots,\boldsymbol{r}_N$(在 (1.9.9) 式中为了方便直接用数字 $1,\cdots,N$ 表示坐标.) 做各种可能的排列运算 ; $\sum\limits_{P_e}$ 表示对这些排列的求和. 对玻色子 $(+1)^{P_e}=+1$; 对费米子 $(-1)^{P_e}$ 为 $+1$ 或 -1, 决定于为达到某种给定排列需要做的交换次数. $1/\sqrt{N!}$ 因子来自于归一化要求, 因为由 N 个单粒子波函数组合成体系的波函数 $\varPhi_p$, 各种可能的不同的排列数为 $N!$ 个, 为使 $\varPhi_p$ 归一化必须有这因子. 所以

$$\begin{aligned}\mathrm{Tr}\mathrm{e}^{-\beta\hat{K}}&=\sum_{\boldsymbol{p}_1,\cdots,\boldsymbol{p}_N}\int\mathrm{d}^{3N}r\,\varPhi_p^*(1,\cdots,N)\mathrm{e}^{-\beta\hat{K}}\varPhi_p(1\cdots,N)\\&=\sum_{\boldsymbol{p}_1,\cdots,\boldsymbol{p}_N}\mathrm{e}^{-\beta K_p}\int\mathrm{d}^{3N}r|\varPhi_p(1,\cdots,N)|^2.\end{aligned} \tag{1.9.10}$$

在体积 $V \to \infty$ 的极限, 对 $\boldsymbol{p}_i$ 的求和换成积分:

$$\sum_{\boldsymbol{p}_i} \to \frac{V}{h^3}\mathrm{d}^3 p_i$$

将 (1.9.10) 式写成

$$\mathrm{Tr}\mathrm{e}^{-\beta\hat{K}} = \frac{1}{N!h^{3N}}\int \mathrm{d}^{3N}rJ(1,\cdots,N), \tag{1.9.11}$$

其中,

$$\begin{aligned}J(1,\cdots,N) &= V^N \int \mathrm{d}^{3N}p\mathrm{e}^{-\beta K_p}|\varPhi_p(1,\cdots,N)|^2\\&= V^N \int \mathrm{d}^{3N}p\mathrm{e}^{-\beta K_p}\frac{1}{\sqrt{N!}}\sum_{P_e}(\pm 1)^{P_e}P_e[\varphi^*_{\boldsymbol{p}_1}(1)\cdots\varphi^*_{\boldsymbol{p}_N}(N)]\\&\quad\times\frac{1}{\sqrt{N!}}\sum_{P'_e}(\pm 1)^{P'_e}P'_e[\varphi_{p_1}(1')\cdots\varphi_{\boldsymbol{p}_N}(N')].\end{aligned}$$

由于排列的总数为 $N!$ 项, 每项对积分都有相同的贡献, 因而上式中两个求和可以只用一个代替, 并乘上因子 $N!$. 上式写成

$$\begin{aligned}J(1,\cdots,N) =&\frac{1}{N!}V^N\int \mathrm{d}^{3N}p\mathrm{e}^{-\beta k_p}\sum_{P_e}(\pm 1)^{P_e}P_e[\varphi^*_{\boldsymbol{p}_1}(1)\varphi_{\boldsymbol{p}_1}(1')]\cdots\\&\cdots[\varphi^*_{\boldsymbol{p}_N}(N)\varphi_{\boldsymbol{p}_N}(N')].\end{aligned}\tag{1.9.12}$$

用 K_p 及 $\varphi(\boldsymbol{r})$ 的表示式, 将 (1.9.12) 式写成

$$\begin{aligned}J(1,\cdots,N) &= \sum_{P_e}(\pm 1)^{P_e}\int \mathrm{d}^{3N}pP_e\prod_{j=1}^{N}\mathrm{e}^{-\beta(p_j^2/2m)+\mathrm{i}p_j(r_j-r'_j)/\hbar}\\&=\sum_{P_e}(\pm 1)^{P_e}P_e\left[\int \mathrm{d}^3p\mathrm{e}^{-\beta(p^2/2m)+\mathrm{i}\boldsymbol{p}\cdot(\boldsymbol{r}-\boldsymbol{r}\prime)/\hbar}\right]\cdots\\&\quad\times\left[\int \mathrm{d}^3p\mathrm{e}^{-\beta(p^2/2m)+\mathrm{i}\boldsymbol{p}\cdot(\boldsymbol{r}-\boldsymbol{r}\prime)/\hbar}\right]\\&=\left[\int \mathrm{d}^3p\mathrm{e}^{-\beta p^2/2m}\right]^N\sum_{P_e}(\pm 1)^{P_e}P_e\Big[f(\boldsymbol{r}-\boldsymbol{r}')\cdots f(\boldsymbol{r}_N-\boldsymbol{r}'{}_N)\Big].\end{aligned}\tag{1.9.13}$$

其中,

$$f(\boldsymbol{r}) \equiv \frac{\int \mathrm{d}^3p\mathrm{e}^{-\beta p^2/2m+\mathrm{i}\boldsymbol{p}\cdot\boldsymbol{r}}}{\int \mathrm{d}^3p\mathrm{e}^{-\beta p^2/2m}} = \mathrm{e}^{-\pi r^2/\lambda^2}, \tag{1.9.14}$$

(1.9.14) 式中 $\boldsymbol{r}=|\boldsymbol{r}|;\lambda=\sqrt{2\pi\hbar^2/mkT}$ 称为平均热波长. 将 (1.9.13) 式代入 (1.9.11) 式：

$$\begin{aligned}\mathrm{Tre}^{-\beta\hat{K}} =&\frac{1}{N!h^{3N}}\cdot\int \mathrm{d}^{3N}p\mathrm{d}^{3N}r\mathrm{e}^{-\beta(p_1^2+\cdots+p_N^2)/2m}\\ &\times\sum_{P_e}(\pm1)^{P_e}\cdot P_e[f(\boldsymbol{r}_1-\boldsymbol{r'}_1)\cdots f(\boldsymbol{r}_N-\boldsymbol{r'}_N)].\end{aligned} \tag{1.9.15}$$

(1.9.15) 式中 $(\boldsymbol{r}'_1,\cdots,\boldsymbol{r}'_N)$ 是由 $(\boldsymbol{r}_1,\cdots,\boldsymbol{r}_N)$ 经过一定次数的变换得到的. 对 P_e 的求和是对坐标的各种可能交换求和, 显然, 求和的第一项应是不作任何交换的项, 即 $\boldsymbol{r}'_i=\boldsymbol{r}_i(i=1,2,\cdots,N)$, 因而有

$$[f(0)]^N=1.$$

第二项是第 i 个坐标与第 j 个坐标交换得到的, 为了使排列的次序 $(\boldsymbol{r}_1\cdots,\boldsymbol{r}_i,\cdots,\boldsymbol{r}_j,\cdots,\boldsymbol{r}_N)$ 改为新的次序 $(\boldsymbol{r}_1,\cdots,\boldsymbol{r}_j,\cdots,\boldsymbol{r}_i,\cdots,\boldsymbol{r}_N)$ 必须经过 $(j-i)+(j-i-1)$ 次交换, 故 $(\pm1)^{P_e}=\pm1$, 其中正号是对玻色子, 负号是对费米子; 其余的项可以依次类推, 于是:

$$\begin{aligned}&\sum_{P_e}(\pm1)^{P_e}P_e[f(\boldsymbol{r}_1-\boldsymbol{r}'_1),\cdots,f(\boldsymbol{r}_N-\boldsymbol{r}'_N)]\\ &=1\pm\sum_{i<j}f_{ij}^2+\sum_{i,j,k}f_{ij}f_{ik}f_{jk}\pm\cdots,\end{aligned} \tag{1.9.16}$$

其中,

$$f_{ij}\equiv f(\boldsymbol{r}_i-\boldsymbol{r}_j),$$

当体系温度很高时, 如满足条件:

$$|\boldsymbol{r}_i-\boldsymbol{r}_j|\gg\lambda. \tag{1.9.17}$$

由 (1.9.14) 式可知, f_{ij} 将很快趋于 0, 所以在 (1.9.17) 式的条件下, (1.9.15) 式成为

$$\mathrm{Tre}^{-\beta\hat{K}}\approx\frac{1}{N!h^{3N}}\int \mathrm{d}^{3N}p\mathrm{d}^{3N}r\mathrm{e}^{-\beta(p_1^2+\cdots p_N^2)/2m}. \tag{1.9.18}$$

这就是经典配分函数. 我们证明了在高温极限下, 如果满足条件 (1.9.17) 式则量子配分函数就过渡到经典配分函数. (1.9.17) 式中 $|\boldsymbol{r}_i-\boldsymbol{r}_j|$ 是粒子间平均距离, (1.9.17) 式也就是

(粒子间平均距离) ≫ (平均热波长).

对一个没有相互作用的体系, 当我们近似的用经典的配分函数代替体系的量子配分函数时, 进一步讨论一级修正项, 是一个十分有意义的问题.

显然, (1.9.16) 式的第二项, 即 f_{ij}^2 项可以看成是一级修正项, 在同样的近似程度下, 可将这一项写成

$$1 \pm \sum_{i<j} f_{ij}^2 \approx \prod_{i<j}(1 \pm f_{ij}^2) = \mathrm{e}^{-\beta \sum\limits_{i<j} \tilde{u}_{ij}}, \tag{1.9.19}$$

其中,

$$\begin{aligned}\tilde{u}_{ij} &\equiv -kT\ln(1 \pm f_{ij}^2) \\ &= -kT\ln[1 \pm \mathrm{e}^{-2\pi(|\boldsymbol{\tau}_i - \boldsymbol{\tau}_j|^2)/\lambda^2}].\end{aligned}$$

(1.9.18) 式在考虑一级修正的情况下, 成为

$$\mathrm{Tre}^{-\beta\hat{K}} \approx \frac{1}{N!h^{3N}} \int \mathrm{d}^{3N}p \cdot \mathrm{d}^{3N}r\mathrm{e}^{-\beta(\sum\limits_i p_i^2/2m + \sum\limits_{i<j} \tilde{u}_{ij})}. \tag{1.9.20}$$

(1.9.20) 式说明, 对配分函数的一级修正项, 从经典配分函数的角度来看, 相当于在粒子间增加了相互作用势 $\tilde{u}_{ij}$, 对玻色子是吸引势, 对费米子是排斥势. 要注意的是这种相互作用势来源于波函数的对称性, 与温度有关, 不是粒子间的真正相互作用势. 关于这问题, 在第 2 章将作进一步的讨论, 得到与此相同的结论.

下面我们进一步讨论粒子间存在相互作用的量子体系. 注意到一般情况下, 动能算符与位能算符不对易, 即

$$\mathrm{e}^{-\beta\hat{H}} = \mathrm{e}^{-\beta(\hat{K}+\hat{U})} \neq \mathrm{e}^{-\beta\hat{K}} \cdot \mathrm{e}^{-\beta\hat{U}}$$

为了找出当 $\beta \to 0$ 时, $\mathrm{e}^{-\beta\hat{H}}$ 的近似表示式, 假设下述展开式成立:

$$\mathrm{e}^{-\beta(\hat{K}+\hat{U})} \approx \mathrm{e}^{-\beta\hat{K}}\mathrm{e}^{-\beta\hat{U}}\mathrm{e}^{\hat{C}_0}\mathrm{e}^{\beta\hat{C}_1}\mathrm{e}^{\beta^2\hat{C}_2}\cdots. \tag{1.9.21}$$

将上述方程两边对 β 求导数至 n 阶 $(n = 0, 1, 2, \cdots)$, 然后令 $\beta = 0$, 得到

$$\begin{aligned}&\hat{c_0} = 0 \\ &\hat{c_1} = 0 \\ &\hat{c_2} = -\frac{1}{2}[\hat{K}, \hat{U}] \\ &\cdots\end{aligned}$$

当 β 很小时, (1.9.21) 式就可以近似地表示成

$$\mathrm{e}^{-\beta(\hat{K}+\hat{U})} \approx \mathrm{e}^{-\beta\hat{K}}\mathrm{e}^{-\beta\hat{U}}\mathrm{e}^{-\frac{1}{2}\beta^2[\hat{K},\hat{U}]}. \tag{1.9.22}$$

配分函数为

$$Z_N(V,T) \approx \mathrm{Tr}(\mathrm{e}^{-\beta\hat{K}}\mathrm{e}^{-\beta\hat{U}}\mathrm{e}^{-\frac{1}{2}\beta^2[\hat{K},\hat{U}]}). \tag{1.9.23}$$

由 $\hat{K}$ 及 $\hat{U}$ 所满足的方程:

$$\hat{K}\psi(\boldsymbol{r}_1,\cdots,\boldsymbol{r}_N) = -\frac{-\hbar^2}{2m}\sum_{i=1}^{N}\nabla_i^2\psi(\boldsymbol{r}_1,\cdots,\boldsymbol{r}_N),$$
$$\hat{U}\psi(\boldsymbol{r}_1,\cdots,\boldsymbol{r}_N) = U(\boldsymbol{r}_1,\cdots,\boldsymbol{r}_N)\psi(\boldsymbol{r}_1,\cdots,\boldsymbol{r}_N).$$

不难得到

$$[\hat{K},\hat{U}] = -\frac{\hbar^2}{2m}\sum_{i=1}^{N}\nabla_i^2\hat{U} - \frac{\hbar^2}{m}\sum_{i=1}^{N}(\nabla_i\hat{U})\nabla_i. \tag{1.9.24}$$

为了简化, 用作用在粒子上的平均力 $\boldsymbol{F}$ 代替 $-\nabla_i\hat{U}$,(1.9.24) 式成为

$$-\frac{1}{2}\beta^2[\hat{K},\hat{U}] \approx -\beta\hat{U}' - \frac{\mathrm{i}\beta\hbar}{2m}\boldsymbol{F}\cdot\hat{\boldsymbol{p}}, \tag{1.9.25}$$

其中 $\hat{\boldsymbol{p}}$ 为总动量算符; 而

$$\hat{U}' \equiv \frac{\beta\hbar^2}{4m}\sum_{i=1}^{N}\nabla_i^2\hat{U} = \frac{\beta\hbar^2}{2m}\sum_{i<j}\phi_{ij}, \tag{1.9.26}$$
$$\phi_{ij} = \phi(|\boldsymbol{r}_i - \boldsymbol{r}_j|),$$
$$\phi(r) = \nabla^2 u(r).$$

将 (1.9.26) 式代入 (1.9.23) 式得

$$Z_N(V,T) \approx \frac{1}{N!}\sum_{\boldsymbol{p}_1,\cdots,\boldsymbol{p}_N}\int \mathrm{d}^{3N}r\phi_p^*(1,\cdots,N) \times \mathrm{e}^{-\beta(K_p+U+U')-\mathrm{i}(\beta^2\hbar/2m)\boldsymbol{F}\cdot\hat{\boldsymbol{p}}}\phi_p(1,\cdots,N). \tag{1.9.27}$$

与前面讨论粒子间没有相互作用的情况相类似, 可得

$$Z_N(V,T) \approx \frac{1}{N!h^{3N}}\int \mathrm{d}^{3N}r\mathrm{e}^{-\beta(\hat{U}+\hat{U}')}J'(1,\cdots,N), \tag{1.9.28}$$

其中,

$$J'(1,\cdots,N) = V^N\int \mathrm{d}^{3N}p\mathrm{e}^{-\beta K_p-\mathrm{i}(\beta^2\hbar/2m)\boldsymbol{F}\cdot\hat{\boldsymbol{p}}}[\phi_p(1,\cdots,N)]^2. \tag{1.9.29}$$

令

$$\boldsymbol{R} = (\beta^2\hbar^2/2m)\boldsymbol{F},$$

则

$$
\begin{aligned}
J'(1,\cdots,N) &= \sum_{P_e}(\pm1)^{P_e}P_e\int \mathrm{d}^{3N}p\prod_{i=1}^{N}\exp[-\beta(p_i^2/2m)+\hat{\boldsymbol{p}}_i\cdot(\boldsymbol{r}_i-\boldsymbol{r}_i'-\boldsymbol{R})/\hbar] \\
&= \left[\int \mathrm{d}^3p\mathrm{e}^{-\beta p^2/2m}\right]^N\cdot\sum_{P_e}(\pm1)^{P_e}\cdot P_e\Big[f(\boldsymbol{r}_1-\boldsymbol{r}_1'-\boldsymbol{R})\cdots f(\boldsymbol{r}_N-\boldsymbol{r}_N'-\boldsymbol{R})\Big],
\end{aligned}
\tag{1.9.30}
$$

其中 f 的定义与 (1.9.14) 式相同. 与粒子间没有相互作用系统的计算完全相同, 有

$$
Z_N(V,T)\approx\frac{1}{N!h^{3N}}\int \mathrm{d}^{3N}p\mathrm{d}^{3N}r\mathrm{e}^{-\beta\hat{H}(p,r)-\beta(\hat{U}'+\hat{U}'')}. \tag{1.9.31}
$$

(1.9.31) 式中 $\hat{U}'$ 由 (1.9.26) 式定义, $\hat{U}''$ 被定义为

$$
\mathrm{e}^{-\beta\hat{U}''}\equiv\prod_{i<j}[1\pm f(\boldsymbol{r}_i-\boldsymbol{r}_i'-\boldsymbol{R})]. \tag{1.9.32}
$$

由 (1.9.32) 式及 (1.9.26) 式得

$$
\begin{aligned}
&\hat{U}'+\hat{U}''=\sum_{i<j}\tilde{u}_{ij}', \\
&\tilde{u}_{ij}'\equiv\tilde{u}'(\boldsymbol{r}_i-\boldsymbol{r}_j), \\
&\tilde{u}'(\boldsymbol{r})=\frac{\lambda^2}{4\pi}\nabla^2u(r)-kT\ln(1\pm\mathrm{e}^{-\rho}), \\
&\rho=\frac{\pi}{\lambda^2}|\boldsymbol{r}-\frac{\beta^2\hbar^2}{2m}\boldsymbol{F}|^2.
\end{aligned}
$$

在下述两条件下:

(1) 平均热波长 $\ll$ 粒子间平均距离;

(2) 平均热波长 $\ll$ 相互作用势的特征长度.

可以忽略 (1.9.31) 式中 $U'+U''$ 项, 这时量子配分函数就具有与经典配分函数 (1.9.5) 式完全相同形式, 也就是证明了量子体系的配分函数在高温极限下过渡到经典配分函数.

第 2 章　量子理想体系

第 1 章我们已讲述了量子统计力学的基本理论, 从本章开始, 将讨论如何用这些理论去研究各种统计力学体系. 与经典统计力学相对应, 在量子统计中最简单的体系为量子理想体系. 尽管这些体系是理想化的, 对这些体系的研究, 既能使我们获得必要的数学技巧, 而且在自然界中有不少实际问题, 在一定的条件下, 可以被近似地看成理想体系, 能得到与实验基本一致的结果. 因而对这些体系的研究是十分有用的.

2.1　引　　言

所谓理想体系, 就是组成体系的粒子之间可以近似地被看成没有相互作用, 这样的体系称为理想体系. 这里所说的粒子是一个广义的概念, 可以是单个粒子如电子、质子等, 也可以是有内部自由度的粒子如原子、分子、甚至还可以是粒子的某个自由度. 对这样的体系, 总哈密顿量可以写成

$$\hat{H} = \sum_j \hat{h}_j.$$

系统的薛定谔方程:

$$\hat{H}\psi(q_1, \cdots, q_n) = E\psi(q_1, \cdots, q_n). \tag{2.1.1}$$

考虑到哈密顿量的可加性, 通过分离变数, 可将多体问题简化为单体问题求解. 单体薛定谔方程为

$$\hat{h}\phi(q) = \varepsilon\phi(q),$$

其中 q 可以包括坐标、自旋等所有自由度. 如果已经求得单体问题的解 $\phi_\sigma(q), \varepsilon_\sigma$, 系统的总能量可写成

$$E = \varepsilon_1 + \varepsilon_2 + \cdots = \sum_j \varepsilon_j \sigma_j. \tag{2.1.2}$$

这里的 σ 为一组量子数. 总的波函数 ψ 可由单体波函数 $\phi_\sigma(q)$ 以适当方式构成. 由不同的构成法可得出不同的统计法.

当所讨论的粒子为可分辨的粒子, 两个处于不同单粒子态的粒子间的变换, 使体系进入一个新的微观态, 但相同单粒子态的粒子间的变换并不导致新的状态.

系统的总波函数为

$$\psi_B = \prod_{j=1}^{n_1} \phi_1(r_j) . \prod_{j=n_1+1}^{n_2} \phi_2(r_j) \cdots, \tag{2.1.3}$$

其中 $(n_1, n_2, \cdots, n_i)$ 分别表示处于单粒子态 $1, 2, \cdots, i$ 的粒子数, 用分布 $\{n_i\}$ 来表示, n_i 满足条件 $N = \sum\limits_i n_i$. 当给定一个分布 $\{n_i\}$ 时, 系统总的微观态数为

$$\frac{N!}{n_1! n_2! \cdots n_i!}, \tag{2.1.4}$$

这些状态具有相同的总能量:

$$E = \sum_i n_i \varepsilon_i, \tag{2.1.5}$$

满足这些条件的统计法被称为麦克斯韦 – 玻尔兹曼统计.

在量子力学中由于全同性原理的限制, 全同粒子的交换并不引起新的微观态, 当用单粒子波函数组合成总波函数时, 会有对称及反对称两种.

定义一个交换算符 P, 用 $P\psi$ 表示对 ψ 中任意两个相邻粒子作一次交换后得到的波函数. 如果满足条件:

$$P\psi = \psi,$$

称波函数 ψ 对自变量为对称的, 而满足

$$P\psi = \begin{cases} +\psi, & 若P为偶数次交换; \\ -\psi, & 若P为奇数次交换. \end{cases}$$

称波函数 ψ 为反对称的. 用 ψ_S 及 ψ_A 表示体系的总波函数为对称及反对称的, 有

$$\psi_S = \sum_p P\psi_B, \tag{2.1.6}$$

$$\psi_A = \sum_p \delta_p P\psi_B, \tag{2.1.7}$$

其中 $\sum\limits_p$ 表示对各种可能交换求和:

$$\delta_p = \begin{cases} +1, & 若p为偶数次交换; \\ -1, & 若p为奇数次交换. \end{cases}$$

反对称波函数也可以表示成行列式形式:

$$\psi_A = \begin{vmatrix} \phi_i(1) & \phi_i(2) & \cdots & \phi_i(N) \\ \phi_j(1) & \phi_j(2) & \cdots & \phi_j(N) \\ \vdots & \vdots & & \vdots \\ \phi_l(1) & \phi_l(2) & \cdots & \phi_l(N) \end{vmatrix}. \tag{2.1.8}$$

用对称波函数描写的体系, 每一单粒子态上的粒子数 n_i 可以为任意值, 即每个状态上可以有任意个粒子, 这种统计法被称为玻色 – 爱因斯坦统计. 凡自旋为零或整数的粒子, 例如: 光子、声子、^{4}He 原子等, 均满足这种统计, 称玻色子 (bosion).

由 (2.1.8) 式所示反对称波函数可知, 当两个或两个以上粒子处于同一单粒子态时, 行列式中相应的行就变得完全一样, 导致 $\psi_A = 0$, 也就是 ψ_A 满足泡利不相容原理. 这种统计称为费米 – 狄拉克统计, 凡自旋为半整数的粒子例如电子、质子、中子及 ^{3}He 原子等, 都服从这一统计, 称为费米子 (fermion).

最后需指出, 当粒子间存在相互作用时, 系统总波函数不能由单粒子波函数用上述方法直接构成, 但总波函数依然有对称及反对称性质.

2.2 量子理想体系

考虑体积为 V, 粒子数为 N 的不可分辨粒子组成的体系, 粒子间没有相互作用. 体系在正则系综里的配分函数为

$$Z_N(T,V) = \sum_n \mathrm{e}^{-\beta E_n}, \tag{2.2.1}$$

其中 $\beta = 1/kT$, 求和是对量子态进行, E_n 是对应于第 n 个状态的能量本征值. 为计算方便, 可以将对量子态求和换成对能级求和. 令体系对应于能级 E_i 的简并度为 $C(E_i)$, 则

$$Z_N(T,V) = \sum_i C(E_i)\mathrm{e}^{-\beta E_i}, \tag{2.2.2}$$

E_i 是体系的第 i 个能级, 也可以用单粒子能量来表示:

$$E_i = \sum_k n_k \varepsilon_k, \tag{2.2.3}$$

其中 n_k 为单粒子能态 ε_k 中的粒子数, 满足条件:

$$\sum_k n_k = N. \tag{2.2.4}$$

为了计算简并度 $C(E_i)$, 可以这样考虑: 能满足总能量为 E_i 的, 可以不止一种分布, 而当给定一个分布 $\{n_i\}$ 时, 又可以对应体系的不止一种状态, 我们让这样的状态数为 g, 因而 $C(E_i)$ 应是对满足能量为 E_i 的各种可能分布求和所得到的结果:

$$C(E_i) = \sum_{\{n_k\}}{}' g\{n_k\}, \tag{2.2.5}$$

(2.2.5) 式 $\sum'$ 表示求和是在满足条件 (2.2.3) 式及 (2.2.4) 式下进行, 而 $g\{n_k\}$ 则是对给定分布下的统计权重. 对玻尔兹曼统计, 由于讨论的是不可分辨粒子, 有

$$g\{n_k\} = \prod_k \frac{1}{n_k!}. \tag{2.2.6}$$

对玻色 – 爱因斯坦统计及费米 – 狄拉克统计, 由于粒子是不可分辨的, 粒子间的任何交换都不导致新的量子态, 所以有

$$g\{n_k\}_{\text{B.E.}} = 1, \quad n_k = 0, 1, 2, \cdots. \tag{2.2.7}$$

$$g\{n_k\}_{\text{F.D.}} = \begin{cases} 1, & n_k = 0或1; \\ 0, & 其他. \end{cases} \tag{2.2.8}$$

首先讨论玻尔兹曼统计下的量子理想体系. 由 (2.2.2),(2.2.5) 及 (2.2.6) 可得

$$Z_N(T,V) = \sum_i \sum_{\{n_k\}}{}' \frac{1}{\prod\limits_k n_k!} \exp\left(-\beta \sum_k n_k \varepsilon_k\right),$$

上式右边第二个求和是在满足总能量条件 (2.2.3) 下进行, 而第一个求和则是对各种可能的能级求和, 因而可以取消对 $\sum'$ 中能量条件的限制, 也不需要再对能级求和, 上式成为

$$Z_N(T,V) = \sum_{\{n_k\}} \frac{1}{\prod\limits_k n_k!} \exp\left(-\beta \sum_k n_k \varepsilon_k\right) \quad \left(\sum_k n_k = N\right)$$

利用多项式展开定理, 有

$$\begin{aligned} Z_N(T,V) &= \frac{1}{N!}\left(\sum_k \mathrm{e}^{-\beta\varepsilon_k}\right)^N \\ &= \frac{1}{N!}\Big[Z_1(T,V)\Big]^N \end{aligned}$$

当体积 $V \to \infty$ 时, 上式求和可以用积分表示 (有关求和换成积分的过程, 可见 2.3 节中的论述):

$$\begin{aligned} Z_1(T,V) &= \sum_k \mathrm{e}^{-\beta\varepsilon_k} \approx \frac{2\pi V}{h^3}(2m)^{3/2}\int_0^\infty \mathrm{e}^{-\beta\varepsilon}\varepsilon^{1/2}\mathrm{d}\varepsilon \\ &= V/\lambda^3, \end{aligned} \tag{2.2.9}$$

其中 $\lambda = h/(2\pi mkT)^{1/2}$ 称为粒子的平均热波长.

$$Z_N(T,V) = \frac{1}{N!}\left(\frac{V}{\lambda^3}\right)^N$$

也可以得出系统的巨配分函数:

$$\varXi(z,T,V) = \sum_{n=0}^\infty z^n Z_N(T,V) = \mathrm{e}^{zV/\lambda^3} \tag{2.2.10}$$

有了体系的配分函数或巨配分函数, 就可以得出系统的全部热力学函数.

下面我们讨论在玻尔兹曼统计下单粒子态的粒子数平均值 $\langle n_k\rangle$. 为了避免混淆, 将配分函数中的 k 用 s 来表示, 由平均值公式:

$$\langle n_k\rangle = \sum_{\{n_s\}}{}' n_k \frac{1}{\prod\limits_s n_s!}\frac{1}{Z_N}\prod_s \mathrm{e}^{-\beta\varepsilon_s n_s},$$

其中 $\sum'$ 表示求和满足条件 $\sum\limits_s n_s = N$. 为了便于计算, 将上式中 $s=k$ 及 $s \neq k$ 分别写出:

$$\langle n_k\rangle = \frac{1}{Z_N}\mathrm{e}^{-\beta\varepsilon_k}\sum_{\{n_s\}}{}' \frac{\mathrm{e}^{-\beta\varepsilon_k(n_k-1)}}{(n_k-1)!}\frac{1}{\prod\limits_{s\neq k} n_s!}\prod_{s\neq k}\mathrm{e}^{-\beta\varepsilon_s n_s}.$$

令

$$n_s' \equiv \begin{cases} n_s, & s\neq k; \\ n_s - 1, & s = k. \end{cases}$$

则

$$\sum_s n_s' = N-1,$$

于是上式成为

$$\begin{aligned} \langle n_k\rangle &= \frac{1}{Z_N}\mathrm{e}^{-\beta\varepsilon_k}\sum_{\{n_s'\}}\frac{1}{\prod\limits_s n_s'!}\prod_s \mathrm{e}^{-\beta\varepsilon_s n_s'} \\ &= \frac{1}{Z_1^N}\mathrm{e}^{-\beta\varepsilon_k}\cdot Z_1^{N-1} = Z_1^{-1}\mathrm{e}^{-\beta\varepsilon_k}. \end{aligned}$$

令 $\dfrac{1}{Z_1}=\mathrm{e}^{-\alpha}$, 得

$$\langle n_k\rangle=\mathrm{e}^{-\alpha-\beta\varepsilon_k}. \tag{2.2.11}$$

对玻色及费米统计, 可将 (2.2.7) 及 (2.2.8) 式写成一个式子:

$$g\{n_i\}=1\qquad \begin{array}{ll} n_i=0,1,2,\cdots, & \text{玻色子;}\\ n_i=0,1, & \text{费米子.}\end{array} \tag{2.2.12}$$

计算体系的巨配分函数, 与以上过程类似的有

$$\begin{aligned}\varXi&=\sum_N\sum_n \mathrm{e}^{-\alpha N-\beta E_{Nn}}\\ &=\sum_N\sum_{E_{iN}}C(E_i,N)\mathrm{e}^{-\alpha N-\beta E_{iN}}\\ &=\sum_N\sum_{E_{iN}}\sum_{\{n_k\}}{}'\exp\left[-\alpha\left(\sum_k n_k\right)-\beta\left(\sum_k n_k\varepsilon_k\right)\right]\\ &=\sum_{\{n_k\}}\prod_k \mathrm{e}^{-(\alpha+\beta\varepsilon_k)n_k}\\ &=\prod_k\left(\sum_{n_k}\mathrm{e}^{-(\alpha+\beta\varepsilon_k)n_k}\right)=\prod_k\varXi_k.\end{aligned}$$

对玻色子

$$\varXi_k=\sum_{n_k=0}^{\infty}\mathrm{e}^{-(\alpha+\beta\varepsilon_k)n_k}=\frac{1}{1-\mathrm{e}^{-(\alpha+\beta\varepsilon_k)}}. \tag{2.2.13}$$

对费米子

$$\varXi_k=\sum_{n_k=0}^{1}\mathrm{e}^{-(\alpha+\beta\varepsilon_k)n_k}=1+\mathrm{e}^{-(\alpha+\beta\varepsilon_k)}. \tag{2.2.14}$$

令

$$\begin{aligned}\zeta&=\ln\varXi(z,V,T)=\sum_k\ln\varXi_k\\ &=\mp\sum_k\ln(1\mp z\mathrm{e}^{-\beta\varepsilon_k})\qquad \left\{\begin{array}{ll}-, & \text{玻色子;}\\ +, & \text{费米子.}\end{array}\right.\end{aligned} \tag{2.2.15}$$

(2.2.15) 式中 $z=\mathrm{e}^{-\alpha}$, 称为易逸度. 由第一章的热力学公式, 可以计算粒子数的平

均值:

$$
\begin{aligned}
\langle n_k\rangle &= \frac{1}{\Xi}\left[-\frac{1}{\beta}\left(\frac{\partial \Xi}{\partial \varepsilon_k}\right)_{z,T}\right] \\
&= -\frac{1}{\beta}\left(\frac{\partial \zeta}{\partial \varepsilon_k}\right)_{z,T} \\
&= -\frac{1}{Z^{-1}\mathrm{e}^{\beta\varepsilon_k}\mp 1} \qquad \begin{cases} -, & \text{玻色子;} \\ +, & \text{费米子.} \end{cases}
\end{aligned}
$$

形式上可将三种统计所得的粒子数平均值用统一的形式表示出来:

$$
\langle n_k\rangle = \frac{1}{\mathrm{e}^{(\varepsilon_k-\mu)\beta}+a}, \quad a = \begin{cases} -1, & \text{B-E统计;} \\ 0, & \text{M-B统计;} \\ +1, & \text{F-D统计.} \end{cases} \tag{2.2.16}
$$

将 $\langle n_k\rangle$ 用曲线来表示, 见图 2.2.1.

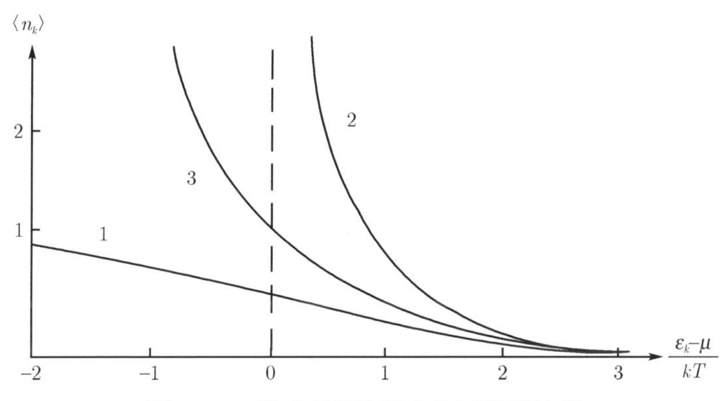

图 2.2.1 量子理想体系中粒子数平均值

1.费米子; 2.玻色子; 3.M-B 粒子

从曲线的比较中可以看出:

(1) 费米统计的平均粒子数 $\langle n_k\rangle$ 总是小于 1, 这是由泡利原理所决定;

(2) 玻色统计的粒子数分布曲线有一渐近值, 说明对任何 k, 有 $\mu<\varepsilon_k$, 否则粒子数为负值, 是没有物理意义的. 当 μ 为 ε 的最小值, 例如 ε_0 时, 平均粒子数会变得很大, 这就是我们在以后要讨论的玻色-爱因斯坦凝聚的状态;

(3) 当 $\exp[(\varepsilon_k-\mu)/kT]\gg 1$ 时, 三种统计的差别就消失, 都可用麦克斯韦-玻尔兹曼统计来表示:

$$
\langle n_k\rangle_{M.B} = \mathrm{e}^{(\mu-\varepsilon)\beta} \propto \mathrm{e}^{-\varepsilon/kT}.
$$

这就是经典统计的结果, 因而可以将玻尔兹曼统计看成是玻色统计及费米统计的经典极限. 这状态出现在高能区, 换一种说法, 当 $(\varepsilon-\mu)/kT$ 值较大, 要求系统的化学

势 μ 是负的, 且数值较大, 这意味着 z 比 1 小得多; 也进一步等效于

$$\frac{N\lambda^3}{V} \ll 1 \tag{2.2.17}$$

说明在这条件下, 量子体系将趋于经典极限.

2.3 理想玻色气体

理想玻色气体及理想费米气体是量子统计力学中两个十分重要的体系, 被十分广泛地应用于各种具体物理问题中. 除上节已给出的一些基本结果外, 有必要作进一步的讨论. 从本节开始, 这一章的其余部分将对这两个体系及其应用作深入的论述.

由 (2.2.17) 式可知, 对这样两种体系的研究, 较好的办法是用 $\frac{N}{V}\lambda^3$ 作为参数, 对其取值的不同范围分别进行讨论.

令 $n = \frac{N}{V}$, 当 $n\lambda^3 \to 0$ 的极限, 体系的各种性质趋于经典的情况, 被称为非简并的; 当 $n\lambda^3 \ll 1$ 但又不能完全忽略时, 体系的各种性质与经典情况有明显的差别, 且两种统计也有差别, 被称为弱简并的; 当 $n\lambda^3 \sim 1$ 时, 体系的性质表现出典型的量子效应, 出现很多新的现象, 被称为强简并的.

考虑 N 个全同玻色子组成的无相互作用气体, 体积 $V = L^3$, 自旋 $s = 0$. 系统的哈密顿量:

$$\hat{h} = \frac{\hat{p}^2}{2m} = -\frac{\hbar^2}{2m}\nabla^2. \tag{2.3.1}$$

相应的薛定谔方程为

$$-\frac{\hbar^2}{2m}\nabla^2\phi(\boldsymbol{r}) = \varepsilon\phi(\boldsymbol{r}) \tag{2.3.2}$$

采用周期性边界条件, 得

$$\phi_k(\boldsymbol{r}) = \frac{1}{\sqrt{V}}\mathrm{e}^{\mathrm{i}\boldsymbol{k}\cdot\boldsymbol{r}}; \quad \varepsilon_k = \frac{\hbar^2 k^2}{2m}, \tag{2.3.3}$$

其中,

$$\begin{aligned}
&\boldsymbol{k} = (k_1, k_2, k_3) = \frac{2\pi}{L}\boldsymbol{n} = \frac{2\pi}{L}(n_1, n_2, n_3);\\
&n_i = 0, \pm1, \pm2, \cdots.
\end{aligned}$$

对玻色统计 (2.2.15) 式有

$$\boldsymbol{\zeta} = -\sum_k \ln(1 - \mathrm{e}^{-\alpha-\beta\varepsilon_k}).$$

当体积 $V \to \infty$ 时, 粒子的能级成为连续的, 在实际体系中, V 与微观体积相比是一个大数, 因而能级可以近似看成连续的, 将 (2.3.4) 式的求和换成积分来表示, 即作如下变换:

$$\sum_{\varepsilon}(\cdots) \underset{V\to\infty}{\longrightarrow} \int(\cdots)a(\varepsilon)\mathrm{d}\varepsilon, \tag{2.3.4}$$

其中 $a(\varepsilon)$ 为粒子的能态密度, 其函数形式取决于能谱结构. 对自由粒子, 其能谱为

$$\varepsilon(\boldsymbol{p}) = \frac{\boldsymbol{p}^2}{2m}.$$

有

$$\sum(\varepsilon) = \sum(\boldsymbol{p}) = \frac{V}{h^3}\frac{4\pi}{3}p^3 = \frac{4\pi V}{3h^3}(2m\varepsilon)^{3/2},$$

可得能态密度为

$$a(\varepsilon) = \frac{\mathrm{d}\sum(\varepsilon)}{\mathrm{d}\varepsilon} = \frac{V}{h^3}2\pi(2m)^{3/2}\varepsilon^{1/2}. \tag{2.3.5}$$

由 (2.3.4) 式、(2.3.5) 式及 (2.2.15) 式得

$$\zeta = \frac{-2\pi V}{h^3}(2m)^{3/2}\int_0^\infty \ln(1 - z\mathrm{e}^{-\beta\varepsilon})\varepsilon^{1/2}\mathrm{d}\varepsilon. \tag{2.3.6}$$

用完全类似的方法, 可将总粒子数表示式写成

$$\begin{aligned} N &= \sum_k \langle n_k \rangle \\ &= \frac{2\pi V}{h^3}(2m)^{3/2}\int_0^\infty \frac{\varepsilon^{1/2}\mathrm{d}\varepsilon}{z^{-1}\mathrm{e}^{\beta\varepsilon} - 1}. \end{aligned} \tag{2.3.7}$$

由 (2.3.5) 式可看出, 当体系处于基态时, 即 $\varepsilon_0 = 0$ 时, 有 $a(\varepsilon) = 0$. 这结果显然是不正确的, 根据量子力学, 非简并的单粒子态能态密度应为 1. 因而当我们用 (2.3.5) 式将求和换成积分而导出 (2.3.6) 式及 (2.3.7) 式时, 在 $\varepsilon_0 = 0$ 的状态亦会出现错误, 为此我们将 (2.3.6) 式及 (2.3.7) 式中 $\varepsilon_0 = 0$ 的状态单独列出, 改写成

$$\zeta = -\frac{2\pi V}{h^3}(2m)^{3/2}\int_0^\infty \ln(1 - z\mathrm{e}^{-\beta\varepsilon})\varepsilon^{1/2}\mathrm{d}\varepsilon - \ln(1 - z), \tag{2.3.8}$$

$$N = \frac{2\pi V}{h^3}(2m)^{3/2}\int_0^\infty \frac{\varepsilon^{1/2}\mathrm{d}\varepsilon}{z^{-1}\mathrm{e}^{\beta\varepsilon} - 1} + \frac{z}{1 - z}. \tag{2.3.9}$$

在 (2.3.8) 式和 (2.3.9) 式中, 只要 z 不严格等于 1, 由于被积函数中 $\varepsilon^{1/2}$ 项, 使积分在 $\varepsilon = 0$ 时没有贡献. 对这两式作变数变换, 令

$$x \equiv \beta\varepsilon.$$

代入 (2.3.8) 式和 (2.3.9) 式, 进行分部积分, 得

$$\begin{aligned}\zeta &= \frac{2\pi V}{h^3}\left(\frac{2m}{\beta}\right)^{3/2}\frac{2}{3}\int_0^\infty \frac{x^{3/2}\mathrm{d}x}{z^{-1}\mathrm{e}^x-1}-\ln(1-z)\\ &= \frac{V}{\lambda^3}g_{5/2}(z)-\ln(1-z),\end{aligned} \tag{2.3.10}$$

$$\begin{aligned}N &= \frac{2\pi V}{h^3}\left(\frac{2m}{\beta}\right)^{3/2}\int_0^\infty \frac{x^{1/2}\mathrm{d}x}{z^{-1}\mathrm{e}^x-1}+\frac{z}{1-z}\\ &= \frac{V}{\lambda^3}g_{3/2}(z)+\frac{z}{1-z},\end{aligned} \tag{2.3.11}$$

其中,

$$g_n(z)\equiv\frac{1}{\Gamma(n)}\int_0^\infty\frac{x^{n-1}\mathrm{d}x}{z^{-1}\mathrm{e}^x-1}\quad 0\leqslant z\leqslant 1. \tag{2.3.12}$$

称为玻色-爱因斯坦积分, $\Gamma(n)$ 为伽马函数.

有了 ζ 后, 可求得热力学函数:

系统内能 U:

$$U=-\frac{\partial\zeta}{\partial\beta}=\frac{3}{2}kT\frac{V}{\lambda^3}g_{5/2}(z).$$

压强 P:

$$P=\frac{1}{\beta}\frac{\partial\zeta}{\partial V}=\frac{kT}{\lambda^3}g_{5/2}(z)=\frac{2}{3}\frac{U}{V}.$$

在对各种不同简并状态进行深入研究之前, 简述一下玻色-爱因斯坦积分的主要性质.

由 (2.2.16) 式可知, $z\mathrm{e}^{-x}=\mathrm{e}^{(\mu-\varepsilon)\beta}<1$, 将 (2.3.12) 中被积函数写成级数展开形式:

$$g_n(z)=\frac{1}{\Gamma(n)}\int_0^\infty \mathrm{d}x x^{n-1}\sum_{l=1}^\infty(z\mathrm{e}^{-x})^l, \tag{2.3.13a}$$

令

$$t=lx,$$

并注意到

$$\Gamma(n)=\int_0^\infty \mathrm{e}^{-x}x^{n-1}\mathrm{d}x.$$

代入 (2.3.13a) 可得

$$\begin{aligned}g_n(z) &= \frac{1}{\Gamma(n)}\sum_{l=1}^\infty\frac{z^l}{l^n}\int_0^\infty \mathrm{e}^{-t}t^{n-1}\mathrm{d}t\\ &= \sum_{l=1}^\infty\frac{z^l}{l^n}\quad(0\leqslant z\leqslant 1).\end{aligned} \tag{2.3.13b}$$

可以看出 $g_n(z)$ 是 z 的单调递增函数, 若 $z>1$ 则级数发散. 对 $n>1$, 有

$$g_n(1)=\sum_{l=1}^{\infty}\frac{1}{l^n}=\zeta(n)\quad(n>1). \tag{2.3.14}$$

$\zeta(n)$ 为 Riemann-Zeta 函数, 当 $n\leqslant 1$ 时, $g_n(1)$ 发散. 由 (2.3.12) 读者很容易证明:

$$g_{n-1}(z)=z\frac{\partial}{\partial z}\Big[g_n(z)\Big]=\frac{\partial g_n(z)}{\partial \ln z}. \tag{2.3.15}$$

根据以上性质, 可以画出 $g_{3/2}(z)$ 的函数曲线, 见图 2.3.1.

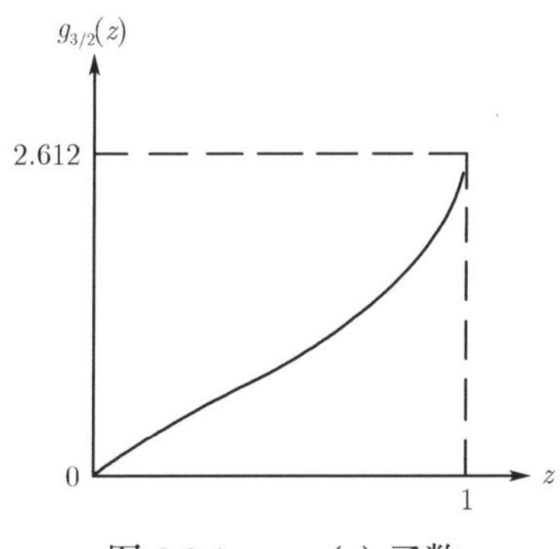

图 2.3.1 $g_{3/2}(z)$ 函数

当 $z=1$ 时, $g_{3/2}(z)$ 达到极大值, 为

$$g_{3/2}(1)=\zeta(3/2)=2.612\cdots.$$

下面讨论在弱简并与强简并情况下理想玻色气体的性质:

1. 弱简并$n\lambda^3\ll 1$

按本节开始时所指出的, 弱简并意味着 $n\lambda^3\ll 1$, 从对图 2.2.1 的讨论及 (2.2.17) 式得出, 这条件等价于 $z\ll 1$. 方程 (2.3.10) 及 (2.3.11) 中第二项来自于基态的贡献, 当 $z\ll 1$ 时, 可以略去这一项直接表示成

$$\zeta=(V/\lambda^3)g_{5/2}(z), \tag{2.3.16}$$

$$N=(V/\lambda^3)g_{3/2}(z). \tag{2.3.17}$$

用 N_0 表示基态粒子数, N 为体系总粒子数, 比较 (2.3.11) 与 (2.3.17) 式不难看出 $N_0=\dfrac{z}{1-z}=O(1)$, 即:

$$N_0\ll N. \tag{2.3.18}$$

这结果说明在弱简并的情况下, 基态的粒子数比总粒子数小得多.

令

$$y = n\lambda^3 = g_{3/2}(z).$$

这时玻色积分可用级数展开式 (2.3.13) 来表示:

$$y = \sum_{l=1}^{\infty} \frac{z^l}{l^{3/2}} = z + \frac{1}{2^{3/2}} z^2 + \cdots. \tag{2.3.19}$$

将 z 表示成 y 的级数形式:

$$z = b_1 y + b_2 y^2 + \cdots.$$

代入 (2.3.19), 令 y 的同次幂系数相等, 得出 z 的表示式为

$$z = y - \frac{1}{2^{3/2}} y^2 + \left(\frac{1}{4} - \frac{1}{3^{3/2}}\right) y^3 - \cdots. \tag{2.3.20}$$

将 (2.3.20) 式代入 (2.3.16) 式, 便得到用位力展开形式表示的体系的状态方程:

$$\frac{PV}{kT} = \sum_{l=1}^{\infty} a_l \left(\frac{\lambda^3}{v}\right)^{l-1}, \tag{2.3.21}$$

其中 $v \equiv 1/n, a_l$ 为位力系数:

$$\begin{aligned} a_1 &= 1, \\ a_2 &= -\frac{1}{4\sqrt{2}} = -0.17678, \\ a_3 &= -\left(\frac{2}{9\sqrt{3}} - \frac{1}{8}\right) = -0.00330, \\ &\cdots\cdots \end{aligned}$$

利用热力学关系, 得到系统的比热:

$$\begin{aligned} \frac{C_V}{Nk} &= \frac{1}{Nk}\left(\frac{\partial U}{\partial T}\right)_{N,V} = \frac{3}{2}\sum_{l=1}^{\infty} \frac{5-3l}{2} a_l \left(\frac{\lambda^3}{v}\right)^{l-1} \\ &= \frac{3}{2}\left[1 + 0.0884\left(\frac{\lambda^3}{v}\right) + 0.0066\left(\frac{\lambda^3}{v}\right)^2 + 0.0004\left(\frac{\lambda^3}{v}\right)^3 + \cdots\right]. \end{aligned} \tag{2.3.22}$$

这是在弱简并情况下的热力学函数. 当 $T \to \infty$ 时, $n\lambda^3 \to 0$, 由 (2.3.21) 及 (2.3.22) 式得

$$P = nkT \qquad 及 \qquad C_V = \frac{3}{2} Nk,$$

这是我们熟知的经典理想气体的结果, 也就是理想玻色气体的经典极限, 称为非简并状态.

比较两者的结果 (见图 2.3.2) 可以看出, 弱简并的理想玻色气体与经典理想气体相比, 比热是增加的, 而压强是减小的. 从物理上看, 相当于在玻色体系的粒子间存在某种吸引力, 但我们讨论的是理想玻色气体, 粒子间不存在任何实际的相互作用, 因而这种吸引力是来自于波函数对称性的要求, 称为“有效吸引力”. 这是典型的量子效应.

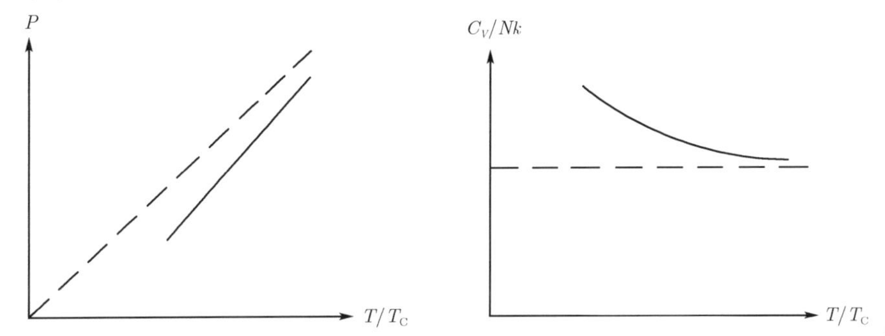

图 2.3.2 理想玻色气体压强、比热与温度的关系

2. 强简并 $n\lambda^3 \sim 1$

随着 T 下降, $n\lambda^3$ 增加也就是 z 增加, 以致 z 可以无限接近于 1, 这时 (2.3.21) 及 (2.3.22) 式不适用了, 必须直接从 (2.3.10) 及 (2.3.11) 式出发去讨论.

就 (2.3.10) 式而言, 因 z 恒等于 $N_0/(N_0+1)$, 因而 (2.3.10) 式中第二项 $-\ln(1-z)$ 等于 $\ln(1+N_0)$, 至多具有 $(N^{-1}\ln N)$ 的量级, 所以对任何 z 值, 这一项均可忽略, 可用 (2.3.16) 式代替.

由 (2.3.11) 式可得体系处于激发态的粒子数 N_e:

$$N_e = V\frac{(2\pi mkT)^{3/2}}{h^3}g_{3/2}(z). \tag{2.3.23}$$

由 (2.3.14) 式给出在 z 的物理区域 $(0 \leqslant z \leqslant 1)$, $g_{3/2}(z)$ 有极大值为 $g_{3/2}(1) = 2.612$, 所以对所有有意义的 z 值来说:

$$g_{3/2}(z) \leqslant \zeta(3/2). \tag{2.3.24}$$

换言之, 对给定的 V, T 来说, 激发态所允许有的最大粒子数为有限值:

$$N_e \leqslant V\frac{(2\pi mkT)^{3/2}}{h^3}\zeta\left(\frac{3}{2}\right) \equiv (N_e)_{\max}, \tag{2.3.25}$$

此时基态粒子数的最小可能值为

$$N_0 = N - \left[V\frac{(2\pi mkT)^{3/2}}{h^3}\zeta(3/2)\right]. \tag{2.3.26}$$

如果 $N \leqslant (N_e)_{max}$, 则所有粒子均可处于激发态, 而当 $N > (N_e)_{max}$ 时, 必然有一部分粒子将处于基态. 此时若固定 V, 改变 T, 随着 T 下降, $(N_e)_{max}$ 的值亦下降, 最后当 $T \to 0$ 时, $(N_e)_{max} \to 0$. 则

$$\lim_{T\to 0} N_e \to 0; \quad \lim_{T\to 0} N_0 \to N,$$

说明当体系处在很低的温度下, 将会有大量粒子处于基态上, 这种现象称为玻色-爱因斯坦凝聚. 从 (2.3.25) 式的分析中也可看出, 对给定粒子数 N, 改变温度 T, 当 T 为某值, 例如 $T = T_C$ 时, 可以有

$$N = (N_e)_{max} = V \frac{(2\pi mkT_C)^{3/2}}{h^3} \zeta(3/2) \tag{2.3.27}$$

温度 T_C 称为玻色-爱因斯坦凝聚的转变温度. 所以产生玻色-爱因斯坦凝聚的条件就是

$$T < T_C \equiv \frac{h^2}{2\pi mk} \left[\frac{N}{V\zeta(3/2)} \right]^{2/3} \tag{2.3.28}$$

转变温度 T_C 决定于粒子的质量 m 及密度 N/V.

图 2.3.3 画出了粒子数 (N_0/N) 及 (N_e/N) 随温度变化的曲线. 与这曲线相对应, 可以用不同温度区, 体系所处的不同 "相" 来描述体系的状态:

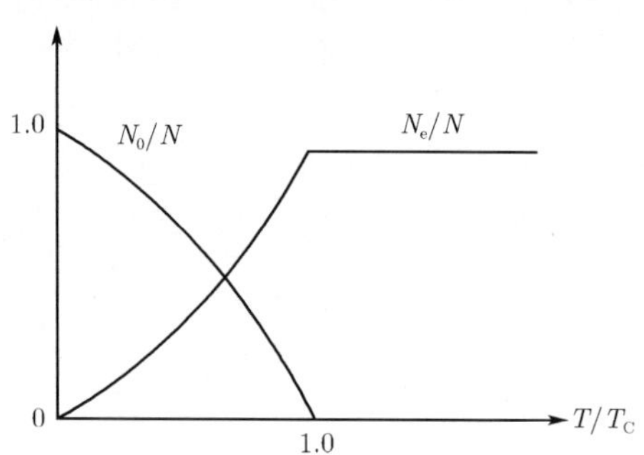

图 2.3.3 N_0 及 N_e 随温度变化曲线

(1) 一个为气相, 由激发态粒子组成, 允许最大粒子数 $N_e = N(T/T_C)^{3/2}$.

(2) 另一个是凝聚相, 由基态粒子组成, 粒子数 $N_0 = N - N_e$.

$T > T_C$: 所有粒子处在激发态, 称系统处于气相;

$0 < T \leqslant T_C$: 体系为两相混合;

$T \to 0$ 时: 气相粒子数降到 0, 体系以单纯凝聚相存在.

下面我们讨论 z 的变化. 由于 $(1/n\lambda^3)$ 正比于 $T^{3/2}$, 故 z 随 T 的变化与 z 随 $1/n\lambda^3$ 变化的函数关系是一致的.

当 $0 < T \leqslant T_C, 0 < 1/n\lambda^3 \leqslant 1/2.612$, 由方程 (2.3.11) 得

$$z = \frac{N_0}{N_0 + 1} \approx 1 + \frac{1}{N_0}.$$

在转变温度 T_C 以下, N_0 是很大的数, 有 $z \approx 1$;

当$T > T_C, (1/n\lambda^3) > (1/2.612)$, 此时 z 的值由

$$g_{3/2}(z) = n\lambda^3 < \zeta(3/2) = 2.612$$

决定, 所以 $z < 1$.

当$T \gg T_C, (1/n\lambda^3) > 1$, 此时 $g_{3/2}(z) \ll 1$, 由方程 (2.3.13) 得

$$z \approx g_{3/2}(z) \ll 1.$$

因此在渐近区可有 $z \approx n\lambda^3$, 也就是经典极限的结果.

根据上述分析, 画出 $z \sim 1/n\lambda^3$, 曲线 (图 2.3.4).

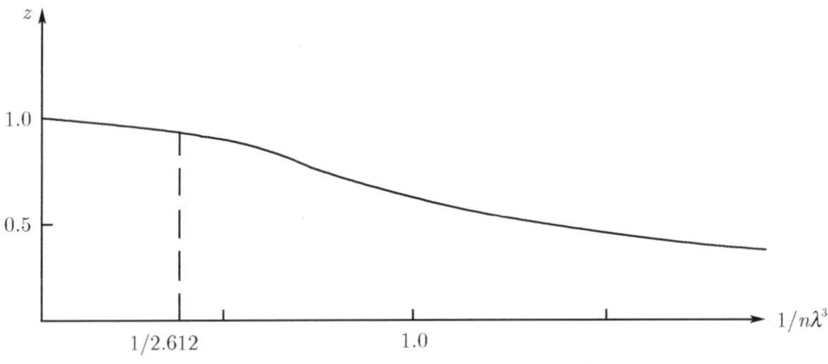

图 2.3.4 理想玻色气体 z 与 $n\lambda^3$ 的函数关系

最后我们讨论一下理想玻色气体的热力学函数.

当体系 v 固定时, $T < T_C$ 时压强随温度的变化可由 (2.3.16) 式决定 (注意 $z \approx 1$):

$$P(T) = \frac{kT}{\lambda^3}\zeta(5/2)$$

体系的压强与 v 无关. 当 $T = T_C$ 时, 为

$$P(T_C) = \left(\frac{2\pi m}{h^3}\right)^{3/2}(kT_C)^{5/2}\zeta(5/2). \tag{2.3.29}$$

由转变温度 T_C 的表达式得

$$P(T_C) = \frac{\zeta(5/2)}{\zeta(3/2)}\left(\frac{N}{V}kT_C\right) \approx 0.514\left(\frac{N}{V}kT_C\right). \tag{2.3.30}$$

可以看出, 在转变温度时理想玻色气体的压强约为同温度下经典理想气体的一半. 当 $T > T_{\rm C}$ 时, 可由 (2.3.16) 及 (2.3.17) 式决定:

$$P(T) = \frac{N}{V} kT \frac{g_{5/2}(z)}{g_{3/2}(z)}. \tag{2.3.31}$$

而 $T \gg T_{\rm C}$ 时, 压强 P 可用位力展开 (2.3.21) 式表示, $T \to \infty$ 时, 压强趋于经典值 $\dfrac{N}{V}kT$. 根据以上分析可以画出 $(P \sim T)$ 曲线 (见图 2.3.5). 图中虚线表示 (2.3.29) 式的曲线, 这是产生凝聚的转变线 ($T < T_{\rm C}$ 时), 线上表示两相共存的状态, 线的右边代表气相, 左边则是体系不能达到的状态.

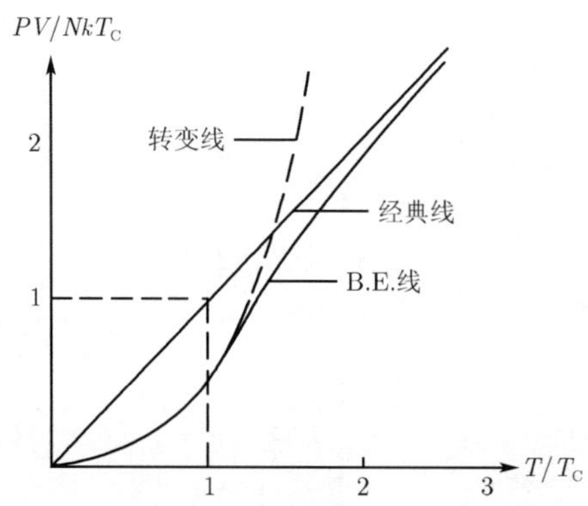

图 2.3.5 压强随温度变化曲线

根据热力学函数的普遍表达式可得到体系的比热. 当 $T < T_{\rm C}$ 时有

$$\frac{C_V}{Nk} = \frac{15}{4}\zeta(5/2)\frac{v}{\lambda^3}, \tag{2.3.32}$$

可见比热是与 $T^{3/2}$ 成比例, 当 $T \to 0, C_V \to 0$. 在 $T = T_{\rm C}$ 时

$$\frac{C_V}{Nk} = \frac{15}{4}\frac{\zeta(5/2)}{\zeta(3/2)} \approx 1.925, \tag{2.3.33}$$

这值比经典值大得多.

而 $T > T_{\rm C}$ 时可得到

$$\frac{C_V}{Nk} = \frac{15}{4} g_{5/2}(z)\frac{v}{\lambda^3} - \frac{9}{4}\frac{g_{3/2}(z)}{g_{1/2(z)}}. \tag{2.3.34}$$

当温度从 $T_{\rm C}$ 两边趋近于 $T_{\rm C}$ 时, 从 (2.3.22) 式及 (2.3.34) 式可看出, 比热是连续的. 这是由于当 $T \to T_{\rm C} + 0$ 时, $z \to 1$, 而 $g_{1/2}(z)$ 为发散的, 所以 (2.3.34) 式第二项趋于 0, 得

$$\left(\frac{C_V}{Nk}\right)_{T \to T_{\rm C} - 0} = \left(\frac{C_V}{Nk}\right)_{T \to T_{\rm C} + 0}.$$

进一步计算直接可以得出, 在 T_C 点比热的导数为不连续的:

$$\left(\frac{\partial C_V}{\partial T}\right)_{T\to T_C-0}-\left(\frac{\partial C_V}{\partial T}\right)_{T\to T_C+0}$$
$$=\frac{27Nk}{16\pi T_C}\Big[\zeta(3/2)\Big]^2=3.665\frac{Nk}{T_C}. \qquad (2.3.35)$$

将现在所得的结果与弱简并情况相联系, 可以画出完整的比热曲线 (图 2.3.6).

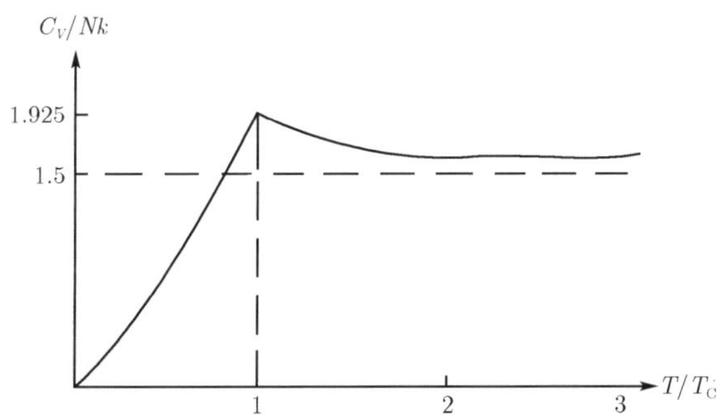

图 2.3.6 理想玻色气体比热随温度变化曲线

从图 2.3.6 中的曲线及方程 (2.3.35) 都显示出玻色-爱因斯坦凝聚是相变过程, 按照热力学关于相变的定义, 玻色凝聚属三级相变. 有关玻色-爱因斯坦凝聚的更严格的讨论可见文献 [2.1].

需要指出的是玻色-爱因斯坦凝聚在形式上有点类似于液气相变, 但实际上这两者有着本质上的差异, 表现在:

(1) 液气相变来源于分子间的作用力, 即范德瓦耳斯力; 而理想玻色气体粒子间没有相互作用力, 这种凝聚来源于体系的量子力学效应.

(2) 液气相变发生在坐标空间, 属一级相变; 而玻色凝聚是粒子凝聚到 $\boldsymbol{k}=0$ 的状态, 也就是这一凝聚发生在动量空间, 属于三级相变.

自从 1924 年玻色-爱因斯坦凝聚理论提出来后, 从实验上去证实这一凝聚的存在, 长期以来一直是人们十分感兴趣的课题.

实验上发现液氦在低温下产生相变, 当温度 $T>2.19\text{K}$ 时为正常相, 称为 He I, 而 $T<2.19\text{K}$ 时为超流相, 称为 He Ⅱ. He I 与 He Ⅱ 之间转变的比热曲线非常类似于玻色凝聚的比热曲线 (见图 2.3.7), 因而伦敦在 1938 年提出液氦的这种相变就是玻色凝聚. 按照这一观点, 以液氦的有关参数值 $m=6.65\times10^{-24}\text{g}$. $V=27.6\text{cm}^3/\text{mol}$ 代入 T_C 的表达式, 可得液氦的转变温度 $T_C=3.13\text{K}$, 这结果与实验值有一定差异; 其他一些物理量与温度的关系, 实验同理论结果相比亦有不同; 实验上 ^4He 的相变属二级相变, 而玻色凝聚则是三级相变. 伦敦曾提出在玻色-爱因斯坦凝聚的理论中, 考虑到粒子间的相互作用, 会改善实验与理论的一致性, 但缺乏严格的证明.

由于在实验上实现玻色凝聚的条件非常苛刻, 它要求体系的密度很高, 温度又极低, 因此几十年来都未能实现这一愿望. 直到 20 世纪末随着新技术的不断出现, 特别是激光技术的飞速发展, 使从实验上实现这种凝聚才成为可能. 经过整整 70 年的不断努力, 终于在 1995 年由美国物理学家 E · A · Coruell 和 C · E · Wieman[2.2] 在比绝对零度(−273.16℃)仅高一千七百亿分之一的超低温下, 用铷原子实现了玻色S-爱因斯坦凝聚. 几乎与此同时, 由 W · Ketterle 领导的麻省理工学院的研究组 [2.3] 用钠原子 (^{23}Na) 进行了同样成功的实验. 为此他们三人获得了 21 世纪的第一个诺贝尔物理奖.

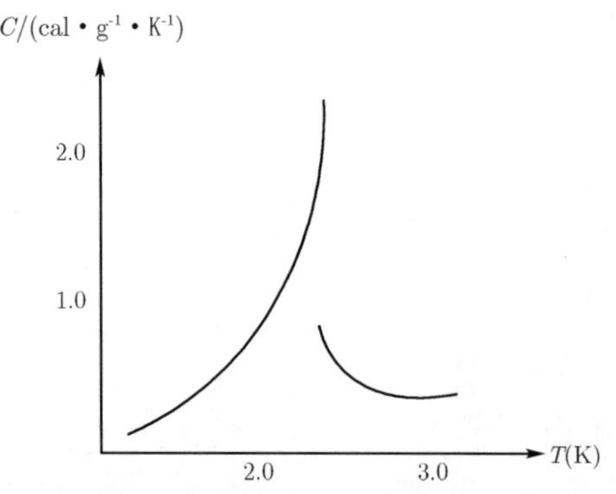

图 2.3.7　^{4}He 比热的实验曲线

在实验上实现玻色-爱因斯坦凝聚, 除了验证原有的理论外, 作为一种新的物质状态, 研究其自身的物理性质以及所包含的物理过程, 本身就具有重大的科学意义. 同时, 还可以通过研究这种系统去认识、检验自然界的一些规律, 探索新的科学规律. 因而对玻色-爱因斯坦凝聚的研究已成为当前的一个热门的研究领域.

2.4　光 子 统 计

玻色-爱因斯坦统计的一个重要应用是光子统计问题, 即黑体辐射的平衡性质. 所讨论的是在体积为 V, 温度为 T 的空腔中达到平衡的电磁辐射. 对这个问题, 历史上有两种概念不同而方法等价的观点:

(1) 将体系看成是能量为 $(n_s+\frac{1}{2})\hbar\omega_s$ 的量子化谐振子的集合, n_s 是振子能级的量子数, $n_s=0,1,2,\cdots;\omega_s$ 是振子的角频率;

(2) 将体系看成是全同粒子 —— 光子组成的气体, 光子能量为 $\hbar\omega_s$, 相应辐射模式的角频率为 ω_s.

先简述一下第一种观点, 除了相差振子的零点能外, 这就是普朗克的黑体辐射理论. 而零点能对体系的热力学性质并不重要. 由于频率 ω_s 不同而彼此为可分辨的振子组成的体系应遵循玻尔兹曼统计, 按照普朗克理论, 频率 ω_s 的振子的平均能

量为

$$\langle\varepsilon_s\rangle = \frac{\hbar\omega_s}{\exp(\hbar\omega_s/kT)-1}. \tag{2.4.1}$$

在频率为 $(\omega, \omega+\mathrm{d}\omega)$ 区间内的振动方式数为

$$2\cdot 4\pi\left(\frac{1}{\lambda}\right)^2\mathrm{d}\left(\frac{1}{\lambda}\right) = \frac{\omega^2\mathrm{d}\omega}{\pi^2c^3}, \tag{2.4.2}$$

其中 c 为光速, 因子 2 来自于横模的两种振动模式. 在频率为 $(\omega, \omega+\mathrm{d}\omega)$ 内的能量密度为

$$u(\omega)\mathrm{d}\omega = \frac{\hbar}{\pi^2c^3}\frac{\omega^3\mathrm{d}\omega}{\mathrm{e}^{\hbar\omega/kT-1}}. \tag{2.4.3}$$

这就是著名的普朗克黑体辐射公式.

第二种观点是由玻色、爱因斯坦所建立的, 也就是玻色-爱因斯坦统计的来源.

1924 年玻色首先提出黑体辐射是光子理想气体的观点, 他研究了“光子在各种能级上的分布”问题, 亦就是“同时由 n_s 个光子占有能级 $\varepsilon_s(=\hbar\omega_s)$ 的概率”以及“n_s 和 ε_s 的平均值”等问题. 能级的统计就是玻尔兹曼统计, 得到

$$\begin{aligned}\langle n_s\rangle &= \frac{\sum\limits_{n_s=0}^{\infty} n_s\exp(-n_s\hbar\omega_s/kT)}{\sum\limits_{n_s=0}^{\infty}\exp(-n_s\hbar\omega_s/kT)}\\ &= \frac{1}{\exp(\hbar\omega_s/kT)-1}\end{aligned} \tag{2.4.4}$$

和

$$\langle\varepsilon_s\rangle = \hbar\omega_s\langle n_s\rangle = \frac{\hbar\omega_s}{\exp(\hbar\omega_s/kT)-1}. \tag{2.4.5}$$

这结果与 (2.4.1) 式的结果一致. 玻色还利用了“相空间相关区域的体积”与动量处于 $(\hbar\omega/c, \hbar(\omega+\mathrm{d}\omega)/c)$ 区间的光子态数之间的联系, 得到

$$\begin{aligned}g(\omega)\mathrm{d}\omega &\approx 2\frac{V}{h^3}\left[4\pi\left(\frac{\hbar\omega}{c}\right)^2\left(\frac{\hbar\mathrm{d}\omega}{c}\right)\right]\\ &= \frac{V\omega^2\mathrm{d}\omega}{\pi^2c^3}.\end{aligned} \tag{2.4.6}$$

由 (2.4.5) 及 (2.4.6) 式玻色得到了普朗克分布公式. 但玻色的理论是不完善的, 在他所实行的能级本身的统计方法中, 没有贯彻光子统计的概念. 爱因斯坦进一步发展了这一理论, 他将光子和能级两者的统计一并考虑, 指出主要的事实是光子为不可分辨的, 在给定的体积中, 光子数是不确定的, 也就是在讨论光子统计时, 固定一个 N 值的约束条件不存在.

根据这些考虑, 可以推导出光子统计. 其推导过程与 2.3 节开始时的推导完全相同, 只要注意到总光子数 N 不确定的条件相当于化学势 $\mu=0$ 即可. 由此可得理想光子气体的结果:

$$\langle n_i\rangle=\frac{1}{\exp(\varepsilon_i/kT)-1}, \tag{2.4.7}$$

巨配分函数:

$$\ln\Xi=-\sum_i\ln(1-\mathrm{e}^{-\beta\varepsilon_i}), \tag{2.4.8}$$

总粒子数方程:

$$N\equiv\sum\langle n_i\rangle=\sum\frac{1}{\mathrm{e}^{\beta\varepsilon_i}-1}. \tag{2.4.9}$$

这些结果与 $z=1$ 时的理想玻色气体的结果完全相同. 总粒子数 N 不再是给定的宏观条件, 当体系平衡时, 平衡数 $\overline{N}$ 由自由能极小的条件决定:

$$\left[\left(\frac{\partial F}{\partial N}\right)_{N=\overline{N}}\right]_{V,T}=0. \tag{2.4.10}$$

由 (2.4.10) 即可得到 $\mu=0$ 或 $z=1$.

可以导出理想光子气体的一系列热力学函数. 当体系 $V\to\infty$ 时, 可将 (2.4.8) 式求和换成积分, 考虑到光子能谱为 $\varepsilon=cp$, 得态密度为

$$a(\varepsilon)\mathrm{d}\varepsilon=\frac{8\pi V}{h^3c^3}\varepsilon^2\mathrm{d}\varepsilon. \tag{2.4.11}$$

所以

$$\ln\Xi=-\frac{8\pi V}{(hc)^3}\int_0^\infty\varepsilon^2\ln(1-\mathrm{e}^{-\beta\varepsilon})\mathrm{d}\varepsilon,$$

分部积分, 作变数变换令 $x=\beta\varepsilon$, 得

$$\ln\Xi=\frac{8\pi^5V}{45h^3c^3}(kT)^3, \tag{2.4.12}$$

或写成压强的形式:

$$P=\frac{8\pi^5}{45h^3c^3}(kT)^4\sim T^4. \tag{2.4.13}$$

其他的热力学函数也同样可得到,

$$U=\frac{8\pi V}{(hc)^3}\int_0^\infty\frac{\varepsilon^3\mathrm{d}\varepsilon}{\mathrm{e}^{\beta\varepsilon}-1}=\frac{8\pi^5V}{15}\frac{(kT)^4}{(hc)^3}, \tag{2.4.14}$$

$$F=-PV=-\frac{8\pi^5}{45}V\frac{(kT)^4}{(hc)^3}=-\frac{1}{3}U, \tag{2.4.15}$$

$$S=\frac{U-F}{T}=\frac{32\pi^5}{45}\frac{k^4T^3}{(hc)^3}V, \tag{2.4.16}$$

$$C_V=T\left(\frac{\partial S}{\partial T}\right)_V=\frac{32\pi^5V}{15}\frac{k^4T^3}{(hc)^3}. \tag{2.4.17}$$

能量密度的频谱分布, 可直接由 (2.4.14) 式的被积函数得到

$$\begin{aligned}u(\omega,T)\mathrm{d}\omega&=\frac{U(\omega,T)}{V}\mathrm{d}\omega=\frac{8\pi}{(hc)^3}\frac{\varepsilon^3\mathrm{d}\varepsilon}{\mathrm{e}^{\beta\varepsilon}-1}\\&=\frac{\hbar}{\pi^2c^3}\frac{\omega^3\mathrm{d}\omega}{\mathrm{e}^{\beta\hbar\omega}-1}.\end{aligned} \tag{2.4.18}$$

这就是普朗克的分布函数.

下面我们导出黑体辐射中的几个主要定律.

当频率很低, 即 $\hbar\omega\ll kT$,(令 $x=\hbar\omega/kT$), 由 $\mathrm{e}^x\approx x+1$ 得

$$u(w,T)\mathrm{d}w\approx\frac{kT}{\pi^2c^3}w^2\mathrm{d}w=\frac{8\pi kT}{c^3}\nu^2\mathrm{d}\nu,$$

所以

$$u(w,T)\approx\frac{kT}{\pi^2c^3}w^2\quad 或\quad u(\nu,T)\approx\frac{8\pi k}{c^3}\nu^2T. \tag{2.4.19}$$

这就是瑞利 - 金斯定律.

当频率很高, $(\hbar w/kT)\gg1,\mathrm{e}^x-1\approx\mathrm{e}^x$,

$$\begin{aligned}u(w,T)\mathrm{d}w&\approx\frac{\hbar}{\pi^2c^3}w^2\mathrm{e}^{-\beta\hbar w}\mathrm{d}w,\\u(w,T)&\approx\frac{\hbar}{\pi^2c^3}w^2\mathrm{e}^{-\beta\hbar w}.\end{aligned} \tag{2.4.20}$$

(2.4.20) 式为维恩定律.

为了导出斯特藩-玻尔兹曼定律, 考虑在辐射空腔中开个小孔, 光子将通过小孔"流出". 设粒子速度分布函数是 $f(v)$, 粒子密度为 n, 小孔垂直于 x 轴. 从小孔每秒逸流量为

$$\begin{aligned}R&=n\int_{-\infty}^{\infty}\int_{-\infty}^{\infty}\int_0^{\infty}v_xf(v)\mathrm{d}v_x\mathrm{d}v_y\mathrm{d}v_z\\&=n\int_{\phi=0}^{2\pi}\int_{\theta=0}^{\pi/2}\int_{v=0}^{\infty}v(\cos\theta)f(v)v^2\sin\theta\mathrm{d}v\mathrm{d}\theta\mathrm{d}\varphi\\&=n\pi\int_0^{\infty}f(v)v^3\mathrm{d}v,\end{aligned}$$

分布 $f(v)$ 必须满足归一化条件:

$$\int_0^{\infty}f(v)\cdot4\pi v^2\mathrm{d}v=1,$$

用这条件除上式两边, 得

$$R = \frac{1}{4}n\langle v\rangle.$$

对光子有 $f(v) = A \cdot \delta(v - c)$, 所以

$$R = A\pi nc^3,$$
$$A = \frac{1}{4\pi c^2}$$

从而有

$$R = \frac{1}{4}nc.$$

为了计算能量逸流率, 即每秒从小孔流出的能量, 只需将上式粒子密度换成能量密度即可. 所以每单位面积上总辐射流率为

$$J = \frac{1}{4}\frac{U}{V}c = \frac{\pi^2 k^4}{60\hbar^3 c^2}T^4 = \sigma T^4, \tag{2.4.21}$$

(2.4.21) 式最初由斯特藩从实验中得到, 后来玻尔兹曼从热力学中导出这一公式, 称为斯特藩-玻尔兹曼定律. 其中系数

$$\sigma = \frac{\pi^2 k^4}{60\hbar^3 c^2}$$

称为斯特藩常数.

绝热过程中熵不变, 由方程 (2.4.16) 可得

$$VT^3 = 常数.$$

考虑到方程 (2.4.13) 得理想光子气体的绝热方程为

$$PV^{4/3} = 常数.$$

2.5 声子统计

从固体物理学中已经知道, 所谓声子是固体晶格振动激发的声波量子化以后得到的最小能量单元. 讨论声子统计问题, 也就是讨论固体的晶格振动问题.

在固体物理中对晶格振动问题采用简谐近似, 可以得到系统的哈密顿量为

$$H = \varPhi_0 + \sum_i \frac{1}{2}m(\dot{q}_i^2 + w_i^2 q_i^2), \tag{2.5.1}$$

其中 $w_i (i = 1, 2, \cdots, 3N)$ 是体系简正振动模式的特征频率, 由固体中原子间相互作用性质决定. 从 (2.5.1) 式可看出晶体能量是最低能量 $\varPhi$ 与 $3N$ 个无相互作用的一

维谐振子能量之和. $3N$ 个简正振动模式每个都对应晶体点阵的振动波 —— 声波, 而这些简正模式都会产生被称为声子的量子, 与电磁场振动产生光子相类似, 但电磁场的振动模式有无限多个, 而晶体简正模式的个数由晶体点阵的格点数所决定, 需注意的是简正模式产生的声子数则是不确定的, 从而声子的化学势亦为 0.

由哈密顿量 (2.5.1) 给出的系统的本征值为

$$E_{\{n_i\}} = \phi_0 + \sum_i \left(n_i + \frac{1}{2}\right)\hbar w_i,$$

其中 n_i 表示各种声子能级的占有数. 与光子统计相类似, 可以得出体系的配分函数及内能:

$$\ln Z_{3N}(T,V) = -\beta\left[\phi_0 + \sum_{i=1}^{3N}\frac{1}{2}\hbar w_i\right] - \sum_{i=1}^{3N}\ln(1-\mathrm{e}^{-\beta\hbar w_i}), \tag{2.5.2}$$

$$U(T) = \left[\phi_0 + \sum_i \frac{1}{2}\hbar w_i\right] + \sum_i \frac{\hbar w_i}{\exp(\hbar w_i/kT)-1}, \tag{2.5.3}$$

(2.5.3) 式的中括弧内给出了绝对零度时体系的能量, $\phi_0 < 0$, 且 $\phi_0 > \sum_i \frac{1}{2}\hbar w_i$, 这项就是点阵的结合能. 体系的比热为

$$C_V(T) \equiv \left(\frac{\partial U}{\partial T}\right)_V = k\sum_i \frac{(\hbar w_i/kT)^2\mathrm{e}^{\hbar w_i\beta}}{(\mathrm{e}^{\hbar w_i/kT}-1)^2}. \tag{2.5.4}$$

为了进一步计算就必须知道固体晶格振动的频谱, 但目前尚无法解析地导出这一频谱, 因而采用两种办法解决. 一种是从实验上测得关于频谱的知识, 另一种是从理论上作某种假设, 用假设的频谱去计算热力学函数, 最后再与实验比较. 用不同的假设, 导致不同的模型.

1. 爱因斯坦模型

爱因斯坦假设 $3N$ 个振动模式具有相同频率 ω_E, 由此得到固体比热:

$$C_V(T) = 3NkE(x), \tag{2.5.5}$$

其中 $E(x)$ 称为爱因斯坦函数, 定义为

$$E(x) = \frac{x^2\mathrm{e}^x}{(\mathrm{e}^x-1)^2}, \tag{2.5.6}$$

$$x = \hbar w_E/kT = \theta_E/T.$$

图 2.5.1 画出了由 (2.5.5) 式所给出的比热随温度的变化关系.

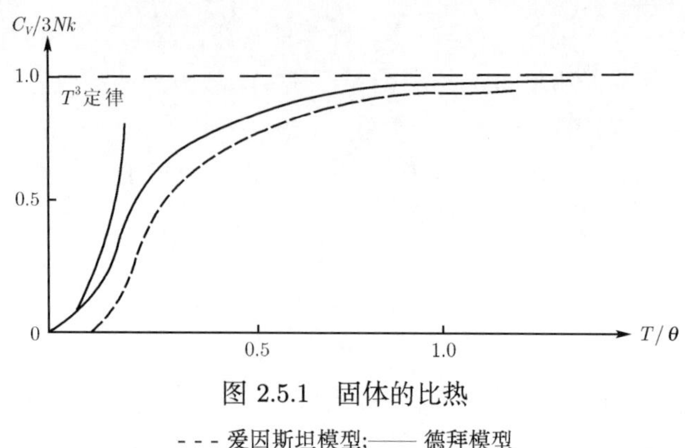

图 2.5.1　固体的比热

- - - 爱因斯坦模型;—— 德拜模型

高温情况下 $T \gg \theta_E$ 即 $X \ll 1$, 爱因斯坦的结果趋向于经典比热 $C_V = 3NK$. 事实上从 (2.5.3) 式直接可看出, 高温条件 $\hbar w_i/kT \ll 1$, 使每个振动模式都具有热能 kT, 也就是每个模式都有相同的频率, 这也就是爱因斯坦的能谱假设. 在低温下 $T \ll \theta_E$, 比热以指数形式下降, 当 $T \to 0$ 时 $C_V \to 0$. 但理论的下降速率比实验观察到的下降速率快得多. 理论与实验不符, 其原因显然是由于爱因斯坦模型过于简化.

2. 德拜模型

德拜理论的基本想法是将晶体看成是连续介质, 他假定频谱有如下形式:

$$\omega_l = C_l k_l, \qquad \omega_t = C_t k_t, \tag{2.5.7}$$

其中 C_l, C_t 为纵模及横模的声速, k_l 及 k_t 为相应的波矢量, 体系的态密度为

$$g(\omega)\mathrm{d}\omega = \frac{V}{2\pi^2}\left(\frac{1}{C_l^3} + \frac{2}{C_t^3}\right)\omega^2 \mathrm{d}\omega.$$

(考虑到对任何频率 ω, 横模为双重简并的).

另一方面由于晶体中的声波反映了晶格振动, 因此其波长不应小于晶格的平均距离, 也就是波长应有下限值 λ_D, 而相应的频率应有上限值 $\omega_\mathrm{D} = \dfrac{2\pi}{\lambda_\mathrm{D}}C, \omega_\mathrm{D}$ 被称为德拜频率, 体系简正振动模式总数为 $3N$, 即

$$\int_0^{\omega_\mathrm{D}} g(\omega)\mathrm{d}\omega = 3N, \tag{2.5.8}$$

也就是

$$\int_0^{\omega_\mathrm{D}} \frac{V}{2\pi^2}\left(\frac{1}{C_l^3} + \frac{2}{C_t^3}\right)\omega^2 \mathrm{d}\omega = 3N,$$

可得德拜频率为

$$\omega_\mathrm{D}^3 = 18\pi^2 \frac{N}{V}\left(\frac{1}{C_l^3} + \frac{2}{C_t^3}\right)^{-1}. \tag{2.5.9}$$

从而 $\lambda_D=\left(\frac{4\pi}{3}\frac{V}{N}\right)^{1/3}$, 该量具有晶格中原子间距离的量级. 相应地, 德拜频谱可表示成

$$g(\omega)=\begin{cases}\frac{9N}{\omega_D^3}\omega^2, & 对\omega\leqslant\omega_D;\\ 0, & 对\omega>\omega_D.\end{cases} \tag{2.5.10}$$

图 2.5.2 画出了德拜理论的频谱曲线 (虚线) 和通过 X 射线散射测得的实验曲线 (实线). 比较两条曲线, 可看出在低频部分德拜理论与实验符合得很好, 而高频部分两者有明显的差别. 但考虑到用频谱函数计算热力学量时, 重要的是平均值, 频谱结构的细节并不很重要, 可以预期德拜理论将会得到与实验符合得较好的结果.

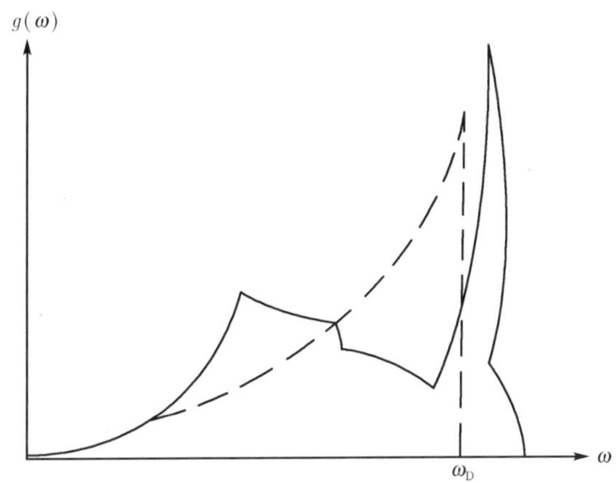

图 2.5.2 德拜频谱与实验结果的比较

图中虚线为理论曲线; 实线为实验结果

下面计算德拜近似下, 体系的配分函数及一些主要的热力学函数.

用 (2.5.10) 式可将 (2.5.2) 式中的求和换成积分:

$$\ln Z_{3N}(T,V)=-\beta\phi_0-\beta\frac{9}{8}N\hbar\omega_D-\frac{9N}{\omega_D^3}\int_0^{\omega_D}\omega^2\ln(1-e^{-\beta\hbar\omega})d\omega.$$

定义德拜温度 $\theta_D=\frac{\hbar\omega_D}{k}$, 对上式作分部积分:

$$\begin{aligned}\ln Z_{3N}(T,V)=&-\beta\phi_0-\frac{9N}{8}\frac{\theta_D}{T}-3N\ln(1-e^{-\theta_D/T})\\&+3N\left(\frac{T}{\theta_D}\right)^3\int_0^{\theta_D/T}\frac{\xi^3}{e^\xi-1}d\xi,\end{aligned}$$

其中 $\xi=\beta\hbar\omega$, 最后一项的积分称为德拜函数, 定义为

$$D(x)=\frac{3}{x^3}\int_0^x\frac{\xi^3}{e^\xi-1}d\xi. \tag{2.5.11}$$

德拜函数的微分关系:

$$\frac{\partial}{\partial T}D\left(\frac{\theta_{\mathrm{D}}}{T}\right)=-\frac{\theta_{\mathrm{D}}}{T^2}D'\left(\frac{\theta_{\mathrm{D}}}{T}\right),$$
$$\frac{\mathrm{d}}{\mathrm{d}x}D(x)=-\frac{3}{x}D(x)+\frac{3}{\mathrm{e}^x-1}.$$

用德拜函数表示配分函数:

$$\ln Z_{3N}(T,V)=N\left[-\beta\frac{\phi_0}{N}-\frac{9}{8}\frac{\theta_{\mathrm{D}}}{T}-3\ln(1-\mathrm{e}^{-\theta_{\mathrm{D}}/T})+D\left(\frac{\theta_{\mathrm{D}}}{T}\right)\right]. \tag{2.5.12}$$

内能及比热为

$$U=\phi_0+\frac{9}{8}Nk\theta_{\mathrm{D}}+3NkD\left(\frac{\theta_{\mathrm{D}}}{T}\right), \tag{2.5.13}$$

$$C_V=3Nk\left[4D\left(\frac{\theta_{\mathrm{D}}}{T}\right)-\frac{3\theta_{\mathrm{D}}/T}{\mathrm{e}^{\theta_{\mathrm{D}}/T}-1}\right]. \tag{2.5.14}$$

在高温下, $T\gg\theta_{\mathrm{D}}$ 即 $x\ll 1$ 德拜函数的高温展开式为

$$D(x)=1-\frac{3}{8}x+\frac{1}{20}x^2-\cdots$$

再利用 $\ln(1-\mathrm{e}^{-x})$ 的近似展开式, 可得热力学函数的高温展开:

$$\ln Z_{3N}(T,V)\approx(N-\beta\phi_0)-3N\left[\ln\left(\frac{\theta_{\mathrm{D}}}{T}\right)+\frac{1}{40}\left(\frac{\theta_{\mathrm{D}}}{T}\right)^2\right],$$
$$U\approx\phi_0+3NkT\left[1+\frac{1}{20}\left(\frac{\theta_{\mathrm{D}}}{T}\right)^2\right],$$
$$C_V\approx 3Nk\left[1-\frac{1}{20}\left(\frac{\theta_{\mathrm{D}}}{T}\right)^2\right].$$

当 $T\to\infty, C_V\to 3Nk$, 得到经典比热. 且由 C_V 的高温展开式可知, 只要 $T>3\theta_{\mathrm{D}}$, 经典理论在 0.5% 的误差范围内是适用的.

低温情况相当于 $T\ll\theta_{\mathrm{D}}$ 或 $x\gg 1$, 可以利用德拜函数的低温展开式:

$$D(x)=\frac{\pi^4}{5}\frac{1}{x^3}+O(\mathrm{e}^{-x}),$$

得

$$\ln Z_{3N}(T,V)\approx-\beta\phi_0-\frac{9N}{8}\frac{\theta_{\mathrm{D}}}{T}+\frac{\pi^4}{5}\left(\frac{T}{\theta_{\mathrm{D}}}\right)^3,$$

$$U\approx\phi_0+\frac{9N}{8}k\theta_{\mathrm{D}}+3NkT\frac{\pi^4}{5}\left(\frac{T}{\theta_{\mathrm{D}}}\right)^3,$$

$$C_V \approx \frac{12}{5}\pi^4 Nk\left(\frac{T}{\theta_{\rm D}}\right)^3$$
$$= 464.4\left(\frac{T}{\theta_{\rm D}}\right)^3 {\rm cal/mol\cdot K}$$

说明在低温下, 固体比热 $C_V \propto T^3 \to 0$. 在低温下, 固体晶格振动中主要激发的是声学波, 因而德拜三次方定律也是声子比热的特点. 实验测量结果证明德拜理论在低温下与实验符合得相当好. 图 2.5.3 画出了 KCl 晶体在 5K 时比热的理论曲线 (通过原点的直线) 和实验值 (黑点) 之间的比较.

通常将 C_V/T 作纵坐标, 以 T^2 作横坐标, 这样比热的三次方曲线就成为过原点的直线. 图中显示出 KCl 的实验值均落在这条直线上.

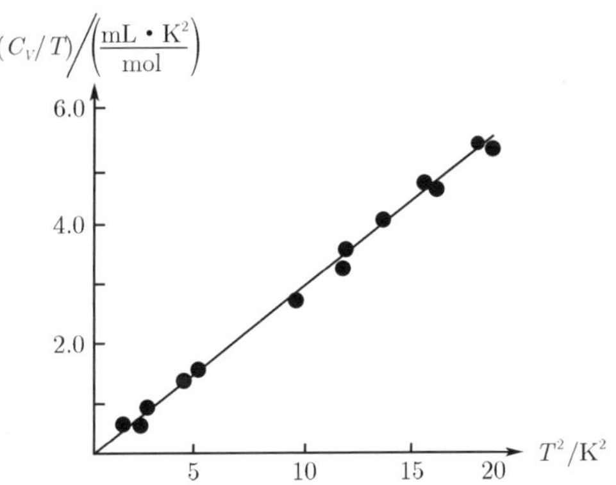

图 2.5.3 KCl 的 C_V/T 与 T^2 的关系, 德拜理论与实验结果的比较

2.6 理想费米气体

考虑 N 个全同费米子组成的体系, 自旋为 $s=\frac{1}{2}\hbar$, 体积 $V=L^3$, 粒子间没有相互作用. 根据 2.2 节的结果, 对费米统计有

$$\ln\varXi = \sum_k \ln(1+z{\rm e}^{-\beta\varepsilon}).$$

与理想玻色气体相类似, 将上式求和换成积分:

$$\ln\varXi = \frac{gV}{\lambda^3} f_{5/2}(z). \tag{2.6.1}$$

同样可以写出粒子数表示式

$$N = \frac{gV}{\lambda^3} f_{3/2}(z), \tag{2.6.2}$$

其中 g 为自旋简并度, λ 依然是平均热波长, 函数 $f_n(z)$ 称为费米积分, 定义为

$$f_n(z) \equiv \frac{1}{\Gamma(n)} \int_0^{\infty} \frac{x^{n-1}}{z^{-1}e^x + 1} \mathrm{d}x, \quad x = \beta\varepsilon. \tag{2.6.3}$$

回忆 2.2 节对粒子数平均值的分析可得出, 对理想费米气体 μ 可正可负, 即 z 的定义域为 $0 \leqslant z < \infty$.

为了作进一步讨论的需要, 首先给出费米积分的几个主要性质.

(1) 当 z 很小时, 费米积分可用级数来表示:

$$f_n(z) = \frac{1}{\Gamma(n)} \int_0^{\infty} x^{n-1} \sum_{l=1}^{\infty} (-1)^{l-1} (z\mathrm{e}^{-x})^l \mathrm{d}x = \sum_{l=1}^{\infty} (-1)^{l-1} \frac{z^l}{l^n}. \tag{2.6.4}$$

在 $z \to 0$ 的极限下, 就有

$$f_n(z) \approx z. \tag{2.6.5}$$

(2) 当 z 较大时, 展开式 (2.6.4) 不合适, 可按变量 $t = \ln z$ 展开, 可以证明:

$$\begin{aligned} f_n(t) =& \frac{t^n}{\Gamma(n+1)} \left[1 + n(n-1)\frac{\pi^2}{6}\frac{1}{t^2} \right. \\ & \left. + n(n-1)(n-2)(n-3)\frac{7\pi^4}{360}\frac{1}{t^4} + \cdots \right]. \end{aligned} \tag{2.6.6}$$

证明:

令 $\nu = \ln z$, 将费米积分写成

$$f_n(z) = \frac{1}{\Gamma(n)} \int_0^{\infty} \frac{x^{n-1}\mathrm{d}x}{\mathrm{e}^{x-\nu} + 1},$$

作分部积分得

$$f_n(z) = \frac{1}{n\Gamma(n)} \int_0^{\infty} \frac{x^n \mathrm{e}^{x-\nu}}{(\mathrm{e}^{x-\nu} + 1)^2} \mathrm{d}x; \tag{2.6.7}$$

作变数变换, 令 $\eta = x - \nu$, 则

$$x^n = (\eta + \nu)^n.$$

将 x^n 在 $\eta = 0$ 处展开成泰勒级数, 有

$$x^n = \nu^n + n\nu^{n-1}\eta + n(n-1)\nu^{n-2}\eta^2 + \cdots$$

即

$$x^n = \nu^n + n\nu^{n-1}(x-\nu) + n(n-1)\nu^{n-2}(x-\nu)^2 + \cdots,$$

将此式代入 (2.6.7) 式有

$$f_n(z)=\frac{1}{n\Gamma(n)}\int_{-\nu}^{\infty}\mathrm{d}\eta\frac{\mathrm{e}^\eta}{(e^\eta+1)^2}[\nu^n+n\nu^{n-1}\eta+\cdots],$$

将这积分式简写成

$$f_n(z)=\frac{1}{n\Gamma(n)}\left[\int_{-\infty}^{\infty}\cdots-\int_{-\infty}^{-\nu}\cdots\right].$$

当 z 很大时, $\ln z=\nu$ 亦很大, 上式中第二个积分至多贡献 $\mathrm{e}^{-\nu}$ 量级, 所以:

$$\begin{aligned}f_n(z)&=\frac{1}{n\Gamma(n)}\int_{-\infty}^{\infty}\mathrm{d}\eta\frac{\mathrm{e}^\eta}{(\mathrm{e}^\eta+1)^2}[\nu^n+n\nu^{n-1}\eta+n(n-1)\nu^{n-2}\eta^2+\cdots]+O(\mathrm{e}^{-\nu})\\&=\frac{1}{n\Gamma(n)}[\nu^nI_0+n\nu^{n-1}I_1+n(n-1)\nu^{n-2}I_2+\cdots]+O(\mathrm{e}^{-\nu}),\end{aligned}\tag{2.6.8}$$

其中,

$$I_m\equiv\int_{-\infty}^{\infty}\mathrm{d}\eta\frac{\mathrm{e}^\eta\eta^m}{(\mathrm{e}^\eta+1)^2}.$$

积分 I_m 中除 η^m 项外, 是 η 的偶函数. 所以当 $m=$ 奇数时, 有 $I_m=0$; 当 $m=0$ 时, 有

$$I_0=-2\int_0^{\infty}\mathrm{d}\eta\frac{\mathrm{d}}{\mathrm{d}\eta}\left(\frac{1}{\mathrm{e}^\eta+1}\right)=1.$$

m 为大于 0 的偶数时

$$\begin{aligned}I_m&=-2\left[\frac{\partial}{\partial\lambda}\int_0^{\infty}\mathrm{d}\eta\frac{\eta^{m-1}}{\mathrm{e}^{\lambda\eta}+1}\right]_{\lambda=1}\\&=2m\int_0^{\infty}\mathrm{d}u\frac{u^{m-1}}{\mathrm{e}^u+1}\\&=(2m)(m-1)!(1-2^{1-m})\zeta(m).\end{aligned}$$

$\zeta(m)$ 为 Riemann-Zeta 函数, 一些数值为

$$\zeta(2)=\frac{\pi^2}{6};\zeta(4)=\frac{\pi^4}{90};\zeta(6)=\frac{\pi^6}{945}.$$

将上述结果代回 (2.6.8) 式便有

$$\begin{aligned}f_n(z)=&\frac{\nu^n}{\Gamma(n+1)}\left[1+n(n-1)\frac{\pi^2}{6}\frac{1}{\nu^2}\right.\\&\left.+n(n-1)(n-2)(n-3)\frac{7\pi^4}{360}\frac{1}{\nu^4}+\cdots\right].\end{aligned}\tag{2.6.9}$$

当 $n=3/2$ 时, 得

$$f_{3/2}(z)\approx\frac{4}{3\sqrt{\pi}}\left[(\ln z)^{3/2}+\frac{\pi^2}{8}(\ln z)^{-1/2}+\cdots\right].\tag{2.6.10}$$

图 2.6.1 绘出了函数 $f_{3/2}(z)$ 随 z 变化的曲线.

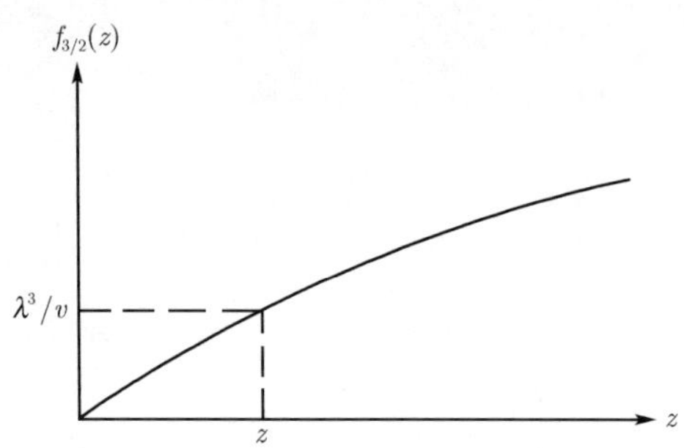

图 2.6.1　函数 $f_{3/2}(z)$ 随 z 变化的曲线

(3) 费米积分的导数满足关系:

$$\frac{\partial_{f_n}(z)}{\partial \ln z} = z\frac{\partial}{\partial z}[f_n(z)] = f_{n-1}(z), \tag{2.6.11}$$

$$\frac{\partial_{f_n}(z)}{\partial T} = \frac{\partial_{f_n}(z)}{\partial z}\frac{\partial z}{\partial T} = -\frac{3}{2}\frac{f_{3/2}(z)f_{n-1}(z)}{Tf_{1/2}(z)}. \tag{2.6.12}$$

由这些关系, 可得理想费米气体的热力学函数为

$$U = -\frac{\partial \ln \Xi}{\partial \beta} = \frac{3}{2}NkT\frac{f_{5/2}(z)}{f_{3/2}(z)}, \tag{2.6.13}$$

$$P = \frac{1}{\beta}\frac{\partial \ln \Xi}{\partial V} = \frac{2}{3}\frac{U}{V}, \tag{2.6.14}$$

$$\begin{aligned} S &= k\left(\ln \Xi - \alpha\frac{\partial \ln \Xi}{\partial \alpha} - \beta\frac{\partial \ln \Xi}{\partial \beta}\right) \\ &= Nk\left[\frac{5}{2}\frac{f_{5/2}(z)}{f_{3/2}(z)} - \ln z\right]. \end{aligned} \tag{2.6.15}$$

下面我们在不同简并度下, 对理想费米气体作进一步的讨论.

(1) 弱简并

弱简并指的是高温低密度的状态, 即 $n\lambda^3/g \ll 1$ 或 $z \ll 1$.

令 $y = n\lambda^3/g$, 由 (2.6.2) 式及 (2.6.4) 式:

$$y = f_{3/2}(z) = \sum_{l=1}^{\infty}\frac{(-1)^l}{l^{3/2}}z^l. \tag{2.6.16}$$

再令 $z = a_1y + a_2y^2 + \cdots$ 代入 (2.6.16) 式, 比较 y 的同幂次项系数, 得 z 的表示式:

$$z = y + \frac{1}{z^{3/2}}y^2 + \left(\frac{1}{4} - \frac{1}{3^{1/2}}\right)y^3 + \cdots,$$

代入 (2.6.1) 式, 得到用位力展开形式表示的状态方程:

$$\frac{PV}{NkT}=\sum_{l=1}^{\infty}(-1)^{l-1}a_l\left(\frac{n\lambda^3}{g}\right)^{l-1}, \tag{2.6.17}$$

系数 a_l 与理想玻色气体的系数完全相同, 写出明显的表示式:

$$\frac{PV}{NkT}=1+0.17678y-0.0033y^2+\cdots, \tag{2.6.18}$$

$$\frac{C_V}{\frac{3}{2}Nk}=1-0.0884y+0.0066y^2-\cdots. \tag{2.6.19}$$

同理想玻色气体的情况相反, 理想费米气体与经典理想气体相比, 压强增大而比热减小, 这相当于在粒子之间存在一个有效的"排斥"力, 此力亦依然是由体系的量子效应所引起.

在 $z\to 0$ 的高温极限下, $y\to 0$, 由 (2.6.18) 与 (2.6.19) 式可看出, 理想费米气体的热力学函数都趋于经典的结果.

(2) 强简并

强简并状态意味着低温和高密度情况. 这时有 $n\lambda^3/g\gg 1$ 或 $z\gg 1$. 为了简单起见, 先讨论在 $T\to 0$ 的极限, 即 $n\lambda^3/g\to\infty$, 这时被称为完全简并的.

单粒子态 $\varepsilon(\boldsymbol{p})$ 的平均粒子数为

$$\langle n_\varepsilon\rangle=\frac{1}{\mathrm{e}^{[\varepsilon(\boldsymbol{p})-\mu]/kT}+1}$$

$$=\begin{cases}1 & \text{当}\varepsilon(\boldsymbol{p})<\mu_0,\\ 0 & \text{当}\varepsilon(\boldsymbol{p})>\mu_0.\end{cases} \tag{2.6.20}$$

其中 μ_0 为 $T=0$ 时的化学势. 函数 $\langle n_\varepsilon\rangle$ 为一个阶跃函数 (参看图 2.6.2), 说明在 $T=0$ 时, 在 $\varepsilon=0$ 到 $\varepsilon=\mu_0$ 的所有状态都被粒子填满, 而 $\varepsilon>\mu_0$ 的状态全部空着. 称这时的能量 μ_0 为费米能, 用 ε_{F} 表示; 与这能量对应的单粒子动量称为费米动量用 p_{F} 表示. 由下式决定 ε_{F} 及 p_{F} 的表示式:

$$\int_0^{\varepsilon_{\mathrm{F}}}a(\varepsilon)\mathrm{d}\varepsilon=N,$$

其中 $a(\varepsilon)$ 为态密度,

$$a(\varepsilon)=\frac{gV}{h^3}4\pi p^2\frac{\mathrm{d}p}{\mathrm{d}\varepsilon},$$

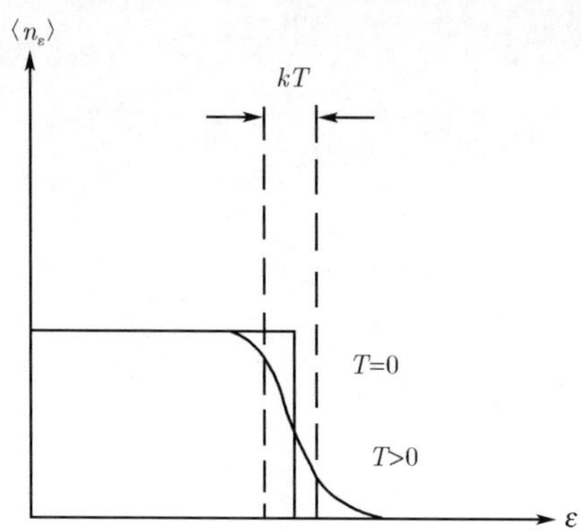

图 2.6.2 平均粒子数 $\langle n_\varepsilon \rangle$ 与 ε 的关系

可得

$$N = \frac{4\pi g V}{3h^3} p_{\mathrm{F}}^3.$$

即

$$p_{\mathrm{F}} = \left(\frac{3N}{4\pi g V}\right)^{1/3} h. \tag{2.6.21}$$

在非相对论性情况下, 得费米能量为

$$\varepsilon_{\mathrm{F}} = \left(\frac{3N}{4\pi g V}\right)^{2/3} \frac{h^2}{2m} = \left(\frac{6\pi^2 n}{g}\right)^{2/3} \frac{\hbar^2}{2m}. \tag{2.6.22}$$

为了讨论方便, 也可以定义费米温度 T_{F}:

$$kT_{\mathrm{F}} = \varepsilon_{\mathrm{F}}.$$

体系基态的能量为

$$E_0 = \frac{4\pi g V}{h^3} \int_0^{p_{\mathrm{F}}} \left(\frac{p^2}{2m}\right) p^2 \mathrm{d}p = \frac{2\pi g V}{5mh^3} p_{\mathrm{F}}^5, \tag{2.6.23}$$

每个粒子的能量为

$$\frac{E_0}{N} = \frac{3}{5} \varepsilon_{\mathrm{F}}. \tag{2.6.24}$$

系统的基态压强为

$$P_0 = \frac{2}{3} \frac{E_0}{V} = \left(\frac{6\pi^2}{g}\right)^{2/3} \frac{\hbar^2}{5m} n^{5/3}. \tag{2.6.25}$$

理想费米气体的基态能量不为 0, 这是由泡利原理引起的一种量子效态, 在 $T = 0$ 时, 粒子不能都处在一个单能态上, 而由最低能态逐步向上排列, 因而在绝对零度下, 费米系统依然是十分活跃的, 同时也可看出, 费米系统不可能出现类似玻色-爱因斯坦凝聚的现象.

在有限的低温下, 单粒子能态的平均占有数不再是阶跃函数, 由泡利原理不难想象, 在温度 T 时, 在费米面附近深度为 kT 范围内的粒子将受到热激发, 热激发粒子的分数为 $O(kT/\varepsilon_{\mathrm{F}})$, 系统的主要部分仍不受影响. 这是强简并费米系统的主要特点, (如图 2.6.2 所示).

每个受激发粒子的热能为 $O(kT)$, 整个系统的热能应该是 $O(Nk^2T^2/\varepsilon_{\mathrm{F}})$, 从而系统的比热为 $O(Nk\cdot kT/\varepsilon_{\mathrm{F}})$, 这结果与经典比热 $\dfrac{3}{2}Nk$ 相差一个因子 $kT/\varepsilon_{\mathrm{F}}$, 正是这因子得出理想费米气体低温下比热与 T 成线性关系, 随着 $T\to 0, C_V$ 亦线性地趋于 0, 这是低温下费米系统的一个典型特点.

为了对低温下热力学函数作定量的讨论, 需利用费米积分的低温展开式 (2.6.9). 可得

$$
\begin{aligned}
f_{1/2}(z) &= \frac{2}{\sqrt{\pi}}(\ln z)^{1/2}\left[1-\frac{\pi^2}{24}(\ln z)^{-2}+\cdots\right],\\
f_{3/2}(z) &= \frac{4}{3\sqrt{\pi}}(\ln z)^{3/2}\left[1+\frac{\pi^2}{8}(\ln z)^{-2}+\cdots\right],\\
f_{5/2}(z) &= \frac{8}{15\sqrt{\pi}}(\ln z)^{5/2}\left[1+\frac{5\pi^2}{8}(\ln z)^{-2}+\cdots\right].
\end{aligned}
$$

将这些展开式代入 (2.6.2),(2.6.13),(2.6.14) 及 (2.6.15) 式, 经过简单计算便得

$$
\frac{N}{V}=\frac{4\pi g}{3}\left(\frac{2m}{h^2}\right)^{3/2}(kT\ln z)^{3/2}\left[1+\frac{\pi^2}{8}(\ln z)^{-2}+\cdots\right], \tag{2.6.26}
$$

$$
\frac{U}{N}=\frac{3}{5}kT(\ln z)\left[1+\frac{\pi^2}{2}(\ln z)^{-2}+\cdots\right], \tag{2.6.27}
$$

$$
P=\frac{8\pi g}{15}\left(\frac{2m}{h^2}\right)^{3/2}(kT\ln z)^{5/2}\left[1+\frac{5}{8}\pi^2(\ln z)^{-2}+\cdots\right], \tag{2.6.28}
$$

$$
\frac{S}{Nk}=\frac{\pi^2}{2}\left(\frac{kT}{kT\ln z}\right). \tag{2.6.29}
$$

由 $(kT\ln z)\equiv\mu$, 可将上述各式中的 z 用 μ 来表示. 将 (2.6.26) 式改写成

$$
\mu^{3/2}=\frac{3N}{4\pi gV}\left(\frac{h^2}{2m}\right)^{3/2}\left[1+\frac{\pi^2}{8}(\ln z)^{-2}+\cdots\right]^{-1}
$$

即

$$
\begin{aligned}
\mu &= \left(\frac{3N}{4\pi gV}\right)^{2/3}\frac{h^2}{2m}\left[1-\frac{\pi^2}{12}(\ln z)^{-2}-\cdots\right]\\
&= \varepsilon_{\mathrm{F}}\left[1-\frac{\pi^2}{12}\left(\frac{kT}{\mu}\right)^2-\cdots\right].
\end{aligned} \tag{2.6.30}
$$

μ 的零级近似为 $\mu=\varepsilon_{\rm F}$, 这正是体系基态的结果; 其一级近似为

$$\mu=\varepsilon_{\rm F}\left[1-\frac{\pi^2}{12}\left(\frac{kT}{\varepsilon_{\rm F}}\right)^2\right]. \tag{2.6.31}$$

将这结果代入 (2.6.27) 式及 (2.6.28) 式:

$$\frac{U}{N}=\frac{3}{5}\varepsilon_{\rm F}\left[1+\frac{5\pi^2}{12}\left(\frac{kT}{\varepsilon_{\rm F}}\right)^2+\cdots\right], \tag{2.6.32}$$

$$P=\frac{2}{3}\frac{U}{V}=\frac{2}{5}n\varepsilon_{\rm F}\left[1+\frac{5\pi^2}{1}\left(\frac{kT}{\varepsilon_{\rm F}}\right)^2+\cdots\right]. \tag{2.6.33}$$

可以看出, 热力学函数的零级近似项, 与基态的结果 (2.6.24) 式及 (2.6.25) 式完全相同, 说明热力学函数可以表示成基态附近的级数展开形式. 在前面的定性讨论中曾指出, 在有限低温下, 理想费米体系只有在费米面附近的粒子受到能量为 kT 的热激发, 而体系的主要部分, 依然处在费米球以内. 现在的结果, 则可以看成是定量的证明.

从 (2.6.32) 式 U 对 T 的依赖关系中, 很容易得到低温下的比热:

$$\frac{C_V}{Nk}=\frac{\pi^2}{2}\left(\frac{kT}{\varepsilon_{\rm F}}\right)+\frac{\pi^4}{24}\left(\frac{kT}{\varepsilon_{\rm F}}\right)^3+\cdots.$$

当 $T\ll T_{\rm F}$ 时, C_V 随温度一次方改变, 其中 $T_{\rm F}$ 是体系的费米温度. 在数值上低温比热比经典值 $\dfrac{3}{2}Nk$ 小得多, 随 $T\to 0$ 而线性地趋于 0.

图 2.6.3 给出了经典理想气体, 理想玻色及理想费米气体三者的比热曲线.

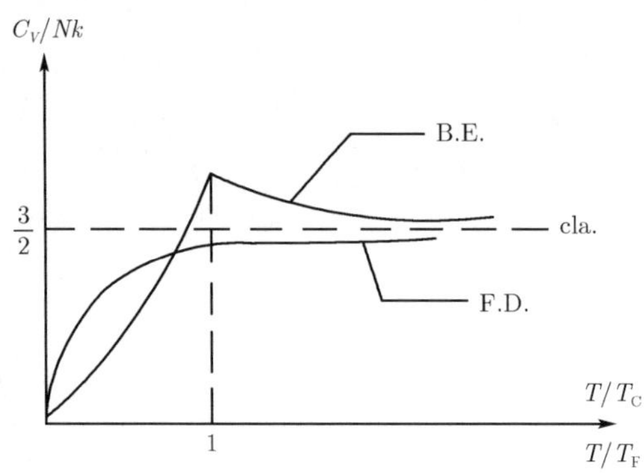

图 2.6.3　三种理想气体比热曲线的比较

对 B.E. 横轴为 $T/T_{\rm C}$; 对 F.D. 横轴为 $T/T_{\rm F}$

最后需指出两点:

(1) 无论对理想玻色气体或理想费米气体, 我们均以量 $(n\lambda^3)$ 作为判据来区别其简并程度; 这样做的原因, 从量子力学的角度来看是明显的, 将 $n\lambda^3$ 写成 $(\lambda/n^{-1/3})^3$,

其中 $\lambda = h/(2\pi mkT)^{1/2}$, 具有质量为 m, 温度为 T 时, 粒子波包宽度的量级, 而 $n^{-1/3}$ 可以看成是粒子间平均距离. $n\lambda^3 \ll 1$ 意味着热波长比粒子平均距离小得多, 体系的量子效应不显著, 为弱简并状态. 在 $n\lambda^3 \to 0$ 的极限情况下, 相当于体系被定域化, 过渡到玻尔兹曼统计, 即体系的经典极限. 而 $n\lambda^3 \gg 1$ 意味着热波长比粒子平均距离大得多, 这时体系会表现出明显的量子效应, 与经典理想气体相比, 存在着重大差异, 具体表现为玻色-爱因斯坦凝聚及泡利原理等.

(2) 我们在讨论中所说的“高温”或“低温”是一个相对的概念, 并没有绝对的界线. 判断一个体系是否简并的, 不仅同温度有关, 而且与组成体系粒子的质量及密度有关. 例如对室温 $T = 300\text{K}$ 而言, 密度为 $2.2 \times 10^{24}/\text{cm}^3$ 的电子气体其费米温度为

$$(T_{\rm F})_{\rm e} \sim 8 \times 10^5\text{K} \gg 300\text{K}$$

因而可将电子气看成是简并的, 但在同样温度与密度下的 He 原子组成的体系, 则为非简并的, 因其费米温度与室温有同数量级:

$$(T_{\rm F})_{\rm He} \sim 1 \times 10^2\text{K}$$

对同种粒子组成的体系, 由于密度不同也可以具有不同的简并性. 例如金属中电子密度在 $10^{23}/\text{cm}^3$ 左右, 电子体系的费米温度为

$$(T_{\rm F})_{\rm e} \sim 10^5\text{K}$$

比典型的室温大得多, 可以看成是简并性费米系统. 在考虑热电子发射时, 导体外的电子密度只有 $10^{16}/\text{cm}^3$ 量级, 其相应的费米温度

$$(T_{\rm F})_{\rm e} \sim 4\text{K}$$

比室温低得多, 可以被看成是非简并费米体系. 因此, 一个体系在给定温度下是否简并的, 可用 $(T/T_{\rm F})$ 值作为判据:

当 $(T/T_{\rm F}) \gg 1$ 时, 体系是非简并的;

当 $(T/T_{\rm F}) \ll 1$ 时, 体系是简并的.

2.7 泡利的顺磁性

按照泡利的观点, 金属中的传导电子可以看成是高度简并的费米气体, 由此得到了与经典朗之万顺磁性不同的结果, 被称为泡利顺磁性.

考虑一个理想费米体系, 总粒子数 N, 每个粒子的质量为 m, 粒子的固有磁矩为 μ^*, 取自旋 $S = \dfrac{1}{2}$. 将这体系放在外磁场中. 每个粒子能量为

$$\varepsilon = \frac{p^2}{2m} - \boldsymbol{\mu}^* \cdot \boldsymbol{B},$$

其中 $\boldsymbol{B}$ 为外磁场.

由于自旋为 $\dfrac{1}{2}$, 所以磁矩只能有二个取向, 平行或反平行于 $\boldsymbol{B}$.

将 N 个粒子分成两组:

(1) $\boldsymbol{\mu}^*//\boldsymbol{B}$ 每个粒子能量为 $\varepsilon^+ = \dfrac{p^2}{2m} - \mu^* B$

(2) $\boldsymbol{\mu}^*//-\boldsymbol{B}$ 每个粒子能量为 $\varepsilon^- = \dfrac{p^2}{2m} + \mu^* B$

当这一体系处在绝对零度时, 对 $\varepsilon \leqslant \varepsilon_{\mathrm{F}}$ 的能级全部被填满, 而 $\varepsilon > \varepsilon_{\mathrm{F}}$ 的能级全部是空的, 这时第一组粒子的最大动能是 $\varepsilon_{\mathrm{F}} + \mu^* B$, 第二组为 $\varepsilon_{\mathrm{F}} - \mu^* B$, 这两组的粒子数应该是

(1)
$$N^+ = \frac{4\pi V}{3h^3}\Big[2m(\varepsilon_{\mathrm{F}} + \mu^* B)\Big]^{3/2}. \tag{2.7.1}$$

(2)
$$N^- = \frac{4\pi V}{3h^3}\Big[2m(\varepsilon_{\mathrm{F}} - \mu^* B)\Big]^{3/2}. \tag{2.7.2}$$

在绝对零度时得到的磁矩为

$$\begin{aligned} M &= \mu^*(N^+ - N^-) \\ &= \frac{4\pi\mu^* V(2m)^{3/2}}{3h^3}\Big[(\varepsilon_{\mathrm{F}} + \mu^* B)^{3/2} - (\varepsilon_{\mathrm{F}} - \mu^* B)^{3/2}\Big], \end{aligned} \tag{2.7.3}$$

因此在弱场中单位体积的磁化率应该是

$$\chi_0 = \lim_{B\to 0}\left(\frac{M}{VB}\right) = \frac{4\pi\mu^{*^2}(2m)^{3/2}}{h^3}\varepsilon_{\mathrm{F}}^{1/2}. \tag{2.7.4}$$

由于费米能级

$$\varepsilon_{\mathrm{F}} = \left(\frac{6\pi^2 n}{g}\right)^{2/3}\frac{\hbar^2}{2m}, \quad 取 g = 2$$

得

$$\chi_0 = \frac{3}{2} n\mu^{*^2}/\varepsilon_{\mathrm{F}} \propto n^{1/3}. \tag{2.7.5}$$

说明在低温极限下, 磁化率 χ 与温度无关. 这结果与经典统计中得到的顺磁性明显不同, 经典顺磁性在高温时 $\propto \dfrac{1}{T}$, 而在低温下得到磁饱和状态.

高温极限下, 理想费米气体直接过渡到经典理想气体, 因此可以用经典结果:

$$\chi_\infty = n\mu^{*^2}/kT. \tag{2.7.6}$$

下面我们找出一般温度下, χ 的表示式.

把有自旋的体系, 按照自旋的简并态分为几组, 对每一组, 我们将其看成是没有自旋粒子构成的气体. 原来的有自旋粒子的体系, 现在就可以看成是由不同的“化

学组分”构成的混合气体. 原来体系的平衡. 现在可以看成是几种不同组分的气体达到的化学平衡. 这种方法所反映的基本思想具有普遍的意义.

我们这里讨论的问题, 因 $S=\dfrac{1}{2}$, 将整个体系分成两种组分, 一种是与外场平行, 一种是反平行. 用 n_p^+, n_p^- 表示其动量为 p、磁矩为 μ^* 的与外场平行或反平行的粒子数.

$$N=N^+ + N^- = \sum_p n_p^+ + \sum_p n_p^-, \tag{2.7.7}$$

其中 n_p^+, n_p^- 取值 0 或 1.

$$\begin{aligned} E_n &= \sum_p n_p^+ \varepsilon^+(p) + \sum_p n_p^- \varepsilon^-(p) \\ &= \sum_p \left[\left(\frac{p^2}{2m}-\mu^* B\right)n_p^+ + \left(\frac{p^2}{2m}+\mu^* B\right)n_p^-\right] \\ &= \sum_p (n_p^+ + n_p^-)\frac{p^2}{2m} - \mu^* B(2N^+ - N). \end{aligned} \tag{2.7.8}$$

要计算体系的配分函数, 必须对各种可能的 $\{n_p^+\},\{n_p^-\}$ 分布求和, 所谓“可能分布”, 可以这样定义:

$$\begin{aligned} \{n_p^+\} &\equiv \left\{ n_p^+ \left| \begin{array}{l} \sum\limits_p n_p^+ = N^+ \\ 0 \leqslant N^+ \leqslant N, \end{array} \right. \quad n_p^+ = 0,1 \right\}. \\ \{n_p^-\} &\equiv \left\{ n_p^- \left| \begin{array}{l} \sum\limits_p n_p^- = N^- \\ N^- = N - N^+, \end{array} \right. \quad n_p^- = 0,1 \right\}. \end{aligned} \tag{2.7.9}$$

可写出配分函数:

$$\begin{aligned} Z_N &= \sum_{\{n_p^+\},\{n_p^-\}} \mathrm{e}^{-\beta E_n} \\ &= \sum_{\{n_p^+\},\{n_p^-\}} \exp\left\{-\beta\left[\sum_p n_p^+\varepsilon^+(p) + \sum_p n_p^-\varepsilon^-(p)\right]\right\} \\ &= \sum_{\{n_p^+\}}{}' \exp\left\{-\beta \sum_p \left(\frac{p^2}{2m}-\mu^* B\right)n_p^+\right\} \\ &\quad \times \sum_{\{n_p^-\}}{}'' \exp\left\{-\beta \sum_p \left(\frac{p^2}{2m}+\mu^* B\right)n_p^-\right\}, \end{aligned} \tag{2.7.10}$$

其中 “′” 和 “″” 表示对满足条件 (2.7.9) 的可能的 $n_p^{+,-}$ 的值求和. 为了计算这一求和式, 可先固定一个 N^+ 的值, 在给定 N^+ 值的前提下, 对各种可能分布求和, 然后再对 N^+ 从 0 到 N 求和, 也就是可以写成

$$Z_N = \sum_{N^+=0}^{\infty}\left\{\exp[\beta\mu^* B(2N^+ - N)]\cdot\left[\sum_{\{n_p^+\}}{}'\exp\left(-\beta\sum_p \frac{p^2}{2m}n_p^+\right)\right]\right.$$
$$\left.\times\left[\sum_{\{n_p^-\}}{}''\exp\left(-\beta\sum_p \frac{p^2}{2m}n_p^-\right)\right]\right\}. \tag{2.7.11}$$

如果我们用 $Z_0(D)$ 表示由 D 个无自旋粒子组成的理想费米气体的配分函数, 这里的粒子与原来体系的粒子除自旋不同外, 其他性质都相同, 因此, 对这样的假想体系, 有

$$Z_0(D) = \sum_{\{n_p\}}\exp\left(-\beta\sum_p \frac{p^2}{2m}n_p\right) \equiv \exp[-\beta A_0(D)]. \tag{2.7.12}$$

这里对 $\{n_p\}$ 的求和是对 D 个粒子的各种可能分布求和, 用这形式, 可以将体系的配分函数表示成

$$Z_N = \exp\{-\beta\mu^* BN\}\sum_{N^+=0}^{N}\{|\exp(2\beta\mu^* BN^+)]Z_0(N^+)Z_0(N-N^+)\}, \tag{2.7.13}$$

有

$$\frac{1}{N}\ln Z_N = -\beta\mu^* B + \frac{1}{N}\ln\sum_{N^+=0}^{N}\left[e^{2\beta\mu^* BN^+ - \beta A_0(N^+) - \beta A_0(N-N^+)}\right]. \tag{2.7.14}$$

当 N 足够大时, 求和式的对数可以用求和式中最大项来表示, 用 $\tilde{N}^+$ 表示上述求和式中取最大项时 N^+ 的值, 用极值原理, 有

$$2\mu^* B - \left[\frac{\partial A_0(N^+)}{\partial N^+}\right]_{N^+=\tilde{N}^+} - \left[\frac{\partial A_0(N-N^+)}{\partial N^+}\right]_{N^+=\tilde{N}^+} = 0.$$

用化学势来表示:

$$2\mu^* B = \mu_0(\tilde{N}^+) - \mu_0(N-\tilde{N}^+). \tag{2.7.15}$$

这里 $\mu_0(\tilde{N}+)$ 和 $\mu_0(N-\tilde{N}^+)$ 表示 $\tilde{N}^+$ 和 $N-\tilde{N}^+$ 个无自旋粒子组成系统的化学势.

这式子从物理上来看, 表示了实际体系中两个组分 (自旋为平行及反平行) 达到化学平衡的状态. 对实际体系来讲, 两个组分达到平衡, 则这两组分的化学势必然相等. 另一方面, 从单粒子能级来看, 有自旋系统和无自旋系统的单粒子能级是不

同的. 第一组分, 自旋是平行的, 与假想系统相比, 能级应该低 μ^*B, 第二组分就会高 μ^*B, 能级的差别也必然引起化学势的差别, 用 $\varepsilon_1(p)$ 和 $\varepsilon_2(p)$ 表示假想系统的单粒子能级, $\varepsilon^+(p)$ 和 $\varepsilon^-(p)$ 表示实际系统中二个组分的能级, 有

$$\varepsilon^+(p) = \varepsilon_1(p) - \mu^*B,$$
$$\varepsilon^-(p) = \varepsilon_2(p) + \mu^*B.$$

即

$$\mu^+(\tilde{N}^+) = \mu_0(\tilde{N}^+) - \mu^*B,$$
$$\mu^-(N - \tilde{N}^+) = \mu_0(N - \tilde{N}^+) + \mu^*B,$$
$$\mu_0(\tilde{N}^+) - \mu_0(N - \hat{N}^+) = 2\mu^*B + \mu^+(\tilde{N}^+) - \mu^-(N - \tilde{N}^+).$$

实际上达到平衡的是有自旋的两组分气体, 因此有自旋的气体化学势应该相等, 即

$$\mu + (\tilde{N}^+) = \mu^-(N - \tilde{N}^+).$$

所以可得

$$\mu_0(\tilde{N}^+) - \mu_0(N - \tilde{N}^+) = 2\mu^*B.$$

为了找到 χ 的表达式, 引进一个量纲为一的参数 γ, 定义为

$$\gamma \equiv \frac{2\tilde{N}^+}{N} - 1, \quad 0 \leqslant \gamma \leqslant 1. \tag{2.7.16}$$

显然, γ 是表示 N 个粒子中不同取向粒子数的差占的比例. 所以

$$M = \mu^*(N^+ - N^-) = \mu^* N\gamma. \tag{2.7.17}$$

用 γ 表示化学势的式子为:

$$\mu_0\left(\frac{1+\gamma}{2}N\right) - \mu_0\left(\frac{1-\gamma}{2}N\right) = 2\mu^*B. \tag{2.7.18}$$

当 $B = 0$ 时, $\gamma = 0$ 相当于没有外场时磁矩完全随机分布. 将 (2.7.18) 式左边在 $\gamma = 0$ 的地方作级数展开, 可得.

$$\mu_0\left(\frac{N}{2}\right) + \frac{\gamma}{2}\left(\frac{\partial\mu_0}{\partial x}\right)_{x=\frac{1}{2}} - \mu_0\left(\frac{N}{2}\right) + \frac{\gamma}{2}\left(\frac{\partial\mu_0}{\partial x}\right)_{x=\frac{1}{2}} \approx 2\mu^*B, \tag{2.7.19}$$

其中,

$$x = \frac{1}{2}(1 \pm \gamma). \tag{2.7.20}$$

取一级项得

$$\gamma \approx \frac{2\mu^* B}{\left.\dfrac{\partial \mu_0(xN)}{\partial x}\right|_{x=\frac{1}{2}}} \tag{2.7.21}$$

利用磁矩 M 的公式 (2.7.17), 可得在弱场情况下, 磁化率为

$$\chi = \frac{2n{\mu^*}^2}{\left.\dfrac{\partial \mu_0(xN)}{\partial x}\right|_{x=\frac{1}{2}}} \tag{2.7.22}$$

在 $T \to 0\text{K}$ 极限, 对假想体系化学热 $\mu_0 = \varepsilon_{\text{F}}$, 注意到这时 $g = 1$, 即

$$\mu_0(xN) = \left(\frac{3Nx}{4\pi V}\right)^{2/3} \frac{h^2}{2m},$$

$$\left.\frac{\partial \mu_0(xN)}{\partial x}\right|_{x=\frac{1}{2}} = \frac{2^{4/3}}{3}\left(\frac{3N}{4\pi V}\right)^{2/3} \frac{h^2}{2m}.$$

得

$$\chi_0 = \frac{\dfrac{3}{2}n{\mu^*}^2}{\left(\dfrac{3N}{8\pi V}\right)^{2/3} \dfrac{h^2}{2m}}. \tag{2.7.23}$$

这里 χ_0 指 0K 时实际体系的磁化率, 对实际体系来讲, $g = 2$:

$$\varepsilon_{\text{F}} = \left(\frac{3N}{8\pi V}\right)^{2/3} \frac{h^2}{2m},$$

所以

$$\chi_0 = \frac{3}{2}n{\mu^*}^2/\varepsilon_{\text{F}}.$$

这就是最初得到的结果. 对有限的低温, 利用化学势的展开式 (见方程 (2.6.31)):

$$\mu_0(xN) = \varepsilon_{\text{F}}^0(xN)\left[1 - \frac{\pi^2}{12}\left(\frac{kT}{\varepsilon_{\text{F}}^0(xN)}\right)^2\right], \tag{2.7.24}$$

其中,

$$\varepsilon_{\text{F}}^0 = \left(\frac{3xN}{4\pi V}\right)^{2/3} \frac{h^2}{2m},$$

是假想体系的费米能量, 可得

$$\left.\frac{\partial \mu_0(xN)}{\partial x}\right|_{x=\frac{1}{2}} = \frac{4}{3}\varepsilon_{\text{F}}(N)\left[1 + \frac{\pi^2}{12}\left(\frac{kT}{\varepsilon_{\text{F}}(N)}\right)^2\right]. \tag{2.7.25}$$

所以

$$\chi \approx \chi_0 \left[1 - \frac{\pi^2}{12}\left(\frac{kT}{\varepsilon_F}\right)^2\right]. \tag{2.7.26}$$

在 (2.7.25) 式的推导过程中, 用了关系式:

$$\left.\frac{\partial \varepsilon_F^0(xN)}{\partial x}\right|_{x=\frac{1}{2}} = \frac{2^{4/3}}{3}\left(\frac{3N}{4\pi V}\right)^{2/3}\frac{h^2}{2m} = \frac{4}{3}\varepsilon_F(N),$$

$$\left.\frac{\partial}{\partial x}\left(\frac{1}{\varepsilon_F^0(xN)}\right)\right|_{x=\frac{1}{2}} = -\frac{1}{\left[\varepsilon_F^0\left(\frac{N}{2}\right)\right]^2}\frac{4}{3}\varepsilon_F(N).$$

当 $T \to \infty$ 时, 这时假想系统的化学势从 (2.6.2) 式取 $g=1, f_{3/2}(z) \sim z$ 得

$$\mu_0(xN) = kT\ln\left(\frac{xN}{V}\lambda^3\right),$$

$$\left.\frac{\partial \mu_0(xN)}{\partial x}\right|_{x=\frac{1}{2}} = 2kT.$$

得

$$\chi_\infty = n{\mu^*}^2/kT. \tag{2.7.27}$$

这与一开始得到的结果是一致的, 对有限高温, 我们必须取

$$f_{3/2}(z) \approx z - \frac{z^2}{2^{2/3}},$$

得

$$\chi \approx \chi_\infty\left(1 - \frac{n\lambda^3}{2^{5/2}}\right).$$

2.8 朗道反磁性

朗道反磁性就是带电粒子在外磁场的作用下, 由轨道运动的量子化引起的磁性, 磁化率值是负的称为反磁性.

考虑一个理想费米气体 (电子气), 处在一均匀外场中, 磁场沿 z 方向, 由于洛仑兹力的作用这时电子的运动就是绕着 z 轴的螺旋运动, 可将螺旋运动分解成两部分, 在 z 方向是匀速运动, 而在 x-y 平面上是圆周运动, 角速度为 $\frac{eB}{mc}$, 按照量子力学的观点来看, 在 x-y 平面上的圆周运动能量是量子化的, 而在 z 方向仍然为近似连续的.

对这样的系统, 写出单粒子哈密顿量为

$$\hat{H}=\frac{1}{2m^*}\left(\boldsymbol{p}+\frac{e}{c}\boldsymbol{A}\right)^2,$$

这里 m^* 为粒子的有效质量, $\boldsymbol{p}$ 为动量, $\boldsymbol{A}$ 为矢量势. 通过适当选择 $\boldsymbol{A}$, 得系统的薛定谔方程:

$$\frac{1}{2m^*}\left(\frac{\hbar}{\mathrm{i}}\nabla-B\frac{e}{c}y\boldsymbol{e}_x\right)^2\psi=E\psi,$$

其中 $\boldsymbol{e}_x$ 为 x 方向单位矢量. 通过解这方程, 可以得能量:

$$E=\frac{e\hbar B}{m^*c}\left(j+\frac{1}{2}\right)+\frac{p_z^2}{2m^*},\quad (j=0,1,2,\cdots). \tag{2.8.1}$$

从 (2.8.1) 式可以看出, 在 z 方向运动能量是连续的, 在 $x-y$ 方向上是量子化的. 如果系统没有外场时, $x-y$ 方向能量也应该是近似连续的. 外磁场的作用, 引起了能级的量子化.

实际上可以看成是由原来连续能级的一部分, 并合成一个量子化能级. (如图 2.8.1). 显然, 量子化以后的能级是简并的, 简并度就应当是原来 ε_j 到 ε_{j+1} 之间的状态数, 因此有

$$g_{x-y}=\frac{1}{h^2}\int\int(\mathrm{d}x\mathrm{d}y)\mathrm{d}p_x\mathrm{d}p_y=\frac{L_xL_y}{h^3}2\pi\int_{p_j}^{p_{j+1}}p\mathrm{d}p=V^{2/3}\frac{eB}{hc}, \tag{2.8.2}$$

其中, g_{x-y} 表示 $x-y$ 方向上的简并度.

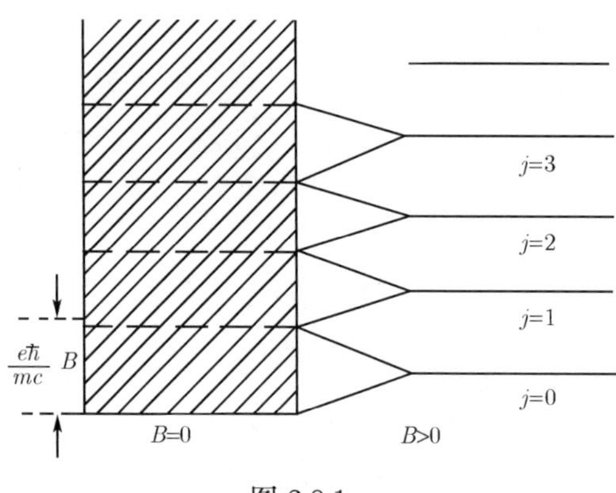

图 2.8.1

可以看出, 简并度与 j 无关, 表示所有能级的简并度都相等. 用这结果计算巨配分函数可用普遍公式:

$$\ln\varXi=\sum_E\ln(1+z\mathrm{e}^{-\beta E}).$$

将前面得到的能级公式 (2.8.1) 及简并度 (2.8.2) 式代入, 在 z 方向求和换成积分, 得

$$\ln\varXi = \frac{VeB}{h^2c}\int_{-\infty}^{\infty}\sum_{j=0}^{\infty}\ln\left\{1+z\exp\left[-\beta\frac{e\hbar B}{m^*c}\left(j+\frac{1}{2}\right)-\beta p_z^2/2m^*\right]\right\}\mathrm{d}p_z \tag{2.8.3}$$

高温近似下 $z \ll 1$, 对 (2.8.3) 式花括弧中的量可以取近似式 $\ln(1+x)\approx x$, 可得

$$\ln\varXi = \frac{zVeB}{h^2c}\left(\frac{2\pi m^*}{\beta}\right)^{1/2}\left[2\sinh\left(\frac{\beta e\hbar B}{2m^*c}\right)\right]^{-1} = \frac{zV}{\lambda^3}\frac{x}{\sinh x}, \tag{2.8.4}$$

其中, λ 为平均热波长,

$$x = \frac{\beta e\hbar B}{2m^*c} = \beta\tilde{\mu}B.$$

如取 e, m 为电子的参数, 则 $\tilde{\mu}=\mu_{\mathrm{B}}, \mu_{\mathrm{B}}$ 为玻尔磁子, 计算热力学函数, 得

$$\overline{N} = \frac{zV}{\lambda^3}\frac{x}{\sinh x}, \tag{2.8.5}$$

$$M = \frac{1}{\beta}\left(\frac{\partial\ln\varXi}{\partial B}\right) = -\overline{N}\tilde{\mu}\cdot\mathrm{L}(x). \tag{2.8.6}$$

$L(x)$ 为朗之万函数:$L(x)=\coth x-\dfrac{1}{x}$.

这结果在形式上与经典朗之万顺磁理论是一致的, 但有两个重要的差别是:M 是负的, 说明轨道量子化引起的是反磁性; 其次, 这反磁性是量子效应的结果. $\tilde{\mu}$ 与 h 有关, 当 $h\to 0$ 时, $\tilde{\mu}\to 0$, 即 $M\to 0$, 当系统从量子体系过渡到经典体系时, 反磁性没有了. 而经典的朗之万理论中 μ 与 h 无关, 因而是与量子效应无关的经典数.

在弱场的情况下, 即 $\mu B \ll kT$ 时, 上面结果可以简化:

$$\lim_{x\to 0}\overline{N} = \frac{zV}{\lambda^3},$$

$$\lim_{x\to 0}M = -\frac{\overline{N}\mu^2 B}{3kT},$$

$$\chi_\infty = -\frac{\overline{n}\mu^2}{3kT}. \tag{2.8.7}$$

这磁化率给出了反磁的居里定律, 要注意的是反磁的磁化率与电荷符号无关.

对高温电子气, 得到总的磁化率应该是泡利顺磁与朗道反磁两部分的总和:

$$\chi_{\infty(\mathrm{net})} = \frac{n\left(\mu_{\mathrm{B}}^2-\dfrac{1}{3}\mu_{\mathrm{e}}^2\right)}{kT}. \tag{2.8.8}$$

μ_{B} 是电子的自旋磁矩, 而 μ_{e} 是由有效质量 m^* 决定的磁矩

$$\mu_{\mathrm{B}} = \frac{eh}{4\pi m_{\mathrm{e}}c};\quad \mu_{\mathrm{e}} = \frac{eh}{4\pi m_{\mathrm{e}}^*c}.$$

下面讨论另外一个极限, 即低温弱场的情况.

弱场与前面一样, 指 $\mu B \ll kT$, 低温指的是 $kT \ll \varepsilon_{\mathrm{F}}$, 由于一般 ε_{F} 对应的温度可达 10^3 数量级, 而当 $B \sim (10^2—10^3)$ 高斯时, 才相当于 $T \sim 10^{-2}\mathrm{K}$, 因此 $\mu B \ll kT \ll \varepsilon_{\mathrm{F}}$ 的条件是可以满足的. 这时 $z \gg 1$, 为计算配分函数中对 j 求和, 用欧拉公式:

$$\sum_{j=0}^{\infty} f\left(j+\frac{1}{2}\right) \approx \int_0^{\infty} f(x)\mathrm{d}x + \frac{1}{24}f'(0)$$

$$\begin{aligned}\ln\Xi = \frac{VeB}{h^2c}\bigg\{&\int_0^{\infty}\mathrm{d}x\int_{-\infty}^{\infty}\mathrm{d}p_z\ln\left[1+z\mathrm{e}^{-\beta(2\tilde{\mu}Bx+p_z^2/2m^*)}\right]\\ &-\frac{1}{12}\beta\tilde{\mu}B\int_{-\infty}^{\infty}\frac{\mathrm{d}p_z}{z^{-1}\mathrm{e}^{\beta p^2/2m^*}+1}\bigg\}.\end{aligned} \tag{2.8.9}$$

第一项作变数变换: 令

$$\varepsilon' = 2\tilde{\mu}Bx + p_z^2/2m^*,$$

首先考虑固定 ε 时, 对 p_z 积分

$$\begin{aligned}\int_{-\infty}^{\infty}\mathrm{d}p_z\ln\left[1+z\mathrm{e}^{-\beta\varepsilon'}\right] &= 2\int_0^{\infty}\ln\left[1+z\mathrm{e}^{-\beta\varepsilon'}\right]\mathrm{d}p_z\\ &= 2\ln\left[1+z\mathrm{e}^{-\beta\varepsilon'}\right]p_z\bigg|_0^{\infty}.\end{aligned}$$

如取积分上限为 ∞, 下一步对 x 积分就不好进行, 故将 p_z 用 x 表示, 由变数变换的式子可知:

$$p_z = \sqrt{2m^*(\varepsilon' - 2\tilde{\mu}Bx)}.$$

再看积分限的变换, 当 $p_z = 0$ 时, $x = \varepsilon'/2\tilde{\mu}B, p_z$ 上升, x 下降, 但 x 实际上是表示 (j), 最小到 0, 所以当 $p_z \to \infty, x \to 0$. 根据这些分析, 上式成为

$$\begin{aligned}&2\ln\left[1+z\mathrm{e}^{-\beta\varepsilon'}\right]\sqrt{2m^*(\varepsilon'-2\tilde{\mu}Bx)}\bigg|_{\varepsilon'/2\tilde{\mu}B}^{0}\\ &= 2\sqrt{2m^*\varepsilon'}\ln(1+z\mathrm{e}^{-\beta\varepsilon'}),\end{aligned} \tag{2.8.10}$$

然后将 p_z 固定 (上、下限) 对 x 积分, 也就是对 ε' 积分, 由于

$$\mathrm{d}x = \mathrm{d}\varepsilon'/2\tilde{\mu}B,$$

所以第一项可表示成

$$\begin{aligned}&\frac{2\pi V(2m^*)^{3/2}}{h^3}\int_0^{\infty}\sqrt{\varepsilon'}\ln(1+z\mathrm{e}^{-\beta\varepsilon'})\mathrm{d}\varepsilon'\\ &= \frac{\beta^{3/2}}{\lambda^3}f_{3/2}(z).\end{aligned} \tag{2.8.11}$$

显然, 这一项与外场 B 无关, 说明这一部分对磁化率没有贡献, (注意: 这一项形式上与没有外场时的巨配分函数一样, 但这里的 z 不同, 现在的 z 是有外场时系统的化学势).

对第二项作变换, 令

$$y=\beta\frac{p_z^2}{2m},$$

可以表示成

$$-\frac{\pi V(2m^*)^{3/2}}{6h^3}(\tilde{\mu}B)^2\sqrt{\beta}\int_0^\infty\frac{y^{-1/2}\mathrm{d}y}{z^{-1}\mathrm{e}^y+1}. \tag{2.8.12}$$

这一项与外场 B 有关, 在低温弱场的条件下, 轨道量子化所引起的磁效应是由这一项贡献的.

磁化率

$$\begin{aligned}\chi&=\frac{1}{\beta VB}\left(\frac{\partial\ln\Xi}{\partial B}\right)\\&=-\frac{\pi(2m^*)^{3/2}\tilde{\mu}^2}{3h^3\sqrt{\beta}}\Gamma\left(\frac{1}{2}\right)f_{1/2}(z).\end{aligned}$$

利用 $z\gg1$ 时 f 积分的展开式, 可得

$$\chi=-\frac{2\pi(2m^*)^{3/2}\tilde{\mu}^2}{3h^3}(kT\ln z)^{1/2}\left[1-\frac{\pi^2}{24}\left(\frac{1}{\ln z}\right)^2+\cdots\right]. \tag{2.8.13}$$

在低温条件下, $kT\ln z\approx\varepsilon_{\mathrm{F}}$,(2.8.13) 式中略去二次及二次以上项, 得

$$\chi_0=-\frac{1}{2}\frac{n\mu^2}{\varepsilon_{\mathrm{F}}}. \tag{2.8.14}$$

这就是低温弱场条件下, 朗道反磁的磁化率. 其数值相当于泡利顺磁的三分之一. 从推导过程可以看出, 朗道的反磁性来自于 (2.8.9) 式的第二项, 也就是说, 如果 (2.8.3) 式中求和本身就是连续谱的积分, 将不会有 (2.8.9) 式中的第二项, 也就不会有朗道的反磁性. 因此, 反磁性必然来源于能级的量子化.

2.9 德哈斯-范阿尔芬效应

朗道的反磁性出现在低温弱场下, 当体系的温度依然很低, 但磁场很强, 以致满足条件

$$kT\approx\mu B\ll\varepsilon_{\mathrm{F}}$$

时, 系统的巨配分函数中会出现一系列振荡项, 使磁化率呈现一种周期性的特征. 这一现象首先是在 1930 年由德哈斯-范阿尔芬 (de Hass-van Alphen) 在研究金属铋的

低温磁性时发现的, 被称为德哈斯-范阿尔芬效应. 这一效应从经典理论无法加以解释, 三年后由 Peierls 在朗道反磁性理论的基础上作了解释.

将体系的巨配分函数写成

$$\ln\varXi = \int_0^\infty \ln(1 + z\mathrm{e}^{-\beta\varepsilon})a(\varepsilon)\mathrm{d}\varepsilon, \tag{2.9.1}$$

其中 $a(\varepsilon)$ 是费米面附近的态密度, 经过两次分部积分, (2.9.1) 式成为

$$\ln\varXi = -\beta\int_0^\infty \zeta(\varepsilon)\left[\frac{\partial}{\partial\varepsilon}\left(\frac{1}{z^{-1}\mathrm{e}^{\beta\varepsilon}+1}\right)\right]\mathrm{d}\varepsilon, \tag{2.9.2}$$

其中 $\zeta(\varepsilon)$ 是 $a(\varepsilon)$ 对 ε 的双重积分.

令

$$f(\varepsilon) = -\beta\left(\frac{1}{z^{-1}\mathrm{e}^{\beta\varepsilon}+1}\right), \tag{2.9.3}$$

将 (2.9.3) 式代入 (2.9.2) 式得

$$\ln\varXi = \int_0^\infty \zeta(\varepsilon)\frac{\mathrm{d}f(\varepsilon)}{\mathrm{d}\varepsilon}\mathrm{d}\varepsilon. \tag{2.9.4}$$

为了得出 $\zeta(\varepsilon)$ 的表示式, 我们回忆在正则系综里, 玻尔兹曼统计中的配分函数可以写成

$$Z(T,V) = \int_0^\infty \mathrm{e}^{-\beta\varepsilon}a(\varepsilon)\mathrm{d}\varepsilon,$$

如果将 β 看成是复变数, 配分函数 $Z(\beta)$ 正好是态度密 $a(\varepsilon)$ 的拉普拉斯变换, 积分在正半面是收敛的, 因为对所有的 $\beta > 0$, 有

$$\lim_{\varepsilon\to\infty} a(\varepsilon)\mathrm{e}^{-\beta\varepsilon} = 0,$$

因此我们将 $a(\varepsilon)$ 写成 $Z(\beta)$ 的拉普拉斯变换的逆变换, 有

$$a(\varepsilon) = \frac{1}{2\pi\mathrm{i}}\int_{\beta'-\mathrm{i}\infty}^{\beta'+\mathrm{i}\infty} \mathrm{e}^{\beta\varepsilon}Z(\beta)\mathrm{d}\beta. \tag{2.9.5}$$

积分路径沿平行于虚轴的右边进行, 即沿直线 $\mathrm{Re}(\beta) = \beta' > 0$.

考虑到 $\zeta(\varepsilon)$ 是 $a(\varepsilon)$ 对 ε 的双重积分, 不难得出

$$\zeta(\varepsilon) = \frac{1}{2\pi\mathrm{i}}\int_{\beta-\mathrm{i}\infty}^{\beta+\mathrm{i}\infty} \frac{\mathrm{c}^{\beta\varepsilon}}{\beta^2}Z(\beta)\mathrm{d}\beta. \tag{2.9.6}$$

正如 2.8 节所给出的, 所讨论体系的粒子的能量本征值为

$$\begin{aligned}\varepsilon_j &= \frac{p_z^2}{2m^*} + \left(j+\frac{1}{2}\right)\frac{e\hbar B}{m^*c} \\ &= \frac{\hbar^2k_z^2}{2m^*} + \left(j+\frac{1}{2}\right)\frac{e\hbar B}{m^*c},\end{aligned} \tag{2.9.7}$$

第一项为能量的 z 分量, 第二项为 $x-y$ 分量, 得到玻尔兹曼统计的配分函数

$$
\begin{aligned}
Z(\beta) &= \sum_j \mathrm{e}^{-\beta\varepsilon_j} \\
&= \frac{VeB}{h^2c}\sum_{j=0}^{\infty}\exp\left[-\beta\frac{e\hbar B}{m^*c}\left(j+\frac{1}{2}\right)\right]\int_{-\infty}^{\infty}\exp\left(-\beta\frac{k_z^2\hbar^2}{2m^*}\right)\mathrm{d}k_z \\
&= \frac{VeB}{h^2c}\left(\frac{2\pi m^*}{\beta}\right)^{1/2}\left[2\sinh\left(\frac{\beta e\hbar B}{2m^*c}\right)\right]^{-1} \\
&= \frac{V}{\lambda^3}\frac{x}{\sinh x},
\end{aligned}
\tag{2.9.8}
$$

其中,

$$
x = \frac{\beta e\hbar B}{2m^*c} = \beta\tilde{\mu}B.
$$

将 (2.9.8) 式代入 (2.9.6) 式:

$$
\zeta(\varepsilon) = V\tilde{\mu}B\frac{(2\pi m^*)^{3/2}}{h^3}\frac{1}{2\pi\mathrm{i}}\int_{\beta'-\mathrm{i}\infty}^{\beta'+\mathrm{i}\infty}\frac{\mathrm{e}^{\beta\varepsilon}\mathrm{d}\beta}{\beta^{5/2}\sinh(\beta\tilde{\mu}B)}. \tag{2.9.9}
$$

为了计算 (2.9.9) 式, 采用围路积分的方法. 由于原点是被积函数无限阶的分支点, 可选择一个积分围路 Γ, 它是由直线 $(\beta'-\mathrm{i}\infty, \beta'+\mathrm{i}\infty)$、大半圆 C_R、负实轴和无限小圆 C_P 组成的 (图 2.9.1). 由于当 $\beta\to-\infty$ 时, 被积函数趋于 0, 在大半圆 C_R 上的积分无贡献; 在负实轴上的积分因正反方向两次积分相抵消, 可将 (2.9.9) 式的积分写成

$$
\int_{\beta'-\mathrm{i}\infty}^{\beta'+\mathrm{i}\infty} = \int_{\Gamma} + \int_{C_P},
$$

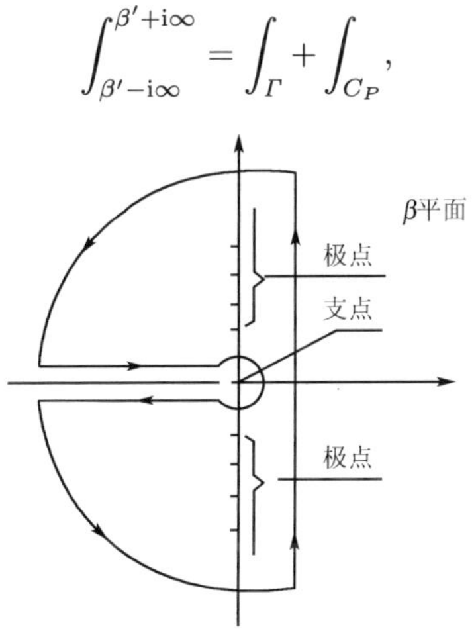

图 2.9.1　积分回路

也就是

$$\begin{aligned}\zeta(\varepsilon) &= \cdots\int_{\beta'-\mathrm{i}\infty}^{\beta'+\mathrm{i}\infty}\cdots \\ &= \cdots\int_{\Gamma}\cdots+\cdots\int_{C_P}\cdots \\ &\equiv \zeta_{os}(\varepsilon)+\zeta_{sm}(\varepsilon),\end{aligned}$$

上式中 $\zeta_{os}(\varepsilon)$ 可以通过计算被积函数极点的留数得到, 被积函数的极点为

$$\beta = \mathrm{i}\frac{l\pi}{\mu B} \qquad l=\pm1,\pm2,\cdots. \tag{2.9.10}$$

用留数定理, 可得

$$\zeta_{os}(\varepsilon) = -V\frac{2(2m^*)^{3/2}}{\pi h^3}\left(\tilde{\mu}B\right)^{5/2}\sum_{l=1}^{\infty}\frac{(-1)^l}{l^{5/2}}\cos\left(\frac{l\pi\varepsilon}{\mu B}-\frac{\pi}{4}\right). \tag{2.9.11}$$

先计算巨配分函数中与 $\zeta_{os}(\varepsilon)$ 有关部分, 写出 $\dfrac{\mathrm{d}f}{\mathrm{d}\varepsilon}$:

$$\frac{\mathrm{d}f}{\mathrm{d}\varepsilon} = -\left[4kT\cosh^2\left(\frac{\varepsilon-\varepsilon_{\mathrm{F}}}{2kT}\right)\right]^{-1},$$

将这结果及 (2.9.11) 式代入 (2.9.4) 式, 对 ε 积分. 为了方便起见, 暂时只写出积分部分, 而省略其系数.

$$\begin{aligned}&\int_0^{\infty}\cos\left(\frac{l\pi}{\tilde{\mu}B}\varepsilon-\frac{\pi}{4}\right)\frac{\mathrm{d}f}{\mathrm{d}\varepsilon}\mathrm{d}\varepsilon \\ &= -\frac{1}{4}\mathrm{Re}\int_0^{\infty}\left[\cos\left(\frac{l\pi}{\tilde{\mu}B}\varepsilon-\frac{\pi}{4}\right)+\mathrm{i}\sin\left(\frac{l\pi}{\tilde{\mu}B}\varepsilon-\frac{\pi}{4}\right)\right] \\ &\quad\times\left[kT\cosh^2\left(\frac{\varepsilon-\varepsilon_{\mathrm{F}}}{2kT}\right)\right]^{-1}\mathrm{d}\varepsilon \\ &= -\frac{1}{4}\mathrm{Re}\int_{-\beta\varepsilon_{\mathrm{F}}}^{\infty}\exp\left[\left(\frac{l\pi}{\tilde{\mu}B}\varepsilon-\frac{\pi}{4}\right)\mathrm{i}\right]\frac{\mathrm{d}y}{\cosh^2(\frac{y}{2})} \\ &= -\frac{1}{4}\mathrm{Re}\exp\left[\left(\frac{l\pi}{\tilde{\mu}B}\varepsilon_{\mathrm{F}}-\frac{\pi}{4}\right)\mathrm{i}\right]\int_{-\infty}^{\infty}\mathrm{e}^{\frac{l\pi y}{\beta\mu B}\mathrm{i}}\frac{\mathrm{d}y}{\cosh^2(\frac{y}{2})},\end{aligned}$$

其中 $y=\beta(\varepsilon-\varepsilon_{\mathrm{F}})$, 对强简并气体, $\varepsilon_{\mathrm{F}}\gg kT$, 所以积分下限用 $-\infty$ 代替 $-\beta\varepsilon_{\mathrm{F}}$. 上式中最后一个积分可以用傅里叶变换中的余弦变换公式进行. 其结果是

$$-\frac{\pi^2 l}{\beta\tilde{\mu}B}\left[\frac{\cos\left(\dfrac{\pi l\varepsilon_{\mathrm{F}}}{\tilde{\mu}B}-\dfrac{\pi}{4}\right)}{\sinh\left(\dfrac{\pi^2 l}{\beta\tilde{\mu}B}\right)}\right], \tag{2.9.12}$$

将积分结果代入 (2.9.4) 式, 得到巨配分函数中的一部分, 即

$$(\ln \Xi)_{os} = -2V\frac{(2\pi m)^{3/2}}{h^3}\frac{(\tilde{\mu}B)^{3/2}}{\pi^{1/2}}$$
$$\otimes\sum_{l=1}^{\infty}\frac{(-1)^l}{l^{3/2}}\times\frac{\cos\left[(l\pi\varepsilon_{\rm F}/\tilde{\mu}B)-\dfrac{\pi}{4}\right]}{\sin{\rm h}(\pi^2 l/\beta\tilde{\mu}B)}. \tag{2.9.13}$$

巨配分函数中另一部分来自于 (2.9.10) 式中对小圆 C_P 的积分, 这积分是原点所贡献的, 令 $t=\beta\mu B$, 在原点附近 t 是小量, 被积函数中双曲函数可作展开

$$\lim_{t\to 0}\frac{1}{\sinh t}=\frac{1}{t}\left(1-\frac{t^2}{6}+\frac{7t^4}{360}-\cdots\right),$$

(2.9.10) 式中第二个积分为

$$\begin{aligned}&\frac{1}{2\pi{\rm i}}\int_{C_P}\frac{{\rm e}^{\beta\varepsilon}{\rm d}\beta}{\sinh(\beta\tilde{\mu}B)\cdot\beta^{5/2}}\\&=\frac{1}{2\pi{\rm i}}\left(\tilde{\mu}B\right)^{3/2}\int_{C_P}\frac{{\rm e}^{\varepsilon t/\tilde{\mu}B}}{t^{5/2}\sinh t}{\rm d}t\\&=\frac{(\tilde{\mu}B)^{3/2}}{2\pi{\rm i}}\int_{C_P}\frac{\exp(\varepsilon t/\tilde{\mu}B)}{t^{7/2}}\left(1-\frac{t^2}{6}+\frac{7t^4}{360}-\cdots\right){\rm d}t.\end{aligned}$$

利用积分公式:

$$\frac{1}{2\pi{\rm i}}\int_{C_P}t^{-n}{\rm e}^{\xi t}{\rm d}t=\frac{\xi^{n-1}}{\Gamma(n)},$$

令 $n=\frac{7}{2},\frac{3}{2},-\frac{1}{2},\cdots$; 及 $\xi=\varepsilon/\mu B$, 得

$$\begin{aligned}&\frac{1}{2\pi{\rm i}}\int_{C_P}\frac{{\rm e}^{\beta\varepsilon}{\rm d}\beta}{\beta^{5/2}\sinh(\beta\tilde{\mu}B)}\\&\quad=\frac{8\varepsilon^{5/2}}{15\mu B\sqrt{\pi}}-\frac{\mu B\sqrt{\varepsilon}}{3\sqrt{\pi}}+\cdots,\end{aligned}$$

由此可得 $\zeta(\varepsilon)$ 函数中另一部分为

$$\zeta_{sm}(\varepsilon)=V\pi\left(\frac{2m^*}{h^2}\right)^{3/2}\left[\frac{16}{15}\varepsilon^{5/2}-\frac{2}{3}(\mu B)^2\sqrt{\varepsilon}+\cdots\right]. \tag{2.9.14}$$

在对 (2.9.4) 式积分之前, 先分析一下 $\dfrac{{\rm d}f(\varepsilon)}{{\rm d}\varepsilon}$ 的函数:

$$\lim_{T\to 0}\frac{{\rm d}f(\varepsilon)}{{\rm d}\varepsilon}=\lim_{T\to 0}\frac{-\beta\exp[\beta(\varepsilon-\varepsilon_{\rm F})]}{\{\exp[\beta(\varepsilon-\varepsilon_{\rm F})]+1\}^2}=\begin{cases}0, & \varepsilon\neq\varepsilon_{\rm F};\\ -\infty, & \varepsilon=\varepsilon_{\rm F}.\end{cases}$$

或写成

$$\lim_{T\to 0}\frac{\mathrm{d}f(\varepsilon)}{\mathrm{d}\varepsilon}=-\delta(\varepsilon-\varepsilon_{\mathrm{F}}).$$

说明在$T\to 0$时, 函数$\dfrac{\mathrm{d}f(\varepsilon)}{\mathrm{d}\varepsilon}$可用$\delta$函数代替, 而 $\zeta_{sm}(\varepsilon)$ 在 ε=ε_{F}处变化缓慢, 且不明显依赖于T, 因而作(2.9.4)式积分时可以用 δ 函数代替$\dfrac{\mathrm{d}f}{\mathrm{d}\varepsilon}$, 积分就变得很容易, 得

$$(\ln\varXi)_{sm}=-V\frac{16}{15}\frac{\varepsilon_{\mathrm{F}}^{5/2}}{\sqrt{\pi}}\left(\frac{2m^*}{h^2}\right)^{3/2}\left[1-\frac{5}{8}\left(\frac{\mu B}{\varepsilon_{\mathrm{F}}}\right)^2+\cdots\right]. \tag{2.9.15}$$

综合 (2.9.13) 式和 (2.9.15) 式可得体系的巨配分函数为

$$\ln\varXi=(\ln\varXi)_{os}+(\ln\varXi)_{sm}.$$

相应的磁化率亦应由两部分组成, 其中 $(\ln\varXi)_{os}$ 为巨配分函数中的振荡项, 由此可得磁化率 χ 的振荡部分

$$\chi_{os}=\frac{1}{\beta VB}\frac{\partial}{\partial B}(\ln\varXi)_{os}.$$

从 (2.9.13) 式可看出, 只有当 $\mu B\approx\pi^2kT$ 也就是场强为 (10^5T) 奥斯特的数量级时, 这一项是有意义的, 显示出磁化率的振荡现象, 这就是德哈斯-范阿尔芬效应.

图 2.9.2 画出了磁化率随 B 的变化情况, 而当 $\mu B\ll kT$ 时, 由于分母中双曲函数的作用, 使这一项小到可以忽略不计, 这时磁化率中只剩下光滑部分 χ_{sm}.

$$x_{sm}=-\frac{4}{3}\sqrt{\frac{\varepsilon_{\mathrm{F}}}{\pi}}\left(\frac{2\pi m^*}{h^2}\right)^{3/2}\tilde{\mu}^2,$$

χ_{sm} 与 B 无关, 反映了介质的反磁性, 也就是弱场中的朗道反磁性.

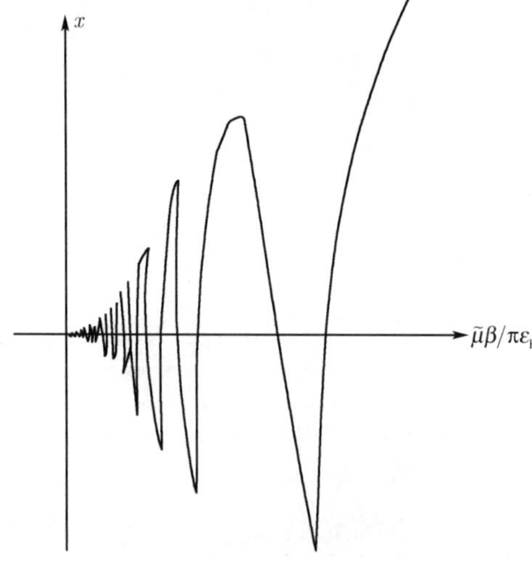

图 2.9.2　德哈斯-范阿尔芬效应

2.10 金属中的电子气

早在 20 世纪初由 Drude(1900 年) 和 Lorentz(1904 年) 建立了金属电子论, 他们将玻尔兹曼统计应用于金属中的电子气, 导出了金属各种性质的理论结果. 这一理论曾为解释金属的部分物理行为提供了合理的理论基础, 但是它不仅在定量上而且在定性上都遇到了一系列理论本身无法解决的严重矛盾. 例如金属的比热, 按照电子论金属电子气中每一个电子的平均热能为 $\frac{3}{2}kT$, 对比热有 $\frac{3}{2}k$ 的贡献, 假如金属中原子数与电子数相同, 则电子气对比热的贡献与原子有相同的数量级. 但实验测量结果, 金属中的比热几乎全部来自于晶格原子的贡献, 电子气对比热的贡献几乎不存在.

金属的磁性, 按电子论, 电子气应该表现为顺磁性. 磁化率为

$$\chi_\infty = n\mu_{\mathrm{B}}^2/kT,$$

但实验结果通常非铁金属的磁化率与温度无关, 其数值不到经典理论值的百分之一; 且实验上还发现了某些金属具有与温度无关的反磁性, 及强场下的德哈斯—范阿尔芬效应, 这些现象用经典理论无法解释.

经典电子论也被用来研究金属的输运性质, 例如热导率 κ 和电导率 σ. 按照这一理论热导 κ 与电导 σ 之间的比值符合 Wiedemann-Franz 定律, 即 $\kappa/\sigma T$ 是一个普适常数, 称为 Lorentz 数. 经典理论给出这一数值为

$$\frac{\kappa}{\sigma T} = 3\left(\frac{k}{e}\right)^2 \approx 2.48 \times 10^{-13}(\mathrm{e.s.u/K^2}),$$

实验值则是 $2.72 \times 10^{-13}\mathrm{e.s.u/K^2}$. 后来考虑到电子速度分布的影响, 对理论结果进行适当的修正, 但修正结果更坏. 因而经典理论在输运性质的研究上也是不能令人满意的.

索末菲 (Sommerfeld) 对经典电子论作了重要的改变, 这就是用费米统计代替玻尔兹曼统计, 把金属中的电子气作为高度简并的费米体系来处理. 他这一天才的举动, 使经典电子论中大部分困难得到了满意的解决. 为了了解索末菲理论之所以能成功的原因, 首先估计一下金属中电子气的费米温度. 取 $g = 2$, 费米能量为

$$\varepsilon_{\mathrm{F}} = \left(\frac{3N}{8\pi V}\right)^{2/3} \frac{h^2}{2m^*},$$

其中 m^* 为电子的有效质量. 在立方点阵中电子密度 N/V 可以写成

$$\frac{N}{V} = \frac{n_{\mathrm{e}} \cdot n_a}{a^3},$$

n_e 为每个原子的传导电子数, n_a 为每个晶胞中的原子数, a 为点阵常数. 以金属钠为例, $n_e = 1, n_a = 2, a = 4.29\text{Å}$, 取 $m^* = 0.98m_e$. 得到

$$(\varepsilon_F)_{Na} = 5.03 \times 10^{-12}\text{erg} = 3.14\text{eV}.$$

从而得到费米温度:

$$(T_F)_{Na} = (1.16 \times 10^4)\varepsilon_F = 3.64 \times 10^4\text{K} \tag{2.10.1}$$

这值比典型室温 $T \approx 300\text{K}$ 大得多, 因此金属钠中的传导电子形成一个高度简并性的费米系统. 而实际上对所有金属, 费米温度总是在 $10^4 \sim 10^5\text{K}$ 的数量级. 在室温下, 金属中的电子气会表现出明显的量子效应. 由此亦不难理解. 为什么经典电子论会遇到很大困难.

按照新的理论. 可以解决经典电子论所不能解决的一些问题.

电子气的比热不再由公式 $C_V = \dfrac{3}{2}Nk$ 所决定, 而应改为

$$C_V = \frac{\pi^2}{2}Nk\left(\frac{kT}{\varepsilon_F}\right). \tag{2.10.2}$$

显然, 这结果在数值上比经典值小得多, 在室温下有

$$\frac{kT}{\varepsilon_F} \equiv \frac{T}{T_F} = O(10^{-2}), \tag{2.10.3}$$

因而在通常温度下, 金属比热几乎完全由点阵的振动模式决定. 当温度下降时, 晶格振动的比热亦将减小, 当温度降到很低时, 晶格振动对比热的贡献可以相当于甚至小于电子气的贡献. 在低温下, 晶格振动比热由德拜理论给出

$$C_V = \frac{12}{5}Nk\pi^4\left(\frac{T}{T_D}\right)^3, \tag{2.10.4}$$

因而在极低温下, 金属比热可表示成

$$C_V = \gamma T + \delta T^3. \tag{2.10.5}$$

系数 γ 和 δ 由 (2.10.3) 及 (2.10.4) 式给出. 如果以 T^2 及 C_V/T 作坐标系, (2.10.5) 给出一个直线方程, 直线的截距及斜率给出系数 γ 和 δ. 实验测量结果证明 (2.10.5) 式是正确的, 通过实验测量的 γ 和 δ 值而得到的 ε_F 及 T_D 值, 与其他理论及实验所得的结果符合得相当好. 图 2.10.1 画出了对 Cu 和 Zn 的测量结果.

金属中的磁性, 经典电子论不仅在数值上与实验结果不一致, 且对一些实验现象在定性上亦无法加以解释. 只有用新的理论才得到了较为满意的结果, 关于这一点, 已在 2.7 节、2.8 节及 2.9 节作了较为详细的讨论.

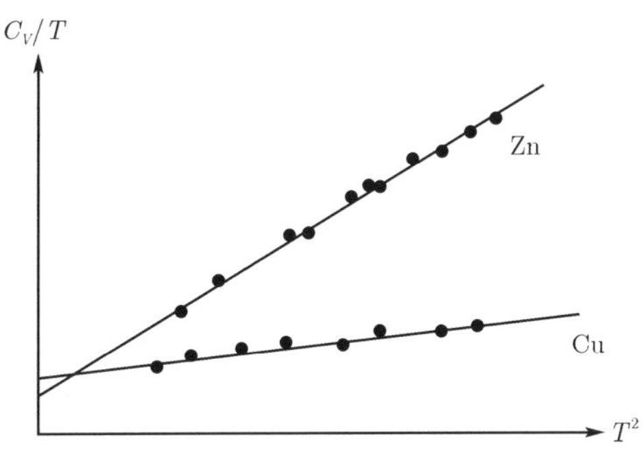

图 2.10.1 对 Zn 及 Cu 的实验测量结果

有关金属中的输运问题, 新理论再次导出了 Wiedemann-Franz 定律, 且得到的 Lorentz 数为 2.71×10^{-13}e.s.u/K^2, 非常接近于实验的平均值. 而金属的单个传导率及电子的平均自由程, 直到布洛赫 (1928 年) 考虑了电子气与离子系统之间的相互作用后提出新的理论, 才得到了较好的改进. 重要的是这些理论都是在费米统计的基础上进行的.

下面我们将讨论金属中热电子发射及光电子发射的问题.

金属中的电子是处在金属离子所建立的某种"势阱"之中. 在这个势阱中, 电子热能函数的具体形式将取决于晶格的具体结构. 当我们讨论电子发射时, 势能函数的具体形式并不重要, 可以假设电子势能在金属内部处处保持常数 (例如 ——W), 而在金属表面为 0. 因而在金属内部电子运动几乎是自由的, 但这里所讲的"自由"是一种等效的说法. 实际上金属内的势阱并非常数, 因而电子运动并不完全"自由", 但如适当地将影响电子运动的相互作用折合到电子的有效质量中, 则这种自由的考虑是合理的. 当任何一个电子一旦运动到金属表面, 企图逸出金属, 就会遇到一个高度为 W 的势垒. 只有当电子与垂直于表面的运动有关的动能大于 W, 才有希望越过表面而逸出, 在通常温度及没有激发源的情况下, 这种电子非常少, 因而几乎不存在从金属中自发地发射电子. 在高温下, 如果还有外加的激发源, 则在金属中这类电子的数目就会足够大, 形成电子发射. 这种现象被称为热电子发射和光电子发射效应.

严格讲这一过程是非平衡过程, 但如果在一给定时间内, 所发射的电子数比金属中的总电子数小得多的话, 发射电流大小可根据金属内电子气继续处于热平衡这样一个准静态假设来计算. 我们的讨论就是基于以上这些想法去进行.

1. 热电子发射 (Richardson 效应)

电子要从金属表面逸出, 其垂直方向速度 u_z 必须满足

$$u_z \geqslant \left(\frac{2W}{m}\right)^{1/2},$$

其中 W 为金属表面的势垒高度, 取 z 方向为垂直于金属表面的方向. 单位时间内从金属表面单位面积逸出的电子数为

$$R=\int_{p_z=(2mW)^{1/2}}^{\infty}\int_{p_x=-\infty}^{\infty}\int_{p_y=-\infty}^{\infty}\left[\frac{u_z}{\mathrm{e}^{(\varepsilon-\mu)/kT}+1}\right]\frac{2\mathrm{d}p_x\mathrm{d}p_y\mathrm{d}p_z}{h^3}.$$

将上式换成极坐标 (p',ϕ) 可实行对 p_x,p_y 的积分:

$$\begin{aligned}R&=\frac{2}{h^3}\int_{p_z=(2mW)^{1/2}}^{\infty}\mathrm{d}p_z\int_{p'=0}^{\infty}\frac{2\pi p'\mathrm{d}p'}{\exp[(p'^2/2m)+(p_z^2/2m)-\mu]+1}\\&=\frac{4\pi kT}{h^3}\int_{p_z=(2mW)^{1/2}}^{\infty}\ln\left[1+\mathrm{e}^{(\mu^2-p_z^2/2m)/kT}\right]p_z\mathrm{d}p_z\\&=\frac{4\pi mkT}{h^3}\int_{\varepsilon_z=W}^{\infty}\ln\left[1+\mathrm{e}^{(\mu-\varepsilon_z)kT}\right]\mathrm{d}\varepsilon_z.\end{aligned}$$

从后面所给出的数值可知, 上式中指数项比 1 小得多, 可用近似式 $\ln(1+x)\approx x$, 上式成为

$$\begin{aligned}R&=\frac{4\pi mkT}{h^3}\int_{\varepsilon_z=W}^{\infty}\mathrm{d}\varepsilon_z\cdot\mathrm{e}^{(\mu-\varepsilon_z)/kT}\\&=\frac{4\pi mk^2T^2}{h^3}\mathrm{e}^{(\mu-W)/kT}.\end{aligned}\tag{2.10.6}$$

热电子流密度为

$$J=eR=\frac{4\pi mek^2}{h^3}T^2\mathrm{e}^{(\mu-W)/kT}.\tag{2.10.7}$$

在高度简并的费米气体中, 化学势与温度无关, 且由费米能给出:

$$\mu\approx\mu_0\equiv\varepsilon_{\mathrm{F}}.$$

由此式可将 (2.10.7) 式写成

$$J_{\mathrm{F}}=\frac{4\pi mek^2}{h^3}T^2\mathrm{e}^{-\phi/kT},\tag{2.10.8}$$

其中 $\phi=W-\varepsilon_{\mathrm{F}}$, 称为金属的功函数, 所以功函数就是超过费米能级以上的表面势垒的高度. 这结果与经典结果有重大差别. 按照经典统计法, 有

$$f_{3/2}(z)\approx z$$

即

$$z=\mathrm{e}^{\beta\mu}=\frac{nh^3}{2(2\pi mkT)^{3/2}}.$$

将此式代入 (2.10.7) 式得到

$$J_e = ne\left(\frac{k}{2\pi m}\right)^{1/2} T^{1/2}\mathrm{e}^{-\phi/kT}, \tag{2.10.9}$$

其中 $\phi = W$. 这正好是 Richardson 第一公式. 可以看出, 由经典理论给出的功函数, 是整个势垒的高度, 说明在同样温度下费米电子比经典电子更易发射.

经典统计与量子统计的一个重要差别, 通过比较 (2.10.8) 与 (2.10.9) 式可看出, 主要是热电子流密度对温度的依赖关系不同. 为了同实验结果比较, 采用下述办法画出曲线:

(1) 对 (2.10.9) 式用 $\ln(j/\sqrt{T})$ 作纵坐标, 以 $\dfrac{1}{T}$ 为横坐标;

(2) 对 (2.10.8) 式用 $\ln(j/T^2)$ 作纵坐标, 以 $\dfrac{1}{T}$ 作横坐标.

这样 (2.10.8) 与 (2.10.9) 式在各自的坐标系中均为一条直线:

$$\ln\left(\frac{j}{\sqrt{T}}\right) = \ln A - \left(\frac{W}{k}\right)\left(\frac{1}{T}\right), \qquad \text{对(2.10.9)}; \tag{2.10.10}$$

$$\ln\left(\frac{j}{T^2}\right) = \ln B - \left(\frac{W-\varepsilon_{\mathrm{F}}}{k}\right)\left(\frac{1}{T}\right), \qquad \text{对(2.10.8)}. \tag{2.10.11}$$

这两条直线分别有不同的斜率. 如果能从别的实验独立地测量 W 值, 则可决定两种理论与实验比较的结果. 事实上通过研究入射到金属表面的德布洛意波的折射率可以测出 W 值. 对具有初始动能为 E 的电子束, 有

$$\lambda_{\mathrm{out}} = \frac{h}{\sqrt{2mE}} \qquad \text{及} \qquad \lambda_{\mathrm{in}} = \frac{h}{\sqrt{2m(E+W)}}.$$

因而金属的折射率为

$$n = \frac{\lambda_{\mathrm{out}}}{\lambda_{\mathrm{in}}} = \left(\frac{E+W}{E}\right)^{1/2}.$$

通过测量各种 E 下的电子衍射, 可以得出 W 值. Davisson 和 Germer 于 1927 年用这种方法测出了一些金属的 W 值, 例如对钨, 得 $W = 13.5\mathrm{eV}$, 另一方面从其他实验测得钨的费米能量 $\varepsilon_{\mathrm{F}} \approx 9\mathrm{eV}$. 钨的热电子发射实验结果, 按 (2.10.11) 式所画直线的斜率为 $\varphi \approx 4.5\mathrm{eV}$(见图 2.10.2). 这些结果与来自于费米统计的理论公式 (2.10.8) 式符合得很好, 而与经典统计的 (2.10.9) 式不一致.

(2.10.8) 式与 (2.10.9) 式之间的另一个差异与所得的饱和电流数值有关. 经典统计的公式是完全失败的, 而量子统计法的公式则是成功的. (2.10.8) 式中的数值因子为

$$\frac{4\pi mk^2e}{h^3} = 120.4\mathrm{A}\cdot\mathrm{cm}^{-2}\cdot\mathrm{K}^{-2}. \tag{2.10.12}$$

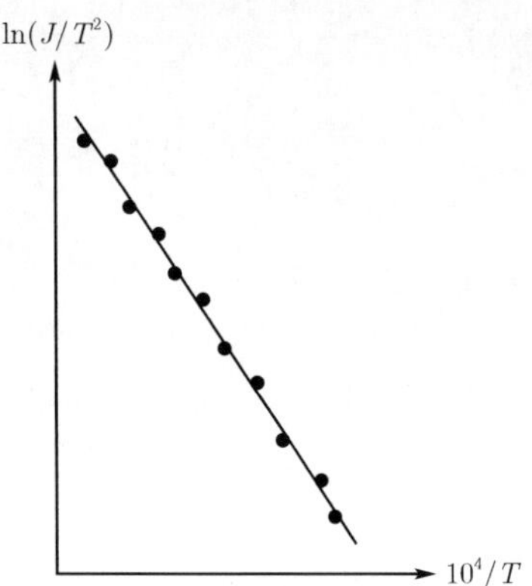

图 2.10.2　钨的热离子流与温度的函数关系

当我们将这结果与实验值比较时, 需乘上透射系数 $(1-\gamma)$, 而对大多数具有清洁表面的金属来说, 实验结果在 $60\sim 120\mathrm{A}\cdot\mathrm{cm}^{-2}\cdot\mathrm{K}^{-2}$ 范围内.

最后需指出的是, 电子在金属表面的发射率 R 也可以通过计算金属外的空间电荷层中电子的返回率 R' 来决定. 这是由于金属外的空间电荷是由热电子发射过程本身形成的, 随着发射过程的逐渐增强, 电子从空间电荷向金属内返回的过程亦必然会逐渐增强, 在没有放置收集热电子流的电极的条件下, 发射与返回过程最终将达到动态平衡. 即在一定温度下有

$$R=R'$$

空间电荷与导体内电子气不一样. 前者的密度比后者小得多 (见 2.6 节最后的讨论), 故可以用经典统计来计算:

$$R'=n\int\int\int_{-\infty}^{\infty}u_z f(\boldsymbol{u})\mathrm{d}u_x\mathrm{d}u_y\mathrm{d}u_z,$$

其中 $f(\boldsymbol{u})$ 为经典麦克斯韦速度分布率, 将上式换成球坐标, 对 θ,φ 积分得

$$R'=n\pi\int_0^{\infty}f(\boldsymbol{u})u^3\mathrm{d}u.$$

考虑到归一化条件:

$$\int_0^{\infty}f(\boldsymbol{u})4\pi u^2\mathrm{d}u=1,$$

得

$$R=\frac{1}{4}n\langle\mu\rangle=\frac{1}{4}\frac{P}{kT}\left(\frac{8kT}{\pi m}\right)^{1/2}=\frac{P}{(2\pi mkT)^{1/2}},\tag{2.10.13}$$

其中 P 是空间电荷的压强, 由费米体系压强公式的经典极限给出

$$P=\frac{2kT}{\lambda^3}z=\frac{2kT(2\pi mkT)^{3/2}}{h^3}\mathrm{e}^{\mu'/kT}.\tag{2.10.14}$$

μ' 为空间电荷的化学势, 以空间电荷的最低能级作为零点计算. 将 (2.10.14) 式代入 (2.10.15) 式:

$$R' = \frac{4\pi m(kT)^2}{h^3}\mathrm{e}^{\mu'/kT}.$$

空间电荷的零点能不同于金属内部的零点能, 两者相差 W, 平衡时有

$$\mu' = \mu - W,$$

最后得

$$R' = \frac{4\pi m(kT)^2}{h^3}\mathrm{e}^{(\mu-W)/kT}. \tag{2.10.15}$$

与 (2.10.6) 式完全一样.

2. 光电子发射 (Hallwachs 效应)

光电子发射与热电子发射不同, 它是依靠入射光子流激发电子, 使金属中电子从低能级提高到足以逸出金属的高能级上, 因而电子能量所满足的条件是

$$\frac{p_z^2}{2m} + h\nu \geqslant W, \tag{2.10.16}$$

其中 ν 为入射光 (假定为单色) 频率, 与热发射相类似, 可得电子发射率:

$$R = \frac{4\pi mkT}{h^3}\int_{\varepsilon_z=W-h\nu}^{\infty} \ln[1+\mathrm{e}^{\beta(\mu-\varepsilon_z)}]\mathrm{d}\varepsilon_z. \tag{2.10.17}$$

这里的积分不能采用讨论热电子发射时所用的近似方法, 作积分变换, 令

$$x = (\varepsilon_z - W + h\nu)/kT$$

(2.10.17) 式写成

$$R = \frac{4\pi m(kT)^2}{h^3}\int_0^{\infty} \ln[1+\mathrm{e}^{h(\nu-\nu_0)/kT-x}]\mathrm{d}x,$$

其中,

$$h\nu_0 = W - \mu \approx W - \varepsilon_\mathrm{F} = \varphi.$$

因此 $h\nu_0$ 起着功函数的作用, 频率 $\nu_0(=\varphi/h)$ 被称为阈值频率, 光电发射的电流密度为

$$J = \frac{4\pi me^2k^2}{h^3}T^2\int_0^{\infty} \ln(1+\mathrm{e}^{\delta-x})\mathrm{d}x, \tag{2.10.18}$$

式中,

$$\delta = h(\nu-\nu_0)/kT.$$

对 (2.10.18) 式作分部积分, 得

$$\int_0^\infty \ln(1+\mathrm{e}^{\delta-x})\mathrm{d}x=\int_0^\infty \frac{x\mathrm{d}x}{\mathrm{e}^{x-\delta}+1}\equiv f_2(\mathrm{e}^\delta),$$

其中 $f_2(\mathrm{e}^\delta)$ 为以 e^δ 作变量的二阶费米积分, 得

$$J=\frac{4\pi mek^2}{h^3}T^2f_2(\mathrm{e}^\delta). \tag{2.10.19}$$

当 $h(\nu-\nu_0)\gg kT$, 即 $\mathrm{e}^\delta\gg 1$, 由 (2.6.6) 式可得, $f_2(\mathrm{e}^\delta)\approx\delta^2/2$, (2.10.19) 式成为

$$J\approx\frac{2\pi me}{h}(\nu-\nu_0)^2. \tag{2.10.20}$$

说明当入射光子能量比功函数大得多时光电子流与温度无关.

另一极端情况为 $\nu<\nu_0$ 及 $h|\nu-\nu_0|\gg kT$, 此时 $\mathrm{e}^\delta\ll 1$, 函数 $f_2(\mathrm{e}^\delta)\approx\mathrm{e}^\delta$. (2.10.19) 式成为

$$J\approx\frac{4\pi mek^2}{h^3}T^2\mathrm{e}^{(h\nu-\varphi)/kT}. \tag{2.10.21}$$

此结果与热电子发射的公式相似, 其差别只是这里的功函数不是 φ, 而是 $(\varphi-h\nu)$, 相当于入射光子使金属的功函数降低了 $h\nu$. 在阈值频率处 $(\nu=\nu_0)$, 即 $\delta=0$ 及 $f_2(\mathrm{e}^\delta)=f_2(1)=\dfrac{\pi^2}{12}$, (2.10.19) 式给出:

$$J_0=\frac{\pi^3mek^2}{3h^3}T^2. \tag{2.10.22}$$

图 2.10.3 画出了从金属钯 $(\varphi=4.97\mathrm{eV})$ 测出的光电子发射的实验结果, 它与理论值符合得很好. 需说明的是该图中包含了 $\nu<\nu_0$ 的一些观测结果. 也就是在频率小于阈值频率的情况下, 依然可得到有限的光子流, 这个事实与我们的理论是一致的. 原因在于任何的有限温度 T 下, 电子气中有相当一部分电子其能量超过费米能量 ε_F 约 $O(kT)$ 量级, 如果光量子被这些电子吸收的话, 也可以满足发射条件 (2.10.16). 自然, 能量差 $h(\nu_0-\nu)$ 不能比 kT 大得多, 否则的话, 可供利用的这种类型的电子数太少, 因此, 当入射光频率低于阈值频率时, 只要 $h(\nu_0-\nu)\approx kT$, 金属表面仍会产生有限的光电流.

图 2.10.3 给出的 $\ln(J/T^2)$ 与 δ 的关系图, 一般称为 Fowler 图, 只要对这个图调整所观测的数据, 就可以求得金属的阈值频率 ν_0 和功函数 φ, 由这个实验测得的功函数与由热电子发射实验测得的功函数是完全一致的, 这也是对理论的极好的证明.

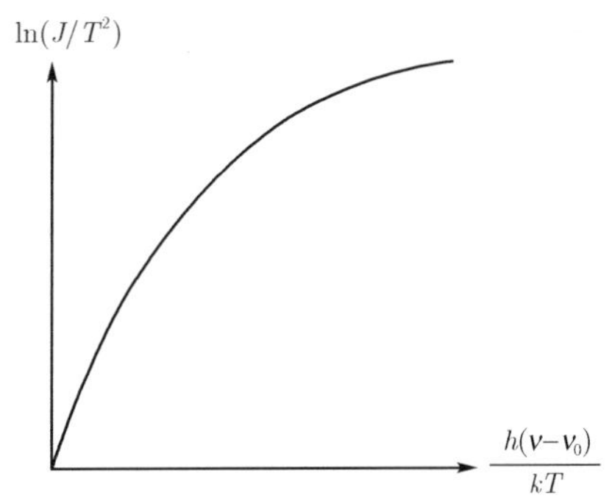

图 2.10.3 金属钯的光电子流与 $h(\nu-\nu_0)/kT$ 函数关系的实验曲线

2.11 白矮星的统计平衡

费米统计在历史上首先被应用的领域是天体物理，这就是白矮星的统计平衡问题. 白矮星是一种半径很小，颜色 (白的) 反常地暗淡的星体. 在天体中有一个经验规律，就是星体的亮度与它的颜色 (主要的发射波长) 成正比，比例常数对所有星体均相同. 如果我们画出亮度对颜色的图 (被称为 Hertzprung-Russell 图)，这些星体都将落在一条线状带中 (见图 2.11.1). 但也有例外，这就是红巨星和白矮星. 其原因在于红巨星是比较年轻的星体，它的氢含量还完整无缺，从而氢转变成氦的热核反应正以一种相当高的速度进行着，使这些星体比我们根据它们的颜色所预期的要亮得多，而白矮星是一种较年老的星体，它的氢含量大致耗尽，使其中热核反应以一种相当缓慢的步伐进行，从而使这些星体的亮度比我们根据其颜色所预期的要弱得多. 白矮星的统计平衡问题，则是高度简并费米体系的一个很好的例子.

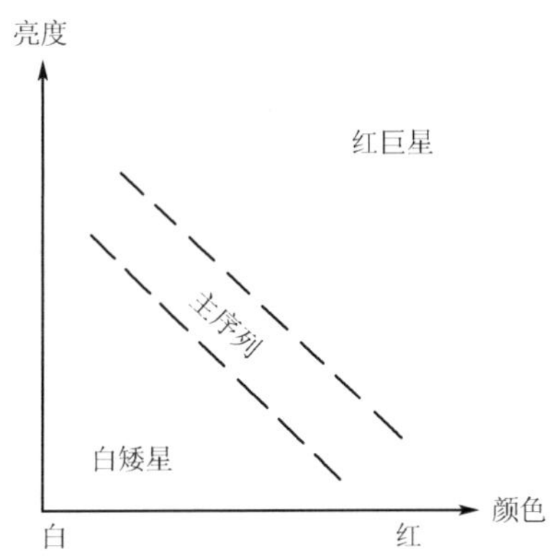

图 2.11.1 Hertzprung-Russell 图

白矮星实际上是由氦质量为 $M\approx 10^{33}$g，紧缩成一个高密度 $\rho(\approx 10^{7}\text{g}\cdot\text{cm}^{-3})$ 的球体，其中心温度为 $T\approx 10^{7}$K. 数量级为 10^{7}K 的温度相应于每个粒子的平均能

量为 10^3eV, 因此星体中的全部氦处于完全电离的状态. 星体可被看成微观组分为 N 个电子 (质量为 m) 和 $N/2$ 个氦核 (质量近似为 $4m_p$) 所组成的体系. 系统总质量为

$$M \approx N_m + \frac{N}{2}4m_p = N(m+2m_p) \approx 2Nm_p.$$

氦和电子的密度为

$$n_{\mathrm{He}} = \frac{N}{2V} \approx \frac{M/4m_p}{M/\rho} = \frac{\rho}{4m_p};$$
$$n_{\mathrm{e}} = \frac{N}{V} \approx \frac{\rho}{2m_p}.$$

由 $m_p \sim 10^{-24}\mathrm{g}, \rho \sim 10^7\mathrm{gcm}^{-3}$, 可得密度的估计值:

$$n_{\mathrm{He}} = \frac{1}{2}n_{\mathrm{e}} \sim 10^{30}\mathrm{cm}^{-3}.$$

由此可得两种成分的费米动量、费米能量及费米温度:

$$(p_{\mathrm{F}})_{\mathrm{He}} = \left(\frac{3n_{\mathrm{e}}}{4\pi g}\right)^{1/3} h \sim O(10^{-17})(\mathrm{g}\cdot\mathrm{cm/s}),$$
$$(\varepsilon_{\mathrm{F}})_{\mathrm{He}} = \left(\frac{3n\mathrm{H_e}}{4\pi g}\right)^{2/3} \frac{h^2}{2m_{\mathrm{He}}} \sim O(10^2 \sim 10^3)\mathrm{eV},$$
$$(T_{\mathrm{F}})_{\mathrm{He}} = \frac{(\varepsilon_{\mathrm{F}})_{\mathrm{He}}}{k} \sim O(10^6 \sim 10^7)\mathrm{K};$$
$$(p_{\mathrm{F}})_{\mathrm{e}} = \left(\frac{3n_{\mathrm{e}}}{8\pi}\right)^{1/3} h \sim O(10^{-17})(\mathrm{g}\cdot\mathrm{cm/s}),$$
$$(\varepsilon_{\mathrm{F}})_{\mathrm{e}} = \left(\frac{3n_{\mathrm{e}}}{8\pi}\right)^{2/3} \frac{h^2}{2m} \sim O(10^6)\mathrm{eV},$$
$$(T_{\mathrm{F}})_{\mathrm{e}} = \frac{(\varepsilon_{\mathrm{F}})_{\mathrm{e}}}{k} \sim O(10^{10})\mathrm{K}.$$

根据这些估计, 可以对氦核及电子在白矮星中热平衡过程作出如下的判断:

(1) 尽管白矮星的温度比地球高得多, 可是相对电子气来说, 依然是低温:

$$\frac{(T_{\mathrm{F}})_{\mathrm{e}}}{T} \sim O(10^3) \gg 1,$$

因而可将电子气看成几乎完全简并的; 而对氦核有

$$\frac{(T_{\mathrm{F}})_{\mathrm{He}}}{T} \sim O(1) \sim 1,$$

可以看出氦核则是非简并的.

(2) 与电子相比白矮星中氦核的动力学贡献则是次要的, 在一级近似下可以忽略. 因为无论是高温还是低温, 压强和单粒子的平均能量都与其费米能 ε_{F} 成比例:

$$\left(\frac{u}{N}\right)_{\mathrm{He}} \approx \frac{3}{5}(\varepsilon_{\mathrm{F}})_{\mathrm{He}} \sim O(10^2)\mathrm{eV},$$
$$(p)_{\mathrm{He}} \approx \frac{3}{5} n_{\mathrm{He}}(\varepsilon_{\mathrm{F}})_{\mathrm{He}} \sim O(10^{32})\mathrm{eV}.$$

而对电子则有

$$\left(\frac{u}{N}\right)_{\mathrm{e}} \approx \frac{3}{5}(\varepsilon_{\mathrm{F}})_{\mathrm{e}} \sim O(10^6)\mathrm{eV},$$
$$(p)_{\mathrm{e}} \approx n_e(\varepsilon_{\mathrm{F}})_{\mathrm{e}} \sim O(10^{36})\mathrm{eV}.$$

所以有

$$\frac{(u/N)_{\mathrm{He}}}{(u/N)_{\mathrm{e}}} \sim \frac{(p)_{\mathrm{He}}}{(p)_{\mathrm{e}}} \sim O(10^{-4}) \ll 1.$$

(3) 白矮星中电子是相对论粒子, 而氦核是非相对论粒子; 这是由于按相对论判据 (p/mc) 对两种粒子有

电子:$(p_{\mathrm{F}})_{\mathrm{e}}/mc \sim O(1)$,

氦核:$(p_{\mathrm{F}})_{\mathrm{He}}/m_{\mathrm{He}} \cdot c \sim O(10^{-3}) \ll 1$.

(4) 通过本节后面的论证可知, 与电子气的压强相比, 可以忽略各种辐射压的作用.

根据以上的数值估计, 可以得出对白矮星的一个简化的统计模型: 把氦核看成为只贡献引力场、且以其引力约束电子气的外部条件; 而电子气是在氦核的引力约束下, 在 $T \sim 10^7\mathrm{K}$ 的温度上达到热力学平衡, 并形成确定的密度分布、高简并的费米体系.

下面我们研究由 N 个相对论电子所组成的费米体系的基态性质. 总粒子数 N 为

$$N = \frac{8\pi V}{h^3}\int_0^{p_{\mathrm{F}}} p^2 \mathrm{d}p = \frac{8\pi V}{3h^3} p_{\mathrm{F}}^3. \tag{2.11.1}$$

所以

$$p_{\mathrm{F}} = \left(\frac{3n}{8\pi}\right)^{1/3} h. \tag{2.11.2}$$

相对论粒子的动量 - 能量关系为

$$\varepsilon = mc^2\left[\sqrt{1+(p/mc)^2} - 1\right]. \tag{2.11.3}$$

粒子的速率为

$$u \equiv \frac{\mathrm{d}\varepsilon}{\mathrm{d}p} = c\frac{(p/mc)}{\sqrt{1+(p/mc)^2}}. \tag{2.11.4}$$

气体的总动能为

$$E_0 = N\langle\varepsilon\rangle_0 = \frac{8\pi V}{h^3}\int_0^{p_\mathrm{F}} mc^2\left[\sqrt{1+(p/mc)^2}-1\right]p^2\mathrm{d}p, \tag{2.11.5}$$

气体的压强为

$$P_0 = \frac{1}{3}\frac{N}{V}\langle pu\rangle_0 = \frac{8\pi}{3h^3}\int_0^{p_\mathrm{F}} mc^2\frac{(p/mc)^2}{[1+(p/mc)^2]^{1/2}}p^2\mathrm{d}p. \tag{2.11.6}$$

为了对 (2.11.5) 式及 (2.11.6) 式进行积分, 引进一个量纲为一的变数 θ, 定义为

$$p = mc\cdot\sinh\theta.$$

代入 (2.11.3) 式及 (2.11.4) 式有

$$\begin{aligned}\varepsilon &= mc^2(\cosh\theta-1),\\ u &= c\tanh\theta.\end{aligned}$$

(2.11.1) 式、(2.11.5) 式及 (2.11.6) 式成为

$$N = \frac{8\pi Vm^3c^3}{3h^3}\sinh^3\theta_\mathrm{F} = \frac{8\pi Vm^3c^3}{3h^3}x^3, \tag{2.11.7}$$

$$\begin{aligned}E_0 &= \frac{8\pi Vm^4c^5}{h^3}\int_0^{\theta_\mathrm{F}}(\cosh\theta-1)\sinh^2\theta\cdot\cosh\theta\mathrm{d}\theta\\ &= \frac{\pi Vm^4c^5}{3h^3}B(x),\end{aligned} \tag{2.11.8}$$

$$P_0 = \frac{8\pi m^4c^5}{3h^3}\int_0^{\theta_\mathrm{F}}\sinh^4\theta\mathrm{d}\theta = \frac{\pi m^4c^5}{3h^3}A(x), \tag{2.11.9}$$

其中,

$$x = \sinh\theta_\mathrm{F} = \frac{p_\mathrm{F}}{mc} = \left(\frac{3n}{8\pi}\right)^{1/3}\left(\frac{h}{mc}\right), \tag{2.11.10}$$

$$\begin{aligned}A(x) &= x(x^2+1)^{1/2}(2x^2-3)+3\mathrm{arsinh}x,\\ B(x) &= 8x^3[(x^2+1)^{1/2}-1]-A(x).\end{aligned}$$

对任何 x 值, 可计算出函数 $A(x)$ 及 $B(x)$. 这些函数已由 Chandrasekhar 制成数值表. 对 $x \ll 1$ 及 $x \gg 1$ 的两种极限情况有

当 $x \ll 1$

$$A(x) = \frac{8}{5}x^5 - \frac{4}{7}x^7 + \frac{1}{3}x^9 - \frac{5}{22}x^{11} + \cdots,$$
$$B(x) = \frac{12}{5}x^5 - \frac{3}{7}x^7 + \frac{1}{6}x^9 - \frac{15}{176}x^{11} + \cdots.$$

当 $x \gg 1$

$$A(x) = 2x^4 - 2x^2 + 3\left(\ln 2x - \frac{7}{12}\right) + \left(\frac{5}{4}\frac{1}{x^2}\right) + \cdots,$$
$$B(x) = 6x^4 - 8x^3 + 6x^2 - 3\left(\ln 2x - \frac{1}{4}\right) - \left(\frac{3}{4}x^{-2}\right) + \cdots.$$

在 $x \to 0$ 的极限下, 可得 P_0 及 E_0 为

$$E_0 = \frac{4\pi V m^4}{5h^3}x^5c^5, \tag{2.11.11}$$

$$P_0 = \frac{8\pi m^4 c^5}{15h^3}x^5. \tag{2.11.12}$$

显然, P_0 及 E_0 间满足关系:

$$P_0 = \frac{2}{3}E_0/V.$$

这是非相对论的结果. 当 $x \to \infty$ 时,

$$E_0 = 2\frac{\pi V m^4 c^5}{h^3}x^4, \tag{2.11.13}$$

$$P_0 = \frac{2\pi m^4 c^5}{3h^3}x^4. \tag{2.11.14}$$

这时有

$$P_0 = \frac{1}{3}\frac{E_0}{V}.$$

这是极端相对论的结果.

下面我们来证明各种辐射压强与电子气压强相比是可以忽略的.

由黑体辐射的结果可知, 光的辐射压强 P_{R} 为

$$P_{\mathrm{R}} = \frac{1}{3}\alpha T^4, \tag{2.11.15}$$

其中,

$$\alpha = \frac{8\pi^5}{15}\frac{k^4}{(hc)^3}.$$

由 (2.11.9) 式, 可得

$$\frac{P_0}{P_{\mathrm{R}}} = \frac{(\pi m^6 c^5/3h^3)A(x)}{\alpha T^4/3}. \tag{2.11.16}$$

当 $x \ll 1$ 时,

$$\begin{aligned} P_0 &\approx \frac{\pi m^4 c^5}{3h^3} \cdot \frac{8}{5} x^5 \\ &= \frac{\pi m^4 c^5}{3h^3} \cdot \frac{8}{5} \left(x^3 \frac{8\pi m^3 c^3}{3h^3} \mu_e m_p \right)^{5/3} \left(\frac{8\pi m^3 c^3}{3h^3} \mu_e m_p \right)^{-5/3} \\ &= \frac{1}{20} \left(\frac{3}{\pi} \right)^{2/3} \frac{h^2}{m(\mu_e m_p)^{5/3}} \rho^{5/3}, \end{aligned} \tag{2.11.17}$$

式中 μ_e 为原子的电离度, 对氦原子 $\mu_e = 2, \rho$ 为密度, 与本节开始时所用 ρ 的定义相同, 写成

$$\rho = \frac{8\pi m^3 c^3}{3h^3} \mu_e m_p x^3 = \mu_e m_p n. \tag{2.11.18}$$

可将 (2.11.16) 式表示成

$$\frac{P_0}{P_R} = \frac{3^{8/3} (n\lambda^3)^{5/3}}{\pi^{19/6} 2^{5/6}} \left(\frac{mc^2}{kT} \right)^{3/2}. \tag{2.11.19}$$

由于 $mc^2 \sim 10^6 \text{eV} \gg kT \sim 10^3 \text{eV}$, 而 $n\lambda^3 \gg 1$, 因此有 $P_0/P_R \gg 1$, 即可略去辐射压强.

当 $x \gg 1$ 时,

$$P_0 \approx \left(\frac{3}{\pi} \right)^{1/3} \frac{h}{8(\mu_e m_p)^{4/3}} \rho^{5/3}.$$

从而有

$$\begin{aligned} \frac{P_0}{R_R} &\approx \frac{(\pi m^4 c^5 / 3h^3) 2x^4}{8\pi^5 (kT)^4 / 45(hc)^3} \\ &= \frac{30}{8\pi^4} \left(\frac{3n}{8\pi} \right)^{4/3} \left(\frac{hc}{kT} \right)^4. \end{aligned} \tag{2.11.20}$$

将电子气的有关数据代入 (2.11.20) 式, 得 $P_0/P_R \gg 1$, 所以在 $x \gg 1$ 的极限时, 同样可以忽略辐射压强.

最后我们讨论一下白矮星在上述简化模型下的平衡性质. 先假设系统没有引力, 必须将体系装在一个容器里, 系统的内能就是其动能 E_0, 当体系作绝热膨胀或压缩时, 动能 E_0 的变化将等于体系压强所做的功, 体系的压强为 $P(n)$, 则 E_0 的变化为

$$\text{d}E_0 = -P(n)\text{d}V = -P_0(R) 4\pi R^2 \text{d}R. \tag{2.11.21}$$

当我们用氦核的引力场去代替容器时, 显然电子气将靠引力约束起来, 其密度则是不均匀的, 因而其压强亦与空间分布有关. 为了简化起见, 我们忽略这种不均匀性,

这时体系的能量将包含两部分; 电子气的动能 E_0 及氦核的引力势能 E_g. 由于 (电子气 + 氦核) 构成了一个孤立系, 总能量 $(E_0 + E_g)$ 不会因为内部过程而改变, 即

$$\mathrm{d}E_0 + \mathrm{d}E_g = 0, \tag{2.11.22}$$

其中氦核的引力势能可表示为

$$E_g = \alpha \frac{GM^2}{R}. \tag{2.11.23}$$

G 为引力常数, M 为体系总质量, α 为数量级为 1 的常数. 由 (2.11.21) 式、(2.11.22) 式及 (2.11.23) 式可得

$$P_0(R) = \frac{\alpha}{4\pi}\frac{GM^2}{R^4}. \tag{2.11.24}$$

由 (2.11.9) 式, 得

$$\frac{\pi m^4 c^5}{3h^3} A(x) = \frac{\alpha GM^2}{4\pi R^2}, \tag{2.11.25}$$

$$x = \frac{p_{\mathrm{F}}}{mc} = \left(\frac{9\pi M}{8m_p}\right)^{1/3} \frac{\hbar/mc}{R}.$$

方程 (2.11.25) 成为

$$\begin{aligned} A\left(\sqrt[3]{\frac{9\pi M}{8m_p}} \frac{\hbar m^{-1}c^{-1}}{R}\right) &= \frac{3\alpha\hbar^3}{4\pi^2 m_{\mathrm{e}}^4 c^5}\frac{GM^2}{R^4} \\ &= 6\pi\alpha \left(\frac{\hbar m^{-1}c^{-1}}{R}\right)^3 \frac{GM^2/R}{mc^2}. \end{aligned} \tag{2.11.26}$$

引入三个量纲为一的量:

$$\tilde{m} = \frac{\pi}{3}\frac{M}{m_p}, \quad \tilde{R} = \frac{R}{\hbar/mc}, \quad \tilde{E} = \frac{GM^2/R}{mc^2}.$$

用这三个量表示 (2.11.26) 式为

$$A\left(\frac{3}{2}\sqrt[3]{\frac{\tilde{m}}{\tilde{R}^3}}\right) = 6\pi\alpha \frac{\tilde{E}}{\tilde{R}^3}. \tag{2.11.27}$$

这三个量纲为一的量具有明显的物理意义; $\tilde{m}$ 表示由质子质量表示的星体总质量; $\tilde{R}$ 表示用电子康普顿波长表示的星体半径; 而 $\tilde{E}$ 则是用电子静止质量表示的星体的引力势能. (2.11.26) 式或 (2.11.27) 式通常被称为白矮星的质量 - 半径关系式. 且从 (2.11.27) 式可以看出, 这方程显示了量子力学、相对论和万有引力之间的一个出色的组合, 也就是体现了这三种效应之间的相对平衡关系.

由于函数 $A(x)$ 是极复杂的函数, 除了两种极端情况外, 不能将星体的半径表示成质量的显式函数. 考虑到对 $A(x)$ 的两种极端情况展开式是在 $x \gg 1$ 和 $x \ll 1$ 时得到的, 自然地, 选择 x 为 $O(1)$ 时作为判据, 令

$$\frac{(\tilde{m})^{1/3}}{\tilde{R}} = 1.$$

代入各参数, 得特征半径 R_0 为

$$R_0 \sim 10^8 \text{cm}.$$

用 R_0 来分析两种极限情况:

(1) $R_0 \gg 10^8 \text{cm} (x \ll 1)$

由 $A(x) \approx \frac{8}{5} x^5$ 得

$$R \approx \frac{3(9\pi)^{2/3}}{40\alpha} \frac{\hbar^2 M^{-1/3}}{G m m_p^{5/3}} \propto M^{-1/3}. \tag{2.11.28}$$

(2) $R \ll 10^8 \text{cm} (x \gg 1)$

由 $A(x)$ 的展开式:

$$A(x) \approx 2x^4 - 2x^2$$

得

$$R \approx \frac{(9\pi)^{1/3}}{2} \frac{\hbar}{mc} \left(\frac{M}{m_p}\right)^{1/3} \left[1 - \left(\frac{M}{M_0}\right)^{2/3}\right]^{1/2}, \tag{2.11.29}$$

其中,

$$M_0 = \frac{9}{64} \left(\frac{3\pi}{\alpha^3}\right)^{1/2} \frac{(\hbar c/G)^{3/2}}{m_p^2} \sim 10^{33} \text{g}. \tag{2.11.30}$$

由以上结果可以发现, 白矮星的质量越大半径就越小! 此外, 还存在一个由 (2.11.30) 式给出的极限质量 M_0, 它对应着星体的半径为 0. 当 $M > M_0$ 时, 质量半径关系式不具有实数解. 因而所有的白矮星质量均小于 M_0, 这一点已为天体观察所证实.

白矮星质量的正确极限被称为 Chandrasekhar 极限. 这极限值的存在, 从物理上来看则是由于当星体的质量超过这一极限时, 系统的压强 P_0 不足以对抗引力坍缩的趋势. 根据 Chandrasekhar 的详细研究, 得 M_0 为

$$M_0 = \frac{5.75}{\mu_e^2} \odot,$$

μ_e 为气体电离度数, $\mu_e \approx 2$, $\odot$ 为太阳质量. 最后得

$$M_0 \approx 1.44 \odot.$$

图 2.11.2 显示了白矮星质量和半径的理论关系, 它建立在 Chandrasekhar 严格研究的基础上. 可以看出在两个极端区, (2.11.28) 式和 (2.11.29) 式模拟得很好.

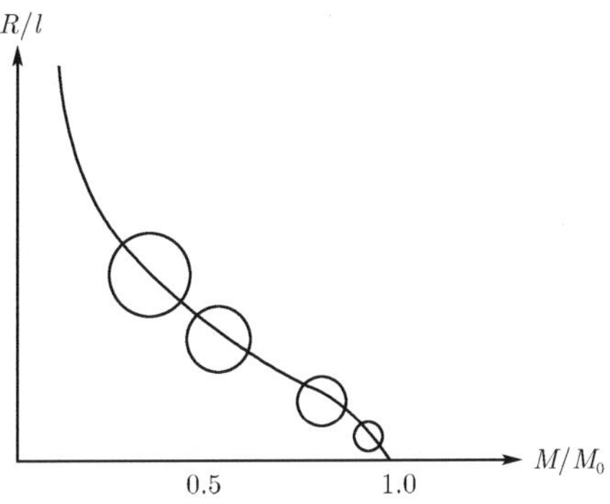

图 2.11.2 白矮星质量与半径的关系

第 3 章　集 团 展 开

前一章我们讨论了量子理想气体的统计性质, 虽然得到了一系列重要结果, 但由于在研究这些系统时, 将体系看成是没有相互作用粒子所组成的, 其结果必然有很大局限性. 自然界中存在的实际体系总是有相互作用的, 其中大部分都不能近似地被看成没有相互作用系统, 研究这些系统则是统计力学的更为重要的课题. 原则上第 1 章讲述的系综理论, 同样可以应用于有相互作用系统, 但统计力学所讨论的对象总是由大量粒子组成的, 当将系综理论用于研究这些体系时, 必然会遇到数学上的严重困难. 于是统计力学中发展了一系列近似方法, 来研究这些问题. 若粒子间的相互作用不太强（如稀薄的实际气体）, 可将系统的各物理量写成级数展开的形式, 级数的主要项表示相应的理想系统的结果, 而后面各项则表示由粒子间的相互作用引起的修正. 梅逸等在 20 世纪 30 年代完成了对经典系统进行级数展开的系统方法, 称为集团展开法. 以后由 Kahn,Uhlenbeck 及李政道、杨振宁 [3.1] 等人将这一方法推广到量子系统, 使这一方法更完善.

3.1　经典集团展开

考虑 N 个经典粒子组成的体系, 粒子间存在两体相互作用, 即相互作用势只与两粒子间距离有关. 系统的哈密顿量可写成:

$$\hat{H}=\sum_i \frac{p_i^2}{2m}+\sum_{i<j} u_{ij}, \tag{3.1.1}$$

其中 p_i 是第 i 个粒子的动量, u_{ij} 是第 i 个粒子与第 j 个粒子间的相互作用势:

$$u_{ij}=u(|\boldsymbol{r}_i-\boldsymbol{r}_j|).$$

如果系统占有的体积为 V, 体系的巨配分函数为

$$\Xi(z,V,T)=\sum_{N=0}^{\infty}\frac{z^N}{N!h^{3N}}\int \mathrm{e}^{-\beta\sum\limits_i \frac{p_i^2}{2m}-\beta\sum\limits_{i<j}u_{ij}}\mathrm{d}^{3N}r\mathrm{d}^{3N}p. \tag{3.1.2}$$

对动量的积分是容易计算的, 积分后得

$$\Xi(z,V,T)=\sum_{N=0}^{\infty}\left(\frac{z}{\lambda^3}\right)^N\frac{Q_N(V,T)}{N!}, \tag{3.1.3}$$

其中,

$$Q_N(V,T)=\int \mathrm{e}^{-\beta\sum\limits_{i<j}u_{ij}}\mathrm{d}^{3N}r=\int\prod_{i<j}\mathrm{e}^{-\beta u_{ij}}\mathrm{d}^{3N}r. \tag{3.1.4}$$

称为位形积分. 由粒子间的相互作用引起的修正, 主要来自于位形积分项. 当粒子间的相互作用为零, 由 (3.1.4) 式得 $Q_N(V,T)=V^N$, 便回到理想气体的巨配分函数.

引进函数 f_{ij}, 其定义为

$$f_{ij}=\mathrm{e}^{-\beta u_{ij}}-1. \tag{3.1.5}$$

显然, 当系统没有相互作用时, $f_{ij}=0$; 存在相互作用时, f_{ij} 不等于 0, 在足够高的温度下, f_{ij} 比 1 小得多. 比较 u_{ij} 与 f_{ij}(图 3.1.1) 可以看出:

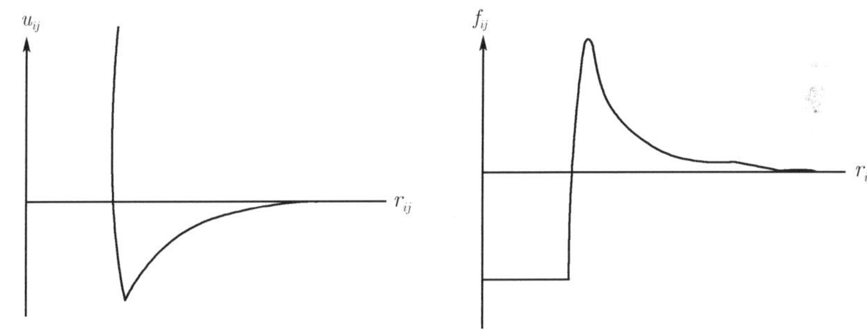

图 3.1.1 u_{ij} 及 f_{ij} 函数

(1) 函数 f_{ij} 是处处有界的;

(2) 当粒子间距离大于相互作用势的有效范围时, f_{ij} 可以忽略. 所以函数 f_{ij} 更适于作级数展开. 用 f_{ij} 表示位形积分为

$$\begin{aligned}Q_N(V,T)&=\int\prod_{i<j}(1+f_{ij})\mathrm{d}^3r_1\cdots\mathrm{d}^3r_N\\&=\int\left[1+\sum f_{ij}+\sum f_{ij}f_{kl}+\cdots\right]\mathrm{d}^3r_1\cdots\mathrm{d}^3r_N.\end{aligned} \tag{3.1.6}$$

为了计算 (3.1.6) 式中各项, 采用图形法. 用带数字的圆圈表示某个粒子, 数字指的是粒子的标号, 用连接两圆圈之间的直线表示因子 f_{ij}, 如果两圆圈之间无直线相连, 表示因子为 1. 引进"图形"的定义:

图形: 有 N 个带数字的圆圈, 它们之间可以有或没有直线连接, 这样构成的图称为图形.

按照这一定义及直线与 f_{ij} 之间的对应关系, (3.1.6) 式中每一项都可以用一个图形来表示. 例如当 $N=3$ 时, 可以列出展开式与图形之间的对应关系 (图 3.1.2):

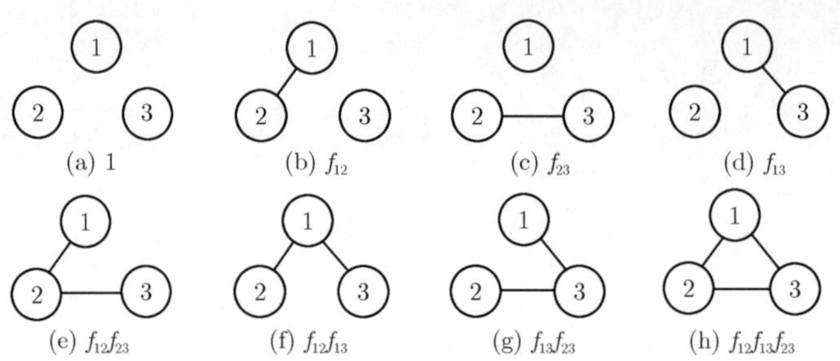

图 3.1.2　N=3 时的各种可能图形

为了得到 $\mathrm{e}^{-u/kT}$ 的展开式, 相当于画出所有可能的图形, 并将其相加. 但仅有这样的对应关系并不能使计算过程简化；为了进一步简化计算, 引进“集团”的概念.

集团：图形中任一圆圈都直接或间接与所有其他圆圈相连, 这样的图形称为集团.

显然, 凡是集团就一定是图形, 而图形则不一定是集团. 对每一个由 N 个粒子构成的图形, 可以分解为若干个集团, 而由同样数目的粒子可以构成不同的集团, 这些集团对位形积分的贡献可以相同或不同. 我们称 l 个粒子构成的集团为 l 集团. 例如, 3 集团可以有四个, 即图 3.1.2 中的 (e), (f), (g) 和 (h)；其中前三个对位形积分的贡献相同, 而第四个则不同. 我们引入集团积分 b_l, 定义为

$$\begin{aligned} b_l(T,V) &\equiv \frac{1}{l!V\lambda^{3(l-1)}} \times (\text{ 所有可能的 } l \text{ 集团之和}) \\ &= \frac{1}{l!V\lambda^{3(l-1)}} \int \sum \prod_{i<j\leqslant l} f_{ij} \mathrm{d}^3 r_1 \cdots \mathrm{d}^3 r_l. \end{aligned} \tag{3.1.7}$$

这样定义的 $b_l(T,V)$ 有以下两个性质：

(1) $b_l(T,V)$ 是一个量纲为一的量；

(2) 当 $V\to\infty$ 时, $b_l(T,V)$ 趋于一个与体积无关的有限值 $b_l(T)$.

其原因是当我们对 l 个粒子进行积分时, 先固定其中一个粒子的坐标, 例如 r_i, 对其余 $(l-1)$ 个粒子积分, 由于函数 f_{ij} 只在空间的有限区域不为零, 所以积分亦只在空间有限区域不为零, 这结果与体积无关；最后再对 r_i 积分, 得到一个纯体积因子 V, 与系数中的 V 消掉, 使 $b_l(T,V)$ 趋于一个与 V 无关的有限值. 关于这一点的严格证明可用本书第 5 章讨论的杨 – 李定理进行.

作为例子, 我们将写出前几个集团积分：

$$b_1 = \frac{1}{V}[①] = \frac{1}{V}\int \mathrm{d}^3 r_1 = 1, \tag{3.1.8}$$

$$
\begin{aligned}
b_2 &= \frac{1}{2\lambda^3 V}[①\text{–}②] = \frac{1}{2\lambda^3 V}\int\int f_{12}\mathrm{d}^3 r_1 \mathrm{d}^3 r_2 \\
&= \frac{1}{2\lambda^3}\int f_{12}\mathrm{d}^3 r_{12} = \frac{2\pi}{\lambda^3}\int_0^\infty f(r)r^2\mathrm{d}r \\
&= \frac{2\pi}{\lambda^3}\int_0^\infty (\mathrm{e}^{-u(r)/kT}-1)r^2\mathrm{d}r, \qquad (3.1.9)
\end{aligned}
$$

$$
b_3 = \frac{1}{3!\lambda^6 V}\left[\quad\right]
$$

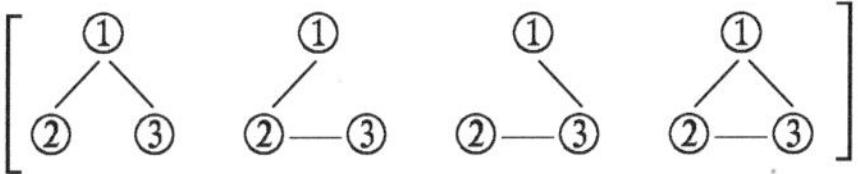

$$
\begin{aligned}
&= \frac{1}{6\lambda^6 V}\int (f_{12}f_{13} + f_{12}f_{23} + f_{13}f_{23} + f_{12}f_{13}f_{23})\mathrm{d}^3 r_1 \mathrm{d}^3 r_2 \mathrm{d}^3 r_3 \\
&= \frac{1}{6\lambda^6 V}\left[3V\int\int f_{12}f_{13}\mathrm{d}^3 r_{12}\mathrm{d}^3 r_{13} + V\int\int f_{12}f_{13}f_{23}\mathrm{d}^3 r_{12}\mathrm{d}^3 r_{13}\right] \\
&= 2b_2^2 + \frac{1}{6\lambda^6}\int\int f_{12}f_{13}f_{23}\mathrm{d}^3 r_{12}\mathrm{d}^3 r_{13}. \qquad (3.1.10)
\end{aligned}
$$

从这些例子中可看出, 集团积分定义式中体积因子 V 都被消去, 有

$$
\bar{b}_l(T) \equiv \lim_{V\to\infty} b_l(T,V)
$$

由集团积分的定义可证明下述定理:

$$
\frac{P}{kT} = \lim_{V\to\infty}\left(\frac{1}{V}\ln\Xi\right) = \frac{1}{\lambda^3}\sum_{l=1}^{\infty}\bar{b}_l z^l, \qquad (3.1.11)
$$

$$
\frac{N}{V} = \lim_{V\to\infty}\left(\frac{z}{V}\frac{\partial \ln\Xi}{\partial z}\right) = \frac{1}{\lambda^3}\sum_{l=1}^{\infty} l\cdot\bar{b}_l z^l, \qquad (3.1.12)
$$

这定理被称为梅逸第一定理或称梅逸集团展开式.

证明:

考虑有N个带有不同数字的粒子, 将其分成若干组, 令一组内有 l 个粒子的组数为 n_l, 分的过程必须满足条件$\sum\limits_{l=1}^{N} l\cdot n_l = N$.现在要问对 N 个粒子有多少种分法?

由于有相同粒子数的组与组之间的交换以及每一组内的粒子间的交换都不会产生新的分法, 当给定一组数 $\{n_l\}$ 时, 将会有

$$
\frac{N!}{\prod\limits_l (l!)^{n_l}\cdot n_l!}\text{种分法.} \qquad (3.1.13)
$$

当固定一种分法, 每一个有 l 个粒子的组都可以用一个 l 集团与其对应, 也就是可以用一个集团积分来表示; 而整个 N 个粒子则对应于一个由 $\sum\limits_l n_l$ 个集团组成的

N 个粒子的图形, 与这图形对应的因子积 $\left(\sum\prod\limits_{i<j} f_{ij}\right)$ 给出了展开式 (3.1.6) 中的一项. 然而, 对一个粒子数固定为 l 的组可以对应于不止一个集团, 由集团积分的定义可知:

所有可能 l 集团之和 $=b_l\cdot l!\cdot\lambda^{3(l-1)}V$, 考虑到粒子数为 l 的组有 n_l 个, 则所有可能 l 集团之和 $=[b_l\cdot l!\cdot\lambda^{3(l-1)}V]^{n_l}$. 当粒子数 l 取不同值时, 可以得到

$$\text{所有可能}l\text{集团之和}=\prod_l[b_l\cdot l!\cdot\lambda^{3(l-1)}V]^{n_l},\tag{3.1.14}$$

(3.1.14) 式给出的是当固定一种分法时, 计及各种可能的 N 点图所得到的因子积, 最后需考虑各种不同的分法, 总的因子积就是 (3.1.13) 式和 (3.1.14) 式的乘积:

$$\begin{aligned}&\frac{N!}{\prod\limits_l(l!)^{n_l}\cdot n_l!}\prod_l\left[b_l\cdot l!\cdot\lambda^{3(l-1)}\cdot V\right]^{n_l}\\&=N!\lambda^{3N}\prod_l\frac{1}{n_l!}\left(b_l\frac{V}{\lambda^3}\right)^{n_l}.\end{aligned}\tag{3.1.15}$$

将 (3.1.15) 式对各种分布数 $\{n_l\}$ 求和, 得到 N 个粒子体系的位形积分:

$$Q_N(V.T)=N!\lambda^{3N}\sum_{\{n_l\}}{}'\left[\prod_l\frac{1}{n_l!}\left(b_l\frac{V}{\lambda^3}\right)^{n_l}\right]\tag{3.1.16}$$

(3.1.16) 式对 $\{n_l\}$ 的求和必须满足条件:

$$\sum_l n_l\cdot l=N.$$

把 (3.1.16) 式代入巨配分函数的表达式, 注意到 $\sum\limits_{N=0}^{\infty}\sum\limits_{\{n_l\}}{}'$ 相当于 $\sum\limits_{n_1,n_2,\cdots=0}^{\infty}$, 可得

$$\begin{aligned}\Xi(z,T,V)&=\sum_{n_1,n_2,\cdots=0}^{\infty}\cdot\prod_{l=1}^{\infty}\left[\frac{1}{n_l!}\left(b_l\frac{V}{\lambda^3}\right)^{n_l}\right]\\&=\prod_{l=1}^{\infty}\left\{\sum_{n_l=0}^{\infty}\left[\frac{1}{n_l!}\left(b_lz^l\frac{V}{\lambda^3}\right)^{n_l}\right]\right\}\\&=\sum_{l=0}^{\infty}\left[\exp\left(\frac{V}{\lambda^3}b_lz^l\right)\right].\end{aligned}\tag{3.1.17}$$

所以,

$$\frac{1}{V}\ln\Xi=\frac{1}{\lambda^3}\sum_{l=1}^{\infty}b_lz^l,$$

即

$$\frac{P}{kT}=\lim_{V\to\infty}\left(\frac{1}{V}\ln\varXi\right)=\frac{1}{\lambda^3}\sum_{l=1}^{\infty}\mathfrak{b}_l(T)z^l.$$

完全同样的可得

$$\frac{N}{V}=\lim_{V\to\infty}\left(\frac{z}{V}\frac{\partial\ln\varXi}{\partial z}\right)=\frac{1}{\lambda^3}\sum_{l=1}^{\infty}l\mathfrak{b}_l(T)z^l.$$

于是定理得证.

3.2 非理想气体的位力展开

1. 位力展开

当我们将集团展开用于气体系统, 将会得到与实验符合得很好的结果, 但如果用来研究凝聚现象、临界点和液相等问题, 就会遇到严重的困难, 原因在于 (a) 涉及 (3.1.11) 式及 (3.1.12) 式中取极限的方法, (b) 对 l 求和的收敛性, 及 (c) 集团积分的体积依赖性. 因此我们只限于讨论有相互作用的非理想气体.

气体的状态方程可写成级数展开的形式:

$$\frac{Pv}{kT}=\sum_{l=1}^{\infty}a_l(T)\left(\frac{\lambda^3}{v}\right)^{l-1}, \tag{3.2.1}$$

其中 $v=V/N$ 称为每个粒子的容积. 方程 (3.2.1) 可由 (3.1.11) 式及 (3.1.12) 式消去 z 得到, 被称为系统的位力展开, 系数 $a_l(T)$ 称为位力系数. 为了确定系数 $a_l(T)$ 与集团积分 $\mathfrak{b}_l$ 之间的关系, 将 (3.1.11) 式及 (3.1.12) 式代入 (3.2.1) 式, 得

$$\frac{\sum\limits_{l=1}^{\infty}\mathfrak{b}_l z^l}{\sum\limits_{l=1}^{\infty}l\mathfrak{b}_l z^l}=\sum_{l=1}^{\infty}\left\{a_l(T)\left[\sum_{n=1}^{\infty}n\mathfrak{b}_n z^n\right]^{l-1}\right\}. \tag{3.2.2}$$

交叉相乘后, 令等式两边的 z 的同幂次项系数相等, 可得

$$a_1=\mathfrak{b}_1=1, \tag{3.2.3}$$

$$a_2=-\mathfrak{b}_2=-\frac{2\pi}{\lambda^3}\int_0^{\infty}(\mathrm{e}^{-u(r)/kT}-1)r^2\mathrm{d}r, \tag{3.2.4}$$

$$a_3=4\mathfrak{b}_2^2-2\mathfrak{b}_3=-\frac{1}{3\lambda^6}\int_0^{\infty}\int_0^{\infty}f_{12}f_{13}f_{23}\mathrm{d}^3r_{12}\mathrm{d}^3r_{13}, \tag{3.2.5}$$

$$a_4=-20\mathfrak{b}_2^3+18\mathfrak{b}_2\mathfrak{b}_3-3\mathfrak{b}_4=\cdots. \tag{3.2.6}$$

从 3.1 节的讨论可知, 每一个集团都可以用一个图形来表示, 为了计算位力系数, 引进不可约集团的概念.

不可约集团：在任一个表示粒子集团的图形中, 如果不能通过切断一条粒子间的连线而将图形分成两个互不相连的部分, 这样的集团称为不可约集团, 否则就是可约集团.

例如在图 3.1.2 中 (e),(f) 及 (g) 为可约集团, 而 (h) 为不可约集团. 从解析式的角度来看, 在作为被积函数的 f_{ij} 的乘积中, 如果不可能将这一乘积分成两部分, 两者之间只有一个相同标号的粒子, 这样的集团就是不可约集团.

由方程 (3.2.5) 可以看出, 第三位力系数只与 3 粒子集团有关, 一般情况下, 可以证明 l 级位力系数只与 l 粒子集团有关, 它们之间有普遍关系式：

$$a_l = -\frac{l-1}{l}\beta_{l-1} \quad (l \geqslant 2), \tag{3.2.7}$$

其中 β_{l-1} 称为不可约集团积分, 定义为

$$\beta_{l-1} = \frac{1}{(l-1)! \cdot \lambda^{3(l-1)} V} \times (\text{所有不可约 } l \text{ 集团之和}). \tag{3.2.8}$$

显然, β_{l-1} 与 b_l 一样, 也是量纲为一的量, 当 $V \to \infty$ 时, β_{l-1} 将趋于一个与容器尺寸和形状无关的有限值, 且 β_{l-1} 与 b_l 之间存在普遍的关系,

$$b_l = \frac{1}{l^2} \sum_{\{m_K\}}{}' \left[\prod_{K=1}^{l-1} \frac{(l\beta_K)^{m_K}}{m_K!} \right]. \tag{3.2.9}$$

这里带撇的求和遍及满足下述条件的所有的 $\{m_K\}$ 的集合：

$$\sum_{K=1}^{l-1} K m_K = l-1, \quad m_K = 0, 1, 2, \cdots. \tag{3.2.10}$$

方程 (3.2.9) 的逆关系为

$$\beta_{l-1} = \sum_{\{m_i\}}{}' \ (-1)^{\sum\limits_i m_i - 1} \left[\frac{\left(l - 2 + \sum\limits_i m_i\right)!}{(l-1)!} \right] \prod_i \frac{(ib_i)^{m_i}}{m_i!}. \tag{3.2.11}$$

带撇的求和遍及满足下述条件的所有的 $\{m_i\}$ 的集合：

$$\sum_{i=2}^{l} (i-1) \cdot m_i = l-1, \quad m = 0, 1, 2, \cdots$$

显然, 在 $\{m_i\}$ 集合中 i 的最高值为 l (相应的集合除了 m_l 等于 1 之外, 其余所有的 m_i 均等于 0), 因此对该集合 β_{l-1} 表达式中出现的 b_i 的最高阶就是 b_l, 于是再次看到位力系数 a_l 完全由量 $b_1, b_2, \cdots, b_l$ 所决定.

下面我们来证明 (3.2.7) 式及 (3.2.9) 式.

由 (3.1.11) 式及 (3.1.12) 式可以写出

$$\frac{P(z)}{kT}=\int_0^z\frac{1}{v(z)\cdot z}\mathrm{d}z. \tag{3.2.12}$$

从 (3.1.12) 式可知, 在 $z\to 0$ 的极限下,(3.2.12) 式的被积函数 $1/z\cdot v(z)$ 趋向于值 $1/\lambda^3$, 因而 $P(z)/kT$ 趋于值 z/λ^3, 这结果与 (3.1.11) 式完全一致. 也就是在 $z\to 0$ 的极限下, P/kT 趋于 $1/v$.

引进新的变量 x, 定义为

$$x=n\lambda^3=\lambda^3/v, \tag{3.2.13}$$

方程 (3.1.12) 用变量 x 来表示为

$$x(z)=\sum_{l=1}^{\infty}l\bar{b}_l z^l, \tag{3.2.14}$$

(3.2.14) 式的逆关系为

$$z(x)=x\mathrm{e}^{-\varphi(x)}. \tag{3.2.15}$$

由于当 $z\ll 1$ 时 z 和 x 实际上是相同的, 故当 $x\to 0$ 时, 函数 $\varphi(x)$ 趋向于零, $\varphi(x)$ 可以展开成 x 的级数:

$$\varphi(x)=\sum_{K=1}^{\infty}\beta_K x^K. \tag{3.2.16}$$

将 (3.2.13) 式、(3.2.15) 式及 (3.2.16) 式代入 (3.2.12) 式, 得

$$\begin{aligned}\frac{P(x)}{kT}&=\int_0^x\frac{x}{\lambda^3}\left[\frac{1}{x}-\varphi'(x)\right]\mathrm{d}x\\&=\frac{1}{\lambda^3}\left[x-\int_0^x\left(\sum_{K=1}^{\infty}K\beta_K x^K\right)\mathrm{d}x\right]\\&=\frac{x}{\lambda^3}\left[1-\sum_{K=1}^{\infty}\left(\frac{K}{K+1}\beta_K x^K\right)\right].\end{aligned} \tag{3.2.17}$$

将 (3.2.17) 式与 (3.2.13) 式合并, 得

$$\frac{Pv}{kT}=1-\sum_{K=1}^{\infty}\left(\frac{K}{K+1}\beta_K x^K\right). \tag{3.2.18}$$

比较 (3.2.18) 式与 (3.2.1) 式, 有

$$a_l=-\frac{l-1}{l}\beta_{l-1},\quad (l>1). \tag{3.2.19}$$

(3.2.19) 式就是我们要证明的 (3.2.7) 式.

为了导出 β 和 $\mathfrak{b}$ 之间的关系, 利用数学上的拉格朗日定理, 在现在的情况下, 定理给出方程

$$z(x) = x/f(x) \tag{3.2.20}$$

的解为

$$x(z) = \sum_{j=1}^{\partial} \frac{z^j}{j!}\left[\frac{\mathrm{d}^{j-1}}{\mathrm{d}\xi^{j-1}} f(\xi)^j\right]. \tag{3.2.21}$$

显然, 方括弧内的表示式是函数 $f(\xi)^j$ 在 $\xi=0$ 点附近泰勒展开式中 ξ^{j-1} 项的系数的 $(j-1)!$ 倍. 让 (3.2.20) 式中函数 $f(x)$ 为

$$\begin{aligned} f(x) = \exp[\varphi(x)] &= \exp\left(\sum_{K=1}^{\infty}\beta_K x^K\right) \\ &= \prod_{K=1}^{\infty} \mathrm{e}\beta_K x^K. \end{aligned} \tag{3.2.22}$$

得方程的解为

$$\begin{aligned} x(z) =& \sum_{j=1}^{\infty}\frac{z^j}{j!}(j-1)!\cdot\left\{\prod_{K=1}^{\infty}\mathrm{e}^{j\beta_K\xi^K}\text{在}\xi=0\text{点附近泰勒展开式中}\right. \\ & \left.\xi^{j-1}\text{项的系数}\right\}. \end{aligned} \tag{3.2.23}$$

将 (3.2.23) 式与 (3.2.14) 式比较, 求得

$$\begin{aligned} \mathfrak{b}_l &= \frac{1}{j^2}\cdot\left\{\text{在}\prod_{K=1}^{\infty}\left[\sum_{m_K\geqslant 0}\frac{(j\beta_K)^{m_K}}{m_K!}\xi^{Km_K}\right]\text{中}\xi^{j-1}\text{的系数}\right\} \\ &= \frac{1}{j^2}\sum_{\{m_K\}}{}'\prod_{K=1}^{j-1}\frac{(j\beta_K)^{m_K}}{m_K!}. \end{aligned} \tag{3.2.24}$$

带撇的求和是满足下述条件的所有 $\{m_K\}$ 的集合.

$$\sum_{K=1}^{j-1} Km_K - j - 1,\quad m_K = 0, 1, 2, \cdots.$$

(3.2.24) 式就是我们要证明的 (3.2.9) 式.

2. 位力系数的计算

为了得到状态方程位力展开式的具体形式, 就需要计算位力系数, 第一位力系数为 $a_1 = b_1 = 1$, 所以首先要计算的是二级位力系数.

由方程 (3.2.4) 可知, 要计算二级位力系数就需知道粒子间的相互作用势. 正如我们所知道的, 两粒子间的相互作用势, 当粒子间距离很近时, 排斥势是主要的, 而当距离较远时, 吸引势是主要的. 对密度不很高的气体而言, 排斥势的精确形式并不很重要; 而吸引势的精确形式则更为重要. 作为一个粗略近似, 采用刚心排斥势, 而吸引势部分则采用六次幂形式, 也就是将粒子的两体相互作用表示成

$$u(r)=\begin{cases}\infty, & r<r_0;\\ -u_0\left(\dfrac{r_0}{r}\right)^6, & r\geqslant r_0.\end{cases} \tag{3.2.25}$$

由 (3.2.25) 式, 二级位力系数表示成

$$a_2=\frac{2\pi}{\lambda^3}\left\{\int_0^{r_0}r^2\mathrm{d}r+\int_{r_0}^{\infty}\left[1-\mathrm{e}^{\frac{u_0}{kT}(\frac{r_0}{r})^6}\right]r^2\mathrm{d}r\right\}. \tag{3.2.26}$$

(3.2.26) 式第一项积分是简单的; 对第二项积分, 假设粒子相互作用势比热能小得多, 即

$$(u_0/kT)\ll 1,$$

第二项的被积函数可简化成

$$1-\mathrm{e}^{\frac{u_0}{kT}(\frac{r_0}{r})^6}\approx-\frac{u_0}{kT}\left(\frac{r_0}{r}\right)^6,$$

因此积分很容易被计算, 结果为

$$a_2=\frac{2\pi r_0^3}{3\lambda^3}\left(1-\frac{u_0}{kT}\right). \tag{3.2.27}$$

将这结果代入 (3.2.1) 式, 得到状态方程的一级修正:

$$\begin{aligned}P&\approx\frac{kT}{v}\left[1+\frac{2\pi r_0^3}{3v}\left(1-\frac{u_0}{kT}\right)\right]\\&=\frac{kT}{v}\left[1+\frac{B_2(T)}{v}\right],\end{aligned} \tag{3.2.28}$$

其中 $B_2(T)$ 有时也被称为第二位力系数, 由 (3.2.29) 式表示:

$$B_2(T)\equiv a_2\lambda^3=\frac{2\pi r_0^3}{3}\left(1-\frac{u_0}{kT}\right). \tag{3.2.29}$$

方程 (3.2.28) 中的第二位力系数是在相互作用势的粗略近似下得到的, 这结果精确地与实际气体的范德瓦耳斯近似相符. 事实上如果气体是稀薄的, 有 $\dfrac{2\pi r_0^3}{3v}\ll 1$,(3.2.28) 式可改写成

$$P+\frac{2\pi r_0^3v_0}{3v^2}\approx\frac{kT}{v}\left(1-\frac{2\pi r_0^3}{3v}\right)^{-1}.$$

上式很容易写成范德瓦耳斯物态方程的形式：

$$\left(P+\frac{a}{v^2}\right)(v-b)\approx kT,$$

其中，

$$a=\frac{2\pi r_0^3u_0}{3};\quad b=\frac{2\pi r_0^3}{3}=4v_0.$$

可以看出，在范德瓦耳斯物态方程中的参数 b 是实际的分子体积 v_0 的 4 倍，而 v_0 是直径为 r_0 的球体的体积.

以上所得到的系数 a,b 与 T 无关，这结果与实验结果不一致，其原因自然是由于所选择的相互作用势过于简化，如果改进相互作用势的形式，取 Lennard-Jones 势：

$$u(r)=\left[\left(\frac{r_0}{r}\right)^{12}-2\left(\frac{r_0}{r}\right)^{6}\right]\cdot 4\varepsilon$$

可以得到定量上与实验相符的结果，此时 B_2 为

$$B'_2(T)=2\pi\int_0^\infty(1-\mathrm{e}^{-u(r')/kT})r'^2dr',$$

其中 $r'=r/r_0;B'_2=B_2/r_0^3$.

对 $l>2$ 时的高级位力系数，也可以类似的计算，主要的问题是积分的问题.

3.3　量子集团展开

对量子力学系统，由于量子效应的存在，必须对经典集团展开理论作适当的修改. 考虑体积为 V 的盒子中有 N 个全同粒子，系统的哈密顿量为

$$\hat{H}_N=-\frac{\hbar^2}{2m}\sum_{i=1}^N\nabla_i^2+\sum_{i<j}u(r_{ij}).\tag{3.3.1}$$

系统的配分函数为

$$\begin{aligned}Z_N(V,T)&=\mathrm{Tr}(\mathrm{e}^{-\beta\hat{H}_N})=\sum_\alpha\mathrm{e}^{-\beta E_\alpha}\\&=\sum_\alpha\int_V\psi_\alpha^*(1,2,\cdots,N)\mathrm{e}^{-\beta\hat{H}_N}\psi_\alpha(1,2,\cdots,N)\mathrm{d}^{3N}r.\end{aligned}\tag{3.3.2}$$

其中波函数 ψ_α 构成正交归一的完备系，数字 $1,2,\cdots,N$ 表示位置坐标 $\boldsymbol{r}_1,\cdots,\boldsymbol{r}_N$，

引进算符 $\hat{W}_N$, 其矩阵元为

$$\begin{aligned}&\langle 1',\cdots,N'|\hat{W}_N|1,\cdots,N\rangle\\&\quad\equiv N!\lambda^{3N}\sum_{\alpha}\left\{\psi_{\alpha}^{*}(1',\cdots,N')\mathrm{e}^{-\beta\hat{H}_N}\psi_{\alpha}(1,\cdots,N)\right\}\\&\quad=N!\lambda^{3N}\sum_{\alpha}\left\{\psi_{\alpha}^{*}(1',\cdots,N')\psi_{\alpha}(1,\cdots,N)\mathrm{e}^{-\beta E_{\alpha}}\right\}.\end{aligned}\tag{3.3.3}$$

用 $W_N(1,\cdots,N)$ 表示 $\hat{W}_N$ 的对角元素, 有

$$W_N(1,\cdots,N)=N!\lambda^{3N}\sum_{\alpha}\left\{\psi_{\alpha}^{*}(1,\cdots,N)\psi_{\alpha}(1,\cdots,N)\mathrm{e}^{-\beta E_{\alpha}}\right\}.$$

配分函数可以表示成

$$\begin{aligned}Z_N(V,T)&=\frac{1}{N!\lambda^{3N}}\int_V W_N(1,\cdots,N)\mathrm{d}^{3N}r\\&=\frac{1}{N!\lambda^{3N}}\mathrm{Tr}(\hat{W}_N).\end{aligned}\tag{3.3.4}$$

与 (3.1.3) 式相比可以看出, $\mathrm{Tr}(\hat{W}_N)$ 是与经典集团展开中位形积分对应的量. 而量 $W_N(1,\cdots,N)\mathrm{d}^{3N}r$ 表示系统的“位形”处在间隔

$$\{(\boldsymbol{r}_1,\cdots,\boldsymbol{r}_N),(\boldsymbol{r}_1+\mathrm{d}\boldsymbol{r}_1,\cdots,\boldsymbol{r}_N+\mathrm{d}\boldsymbol{r}_N)\}$$

内的概率, 故 $\hat{W}_N$ 被称为概率密度算符.

先介绍矩阵元 $W_N(1,\cdots,N)$ 的一些性质:

$$\begin{aligned}&(1)\ \langle 1'|\hat{W}_1|1\rangle\\&\quad=\lambda^3\sum_{p}\left[\frac{1}{\sqrt{V}}\exp(-\mathrm{i}\boldsymbol{p}\cdot\boldsymbol{r'}_1/\hbar)\frac{1}{\sqrt{V}}\exp(\mathrm{i}\boldsymbol{p}\cdot\boldsymbol{r}_1/\hbar)\right]\exp(-\beta p^2/2m)\\&\quad=\frac{\lambda^3}{V}\int\int_{-\infty}^{\infty}\int\frac{V}{h^3}\mathrm{d}^3p\exp[\mathrm{i}\boldsymbol{p}\cdot(\boldsymbol{r}_1-\boldsymbol{r'}_1)/\hbar-\beta p^2/2m]\\&\quad=\exp(-\pi(\boldsymbol{r}_1-\boldsymbol{r'}_1)^2/\lambda^2).\end{aligned}\tag{3.3.5}$$

由单粒子密度矩阵的表示式可知, 这量正是表示了空间位置 $\boldsymbol{r}$ 与 $\boldsymbol{r}'$ 之间的相关, 这种相关是来源于波函数的对称性. 当 $T\to\infty$ 时, $\lambda\to 0$, 则对所有 $|\boldsymbol{r}_1-\boldsymbol{r}_1'|$ 的有限值, 矩阵元 (3.3.5) 式趋于零.

(2) $\langle 1|\hat{W}_1|1\rangle=1$.

(3) 不论波函数 ψ 的对称性如何, $W_N(1,\cdots,N)$ 对自变量的置换总是对称的.

(4) 在 $\{\psi_\alpha\}$ 集合的幺正交换下, 矩阵元 $W_N(1,\cdots,N)$ 是不变量.

(5) 设坐标 $\boldsymbol{r}_1,\cdots,\boldsymbol{r}_N$ 的取值可分为 A 和 B 两组, 且分别属于 A 组和 B 组的任意两个坐标 $\boldsymbol{r}_i$ 及 $\boldsymbol{r}_j$ 满足条件

$$|\boldsymbol{r}_i-\boldsymbol{r}_j|\gg\lambda;\qquad |\boldsymbol{r}_i-\boldsymbol{r}_j|\gg\tilde{r},$$

其中 λ 为平均热波长, $\tilde{r}$ 为两体势的有效范围. 则

$$W_N(1,\cdots,N)\approx W_A(\boldsymbol{r}_A)\cdot W_B(\boldsymbol{r}_B), \tag{3.3.6}$$

$\boldsymbol{r}_A$ 与 $\boldsymbol{r}_B$ 分别表示 A 组及 B 组内全体坐标.

对这一性质, 直观上是容易理解的. 由于 $\boldsymbol{r}$ 及 $\boldsymbol{r}_j$ 所满足的两个条件, 故 A 组粒子与 B 组粒子之间几乎是不相关的, 两组的行为像两组独立的客体, 因此组合位形的概率密度 W_N 可用概率密度 W_A 及 W_B 的乘积来表示. 对这一性质不作数学上的严格证明.

考虑 $N=2$ 的情况, 当 $|\boldsymbol{r}_1-\boldsymbol{r}_2|\to\infty$ 时, 由性质 (5) 可以预期:

$$W_2(1,2)\to W_1(1)W_1(2)=1,$$

但在一般情况下, $W_2(1,2)$ 并不等于 $W_1(1)\cdot W_1(2)$. 可以定义函数 $U_2(1,2)$:

$$W_2(1,2)=W_1(1)W_1(2)+U_2(1,2), \tag{3.3.7}$$

显然,

$$U_2(1,2)\xrightarrow{r_{12}\to\infty}0.$$

与经典集团展开相比较可以看出, 函数 $U_2(1,2)$ 与梅逸函数 f_{ij} 相当, 据此可以定义集团函数 U_i 的数列:

$$\langle 1'|\hat{W}_1|1\rangle=\langle 1'|\hat{U}_1|1\rangle, \tag{3.3.8}$$

$$\langle 1',2'|\hat{W}_2|1,2\rangle=\langle 1'|\hat{U}_1|1\rangle\langle 2'|\hat{U}_1|2\rangle+\langle 1',2'|\hat{U}_2|1,2\rangle, \tag{3.3.9}$$

$$\begin{aligned}\langle 1',2',3'|\hat{W}_3|1,2,3\rangle=&\langle 1'|\hat{U}_1|1\rangle\langle 2'|\hat{U}_1|2\rangle\langle 3'|\hat{U}_1|3\rangle\\&+\langle 1'|\hat{U}_1|1\rangle\langle 2',3'|\hat{U}_2|2,3\rangle+\langle 2'|\hat{U}_1|2\rangle\langle 1',3'|\hat{U}_2|1,3\rangle\\&+\langle 3'|\hat{U}_1|3\rangle\langle 1',2'|\hat{U}_2|1,2\rangle+\langle 1',2',3'|\hat{U}_3|1,2,3\rangle.\\&+\cdots\end{aligned} \tag{3.3.10}$$

依此类推, 在方程链中最后一个方程的对角项为

$$\begin{aligned}&W_N(1,\cdots,N)\\&=\sum_{\{m_l\}}{}'\left\{\sum_P\Big[\underbrace{U_1(\quad)\cdots U_1(\quad)}_{m_1\text{个因子}}\Big]\Big[\underbrace{U_2(\quad)\cdots U_2(\quad)}_{m_2\text{个因子}}\Big]\cdots\right\},\end{aligned} \tag{3.3.11}$$

这里带撇的求和表示对满足下述条件的所有 $\{m_l\}$ 集合进行：

$$\sum_{l=1}^{N} l \cdot m_l = N, \quad m_l = 0, 1, 2, \cdots.$$

在方程 (3.3.11) 等号右边有 N 个空括弧, 需填入 N 个粒子的坐标, $\sum\limits_{P}$ 表示对所填充坐标的各种可能交换方式求和, 需注意的是同一方括弧内的坐标交换并不产生新的项.

由 W 的方程链可解出 $U_1, U_2, \cdots$：

$$\langle 1'|\hat{U}_1|1\rangle = \langle 1'|\hat{W}_1|1\rangle; \tag{3.3.12}$$

$$\langle 1', 2'|\hat{U}_2|1, 2\rangle = \langle 1'2'|\hat{W}_2|1, 2\rangle - \langle 1'|\hat{W}_1|1\rangle\langle 2', |\hat{W}_1|2\rangle, \tag{3.3.13}$$

$$\begin{aligned}\langle 1', 2', 3'|\hat{U}_3|1, 2, 3\rangle =& \langle 1', 2', 3'|\hat{W}_3|1, 2, 3\rangle - \langle 1'|\hat{W}_1|1\rangle\langle 2', 3'|\hat{W}_2|2, 3\rangle \\ & - \langle 2'|\hat{W}_1|2\rangle\langle 1', 3'|\hat{W}_2|1, 3\rangle - \langle 3'|\hat{W}_1|3\rangle\langle 1', 2'|\hat{W}_2|1, 2\rangle \\ & + 2\langle 1'|\hat{W}_1|1\rangle\langle 2'|\hat{W}_1|2\rangle\langle 3'|\hat{W}_1|3\rangle; \\ & \cdots\cdots.\end{aligned} \tag{3.3.14}$$

可以写出一般项的系数为

$$(-1)^{\sum\limits_{l} m_l - 1}\left(\sum_{l} m_l - 1\right)!, \tag{3.3.15}$$

其中 $\sum\limits_{l} m_l$ 实际上就是相应的项中 $\hat{W}$ 算符出现的个数. 可以看出, 方程链中每一个方程的等号右边的系数之和为 0, 且其对角元 $U_l(1, \cdots, l)$ 相对于自变量的置换是对称的, 由 $W_1, \cdots, W_l$ 的序列所决定. 由 $\hat{W}$ 的性质不难推断, 当 U_l 中任意两个自变量 $\boldsymbol{r}_i, \boldsymbol{r}_j$ 满足 $|\boldsymbol{r}_i - \boldsymbol{r}_j| \gg \lambda, \tilde{r}$ 时有

$$U_l(1, 2, \cdots, l) \approx 0. \tag{3.3.16}$$

与经典集团展开对比可看出, U_l 与梅逸理论中的 l 集团相对应.

仿 (3.1.7) 式, 可以定义集团积分：

$$b_l(V, T) = \frac{1}{l!\lambda^{3(l-1)}V}\int U_l(1, \cdots, l)\mathrm{d}^{3l}r, \tag{3.3.17}$$

$b_l(V, T)$ 是量纲为一的量, 由 (3.3.16) 可知只要 V 较大, $b_l(V, T)$ 与 V 无关, 因此在 $V \to \infty$ 的极限下, $b_l(V, T)$ 趋于一个与 V 无关的极限值, 用 $\bar{b}_l(T)$ 表示. 可将系统

的配分函数表示成

$$
\begin{aligned}
Z_N(T,V) =& \frac{1}{N!\lambda^{3N}} \int \mathrm{d}^{3N}r \left\{ \sum_{\{m_l\}}{}' \sum_P \Big[U_1\cdots U_1\Big]\Big[U_2\cdots U_2\Big]\cdots \right\} \\
=& \frac{1}{N!\lambda^{3N}} \sum_{\{m_l\}}{}' \frac{N!}{(1!)^{m_1}(2!)^{m_2}\cdots m_1!m_2!\cdots} \\
& \times \int \mathrm{d}^{3N}r \left\{ \Big[U_1\cdots U_1\Big]\Big[U_2\cdots U_2\Big]\cdots \right\}.
\end{aligned} \tag{3.3.18}
$$

(3.3.18) 式最后一步是由于在 $\sum\limits_P$ 中每一项对 $\mathrm{d}^{3N}r$ 的积分都得到相同结果, 故用求和中任意一项乘上项数来表示, 这系数则来自于 $\{m_l\}$ 集合所允许的各种排列数的总和. 由 b_l 的定义可得

$$
\begin{aligned}
Z_N(V,T) &= \frac{1}{\lambda^{3N}} \sum_{\{m_l\}}{}' \left\{ \prod_{l=1}^{N} \left[(b_l \lambda^{3(l-1)} V)^{m_l} / m_l! \right] \right\} \\
&= \sum_{\{m_l\}}{}' \left[\prod_{l=1}^{N} \frac{1}{m_l!} \left(\frac{b_l V}{\lambda^3} \right)^{m_l} \right].
\end{aligned} \tag{3.3.19}
$$

(3.3.19) 式利用了关系:

$$
\prod_l (\lambda^{3l})^{m_l} = (\lambda^3)^{\sum\limits_l m_l \cdot l} = \lambda^{3N}.
$$

(3.3.19) 式与经典集团展开式在形式上是相同的, 很自然我们可以得到

$$
\frac{P}{kT} = \frac{1}{\lambda^3} \sum_{l=1}^{\infty} \mathfrak{b}_l z^l,
$$

$$
\frac{1}{V} = \frac{1}{\lambda^3} \sum_{l=1}^{\infty} l \cdot \mathfrak{b}_l z^l.
$$

量子集团展开尽管在形式上与经典的相同, 但对 $\mathfrak{b}_l$ 的计算却存在着很大差别. 在经典统计中, $\mathfrak{b}_l$ 的计算只涉及一些积分, 在量子统计的情况下, 作相应的计算则必须知道 U_l 函数, 而要计算 U_l 就需要计算 $n \leqslant l$ 的所有 W_n, 也就是解 n 体的薛定谔方程. 对 $l=2$ 的情况可以简单地处理, 但当 $l>2$ 时, 数学处理是很困难的,20 世纪 50 年代末李政道及杨振宁提出了两体碰撞方法, 较好地解决了这一问题.

顺便指出, 量子集团展开与经典集团展开的另一个重要差别是量子效应的存在. 在经典情形中, 如果粒子间没有相互作用的话, 凡是 $l \geqslant 2$ 的所有 b_l 都恒等于零; 但在量子系统中情况则不同, 对量子集团展开, 相应的集团积分为

$$
\mathfrak{b}_l^{(0)} = (\pm 1)^{l-1} l^{-5/2}
$$

这一差别正是由波函数对称性引起的, 是体系量子效应的体现.

3.4 量子系统的第二位力系数

由量子集团展开与经典集团展开之间的相似性可知, 经典非理想气体的位力展开同样适用于量子的情况, 因而第二位力系数的计算, 实际上也就是要计算集团积分 $\mathfrak{b}_2$. 对量子体系要计算 $\mathfrak{b}_2$ 必须知道函数 $W(1,2)$ 的知识, 也就是要知道系统中的两体相互作用的性质. 系统的哈密顿量是

$$\hat{H} = -\frac{\hbar^2}{2m}(\nabla_1^2 + \nabla_2^2) + u(|\boldsymbol{r}_1 - \boldsymbol{r}_2|). \tag{3.4.1}$$

令系统归一化的波函数是 $\psi_\alpha(1,2)$, 相应的本征值是 E_α:

$$\hat{H}\psi_\alpha(1,2) = E_\alpha\psi_\alpha(1,2). \tag{3.4.2}$$

这是一个典型的两体相互作用的薛定谔方程, 采用质心坐标系将会使讨论更为简洁, 定义质心坐标系为

$$\boldsymbol{R} = \frac{1}{2}(\boldsymbol{r}_1 + \boldsymbol{r}_2); \quad \boldsymbol{r} = \boldsymbol{r}_2 - \boldsymbol{r}_1.$$

由量子力学可知:

$$\psi_\alpha(1,2) = \frac{1}{\sqrt{V}}\mathrm{e}^{\mathrm{i}\boldsymbol{p}\cdot\boldsymbol{R}}\psi_n(\boldsymbol{r}), \tag{3.4.3}$$

$$E_\alpha = \frac{p^2}{4m} + \varepsilon_n. \tag{3.4.4}$$

其中 α 表示量子数 $(\boldsymbol{p}, n)$ 的集合, 质心运动为自由运动, $\psi_n(\boldsymbol{r})$ 为相对运动波函数, ε_n 为相对运动的能量, 满足本征值方程:

$$\left[-\frac{\hbar^2}{2m/2}\nabla_r^2 + u(r)\right]\psi_n(r) = \varepsilon_n\psi_n(r), \tag{3.4.5}$$

(3.4.5) 式中 $m/2$ 是粒子的折合质量,$\psi'_n(r)$ 满足归一化条件

$$\int \left|\psi_n(r)\right|^2 \mathrm{d}^3 r = 1.$$

由 (3.3.3) 式可知双粒子的 W 矩阵为

$$\begin{aligned} W_2(1,2) &= 2\lambda^6 \sum_\alpha |\psi_\alpha(1,2)|^2 \mathrm{e}^{-\beta E_\alpha} \\ &= \frac{2\lambda^6}{V}\sum_{\boldsymbol{p}}\sum_{\boldsymbol{n}} |\psi_n(r)|^2 \mathrm{e}^{-\beta p^2/4m}\mathrm{e}^{-\beta\varepsilon_n}. \end{aligned} \tag{3.4.6}$$

当体积 $V \to \infty$ 时, 对$\boldsymbol{p}$的求和可用积分来表示:

$$\frac{1}{V}\sum_{\boldsymbol{p}} \mathrm{e}^{-\beta p^2/4m} = \frac{4\pi}{h^3}\int_0^\infty \mathrm{e}^{-\beta p^2/4m} p^2 \mathrm{d}p = \frac{2\sqrt{2}}{\lambda^3},$$

(3.4.6) 式成为

$$W_2(1,2) = 4\sqrt{2}\lambda^3 \sum_n |\psi_n(r)|^2 \mathrm{e}^{-\beta\varepsilon_n}. \tag{3.4.7}$$

与上述计算过程相类似, 对没有相互作用系统用上标 (0) 表示, 可得

$$W_2^{(0)}(1,2) = 4\sqrt{2}\lambda^3 \sum_n |\psi_n^{(0)}(r)|^2 \mathrm{e}^{-\beta\varepsilon_n^{(0)}}. \tag{3.4.8}$$

由集团积分的定义 (3.3.17), 有

$$\begin{aligned} \bar{b}_2 &= \frac{1}{2\lambda^3 V}\int \mathrm{d}^3 r_1 \mathrm{d}^3 r_2 U_2(1,2) \\ &= \frac{1}{2\lambda^3 V}\int \mathrm{d}^3 R \mathrm{d}^3 r [W_2(1,2) - 1], \end{aligned} \tag{3.4.9}$$

所以可有

$$\begin{aligned} \bar{b}_2 - \bar{b}_2^{(0)} &= \frac{1}{2\lambda^3 V}\int \mathrm{d}^3 R \mathrm{d}^3 r [W_2(1,2) - W_2^{(0)}(1,2)] \\ &= 2\sqrt{2}\int \mathrm{d}^3 r \sum_n \left[|\psi_n(r)|^2 \mathrm{e}^{-\beta\varepsilon_n} - |\psi_n^{(0)}(r)|^2 \mathrm{e}^{-\beta\varepsilon_n^{(0)}}\right] \\ &= 2\sqrt{2}\sum_n \left[\mathrm{e}^{-\beta\varepsilon_n} - \mathrm{e}^{-\beta\varepsilon_n^{(0)}}\right]. \end{aligned} \tag{3.4.10}$$

下一步需考察两个系统的能谱. 对没有相互作用系统, 能谱是准连续的, 为

$$\varepsilon_n^{(0)} = \frac{\hbar^2 k^2}{m}, \tag{3.4.11}$$

其中 k 为相对运动的波数. 而对有相互作用系统, 可能存在两体束缚态, 因而其能谱可以有一个分立谱 ε_B 及一个准连续谱 $\varepsilon_n, \varepsilon_n$ 被定义为

$$\varepsilon_n = \frac{\hbar^2 k^2}{m}. \tag{3.4.12}$$

用 $g(k)\mathrm{d}k$ 表示波数处于 k 与 $k + \mathrm{d}k$ 之间的状态数, 也就是连续谱的态密度, 而 $g^{(0)}k\mathrm{d}k$ 表示没有相互作用系统的相应的量, 则 (3.4.10) 式可写成

$$\bar{b}_2 - \bar{b}_2^{(0)} = 2\sqrt{2}\sum_B \mathrm{e}^{-\beta\varepsilon_B} + 2\sqrt{2}\int_0^\infty \mathrm{d}k[g(k) - g^{(0)}(k)]\mathrm{e}^{-\beta\hbar^2 k^2/m}. \tag{3.4.13}$$

(3.4.13) 式第一项求和是对两体相互作用的所有束缚态进行.

为了导出态密度 $g(k)$, 考虑到两体相互作用势是中心势, 相对运动波函数 $\psi_h(r)$ 可写成径向函数 $R(r)$ 和球谐函数 $Y(\theta,\phi)$ 的乘积：

$$\psi_{klm}(r)=A_{klm}\frac{R_{kl}(r)}{r}Y_{lm}(\theta,\phi). \tag{3.4.14}$$

由波函数对称性的要求, 对玻色子 $\psi(-r)=+\psi(r)$, 对费米子 $\psi(-r)=-\psi(r)$, 因而对量子数 l 的取值给出了一个限制条件：对玻色子 l 为偶数, 对费米子 l 为奇数. 选波函数的边界条件为

$$R_{kl}(R_0)=0,$$

R_0 为一个很大的数, 最终让 R_0 趋于无穷.

$R_{kl}(r)$ 的渐近式为

$$R_{k_l}(r)\xrightarrow[r\to\infty]{}\sin\left[kr-\frac{l\pi}{2}+\eta_l(k)\right].$$

$\eta_l(k)$ 表示由相互作用势引起的波数为 k 的 l 分波的散射相移. 由波函数的边界条件决定 k 的取值为

$$kR_0-\frac{l\pi}{2}+\eta_l(k)=n\pi,\quad n=0,1,2,\cdots. \tag{3.4.15}$$

显然 k 的值与 l,n 有关, 而与磁量子数 m 无关, 也就是对给定的 l 值,k 为 $(2l+1)$ 重简并的 (因为 m 的取值为 $-l,\cdots,+l$).

为了计算 $g(k)$, 注意到相邻态 n 和 $n+1$ 之间的波数差 Δk 由 (3.4.16) 式决定:

$$\left[R_0+\frac{d\eta_l(k)}{dk}\right]\Delta k=\pi. \tag{3.4.16}$$

当给定 l 值时, 有

$$g_l(k)=\frac{2l+1}{\Delta k}=\frac{2l+1}{\pi}\left[R_0+\frac{\partial\eta_l(k)}{\partial k}\right]. \tag{3.4.17}$$

在 k 值附近所有分波的总态密度为

$$g(k)=\sum_l{}'g_l(k)=\frac{1}{\pi}\sum_l{}'(2l+1)\left[R_0+\frac{\partial\eta_l(k)}{\partial k}\right], \tag{3.4.18}$$

其中带撇的求和表示对玻色子为 $l=0,2,4,\cdots$, 对费米子为 $l=1,3,5,\cdots$.

对没有相互作用的系统, 因 $\eta_l(k)=0$, 于是可得

$$g^{(0)}(k)=\frac{R_0}{\pi}\sum_l{}'(2l+1) \tag{3.4.19}$$

合并 (3.4.18) 式与 (3.4.19) 式, 得

$$g(k)-g^{(0)}(k)=\frac{1}{\pi}\sum_{l}{}'(2l+1)\frac{\partial\eta_l(k)}{\partial k}. \tag{3.4.20}$$

将 (3.4.20) 式代入 (3.4.13) 式, 得到

$$\begin{aligned}\mathfrak{b}_2-\mathfrak{b}_2^{(0)}=&2\sqrt{2}\sum_{B}\mathrm{e}^{-\beta\varepsilon_B}+\frac{2\sqrt{2}}{\pi}\sum_{l}{}'(2l+1)\\&\times\int_0^{\infty}\mathrm{e}^{-\beta\hbar^2k^2/m}\frac{\partial\eta_l(k)}{\partial k}\mathrm{d}k\\=&2\sqrt{2}\sum_{B}\mathrm{e}^{-\beta\varepsilon_B}\\&+\frac{2\sqrt{2}\lambda^2}{\pi^2}\sum_{l}{}'(2l+1)\int_0^{\infty}k\mathrm{e}^{-\beta\hbar^2k^2/m}\eta_l(k)\mathrm{d}k.\end{aligned} \tag{3.4.21}$$

原则上给出了相互作用势的具体形式, 就可得到 $\eta(k)$, 并由 (3.4.21) 式可算出 $\mathfrak{b}_2-\mathfrak{b}_2^{(0)}$, 而 $\mathfrak{b}_2^{(0)}$ 是容易计算的, 由此亦不难看出, 我们在 (3.4.9) 式为什么不直接计算 $\mathfrak{b}_2$, 而计算 $\mathfrak{b}_2-\mathfrak{b}_2^{(0)}$. 回忆我们在第 2 章讨论过的理想玻色气体及理想费米气体的位力展开式 (见第 2 章 (2.3.21) 式及 (2.6.17) 式), 有

$$\mathfrak{b}_2^{(0)}=\pm1/2^{5/2}, \tag{3.4.22}$$

其中 + 号对玻色子, − 号对费米子.

作为例子我们计算刚球气体的第二位力系数. 刚球气体的两体相互作用势为

$$u(r)=\begin{cases}\infty, & r<r_0;\\ 0, & r\geqslant r_0.\end{cases}$$

考虑到:

(1) 刚球势不可能形成束缚态, 故 (3.4.21) 式等号右边第一项为零.

(2) 相对运动的径向波函数 $R(r)$ 在 $r=r_0$ 处必为零, 由量子力学可求得散射相移为

$$\eta_l(k)=\arctan\left[\frac{j_l(kr_0)}{n_l(kr_0)}\right], \tag{3.4.23}$$

其中 $j_l(kr_0)$ 表示球贝塞尔函数, $n_l(kr_0)$ 表示诺依曼函数, 有

$$\begin{aligned}j_0(x)=&\frac{\sin x}{x},\\j_1(x)=&\frac{\sin x-x\cos x}{x^2},\\j_2(x)=&\frac{(3-x^2)\sin x-3x\cos x}{x^3}.\end{aligned}$$

及

$$n_0(x) = -\frac{\cos x}{x},$$
$$n_1(x) = -\frac{\cos x + x\sin x}{x^2},$$
$$n_2(x) = -\frac{(3-x^2)\cos x + 3x\sin x}{x^3}.$$
$$\cdots$$

直接计算得到

$$\left.\begin{aligned} \eta_0(k) &= -kr_0, \\ \eta_1(k) &= -\frac{(kr_0)^3}{3} + \frac{(kr_0)^5}{5} - \cdots, \\ \eta_2(k) &= -\frac{(kr_0)^5}{45} + \cdots. \end{aligned}\right\} \tag{3.4.24}$$

将 (3.4.24) 式代入 (3.4.21) 式, 对玻色子考虑到 $l = 0, 2$ 项, 对费米子考虑到 $l = 1$ 项 (计算到 (r_0/λ) 的五次方) 得

$$\mathfrak{b}_2 - \mathfrak{b}_2^{(0)} = \begin{cases} -2\left(\dfrac{r_0}{\lambda}\right) - \dfrac{10\pi^2}{3}\left(\dfrac{r_0}{\lambda}\right)^5 - \cdots, (\text{玻色子}); & (3.4.25) \\ -6\pi\left(\dfrac{r_0}{\lambda}\right)^3 + 18\pi^2\left(\dfrac{r_0}{\lambda}\right)^5 - \cdots, (\text{费米子}). & (3.4.26) \end{cases}$$

3.5 两体碰撞方法

李–杨的两体碰撞方法解决了量子集团展开中 U_l 函数的计算问题, 也就是避开了当 $l \geqslant 3$ 时要计算 U_l 函数就必须求解 l 体薛定谔方程这样一个数学难题, 将任何 U_l 的计算归结为求解给定相互作用势下的两体问题.

正如我们曾多次见到的, 对量子力学系统即使粒子间没有相互作用, 两粒子间也会存在关联, 这种被称为统计相关性的关联, 来源于波函数的对称性. 李–杨方法的基本思想是将统计效应和相互作用效应分开来考虑, 先解决问题的统计方面, 再解决它的动力学方面, 整个过程用两个不同步骤来完成. 对应于所讨论的物理体系, 引进一个假想的系统, 这系统服从玻尔兹曼统计, 也就是波函数是未对称化的, 其他性质与所要讨论的物理体系完全相同. 用 U_l 表示假想系统的集团函数, 用 $U_l^{S/A}$ 表示实际系统 (满足玻色或费米统计) 的集团函数; 李–杨方法的第一步就是用 U_l 来表示 U_l^S 或 U_l^A, 在所求得的展开式中, 必须考虑波函数的对称性. 第二步是将 U_l 表示成一个双核函数的幂级数展开式, 而双核函数可以通过求解在实际体系的相互作用势 u_{ij} 下的两体问题得到, 这样就避免了数学上的严重困难.

假想系统应该与实际系统有相同的哈密顿量：

$$\hat{H}_N = -\frac{\hbar}{2m}\sum_{i=1}^{N}\nabla_i^2 + \sum_{i<j}u(r_{ij}). \tag{3.5.1}$$

由于假想系统的粒子是可分辨的，必须用非对称的波函数来描述，因而对前面所给出来的一系列定义必须作适当修正，对配分函数：

$$\begin{aligned} Z_N(V,T) &= \frac{1}{N!}\sum_i \mathrm{e}^{-\beta E_i} \\ &= \frac{1}{N!}\sum_i \int_V \left[\psi_i^*(1,\cdots,N)\mathrm{e}^{-\beta \hat{H}_N}\psi_i(1,\cdots,N)\right]\mathrm{d}^{3N}r, \end{aligned} \tag{3.5.2}$$

这里 $(N!)^{-1}$ 因子的引入是来源于粒子的可分辨性，类似地，概率密度算符 $\hat{W}_N$ 被定义为

$$\begin{aligned} &\langle 1',\cdots,N'|\hat{W}_N|1,\cdots,N\rangle \\ &= \lambda^{3N}\sum_i\left[\psi_i^*(1',\cdots,N')\psi_i(1,\cdots,N)\mathrm{e}^{-\beta E_i}\right], \end{aligned} \tag{3.5.3}$$

其对角元素为

$$W_N(1,\cdots,N) = \lambda^{3N}\sum_i\left[\psi_i^*(1,\cdots,N)\psi_i(1,\cdots,N)\mathrm{e}^{-\beta E_i}\right]. \tag{3.5.4}$$

故配分函数与概率密度算符之间的关系与原来相同，为

$$Z_N(T,V) = \frac{1}{N!\lambda^{3N}}\mathrm{Tr}(\hat{W}_N) \tag{3.5.5}$$

因而可以通过与实际系统相同的方程链来定义假想系统的 U 函数，随后的分析也将与实际系统相同，最后得

$$\left.\begin{aligned} \frac{P}{kT} &= \frac{1}{\lambda^3}\sum_{l=1}^{\infty}\bar{b}_l z^l, \\ \frac{1}{v} &= \frac{1}{\lambda^3}\sum_{l=1}^{\infty}l\bar{b}_l z^l, \end{aligned}\right\} \tag{3.5.6}$$

其中，

$$\bar{b}_l = \frac{1}{l!\cdot\lambda^{3(l-1)}}\lim_{V\to\infty}\left[\frac{1}{V}\mathrm{Tr}(\hat{U}_l)\right].$$

下面我们要用假想系统的函数 U_l 表示出实际系统的集团函数 $U_l^{S/A}$. 比较实际系统 $\hat{W}_N$ 的定义 (3.3.3) 式与假想系统的 (3.5.3) 式可知，两者的主要差别在于对

实际系统波函数 ψ_α 为对称或反对称的, 而对假想系统 ψ_i 是非对称的. 由此可得两者的关系为

$$\langle 1',\cdots,N'|\hat{W}_N^S|1,\cdots,N\rangle = \sum_{P'} P'\langle 1',\cdots,N'|\hat{W}_N|1,\cdots,N\rangle, \tag{3.5.7}$$

$$\begin{aligned}&\langle 1',\cdots,N'|\hat{W}_N^A|1,\cdots,N\rangle \\ &\quad= \sum_{P'}(-1)^{[P']}P'\langle 1',\cdots,N'|\hat{W}_N|1,\cdots,N\rangle,\end{aligned} \tag{3.5.8}$$

其中 P' 为对坐标 $\boldsymbol{r}'$ 的交换算符, 表示被作用函数中相邻的坐标之间的交换, $\sum\limits_{P'}$ 是表示对各种可能交换的求和, $[P']$ 表示交换的次数, 当 N 为 1, 2, 3 时可得

$$\begin{aligned}&\langle 1'|\hat{W}_1^{S/A}|1\rangle = \langle 1'|\hat{W}_1|1\rangle,\\ &\langle 1',2'|\hat{W}_2^{S/A}|1,2\rangle = \langle 1',2'|\hat{W}_2|1,2\rangle \pm \langle 2',1'|\hat{W}_2|1,2\rangle,\\ &\langle 1',2',3'|\hat{W}_3^{S/A}|1,2,3\rangle = \langle 1',2',3'|\hat{W}_3|1,2,3\rangle\\ &\pm \langle 2',1',3'|\hat{W}_3|1,2,3\rangle + \langle 2',3',1'|\hat{W}_3|1,2,3\rangle\\ &+ \langle 3',1',2'|\hat{W}_3|1,2,3\rangle \pm \langle 3',2',1'|\hat{W}_3|1,2,3\rangle\\ &\pm \langle 1',3',2'|\hat{W}_3|1,2,3\rangle.\end{aligned} \tag{3.5.9}$$

按照 3.3 节给出的 U_l 函数的定义方法, 并由 (3.5.9) 式可得实际体系与假想体系之间 U_l 函数的关系为

$$\langle 1'|\hat{U}_1^{S/A}|1\rangle = \langle 1'|\hat{U}_1|1\rangle, \tag{3.5.10}$$

$$\begin{aligned}\langle 1',2'|\hat{U}_2^{S/A}|1,2\rangle =&\langle 1',2'|\hat{U}_2|1,2\rangle \pm \langle 2',1'|\hat{U}_2|1,2\rangle\\ &\pm \langle 2'|\hat{U}_1|1\rangle\langle 1'|\hat{U}_1|2\rangle,\end{aligned} \tag{3.5.11}$$

$$\begin{aligned}\langle 1',2',3|\hat{U}_3^{S/A}|1,2,3\rangle =&\sum_{P'}(\pm 1)^{[P']}P'\langle 1',2',3'|\hat{U}_3|1,2,3\rangle\\ &+ \langle 2'|\hat{U}_1|1\rangle(\langle 3',1'|\hat{U}_2|2,3\rangle \pm \langle 1',3'|\hat{U}_2|2,3\rangle)\\ &+ \langle 3'|\hat{U}_1|1\rangle(\langle 1',2'|\hat{U}_2|2,3\rangle \pm \langle 2',1'|\hat{U}_2|2,3\rangle)\\ &+ \text{两个类似项}\\ &+ \langle 2'|\hat{U}_1|1\rangle\langle 3'|\hat{U}_1|2\rangle\langle 1'|\hat{U}_1|3\rangle\\ &+ \langle 3'|\hat{U}_1|1\rangle\langle 1'|\hat{U}_1|2\rangle\langle 2'|\hat{U}_1|3\rangle.\end{aligned} \tag{3.5.12}$$

李–杨方法的第二步是把假想体系的 U_l 函数“展开”成两体核 B 的幂级数的形式, 而两体核 B 根据具有给定相互作用的两体问题的解是可以计算出来的. 这一

步属动力学问题, 而不涉及统计性. 将系统的哈密顿量表示成

$$\hat{H}_N = \hat{T}_N + \hat{V}_N. \tag{3.5.13}$$

由算符 $\hat{W}_N$ 的定义可知

$$W_N(\beta) = \lambda^{3N}\exp(-\beta\hat{H}_N). \tag{3.5.14}$$

对没有相互作用系统, 可以有

$$\begin{aligned} W_N^{(0)}(\beta) &= \lambda^{3N}\exp(-\beta\hat{T}_N) \\ &= \prod_{i=1}^{N}\left[\lambda^3\exp\left(\frac{\beta\hbar^2}{2m}\nabla_i\right)\right] = \prod_{i=1}^{N}W(\beta;i), \end{aligned} \tag{3.5.15}$$

其中,

$$W(\beta;i) \equiv \lambda^3\exp\left(\frac{\beta\hbar^2}{2m}\nabla_i^2\right).$$

在坐标表象中, $W(\beta;1)$ 算符的显式是用矩阵元 $\langle 1'|W_1|1\rangle$ 给出, 于是 $W_N^{(0)}(\beta)$ 就是 N 个算符的乘积, 每个算符对系统中的单个粒子的坐标进行运算. 如果存在相互作用的话, 我们导出 $W_N(\beta)$ 展开成 $\hat{V}_N$ 的 "幂级数" 形式.

令

$$W_N(\beta) = \sum_{n=0}^{\infty}\lambda^{3N}A_n(\beta). \tag{3.5.16}$$

引入参量 t, 将哈密顿量写成

$$\hat{H}_{N_t} = \hat{T}_N + t\hat{V}_N.$$

设

$$\mathrm{e}^{-\beta\hat{H}_{N_t}} \equiv \sum_{n=0}^{\infty}t^nA_n(\beta), \tag{3.5.17}$$

将 (3.5.17) 式两边对 β 求导数:

$$-\sum_{n=0}^{\infty}\hat{T}_Nt^nA_n - \sum_{n=0}^{\infty}\hat{V}_Nt^{n+1}A_n = \sum_{n=0}^{\infty}t^n\frac{\mathrm{d}A_n}{\mathrm{d}\beta},$$

令等式两边 t 的同次项系数相等, 有

$$\frac{\mathrm{d}A_n}{\mathrm{d}\beta} = -\hat{T}_NA_n - \hat{V}_NA_{n-1}. \tag{3.5.18}$$

解 A_n 可写成

$$\left.\begin{aligned}A_0(\beta) &= \mathrm{e}^{-\beta\hat{T}_N},\\ A_n(\beta) &= \int_0^\beta \mathrm{d}\beta'\mathrm{e}^{-(\beta-\beta')\hat{T}_N}(-\hat{V}_N)A_{n-1}(\beta'), n>0.\end{aligned}\right\} \tag{3.5.19}$$

令 (3.5.17) 式中 $t=1$, 将 (3.5.19) 式的第二式进行迭代, 则

$$\mathrm{e}^{-\beta\hat{H}_N} = \sum_{n=0}^{\infty} A_n(\beta), \tag{3.5.20}$$

其中 $A_0(\beta)$ 由 (3.5.19) 式的第一式表示, $n \geqslant 1$ 时有

$$\begin{aligned}A_n(\beta) = &\int_0^\beta \mathrm{d}\beta_1 \int_0^{\beta_1} \mathrm{d}\beta_2 \cdots \int_0^{\beta_{n-1}} \mathrm{d}\beta_n\\ &\times \left[\mathrm{e}^{-(\beta-\beta_1)\hat{T}_N}(-\hat{V}_N)\mathrm{e}^{-(\beta_1-\beta_2)\hat{T}_N}(-\hat{V}_N)\cdots\right].\end{aligned} \tag{3.5.21}$$

考虑到 (3.5.15) 式及 (3.5.16) 式, 可将 (3.5.21) 式写成

$$\begin{aligned}W_N(\beta) = &W_N^{(0)}(\beta) + \int_0^\beta \mathrm{d}\beta'[W_n^{(0)}(\beta-\beta')(-\hat{V}_N)W_N^{(0)}(\beta')]\\ &+ \int_0^\beta \mathrm{d}\beta' \int_0^{\beta'} \mathrm{d}\beta''[W_N^{(0)}(\beta-\beta')(-\hat{V}_N)W_N^{(0)}(\beta'-\beta'')\\ &\times(-\hat{V}_N)W_N^{(0)}(\beta'')]\\ &+\cdots.\end{aligned} \tag{3.5.22}$$

(3.5.22) 式就是我们所要推导的 W_N 按 $\hat{V}_n$ 的级数展开形式, 对 (3.5.22) 式可以用图形来表示. 首先看几个简单的例子, 然后从中总结出图解的方法.

令

$$w(\beta,1) \equiv W_1^{(0)}(\beta) = \lambda^3 \exp\left(\frac{\beta\hbar^2}{2m}\nabla_1^2\right), \tag{3.5.23}$$

将 W_N 的图形及解析式表示成

$$W_1(\beta) = w(\beta,1) \left|\begin{matrix}1' \\ \\ 1\end{matrix}\right. \quad \begin{matrix}\beta=\beta\\ \beta=0,\end{matrix} \tag{3.5.24}$$

$$W_2(\beta) = w(\beta,1)w(\beta,2) \tag{a}$$

$$+\int_0^\beta \mathrm{d}\beta'\left[w(\beta-\beta',1)w(\beta-\beta',2)(-\hat{V}_{12})w(\beta',1)w(\beta',2)\right] \tag{b}$$

$$
\begin{aligned}
&+\int_0^{\beta}\mathrm{d}\beta'\int_0^{\beta'}\mathrm{d}\beta''\Big[w(\beta-\beta',1)w(\beta-\beta',2)(-\hat{V}_{12})w(\beta'-\beta'',1) \qquad \text{(c)}\\
&\times w(\beta'-\beta'',2)(-\hat{V}_{12})w(\beta'',1)w(\beta'',2)\Big]\\
&+\cdots
\end{aligned}
$$

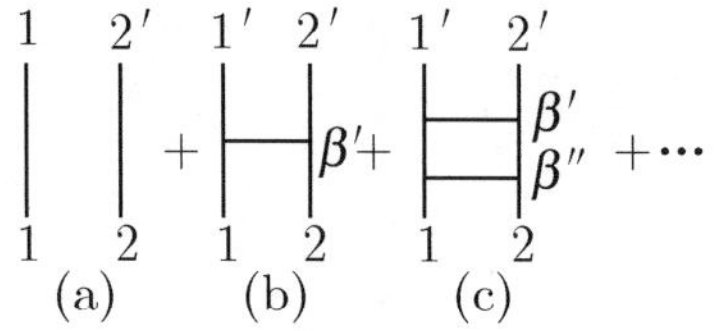

= (a) + (b) + (c) + ⋯ (3.5.25)

$$
\begin{aligned}
W_3(\beta) =& w(\beta,1)w(\beta,2)w(\beta,3)\\
&+\left\{\int_0^{\beta}\mathrm{d}\beta'\Big[w(\beta-\beta',1)w(\beta-\beta',2)(-\hat{V}_{12})w(\beta',1)\right.\\
&\left.\times w(\beta',2)\Big]\right\}w(\beta,3)\\
&+\text{两个类似项}+\text{高级项}
\end{aligned}
$$

= + + + + + ⋯

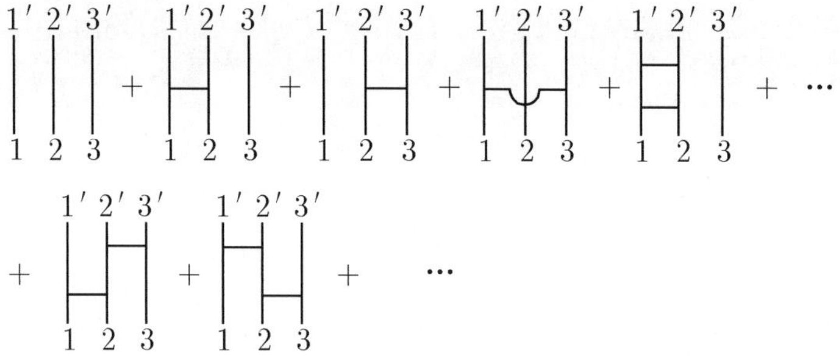

+ + + ⋯ (3.5.26)

可以看出, 对任意的 $W_N(\beta)$ 有

$$
W_N(\beta) = \text{具有参数}\beta\text{和}N\text{个粒子的所有不同图形之和} \tag{3.5.27}
$$

由以上这些例子, 不难得出图解法的规则：

(1) 每一个竖直线段表示一个 w 因子；在竖直线的端点及竖直线与水平线的交点都指定一个参数 β 的值 $(\beta,\beta',\beta'',\cdots,0)$, w 中参数则是从上往下第一个 β 值减去第二个 β 值, 数字则表示相应粒子的标号.

(2) 两条竖直线之间的水平线是表示与这两条竖直线的标号相对应的粒子间的两体相互作用势.

这一规则给出了图形和解析式之间的对应关系.

现在引进相连图及不相连图的概念.

相连图：一个图中的所有竖直线都直接或间接通过水平线互相连接, 这样的图称为相连图.

不相连图：一个图中至少有一条或几条竖直线不以任何方式与其他竖直线相连接, 这样的图称为不相连图.

将图形表示式 (3.5.24) 式、(3.5.25) 式及 (3.5.26) 式与 (3.3.8) 式、(3.3.9) 式及 (3.3.10) 式相比, 很容易得出结论：$U_l(\beta)=$ 具有参数 β 及 l 个粒子的所有不同的相连图之和.

因此可得 (3.5.28)

$U_2(\beta)=$ 1′ 2′ β' 1 2 + 1′ 2′ β' β'' 1 2 + ⋯ (3.5.29)

$U_3(\beta)=$ + + ⋯ + + + ⋯ (3.5.30)

引入双核 (binary kernel)$B(\beta,1,2)$, 其定义为

$$B(\beta,1,2)\equiv-\hat{V}_{12}W_2(\beta)=-\lambda^6\hat{V}_{12}\exp(-\beta\hat{H}_2). \tag{3.5.31}$$

从 $W_2(\beta)$ 的图形可以推断出 B 的图形表示：

$$B(\beta,1,2)\equiv-\hat{V}_{12}W_2(\beta) \tag{3.5.32}$$

= 1′ 2′ 1 2 + 1′ 2′ 1 2 + 1′ 2′ 1 2 + ⋯ = 1′ 2′ 1 2 (3.5.33)

每个图形中顶水平线表示 (3.5.32) 式中因子 $(-\hat{V}_{12})$,(3.5.33) 式中最后一个图形的交叉线表示 "在温度参数 0 和 β 值之间的任何高度上具有任意数目水平线的图形的总和". 类似地有

$B(\beta'-\beta'', 1, 2)=$ 1′ 2′ β' β'' 1 2 (3.5.34)

表示在参数值为 β' 处有一条水平线, 在 β'' 和 β' 之间的任意高度有任意条水平线的图形的总和.

利用顶水平线及交叉线的规则, 可以重新画出 $U_2(\beta)$ 的图形, 使新的图形中只出现双核 B 而不出现孤立的水平线. 即

(3.5.35)

(3.5.35) 图中的顶水平线可以位于 0 和 β 之间的任何地方, 与 (3.5.35) 图对应的解析式为

$$U_2(\beta) = \int_0^{\beta} \mathrm{d}\beta' \Big[w(\beta-\beta';1)w(\beta-\beta';2)B(\beta';1,2) \Big]. \tag{3.5.36}$$

同样可以画出 $U_3(l)$ 的图形, 为

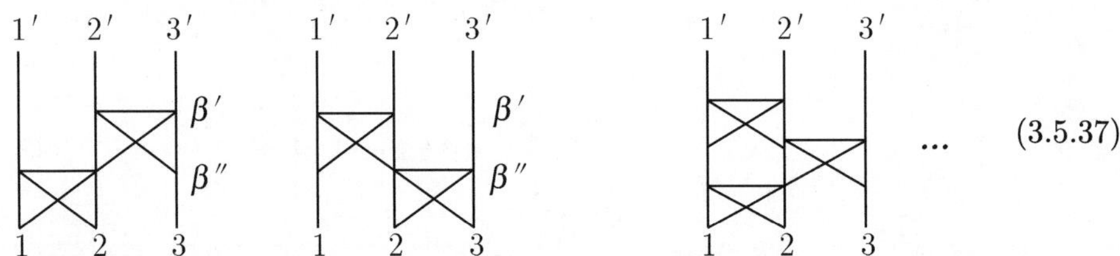

(3.5.37)

相应的解析式为

$$\begin{aligned} U_3(\beta) = & \int_0^{\beta} \mathrm{d}\beta' \int_0^{\beta'} \mathrm{d}\beta'' \Big[w(\beta-\beta'';1)w(\beta-\beta';2)w(\beta-\beta';3) \\ & \times B(\beta'-\beta'';2,3)\cdot B(\beta'';1,2)w(\beta'';3) \Big] \\ & + \int_0^{\beta} \mathrm{d}\beta' \int_0^{\beta'} \mathrm{d}\beta'' \Big[w(\beta-\beta';1)w(\beta-\beta';2)w(\beta-\beta'';3) \\ & \times B(\beta'-\beta'';1,2)B(\beta'';2,3)w(\beta'';1) \Big] \\ & + B^2\text{量级的另外四项} \\ & + B\text{的更高级项}. \end{aligned} \tag{3.5.38}$$

从以上的分析可知, 只要知道了双核 B, 对任意 l 就可以计算出 U_l, 然后由 U_l 可以算出 U_l^S 或 U_l^A. 将这一过程称为 U_l 的双核展开. 最后将讨论如何计算 B 的问题. 由于

$$\begin{aligned} U_2(\beta) &= W_2(\beta) - W_2^{(0)}(\beta) \\ &= \lambda^6 \left[\exp(-\beta \hat{H}_2) - \exp\left(\frac{\beta\hbar^2}{2m}\nabla_1^2 \right) \cdot \exp\left(\frac{\beta\hbar^2}{2m}\nabla_2^2 \right) \right]. \end{aligned} \tag{3.5.39}$$

将 (3.5.40) 式两边对 β 求导数, 并用 B 的定义 (3.5.31):

$$B(\beta;1,2)=\frac{\partial U_2(\beta)}{\partial\beta}-\frac{\hbar^2}{2m}(\nabla_1^2+\nabla_2^2)U_2(\beta). \tag{3.5.40}$$

通过求解在体积 V 中的两体问题, 可算出算符 $\exp(-\beta\hat{H}_2)$ 的矩阵元, 再由 (3.5.39) 式及 (3.5.40) 式可得到 B 及 $U_2(\beta)$, 最终可求得 U_l^S 或 U_l^A, 这样就解决了量子系统的集团展开问题. 李–杨的两体碰撞方法使量子系统的集团展开达到了与经典集团展开同等的水平.

3.6 刚球气体

作为两体碰撞方法的例子, 我们来讨论具有刚球势的粒子组成的玻色气体或费米气体, 简称为刚球气体. 粒子间的相互作用势为

$$\begin{aligned} u(r)&=\infty, \qquad r<r_0,\\ u(r)&=0, \qquad r>r_0. \end{aligned} \tag{3.6.1}$$

为了得到双核, 先计算假想体系的 $W_2(\beta)$ 矩阵:

$$\langle 1',2'|\hat{W}_2|1,2\rangle=\lambda^6\sum_{\alpha}\Big[\psi_\alpha^*(1',2')\psi_\alpha(1,2)\Big]\mathrm{e}^{-\beta E_\alpha}. \tag{3.6.2}$$

刚球势没有束缚态, 因此只考虑正能量的状态. 引进质心坐标 $\boldsymbol{R}$ 和相对坐标 $\boldsymbol{r}$, 两体本征函数 ψ_α 及本征值 E_α 为

$$\psi_\alpha(\boldsymbol{R},\boldsymbol{r})=\psi_j(\boldsymbol{R})\psi_n(\boldsymbol{r})=\left[\frac{1}{\sqrt{V}}\exp(\mathrm{i}\boldsymbol{p}_j\boldsymbol{R}/\hbar)\right]\psi_n(\boldsymbol{r}), \tag{3.6.3}$$

$$E_\alpha=\frac{p_j^2}{4m}+\varepsilon_n. \tag{3.6.4}$$

用分离变量法, (3.6.2) 式右边可以分成两个因子:

$$\begin{aligned}&\lambda^3\sum_{p_j}\left(\frac{1}{\sqrt{V}}\exp(\mathrm{i}\boldsymbol{p}_j\cdot\boldsymbol{R}'/\hbar)\right)\cdot\frac{1}{\sqrt{V}}\exp(-\mathrm{i}\boldsymbol{p}_j\cdot\boldsymbol{R}/\hbar)\exp(-\beta p_j^2/4m)\\ &\approx 2\sqrt{2}\exp[-2\pi(\boldsymbol{R}'-\boldsymbol{R})^2/\lambda^2]\end{aligned} \tag{3.6.5}$$

以及

$$\lambda^3\sum_{l,m}\int_0^\infty \mathrm{d}k\Big[\psi_{klm}^*(\boldsymbol{r}')\psi_{klm}(\boldsymbol{r})\Big]\exp(-\beta\hbar^2k^2/m). \tag{3.6.6}$$

$\psi_{klm}(\boldsymbol{r})$ 的正交归一性为

$$\psi_{klm}(\boldsymbol{r}) = \left(\frac{2}{\pi}\right)^{1/2} Y_{lm}(\theta,\varphi)\frac{R_{kl}(r)}{r},$$

$$\int \psi^*_{k'l'm'}(\boldsymbol{r})\psi_{klm}(\boldsymbol{r})\mathrm{d}^3r = \delta_{l',l}\delta_{m',m}\delta(k'-k).$$

由 Y 函数满足的关系：

$$\sum_{m=-l}^{l} Y^*_{lm}(\theta',\varphi')Y_{lm}(\theta,\varphi) = \frac{2l+1}{4\pi}P_l(\cos\Theta).$$

(3.6.6) 式成为

$$\frac{\lambda^3}{2\pi^2 rr'}\sum_l \left[(2l+1)P_l(\cos\Theta)\int_0^\infty \mathrm{d}k\left[R^*_{kl}(r')R_{kl}(r)\right]\mathrm{e}^{-\beta\hbar^2k^2/m}, \tag{3.6.7}$$

其中,

$$\cos\Theta = (\boldsymbol{r}\cdot\boldsymbol{r}')/(rr').$$

可得到

$$\begin{aligned}\langle 1',2'|\hat{W}_2|1,2\rangle =& \frac{\sqrt{2}\lambda^3}{\pi^2 rr'}\exp\left[-\pi(\boldsymbol{r}'_1+\boldsymbol{r}'_2-\boldsymbol{r}_1-\boldsymbol{r}_2)^2/2\lambda^2\right]\\ &\times\sum_l[(2l+1)P_l(\cos\Theta)]\int_0^\infty \mathrm{d}k[R^*_{kl}(r')R_{kl}(r)]\mathrm{e}^{-\beta\hbar^2k^2/m}.\end{aligned} \tag{3.6.8}$$

为了计算 U_2, 必须从 (3.6.8) 式中减去 $\hat{W}_2^{(0)}$, 也就是用因子

$$[R^*_{kl}(r')R_{kl}(r)] - [R^*_{kl}(r')R_{kl}(r)]^{(0)} \tag{3.6.9}$$

代替 (3.6.8) 式中原来的因子

$$R^*_{kl}(r')R_{kl}(r).$$

由于 (3.6.8) 式中积分的主要贡献来自于具有 λ^{-1} 量级的 k 值, 因而若 $r_0 \ll \lambda$, 则有 $k \ll r_0^{-1}$. 相移可表示成

$$\eta_l(k) = \arctan\left(\frac{j_l(kr_0)}{n_l(kr_0)}\right) = O(kr_0)^{2l+1}. \tag{3.6.10}$$

忽略比 $(r_0/\lambda)^2$ 更高级的项, 也就是只需要考虑 S 态 $(l=0)$, 若 r 和 r' 两者均大于 r_0,(3.6.9) 式成为

$$\begin{aligned}&\sin(kr'-kr_0)\sin(kr-kr_0)-\sin(kr')\sin(kr)\\ &=\frac{1}{2}\left[\cos(kr'+kr)-\cos(kr'+kr-2kr_0)\right],\end{aligned} \tag{3.6.11a}$$

否则 (3.6.9) 式就成为

$$O-\sin(kr')\sin(kr)$$
$$=\frac{1}{2}\Big[\cos(kr'+kr)-\cos(kr'-kr)\Big]. \tag{3.6.11b}$$

取 $l=0$, 将 (3.6.11b) 式结果代入 (3.6.8) 式:

$$\langle 1'2',|\hat{U}_2|1,2\rangle$$
$$=\frac{\lambda^2}{2\pi rr'}\exp\Big[-\pi(\boldsymbol{r}_1'+\boldsymbol{r}_2'-\boldsymbol{r}_1-\boldsymbol{r}_2)^2/2\lambda^2\Big]$$
$$\times\begin{cases}\exp[-\pi(r'+r)^2/2\lambda^2]-\exp[-\pi(r'+r-2r_0)^2/2\lambda^2]r,r'>r_0;\\ \exp[-\pi(r'+r)^2/2\lambda^2]-\exp[\pi(r'-r)^2/2\lambda^2], \qquad \text{其他},\end{cases} \tag{3.6.12}$$

其中 $r=|\boldsymbol{r}_2-\boldsymbol{r}_1|, r'=|\boldsymbol{r}_2'-\boldsymbol{r}_1'|$.

下面我们计算刚球玻色气体的 $\mathfrak{b}_2^s$ 系数. 由于

$$\mathfrak{b}_2^s=\frac{1}{2\lambda^3V}\int\int\langle 1,2|\hat{U}_2^s|1,2\rangle\mathrm{d}^3r_1\mathrm{d}^3r_2$$
$$=\frac{1}{2\lambda^3V}\int\int\Big[\langle 2|\hat{U}_1|1\rangle\langle 1|\hat{U}_1|2\rangle+\langle 1,2|\hat{U}_2|1,2\rangle$$
$$+\langle 2,1|\hat{U}_2|1,2\rangle\Big]\mathrm{d}^3r_1\mathrm{d}^3r_2, \tag{3.6.13}$$

(3.6.13) 式中第一项得到的是理想气体的结果, 即 $2^{-5/2}$. 第二及第三项则是由粒子相互作用引起的结果. 变换到质心坐标系, 并利用 (3.6.12) 式, 有

$$(\mathfrak{b}_2-\mathfrak{b}_2^{(0)})^s$$
$$=\frac{1}{2\pi\lambda}\bigg\{\int_{r_0}^{\infty}\frac{1}{r^2}[\exp(-2\pi r^2/\lambda^2)-\exp(-2\pi(r-r_0)^2/\lambda^2)]4\pi r^2\mathrm{d}r$$
$$+\int_0^{r_0}\frac{1}{r^2}(\exp(-2\pi r^2/\lambda^2)-1)4\pi r^2\mathrm{d}r\bigg\}=-2\left(\frac{r_0}{\lambda}\right), \tag{3.6.14}$$

这结果与 3.4 节所得到的 (3.4.25) 式中一级项相同.

为了研究粒子相互作用对高阶系数的影响, 将 U_l^s 的普遍表达式简化写成

$$U_l^s=\sum{}'\underbrace{(U_1\cdots U_1)}_{l\text{个因子}}+\sum{}'\underbrace{(U_1\cdots U_1)}_{l-2\text{个因子}}(U_2)$$
$$+\sum{}'\underbrace{(U_1\cdots U_1)}_{l-4\text{个因子}}(U_2U_2)+\sum{}'\underbrace{(U_1\cdots U_1)}_{l-3\text{个因子}}(U_3)+\cdots, \tag{3.6.15}$$

其中第一项求和得出理想气体的结果, 第二项得到一级修正, 注意到 U_2, U_3 的两体展开式可知第三、第四项得到二级修正. 我们只考虑一级修正, 只需计算 (3.6.15) 式等号右边第二项的求和. 求和式各项的迹具有形式:

$$\mathrm{Tr}[(\hat{U}_1)^{n_1}\hat{U}_2(\hat{U}_1)^{n_2}], \tag{3.6.16}$$

其中 n_1, n_2 为整数, $n_1 \geqslant 0, n_2 \geqslant 0$ 且 $(n_1+n_2)=l-2$. 对 $(l-2)$ 个 $\hat{U}_1$ 因子由于坐标交换引起的多重性因子为 $(l-2)!$, 因而对 $\mathrm{Tr}(\hat{U}_l^s)$ 的贡献为

$$\begin{aligned}(l-2)!\sum_{i<j}\Bigg\{\sum_{n_1,n_2}{}'\,&\mathrm{Tr}[\hat{U}_1^{n_1}(\langle I',J'|\hat{U}_2|i,j\rangle\\ &+\langle J',I'|\hat{U}_2|i,j\rangle)\hat{U}_1^{n_2}]\Bigg\}.\end{aligned} \tag{3.6.17}$$

(3.6.17) 式中第一个求和 $\sum\limits_{i<j}$ 是对 $(1,\cdots,l)$ 集合中 i,j 的所有可能选择求和, 这种选择的总数为 $\dfrac{l}{2}(l-1)$, 而每项有相同的贡献, (3.6.17) 式成为

$$\frac{l!}{2}\sum_{n_1,n_2}\mathrm{Tr}[\hat{U}_1^{n_1}(\langle I',J'|U_2|i,j\rangle+\langle J',I'|U_2|i,j\rangle)\hat{U}_1^{n_2}]. \tag{3.6.18}$$

为了计算方便, 在动量空间进行, 在这种表象中有

$$\langle \boldsymbol{k}'_1|\hat{U}_1|\boldsymbol{k}_1\rangle = \lambda^3\delta_{\boldsymbol{k}_1',\boldsymbol{k}_1}\mathrm{e}^{-\beta\hbar^2k_1^2/2m}, \tag{3.6.19}$$

$$\begin{aligned}&\langle \boldsymbol{k}'_1,\boldsymbol{k}'_2|\hat{U}_2|\boldsymbol{k}_1,\boldsymbol{k}_2\rangle\\ &=\frac{\lambda^6r_0}{2\pi^2(k_2-k_2')}\delta_{\boldsymbol{k}_1'+\boldsymbol{k}_2',\boldsymbol{k}_1+\boldsymbol{k}_2}(\mathrm{e}^{-\beta E}-\mathrm{e}^{-\beta E'})+O(r_0^2),\end{aligned} \tag{3.6.20}$$

其中,

$$k=\frac{1}{2}|\boldsymbol{k}_1-\boldsymbol{k}_2|;\qquad k'=\frac{1}{2}|\boldsymbol{k}'_1-\boldsymbol{k}'_2|;$$

$$E=\frac{\hbar^2}{2m}(k_1^2+k_2^2);\qquad E'=\frac{\hbar^2}{2m}(k_1'^2+k_2'^2).$$

由 (3.6.18) 式、(3.6.19) 式及 (3.6.20) 式可知, 必须考虑下列组合:

$$\begin{aligned}&\langle \boldsymbol{k}_1,\boldsymbol{k}_2|\hat{U}_2|\boldsymbol{k}_1,\boldsymbol{k}_2\rangle+\langle \boldsymbol{k}_2,\boldsymbol{k}_1|\hat{U}_2|\boldsymbol{k}_1,\boldsymbol{k}_2\rangle\\ &=\frac{\lambda^6r_0}{\pi^2}\lim_{\boldsymbol{k}_{1,2}'\to\boldsymbol{k}_{1,2}}\delta_{\boldsymbol{k}_1+\boldsymbol{k}_2,\boldsymbol{k}_1'+\boldsymbol{k}_2'}\frac{\mathrm{e}^{-\beta E}-\mathrm{e}^{-\beta E'}}{k^2-k'^2}+O(r_0^2)\\ &=\frac{\lambda^8r_0\mathrm{e}^{-\beta E}}{4\pi^3}\lim_{\boldsymbol{k}_{1,2}'\to\boldsymbol{k}_{1,2}}\delta_{\boldsymbol{k}_1+\boldsymbol{k}_2,\boldsymbol{k}_1'+\boldsymbol{k}_2'}\frac{(k_1'^2+k_2'^2)-(k_1^2+k_2^2)}{k^2-k'^2}+O(r_0^2)\\ &=-\frac{\lambda^8r_0}{2\pi^3}\mathrm{e}^{-\beta\frac{\hbar^2}{2m}(k_1^2+k_2^2)}+O(r_0^2).\end{aligned} \tag{3.6.21}$$

为了得到对 $\mathfrak{b}_2^s$ 的贡献, 必须计算以下的量:

$$\lim_{V\to\infty}\frac{1}{l!\lambda^{3(l-1)}V}\int\langle\boldsymbol{r}_1,\cdots,\boldsymbol{r}_l|\hat{U}_l^s|\boldsymbol{r}_1,\cdots,\boldsymbol{r}_l\rangle\mathrm{d}^3r_1\cdots\mathrm{d}^3r_l$$
$$=\frac{1}{l!\lambda^{3(l-1)}}\int\langle 0,\boldsymbol{r}_2,\cdots,\boldsymbol{r}_l|\hat{U}_l^s|0,\boldsymbol{r}_2,\cdots,\boldsymbol{r}_l\rangle\mathrm{d}^3r_2\cdots\mathrm{d}^3r_l \qquad (3.6.22)$$

将 (3.6.22) 式改为动量表象表示:

$$\frac{1}{l!\lambda^{3(l-1)}(2\pi)^3}\int\langle\boldsymbol{k_1}\cdots\boldsymbol{k}_l|u_l^s|\boldsymbol{k_1},\cdots\boldsymbol{k}_l\rangle\mathrm{d}^3k_1\cdots\mathrm{d}^3k_l, \qquad (3.6.23)$$

其中 u_l^s 表示算符 U_l^s 中除了 δ 函数 $\delta^3(\sum k_i'-\sum k_i)$ 以外的部分, $(2\pi)^3$ 因子来自于 (3.6.22) 式与 (3.6.23) 式积分变量数目之差. $\mathfrak{b}_2^s$ 的一级贡献为

$$\frac{1}{l!\lambda^{3(l-1)}8\pi^3}\frac{l!}{2}\left(-\frac{\lambda^8r_0}{2\pi^3}\right)\sum_{n_1,n_2}{}'\lambda^{3(n_1+n_2)}$$
$$\times\int\int\mathrm{e}^{-n_1\beta\hbar^2k_1^2/2m}\cdot\mathrm{e}^{-\frac{\beta\hbar^2}{2m}(k_1^2+k_2^2)}\mathrm{e}^{-n_2\beta\frac{\hbar^2k_2^2}{2m}}\mathrm{d}^3k_1\mathrm{d}^3k_2$$
$$=-\frac{\lambda^5r_0}{32\pi^6}\int\int\sum_{n_1,n_2}{}'\exp\left[-(n_1+1)\beta\frac{p_1^2}{2m}\right]$$
$$\times\exp\left[-(n_2+1)\beta\frac{p_2^2}{2m}\right]\frac{\mathrm{d}^3p_1\mathrm{d}^3p_2}{\hbar^6}. \qquad (3.6.24)$$

(3.6.24) 式中对 n_1,n_2 求和必须满足条件 $(n_1+n_2)=l-2$, 这样的求和很难进行, 改为计算整个级数 $\sum\limits_l\mathfrak{b}_l^sz^l$, 来代替单个系数 $\mathfrak{b}_l^s$ 的计算. 将 (3.6.24) 式乘以因子 $z^l(=z^{n_1+1}z^{n_2+1})$, 对所有 l 值求和, 得到级数的一级贡献. 这时对 n_1 及 n_2 求和没有约束条件, (3.6.24) 式的被积函数成为

$$\frac{1}{\hbar^6}z^{-1}\frac{1}{\exp(\beta p_1^2/2m)-1}\cdot\frac{1}{z^{-1}\exp(\beta p_2^2/2m)-1}. \qquad (3.6.25)$$

我们所需要计算的积分为

$$\left[\int_0^\infty\frac{1}{\hbar^3}\frac{4\pi p^2\mathrm{d}p}{z^{-1}\exp(\beta p^2/2m)-1}\right]^2=\left[\frac{8\pi^3}{\lambda^3}g_{3/2}(z)\right]^2. \qquad (3.6.26)$$

将 (3.6.26) 式代入 (3.6.24) 式, 得到对 z 级数的一级贡献为

$$-\frac{2r_0}{\lambda}[g_{3/2}(z)]^2.$$

因此对刚球玻色气体的级数为

$$\sum_l \bar{b}_l^s z^l = g_{5/2}(z) - \frac{2r_0}{\lambda}[g_{3/2}(z)]^2 + O\left(\frac{r_0}{\lambda}\right)^2.$$

可以看出, 级数的主要项是对理想玻色气体的结果, 而 (r_0/λ) 的一级项与我们前面得到的结果 (3.6.14) 式一致.

总之, 集团展开理论为我们提供了一个研究多体问题的较为有效的方法, 这方法的局限性则在于所研究体系的密度不能很高, 当然更不适用于液体的状态。

第 4 章　元激发方法

对自然界中大量存在的有相互作用系统, 由于其问题的多样性和复杂性, 为了研究这些体系的物理性质, 除了第 3 章介绍的集团展开外, 亦必然会建立起多种不同的方法, 以适合于各种不同的问题. 如果我们感兴趣的是体系的低温性质, 由于在配分函数中因子 $e^{-\beta E}$ 的存在, 只有那些距基态比较近的低激发态才起重要的作用, 也就是体系的热力学性质主要由低激发态的能谱决定, 这类体系的低激发态可以被看成是没有相互作用的元激发的集合, 通过对元激发组成体系的研究, 得到我们所感兴趣的实际物理体系的热力学性质, 这种方法就是本章要介绍的元激发方法.

需要指出的一点是, 这里所谓的低温, 亦是一个相对的概念, 正如第 2 章中所讨论的, 金属中的电子气, 在室温下就可以被看成低温, 而如白矮星上的温度可达 10^7K, 亦仍然可作为低温来处理.

4.1　引　　言

以晶体中晶格振动为例, 来说明元激发的概论. 组成晶体的原子之间有很强的相互作用, 以使原子排列形成空间点阵的结构. 原子则围绕其平衡位置作振动, 用简谐近似可将晶格振动化为一系列格波的迭加. 格波用波矢量 $\boldsymbol{k}$, 频率 $\omega_s(\boldsymbol{k})$(s 为格波的偏振) 来描写. 在经典力学中格波的能量是任意的; 而在量子力学中格波的能量为量子化的, 对波矢量为 $\boldsymbol{k}$ 频率为 $\omega_s(\boldsymbol{k})$ 的格波, 其能量为

$$(n_s\boldsymbol{k}+\frac{1}{2})\hbar\omega_s(\boldsymbol{k}),\quad n_s\boldsymbol{k}=0,1,\cdots.$$

整个晶格的运动可以看成是格波的线性叠加. 为了描述整个晶格运动状态, 只需给出每个格波所处的量子态 $n_{s,\boldsymbol{k}}$ 即可. 当给定一组 $\{n_{s,\boldsymbol{k}}\}$ 时, 晶格的本征能量及本征函数为

$$E_{\{n_{s,\boldsymbol{k}}\}}=\sum_{s,\boldsymbol{k}}n_{s,\boldsymbol{k}}\hbar\omega_s(\boldsymbol{k})+E_0, \tag{4.1.1}$$

$$|\cdots n_{s,\boldsymbol{k}}\cdots\rangle, \tag{4.1.2}$$

其中,

$$E_0=\sum_{s,\boldsymbol{k}}\frac{1}{2}\hbar\omega_s(\boldsymbol{k})$$

是晶体的基态能量, 即结合能. 由上述表示法可看出, 格波的激发所引起的晶体能量的改变只能是 $\hbar\omega_s(\boldsymbol{k})$ 的整数倍, 在这个物理基础上不难想象, 将这种最小能量单元看成是一种准粒子, 它具有一定的能量 $\hbar\omega_s(\boldsymbol{k})$ 及波矢量 $\boldsymbol{k}$, 按照德布罗意关系, 其动量就是 $\hbar\boldsymbol{k}$, 这种准粒子, 我们称之为声子.

有了声子概念后,v 可将晶格振动用声子语言来描述. 将格波的激发看成是声子的产生, 格波激发的消失, 看成是声子消灭, 将标志格波所处的态的整数 $n_{s,\boldsymbol{k}}$ 看成是声子数. 因而晶格振动的激发态相应于各种动量, 能量和偏振的一群声子的集合. 在简谐近似下, (4.1.1) 式的能谱形式表示的是没有相互作用的体系, 也就是晶格振动的激发态可以用理想声子气体来描述. 如果在晶体的位能中计入非简谐项, 则格波不再是严格的本征态, (4.1.1) 式也不是严格的. 这时具有不同 $n_{s,\boldsymbol{k}}$ 的状态之间将发生跃迁, 相当于各种声子之间发生相互作用, 使声子具有有限寿命, 声子能谱变宽, 并与温度有关. 随着温度升高, 声子数目增多, 声子间相互作用也随之增强. 为了使声子作为自由运动准粒子的图像适用, 温度必须足够低, 声子数不能太大且有足够长的寿命才行.

声子是晶体中全部原子集体运动量子化的产物, 声子不属于任何一个原子, 声子数也与原子总数无关.

讨论晶格振动中所引进的声子就是元激发, 而用声子组成的体系来研究晶体的热力学性质被称为元激发方法.

我们可以将元激发的概念推广到更普遍的情况. 当我们讨论有相互作用系统时, 体系集体运动激发态的能量量子化后得到的最小能量单元就是元激发, 元激发具有动量 $\boldsymbol{p}$ 和能量 $\varepsilon(\boldsymbol{p})$, 在凝聚态体系中, 已经知道的有多种元激发, 如等离子体中的等离子体量子, 铁磁体中的自旋波量子, 半导体中的激子等等. 一般说来, 在同一个体系中可以同时存在几种不同元激发.

按照元激发服从的统计来区分, 可以有两种不同类型的元激发. 即玻色型元激发及费米型元激发. 前者有零或整数自旋, 服从玻色统计, 如声子、液氦中的旋子、等离子体量子等; 后者为半整数自旋, 服从费米统计, 如准电子、准空穴等. 元激发所遵从的统计不一定与组成体系本身的粒子所遵从的统计一致, 但由玻色子组成的体系不可能有费米型元激发, 而由费米子组成的体系既可有费米型元激发, 也可有玻色型元激发.

用元激发方法研究有相互作用体系的低温性质时, 必须能确定三个要素:

(1) 元激发能谱;

(2) 元激发服从的统计;

(3) 元激发的散射机制.

上述第三点主要用于研究非平衡性质. 为了从理论上得出这三要素, 可有两种不同途径, 即唯象理论及微观理论. 所谓唯象理论就是根据一些实验事实经过物理上的分析推论而作出的假定, 然后由通过这一理论所导出的结果与实验结果的比较来验证; 而微观理论则是从微观哈密顿量出发, 从理论上确定这三要素. 显然, 微观理论有其无可争辩的优越性, 但对一个复杂系统, 往往难于直接求解, 故唯象理论也不失为一个有效的办法.

4.2 非理想玻色气体

为了从微观上研究液氦的超流问题, 博戈留波夫 [4.1] 研究了一个稀薄的, 具有两体弱排斥势的非理想玻色气体模型. 由这一理论所导出的结果, 对解决液氦超流问题并不理想, 但他所发展的近似二次量子化方法, 则有一定的普遍意义. 本节主要介绍博戈留波夫理论.

由于体系密度低, 且相互作用势很弱, 因而可以将粒子间相互作用看成是对理想气体的微扰来处理. 加之我们讨论的是系统的低温性质, 可以用三个具有长度量纲的量来表示出所讨论模型的特征.

(1) 散射长度 a: 这参数是反映相互作用势的强度和范围的量, 是相互作用势的整体描述, 而与势的细节无关. 对低能散射总散射截面为 $4\pi a^2$. 对排斥势 $a>0$.

(2) 平均热波长 λ: 在第 2 章中已经引进这一量, 它表示了粒子的波包在空间的平均范围, 这是由波函数对称性引起的纯粹量子效应, 在低温下, λ 可以变得很大.

(3) 粒子间平均距离 l:$l\sim v^{1/3}(v=V/N)$.

我们所讨论的模型是假设三个参数间满足下述关系:

$$\frac{a}{\lambda}\ll 1,\quad \frac{a}{l}\ll 1,\quad \lambda\sim l\ll L, \tag{4.2.1}$$

其中 L 为容器的尺度. 由上述第三条件可知, 体系的量子效应是重要的; 第一及第二条件表示粒子的相互作用很弱, 与量子效应相比是次要的, 可作为微扰来处理.

设我们所讨论的体系由 N 个全同玻色子组成, 粒子自旋 $s=0$, 相互作用为两体球对称势, 系统的哈密顿量可以写成

$$\hat{H}\sum_{i=0}^{N}\frac{p_i^2}{2m}=\frac{1}{2}\sum_{i\neq j}\varphi(r_{ij})\equiv\hat{H}_0+\hat{H}_I. \tag{4.2.2}$$

用二次量子化形式来表示:

$$\hat{H}_0=\sum_{k}\frac{\hbar^2k^2}{2m}\hat{a}_k^+\hat{a}_k, \tag{4.2.3}$$

$$\hat{H}_I=\frac{1}{2}\sum_{\boldsymbol{k}_1,\boldsymbol{k}_2,\boldsymbol{k}_1',\boldsymbol{k}_2'}\langle\boldsymbol{k}_1',\boldsymbol{k}_2'|\varphi|\boldsymbol{k}_2,\boldsymbol{k}_1\rangle\hat{a}_{k_1'}^+ +\hat{a}_{k_2'}^+\hat{a}_{k_2}\hat{a}_{k_1}, \tag{4.2.4}$$

其中 $\hat{a}_k^+, \hat{a}_k$ 为自由粒子的产生, 湮没算符, 有

$$\hat{a}_k^+ \hat{a}_k = \hat{n}_k.$$

满足对易关系:

$$\left.\begin{array}{l}[\hat{a}_k, \hat{a}_{k'}^+] = \delta_{kk'} \\ [\hat{a}_k, \hat{a}_{k'}] = [\hat{a}_k^+, \hat{a}_{k'}^+] = 0\end{array}\right\}. \tag{4.2.5}$$

取体积 $V = L^3$, 单粒子态为

$$\frac{1}{\sqrt{V}} \mathrm{e}^{\mathrm{i}\boldsymbol{k}\cdot\boldsymbol{r}}, \quad \boldsymbol{k} = \frac{2\pi}{L}\boldsymbol{n}.$$

则

$$\begin{aligned}&\langle \boldsymbol{k}_1', \boldsymbol{k}_2' | \varphi | \boldsymbol{k}_2, \boldsymbol{k}_1 \rangle \\ &= \frac{1}{V^2} \int \mathrm{e}^{-\mathrm{i}\boldsymbol{k}_1'\cdot\boldsymbol{r}_1 - \mathrm{i}\boldsymbol{k}_2'\cdot\boldsymbol{r}_2} \varphi(r_{12}) \mathrm{e}^{\mathrm{i}\boldsymbol{k}_1'\cdot\boldsymbol{r}_1 + \mathrm{i}\boldsymbol{k}_2'\cdot\boldsymbol{r}_2} \mathrm{d}\boldsymbol{r}_1 \mathrm{d}\boldsymbol{r}_2.\end{aligned}$$

作坐标变换:

$$\begin{aligned}&\boldsymbol{R} = \frac{1}{2}(\boldsymbol{r}_1 + \boldsymbol{r}_2), \\ &\boldsymbol{r} = \boldsymbol{r}_1 - \boldsymbol{r}_2, \qquad r_{12} = |\boldsymbol{r}_1 - \boldsymbol{r}_2|, \\ &\mathrm{d}\boldsymbol{r}_1 \cdot \mathrm{d}\boldsymbol{r}_2 = |J| \mathrm{d}\boldsymbol{R} \cdot \mathrm{d}\boldsymbol{r} = \mathrm{d}\boldsymbol{R} \cdot \mathrm{d}\boldsymbol{r}.\end{aligned}$$

所以

$$\begin{aligned}&\langle \boldsymbol{k}_1', \boldsymbol{k}_2' | \varphi | \boldsymbol{k}_2, \boldsymbol{k}_1 \rangle \\ &= \frac{1}{V^2} \int \mathrm{e}^{\mathrm{i}(\boldsymbol{k}_1' + \boldsymbol{k}_2' - \boldsymbol{k}_1 - \boldsymbol{k}_2)\cdot\boldsymbol{R}} \mathrm{d}\boldsymbol{R} \times \int \mathrm{e}^{\mathrm{i}(\boldsymbol{k}_1 - \boldsymbol{k}_1' + \boldsymbol{k}_2' + \boldsymbol{k}_2)\cdot\frac{\boldsymbol{r}}{2}} \varphi(r) \mathrm{d}\boldsymbol{r} \\ &= \delta(\boldsymbol{k}_1 + \boldsymbol{k}_2 - \boldsymbol{k}_1' - \boldsymbol{k}_2') \frac{1}{V} \int \mathrm{e}^{-\mathrm{i}(\boldsymbol{k}_1 - \boldsymbol{k}_1')\cdot\boldsymbol{r}} \varphi(r) \mathrm{d}\boldsymbol{r}.\end{aligned}$$

令

$$\nu(\boldsymbol{k}) \equiv \mathrm{e}^{\mathrm{i}\boldsymbol{k}\cdot\boldsymbol{r}} \varphi(r) \mathrm{d}\boldsymbol{r}.$$

$\nu(\boldsymbol{k})$ 实际上就是相互作用势的傅里叶变换. 因为 $\varphi(r)$ 为实函数, 有 $\nu^*(\boldsymbol{k}) = \nu(\boldsymbol{k}) = \nu(-\boldsymbol{k})$. 所以,

$$\begin{aligned}\hat{H}_I &= \frac{1}{2V} \sum_{\boldsymbol{k}_1, \boldsymbol{k}_2, \boldsymbol{k}_1', \boldsymbol{k}_2'} \delta(\boldsymbol{k}_1 + \boldsymbol{k}_2 - \boldsymbol{k}_1' - \boldsymbol{k}_2') \nu(|\boldsymbol{k}_1 - \boldsymbol{k}_1'|) \hat{a}_{k_1'}^+ \hat{a}_{k_2'}^+ \hat{a}_{k_2} \hat{a}_{k_1} \\ &= \frac{1}{2V} \sum{}' \nu(|\boldsymbol{k}_1 - \boldsymbol{k}_1'|) \hat{a}_{k_1'}^+ \hat{a}_{k_2'}^+ \hat{a}_{k_2} \hat{a}_{k_1},\end{aligned} \tag{4.2.6}$$

其中 $\sum'$ 表示满足 δ 函数的求和. 我们所讨论的模型满足近似条件 (4.2.1), 称为近理想气体模型. 由条件 (4.2.1) 式, 可将 (4.2.6) 式简化, 这简化是近似二次量子化方法的核心.

对理想玻色气体, $\varphi=0$, 体系的基态是所有粒子都处在零动量状态：

$$|n_0,0,0,\cdots\rangle,\qquad n_0=N.$$

由近理想气体条件, 当有弱相互作用时, 与理想玻色气体有一定差别, 但差别不大, 与低激发态情况相似, 大部分粒子依然处在零动量状态. 为

$$|n_0',n_1,n_2,\cdots\rangle,\qquad n_0'\approx N, n_1+n_2+\cdots\ll N.$$

从对易关系的角度来看, 有

$$\hat{a}_0\hat{a}_0^+-\hat{a}_0^+\hat{a}_0=1,$$

而

$$\hat{a}_0^+\hat{a}_0=n_0'\approx N,$$

则

$$\hat{a}_0\hat{a}_0^+=1+n_0'\approx N.$$

所以

$$\hat{a}_0^+\hat{a}_0\approx\hat{a}_0\hat{a}_0^+.$$

上述近似过程实际上就是忽略了算符不对易部分. 且将 $\hat{a}_0$ 及 $\hat{a}_0^+$ 看成是常数 $\sqrt{N_0}$, N_0 表示零动量态的粒子数.

$$\hat{a}_k^+\hat{a}_k=\hat{n}_k,$$

本征值 n_k 是小量. 利用这一简化过程, 将 (4.2.6) 式中 $\hat{H}_I$ 的四个算符乘积展开, 保留二级项,

零级：
$$\begin{aligned}\hat{a}_0^+\hat{a}_0^+\hat{a}_0\hat{a}_0&=N_0^2=\left(N-\sum_{k\neq0}\hat{a}_k^+\hat{a}_k\right)^2\\&\approx N^2-2\left(\sum_{k\neq0}\hat{a}_k^+\hat{a}_k\right)N,\end{aligned}$$

二级:
$$\begin{aligned}&\hat{a}_k^+\hat{a}_{-k}^+\hat{a}_0\hat{a}_0=N_0\hat{a}_k^+\hat{a}_{-k}^+\approx N\hat{a}_k^+\hat{a}_{-k}^+,\\&\hat{a}_0^+\hat{a}_0^+\hat{a}_k\hat{a}_{-k}=N_0\hat{a}_k\hat{a}_{-k}\approx N\hat{a}_k\hat{a}_{-k}.\end{aligned}$$

二级项中还有四项：$\hat{a}_0^+\hat{a}_k^+\hat{a}_k\hat{a}_0, \hat{a}_k^+\hat{a}_0^+\hat{a}_0\hat{a}_k, \hat{a}_0^+\hat{a}_k^+\hat{a}_0\hat{a}_k$ 及 $\hat{a}_k^+\hat{a}_0^+\hat{a}_k\hat{a}_0$, 这四项均可写成

$$\hat{a}_k^+\hat{a}_k\hat{a}_0^+\hat{a}_0,$$

所以四项合并, 可得

$$\text{四项之和} = 4N_0\hat{a}_k^+\hat{a}_k \approx 4N\hat{a}_k^+\hat{a}_k.$$

为了简单起见, 只考虑低动量散射, 有

$$\nu(\boldsymbol{k}) \approx \nu_0.$$

由此可将 (4.2.6) 式写成

$$\begin{aligned}\hat{H}_I &= \frac{\nu_0}{2V}\left[N^2 - 2N\sum_{k\neq 0}\hat{a}_k^+\hat{a}_k + N\sum_{k\neq 0}(\hat{a}_k^+\hat{a}_{-k}^+ + \hat{a}_k\hat{a}_{-k}) + 4N\sum_{k\neq 0}\hat{a}_k^+\hat{a}_k\right]\\ &= \frac{N^2\nu_0}{2V} + \frac{N\nu_0}{2V}\sum_{k\neq 0}(\hat{a}_k^+\hat{a}_{-k}^+ + \hat{a}_k\hat{a}_{-k} + 2\hat{a}_k^+\hat{a}_k).\end{aligned} \tag{4.2.7}$$

所以

$$\begin{aligned}\hat{H} &= \sum_k \frac{\hbar^2k^2}{2m}\hat{a}_k^+\hat{a}_k + \frac{N^2\nu_0}{2V} + \frac{N\nu_0}{2V}\sum_{k\neq 0}(\hat{a}_k^+\hat{a}_{-k}^+ + \hat{a}_k\hat{a}_{-k} + 2\hat{a}_k^+\hat{a}_k)\\ &= \frac{N^2\nu_0}{2V} + \sum_{k\neq 0}\left(\frac{\hbar^2k^2}{2m} + \frac{N\nu_0}{V}\right)\hat{a}_k^+\hat{a}_k + \frac{N\nu}{2V}\sum_{k\neq 0}(\hat{a}_k^+\hat{a}_{-k}^+ + \hat{a}_k\hat{a}_{-k}).\end{aligned} \tag{4.2.8}$$

显然, 在 $\hat{H}$ 中第一项是常数, 第二项为对角的, 而第三项为非对角的. 下一步需将第三项对角化, 采用博戈留波夫变换, 引入新算符 $\hat{b}_k$ 及 $\hat{b}_k^+$, 令

$$\hat{b}_k = u_k\hat{a}_k - v_k\hat{a}_{-k}^+, \quad \hat{b}_k^+ = u_k\hat{a}_k^+ - v_k\hat{a}_{-k}, \tag{4.2.9}$$

其中 u_k, v_k 为待定常数, 且有关系:

$$u_k = u_{-k}; \quad v_k = v_{-k}.$$

可以证明当 u_k, v_k 满足条件 $u_k^2 - v_k^2 = 1$ 时, $\hat{b}_k, \hat{b}_k^+$ 满足玻色子对易关系:

$$\left.\begin{aligned}&[\hat{b}_k, \hat{b}_{k'}^+] = \delta_{kk'},\\ &[\hat{b}_k, \hat{b}_{k'}] = [\hat{b}_k^+, \hat{b}_{k'}^+] = 0.\end{aligned}\right\} \tag{4.2.10}$$

证明:

$$\begin{aligned}[\hat{b}_k, \hat{b}_{k'}^+] &= [u_k\hat{a}_k - v_k\hat{a}_{-k}^+, u_{k'}\hat{a}_{k'}^+ - v_{k'}\hat{a}_{-k'}]\\ &= u_ku_{k'}[\hat{a}_k, \hat{a}_{k'}^+] + v_kv_{k'}[\hat{a}_{-k}^+, \hat{a}_{-k'}]\\ &= u_ku_{k'}\delta_{kk'} - v_kv_{k'}\delta_{kk'} = \delta_{kk'}.\end{aligned}$$

对其余两个对易关系也可以完全类似地加以证明.

为了实现 $\hat{H}_I$ 的对角化, 需用算符 $\hat{b}$ 来表示出算符 $\hat{a}$, 由 (4.2.9) 式:
用 u_k 乘 (4.2.9) 第一式, 用 v_k 乘 (4.2.9) 第二式, 两式相加得

$$u_k\hat{b}_k + v_k\hat{b}^+_{-k} = (u_k^2 - v_k^2)\hat{a}_k = \hat{a}_k.$$

同样方法可得另一式, 所以有

$$\left.\begin{aligned}\hat{a}_k &= u_k\hat{b}_k + v_k\hat{b}^+_{-k},\\ \hat{a}^+_k &= u_k\hat{b}^+_k + v_k\hat{b}_{-k}.\end{aligned}\right\} \tag{4.2.11}$$

将 (4.2.11) 式代入 (4.2.8) 式, 得

$$\begin{aligned}\hat{H} =& \frac{N^2\nu_0}{2V} + \sum_{k\neq 0}\left[\left(\frac{\hbar^2k^2}{2m} + \frac{N\nu_0}{V}\right)v_k^2 + \frac{N\nu_0}{V}u_kv_k\right]\\ &+ \sum_{k\neq 0}\left[\left(\frac{\hbar^2k^2}{2m} + \frac{N\nu_0}{V}\right)(u_k^2 + v_k^2) + \frac{2N\nu_0}{V}u_kv_k\right]\hat{b}^+_k\hat{b}_k\\ &+ \sum_{k\neq 0}\left[\left(\frac{\hbar^2k^2}{2m} + \frac{N\nu_0}{V}\right)u_kv_k + \frac{N\nu_0}{2V}(u_k^2 + v_k^2)\right](\hat{b}^+_k\hat{b}^+_{-k} + \hat{b}_k\hat{b}_{-k}),\end{aligned}$$

上式中第一项是常数, 第二项是对角的, 而第三项依然是非对角的. 为使 $\hat{H}$ 对角化, 必须令

$$\left(\frac{\hbar^2k^2}{2m} + \frac{N\nu_0}{V}\right)u_kv_k + \frac{N\nu_0}{2V}(u_k^2 + v_k^2) = 0 \tag{4.2.12}$$

这是可以被允许的, 原因在于对参数 u_k, v_k 已经给定了一个限制条件即 $u_k^2 - v_k^2 = 1$, 可以给出另一个限制条件, 即 (4.2.12) 式.

为了简化, 令

$$E_0 \equiv \frac{N^2\nu_0}{2V} + \sum_{k\neq 0}\left[\left(\frac{\hbar^2k^2}{2m} + \frac{N\nu_0}{V}\right)v_k^2 + \frac{N\nu_0}{V}u_kv_k\right], \tag{4.2.13}$$

$$\tilde{\varepsilon}(k) \equiv \left(\frac{\hbar^2k^2}{2m} + \frac{N\nu_0}{V}\right)(u_k^2 + v_k^2) + \frac{2N\nu_0}{V}u_kv_k. \tag{4.2.14}$$

于是系统的哈密顿量可以写成

$$\hat{H} = E_0 + \sum_{k\neq 0}\tilde{\varepsilon}(k)\hat{b}^+_k\hat{b}_k = E_0 + \sum_{k\neq 0}\tilde{\varepsilon}(k)\hat{\tilde{n}}_k. \tag{4.2.15}$$

其中 $\hat{\tilde{n}}_k = \hat{b}^+_k\hat{b}_k$ 为准粒子算符. 可以看出,(4.2.15) 式的形式与理想气体能谱的形式相似, 其中 E_0 为常数, 相当于没有元激发时有相互作用系统的基态, 而 E_0 中的第一部分 $N^2\nu_0/2V$ 相当于零动量粒子的相互作用能.

下面将由 u_k, v_k 所满足的两个条件来解出 u_k, v_k:

$$\begin{cases} u_k^2 - v_k^2 = 1, & (4.2.16) \\ \left(\dfrac{\hbar^2 k^2}{2m} + \dfrac{N\nu_0}{2V}\right) u_k v_k + \dfrac{N\nu_0}{2V}(u_k^2 + v_k^2) = 0. & (4.2.17) \end{cases}$$

令

$$u_k = \cosh\chi_k, \quad v_k = \sinh\chi_k.$$

得

$$u_k^2 + v_k^2 = \cosh^2\chi_k + \sinh^2\chi_k = \cosh 2\chi_k, \tag{4.2.18}$$

$$2u_k v_k = 2\cosh\chi_k \cdot \sinh\chi_k = \sinh 2\chi_k. \tag{4.2.19}$$

将 (4.2.18) 式、(4.2.19) 式代入 (4.2.17) 式, 得

$$\left(\frac{\hbar^2 k^2}{2m} + \frac{N\nu_0}{V}\right)\frac{1}{2}\sinh 2\chi_k + \frac{N\nu_0}{2V}\cosh 2\chi_k = 0.$$

因此有

$$\tanh 2\chi_k = -\frac{N\nu_0/V}{\dfrac{\hbar^2 k^2}{2m} + \dfrac{N\nu_0}{V}}, \tag{4.2.20}$$

$$\cosh^2 2\chi_k = \frac{1}{1 - \tanh^2 2\chi_k} = \frac{\left(\dfrac{\hbar^2 k^2}{2m} + \dfrac{N\nu_0}{V}\right)^2}{\dfrac{\hbar^2 k^2}{2m}\left(\dfrac{\hbar^2 k^2}{2m} + 2\dfrac{N\nu_0}{V}\right)},$$

$$\cosh 2\chi_k = \frac{\dfrac{\hbar^2 k^2}{2m} + \dfrac{N\nu_0}{V}}{\left[\dfrac{\hbar^2 k^2}{2m}\left(\dfrac{\hbar^2 k^2}{2m} + 2\dfrac{N\nu_0}{V}\right)\right]^{\frac{1}{2}}}, \tag{4.2.21}$$

$$\begin{aligned} \sinh 2\chi_k &= \cosh 2\chi k \cdot \tanh 2\chi_k \\ &= -\frac{N\nu_0/V}{\left[\dfrac{\hbar^2 k^2}{2m}\left(\dfrac{\hbar^2 k^2}{2m} + \dfrac{2N\nu_0}{V}\right)\right]^{\frac{1}{2}}} \end{aligned} \tag{4.2.22}$$

将 (4.2.18) 式、(4.2.19) 式、(4.2.21) 式及 (4.2.22) 式代入 (4.2.14) 式:

$$\tilde{\varepsilon}(k) = \left[\frac{\hbar^2 k^2}{2m}\left(\frac{\hbar^2 k^2}{2m} + \frac{2N\nu_0}{V}\right)\right]^{\frac{1}{2}}. \tag{4.2.23a}$$

这就是所求得的元激发能谱. 也可写成

$$\tilde{\varepsilon}(p)=\left[\frac{p^2}{2m}\left(\frac{p^2}{2m}+\frac{2N\nu_0}{V}\right)\right]^{\frac{1}{2}}. \tag{4.2.23b}$$

当 $p\sim 0$ 时, 在 (4.2.23b) 中忽略 p^4 项, 得

$$\tilde{\varepsilon}(p)=\left(\frac{p^2}{2m}\cdot\frac{2N\nu_0}{V}\right)^{\frac{1}{2}}=\sqrt{\frac{N\nu_0}{mV}}\cdot p=c_s\cdot p. \tag{4.2.24}$$

所以当动量很低时, 得到的能谱为声子谱. 而当 p 很大时, 有

$$\tilde{\varepsilon}(p)\approx\frac{p^2}{2m}. \tag{4.2.25}$$

这能谱更接近于自由粒子谱.

最后需说明几点:

(1) 在博戈留波夫变换中, $\hat{b}_k^+,\hat{b}_k$ 可以看成元激发的产生及湮没算符, (4.2.15) 式就是元激发体系的哈密顿量. 从基态能量 E_0 的表示式看出, 第一部分来自于 $k=0$ 的贡献, 而后面求和式中来自于 $k\neq 0$ 的贡献, 说明当 $T=0$ 时, 体系并不是全部处在零动量状态, 而是有少量粒子处在激发态, 这就构成有相互作用体系基态的图像.

(2) $\hat{\tilde{n}}_k$ 为准粒子或称元激发数算符, 由于 $\hat{b}$ 满足玻色统计, 可求出 $\tilde{n}_k$ 的平均值:

$$\langle\hat{\tilde{n}}_k\rangle=\frac{1}{\mathrm{e}^{\tilde{\varepsilon}(k)/kT}-1}. \tag{4.2.26}$$

当 $T\to 0$ 时, $\langle\hat{\tilde{n}}_k\rangle\to 0$, 即 0K 时没有元激发, (4.2.26) 式与理想玻色气体粒子数平均值的公式相同. 其原因是在博戈留夫近似中, 忽略了算符 $\hat{a}$ 的高阶项, 相当于忽略了元激发之间的相互作用, 亦就是我们讨论的是元激发构成的理想气体, 故会有 (4.2.26) 式的结果.

(3) 实际体系的粒子数算符 $\hat{n}_k$ 的平均值为

$$\begin{aligned}\langle\hat{n}_k\rangle&=\langle\hat{a}_k^+\hat{a}_k\rangle=\langle(u_k\hat{b}_k^++v_k\hat{b}_{-k})(u_k\hat{b}_k+v_k\hat{b}_{-k}^+)\rangle\\&=u_k^2\langle\hat{\tilde{n}}_k\rangle+v_k^2\langle 1+\hat{\tilde{n}}_{-k}\rangle\\&=(u_k^2+v_k^2)\langle\hat{\tilde{n}}_k\rangle+v_k^2\\&=\frac{\cosh 2\chi_k}{\mathrm{e}^{\tilde{\varepsilon}(k)/kT}-1}+\frac{1}{2}(\cosh 2\chi_k-1).\end{aligned}$$

显然这不是玻色–爱因斯坦分布, 尽管实际体系的粒子是玻色子. 其原因是实际体系是有相互作用的, 不是理想气体.

4.3 ^{4}He Ⅱ的性质及二流体模型

氦是在接近绝对零度时仍能保持液态的物质, 由两种同位素 ^{4}He 及 ^{3}He 组成. ^{4}He 是玻色子, 遵守玻色统计, 在低温下显示了明显的量子效应, 被称为量子液体. 本节及下节将主要讨论 ^{4}He 的性质及有关的理论.

^{4}He 在转变温度 $T_\lambda = 2.18\text{K}$ 时发生相变, 存在两相：^{4}He Ⅰ及 ^{4}He Ⅱ. 其中 ^{4}He Ⅰ的性质与通常流体一样；而 ^{4}He Ⅱ具有明显的特征, 即超流性. 图 4.3.1 及图 4.3.2 分别画出了 ^{4}He 低温下的相图及比热曲线, 从图上可看出, 比热曲线呈 λ 形, 因而亦称“λ 相变”；相变没有潜热.

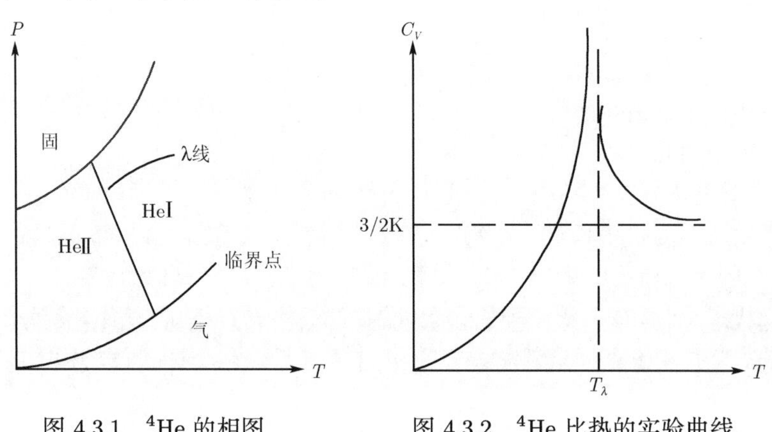

图 4.3.1 ^{4}He 的相图 图 4.3.2 ^{4}He 比热的实验曲线

1. ^{4}He Ⅱ的主要性质

(1) 超流性：1937 年 Капица 从实验上观察到 ^{4}He Ⅱ能沿很细的毛细管流过, 而几乎不显示任何黏滞性, 这种现象称为超流性. 实验还发现, 存在一个临界速度 v_c, 当流动速度 $v > v_c$ 时, 超流性被破坏.

(2) 黏滞性：如果用一细丝悬挂一圆盘, 浸于 ^{4}He Ⅱ中, 让圆盘作扭转振动, 圆盘的运动将会受到阻尼, 用这种方法测得的 ^{4}He Ⅱ的黏滞系数与在 λ 点以上的 ^{4}He Ⅰ相比有同数量级, 且明显地依赖于温度, 随 $T \to 0$ 而趋于零.

(3) 喷泉效应 (fountain effect)：将一毛细管插入盛有 ^{4}He Ⅱ的容器中, 通过造成一定的压强差, 使 ^{4}He Ⅱ从毛细管中流出, 此时容器中 ^{4}He Ⅱ的温度就会升高, 这种现象称为机械致热效应 (mechanocaloric effeet). 反之如果升高容器中 ^{4}He Ⅱ的温度, 则液氦将从毛细管喷出, 这种现象称为喷泉效应.

(4) 超热导：^{4}He Ⅱ的热导率很大, 且不与温度梯度成正比. 如果按通常的热导率定义来定义 ^{4}He Ⅱ的热导率, 则其热导率将趋于无穷.

正是由于液氦的这些奇特的性质, 引起了广泛的兴趣, 几十年来对液氦进行了很多研究, 最早的理论就是 Tisza 的二流体模型.

2. 二流体模型

Tisza 的理论是纯经验性的唯象理论, 他假设 ^{4}He Ⅱ是由正常成分和超流成分两部分组成的, 可以令正常成分的密度为 $\rho_{\rm n}$, 流动时的速度为 $\boldsymbol{V}_{\rm n}$, 超流成分的密度为 $\rho_{\rm s}$, 流动速度为 $\boldsymbol{V}_{\rm s}$, 它们与总密度、速度之间满足关系:

$$\rho = \rho_{\rm n} + \rho_{\rm s}$$
$$\rho\boldsymbol{V} = \rho_{\rm n}\boldsymbol{V}_{\rm n} + \rho_{\rm s}\boldsymbol{V}_{\rm s}$$

正常成分被假设成具有经典流体的体质, 而超流成分具有特殊的性质:

(1) 超流成分的熵为零;

(2) 可以不受阻尼的流过很细的毛细管.

用二流体模型可以很好解释 ^{4}He Ⅱ中的一系列重要特性. 例如当 ^{4}He Ⅱ流过毛细管时, 其中正常成分因有黏滞性而不能通过毛细管, 观察到的流动仅由超流成分引起, 因而测得其黏滞系数为 0.由 Andronikashvili 所做圆盘实验则相反, 由于在容器中有 ^{4}He Ⅱ的正常成分, 对圆盘产生阻尼, 故由此测得的黏滞系数可与 ^{4}He I 相比. 同时由此实验也没测得 ^{4}He Ⅱ中正常成分所占的比例及验证超流成分的存在. 当容器中 ^{4}He Ⅱ与其本身的蒸汽压达到平衡时, 可以测得整个系统的转动惯量作为温度的函数, 根据二流体模型的假设, ^{4}He Ⅱ中正常成分将随着圆盘旋转, 而超流成分不受影响, 故转动惯量将正比于 $\rho_{\rm n}/\rho$, 比例常数由在转变温度时 $\rho_{\rm n}/\rho$=1 来决定, 根据实验结果可得经验公式:

$$\frac{\rho_{\rm n}}{\rho} = \begin{cases} \left(\dfrac{T}{T_\lambda}\right)^{5.6}, & T < T_\lambda; \\ 1, & T > T_\lambda. \end{cases}$$

对机械致热效应, 也可以得到解释. 由于通过毛细管流出的是超流成分, 其熵为 0, 因而留在容器中的液体每单位质量的熵增加, 使温度升高.^{4}He Ⅱ的超热导也来自于同样原因, 当容器中原来处于均匀温度的 ^{4}He Ⅱ在局部区域温度升高后, 受热区域的 $\rho_{\rm n}/\rho$ 要增加, 而 $\rho_{\rm s}/\rho$ 则减小, 造成两种成分的密度涨落. 为了恢复平衡, 受热区域周围的超流成分将向受热区域流动, 而正常成分为反向流动, 这一过程进行得非常快, 使 ^{4}He Ⅱ有极好的导热性.F.London 称这一个过程为“内运流”.

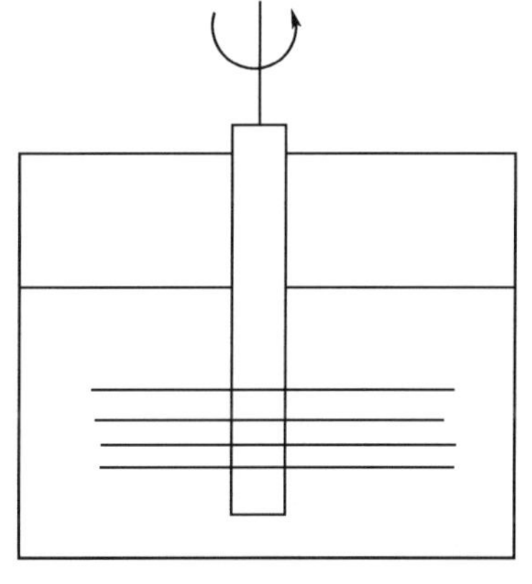

图 4.3.3 转盘实验示意图

二流体模型也预言了第二声的存在. 在液氦中 ρ_n 和 ρ_s 可以出现正弦形的振动, 如果两者的位相是相同的, 必然会有总质量密度 ρ 的正弦形振动, 这样形成的是压力波, 被称为第一声, 即普通的声波. 而当 ρ_n 及 ρ_s 的振动位相相差 180 ° 时, 尽管 ρ_n 及 ρ_s 两者依然在振动但能保持总的质量密度 ρ 为常数, 故整个流体中不存在压力波; 而 ρ_n 的熵不为 0, ρ_n 的振动决定了流体中存在熵密度的振动亦就是温度涨落, 故在 ^{4}He II 中可以存在另一种振动模式, 这就是熵波或称温度波, 亦称为第二声. 其传播速度为

$$u_2 = \sqrt{\frac{\rho_\text{s} T S^2}{\rho_\text{n} C_V}},$$

其中 C_V 为比热, S 为单位质量的熵. 在 1.5K 时第二声的传播速度为 20m/s, 在相变点 $u_2 = 0$.

可以看出, 二流体模型能很好地解释已知的一些实验结果, 且成功地预言了第二声的存在, 其形式又十分简单, 因而这是一个很有价值的理论. 但这理论不能提供对 ^{4}He II 超流问题的全面、深入的了解, 主要表现在:

(1) 没有给出对 ^{4}He II 的完整的流体动力学描述;

(2) 不能提供微观解释.

4.4 ^{4}He II 超流的唯象理论

20 世纪 40 年代朗道基于对 ^{4}He II 的一系列实验, 特别是比热实验的分析, 在元激发概念的基础上建立了液氦的超流理论. 他的基本想法是将 ^{4}He II 看成是受弱激发的量子玻色体系. 将 ^{4}He II 中的正常成分看成是元激发组成的系统, 而体系的基态作为元激发的背景, 对应于超流成分. 在 $T = 0$K 时, 没有元激发, 系统处于基态, 整个 ^{4}He II 均为超流成分. 当温度升高时, 体系被激发, 但在温度仍然不很高的情况下, 元激发密度很低, 可以看成为元激发组成的理想气体. 对这样的系统, 能量可以表示成

$$E = E_0 + \sum_{\boldsymbol{p}} n(\boldsymbol{p}) \varepsilon(\boldsymbol{p}), \tag{4.4.1}$$

其中 $\boldsymbol{p}$ 及 $\varepsilon(\boldsymbol{p})$ 表示元激发的动量和能量, $n(\boldsymbol{p})$ 是动量为 $\boldsymbol{p}$ 的元激发数.

^{4}He II 的比热实验给出了在 $T \ll T_\text{C}$ 时, 比热与 T^3 成正比, 这是声子的特征, 而当温度较高时, 比热中存在一个类似于 $\text{e}^{-\Delta/kT}$ 的附加项, 因而朗道假定在 ^{4}He II 中存在两种元激发: 声子及旋子, 两者均为玻色子, 在 $\boldsymbol{p}$ 小时, 主要元激发是声子, 而 $\boldsymbol{p}$ 大的时候, 主要为旋子. 声子具有普通声子同样的能谱:

$$\varepsilon(p) = u_1 \cdot p.$$

u_1 为声速, 而旋子的能谱则是

$$\varepsilon(p) = \varDelta + \frac{(p-p_0)^2}{2m^*},$$

其中 $\varDelta$ 称为能隙.$\varDelta, p_0, u_1$ 及 m^* 均是由实验决定的参数. 可将能谱合起来写成

$$\varepsilon(p) = \begin{cases} u_1 p, & p \ll p_0; \\ \varDelta + \dfrac{(p-p_0)^2}{2m^*}, & p \sim p_0. \end{cases} \tag{4.4.2}$$

图 4.4.1 给出的朗道的能谱, 其中虚线是当时并不清楚的部分. 由于元激发是有能量和动量的, 因而在实验上应该是可观察到的.1957 年 M.Cohen 和 R.P.Feynman[4.2] 提出, 可以用入射到液氦中波长 $\lambda > 4$Å的中子散射来研究 ^{4}He II 的能谱, 当温度低于 2K 时, 慢中子散射的重要过程是中子在液氦中产生单个激发的过程, 通过测量不同角度上被散射中子波长的改变, 在有关守恒定律的基础上, 就能决定能谱.Yarnell 等 [4.3] 根据这一建议从实验上测定了 ^{4}He II 的激发能谱; 以后 Henshaw[4.4] 等人又扩展了观察范围, 图 4.4.1 中也表示出了实验测量得到的能谱值. 可以看出朗道能谱的形状与实验结果大体上是一致的. 朗道理论中参数的实验值为

$$\left.\begin{aligned} u_1 &= (239 \pm 5)\mathrm{m/s} \\ \varDelta/k &= (8.65 \pm 0.04)\mathrm{K} \\ \rho_0/\hbar &= (1.92 \pm 0.01)\mathring{\mathrm{A}}^{-1} \\ m^* &= (0.16 \pm 0.01)\mathrm{m_{He}} \end{aligned}\right\}. \tag{4.4.3}$$

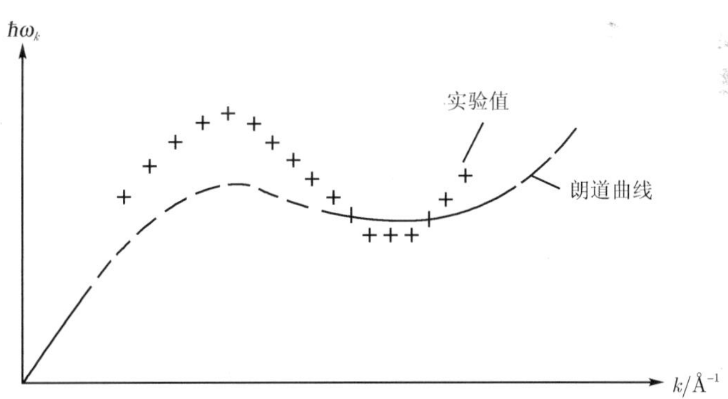

图 4.4.1 ^{4}He II 的能谱曲线

有了元激发能谱就可以计算体系的热力学函数, 根据朗道假设, 将元激发组成的体系看成是理想玻色气体, 由于元激发的数目为可变的, 由自由能极小的条件来决定:

$$\left(\frac{\partial F}{\partial N}\right)_{T,V} = \mu = 0.$$

化学势 $\mu=0$, 则巨配分函数为

$$\ln\varXi=\frac{V}{h^3}\int\ln[1-\mathrm{e}^{-\beta\varepsilon(p)}]\mathrm{d}^2p. \tag{4.4.4}$$

元激发的平均占有数为

$$\langle n(\boldsymbol{p})\rangle=\frac{1}{\mathrm{e}^{\beta\varepsilon(p)}-1}. \tag{4.4.5}$$

低温下, 热力学函数可表示成声子及旋子两部分之和. 对声子部分的热力学函数用第 2 章所讨论的方法很容易求得

$$\varsigma_p=(\ln\varXi)_p=V\frac{\pi^2}{90(\hbar u_1)^3}(kT)^3, \tag{4.4.6}$$

$$\bar{E}_p=V\frac{\pi^2}{30(\hbar u_1)^3}(kT)^4, \tag{4.4.7}$$

$$S_p=V\frac{2\pi^2k}{45(\hbar u_1)^3}(kT)^3, \tag{4.4.8}$$

$$(C_V)_p=V\frac{2\pi^2k}{15(\hbar u_1)^3}(kT)^3. \tag{4.4.9}$$

理论上给出了 $(C_V)_p\propto T^3$, 与极低温下实验结果是一致的. 平均粒子数也可得到为

$$\overline{N}_p=\frac{6V}{5\pi^2(\hbar u_1)^3}(kT)^3. \tag{4.4.10}$$

下面讨论旋子部分的贡献:

在巨配分函数表示式 (4.4.4) 的被积函数中指数项为

$$\mathrm{e}^{-\beta\varepsilon(p)}=\exp\left[-\frac{\varDelta}{kT}-\frac{(p-p_0)^2}{2m^*kT}\right].$$

根据实验测得的结果, 在 $T<2\mathrm{K}$ 时有

$$\frac{\varDelta}{kT}\sim 4.4,$$

而

$$\frac{(p-p_0)^2}{2m^*kT}>0,$$

故

$$\exp\left\{-\beta\left[\varDelta+\frac{(p-p_0)^2}{2m^*}\right]\right\}\ll 1.$$

可将被积函数 $\ln(1-x)$ 作级数展开, 取最低项:

$$(\ln\varXi)_{\mathrm{R}}=\frac{V}{h^3}\int_0^\infty\exp\left\{-\beta\left[\varDelta+\frac{(p-p_0)^2}{2m^*}\right]\right\}4\pi p^2\mathrm{d}p.$$

作变数变换, 令

$$p - p_0 = \sqrt{2m^* kT} x,$$

得

$$(\ln \Xi)_{\rm R} = {\rm e}^{-\Delta\beta} \frac{4\pi V}{h^3} \sqrt{2m^* kT} \int_{-x_0}^{\infty} {\rm e}^{-x^2} [p_0 + \sqrt{2m^* kT}]^2 {\rm d}x,$$

其中,

$$x_0 = p_0 / \sqrt{2m^* kT},$$

$$x_0^2 = p_0^2 / 2m^* kT \gg 1.$$

被积函数中有 ${\rm e}^{-x^2}$ 因子, 故积分下限可用 $-\infty$ 代替, 得

$$\begin{aligned}(\ln \Xi)_{\rm R} \approx &\ {\rm e}^{-\Delta\beta} \frac{4\pi V}{h^3} \sqrt{2m^* kT} \\ &\times \int_{-\infty}^{\infty} {\rm e}^{-x^2} [p_0^2 + 2\sqrt{2m^* kT} p_0 x + 2m^* kT x^2] {\rm d}x.\end{aligned}$$

被积函数的括弧中第二项为奇次项, 积分为 0; 又有括弧中第三项 $\ll$ 第一项, 最后可得

$$(\ln \Xi)_{\rm R} = V \frac{2p_0^2 (m^* kT)^{\frac{1}{2}}}{(2\pi)^{\frac{7}{2}} \hbar^3} {\rm e}^{-\Delta/kT}. \tag{4.4.11}$$

其他热力学函数亦容易算出, 为

$$\overline{N}_{\rm R} = (\ln \Xi)_{\rm R}, \tag{4.4.12}$$

$$\overline{E}_{\rm R} = \overline{N}_{\rm R} \left(\Delta + \frac{1}{2} kT \right), \tag{4.4.13}$$

$$\overline{S}_{\rm R} = \overline{N}_{\rm R} k \left(\frac{3}{2} + \frac{\Delta}{kT} \right), \tag{4.4.14}$$

$$(C_V)_{\rm R} = \overline{N}_{\rm R} k \left[\frac{3}{4} + \frac{\Delta}{kT} + \left(\frac{\Delta}{kT} \right)^2 \right]. \tag{4.4.15}$$

从比热的表示式看出, 当 $T \to 0$ 时 $(C_V)_{\rm R}$ 按指数规律趋于 0.

将两部分热力学函数相加, 得到 ^{4}He Ⅱ的热力学函数. 但在不同温度下, 两部分贡献不同, 即当 $T < 0.3$K 时, 声子起主要作用, $T > 1$K 时旋子起主要作用, 而当 $T \approx 0.6$K 时, 两种成分的贡献相当.

在 4.3 节我们曾讲过, 当 ^{4}He Ⅱ流过毛细管时, 存在一个临界速度 $V_{\rm C}$, 若 $V > V_{\rm C}$, 则超流性被破坏. 朗道根据相当普遍的考虑导出了超流的临界速度. 设质量为 M 的超流体以速度 $\boldsymbol{v}$ 运动, 其动量和能量为

$$\boldsymbol{P} = M\boldsymbol{v}; \qquad E = \frac{P^2}{2M}.$$

动量和能量的变化必须满足

$$\delta E = \boldsymbol{v} \cdot \delta \boldsymbol{P} \tag{4.4.16}$$

如果在超流体中产生了一个元激发, 元激发动量为 $\boldsymbol{p}$, 能量为 $\varepsilon(\boldsymbol{p})$. 按照动量、能量守恒原理, 元激发的动量、能量必然是靠消耗超流体宏观运动的动量、能量而得到的, 有

$$\boldsymbol{p} = -\delta \boldsymbol{P}; \qquad \varepsilon(\boldsymbol{p}) = -\delta E.$$

故 (4.4.16) 式可改写为

$$\varepsilon(\boldsymbol{p}) = \boldsymbol{v} \cdot \boldsymbol{p} \leqslant vp,$$

即

$$v \geqslant \varepsilon(\boldsymbol{p})/p.$$

这结果说明, 如果要在 ^{4}He II 中产生元激发, 则其宏观流速必须大于某个值, 换言之, 当流速小于该值时, 体系不会产生元激发, 依然保持其超流状态. 由此, 朗道得出下列判据:

$$v < \left(\frac{\varepsilon(p)}{p}\right)_{\min} \equiv v_{\mathrm{C}}.$$

v_{c} 称为临界速度. 朗道的这一判据, 实际上也对产生元激发的能谱作了一定限制, 声子及旋子谱均能满足朗道判据. 但临界速度数值与实验结果不符. 由朗道能谱得 $v_{\mathrm{c}} \sim 60\mathrm{m/s}$; 而从毛细管实验中得到的数值比理论值小得多, 且明显地依赖于管的直径. 例如当管径为 1.2×10^{-5}cm,7.9×10^{-5}cm 及 3.9×10^{-4}cm 时, 得到 v_{c} 为 13cm/s,8cm/s 和 4cm/s.

朗道理论尽管给出了与实验结果基本一致的能谱, 也较好地解释了 ^{4}He II 的实验结果, 但朗道能谱的得到则是唯象的. 建立一种微观理论, 依然是令人感兴趣的课题.

4.5　费恩曼的微观理论

在朗道理论的基础上, 费恩曼 [4,5] 发展了液 ^{4}He II 的原子理论, 得到了与朗道理论相同的声子及旋子元激发. 但费恩曼的理论则是建立在更令人信服的基础上; 他进一步提出在 ^{4}He II 中存在另一种新的激发 —— 量子化涡旋, 以此解释了超流氦的临界速度问题.

1. 声子与旋子的能谱

将系统的哈密顿量写为

$$\hat{H} = -\frac{\hbar^2}{2m}\sum_{j=1}^{N}\nabla_j^2 + \sum_{i<j} v_{ij}, \tag{4.5.1}$$

其中 m 是 ^{4}He 原子质量, $v_{ij}=v(|\boldsymbol{r}_i-\boldsymbol{r}_j|)$ 是第 i 个和第 j 个原子间的势能. 将坐标 $(\boldsymbol{r}_1,\cdots,\boldsymbol{r}_N)$ 的集合称为体系的一个组态. 基态波函数 ψ_0 满足

$$\hat{H}\psi_0=E_0\psi_0. \tag{4.5.2}$$

E_0 是最低的能量本征值,ψ_0 对坐标为对称的. 可以证明 ψ_0 是正、实的, 也是唯一的基态波函数. 因此, 除了体系中有两个原子互相接触, 对这种组态有 $\psi_0\approx 0$ 外, 对其余所有组态, 可以将 ψ_0 近似看成为常数.

费恩曼认为当存在一种元激发时, 液体的波函数应该近似地具有形式:

$$\psi=\sum_j f(\boldsymbol{r}_j)\psi_0, \tag{4.5.3}$$

其中 $f(\boldsymbol{r}_j)$ 是待定函数, 通过使与 ψ 状态对应的能量为极小的条件来决定, 即

$$\frac{(\psi,\hat{H}\psi)}{(\psi,\psi)}\quad 为极小,$$

令

$$F=\sum_{j=1}^{N} f(\boldsymbol{r}_j). \tag{4.5.4}$$

由 ψ 所满足的薛定谔方程可得

$$\begin{aligned}(\hat{H}-E_0)\psi&=\hat{H}F\psi_0-E_0F\psi_0\\&=-\frac{\hbar^2}{2m}\sum_{j=1}^{N}[(\nabla_j^2F)\psi_0+2(\nabla_jF)(\nabla_j\psi_0)]+[(\hat{H}-E_0)\psi_0]F.\end{aligned} \tag{4.5.5}$$

由 (4.5.2) 式可知 (4.5.5) 式中右边最后一项为 0. 令

$$\rho_N\equiv\psi_0^2(\boldsymbol{r}_1,\cdots,\boldsymbol{r}_N),$$

这里 ρ_N 表示了给定组态出现的概率. 将 (4.5.5) 式写成

$$(\hat{H}-E_0)\psi=\frac{1}{\psi_0}\left[-\frac{\hbar^2}{2m}\sum_{j=1}^{N}\nabla_j\cdot(\rho_N\nabla_jF)\right]. \tag{4.5.6}$$

让 ε 表示激发态能量与基态能量的差, 有

$$\begin{aligned}\varepsilon &= (\psi, (\hat{H} - E_0)\psi) \\ &= -\frac{\hbar^2}{2m}\int \mathrm{d}^{3N}\boldsymbol{r} F^* \sum_{j=1}^{N} \boldsymbol{\nabla}_j \cdot (\rho_{_N} \boldsymbol{\nabla}_j F) \\ &= \frac{\hbar^2}{2m}\sum_{j=1}^{N}\int \mathrm{d}^{3N}\boldsymbol{r}(\boldsymbol{\nabla}_j F^*)\cdot(\boldsymbol{\nabla}_j F)\rho_{_N} \\ &= \frac{\hbar^2}{2m}\sum_{j=1}^{N}\int \mathrm{d}^{3N}\boldsymbol{r}[\boldsymbol{\nabla}_j f^*(\boldsymbol{r}_j)\boldsymbol{\nabla}_j f(\boldsymbol{r}_j)]\rho_{_N}.\end{aligned}$$

由于 $\rho_{_N}$ 对坐标 $(\boldsymbol{r}_1,\cdots,\boldsymbol{r}_N)$ 为对称的, 将上式写成

$$\begin{aligned}\varepsilon &= \frac{N\hbar^2}{2m}\int \mathrm{d}^{3N}\boldsymbol{r}[\boldsymbol{\nabla}_1 f^*(\boldsymbol{r}_1)\boldsymbol{\nabla}_1 f(\boldsymbol{r}_1)]\rho_{_N} \\ &= \frac{N\hbar^2\rho_0}{2m}\int \mathrm{d}^3\boldsymbol{r}\boldsymbol{\nabla} f^*(\boldsymbol{r})\cdot\boldsymbol{\nabla}\cdot f(\boldsymbol{r}).\end{aligned} \tag{4.5.7}$$

导出 (4.5.7) 式用到这样的结果:

$$\rho_0 \equiv \int \mathrm{d}^3\boldsymbol{r}_2\cdots\mathrm{d}^3\boldsymbol{r}_{_N}\cdot\rho_{_N}.$$

对足够大的体系来说, 是一个常数. 定义:

$$\begin{aligned}J \equiv (\psi,\psi) &= \int \mathrm{d}^{3N}\boldsymbol{r} F^* F \rho_{_N} \\ &= \sum_{i=1}^{N}\sum_{j=1}^{N}\int \mathrm{d}^{3N}\boldsymbol{r} f^*(\boldsymbol{r}_j) f(\boldsymbol{r}_i)\rho_{_N} \\ &= \sum_{i=1}^{N}\int \mathrm{d}^{3N}\boldsymbol{r}|f(\boldsymbol{r}_i)|^2\rho_{_N} + \sum_{i\neq j}\int \mathrm{d}^{3N}\boldsymbol{r} f^*(\boldsymbol{r}_j) f(\boldsymbol{r}_i)\rho_{_N} \\ &= N\rho_0\int \mathrm{d}^3\boldsymbol{r}|f(\boldsymbol{r})|^2 + N(N-1) \\ &\quad\times\int \mathrm{d}^3\boldsymbol{r}_1\mathrm{d}^3\boldsymbol{r}_2 f^*(\boldsymbol{r}_1) f(\boldsymbol{r}_2)\rho(\boldsymbol{r}_1,\boldsymbol{r}_2),\end{aligned} \tag{4.5.8}$$

其中,

$$\rho_2(\boldsymbol{r}_1,\boldsymbol{r}_2) \equiv \int \mathrm{d}^3\boldsymbol{r}_3\cdots\mathrm{d}^3\boldsymbol{r}_{_N}\cdot\rho_{_N}. \tag{4.5.9}$$

定义：对相关函数 $\mathrm{D}(|\boldsymbol{r}_1-\boldsymbol{r}_2|)$ 为

$$\begin{aligned}\mathrm{D}(|\boldsymbol{r}_1-\boldsymbol{r}_2|) &\equiv \frac{1}{\rho_0}\sum_{i=1}^{N}\sum_{j=1}^{N}\int \mathrm{d}^{3N}\boldsymbol{r}'\delta(\boldsymbol{r}_i'-\boldsymbol{r}_1)\delta(\boldsymbol{r}_j'-\boldsymbol{r}_2)\rho_N \\ &= N\delta(\boldsymbol{r}_1-\boldsymbol{r}_2)+\frac{1}{\rho_0}N(N-1)\rho_2(\boldsymbol{r}_1,\boldsymbol{r}_2)\end{aligned}$$

相关函数 D 是表示了在体系基态时, 如果已知在 $\boldsymbol{r}_2$ 有一个粒子, 则在单位体积内在 $\boldsymbol{r}_1$ 找到一个粒子的概率. 用相关函数可将 (4.5.8) 式改写成

$$J=\rho_0\int \mathrm{d}^3\boldsymbol{r}_1\mathrm{d}^3\boldsymbol{r}_2 f^*(\boldsymbol{r}_1)f(\boldsymbol{r}_2)\mathrm{D}(|\boldsymbol{r}_1-\boldsymbol{r}_2|). \tag{4.5.10}$$

显然 J 是归一化常数, 在满足 $J=1$ 的条件下, 使能量 ε 取极小值, 有

$$\delta\varepsilon-N\hbar\omega\delta J=0.$$

其中 ω 为拉格朗日乘子. 由 (4.5.7) 式及 (4.5.10) 式计算变分, 得到 f 所满足的方程：

$$-\frac{\hbar^2}{2m}\boldsymbol{\nabla}^2 f(\boldsymbol{r})-\hbar\omega\int \mathrm{d}^3\boldsymbol{r}\mathrm{D}(\boldsymbol{r}')f(\boldsymbol{r}+\boldsymbol{r}')=0. \tag{4.5.11}$$

令方程 (4.5.11) 的解为

$$f(\boldsymbol{r})=\mathrm{const}\cdot\mathrm{e}^{\mathrm{i}\boldsymbol{k}\cdot\boldsymbol{r}} \tag{4.5.12}$$

方程 (4.5.11) 成为

$$\frac{\hbar^2k^2}{2m}-\hbar\omega\int \mathrm{d}^3\boldsymbol{r}'\mathrm{D}(\boldsymbol{r}')\mathrm{e}^{\mathrm{i}\boldsymbol{k}\cdot\boldsymbol{r}'}=0, \tag{4.5.13}$$

其中 $\boldsymbol{k}$ 为任意的非零矢量, 与 $\boldsymbol{k}$ 值相对应的 ω 值用 ω_k 表示, (4.5.13) 式积分是 $\mathrm{D}(\boldsymbol{r}')$ 的傅里叶变换, 可写成

$$S(k)=\int \mathrm{d}^3\boldsymbol{r}\mathrm{e}^{\mathrm{i}\boldsymbol{k}\cdot\boldsymbol{r}}\mathrm{D}(\boldsymbol{r}). \tag{4.5.14}$$

$S(k)$ 被称为结构因子,(4.5.13) 式可表示成

$$\hbar\omega_k=\frac{\hbar^2k^2}{2mS(k)}. \tag{4.5.15}$$

将 (4.5.12) 式及 (4.5.13) 式代入 (4.5.7) 式, 得到对给定 $\boldsymbol{k}$ 的激发态能量为

$$E_k=E_0+\hbar\omega_k. \tag{4.5.16}$$

所以方程 (4.5.12) 是使体系能量取极小值的条件, 而这极小值的能量即为 (4.5.16) 式. 结构因子 $S(k)$ 可以通过实验来测定, 图 4.5.1 画出了由中子散射得到的 $S(k)$ 曲线, 将 $S(k)$ 值代入 (4.5.15) 式, 就可得到体系的能谱 (图 4.5.2).

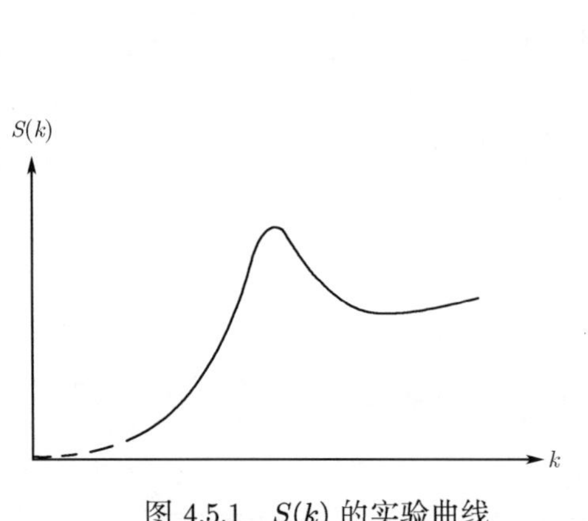

图 4.5.1　$S(k)$ 的实验曲线

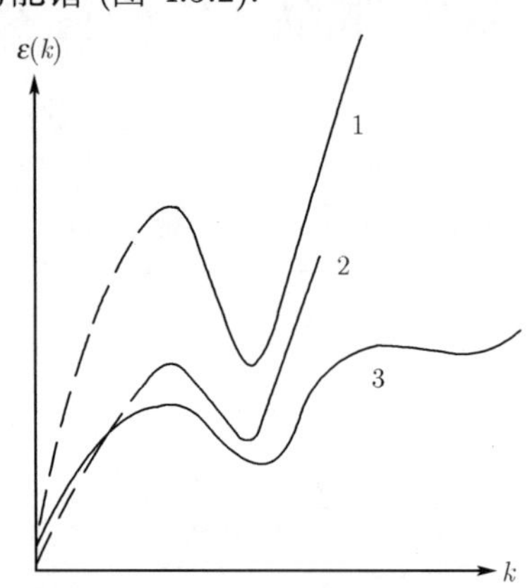

图 4.5.2　元激发能谱

1. 费恩曼理论; 2. 费恩曼-科恩改进公式;

3. 实验结果

我们知道, 在能谱曲线的稳定点上 (也就是能量的极小值点) 最容易形成各种元激发, 基态不能说成是能谱曲线的稳定点, 但它是能量的最低点, 沿着能谱曲线也容易形成元激发. 分析图 4.5.2 的能谱曲线可以看出, 在$\boldsymbol{k}$很小时, 即在基态附近, 能谱曲线是直线, 因此这里形成的元激发是声子的激发, 即

$$\varepsilon(p) \propto p.$$

在能谱曲线的极小值点, 将能谱曲线在这点附近作泰勒展开, 忽略高次项, 并注意到极值点 $(\mathrm{d}\varepsilon(p)/\mathrm{d}p)_{p=p_0} = 0$, 可得旋子谱 (图 4.5.3):

$$\varepsilon(p) = \varDelta + \frac{(p - p_0)^2}{2m}.$$

由以上结果看出, 费恩曼理论得到了与朗道理论相同的元激发能谱, 但值得注意的是:

(1) 费恩曼理论是从第一原理出发导出的结果, 且理论中没有可调节参数;

(2) 朗道理论中给出的是声子和旋子两种元激发, 元激发能谱 (图 4.4.1) 中虚线部分当时并不清楚; 费恩曼理论所得到的则是同一条能谱曲线, 声子及旋子是在不同 k 值时引起的不同的激发态.

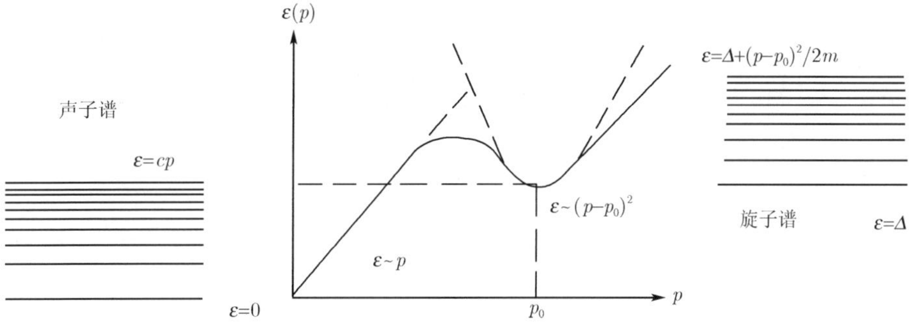

图 4.5.3 能谱曲线及相应的元激发

由 (4.5.15) 式得到的能谱曲线旋子部分与实验结果相差较大, 以后由费恩曼和科恩 [4.6] 对试探波函数作了改进, 得到与实验符合得更好的结果 (图 4.5.2).

2. 量子化环流

在 ^{4}He II 中, 除了有声子、旋子外, 还存在另一种元激发, 这就是昂萨格 [4.7] 和费恩曼 [4.5] 提出的"量子化涡旋". 有关这方面的重要概念, 被概括在费恩曼的环流定理中.

当超流体以宏观速度 v_s 作均匀的整体运动时, 描写液 ^{4}He 的波函数 (4.5.3) 已不再合适, 可将其改为

$$\begin{aligned}\psi' &= \exp\left[\frac{\mathrm{i}}{\hbar}(\boldsymbol{P}_\text{s}\cdot\boldsymbol{R})\right]\psi_0\\ &= \exp\left[\frac{\mathrm{i}m}{\hbar}\sum_i \boldsymbol{v}_\text{s}\cdot\boldsymbol{r}_i\right]\psi_0,\end{aligned} \tag{4.5.17}$$

其中 ψ_0 是基态波函数, $\boldsymbol{P}_\text{s}$ 为体系的总动量, $\boldsymbol{R}$ 是质量中心:

$$\boldsymbol{P}_\text{s} = Nm\boldsymbol{v}_\text{s},\quad \boldsymbol{R} = \frac{1}{N}\sum_i \boldsymbol{r}_i.$$

$\boldsymbol{r}_i$ 表示第 i 个原子的位置矢量. 如果速度 $\boldsymbol{v}_\text{s}$ 为不均匀的, 则波函数 (4.5.15) 在局域上依然是"好的", 也就是在比速度发生显著变化小得多的范围内, 原子的局域位移集合所产生的波函数的相位变化依然可以用 (4.5.17) 式得到

$$\Delta\phi = \frac{m}{\hbar}\sum_i(\boldsymbol{v}_{\text{s}_i}\cdot\Delta\boldsymbol{r}_i) \tag{4.5.18}$$

用这结果来计算一个由原子构成的环链由于原子位移而引起的相位变化. 假设圆环中的原子从初始位置移动到其近邻位置, 就位移而论, 我们得到从物理上与初始位形相同的一种位形. 由于玻色子波函数的对称性, 这种位移不会改变其波函数. 因而只可能出现相位变化, 这种相位变化必须是 2π 的整数倍:

$$\frac{m}{\hbar}\sum_i{}'(\boldsymbol{v}_{\mathrm{s}_i}\cdot\Delta\boldsymbol{r}_i)=2\pi n,\quad n=0,\pm1,\cdots. \tag{4.5.19}$$

求和 $\sum'$ 是对构成圆环的所有原子进行. 为了使 (4.5.19) 式成立, 只需让 $\triangle\boldsymbol{r}$ 取小值即可, 整个周长则可不受限制. 对一个宏观尺寸的圆环, 将液体看成为连续的流体, (4.5.19) 式求和可以换成积分：

$$\oint\boldsymbol{v}_{\mathrm{s}}\cdot\mathrm{d}\boldsymbol{l}=n\frac{h}{m},\quad n=0,\pm1,\cdots. \tag{4.5.20}$$

(4.5.20) 式左边就是与积分回路有关的环流, 故 (4.5.20) 式表示了环流是量子化的, 环流的量子就是 h/m,(4.5.20) 式就是费恩曼环流定理. 可以看出 (4.5.20) 式与玻尔的量子化条件 $\int p\mathrm{d}q=nh$ 非常相似, 但玻尔条件是用于微观区域, 而 (4.5.20) 式适用于宏观区域.

由斯托克斯定理, 方程 (4.5.20) 式可写成

$$\iint\limits_S(\boldsymbol{\nabla}\times v_{\mathrm{s}})\mathrm{d}\boldsymbol{S}=n\frac{h}{m},\quad n=0,\pm1,\cdots, \tag{4.5.21}$$

其中 S 表示 (4.5.20) 式中积分回路所包围的面积. 如果这区域是单连通的, 且速度 v_{s} 为连续的, 于是可将积分区域连续地缩小, 左边的积分值也随之连续地减小以致趋向于 0, 但右边却是不连续的, 因此要使等式成立, 量子数 n 必然是 0, 所以在整个速度场是连续的单连通区域中, 条件

$$\boldsymbol{\nabla}\times v_{\mathrm{s}}=0 \tag{4.5.22}$$

处处成立, 这就是朗道假设的条件, 即超流成分的运动是无旋的.

但是朗道条件只是费恩曼定理的一种特殊情况, 在复连通区, 或者 v_{s} 有奇点的情况, 积分区域不能连续缩小到 0, 朗道条件不会处处都成立. 涡旋就是一个典型例子, 涡旋是具有柱对称的二维片流, 其速度场为

$$v_\rho=0;\quad v_\varphi=\frac{K}{2\pi\rho};\quad v_z=0.$$

ρ 为垂直于对称轴的距离, K 是环流：

$$\oint\boldsymbol{v}\cdot\mathrm{d}\boldsymbol{l}=\oint v_\varphi(\rho\mathrm{d}\varphi)=K, \tag{4.5.23}$$

(4.5.23) 式中积分回路是以 $\rho=0$ 为圆心垂直于 z 轴的圆, (4.5.23) 式的另一种形式为

$$\iint\limits_S\nabla\times\boldsymbol{v}\cdot\mathrm{d}\boldsymbol{S}=\iint\limits_S\left[\frac{1}{\rho}\frac{\mathrm{d}}{\mathrm{d}\rho}(\rho v_\varphi)\right]2\pi\rho\mathrm{d}\rho=K. \tag{4.5.24}$$

显然, 在 $\rho \neq 0$ 区域, 我们有 $\boldsymbol{\nabla} \times \boldsymbol{v} = 0$, 但在 $\rho = 0$ 处, $v_\varphi \to \infty$, 即是 v 的奇点. $\boldsymbol{\nabla} \times \boldsymbol{v}$ 是发散的, 发散的方式是使 (4.5.24) 式的积分为有限. 因而在有奇点的情况下, 朗道条件不再成立.

根据 (4.5.21) 式和 (4.5.23) 式, K 的值只能取

$$K = n\frac{h}{m}, \quad n = \pm 1, \pm 2, \cdots. \tag{4.5.25}$$

说明涡旋是量子化的, 其中 n 显然不能取为 0.Vinen,Whitmore 和 Zimmerman[4.8] 已在实验上观察到量子化涡旋, 实验还表明涡旋核的半径为 1Å 左右.

3. 超流体的旋转

一个圆柱形的容器围绕其对称轴 (取该轴为 z 方向) 以角速度 ω 均匀旋转, 如果容器内装的是正常流体, 则流体的整个质量会以同样的角速度旋转, 速度场 $\boldsymbol{v}$ 为

$$\boldsymbol{v} = \boldsymbol{\omega} \times \boldsymbol{r} = (0, \omega\rho, 0), \tag{4.5.26}$$

且有

$$\nabla \times \boldsymbol{v} = 2\boldsymbol{\omega} \neq 0. \tag{4.5.27}$$

旋转流体的自由面形状是由重力和离心力决定, 故平衡时自由表面呈抛物面, 曲率为 ω^2/g,

$$z(\rho) = z(0) + \frac{\omega^2}{2g}\rho^2. \tag{4.5.28}$$

如果在容器中装的是全部由超流成分组成的超流体, 由朗道条件可得 $\omega = 0$, 也就是容器旋转时, 超流体不旋转. 通常的 ^{4}He II 中包含有正常及超流两种成分, 设占整个流体的 $x(T)$ 部分为正常成分, 其余为超流成分, 人们预期 ^{4}He II 旋转时, 由于超流成分不旋转, 正常成分将同普通流体同样旋转, 会出现这样的图像: 自由面的形状虽然依然为抛物面, 但有较小的曲率, 且曲率大小与温度有关. 方程可表示成

$$z'(\rho) = z(0) = \chi(T)\frac{\omega^2}{2g}\rho^2. \tag{4.5.29}$$

1950 年 Osborne[4.9] 首先从实验上考察了这个问题, 他以 10 rad/s 的角速度旋转 ^{4}He II 来研究其自由面, 结果出乎意料, 自由面的形状与 (4.5.28) 式一致而不是与 (4.5.29) 式一致, 换言之 ^{4}He II 中的超流成分也同样参与旋转! 1963 年 Osborne 又以较小的角速度 3.1 rad/s 及 1.5 rad/s 重复了他的实验, 结果与以前一样. 其他人做的一些实验, 尽管方法不同, 但结果都与 Osborne 的相同.

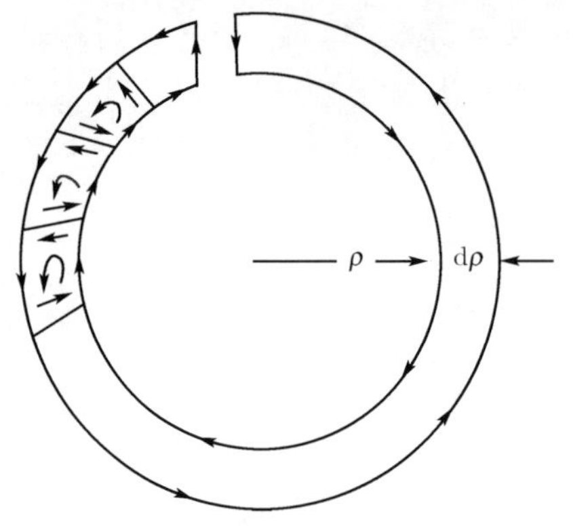

图 4.5.4 超流体的旋转模型

为了解决这一矛盾, 费恩曼提出在旋转着的 ^{4}He II 中有一系列并行的涡旋线, 每一涡旋的环流为 h/m,(即取量子化环流的量子数 $n=1$), 在流体中的绝大部分区域满足 $\boldsymbol{\nabla}\times\boldsymbol{v}=0$, 在涡旋轴上发散, 而在流体中的平均值恰为 2ω. 为了给出涡旋线在流体中的合适排列, 考虑半径为 $\boldsymbol{\rho}$ 及 $\rho+\mathrm{d}\rho$ 的两圆之间的封闭面积圆 (图 4.5.4), 令 $n(\rho)$ 表示流体中涡线的面密度, 每条线有环流为 h/m, 因而在面积元中环流总数为

$$\frac{h}{m}[n(\rho)2\pi\rho\mathrm{d}\rho]. \tag{4.5.30}$$

另一方面面积元内的净环流可由 (4.5.31) 式计算:

$$2\pi(\rho+\mathrm{d}\rho)(v+\mathrm{d}v)-2\pi\rho v\approx 2\pi\mathrm{d}(\rho v), \tag{4.5.31}$$

v 为超流成分的总速度场. 由于涡旋是造成流体中环流的唯一原因, 因此 (4.5.31) 式应与 (4.5.30) 式相等, 得 $n(\rho)$ 为

$$n(\rho)=\frac{m}{h\rho}\frac{\mathrm{d}}{\mathrm{d}\rho}(v\rho). \tag{4.5.32}$$

为了使超流成分的旋转速度与正常流体相同, 也就是有 $\boldsymbol{v}=(0,\rho\omega,0)$, 由 (4.5.32) 式可知必然有

$$n(\rho)=\frac{2\omega m}{h}. \tag{4.5.33}$$

(4.5.33) 式说明只有在涡线的面密度与半径 ρ 无关的均匀分布下, 超流成分的总体是以与正常流体相同的方式“旋转”. 需注意的是 $v(\rho)=\rho\omega$ 是表示超流体的平均速度场, 与微观速度 $\boldsymbol{v}_\mathrm{s}$ 不同, 微观速度是由许多平行的涡旋线的速度场组成, 涡旋线与涡旋线之间的距离为

$$b\approx\frac{1}{n(\rho)^{1/2}}\approx\left(\frac{h}{m\omega}\right)^{1/2}\propto\frac{1}{\omega^{1/2}}.$$

当 $\omega\approx 1$ rad/s 时, b 约为零点几毫米, 比量子化涡旋核的半径 (约 1Å) 大得多, 因而在超流体中的绝大部分区域依然满足朗道条件, 而只是在 $\boldsymbol{v}_\mathrm{s}$ 的一些孤立的奇点上才有 $\nabla\times\boldsymbol{v}_\mathrm{s}$ 为无穷, 这样使前述的矛盾得到解决. 按定义 $\nabla\times\boldsymbol{v}_\mathrm{s}$ 的平均值为每单位面积上的环流, 也就是 h/m 乘以单位面积中的涡旋线数目, 即

$$\frac{h}{m}n(\rho)=2\omega.$$

这正是正常流体的结果.

以上讨论的涡线是一条直线, 但涡线并不必须是直线, 可以是曲线, 如果涡线本身并不终止在器壁或流体的自由面的话, 涡线本身形成封闭线, 称为涡旋环, 费恩曼认为在^{4}He Ⅱ 中存在涡旋环提供了超流性破缺的机制, 进一步的研究表明, 在毛细管中流动时, 临界速度v_c由涡旋环决定, 理论计算的结果与实验基本一致 [4,10].

4.6 非理想费米气体

在 4.2 节我们讨论了非理想玻色气体, 用博戈留波夫变换导出了体系的元激发即声子, 这是玻色型的元激发, 用元激发的概念讨论了系统的低温性质. 元激发方法也同样可以用于研究非理想费米气体, 我们将分别就排斥势和吸引势两种不同情况讨论非理想费米气体中的元激发.

1. 排斥势

与 4.2 节相类似, 研究 N 个粒子组成的体系, 粒子自旋 $S=\dfrac{1}{2}$, 粒子间具有两体球对称排斥势且与自旋无关, 所研究的体系满足条件:

$$\left.\begin{aligned}&\frac{a}{\lambda}\ll 1;\\&\frac{a}{l}\ll l;\\&\lambda\approx l\ll L\end{aligned}\right\}\tag{4.6.1}$$

其中 a 为散射长度, l 为粒子间平均距离, L 为体系宏观体积的线度, λ 为德布罗意波长, 对费米体系

$$\lambda\sim\frac{\hbar}{p_{\mathrm{F}}}\sim n^{-\frac{1}{3}}.$$

系统的哈密顿量可以写成

$$\hat{H}=\sum_{i=1}^{N}\frac{\hat{p}_i^2}{2m}+\frac{1}{2}\sum_{i<j}\hat{u}(\boldsymbol{r}_i-\boldsymbol{r}_j)\equiv\hat{H}_0+\hat{H}_I.\tag{4.6.2}$$

用二次量子化形式表示时, 单粒子态不仅由粒子动量, 且还要由粒子自旋决定.(4.6.2)式可表示成

$$\begin{aligned}\hat{H}=&\sum_{\boldsymbol{p}\sigma}\frac{p^2}{2m}\hat{a}^+_{\boldsymbol{p}\sigma}\hat{a}_{\boldsymbol{p}\sigma}\\&+\sum_{\boldsymbol{p}_{1\sigma_1},\cdots,\boldsymbol{p}'_{2}\sigma'_2}\langle\boldsymbol{p}'_1\sigma'_1,\boldsymbol{p}'_2\sigma'_2|\hat{u}|\boldsymbol{p}_1\sigma_1,\boldsymbol{p}_2\sigma_2\rangle\\&\times\hat{a}^+_{\boldsymbol{p}'_1\sigma'_1}\hat{a}^+_{\boldsymbol{p}'_2\sigma'_2}\hat{a}_{\boldsymbol{p}_2\sigma_2}\hat{a}_{\boldsymbol{p}_1\sigma_1}.\end{aligned}\tag{4.6.3}$$

将体系的单粒子态取为

$$\varphi_{\boldsymbol{p}_\sigma}(\boldsymbol{r})=\frac{1}{\sqrt{V}}\mathrm{e}^{\mathrm{i}\boldsymbol{p}\cdot\boldsymbol{r}/\hbar}\eta_\sigma \quad (\sigma=\pm1), \tag{4.6.4}$$

其中,

$$\eta+1=\begin{pmatrix}1\\0\end{pmatrix},\quad \eta-1=\begin{pmatrix}0\\1\end{pmatrix}.$$

$\hat{a}^+_{\boldsymbol{p}\sigma}$ 及 $\hat{a}_{\boldsymbol{p}\sigma}$ 为费米子的产生、湮没算符, 满足对易关系：

$$\{\hat{a}_{\boldsymbol{p}\sigma},\hat{a}^+_{\boldsymbol{p}'\sigma'}\}=\delta_{\boldsymbol{p}\boldsymbol{p}'}\delta_{\sigma\sigma'};$$

$$\{\hat{a}^+_{\boldsymbol{p}\sigma},\hat{a}^+_{\boldsymbol{p}'\sigma'}\}=0;$$

$$\{\hat{a}_{\boldsymbol{p}\sigma},\hat{a}_{\boldsymbol{p}'\sigma'}\}=0.$$

$\hat{H}_I$ 中求和只对满足动量守恒及自旋守恒的状态进行, u 的矩阵元与散射长度 a 有关, 与玻色情况相类似, 由条件 (4.6.1) 在低能散射下可用 $\boldsymbol{p}$=0 时矩阵元的值来代替：

$$\langle \boldsymbol{p}'_1\sigma'_1,\boldsymbol{p}'_2\sigma'_2|\hat{u}|\boldsymbol{p}_1\sigma_1,\boldsymbol{p}_2\sigma_2\rangle \approx \langle 0\sigma'_1,0\sigma'_2|\hat{u}|0\sigma_1,0\sigma_2\rangle.$$

由费米算符的反对易性, 在求和式中所有 $\sigma_1=\sigma_2$ 的项及 $\sigma'_1=\sigma'_2$ 的项均为 0, 这在物理上意味着低能散射下, 只有相反的自旋才有相互作用. 因而当粒子动量给定的情况下, 自旋状态只能取下述四种：

$$\text{(i)}\ \sigma_1=+1,\sigma_2=-1;\sigma'_1=+1,\sigma'_2=-1;$$

$$\text{(ii)}\ \sigma_1=+1,\sigma_2=-1;\sigma'_1=-1,\sigma'_2=+1;$$

$$\text{(iii)}\ \sigma_1=-1,\sigma_2=+1;\sigma'_1=-1,\sigma'_2=+1;$$

$$\text{(iv)}\ \sigma_1=-1,\sigma_2=+1;\sigma'_1=+1,\sigma'_2=-1.$$

显然, 上述 (i) 和 (iii) 有相同贡献, (ii) 和 (iv) 有相同的贡献, 加之碰撞过程中每个粒子自旋保持不变, 也就是 (iii) 及 (iv) 的贡献为 0. 考虑到动量守恒的条件, 可将 $\hat{\Pi}_I$ 简化成 (4.6.5) 式：

$$\hat{H}_I=\frac{u_0}{V}\sum_{\boldsymbol{p}_1,\boldsymbol{p}_2,\boldsymbol{p}'_1,\boldsymbol{p}'_2}\hat{a}^+_{\boldsymbol{p}'_1+}\hat{a}^+_{\boldsymbol{p}'_2-}\hat{a}_{\boldsymbol{p}_2-}\hat{a}_{\boldsymbol{p}_1+}\delta_{\boldsymbol{p}_1+\boldsymbol{p}_2,\boldsymbol{p}'_1+\boldsymbol{p}'_2}. \tag{4.6.5}$$

(4.6.5) 式中的 u_0/V 则为

$$\frac{u_0}{V}=\langle 0,+1;0,-1|\hat{u}|0,+1;0,-1\rangle, \tag{4.6.6}$$

$$u_0 = \int u(\boldsymbol{r})\mathrm{d}^3\boldsymbol{r} \quad \text{或} \quad u_0 \approx \frac{4\pi a\hbar^2}{m}. \tag{4.6.7}$$

(产生及湮没算符中的下标 +, − 分别表示自旋 +1 或 −1).

我们用微扰论来计算哈密顿量的本征值, 可以看出, $\hat{H}$ 中的主要项 $\hat{H}_0$ 是已经对角化的, 可直接写出

$$E_n^{(0)} = \frac{p^2}{2m}\sum_{\boldsymbol{p}\sigma} n_{\boldsymbol{p}\sigma}, \tag{4.6.8}$$

其中 $n_{\boldsymbol{p}\sigma}$ 是单粒子态 $(\boldsymbol{p}\sigma)$ 的占有数, 由费米分布:

$$n_{\boldsymbol{p}\sigma} = \frac{1}{z_0^{-1}\exp(p^2/2m)+1},$$

上式给出粒子数的平均值. 将 (4.6.8) 式求和改用积分表示, 得

$$E_n^{(0)} = V\frac{3kT}{\lambda^3}f_{3/2}(z_0), \tag{4.6.9}$$

由系统的总粒子数:

$$N = \sum_{\boldsymbol{p}\sigma} n_{\boldsymbol{p}\sigma} = V\frac{2}{\lambda^3}f_{3/2}(z_0), \tag{4.6.10}$$

可以决定 z_0.

对系统能量的一级项可由相互作用项中的对角化矩阵元得到, 令

$$|n\rangle = |n_{\boldsymbol{p}_1\sigma_1}, n_{\boldsymbol{p}_2\sigma_2}, \cdots, n_{\boldsymbol{p}_n\sigma_n}, \cdots\rangle.$$

表示哈密顿量中 H_0 的本征态, 则一级修正为

$$\begin{aligned} E_n^{(1)} &= \langle n|\hat{H}_I|n\rangle \\ &= \frac{u_0}{V}\sum\langle n|\hat{a}^+_{\boldsymbol{p}'_1+}\cdot\hat{a}^+_{\boldsymbol{p}'_2-}\cdot\hat{a}_{\boldsymbol{p}_2+}\cdot\hat{a}_{\boldsymbol{p}_1-}\cdot\delta_{(\boldsymbol{p}_1+\boldsymbol{p}_2-\boldsymbol{p}'_1-\boldsymbol{p}'_2)}|n\rangle \end{aligned} \tag{4.6.11}$$

只有当 $\boldsymbol{p}_1 = \boldsymbol{p}'_1, \boldsymbol{p}_2 = \boldsymbol{p}'_2$ 时, 矩阵元才不为 0, 且此时必然使 δ 函数为 1, 得

$$E_n^{(1)} = \frac{u_0}{V}\sum_{\boldsymbol{p}_1,\boldsymbol{p}_2} n_{\boldsymbol{p}_1+}n_{\boldsymbol{p}_2-} = \frac{u_0}{V}N^+N^-. \tag{4.6.12a}$$

N^+ 及 N^- 表示自旋向上及向下的总粒子数, 取平衡值 $\bar{N}^+ = \bar{N}^- = \dfrac{1}{2}N$, 得

$$E_n^{(1)} = \frac{u_0}{V}N^2 = Vu_0\frac{1}{\lambda^6}[f_{3/2}(z_0)]^2, \tag{4.6.12b}$$

其中,

$$u_0 \approx 4\pi a\hbar^2/m.$$

系统的二级能量修正, 由下式得到

$$(E_n^{(2)})_1 = \sum_{m \neq n} \frac{|V_{nm}|^2}{E_n - E_m},$$

其中 n 和 m 表示 $\hat{H}_0$ 的本征态, 求和是对 $E_m^{(0)} \neq E_n^{(0)}$ 的那些 m 态进行. 经过简单计算可得

$$(E_n^{(0)})_1 = 2\frac{u_0^2}{V^2} \sum_{\boldsymbol{p}_1, \boldsymbol{p}_2, \boldsymbol{p}'_1, \boldsymbol{p}'_2} \frac{n_{\boldsymbol{p}_1+} \cdot n_{\boldsymbol{p}_2-}(1 - n_{\boldsymbol{p}'_1+})(1 - n_{\boldsymbol{p}'_2-})}{(p_1^2 + p_2^2 - p_1'^2 - p_2'^2)/2m} \times \delta_{\boldsymbol{p}_1+\boldsymbol{p}_2, \boldsymbol{p}'_1+\boldsymbol{p}'_2} \tag{4.6.13}$$

求和中必须排除 $p_1^2 + p_2^2 = p_1^{2'} + p_2^{2'}$ 的项.(4.6.13) 式的分子实际上是表示了从状态 $(\boldsymbol{p}_1+, \boldsymbol{p}_2-) \to (\boldsymbol{p}'_1+, \boldsymbol{p}'_2-)$ 跃迁矩阵元的平方, 是与 $(\boldsymbol{p}_1+), (\boldsymbol{p}_2-)$ 成正比.(4.6.13) 式中并未包括全部的二级项, 原因是如果我们在计算 u_0 时, 采用比 (4.6.7) 式更精确的表达式, (即包括高一级的项), 这样就会在一级微扰项 (4.6.12) 式中也产生与二级项有相同量级的贡献. 我们必须将这部分包括进去. 用 4.2 节玻色情况中相似的方法, 可得到在目前情况下的表达式：

$$\frac{4\pi a\hbar^2}{mV} \approx \frac{u_0}{V} + 2\frac{u_0^2}{V^2} \sum_{\boldsymbol{p}_1, \boldsymbol{p}_2, \boldsymbol{p}'_1, \boldsymbol{p}'_2} \frac{\delta_{\boldsymbol{p}_1+\boldsymbol{p}_2, \boldsymbol{p}'_1+\boldsymbol{p}'_2}}{(p_1^2 + p_2^2 - p_1'^2 - p_2'^2)/2m}.$$

由此得

$$u_0 \approx \frac{4\pi a\hbar^2}{m}\left[1 - \frac{8\pi a\hbar^2}{mV} \sum_{\boldsymbol{p}_1, \boldsymbol{p}_2, \boldsymbol{p}'_1, \boldsymbol{p}'_2} \frac{\delta_{\boldsymbol{p}_1+\boldsymbol{p}_2, \boldsymbol{p}'_1+\boldsymbol{p}'_2}}{(p_1^2 + p_2^2 - p_1'^2 - p_2'^2)/2m}\right]. \tag{4.6.14}$$

将 (4.6.14) 式中第二项即与 a^2 成比例的项代入 (4.6.12) 式, 得二级修正项的另一部分为

$$(E_n^{(2)})_2 = -2\left(\frac{4\pi a\hbar^2}{mV}\right)^2 \sum_{\boldsymbol{p}_1, \boldsymbol{p}_2, \boldsymbol{p}'_1, \boldsymbol{p}'_2} \frac{n_{\boldsymbol{p}_1+} n_{\boldsymbol{p}_2-} \delta_{\boldsymbol{p}_1+\boldsymbol{p}_2, \boldsymbol{p}'_1+\boldsymbol{p}'_2}}{(p_1^2 + p_2^2 - p_1'^2 - p_2'^2)/2m} \tag{4.6.15}$$

将两个二级项合并, 注意对 (4.6.13) 式只需取 $u_0 \approx 4\pi a\hbar^2/m$ 即可, 得

$$\begin{aligned} E_n^{(2)} &= (E_n^{(2)})_1 + (E_n^{(2)})_2 \\ &= -2\left(\frac{4\pi a\hbar^2}{mV}\right)^2 \sum_{\boldsymbol{p}_1, \boldsymbol{p}_2, \boldsymbol{p}'_1, \boldsymbol{p}'_2} \frac{n_{\boldsymbol{p}_1+} n_{\boldsymbol{p}_2-}(n_{\boldsymbol{p}'_1+} + n_{\boldsymbol{p}'_2-})\delta_{\boldsymbol{p}_1+\boldsymbol{p}_2, \boldsymbol{p}'_1+\boldsymbol{p}'_2}}{(p_1^2 + p_2^2 - p_1'^2 - p_2'^2)/2m} \end{aligned} \tag{4.6.16}$$

在推导 (4.6.16) 式中, 我们利用了这样的结果：对四个 n 的乘积项, 因分子对 $(\boldsymbol{p}_1,\boldsymbol{p}_2)$ 与 (p_1',p_2') 交换时为对称的, 而分母为反对称的, 因而求和为零. 在二级近似下, 可将体系的能量写成

$$E_n = E_{\boldsymbol{n}}^{(0)} + E_{\boldsymbol{n}}^{(1)} + E_{\boldsymbol{n}}^{(2)}$$
$$= \sum_{\boldsymbol{p},\sigma} \frac{p^2}{2m} n_{\boldsymbol{p},\sigma} + \frac{4\pi a\hbar^2}{mV} \sum_{\boldsymbol{p}_1,\boldsymbol{p}_2} n_{\boldsymbol{p}_1+} n_{\boldsymbol{p}_2-}$$
$$- 4m\left(\frac{4\pi a\hbar^2}{mV}\right)^2 \sum_{\boldsymbol{p}_1,\boldsymbol{p}_2,\boldsymbol{p}_1',\boldsymbol{p}_2'} \frac{n_{\boldsymbol{p}_1+} n_{\boldsymbol{p}_2-}(n_{\boldsymbol{p}_1'+} + n_{\boldsymbol{p}_2'-})\delta_{\boldsymbol{p}_1+\boldsymbol{p}_2,\boldsymbol{p}_1'+\boldsymbol{p}_2'}}{p_1^2 + p_2^2 - p_1'^2 - p_2'^2} \tag{4.6.17}$$

由 (4.6.17) 式很容易得到系统基态的能量, 因为这时在费米球内部 $n_{\boldsymbol{p}\sigma} = 1$, 而在费米球外部有 $n_{\boldsymbol{p}\sigma} = 0$, 即基态的粒子占有数为

$$n_{\boldsymbol{p}\sigma}^0 = \begin{cases} 1, & p < p_{\mathrm{F}}; \\ 0, & p > p_{\mathrm{F}}. \end{cases} \tag{4.6.18}$$

需要指出的是在开始的哈密顿量中 $\hat{n}_{\boldsymbol{p}\sigma} = \hat{a}_{\boldsymbol{p}\sigma}^+ \cdot \hat{a}_{\boldsymbol{p}\sigma}$ 代表没有相互作用时粒子状态的占有数, 而当用微扰论将哈密顿量对角化以后, 已将相互作用考虑进去了, 因而此时所涉及的已经不是自由粒子, 如果我们给体系一个分布函数, 就不再是自由粒子体系的分布函数, 而是元激发的分布函数.

将 (4.6.18) 式代入 (4.6.17) 式:

$$E_0 = E_0^{(0)} + E_0^{(1)} + E_0^{(2)}. \tag{4.6.19}$$

其中,

$$E_0^{(0)} = \sum_{\boldsymbol{p}\sigma} \frac{p^2}{2m} n_{\boldsymbol{p}\sigma}^0 = \frac{3}{5} N\varepsilon_{\mathrm{F}} = N\frac{3p_{\mathrm{F}}^2}{10m}$$
$$= \frac{3(3\pi^2)^{2/3}\hbar^2}{10m}\left(\frac{N}{V}\right)^{2/3} N, \tag{4.6.20}$$

$$E_0^{(1)} = \frac{\pi a\hbar^2}{m}\frac{N^2}{V}, \tag{4.6.21}$$

$$E_0^{(2)} = -4m\left(\frac{4\pi a\hbar^2}{mV}\right)^2$$
$$\times \sum_{\boldsymbol{p}_1,\boldsymbol{p}_2,\boldsymbol{p}_1',\boldsymbol{p}_2'} \frac{n_{\boldsymbol{p}_1+}^0 n_{\boldsymbol{p}_2-}^0(n_{\boldsymbol{p}_1'+}^0 + n_{\boldsymbol{p}_2'-}^0)\delta_{\boldsymbol{p}_1+\boldsymbol{p}_2,\boldsymbol{p}_1'+\boldsymbol{p}_2'}}{p_1^2 + p_2^2 - p_1'^2 - p_2'^2}. \tag{4.6.22}$$

(4.6.22) 式中求和的计算可参考文献 [4.11], 最终可得体系基态能量为

$$
\begin{aligned}
E_0 =&\frac{3}{5}\cdot\frac{\hbar^2}{2m}(3\pi^2 n)^{2/3}N \\
&+\frac{\pi a\hbar^2}{m}\frac{N^2}{V}\left[1+\frac{6}{35}(11-2\ln 2)\left(\frac{3}{\pi}\right)^{1/3}n^{1/3}a\right],
\end{aligned}
\tag{4.6.23}
$$

气体基态压强为

$$
\begin{aligned}
P_0 &= n^2\cdot\frac{\partial(E_0/N)}{\partial n} \\
&=\frac{1}{5}\frac{\hbar^2}{m}(3\pi^2 n)^{2/3}n+\frac{\pi a\hbar^2}{m}n^2 \\
&\quad\times\left[1+\frac{8}{35}(11-2\ln 2)\left(\frac{3}{\pi}\right)^{1/3}n^{1/3}a\right].
\end{aligned}
\tag{4.6.24}
$$

也可得出与系统压缩系数有关的声速为

$$
\begin{aligned}
u^2 &= \frac{\partial P_0}{\partial(mn)} \\
&=\frac{1}{3}\frac{\hbar^2}{m^2}(3\pi^2 n)^{2/3}+\frac{2\pi a\hbar^2}{m^2}n \\
&\quad\times\left[1+\frac{4}{15}(11-2\ln 2)\left(\frac{3}{\pi}\right)^{1/3}n^{1/3}a\right].
\end{aligned}
\tag{4.6.25}
$$

(4.6.23) 式的结果首先是由黄克逊和杨振宁用赝势法得到的, 李政道和杨振宁 [4.12] 在两体碰撞方法的基础上给出了三级修正的结果, Galitski[4.13] 利用格林函数方法也得到了相同的结果.

2. 吸引势

与 4.2 节相类似, 博戈留波夫也讨论了当粒子间存在吸引势时的非理想费米气体. 以电子为例由于这种吸引力的存在, 使费米面附近的一对动量、自旋相反的粒子能形成一种特殊的束缚态 ——Cooper 对, 使体系的基态与理想气体的基态有所不同, 元激发能谱中出现了能隙, 形成了超流相. 这一现象的最具有代表性的例子就是金属中的超导.1911 年 Kammelingh Onnes 发现超导现象, 经过了近 50 年时间, 到 1957 年才由 Bardeen-Cooper-Schrieffer 建立起超导的微观理论, 系统研究超导现象及理论是属固体理论的内容, 我们在这里以博戈留波夫的简化模型为出发点, 用元激发方法讨论其能谱的特性及有关的热力学性质.

考虑 N 个费米子组成的体系, 满足与 (4.6.1) 式相同的条件, 设动能处于费米面两侧 $\Delta\varepsilon$ 范围内, 自旋与动量均相反的一对粒子之间, 存在着弱吸引力, 其他粒子

行为类似于理想气体. 系统的哈密顿量与本节开始时讨论排斥势的情况相似, 在二次量子化形式下可以写成

$$\begin{aligned}\hat{H} &= \sum_{\boldsymbol{p},\sigma} \frac{\hbar^2 p^2}{2m} \hat{a}^+_{\boldsymbol{p}\sigma} \hat{a}_{\boldsymbol{p}\sigma} + \sum_{\boldsymbol{p},\boldsymbol{p}'} V_{\boldsymbol{p}\boldsymbol{p}'} \hat{a}^+_{\boldsymbol{p}+} \hat{a}^+_{-\boldsymbol{p}-} \hat{a}_{-\boldsymbol{p}'-} \hat{a}_{\boldsymbol{p}'+} \\ &= \hat{H}_0 + \hat{H}_I,\end{aligned} \tag{4.6.26}$$

其中,

$$\begin{aligned}V_{\boldsymbol{p}\boldsymbol{p}'} &= \langle \boldsymbol{p}'+, -\boldsymbol{p}'-|\hat{V}|\boldsymbol{p}+, -\boldsymbol{p}-\rangle \\ &= \begin{cases} -V_0, & |\mu - \dfrac{p^2}{2m}| \leqslant \Delta E, |\mu - \dfrac{p'^2}{2m}| \leqslant \Delta E; \\ 0, & \text{其他}. \end{cases}\end{aligned} \tag{4.6.27}$$

$\hat{a}^+_{\boldsymbol{p}_\sigma}$ 及 $\hat{a}_{\boldsymbol{p}_\sigma}$ 表示单粒子态的产生及湮没算符, 满足费米子对易关系 (4.6.4) 式, 单粒子态亦取成与排斥势情况相同.

显然这一哈密顿量 (4.6.26) 式及 (4.6.27) 式说明了只有在费米面附近两个具有相反的动量和自旋的粒子之间才有相互作用, 当粒子能量增大, 超过费米面以上 ΔE 的范围, 不再形成电子对相互作用, 电子的激发成为单电子激发, 不构成集体运动, 系统的超导性也被破坏.

(4.6.26) 式是 Bardeen-Cooper-Schrieffer 建立超导理论时用的哈密顿量, 称为 BCS 约化哈密顿量.

首先对哈密顿量作一个近似, 即可以将算符的本征值与其平均值之差看成为小量. 我们将 (4.6.26) 式中的算符表示成如下形式:

$$\hat{a}^+_{\boldsymbol{p}+} \hat{a}^+_{-\boldsymbol{p}-} = \langle \hat{a}^+_{\boldsymbol{p}+} \hat{a}^+_{-\boldsymbol{p}-} \rangle + (\hat{a}^+_{\boldsymbol{p}+} \hat{a}^+_{-\boldsymbol{p}-} - \langle \hat{a}^+_{\boldsymbol{p}+} \hat{a}^+_{-\boldsymbol{p}-} \rangle),$$

$$\hat{a}_{-\boldsymbol{p}'-} \hat{a}_{\boldsymbol{p}'+} = \langle \hat{a}_{-\boldsymbol{p}'-} \hat{a}_{\boldsymbol{p}'+} \rangle + (\hat{a}_{-\boldsymbol{p}'-} \hat{a}_{\boldsymbol{p}'+} - \langle \hat{a}_{-\boldsymbol{p}'-} \hat{a}_{\boldsymbol{p}'+} \rangle).$$

上面两式的右边第二项, 如作用在算符的本征态上, 得到的是算符的本征值与平均值间的偏差, 将这两式代入 (4.6.26) 式, 忽略偏差的二级项, 可以得到

$$\begin{aligned}\hat{H}_I &= \sum_{\boldsymbol{p},\boldsymbol{p}'} V_{\boldsymbol{p}\boldsymbol{p}'} \langle \hat{a}^+_{\boldsymbol{p}+} \hat{a}^+_{-\boldsymbol{p}-} \rangle \hat{a}_{-\boldsymbol{p}'-} \hat{a}_{\boldsymbol{p}'+} \\ &\quad + \sum_{\boldsymbol{p},\boldsymbol{p}'} V_{\boldsymbol{p}\boldsymbol{p}'} \langle \hat{a}_{-\boldsymbol{p}'-} \hat{a}_{\boldsymbol{p}'+} \rangle \hat{a}^+_{\boldsymbol{p}+} \hat{a}^+_{-\boldsymbol{p}-} \\ &\quad - \sum_{\boldsymbol{p},\boldsymbol{p}'} V_{\boldsymbol{p}\boldsymbol{p}'} \langle \hat{a}^+_{\boldsymbol{p}+} \hat{a}^+_{-\boldsymbol{p}-} \rangle \langle \hat{a}_{-\boldsymbol{p}'-} \hat{a}_{\boldsymbol{p}'+} \rangle \\ &= \sum_{\boldsymbol{p},\boldsymbol{p}'} V_{\boldsymbol{p}\boldsymbol{p}'} (\chi^*_{\boldsymbol{p}} \hat{a}_{-\boldsymbol{p}'-} \hat{a}_{\boldsymbol{p}'+} + \chi_{\boldsymbol{p}'} \hat{a}^+_{\boldsymbol{p}+} \hat{a}^+_{-\boldsymbol{p}-}) - \sum_{\boldsymbol{p}\boldsymbol{p}'} V_{\boldsymbol{p}\boldsymbol{p}'} \chi^*_{\boldsymbol{p}} \chi_{\boldsymbol{p}'},\end{aligned} \tag{4.6.28}$$

其中,

$$\chi_{\boldsymbol{p}}^* = \langle \hat{a}_{\boldsymbol{p}+}^+ \hat{a}_{-\boldsymbol{p}-}^+ \rangle = \mathrm{Tr}\langle \hat{\rho} \hat{a}_{\boldsymbol{p}+}^+ \hat{a}_{-\boldsymbol{p}-}^+ \rangle,$$
$$\chi_{\boldsymbol{p}'} = \langle \hat{a}_{-\boldsymbol{p}'-} \hat{a}_{\boldsymbol{p}'+} \rangle = \mathrm{Tr}(\hat{\rho} \hat{a}_{-\boldsymbol{p}'-} \hat{a}_{\boldsymbol{p}'+}). \tag{4.6.29}$$

$\hat{\rho}$ 为巨正则系综的密度矩阵, 即

$$\hat{\rho} = \frac{\mathrm{e}^{-\beta(\hat{H}-\mu\hat{N})}}{\mathrm{Tr}(\mathrm{e}^{-\beta(\hat{H}-\mu\hat{N})})}.$$

$\hat{H}$ 依然由 (4.6.26) 式决定, $\hat{N}$ 为总粒子数算符, 即

$$\hat{N} = \sum_{\boldsymbol{p}\sigma} \hat{a}_{\boldsymbol{p}\sigma}^+ \hat{a}_{\boldsymbol{p}\sigma}.$$

$\chi_{\boldsymbol{p}}^*$ 及 $\chi_{\boldsymbol{p}'}^*$ 是系综平均值, 而 $\hat{\rho}$ 中本身又包含着 $\hat{H}$ 即包含着 $\chi_{\boldsymbol{p}}^*$ 及 $\chi_{\boldsymbol{p}'}^*$, 因而它们必须自洽地确定.

为了方便起见, 令

$$\hat{H}' = \hat{H} - \mu\hat{N} = (\hat{H}_0 - \mu\hat{N}) + \hat{H}_I, \tag{4.6.30}$$

右边第一项可表示成

$$\hat{H}_0 - \mu\hat{N} = \sum_{\boldsymbol{p}\sigma} \left(\frac{p^2}{2m} - \mu\right) \hat{a}_{\boldsymbol{p}\sigma}^+ \hat{a}_{\boldsymbol{p}\sigma}. \tag{4.6.31}$$

令

$$\varepsilon_p = \frac{p^2}{2m} - \mu, \tag{4.6.32}$$

ε_p 实际上是粒子从费米面算起的动能. 再令

$$\varDelta_{\boldsymbol{p}} \equiv \sum_{\boldsymbol{p}'} V_{\boldsymbol{p}\boldsymbol{p}'} \chi_{\boldsymbol{p}'}; \quad \varDelta_{\boldsymbol{p}}^* \equiv \sum_{\boldsymbol{p}} V_{\boldsymbol{p}\boldsymbol{p}'} \chi_{\boldsymbol{p}}^* \tag{4.6.33}$$

将 (4.6.30) 式、(4.6.31) 式、(4.6.32) 式及 (4.6.33) 式, 代入 (4.6.28) 式和 (4.6.26) 式可将哈密顿量写成

$$\begin{aligned} \hat{H}' &= \sum_{\boldsymbol{p}} (\varepsilon_p \hat{a}_{\boldsymbol{p}+}^+ \hat{a}_{\boldsymbol{p}+} + \varepsilon_p \hat{a}_{-\boldsymbol{p}-}^+ \hat{a}_{-\boldsymbol{p}-} \\ &\quad + \varDelta_{\boldsymbol{p}} \hat{a}_{\boldsymbol{p}+}^+ \hat{a}_{-\boldsymbol{p}-}^+ + \varDelta_{\boldsymbol{p}}^* \hat{a}_{-\boldsymbol{p}-} \hat{a}_{\boldsymbol{p}+}) - \sum_{\boldsymbol{p}} \varDelta_{\boldsymbol{p}}^* \chi_{\boldsymbol{p}} \\ &\equiv \sum_{\boldsymbol{p}} \hat{H}'_p - \sum_{\boldsymbol{p}} \varDelta_{\boldsymbol{p}}^* \chi_{\boldsymbol{p}} \end{aligned} \tag{4.6.34}$$

其中第二项为 C 数. 要计算体系的本征值就需要将哈密顿量对角化, 与非理想玻色气体相类似, 我们引进博戈留波夫变换:

$$
\begin{aligned}
\hat{\gamma}_{\boldsymbol{p}\,0} &= u_p \hat{a}_{\boldsymbol{p}+} - v_p \hat{a}^{+}_{-\boldsymbol{p}-}, \\
\hat{\gamma}^{+}_{\boldsymbol{p}\,0} &= u_p \hat{a}^{+}_{\boldsymbol{p}+} - v_p \hat{a}_{-\boldsymbol{p}-}, \\
\hat{\gamma}_{\boldsymbol{p}\,1} &= u_p \hat{a}_{-\boldsymbol{p}-} + v_p \hat{a}^{+}_{\boldsymbol{p}+}, \\
\hat{\gamma}^{+}_{\boldsymbol{p}\,1} &= u_p \hat{a}^{+}_{-\boldsymbol{p}-} + v_p \hat{a}_{\boldsymbol{p}+},
\end{aligned} \tag{4.6.35}
$$

其中设系数 u_p, v_p 为实数, 且 $u_{\boldsymbol{p}} = u_{-\boldsymbol{p}}, v_{\boldsymbol{p}} = v_{-\boldsymbol{p}}$, 可以看出新算符亦是产生及湮没算符, $\hat{\gamma}_{\boldsymbol{p}0}$ 是使体系动量减少 $\boldsymbol{p}$, 自旋减少一个单位的算符, 是湮没算符, 而 $\hat{\gamma}^{+}_{\boldsymbol{p}0}$ 是使体系动量增加 $\boldsymbol{p}$, 自旋增加一个单位的算符, 故为产生算符. 另两个算符有同样的意义. 由于对费米子系统, 每一个动量有两个自旋态, 因此对每一个 $\boldsymbol{p}$ 有两个产生算符及两个湮没算符, 自然地我们可将新算符看成是元激发的产生的湮没算符. 这种元激发也被称为 bogolon. 让新算符的系数 $u_{\boldsymbol{p}}$ 及 $v_{\boldsymbol{p}}$ 满足条件:

$$
u^2_{\boldsymbol{p}} + v^2_{\boldsymbol{p}} = 1, \tag{4.6.36}
$$

容易证明, 由算符 a 及 a^+ 的反对易关系, 可导致 γ 及 γ^+ 亦满足反对易关系:

$$
\begin{aligned}
\{\hat{\gamma}_{\boldsymbol{p}\alpha}, \hat{\gamma}^{+}_{\boldsymbol{p}'\alpha'}\} &= \delta_{\boldsymbol{p}\boldsymbol{p}'}\delta_{\alpha\alpha'}, \\
\{\hat{\gamma}^{+}_{\boldsymbol{p}\alpha}, \hat{\gamma}^{+}_{\boldsymbol{p}'\alpha'}\} &= \{\hat{\gamma}_{\boldsymbol{p}\alpha}, \hat{\gamma}_{\boldsymbol{p}'\alpha'}\} = 0,
\end{aligned} \tag{4.6.37}
$$

其中 $\alpha = 0$ 或 1,(4.6.35) 式的逆变换为

$$
\begin{aligned}
\hat{a}_{\boldsymbol{p}+} &= u_{\boldsymbol{p}} \hat{\gamma}_{\boldsymbol{p}0} + v_{\boldsymbol{p}} \hat{\gamma}^{+}_{\boldsymbol{p}1}, \\
\hat{a}^{+}_{\boldsymbol{p}+} &= u_{\boldsymbol{p}} \hat{\gamma}^{+}_{\boldsymbol{p}0} + v_{\boldsymbol{p}} \hat{\gamma}_{\boldsymbol{p}1}, \\
\hat{a}_{-\boldsymbol{p}-} &= u_{\boldsymbol{p}} \hat{\gamma}_{\boldsymbol{p}1} - v_{\boldsymbol{p}} \hat{\gamma}^{+}_{\boldsymbol{p}0}, \\
\hat{a}^{+}_{-\boldsymbol{p}-} &= u_{\boldsymbol{p}} \hat{\gamma}^{+}_{\boldsymbol{p}1} - v_{\boldsymbol{p}} \hat{\gamma}_{\boldsymbol{p}0}.
\end{aligned} \tag{4.6.38}
$$

将 (4.6.38) 式代入 (4.6.34) 式:

$$
\begin{aligned}
\hat{H}'_{\boldsymbol{p}} =& [\varepsilon_{\boldsymbol{p}}(u^2_{\boldsymbol{p}} - v^2_{\boldsymbol{p}}) - (\Delta^*_{\boldsymbol{p}} + \Delta_{\boldsymbol{p}})u_{\boldsymbol{p}}v_{\boldsymbol{p}}](\hat{\gamma}^{+}_{\boldsymbol{p}0}\hat{\gamma}_{\boldsymbol{p}0} + \hat{\gamma}^{+}_{\boldsymbol{p}1}\hat{\gamma}_{\boldsymbol{p}1}) \\
&+ [2\varepsilon_{\boldsymbol{p}}u_{\boldsymbol{p}}v_{\boldsymbol{p}} + (\Delta_{\boldsymbol{p}}u^2_{\boldsymbol{p}} - \Delta^*_{\boldsymbol{p}}v^2_{\boldsymbol{p}})]\hat{\gamma}^{+}_{\boldsymbol{p}0}\hat{\gamma}^{+}_{\boldsymbol{p}1} \\
&+ [2\varepsilon_{\boldsymbol{p}}u_{\boldsymbol{p}}v_{\boldsymbol{p}} + (\Delta^*_{\boldsymbol{p}}u^2_{\boldsymbol{p}} - \Delta_{\boldsymbol{p}}v^2_{\boldsymbol{p}})]\hat{\gamma}_{\boldsymbol{p}1}\hat{\gamma}_{\boldsymbol{p}0} \\
&+ [2\varepsilon_{\boldsymbol{p}}v^2_{\boldsymbol{p}} + (\Delta^*_{\boldsymbol{p}} + \Delta_{\boldsymbol{p}})u_{\boldsymbol{p}}v_{\boldsymbol{p}}].
\end{aligned} \tag{4.6.39}
$$

(4.6.39) 式中 $\Delta_{\boldsymbol{p}}$ 一般说来是复数, 但当讨论系统热力学性质时, 位相因子并不重要, 因而可令其为实数, 即 $\Delta^*_{\boldsymbol{p}} = \Delta_{\boldsymbol{p}}$. 由 (4.9.39) 式可以看出, 第一项是对角化的,

第四项为 C 数, 第二, 第三项为非对角的, 幸运的是第二及第三项在 $\varDelta_{\boldsymbol{p}}$ 为实数的条件下, 系数完全相同；变换式 (4.6.35) 的系数 $u_{\boldsymbol{p}}, v_{\boldsymbol{p}}$ 除了已设定的条件 (4.6.36) 外, 可令其满足另一条件, 即第二及第三项系数为 0 的条件：

$$2\varepsilon_{\boldsymbol{p}} u_{\boldsymbol{p}} v_{\boldsymbol{p}} + \varDelta_{\boldsymbol{p}}(u_p^2 - v_p^2) = 0, \tag{4.6.40}$$

哈密顿量 (4.6.34) 中的 $H'_{\boldsymbol{p}}$ 成为

$$\begin{aligned}\hat{H}'_{\boldsymbol{p}} =& [\varepsilon_{\boldsymbol{p}}(u_{\boldsymbol{p}}^2 - v_{\boldsymbol{p}}^2) - 2\varDelta_{\boldsymbol{p}} u_{\boldsymbol{p}} v_{\boldsymbol{p}}](\hat{\gamma}^+_{\boldsymbol{p}0}\hat{\gamma}_{\boldsymbol{p}0} + \hat{\gamma}^+_{\boldsymbol{p}1}\hat{\gamma}_{\boldsymbol{p}1}) \\ &+ (2\varepsilon_{\boldsymbol{p}} v_{\boldsymbol{p}}^2 + 2\varDelta_{\boldsymbol{p}} u_{\boldsymbol{p}} v_{\boldsymbol{p}}).\end{aligned} \tag{4.6.41}$$

现在的哈密顿量已经对角化.(4.6.35) 式及 (4.6.40) 式是决定 $u_{\boldsymbol{p}} v_{\boldsymbol{p}}$ 的两个方程, 令

$$u_{\boldsymbol{p}} = \cos\chi_{\boldsymbol{p}}, \quad v_{\boldsymbol{p}} = \sin\chi_{\boldsymbol{p}}, \tag{4.6.42}$$

(4.6.42) 式满足条件 (4.6.35) 式, 将 (4.6.42) 式代入 (4.6.40) 式即可解出 $u_{\boldsymbol{p}}$ 及 $v_{\boldsymbol{p}}$. 为了应用方便, 可不必直接解出 $u_{\boldsymbol{p}}$ 及 $v_{\boldsymbol{p}}$, 而由 (4.6.42) 式得

$$u_{\boldsymbol{p}}^2 - v_{\boldsymbol{p}}^2 = \cos 2\chi_{\boldsymbol{p}}, \tag{4.6.43}$$

$$2u_{\boldsymbol{p}} v_{\boldsymbol{p}} = \sin 2\chi_{\boldsymbol{p}}.$$

代入 (4.6.40) 式, 有

$$\begin{aligned}&\varepsilon_{\boldsymbol{p}}\sin 2\chi_{\boldsymbol{p}} + \varDelta_{\boldsymbol{p}}\cos 2\chi_{\boldsymbol{p}} = 0, \\ &\tan 2\chi_{\boldsymbol{p}} = -\varDelta_{\boldsymbol{p}}/\varepsilon_{\boldsymbol{p}},\end{aligned} \tag{4.6.44}$$

$$\cos 2\chi_{\boldsymbol{p}} = \frac{\varepsilon_{\boldsymbol{p}}}{\sqrt{\varepsilon_{\boldsymbol{p}}^2 + \varDelta_{\boldsymbol{p}}^2}}, \tag{4.6.45}$$

$$\sin 2\chi_{\boldsymbol{p}} = \frac{-\varDelta_{\boldsymbol{p}}}{\sqrt{\varepsilon_{\boldsymbol{p}}^2 + \varDelta_{\boldsymbol{p}}^2}}, \tag{4.6.46}$$

$$\sin^2\chi_{\boldsymbol{p}} = \frac{1}{2}\left(1 - \frac{\varepsilon_{\boldsymbol{p}}}{\sqrt{\varepsilon_{\boldsymbol{p}}^2 + \varDelta_{\boldsymbol{p}}^2}}\right), \tag{4.6.47}$$

有了这些结果可将 (4.6.41) 式写成

$$\hat{H}' = E_0 + \sum_{\boldsymbol{p}\alpha} E_{\boldsymbol{p}}\hat{\gamma}^+_{\boldsymbol{p}\alpha}\hat{\gamma}_{\boldsymbol{p}\alpha} = E_0 + \sum_{\boldsymbol{p}\alpha} E_{\boldsymbol{p}}\tilde{\hat{n}}_{\boldsymbol{p}\alpha}, \tag{4.6.48}$$

其中,

$$E_0 = \sum_{\boldsymbol{p}}(2\varepsilon_{\boldsymbol{p}} v_{\boldsymbol{p}}^2 + 2\Delta_{\boldsymbol{p}} u_{\boldsymbol{p}} v_{\boldsymbol{p}}) - \sum_{\boldsymbol{p}} \Delta_{\boldsymbol{p}} \chi_{\boldsymbol{p}}$$
$$= -\sum_{\boldsymbol{p}}(E_{\boldsymbol{p}} - \varepsilon_{\boldsymbol{p}}) - \sum_{\boldsymbol{p}} \Delta_{\boldsymbol{p}} \chi_{\boldsymbol{p}} \tag{4.6.49}$$

是体系基态能量；而

$$E_{\boldsymbol{p}} = \varepsilon_{\boldsymbol{p}}(u_{\boldsymbol{p}}^2 - v_{\boldsymbol{p}}^2) - 2\Delta_{\boldsymbol{p}} u_{\boldsymbol{p}} v_{\boldsymbol{p}} = \sqrt{\varepsilon_{\boldsymbol{p}}^2 + \Delta_{\boldsymbol{p}}^2}. \tag{4.6.50}$$

由于 $\hat{\gamma}^+$ 及 $\hat{\gamma}$ 为元激发的产生及湮没算符, 故 $E_{\boldsymbol{p}}$ 是元激发的能谱, $E_{\boldsymbol{p}}$ 与自旋无关. 当粒子处于基态时, 有 $\varepsilon_{\boldsymbol{p}} = 0$, 但此时 $\Delta_{\boldsymbol{p}} \neq 0$, 即 $E_{\boldsymbol{p}} \neq 0, \Delta_{\boldsymbol{p}}$ 就是元激发的能隙. 这种能谱符合朗道的超流性判据, 因此带有弱吸引力的费米气体有超流性. 前面已指出, 这种吸引力使两个动量及自旋相反的粒子形成 Cooper 对, 当我们激发粒子时, 要破坏 Cooper 对, 就需要一定能量, 这就是形成能隙的原因.

$\tilde{\hat{n}}_{\boldsymbol{p}\sigma}$ 是元激发的粒子数算符, 元激发服从费米统计, 自然有

$$\langle \tilde{\hat{n}}_{\boldsymbol{p}\sigma} \rangle = \frac{1}{\mathrm{e}^{\beta E_{\boldsymbol{p}}} + 1} = \frac{1}{2}\left(1 - \tanh\frac{\beta E_{\boldsymbol{p}}}{2}\right) \tag{4.6.51}$$

在无外场情况下, $E_{\boldsymbol{p}}$ 与自旋无关, 显然元激发的分布亦与自旋无关, 可以写成

$$\langle \tilde{\hat{n}}_{\boldsymbol{p}\sigma} \rangle = \bar{\bar{n}}_{\boldsymbol{p}}.$$

下面我们来导出能隙函数 $\Delta_{\boldsymbol{p}}$ 所满足的方程, 由 (4.6.29) 式

$$\chi_{\boldsymbol{p}} = \langle \hat{a}_{\boldsymbol{p}+}^+ \hat{a}_{-\boldsymbol{p}-}^+ \rangle$$
$$= \langle (u_{\boldsymbol{p}} \hat{\gamma}_{\boldsymbol{p}1} - v_{\boldsymbol{p}} \hat{\gamma}_{\boldsymbol{p}0}^+)(u_{\boldsymbol{p}} \hat{\gamma}_{\boldsymbol{p}0} + v_{\boldsymbol{p}} \hat{\gamma}_{\boldsymbol{p}1}^+) \rangle. \tag{4.6.52}$$

在元激发的占有数表象中, 有

$$\langle \hat{\gamma}_{\boldsymbol{p}0}^+ \hat{\gamma}_{\boldsymbol{p}1}^+ \rangle = 0; \qquad \langle \hat{\gamma}_{\boldsymbol{p}1} \hat{\gamma}_{\boldsymbol{p}0} \rangle = 0.$$

所以由 (4.6.52) 式得

$$\chi_{\boldsymbol{p}} = u_{\boldsymbol{p}} v_{\boldsymbol{p}} \langle \hat{\gamma}_{\boldsymbol{p}1} \hat{\gamma}_{\boldsymbol{p}1}^+ \rangle - u_{\boldsymbol{p}} v_{\boldsymbol{p}} \langle \hat{\gamma}_{\boldsymbol{p}0}^+ \hat{\gamma}_{\boldsymbol{p}0} \rangle$$
$$= -\frac{1}{2}\frac{\Delta_{\boldsymbol{p}}}{E_{\boldsymbol{p}}}\tanh\frac{\beta E_{\boldsymbol{p}}}{2}. \tag{4.6.53}$$

由能隙函数的定义, (4.6.33) 式为

$$
\begin{aligned}
\Delta_{\boldsymbol{p}} &= \sum_{\boldsymbol{p}'} V_{\boldsymbol{p}\boldsymbol{p}'}\chi_{\boldsymbol{p}'} \\
&= -\frac{1}{2}\sum_{\boldsymbol{p}'} V_{\boldsymbol{p}\boldsymbol{p}'}\frac{\Delta_{\boldsymbol{p}'}}{E_{\boldsymbol{p}'}}\tanh\frac{\beta E_{\boldsymbol{p}'}}{2} \\
&= \frac{V_0}{2}\sum_{\substack{\boldsymbol{p}' \\ \left|\frac{\boldsymbol{p}'^2}{2m}-\mu\right|\leqslant\Delta E}} \frac{\Delta_{\boldsymbol{p}'}}{\sqrt{\varepsilon_{\boldsymbol{p}'}^2+\Delta_{\boldsymbol{p}'}^2}}\tanh\frac{\sqrt{\varepsilon_{\boldsymbol{p}'}^2+\Delta_{\boldsymbol{p}'}^2}}{2kT}
\end{aligned} \tag{4.6.54}
$$

(4.6.54) 式最后一步用了近似式 (4.6.27).(4.6.54) 式即能隙所满足的方程, 注意到 (4.6.54) 式等号右边对 $\boldsymbol{p}'$ 求和后与 $\boldsymbol{p}'$ 无关, 而 $\boldsymbol{p}'$ 与 $\boldsymbol{p}$ 对称, 所以 $\Delta_{\boldsymbol{p}}$ 与 $\boldsymbol{p}$ 无关, 可将能隙方程表示成

$$
\Delta_{\boldsymbol{p}} = \begin{cases} \Delta(T), & \text{当}\left|\dfrac{p^2}{2m}-\mu\right| \leqslant \Delta E; \\ 0, & \text{其他}. \end{cases} \tag{4.6.55}
$$

将 (4.6.55) 式代入 (4.6.54) 式, 得

$$
\frac{V_0}{2}\sum_{\boldsymbol{p}}\frac{1}{\sqrt{\varepsilon_{\boldsymbol{p}}^2+\Delta^2(T)}}\tanh\frac{\sqrt{\varepsilon_{\boldsymbol{p}}^2+\Delta^2(T)}}{2kT} = 1,
$$

将上式求和换成积分:

$$
\begin{aligned}
&\frac{V_0}{2}\int_{\pm\Delta p}\frac{\tanh\frac{\beta}{2}\sqrt{\varepsilon_p^2+\Delta^2(T)}}{\sqrt{\varepsilon_p^2+\Delta^2(T)}}N(\varepsilon)\mathrm{d}\varepsilon \\
&= V_0\int_0^{\Delta\varepsilon}\frac{1}{\sqrt{\varepsilon^2+\Delta^2(T)}}\tanh\frac{\beta}{2}\sqrt{\varepsilon^2+\Delta^2(T)}N(\varepsilon)\mathrm{d}\varepsilon = 1,
\end{aligned} \tag{4.6.56}
$$

其中 $N(\varepsilon)$ 为能态密度, 积分区域限制在 $\Delta\varepsilon$ 的范围内, 即在费米面附近, 故可近似地用费米面上的态密度来代替 $N(\varepsilon)$:

$$
N(\varepsilon) \approx N(0) = \frac{mp_{\mathrm{F}}}{\pi^2\hbar^3}.
$$

将 (4.6.56) 式写成

$$
N(0)V_0\int_0^{\Delta\varepsilon}\frac{\tanh\frac{\beta}{2}\sqrt{\varepsilon^2+\Delta^2}}{\sqrt{\varepsilon^2+\Delta^2}} - \mathrm{d}\varepsilon = 1. \tag{4.6.57}
$$

这就是 BCS 的能隙方程, 它决定了能隙与 T 的依赖关系. 这是非线性积分方程, 一般情况只能用数值解. 分析一种特殊情况, 即 T =0K 时的能隙 $\Delta(0)$, 利用近似式:

当 $T \to$0K 有:

$$\begin{aligned}
&\tanh\frac{E_k}{2kT} \to 1, \\
&N(0)V_0\int_0^{\Delta\varepsilon}\frac{1}{\sqrt{\varepsilon^2+\Delta^2(0)}}\mathrm{d}\varepsilon \approx N(0)V_0\sinh^{-1}\frac{\Delta\varepsilon}{\Delta(0)} = 1, \\
&\frac{\Delta\varepsilon}{\Delta(0)} = \sinh = \frac{1}{N(0)V_0} = \frac{1}{2}\left(\mathrm{e}^{\frac{1}{N(0)V_0}} - \mathrm{e}^{-\frac{1}{N(0)V_0}}\right).
\end{aligned}$$

当相互作用很弱时, $N(0)V_0 \ll 1$,

$$\frac{\Delta\varepsilon}{\Delta(0)} \approx \frac{1}{2}\mathrm{e}^{-\frac{1}{N(0)V_0}},$$

所以得

$$\Delta(0) = 2\Delta\varepsilon\mathrm{e}^{-\frac{1}{N(0)V_0}}. \tag{4.6.58}$$

让体系从超导相转变到正常相的临界温度为 T_{C} , 可以通过数值计算得到 $T \to 0$ 及 $T \to T_{\mathrm{C}} \to 0$ 时 $\Delta(T)$ 的渐近行为:

$$\frac{\Delta(T)}{\Delta(0)} = \left(1 - \sqrt{\frac{2\pi kT}{\Delta(0)}}\mathrm{e}^{-\Delta(0)/kT}\right), \quad T \to 0\text{时}; \tag{4.6.59}$$

$$\frac{\Delta(T)}{\Delta(0)} = 1.73\left(1 - \frac{T}{T_{\mathrm{C}}}\right)^{1/2}, \quad T \to T_{\mathrm{C}} \to 0\text{时}; \tag{4.6.60}$$

此结果可用图 4.6.1 来表示, 在相变理论中, $\Delta(T)$ 就是序参量, (4.6.60) 式中指数 1/2 即为临界指数 β.

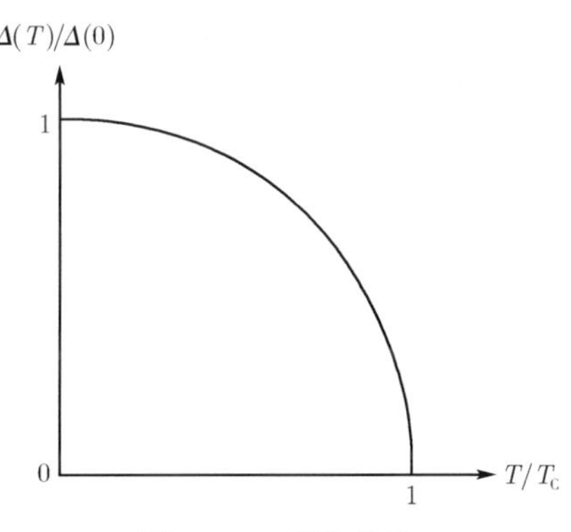

图 4.6.1 能隙曲线

由于在 $T > T_{\mathrm{C}}$ 能谱将从元激发能谱回到正常能谱, 也就是

$$\Delta(T_{\mathrm{C}}) = 0.$$

用这一点, 可以定出超导的临界温度. 由 (4.6.57) 式可得

$$\begin{aligned}1 &= N(0)V_0\int_0^{\Delta\varepsilon}\frac{\tanh\frac{1}{2}\beta\varepsilon}{\varepsilon}\mathrm{d}\varepsilon\\&= N(0)V_0\int_0^{\frac{1}{2}\beta\Delta\varepsilon}\frac{\tanh x}{x}\mathrm{d}x\\&= N(0)V_0\ln(1.13\beta_{\mathrm{c}}\Delta\varepsilon).\end{aligned}$$

所以,

$$kT_{\mathrm{C}} = 1.13\Delta\varepsilon \mathrm{e}^{-1/N(0)V_0}. \tag{4.6.61}$$

对超导体, 弱引力来自于电子–声子–电子相互作用, 能量范围 $\Delta\in$ 可由德拜频率决定, $\Delta\varepsilon\sim\hbar\omega_{\mathrm{D}}$. 由于 $\omega_{\mathrm{D}}\sim 1/\sqrt{M}$($M$ 为离子质量), 故有 $T_{\mathrm{C}}\sim 1/\sqrt{M}$, 这就解释了超导中的同位素效应. 由 (4.6.58) 式及 (4.6.61) 式得

$$\frac{\varDelta(0)}{kT_{\mathrm{C}}} = 1.77.$$

绝对零度时的能隙与临界温度之比是一个与材料性质无关的普适常数, 这一关系已为弱耦合超导体的实验结果所证实.

最后我们来分析一下在临界点时的比热. 当温度很低时, 元激发数量不太多, 超流体可以看成是元激发组成的理想费米气体, 其熵为

$$\begin{aligned}S &= -k\sum_{\boldsymbol{p}}[\bar{\bar{n}}_{\boldsymbol{p}\sigma}\ln\bar{\bar{n}}_{\boldsymbol{p}\sigma} + (1-\bar{\bar{n}}_{\boldsymbol{p}\sigma})\ln(1-\bar{\bar{n}}_{\boldsymbol{p}\sigma})]\\&= -2k\sum_{\boldsymbol{p}}[\bar{\bar{n}}_{\boldsymbol{p}}\ln\bar{\bar{n}}_{\boldsymbol{p}} + (1-\bar{\bar{n}}_{\boldsymbol{p}})\ln(1-\bar{\bar{n}}_{\boldsymbol{p}})].\end{aligned} \tag{4.6.62}$$

超流相的比热为

$$\begin{aligned}C_{VS} &= T\left(\frac{\partial S}{\partial T}\right)_V = -\beta\left(\frac{\partial S}{\partial\beta}\right)_V\\&= -2k\beta^2\sum_{\boldsymbol{p}}\frac{\partial\bar{\bar{n}}_{\boldsymbol{p}}}{\partial\beta}E_{\boldsymbol{p}}.\end{aligned} \tag{4.6.63}$$

由于 $\bar{\bar{n}}$ 除了直接依赖于温度外, 还通过 $E_{\boldsymbol{p}}$(即通过 $\varDelta(T)$) 与温度有关, 所以

$$\begin{aligned}&\bar{\bar{n}}_{\boldsymbol{p}} = \bar{\bar{n}}_{\boldsymbol{p}}(\beta, E_{\boldsymbol{p}}(\beta)),\\&\frac{\partial\bar{\bar{n}}_{\boldsymbol{p}}}{\partial\beta} = \frac{\partial\bar{\bar{n}}_{\boldsymbol{p}}}{\partial E_{\boldsymbol{p}}}\left(\frac{E_{\boldsymbol{p}}}{\beta} + \frac{1}{2E_{\boldsymbol{p}}}\frac{\partial(\varDelta^2)}{\partial\beta}\right).\end{aligned} \tag{4.6.64}$$

(4.6.63) 式成为

$$C_{VS}=-2k\beta\sum_{\boldsymbol{p}}\frac{\partial\bar{\bar{n}}_{\boldsymbol{p}}}{\partial E_{\boldsymbol{p}}}\left(E_{\boldsymbol{p}}^2+\frac{\beta}{2}\frac{\partial(\Delta^2)}{\partial\beta}\right).\tag{4.6.65}$$

当 $T\to T_{\mathrm{C}}$ 时 $\Delta(T_{\mathrm{C}})\to 0$, 有 $E_{\boldsymbol{p}}\approx\varepsilon_{\boldsymbol{p}}$, 体系的能谱回到理想费米气体, 故 (4.6.65) 式中第一项在 T_{C} 为连续的, 而第二项由于 Δ 本身在 T_{C} 连续, 但其导数为不连续, 使比热 C_V 为不连续. 在 T_{C} 附近, 用理想气体分布 $\bar{n}_{\boldsymbol{p}}$ 代替 $\bar{\bar{n}}_{\boldsymbol{p}}$, 得

$$C_{VS}=-2k\beta\sum_{\boldsymbol{p}}\frac{\partial\bar{n}_{\boldsymbol{p}}}{\partial\varepsilon_p}\left[\varepsilon p^2+\frac{\beta c}{2}\left(\frac{\partial\Delta^2}{\partial\beta}\right)_{\beta=\beta c}\right]\quad T\to T_{\mathrm{C}}-0,$$

$$C_{V_n}=-2k\beta\sum_{\boldsymbol{p}}\frac{\partial\bar{n}_{\boldsymbol{p}}}{\partial\varepsilon_{\boldsymbol{p}}}\varepsilon_{\boldsymbol{p}}^2\qquad T\to T_{\mathrm{C}}+0.$$

得比热跃变为

$$\begin{aligned}\Delta C_V&=-k\beta_c^2\sum_{\boldsymbol{p}}\left(\frac{\partial\Delta^2}{\partial\beta}\right)_{\beta=\beta c}\frac{\partial\bar{n}_{\boldsymbol{p}}}{\partial\varepsilon_{\boldsymbol{p}}}\\&=\left(\frac{\partial\Delta^2}{\partial T}\right)_{T=T_{\mathrm{C}}}\int N(\varepsilon)\mathrm{d}\varepsilon\frac{\partial\bar{n}(\varepsilon)}{\partial\varepsilon},\end{aligned}$$

其中 $N(\varepsilon)$ 为态密度, 在温度很低时有

$$\frac{\partial\bar{n}(\varepsilon)}{\partial\varepsilon}\approx-\delta(\varepsilon).$$

最后可得

$$\Delta C_V=-\left(\frac{\partial\Delta^2}{\partial T}\right)_{T=T_{\mathrm{C}}}N(0)>0.\tag{4.6.66}$$

用 (4.6.60) 式代入 (4.6.66) 式, 可得 ΔC_V 的值, 图 4.6.2 给出 C_V 曲线, 当 $T>T_{\mathrm{C}}$ 时, 弱吸引的费米气体与理想气体相同, C_V 与 T 成正比, 在 $T=T_{\mathrm{C}}$ 处产生相变, 比热有跃变, 属二级相变.

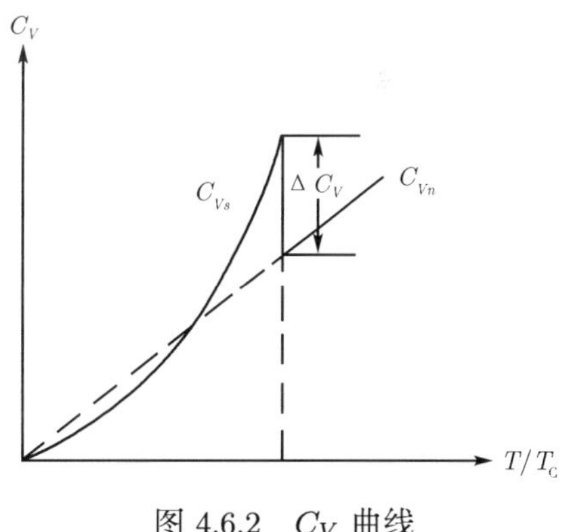

图 4.6.2　C_V 曲线

4.7　费米液体的朗道理论

低温下的液 $^3\mathrm{He}$ 被称为量子费米液体, 有时也将相互作用的简并性费米体系称为量子费米液体, 例如金属中的电子气等. 处在正常相的费米液体的唯象理论, 是

在 50 年代由朗道 [4.14] 建立起来的, 他讨论的是电子性的 (液 ^{3}He) 费米体系, 以后由 Silin[4.15] 推广到带电粒子组成的费米体系 (金属中的电子). 本节主要介绍朗道理论. 有关量子液体的一般理论可参看 Pines 和 Nozieres[4.16] 的论文.

朗道的理论是一种唯象理论, 它建立在一些基本假设的基础上, 理论中引入了一些由实验决定的唯象参数.

朗道的第一个假设是可以用类似理想费米气体的能谱来构造量子液体的费米型能谱.

理想费米气体的基态是动量 $p < p_{\mathrm{F}}$ 的所有单粒子态都被填满, 而 $p > p_{\mathrm{F}}$ 的所有态都空着. 体系的低激发态相应于有少量粒子从 $p < p_{\mathrm{F}}$ 的状态被激发到 $p > p_{\mathrm{F}}$ 的状态, p_{F} 为费米动量, 与粒子的密度有关, 对自旋为 1/2 的粒子, 可表示为

$$p_{\mathrm{F}} = \hbar(3\pi^2 N/V)^{1/3} \tag{4.7.1}$$

在液体中, 不能讨论个别粒子的量子态, 但朗道假定从气态过渡到液态, 粒子间的相互作用是逐渐加上去的, 当发生从气态到液态的转变时, 能级的分类保持不变, 但要用液体中的元激发 (也称准粒子) 来代替气体粒子. 对均匀系来说, 准粒子的量子态仍然用量子数 $(\boldsymbol{p}, \sigma)$ 来描述, 亦同样服从费米统计, 且准粒子的数目等于液体中的实际粒子数.

按照这一假设, 可形成这样一个图像, 费米液体的基态相当于准粒子填满费米球, 费米球半径 p_{F} 仍由 (4.7.1) 式表示, 但此时式中的密度应为液体的实际密度. 当有少数准粒子从 $p < p_{\mathrm{F}}$ 的态激发到 $p > p_{\mathrm{F}}$ 的态, 形成了液体的低激发态. 先考虑与自旋无关的情况, 每个准粒子有确定的动量 $\boldsymbol{p}$, 与理想气体类似, 可以引进准粒子的分布函数 $n(\boldsymbol{p})$, 满足条件:

$$\int n(\boldsymbol{p})\mathrm{d}r = \frac{N}{V} \tag{4.7.2}$$

其中 $\mathrm{d}r = 2\mathrm{d}^3p/h^3$, 因子 2 来自于自旋的简并态. 有了分布函数可以决定液体的总能量, 但要注意的是总能量 E 不是由准粒子能量 $\varepsilon(\boldsymbol{p})$ 简单求和给出, 其原因在于准粒子之间有相互作用, 计算液体总能量时, 必须将这些相互作用考虑进去. 因此朗道作了第二个假设: 准粒子之间的相互作用可以用某种平均场来描述, 即每个准粒子都受到周围其他准粒子所产生的平均场的作用, 这种场与周围其他准粒子的状态有关, 也就是与分布有关. 容易想到体系能量 E 不再是个别准粒子能量 $\varepsilon(\boldsymbol{p})$ 之和, 而是粒子分布函数 $n(\boldsymbol{p})$ 的泛函. 在数学上可以这样表示, 由于分布函数的微小改变 δn 将会引起体系总能量的改变 δE, 因而准粒子能量 $\varepsilon(\boldsymbol{p})$ 由下式定义:

$$\delta E = V\int \varepsilon(\boldsymbol{p})\delta n(\boldsymbol{p})\mathrm{d}r \tag{4.7.3}$$

(4.7.3) 式可用泛函微数分来表示：

$$\varepsilon(\boldsymbol{p})=\frac{\partial(\delta E/V)}{\partial\delta n} \tag{4.7.4}$$

$\varepsilon(\boldsymbol{p})$ 本身也是分布函数的泛函.

下面我们导出分布函数 $n(\boldsymbol{p})$ 与能量 $\varepsilon(\boldsymbol{p})$ 之间的关系, 由朗道假设, 液体的能级和理想气体的能级之间存在一一对应关系, 因而液体的熵应与理想气体有相同的形式：

$$\frac{S}{k}=-V\int[n\ln n+(1-n)\ln(1-n)]\mathrm{d}r, \tag{4.7.5}$$

在保持准粒子总数及总能量不变的条件下：

$$\delta N/V=\int\delta n\mathrm{d}r=0,$$

$$\frac{\delta E}{V}=\int\varepsilon\delta n\mathrm{d}r=0.$$

求熵的变分极值, 得

$$n(\boldsymbol{p})=\frac{1}{\mathrm{e}^{(\varepsilon(\boldsymbol{p})-\mu)/kT+1}}. \tag{4.7.6}$$

这就是准粒子的平衡分布函数, 其中 μ 为费米液体的化学势.(4.7.6) 式形式上与理想气体的费米分布相似, 但 $\varepsilon(\boldsymbol{p})$ 本身是 $n(\boldsymbol{p})$ 的泛函数, 因此这个公式仅给出 n 函数的一个隐含的可能是非常复杂的关系式. 用 $n^0(\boldsymbol{p}),\varepsilon^0(\boldsymbol{p})$ 和 μ_0 表示 T =0K 时的相应各量, 则 $n^0(\boldsymbol{p})$ 为阶跃函数, 而化学势 μ_0 正是费米能级

$$\varepsilon_{\mathrm{F}}\equiv\mu_0=\varepsilon^0(\boldsymbol{p}_{\mathrm{F}})$$

$\varepsilon^0(\boldsymbol{p})$ 即是 0K 时准粒子的能量, 在 $\varepsilon^0(\boldsymbol{p})$ 为阶跃函数的条件下, $\varepsilon^0(\boldsymbol{p})$ 简单地变成 $\boldsymbol{p}$ 的确定的函数. 当 $p\approx\boldsymbol{p}_{\mathrm{F}}$ 时, $\varepsilon^0(\boldsymbol{p})$ 可以表示成 $(\boldsymbol{p}-\boldsymbol{p}_{\mathrm{F}})$ 的幂级数形式：

$$\varepsilon^0(\boldsymbol{p})-\mu_0\approx v_{\mathrm{F}}(\boldsymbol{p}-\boldsymbol{p}_F) \tag{4.7.7}$$

v_{F} 表示费米面上准粒子的“速度”, $v_{\mathrm{F}}=|\boldsymbol{v}_{\mathrm{F}}|$,

$$\boldsymbol{v}_{\mathrm{F}}=\left(\frac{\partial\varepsilon^0}{\partial\boldsymbol{p}}\right)_{p_{\mathrm{F}}}.$$

在理想气体中 $v_{\mathrm{F}}=p_{\mathrm{F}}/m$, 对费米液体, 可以类似的定义准粒子的有效质量 m^*:

$$m^*\equiv\frac{p_{\mathrm{F}}}{v_{\mathrm{F}}}=\frac{p_{\mathrm{F}}}{(\partial\varepsilon^0/\partial p)_{p_{\mathrm{F}}}}. \tag{4.7.8}$$

可以用 m^* 表示出 μ 及 ε^0:

$$\mu_0 = p_{\mathrm{F}}^2/2m^*, \tag{4.7.9}$$

$$\varepsilon^0(p) = p^2/2m^*, \qquad (p \approx p_{\mathrm{F}}). \tag{4.7.10}$$

准粒子的有效质量 m^* 也直接决定了 $T \approx$0K 时费米液体的熵和比热. 因为此时 $n(\boldsymbol{p}) \approx n^0(\boldsymbol{p}) = O(p_{\mathrm{F}} - p), \mu_0$ 及 ε^0 可由 (4.7.9) 式及 (4.7.10) 式表示, 结果 C_V 和 S 的公式与理想费米气体相同, 只需将 m 换成 m^* 即可:

$$\frac{S}{V} \approx \frac{C_V}{V} \approx \frac{\pi^2}{3} k^2 T a(\varepsilon), \tag{4.7.11}$$

其中,

$$a(\varepsilon) = \left(\frac{\mathrm{d}r}{\mathrm{d}\varepsilon}\right)_{\varepsilon=\varepsilon_{\mathrm{F}}} = \frac{m^* p_{\mathrm{F}}}{\pi^2 \hbar^3}, \tag{4.7.12}$$

是准粒子在费米面附近的态密度.

也可以从另一种角度来看一下参数 m^*, 这是由 Brueck 和 Gammel[4.17] 导出的, 他们得到

$$\varepsilon(p \approx p_{\mathrm{F}}) = \frac{p^2}{2m} + V(\boldsymbol{p}) = \frac{p^2}{2m^*} + \mathrm{const}.$$

这一式子表达的基本意思是对具有 $p \approx p_{\mathrm{F}}$ 的准粒子, 在液体中粒子间相互作用引起对 $\varepsilon(\boldsymbol{p})$ 的修正是 $V(\boldsymbol{p})$, 这个修正量可以用一个常数来代替, 而动能 $p^2/2m$ 可以用同一个类似的表达式来表示, 只需将其中粒子质量 m 用准粒子的有效质量 m^* 代换即可.

准粒子的有效质量 m^* 是朗道理论中引入的一个重要参量, 它可以由比热的实验值通过 (4.7.11) 式决定, 对 ^{3}He 得到 m^* =3.1 (^{3}He)m.

当 $T \neq$0K 但仍然是很低温度时, 分布函数不再是阶跃函数, 而是会有一个小的偏离 $\delta n, \delta n$ 是个小量, 且只在 $p \approx p_{\mathrm{F}}$ 附近才显著不为 0, 可表示成:

$$\delta n(\boldsymbol{p}) = n(\boldsymbol{p}) - n^0(\boldsymbol{p}). \tag{4.7.13}$$

准粒子能量 $\varepsilon(\boldsymbol{p})$ 相对于 $\varepsilon^0(\boldsymbol{p})$ 的变化可表示成 δn 的线性泛函的形式, 即

$$\begin{aligned}\delta\varepsilon &= \varepsilon(\boldsymbol{p}) - \varepsilon^0(\boldsymbol{p}) \\ &= \int f(\boldsymbol{p}, \boldsymbol{p}') \delta n(\boldsymbol{p}') \mathrm{d}r'.\end{aligned} \tag{4.7.14a}$$

其中 $f(\boldsymbol{p}, \boldsymbol{p}')$ 是朗道理论引入的另一个量, 在费米液体理论中起着重要的作用, 对理想气体有 $f = 0$, 将 (4.7.14) 式改写成

$$\begin{aligned}\varepsilon(\boldsymbol{p}) &= \varepsilon^0(\boldsymbol{p}) + \delta\varepsilon \\ &= \varepsilon^0(\boldsymbol{p}) + \int f(\boldsymbol{p}, \boldsymbol{p}') \delta n(\boldsymbol{p}') \mathrm{d}r'.\end{aligned} \tag{4.7.14b}$$

将 (4.7.14b) 式代入 (4.7.3) 式得到总能量的表示式精确到 δn 的二级为

$$\delta E/V=\int\varepsilon^0(\boldsymbol{p})\delta n(\boldsymbol{p})\mathrm{d}r+\frac{1}{2}\int\int f(\boldsymbol{p},\boldsymbol{p'})\delta n(\boldsymbol{p})\delta n(\boldsymbol{p'})\mathrm{d}r\mathrm{d}r'. \tag{4.7.15}$$

(4.7.15) 式的一阶变分导数即 (4.7.14′) 式, 而二阶变分导数为 f 函数:

$$\partial(\delta n(\boldsymbol{p}))=\frac{\partial^2(\delta E/V)}{f(\boldsymbol{p},\boldsymbol{p'})\partial(\delta n(\boldsymbol{p'}))}, \tag{4.7.16}$$

由于求导次序可变换, 故有

$$f(\boldsymbol{p},\boldsymbol{p'})=f(\boldsymbol{p'},\boldsymbol{p}).$$

(4.7.15) 式的第一项表示了单独的准粒子的能量, 第二项则表示了准粒子之间的有效相互作用, 因而 f 也称为准粒子的相互作用函数. 一般来说, 准粒子的相互作用函数不但与动量有关, 且也依赖于自旋, 这里暂时略去 f 与自旋的关系.

下面我们导出 m 与 m^* 之间的关系.

当体系不存在外力时, 液体单位体积的动量应等于质量通量, 而单位体积的动量可表示成

$$\int\boldsymbol{p}n(\boldsymbol{p})\mathrm{d}r.$$

液体的质量通量应该用实际粒子质量乘实际粒子通量得到, 考虑到液体的实际粒子数与准粒子数相同, 即实际粒子通量应与准粒子通量相同, 故液体的质量通量可以用实际粒子质量乘准粒子通量得到, 可表示成

$$m\int\frac{\partial\varepsilon}{\partial\boldsymbol{p}}n(\boldsymbol{p})\mathrm{d}r,$$

可得到

$$\int\boldsymbol{p}n(\boldsymbol{p})\mathrm{d}r=m\int\frac{\partial\varepsilon}{\partial\boldsymbol{p}}n(\boldsymbol{p})\mathrm{d}r \tag{4.7.17}$$

对 (4.7.17) 式取变分, 利用 (4.7.14) 式, 得

$$\begin{aligned}\int\boldsymbol{p}\delta n(\boldsymbol{p})\mathrm{d}r=&\,m\int\frac{\partial\varepsilon}{\partial\boldsymbol{p}}\delta n(\boldsymbol{p})\mathrm{d}r\\&+m\int\int\frac{\partial f(\boldsymbol{p},\boldsymbol{p'})}{\partial\boldsymbol{p}}n(\boldsymbol{p})\delta n(\boldsymbol{p'})\mathrm{d}r\mathrm{d}r'.\end{aligned} \tag{4.7.18}$$

对 (4.7.18) 式等号右边第二项作分部积分, 可化成

$$-m\int\int f(\boldsymbol{p},\boldsymbol{p'})\frac{\partial n(\boldsymbol{p})}{\partial\boldsymbol{p}}\delta n(\boldsymbol{p'})\mathrm{d}r\mathrm{d}r'.$$

让 $\boldsymbol{p}$ 与 $\boldsymbol{p'}$ 交换, 注意到 $f(\boldsymbol{p},\boldsymbol{p'})=f(\boldsymbol{p'},\boldsymbol{p})$ 得

$$-m\int\int f(\boldsymbol{p},\boldsymbol{p}')\frac{\partial n(\boldsymbol{p}')}{\partial \boldsymbol{p}'}\delta n(\boldsymbol{p})\mathrm{d}r\mathrm{d}r'.$$

(4.7.18) 式成为

$$\begin{aligned}\int \boldsymbol{p}\delta n\mathrm{d}r = m\int \frac{\partial \varepsilon}{\partial \boldsymbol{p}}\delta n\mathrm{d}r \\ - m\int\int f(\boldsymbol{p},\boldsymbol{p}')\frac{\partial n(\boldsymbol{p}')}{\partial \boldsymbol{p}'}\delta n\mathrm{d}r\mathrm{d}r'.\end{aligned} \tag{4.7.19}$$

因为 δn 是任意的, 故得

$$\frac{\boldsymbol{p}}{m} = \frac{\partial \varepsilon}{\partial \boldsymbol{p}} = -\int f(\boldsymbol{p},\boldsymbol{p}')\frac{\partial n'(\boldsymbol{p}')}{\partial \boldsymbol{p}'}\mathrm{d}r'. \tag{4.7.20}$$

将这结果用于 $p\approx p_{\mathrm{F}}$ 的准粒子, 分布函数用阶跃函数来代替, 有

$$\frac{\partial n'}{\partial \boldsymbol{p}'} = -\frac{\boldsymbol{p}'}{p'}\delta(p'-p_{\mathrm{F}}),$$

然后将上式代入 (4.7.20) 式, 其中 ε 用 ε^0 代替, 得

$$\frac{\boldsymbol{p}}{m} = \frac{p_{\mathrm{F}}}{m^*}\cdot\frac{\boldsymbol{p}}{p} + \int f(\boldsymbol{p},\boldsymbol{p}')\frac{\boldsymbol{p}'}{p'}\delta(p'-p_{\mathrm{F}})\mathrm{d}r',$$

上式两边点乘 $\boldsymbol{p}$, 令 $p=p_{\mathrm{F}}$, 函数 f 中 $p=p'=p_{\mathrm{F}}$, 注意到对各向同性液体, f 只与 $\boldsymbol{p}$ 及 $\boldsymbol{p}'$ 间夹角 θ 有关, 对 p' 积分后得

$$\frac{1}{m} = \frac{1}{m^*} + \frac{p_{\mathrm{F}}}{\pi^2\hbar^3}\overline{f(\theta)\cos\theta}, \tag{4.7.21}$$

其中,

$$\overline{f(\theta)\cos\theta} = \frac{1}{4\pi}\int f(\theta)\cos\theta\mathrm{d}\Omega, \quad (\mathrm{d}\Omega = \sin\theta\mathrm{d}\theta\mathrm{d}\varphi).$$

是方位平均. 令

$$\frac{m^* p_{\mathrm{F}}}{\pi^2\hbar^3}f(\theta) \equiv F(\theta),$$

从而 (4.7.21) 式成为

$$\frac{m^*}{m} = 1 + \overline{F(\theta)\cos\theta}. \tag{4.7.22}$$

由于 $F(\theta)$ 只是 θ 的函数, 可用勒让德多项式展开:

$$F(\theta) = \sum_l F_l P_l(\cos\theta).$$

其中 F_l 为展开系数, 称平均场参数. 由于 P_1 的正交性, 将上式代入 (4.7.22) 式, 最后得

$$\frac{m^*}{m}=1+\frac{1}{3}F_1. \tag{4.7.23}$$

(4.7.23) 式就是我们要导出的 m 与 m^* 之间的关系.

现在我们推导在绝对零度时声速的公式. 由于在 $T=0\mathrm{K}$ 时 $S=0$, 不必区分绝热压缩或等温压缩. 由热力学第一定律:

$$u^2=\frac{\partial P}{\partial \rho}=\frac{\partial P}{\partial(mN/V)}=-\frac{V^2}{mN}\left(\frac{\partial P}{\partial V}\right)_N, \tag{4.7.24}$$

可以将 (4.7.24) 式右边用化学势来表示. 由于 μ_0 是强度量, 只通过 N/V 依赖于 N 和 V , 即 $\mu_0=\mu_0(N/V)$, 因而

$$\left(\frac{\partial \mu_0}{\partial N}\right)_V=\mu_0'\left(\frac{\partial(N/V)}{\partial N}\right)_V=\mu_0'\frac{1}{V},$$

$$\left(\frac{\partial \mu_0}{\partial V}\right)_N=\mu_0'\left(\frac{\partial(N/V)}{\partial V}\right)_N=-\mu_0'\frac{N}{V^2},$$

因此

$$\left(\frac{\partial \mu_0}{\partial N}\right)_V=-\frac{V}{N}\left(\frac{\partial \mu_0}{\partial V}\right)_N.$$

再利用公式:

$$N\mathrm{d}\mu_0=V\mathrm{d}P_0,$$

得

$$\left(\frac{\partial P}{\partial V}\right)_N=\frac{N}{V}\left(\frac{\partial \mu_0}{\partial V}\right)_N=-\frac{N^2}{V^2}\left(\frac{\partial \mu_0}{\partial N}\right)_V.$$

从而可得声速的表示式:

$$u^2=\frac{N}{m}\left(\frac{\partial \mu_0}{\partial N}\right)_V, \tag{4.7.25}$$

由于 $\mu_0=\varepsilon^0(p_\mathrm{F})=\varepsilon_\mathrm{F}$, 系统内总粒子数变化 δN 所引起的 $\delta\mu_0$ 变化为

$$\delta\mu_0=\frac{\partial \varepsilon_\mathrm{F}}{\partial p_\mathrm{F}}\delta p_\mathrm{F}+\int f(\boldsymbol{p},\boldsymbol{p}')\delta n(\boldsymbol{p}')\mathrm{d}r', \tag{4.7.26}$$

显然其中右边第一项是来自于总粒子数变化引起的 p_F 的变化, 第二项则是由 N 变化引起 δn 的变化, 当 V 固定时, 由 (4.7.1) 式可有

$$\frac{\delta p_\mathrm{F}}{p\mathrm{F}}=\frac{1}{3}\frac{\delta N}{N},$$

即

$$\frac{\partial \varepsilon_{\rm F}}{\partial p_{\rm F}}\delta p_{\rm F}=\frac{p_{\rm F}^2}{3m^*}\frac{\delta N}{N}. \tag{4.7.27}$$

由于 (4.7.26) 式中对 f 的积分, 只有当 $p'\approx p_{\rm F}$ 时才有意义, 因为只有在这种情况下 $\delta n(\boldsymbol{p}')$ 才显著的不为 0, 于是写出

$$\begin{aligned}\int f(\boldsymbol{p},\boldsymbol{p}')\delta n(\boldsymbol{p}')\mathrm{d}r' &\approx \frac{1}{4\pi}\int f(\theta)\mathrm{d}\Omega\int \delta n(\boldsymbol{p}')\mathrm{d}r'\\ &=\frac{\delta N}{4\pi V}\int f(\theta)\mathrm{d}\Omega.\end{aligned} \tag{4.7.28}$$

将 (4.7.27) 式、(4.7.28) 式代入 (4.7.26) 式, 求得

$$\left(\frac{\partial \mu_0}{\partial N}\right)_V=\frac{p_{\rm F}^2}{3m^*N}+\frac{1}{4\pi V}\int f(\theta)\mathrm{d}\Omega,$$

代入 (4.7.25) 式并利用 (4.7.1) 式得

$$\begin{aligned}u^2&=\frac{p_{\rm F}^2}{3mm^*}+\frac{p_{\rm F}^3}{3m\pi^2\hbar^3}\overline{f(\theta)}\\ &=\frac{p_{\rm F}^2}{3mm^*}\left[1+\frac{m^*p_{\rm F}}{\pi^2\hbar^3}\overline{f(\theta)}\right],\end{aligned} \tag{4.7.29}$$

可以将 (4.7.29) 式用平均场参数 F 来表示：

$$u^2=\frac{p_{\rm F}^2}{3mm^*}[1+\overline{F(\theta)}].$$

注意到 $\overline{F(\theta)}=F_0$, 最后得

$$u^2=\frac{1+F_0}{1+F_1/3}\frac{p_{\rm F}^2}{3m^2}. \tag{4.7.30}$$

已知 (4.7.30) 式中 $p_{\rm F}^2/3m^2$ 是 $T=$0K 时理想费米气体的声速, 前面的系数则可以看成是费米液体中粒子相互作用引起的修正.

将朗道理论应用于液 ^{3}He 时, 理论与实验结果的比较说明在温度为 100mK 到 3mK 之间, 朗道理论是成功的；当温度低于 3mK 时朗道理论不再适用, 在 $T<$ 3mK 时, ^{3}He 中出现超流现象.

正如 ^{4}He 在低温时会出现超流现象, 人们早就预期 ^{3}He 在低温下亦会出现超流,^{3}He 的超流直到 1971 年才被 D.D.Osheroff、R.C.Richardson 和 D.M.Lee[4.18] 观察到, 正常相与超流相的转变发生在 2.6×10^{4}Torr 与 2.7×10^{-3}K, ^{3}He 的超流相不止一个, 其相变过程比超导复杂得多, 在本书不作详细讨论.

第 5 章　相变及临界现象

相变问题是一个古老的课题，近几十年来相变理论的发展，使这一问题的研究重新成为统计物理中十分热门和十分活跃的领域，从各个不同的角度分类和研究相关问题的文献浩如烟海，本书不可能包罗万象地将所有相变的理论研究均包括进去，我们将只限于系统地介绍二级相变的各种理论方法. 以本章内容为基础，有兴趣的读者可以进一步阅读有关相变问题研究的近代文献.

5.1　引　　言

相变问题是统计物理学的一个重要分支. 自 1869 年 T.Andrews 发现临界点以来，对相变问题的研究已经有一百多年的历史，至今依然是物理学研究中十分活跃的领域之一.

应用统计力学理论所研究的各类现象，可以分成两大类：第一类是可以直接从各微观组元的能级知识求得宏观系统的各种热力学函数，前面各章所讨论的各种现象基本上属这一类. 其最大特点是所涉及系统的各种热力学函数都是光滑的和连续的. 然而，第二类现象则具有完全不同的性质，在大多数情况下，将会遇到给定系统的热力学函数在解析上的不连续性和奇异性，属于这类现象的就是各级相变问题. 因而与相变现象相联系的数学问题是一个十分困难的问题. 以致这一领域至今仍然是一个充满难题从而也是十分令人感兴趣的研究领域.

相变理论的研究可以分成三个阶段. 在 1944 年以前为第一阶段，这一阶段主要是各种近似方法的研究. 1873 年范德瓦耳斯用分子动力论讨论了液气相变和临界点问题，两年后麦克斯韦对这一理论提出了等面积法则；1907 年外斯提出了顺磁 - 铁磁相变的分子场理论；1928 年 Gorsky 在研究二元合金有序 - 无序相变时引进了“有序度”的概念，这一思想为 Bragg-Williams 所发展，引进了“长程序”的概率，并以简单的数学得出了能解释有关实验数据主要定性特征的结果. 所有这些理论研究，使人们认识到各种相变现象的相似性，1934 年朗道首先试图对二级相变提供统一描述，提出了朗道二级相变理论. 以上这些理论尽管具体形式不尽相同，从总体上看均属平均场理论的阶段.

1944 年昂萨格作出的二维伊辛模型的严格解使对相变理论的研究进入了第二阶段. 昂萨格的工作第一次证明了从体系没有奇异性的哈密顿量出发，在热力学极限下，能导致热力学函数的奇异性. 证明了在相变点，比热不是不连续，而是对数发散; 向第一阶段的相变理论提出了严重挑战. 而在 20 世纪 50 年代由李政道及杨振宁提出的相变理论 (被称为杨 - 李定理) 揭示了相变问题的本质, 提出了相变产生的机制, 从而使人们对相变问题的认识达到了一个新的深度. 在 20 世纪 50~60 年代, 由于实验技术的发展, 积累了不少实验资料, 一再发现与平均场理论的预言有明显的差别, 为进一步深入的理论研究提供了条件.

20 世纪 60 年代 Widom 的标度理论唯象地概括了临界现象的规律, 导致了相变研究第三阶段的开始, Kadanoff 提出了标度变换的概念, 试图从微观上说明标度理论, 为重正化群理论的建立打下了基础.20 世纪 70 年代初 Wilson 把量子场论中的重正化群概念用到统计物理中, 建立了临界现象的重正化群理论, 给出了从微观上计算临界指数的系统方法, 从而将相变的理论研究推向新的高峰.

在热力学中已经知道, 相变可以按照系统的自由能 F 在相变点的行为而分成不同的级, 如果在相变点系统的自由能为连续而其一阶导数不连续, 则称为一级相变. 如果自由能本身及其一阶导数为连续, 二阶导数不连续则为二级相变, 依此类推, 可以有三级及三级以上的高级相变.

我们将一级与二级相变的特点列出来, 作一比较:

一级相变:

(1) 相变时有相变潜热及体积变化.

(2) 体系的宏观状态将发生突变.

(3) 有过热过冷的亚稳态存在, 相变点为两相共存区.

(4) 两相均为自由能极小的状态, 相变点即自由能曲线的交点 (见图 5.1.1).

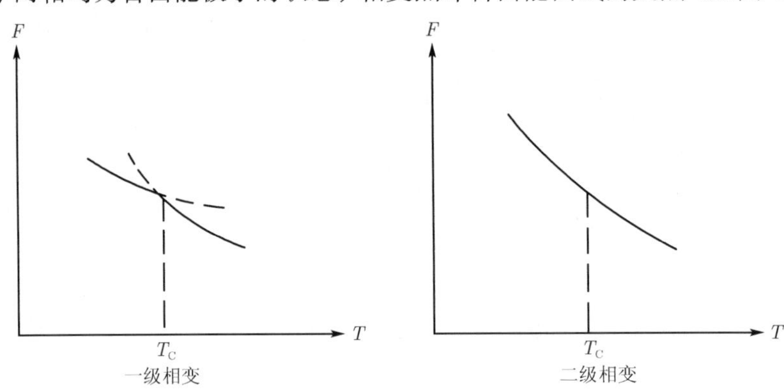

图 5.1.1　自由能曲线

二级相变:

(1) 产生相变时没有相变潜热及体积变化.

(2) 体系在相变前后的宏观状态为连续变化, 而微观对称性产生突变.

例如各向同性的铁磁体中, 在相变前具有三维空间的全部旋转对称, 相变后产生自发磁化，有了一个特定的磁化方向，立刻失去无穷多个对称元素，这种现象也被称为对称破缺. 而系统的宏观状态在相变前后始终保持连续的，也正是在这个意义上，二级相变也被称为连续相变.

(3) 由于二级相变是微观对称性的突变，因而没有亚稳态，也不可能有两相共存区.

(4) 在相变点自由能函数及其一阶导数为连续，而二阶导数不连续，有奇异性 (见图 5.1.1).

二级相变的相变点亦称为临界点，在临界点附近，体系表现出一系列新的物理现象，被称为临界现象. 所以“二级相变”与“临界现象”实际上指的是同一件事.

本章讨论的是二级相变.

5.2 伊辛模型的 Bragg-Williams 近似

伊辛模型是研究铁磁相变的简化模型，1925 年伊辛本人求解了一维模型，证明不存在自发磁化. 伊辛据此作了一些推测，认为在二维情况下也不会有自发磁化.1936 年 Peierls 证明了二维伊辛模型确实有相变，伊辛的推测是错误的, 在这一时期发展了一系列相变研究的近似方法，本节主要介绍伊辛模型的形式及 Bragg-Williams 近似.

一个由 N 个格点组成，其空间维数为 $n(n=1,2,3)$ 的周期性排列的晶格体系，每个格点上有一个自旋 $s_i(i=1,2,\cdots,N)$，其方向可为向上或向下，分别用值 $s_i=\pm 1$ 来表示，自旋与自旋之间有相互作用，这样的系统被称为伊辛模型.

一组给定的数 $\{s_i\}$ 的集合，称为系统的一个组态. 也就是体系的一个状态，当考虑自旋之间只有近邻相互作用，耦合常数 J 与格点位置无关，给定一个组态 $\{s_i\}$ 时，系统的哈密顿量为

$$H_{\{s_i\}}=-\sum_{\langle ij\rangle}Js_is_j-\mu B\sum_{i=1}^{N}s_i \tag{5.2.1}$$

其中 $\langle ij\rangle$ 表示近邻对，即第 i 个格点与第 j 个格点互为近邻，求和是对一切可能的近邻对进行. 耦合常数 $J>0$ 代表铁磁体，$J<0$ 描述反铁磁体，B 为外磁场，μ 为自旋磁矩. 下面我们只考虑 $J>0$ 的情况.

对这样的系统，配分函数为

$$Z(T,B)=\sum_{s_1}\cdots\sum_{s_N}\mathrm{e}^{-\beta H}=\sum_{\{s_j\}}\mathrm{e}^{-\beta H}. \tag{5.2.2}$$

由于每个自旋 s_i 可独立地取值 $+1$ 或 -1，系统将有 2^N 个状态，求和遍及一切可能状态.

为了近似计算配分函数, 定义下述量:

N_+= 向上的自旋个数;

N_-= 向下的自旋个数;

N_{++}= 两个自旋均向上的近邻对数;

N_{--}= 两个自旋均向下的近邻对数;

N_{+-}= 一个自旋向上一个自旋向下的近邻对数.

显然, 在这五个变量中, 存在下述三个关系式:

$$N_+ + N_- = N, \tag{5.2.3}$$

$$qN_+ = 2N_{++} + N_{+-}, \tag{5.2.4}$$

$$qN_- = 2N_{--} + N_{+-}. \tag{5.2.5}$$

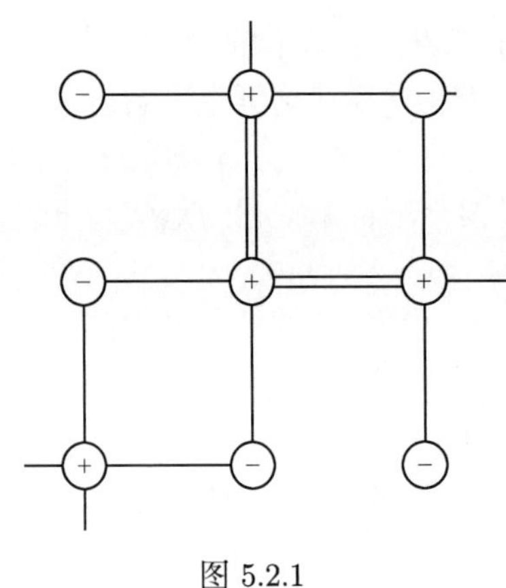

图 5.2.1

(5.2.4) 及 (5.2.5) 式中 q 表示近邻格点数即配位数. 其中 (5.2.3) 式是明显的. 对 (5.2.4) 式及 (5.2.5) 式可以这样理解: 对一个给定的自旋分布, 从每个自旋向上的格点出发, 向它的每一个近邻格点划一条线, 对配位数为 q 的晶格, 总共有 qN_+ 条线. 从另一个角度来看, 在一个自旋向上的近邻对中间有两条线, 向下的近邻对中间没有线, 而一个向上一个向下的近邻对中间有一条线, 所以线的总数为 $2N_{++}+N_{+-}$(图 5.2.1 画出了 $q=4$ 的情况). 对一个给定的自旋分布, 线的总数应该相等, 所以有 (5.2.4) 式. 同理, 如果我们从向下的自旋出发划线, 即可得 (5.2.5) 式.

由此, 在五个变量中, 只有两个是独立的, 我们取 N_+ 及 N_{++} 为独立变数, 得

$$\begin{aligned} N_- &= N - N_+, \\ N_{+-} &= qN_+ - 2N_{++}, \\ N_{--} &= \frac{q}{2}N + N_{++} - qN_+. \end{aligned}$$

用这结果, 可将哈密顿量中求和项改写成如下形式:

$$\begin{aligned} \sum_{\langle ij \rangle} s_i s_j &= N_{++} + N_{--} - N_{+-} \\ &= 4N_{++} - 2qN_+ + \frac{q}{2}N, \end{aligned} \tag{5.2.6}$$

$$\sum_i s_i = N_+ - N_- = 2N_+ - N. \tag{5.2.7}$$

所以

$$\begin{aligned} H_{\{S_i\}} &= H(N_+, N_{++}) \\ &= -4JN_{++} + 2qJN_+ - \frac{q}{2}JN - \mu B(2N_+ - N), \end{aligned} \tag{5.2.8}$$

$$Z = \sum_{(N_+, N_{++})} g(N_+, N_{++})\exp[-\beta H(N_+, N_{++})], \tag{5.2.9}$$

其中 $g(N_+N_{++})$ 是给定一组 (N_+, N_{++}) 值时的系统的状态数，求和只对 N_+, N_{++} 的可能值进行，由于 $g(N_+, N_{++})$ 是一个很复杂的函数，(5.2.9) 式的严格计算依然很难进行. 从 (5.2.9) 式可以看出，系统的配分函数与自旋分布的细节无关，只与 N_+, N_{++} 两个量有关，这两个变数是自旋分布的整体图像的表征. 从而也说明相变是体系集体行为的一种表现. 这一分析，为我们下一步要作的近似提供了一个可能途径. 引进二个参量 $\mathcal{L}$ 及 $\mathcal{S}$.

定义：

$$\left.\begin{aligned} &\frac{N_+}{N} \equiv \frac{1}{2}(\mathcal{L}+1), \quad -1 \leqslant \mathcal{L} \leqslant +1; \\ &\frac{N_{++}}{\frac{1}{2}qN} = \frac{1}{2}(\mathcal{S}+1), \quad -1 \leqslant \mathcal{S} \leqslant +1. \end{aligned}\right\} \tag{5.2.10}$$

当 $\mathcal{L} = 1 : N_+ = N$, 全部自旋向上；

$\mathcal{L} = -1 : N_- = N$, 全部自旋向下；

$\mathcal{L} = 0 : N_+ = N_- = \dfrac{1}{2}N$, 表示系统有一半自旋向上，另一半向下. 因而 $\mathcal{L}$ 值的大小反映了整个系统中向上 (或向下) 自旋的个数，这正是反映了体系的整体特性，$\mathcal{L}$ 被称为长程序参量.

由 $\mathcal{L}$ 的定义，可得

$$N_+ = \frac{N}{2}(1+\mathcal{L}), \tag{5.2.11}$$

$$N_- = \frac{N}{2}(1-\mathcal{L}), \tag{5.2.12}$$

$$M = (\bar{N}_+ - \bar{N}_-)\mu = N\mu\bar{\mathcal{L}}. \tag{5.2.13}$$

可见长程序参量的平均值直接与系统的磁化强度有关.

另一方面 $\dfrac{1}{2}qN$ 在忽略边界效应的条件下表示系统中所有各种可能自旋对总数，则 $N_{++}/\dfrac{1}{2}qN$ 表示向上自旋对在系统的自旋对总数中所占的比例，换言之，就是表示了当一个给定格点的自旋是向上时，其近邻格点自旋亦为向上的概率，这是表示了近邻格点之间的相关，所以 $\mathcal{S}$ 被称为短程序参量.

将哈密顿量 H 用 $\mathcal{L}$ 及 $\mathcal{S}$ 来表示：

$$\sum_i s_i = 2N_+ - N = N\mathcal{L}, \tag{5.2.14}$$

$$\sum_{\langle ij\rangle} s_i s_j = \frac{q}{2}N(2\mathcal{S} - 2\mathcal{L} + 1). \tag{5.2.15}$$

所以

$$H(N_+, N_{++}) = H(\mathcal{L}, \mathcal{S}) = -\frac{N}{2}qJ(2\mathcal{S} - 2\mathcal{L} + 1) - \mu HN\mathcal{L}. \tag{5.2.16}$$

Bragg-Williams 近似是假设：

$$\frac{N_{++}}{\dfrac{1}{2}Nq} \approx \left(\frac{N_+}{N}\right)^2, \tag{5.2.17}$$

或表示成

$$\mathcal{S} \approx \frac{1}{2}(\mathcal{L} + 1)^2 - 1. \tag{5.2.18}$$

在这近似式中, $\dfrac{N_+}{N}$ 是表示系统中任一格点的自旋为向上的概率, 在整个系统自旋取向完全随机的条件下, $\left(\dfrac{N_+}{N}\right)\cdot\left(\dfrac{N_+}{N}\right)$ 表示了当任一格点的自旋向上时, 其近邻格点自旋亦向上的概率. 因此这近似实质上是完全忽略了近邻自旋之间的相关, 而看成是完全随机的, 用系统的长程序来表示其短程序, 亦被称为“无规相近似”.

在现在的近似下，我们研究的系统是由 $\dfrac{1}{2}N(1+\mathcal{L})$ 个向上自旋及 $\dfrac{1}{2}N(1-\mathcal{L})$ 个向下自旋所组成，这些自旋以完全随机的方式分布在 N 个格点上，因而有

$$\bar{N}_{++} = \frac{1}{2}qN\left(\frac{1+\bar{\mathcal{L}}}{2}\right)^2,$$

$$\bar{N}_{--} = \frac{1}{2}qN\left(\frac{1-\bar{\mathcal{L}}}{2}\right)^2,$$

$$\bar{N}_{+-} = qN\left(\frac{1+\bar{\mathcal{L}}}{2}\right)\left(\frac{1-\bar{\mathcal{L}}}{2}\right).$$

由此可得一个表征了无规相近似的特征的表示式：

$$\frac{\bar{N}_{++}\cdot\bar{N}_{--}}{(\bar{N}_{+-})^2} = \frac{1}{4}. \tag{5.2.19}$$

在 Bragg-Williams 近似下，系统的哈密顿量为

$$H(\mathcal{L}) = -\frac{1}{2}qJ\mathcal{L}^2 - \mu HN\mathcal{L} \tag{5.2.20}$$

当给定 $\mathcal{L}$ 值即给定 N_+ 值时，系统自旋状态的简并度可由排列数给出

$$g(\mathcal{L}) = g(N_+) = \frac{N!}{N_+!(N-N_+)!} = \frac{N!}{\left[\frac{1}{2}N(1+\mathcal{L})\right]!\left[\frac{1}{2}N(1-\mathcal{L})\right]!}. \tag{5.2.21}$$

系统的配分函数是

$$Z = \sum_{\mathcal{L}=-1}^{+1} g(\mathcal{L})\mathrm{e}^{-H(\mathcal{L})/kT} = \sum_{\mathcal{L}=-1}^{+1} \frac{N!}{\left[\frac{1}{2}N(1+\mathcal{L})\right]!\left[\frac{1}{2}N(1-\mathcal{L})\right]!}\mathrm{e}^{-\beta H(\mathcal{L})} \equiv \sum_{\mathcal{L}} Q(\mathcal{L}). \tag{5.2.22a}$$

当 $N\to\infty$ 时，Z 的对数可用求和式中最大项的对数来代替，即

$$\frac{1}{N}\ln Z \approx \frac{1}{N}\ln Q(\mathcal{L})_{\max}.$$

用 Sterling 公式，得

$$\frac{1}{N}\ln Q(\mathcal{L}) = \beta\left(\frac{1}{2}qJ\mathcal{L}^2 + \mu B\mathcal{L}\right) - \frac{1+\mathcal{L}}{2}\ln\frac{1+\mathcal{L}}{2} - \frac{1-\mathcal{L}}{2}\ln\frac{1-\mathcal{L}}{2}. \tag{5.2.22b}$$

令 $\tilde{\mathcal{L}}$ 是使 $\ln Q$ 为极大时的 $\mathcal{L}$ 值：

$$\frac{\partial}{\partial\mathcal{L}}\ln Q(\mathcal{L}) = N\left[\beta(qJ\mathcal{L}+\mu B) - \frac{1}{2}\ln\frac{1+\mathcal{L}}{1-\mathcal{L}}\right]_{\mathcal{L}=\tilde{\mathcal{L}}} = 0, \tag{5.2.23a}$$

得

$$\tilde{\mathcal{L}} = \tanh\left(\frac{\mu B}{kT} + \frac{qJ}{kT}\tilde{\mathcal{L}}\right). \tag{5.2.23b}$$

对这方程我们分开不同的情况进行讨论.

(1) 当外场 $B=0$ 时：

$$\tilde{\mathcal{L}} = \tanh\left(\frac{qJ}{kT}\tilde{\mathcal{L}}\right). \tag{5.2.24}$$

这是一个超越方程，可以用图解法求解，画出 $f(\tilde{\mathcal{L}}) = \tilde{\mathcal{L}}$ 及 $f(\tilde{\mathcal{L}}) = \tanh\left(\frac{qJ}{kT}\tilde{\mathcal{L}}\right)$ 的曲线，其交点即为方程的解（见图 5.2.2）.

由图 5.2.2 可看出：

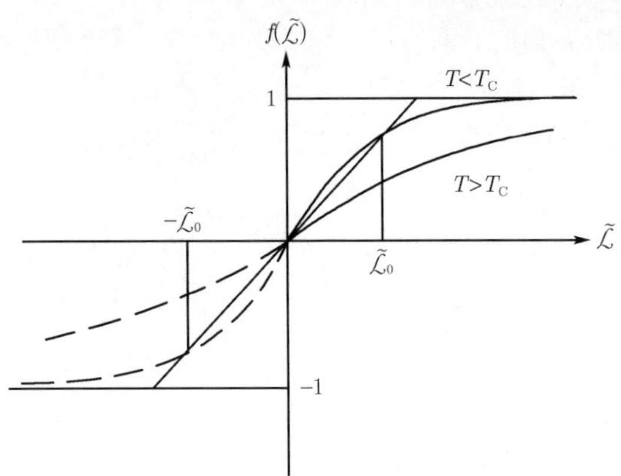

图 5.2.2　方程 (5.2.24) 的图形解法

当 $\dfrac{qJ}{kT} < 1$, 方程只有一个解,$\tilde{\mathcal{L}} = 0$, 即 $M = N\mu\tilde{\mathcal{L}} = 0$, 说明系统没有自发磁化.

当 $\dfrac{qJ}{kT} > 1$, 方程有三个解, $\tilde{\mathcal{L}} = \pm\tilde{\mathcal{L}}_0$ 及 0. 其中 $\tilde{\mathcal{L}}$=0 的解是使$\ln Q$ 为极小, 故舍去. 对其余两个解, 可得

$$M = \pm N\mu\tilde{\mathcal{L}}_0.$$

说明系统有自发磁化.M 有正负两个值, 分别表示磁化方向为向上或向下, 最终只能取一个值, 这值为正或负由磁化过程的初始条件决定.

令 $T_C = \dfrac{qJ}{k}$, 有

$$\tilde{\mathcal{L}} = \begin{cases} 0, & T > T_C; \\ \pm\tilde{\mathcal{L}}_0, & T < T_C. \end{cases} \tag{5.2.25}$$

T_C 即为铁磁相变的临界温度, 称居里温度. 对 $0 < T < T_C$ 的任意温度, $\tilde{\mathcal{L}}_0$ 由数值计算决定.

在 $T \to 0$ 及 $T \to T_C - 0$ 的极端情况下, 可得 (5.2.24) 式的近似解:

$$\tilde{\mathcal{L}}_0 \approx 1 - 2\mathrm{e}^{-2T_C/T}, \qquad T/T_C \ll 1; \tag{5.2.26}$$

$$\tilde{\mathcal{L}}_0 \approx \left[3\left(1 - \frac{T}{T_C}\right)\right]^{1/2}, \qquad 0 \ll 1 - \frac{T}{T_C} \ll 1. \tag{5.2.27}$$

图 5.2.3 给出了 $\tilde{\mathcal{L}}_0(T, 0)$ 随温度的变化关系, 这曲线代表了 Bragg-Williams 近似下自发磁化的行为.

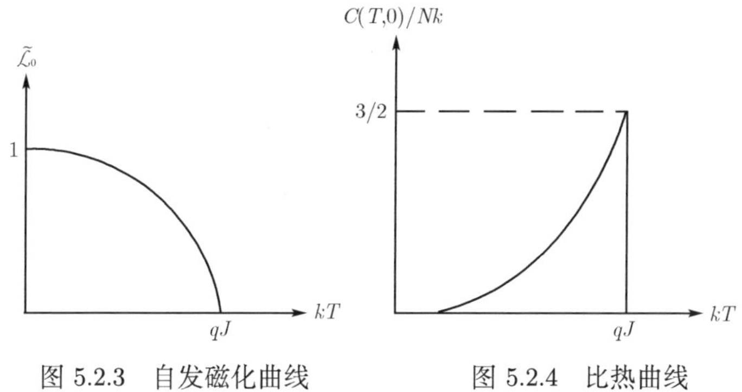

图 5.2.3 自发磁化曲线　　图 5.2.4 比热曲线

由体系的配分函数 (5.2.22a) 式，可以求得所有感兴趣的热力学函数. 下面我们对系统的定磁场比热作一分析.

由 (5.2.22a) 式及比热的定义，易得

$$\frac{1}{NK}C_{\mathrm{B}}(T,0)=\begin{cases}-\dfrac{qJ}{2}\dfrac{\mathrm{d}\tilde{\mathcal{L}}_0^2}{\mathrm{d}T}, & T<T_{\mathrm{C}};\\[2ex] 0, & T>T_{\mathrm{C}}.\end{cases} \tag{5.2.28}$$

$C_{\mathrm{B}}(T,0)$ 随温度变化的关系如图 5.2.4 所示. 当 $T>T_{\mathrm{C}}$ 时 $C_{\mathrm{B}}=0$, 这是由于 Bragg-Williams 近似忽略了自旋与自旋之间的短程相关，使体系在 $T>T_{\mathrm{C}}$ 时成为完全无序状态的必然结果. 当 T 趋近于 $T'_{\mathrm{C}}-0$, 由 (5.2.27) 及 (5.2.28) 式可得 $C_{\mathrm{B}}(T_{\mathrm{C}}-0,0)=\dfrac{3}{2}Nk$, 为一个有限值，说明在 T_{C} 附近，比热是不连续的.

(2) $B\neq 0$ 时：我们只限于讨论弱场情况下的磁化行为. 当 $T>T_{\mathrm{C}}$ 时在弱场情况下显然有 $\tilde{\mathcal{L}}_0\ll 1$, 利用近似式 $\tanh x\approx x$, 由 (5.2.23b) 式得

$$\tilde{\mathcal{L}}=\frac{\mu B}{kT}+\frac{qJ}{kT}\tilde{\mathcal{L}},$$

所以

$$\tilde{\mathcal{L}}=\frac{\mu}{K}=\frac{1}{T-T_{\mathrm{C}}}B. \tag{5.2.29}$$

由此式，可得磁化率：

$$\begin{aligned}\chi&=\left(\frac{\partial M}{\partial B}\right)_T\\&=\frac{N\mu^2}{k}\frac{1}{T-T_{\mathrm{C}}}\sim(T-T_{\mathrm{C}})^{-1}=(T-T_{\mathrm{C}})^{-\gamma}.\end{aligned} \tag{5.2.30}$$

这就是居里-外斯定律，其中 $\gamma=1$ 被称为临界指数.

另一方面 (5.2.23) 式：

$$\ln\frac{1+\tilde{\mathcal{L}}}{1-\tilde{\mathcal{L}}}=2\beta(qJ\tilde{\mathcal{L}}+\mu B).$$

当 $\tilde{\mathcal{L}}\ll 1$ 时，将等式左边作级数展开，在 $T=T_{\rm C}$ 时得

$$\tilde{\mathcal{L}}^3\approx\frac{3\mu}{kT_{\rm C}}B,$$

所以

$$M\sim B^{\frac{1}{3}}=B^{\delta}. \tag{5.2.31}$$

式中 $\delta=1/3$ 为另一个临界指数.

5.3 Bethe-Peierls 近似

从 5.2 节的讨论中可以看出，Bragg-Williams 近似是完全忽略了系统内部自旋之间的短程相关. 为了改进其结果，一条容易想到的途径是计及系统的短程序.Bethe-Peierls 近似正是基于这一考虑对 Bragg-Williams 近似作了改进.

Bethe 近似的基本思想是将一给定自旋 s_0 看成是一个自旋集团的中心成员，而这自旋集团是由 s_0 及其 q 个最近邻自旋所构成，在写出体系的哈密顿量时，精确地考虑了中心自旋与 q 个近邻自旋的相互作用，而这些近邻自旋与格点中其他自旋的相互作用，被看成为平均场而附加到外磁场上. 平均场的大小可由自洽条件来决定. 按照这样的考虑，伊辛模型的哈密顿量可写成

$$H_{q+1}=-\mu Bs_0-\mu(B+B')\sum_{j=1}^{q}s_j-J\sum_{j=1}^{q}s_0s_j, \tag{5.3.1}$$

其中 B 为作用在格点上的外磁场，而 B' 为平均场. 系统的配分函数为

$$Z=\sum_{s_0,s_j=\pm1}\exp[\alpha s_0+(\alpha+\alpha')\sum_{j=1}^{q}s_j+\gamma\sum_{j=1}^{q}s_0s_j], \tag{5.3.2}$$

其中，

$$\alpha=\frac{\mu B}{kT},\quad \alpha'=\frac{\mu B'}{kT},\quad \gamma=J/kT. \tag{5.3.3}$$

将 (5.3.2) 式右边写成 $s_0=+1$ 及 $s_0=-1$ 的两项之和：

$$Z=Z_++Z_-, \tag{5.3.4}$$

$$Z_\pm=\sum_{s_j=\pm1}\exp\left[\pm\alpha+(\alpha+\alpha'\pm\gamma)\sum_{j=1}^{q}s_j\right] \tag{5.3.5}$$

中心自旋的平均值应为

$$\bar{s}_0 = \frac{Z_+ - Z_-}{Z}. \tag{5.3.6}$$

而中心自旋的任一近邻自旋的平均值为

$$\begin{aligned}\bar{s}_j &= \overline{\frac{1}{q}\left(\sum_{j=1}^{q} s_j\right)} = \frac{1}{q}\left(\frac{1}{z}\frac{\partial Z}{\partial \alpha'}\right)\\ &= \frac{1}{Z}\left[Z_+\tanh(\alpha+\alpha'+\gamma) + Z_-\tanh(\alpha+\alpha'-\gamma)\right].\end{aligned} \tag{5.3.7}$$

由于格点中每一个自旋都有相同的地位，任一自旋均可作为中心自旋，因而必须满足自洽条件

$$\bar{s}_0 = \bar{s}_j,$$

由此可得

$$Z_+\left[1-\tanh(\alpha+\alpha'+\gamma)\right] = Z_-\left[1+\tanh(\alpha+\alpha'-\gamma)\right]. \tag{5.3.8}$$

即

$$\mathrm{e}^{2\alpha'} = \left[\frac{\cosh(\alpha+\alpha'+\gamma)}{\cosh(\alpha+\alpha'-\gamma)}\right]^{q-1}. \tag{5.3.9}$$

(5.3.9) 式是决定 α' 的方程，而 α' 决定了系统的磁行为.

由 Bragg-Williams 近似可知，系统的长程序参量 $\mathcal{L}$ 的值决定了自发磁化的可能性，根据定义 $\bar{\mathcal{L}} = \bar{s}_0$, 从 (5.3.4) 式及 (5.3.8) 式可得

$$\bar{\mathcal{L}} = \frac{(Z_+/Z_-)-1}{(Z_+/Z_-)+1} = \frac{\sinh(2\alpha+2\alpha')}{\cosh(2\alpha+2\alpha')+\mathrm{e}^{-2\gamma}}. \tag{5.3.10}$$

为了研究系统的自发磁化，令 $\alpha = 0$(无外场)，由 (5.3.10) 只有当 $\alpha' \neq 0$ 时，$\bar{\mathcal{L}}$ 才不为 0，即系统有自发磁化. 当 $\alpha = 0$ 时，系统的自洽条件为

$$\alpha' = \frac{q-1}{2}\ln\left[\frac{\cosh(\alpha'+\gamma)}{\sinh(\alpha'-\gamma)}\right]. \tag{5.3.11}$$

现在将 (5.3.11) 式右边在 $\alpha' = 0$ 附近作泰勒展开：

$$\alpha' = (q-1)\tanh\gamma\left[\alpha' - \frac{\alpha'^3}{3}\mathrm{sech}^2\gamma + \cdots\right]. \tag{5.3.12}$$

显然对任意 γ 值，$\alpha' = 0$ 是方程 (5.3.12) 的一个解，但这是没有自发磁化的解. 而 α' 的非零解要求

$$(q-1)\tanh\gamma > 1, \tag{5.3.13}$$

即

$$\gamma > \operatorname{artanh}\left(\frac{1}{q-1}\right) = \frac{1}{2}\ln\left(\frac{q}{q-2}\right) \equiv \gamma_{\mathrm{c}}. \tag{5.3.14}$$

将这一条件改用温度来表示为

$$T < \left[\frac{2J}{k}\Big/\ln\left(\frac{q}{q-2}\right)\right] \equiv T_{\mathrm{C}}, \tag{5.3.15}$$

T_{C} 为产生自发磁化的临界温度，亦就是居里温度. 将以上结果可以表示成

$$T > T_{\mathrm{C}}\text{时} \quad \bar{\mathcal{L}} = 0, \quad \mathrm{e}^{2\alpha'} = 1;$$

$$T < T_{\mathrm{C}}\text{时} \quad \bar{\mathcal{L}} > 0, \quad \mathrm{e}^{2\alpha'} > 1.$$

另由 (5.3.12) 式可看出, 如果 α' 为方程的一个非零解，则 $-\alpha'$ 亦同样是方程的一个解，与 $-\alpha'$ 对应的 $-\bar{\mathcal{L}}$ 亦是自发磁化解，与 $\bar{\mathcal{L}}$ 相比仅是磁化方向相反即只是自旋向上与向下互相对换. Bethe 近似与 Bragg-Williams 近似相比，是在如何处理短程序问题上作了改进，因而研究 Bethe 近似中近邻自旋间的相关, 是一个令人感兴趣的问题. 为此我们用 α, α' 及 γ 来表示出 N_{++}, N_{--} 及 N_{+-}，并将结果与 Bragg-Williams 近似作一比较. 在配分函数表示式 (5.3.2) 中，对除 s_0 及 s_1 外的所有自旋求和，得

$$Z = \sum_{s_0, s_1 = \pm 1} \left\{ \exp\left[\alpha s_0 + (\alpha + \alpha')s_1 + \gamma s_0 s_1\right] \times \left[2\cosh(\alpha + \alpha' + \gamma s_0)\right]^{q-1} \right\}. \tag{5.3.16}$$

将此式写成三部分之和，分别对应于下述三种状态：

(i) $s_0 = s_1 = 1$,

(ii) $s_0 = s_1 = -1$,

(iii) $s_0 = -s_1 = 1$ 或 -1.

$$Z = Z_{++} + Z_{--} + Z_{+-}.$$

显然

$$\bar{N}_{++} : \bar{N}_{--} : \bar{N}_{+-} = Z_{++} : Z_{--} : Z_{+-}. \tag{5.3.17}$$

由 (5.3.9) 式及 (5.3.16) 式，有

$$\bar{N}_{++} \propto \mathrm{e}^{(2\alpha + \alpha' + \gamma)}[2\cosh(\alpha + \alpha' + \gamma)]^{q-1},$$

$$\begin{aligned}\bar{N}_{--} &\propto \mathrm{e}^{(-2\alpha-\alpha'+\gamma)}[2\cosh(\alpha+\alpha'-\gamma)]^{q-1}\\ &= \mathrm{e}^{(-2\alpha-3\alpha'+\gamma)}[2\cosh(\alpha+\alpha'+\gamma)]^{q-1},\end{aligned}$$

$$\begin{aligned}\bar{N}_{+-} \propto&\, \mathrm{e}^{(-\alpha'-\gamma)}[2\cosh(\alpha+\alpha'+\gamma)]^{q-1}\\ &+\mathrm{e}^{(\alpha'-\gamma)}[2\cosh(\alpha+\alpha'-\gamma)]^{q-1}\\ &= 2\mathrm{e}^{(-\alpha'-\gamma)}[2\cosh(\alpha+\alpha'-\gamma)]^{q-1}.\end{aligned}$$

用下式

$$\bar{N}_{++}+\bar{N}_{--}+\bar{N}_{+-}=\frac{1}{2}qN,$$

将其归一化，可得到

$$(\bar{N}_{++},\bar{N}_{--},\bar{N}_{+-})=\frac{1}{2}qN\frac{(\mathrm{e}^{2\alpha+2\alpha'+\gamma},\mathrm{e}^{-2\alpha-2\alpha'+\gamma},2\mathrm{e}^{-\gamma}),}{2[\mathrm{e}^{\gamma}\cosh(2\alpha+2\alpha')+\mathrm{e}^{-\gamma}]}. \tag{5.3.18}$$

即

$$\frac{\bar{N}_{++}\cdot\bar{N}_{--}}{(\bar{N}_{+-})^2}=\frac{1}{4}\mathrm{e}^{4\gamma}=\frac{1}{4}\mathrm{e}^{4J/kT}. \tag{5.3.19}$$

此式与 (5.2.20) 式相比，出现了因子 $\mathrm{e}^{4J/kT}$. 当 $J>0$ 时，与反平行自旋对相比有利于平行自旋对的形成，这就是自旋之间的相互作用引起的短程相关. 只有当 $J=0$ 时，(5.3.19) 式与 (5.2.20) 式相同，说明 Bragg-Williams 近似相当于完全忽略了自旋间相互作用. 而实际系统中总是存在相互作用的，所以 (5.3.19) 式与 (5.2.20) 式相比提供了一个更好的近似.

最后，我们来计算在 Bathe 近似下无外场伊辛模型的比热.

由 (5.2.8) 式得

$$U_0=-J\left(\frac{1}{2}qN-2q\bar{N}_{+}+4\bar{N}_{++}\right),$$

其中 $\overline{N}_{++}$ 可直接由 (5.3.18) 式得到，$\bar{N}_{+}$ 可由 (5.3.10) 式得出

$$\begin{aligned}(\bar{N}_{+})_{\alpha=0}&=\frac{1}{2}N(1+\bar{\mathcal{L}}_0)\\ &=\frac{1}{2}N\frac{\exp(2\alpha')+\exp(-2\gamma)}{\cosh(2\alpha')+\exp(-2\gamma)}.\end{aligned} \tag{5.3.20}$$

所以

$$U_0=-\frac{1}{2}qJN\frac{\cosh(2\alpha')-\exp(-2\gamma)}{\cosh(2\alpha')+\exp(-2\gamma)}. \tag{5.3.21}$$

由自洽条件可知，当 $T>T_{\mathrm{C}}$ 时 $\alpha'=0$. 这时有

$$U_0=-\frac{1}{2}qJN\cdot\tanh\gamma,$$

所以可得

$$\frac{C_{\rm B=0}}{Nk}=\frac{1}{2}q\gamma^2{\rm sech}^2\gamma. \tag{5.3.22}$$

当 $T\to\infty$ 时，$C_{\rm B=0}$ 随 T^{-2} 趋向于零. 也就是在高于临界温度时，系统有一个有限的比热，比 Bragg-Williams 近似更接近实际物理系统. 这结果的出现完全是由于在高于 $T_{\rm C}$ 时，虽然系统的长程序参量为 0，但仍存在着短程序的原因.

当 T 从高于 $T_{\rm C}$ 的一侧接近于 $T_{\rm C}$ 时，可由 (5.3.22) 式中令 $\gamma\to\gamma_{\rm C}$ 得到比热极限值：

$$\begin{aligned}\frac{1}{Nk}C_{\rm B=0}(T_{\rm C}+0)&=\frac{1}{2}q\gamma_{\rm C}^2{\rm sech}^2\gamma_{\rm C}\\&=\frac{1}{8}\frac{q^2(q-2)}{(q-1)^2}\left[\ln\left(\frac{q}{q-2}\right)\right]^2.\end{aligned} \tag{5.3.23}$$

为了计算当 T 从小于 $T_{\rm C}$ 一侧趋向 $T_{\rm C}$ 时比热的极限值，在 (5.3.21) 式中令 $\gamma\to\gamma_{\rm C},\alpha'\to 0$ 且展开成 $(\gamma-\gamma_{\rm C})$ 和 α' 的幂级数：

$$U_0=-\frac{1}{2}qJN\left[\frac{1}{q-1}+\frac{q(q-2)}{(q-1)^2}(\gamma-\gamma_{\rm C})+\frac{q(q-2)}{(q-1)^2}\alpha'^2+\cdots\right]. \tag{5.3.24}$$

由 (5.3.12) 式，将 α' 展开成

$$\begin{aligned}\alpha'&\approx\{3\cosh^2\gamma_{\rm C}[(q-1)\tanh\gamma-1]\}^{1/2}\\&\approx[3(\gamma-\gamma_{\rm C})(q-1)]^{1/2}\\&\approx\left[3(q-1)\frac{J}{kT_{\rm C}}\left(1-\frac{T}{T_{\rm C}}\right)\right]^{1/2}.\end{aligned} \tag{5.3.25}$$

把 (5.3.25) 式代入 (5.3.24) 式得

$$U_0=-\frac{1}{2}qJN\left[\frac{1}{q-1}+\frac{q(q-2)(3q-2)}{(q-1)^2}\frac{J}{kT_{\rm C}}\left(1-\frac{T}{T_{\rm C}}\right)\right]. \tag{5.3.26}$$

然后将 (5.3.26) 式对 T 求导数，得到比热的极限值为

$$\frac{1}{Nk}C_{\rm B=0}(T_{\rm C}-0)=\frac{1}{8}\frac{q^2(q-2)(3q-2)}{(q-1)^2}\left[\ln\left(\frac{q}{q-2}\right)\right]^2. \tag{5.3.27}$$

比较 (5.3.23) 式及 (5.3.27) 式求出比热的不连续性：

$$\frac{1}{Nk}\Delta C_{\rm B=0}=\frac{3q^2(q-2)}{8(q-1)^2}\left[\ln\left(\frac{q}{q-2}\right)\right]^2.$$

最后需指出，当 $q=2$ 时，由 (5.3.15) 式得 $T_{\rm C}=0$ 这结果与严格解一致，即一维伊辛模型没有相变，而 Bragg 近似用于一维情况，则得到的是错误的结果.

5.4 伊辛模型的严格解

1925 年伊辛本人严格求解了一维问题，他用的是组合法，1941 年 Kramers 和 Wannier 将矩阵法引进伊辛模型中，特别是在 1944 年昂萨格成功地用矩阵法求解了二维无外场的伊辛模型，成为能严格求解二维问题的第一个方法，引起了很大重视. 本节要介绍的是矩阵法，首先简述矩阵法的基本思想，然后用矩阵法求解一维伊辛模型，最后将简单说明二维伊辛模型的一些主要结果.

当我们研究一个统计力学体系时，首先要求出系统的配分函数，也就是要找出能量分布. 而对具有近邻相互作用的伊辛模型，以一维直线链（不具有周期性边界条件）为例，每个格点上的自旋，可以有向上或向下两个状态，相邻两个自旋间的相互作用能，由四个不同状态决定，即 $(\uparrow\uparrow),(\uparrow\downarrow),(\downarrow\uparrow)$ 及 $(\downarrow\downarrow)$. 容易想到对这四个不同状态，可以用一个 (2×2) 矩阵来表示. 因而如果我们将直线链分成任意长的左右两段，先分别计算出每一段的能量分布，然后在两格点联接处，用 (2×2) 矩阵来计入两段之间的相互作用能，就可以得到整个系统的能量分布. 将这一想法进一步扩展，如果我们先计算好左段能量，借助一个 (2×2) 矩阵可以计入右段第一格点与左段之间的相互作用能，即向右扩展一个格点，再通过一个 (2×2) 矩阵可以扩展到右段第二格点，以此类推，就可以将右段的所有格点都考虑进去. 为了便于计算左段的能量，可以选择左段只有一个格点，用一系列 (2×2) 矩阵的积就可以计算出整个系统的能量分布.

下面我们用这一想法严格求解一维伊辛模型. 系统的哈密顿量为

$$H=-J\sum_{\langle ij\rangle}s_is_j-\mu B\sum_{i=1}^{N}s_i \tag{5.4.1}$$

为了方便，先考虑周期性边界条件的情况：

$$s_{N+1}=s_1. \tag{5.4.2}$$

这相当于将一维链弯成首尾相接的环形，在 $N\to\infty$ 的极限下，并不改变系统的热力学性质.

用 (5.4.2) 式将哈密顿量写成

$$H=-J\sum_{i=1}^{N}s_is_{i+1}-\frac{1}{2}\mu B\sum_{i=1}^{N}(s_i+s_{i+1}) \tag{5.4.3}$$

相应的配分函数为

$$
\begin{aligned}
Z(T,B) &= \sum_{s_1=\pm1}\cdots\sum_{s_N=\pm1}\exp\left\{\beta\sum_{i=1}^{N}\left[Js_is_{i+1}+\frac{1}{2}\mu B(s_i+s_{i+1})\right]\right\} \\
&= \sum_{s_1=\pm1}\cdots\sum_{s_N=\pm1}\prod_{i=1}^{N}\exp\left\{\beta\left[Js_is_{i+1}+\frac{1}{2}\mu B(s_i+s_{i+1})\right]\right\}
\end{aligned} \tag{5.4.4}
$$

引进矩阵 P, 其矩阵元定义为

$$
\langle s_i|P|s_{i+1}\rangle \equiv \exp\left\{\beta\left[Js_is_{i+1}+\frac{1}{2}\mu B(s_i+s_{i+1})\right]\right\},
$$

s_i 可取值 ±1; 所以 P 是 (2×2) 矩阵, 为

$$
\begin{aligned}
P &= \begin{pmatrix} \langle 1|P|1\rangle & \langle 1|P|-1\rangle \\ \langle -1|P|1\rangle & \langle -1|P|-1\rangle \end{pmatrix} \\
&= \begin{pmatrix} \mathrm{e}^{\beta(J+\mu B)} & \mathrm{e}^{-\beta J} \\ \mathrm{e}^{-\beta J} & \mathrm{e}^{\beta(J-\mu B)} \end{pmatrix}.
\end{aligned} \tag{5.4.5}
$$

因而用矩阵 P 可将配分函数写成

$$
\begin{aligned}
Z(T,B) &= \sum_{s_i=\pm1}\cdots\sum_{s_N=\pm1}\langle s_1|P|s_2\rangle\langle s_2|P|s_3\rangle\cdots \\
&\quad \cdots\langle s_{N-1}|P|s_N\rangle\langle s_N|P|s_1\rangle \\
&= \sum_{s_1=\pm1}\langle s_1|P^N|s_1\rangle \\
&= \mathrm{Tr}(P^N) = \lambda_+^N+\lambda_-^N,
\end{aligned} \tag{5.4.6}
$$

其中 λ_+ 及 λ_- 为矩阵 P 的本征值, 满足久期方程:

$$
\begin{vmatrix} \mathrm{e}^{\beta(J+\mu B)}-\lambda & \mathrm{e}^{-\beta J} \\ \mathrm{e}^{-\beta J} & \mathrm{e}^{\beta(J-\mu B)}-\lambda \end{vmatrix} = 0,
$$

其解为

$$
\lambda_\pm = \mathrm{e}^{\beta J}\left\{\cosh(\beta\mu B)\pm\left[\cosh^2(\beta\mu B)-2\mathrm{e}^{-\beta J}\sinh(2\beta J)\right]^{1/2}\right\}. \tag{5.4.7}
$$

然后由 (5.4.6) 式可得配分函数

$$
Z(T,B) = \lambda_+^N+\lambda_-^N = \lambda_+^N\left[1+\left(\frac{\lambda_-}{\lambda_+}\right)^N\right],
$$

让 $\lambda_+ > \lambda_-$, 在热力学极限下：

$$\begin{aligned}&\lim_{N\to\infty}\frac{1}{N}\ln Z(T,B)\approx\ln\lambda_+\\&=\beta J+\ln\left\{\cosh(\beta\mu B)+\left[\cosh^2(\beta\mu B)-2\mathrm{e}^{-2\beta J}\sinh(2\beta J)\right]^{1/2}\right\}.\end{aligned}\tag{5.4.8}$$

由此可以看出，配分函数是由较大的本征值决定. 自由能 F 和总磁化强度 M 分别为

$$\begin{aligned}&\frac{F(T,B)}{N}=-\frac{1}{N}kT\ln Z\\&=-J-\frac{1}{\beta}\ln\left\{\cosh(\beta\mu B)+\left[\cosh(\beta\mu B)-2\mathrm{e}^{-2J\beta}\sinh(2\beta J)\right]^{1/2}\right\};\end{aligned}\tag{5.4.9}$$

$$\frac{M}{N\mu}=-\frac{1}{\mu}\left(\frac{\partial(F/N)}{\partial B}\right)_T=\frac{\sinh(\beta\mu B)}{[\mathrm{e}^{-4\beta}J+\sinh^2(2\mu B)]^{1/2}}.\tag{5.4.10}$$

对不同温度下磁化强度 M 随 B 的关系如图 5.4.1 所示. 可看出对任何 $T>0$, 系统不存在自发磁化.

系统在无外场时比热

$$C_{B=0}(T,0)=Nk(\beta J)^2\mathrm{sech}^2(\beta J),\tag{5.4.11}$$

C_B 对 T 来说是光滑函数 (见图 5.4.2), 所以一维伊辛模型不发生顺磁–铁磁相变.

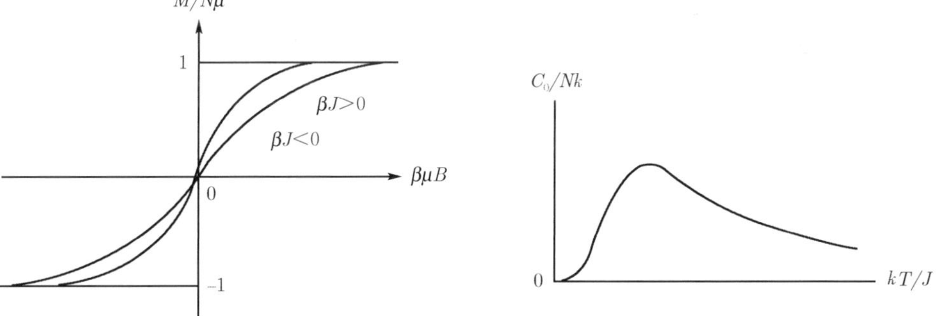

图 5.4.1 $M/N\mu$ 随参数 $\beta\mu B$ 变化的函数关系 图 5.4.2 无外场时一维伊辛模型的比热

从物理上看，任何温度下自旋的平均取向由两个对立的因素决定：能量趋于极小，使自旋倾向于同向排列，而熵趋于极大，使自旋倾向于随机排列，这两种情况均使自由能取极小. 就一维模型而言，由于近邻数太少，使自旋同向排列的倾向不足以抗衡使熵极大的倾向，因而在任何温度下，系统不会产生自发磁化.

对具有非周期性边界条件即直线链的情况，可将上述方法稍加改变，就完全可以适用.

我们将配分函数表达式 (5.4.4) 改写成

$$\begin{aligned} Z &= \sum_{\{s_i\}} \exp[\beta J(s_1 s_2 + s_2 s_3 + \cdots + s_{N-1} s_N) + \beta\mu B(s_1 + s_2 + \cdots + s_N)] \\ &= \sum_{\{s_i\}} \exp[\beta J s_1 s_2 + \beta\mu B s_1] \cdots \exp[\beta J s_{N-1} s_N + \beta\mu B s_{N-1}] \\ &\quad \times \exp[\beta\mu B s_N], \end{aligned} \tag{5.4.12}$$

定义 P 矩阵为

$$P = \begin{pmatrix} e^{\beta J+\beta\mu B} & e^{-\beta J+\beta\mu B} \\ e^{-\beta J-\beta\mu B} & e^{\beta J-\beta\mu B} \end{pmatrix}, \tag{5.4.13}$$

所以

$$\begin{aligned} Z &= \sum_{\{s_i\}} \langle s_1|P|s_2\rangle \cdots \langle s_{N-1}|P|s_N\rangle e^{\beta\mu B s_N} \\ &= \sum_{s_1, s_N=\pm 1} \langle s_1|P^{N-1}|s_N\rangle e^{\beta\mu B s_N}. \end{aligned}$$

让 $s_1, s_N = \pm 1, Z$ 则为四项之和，可以表示成三个矩阵乘积的形式：

$$Z = (1,1) \begin{pmatrix} P_{1,1}^{N-1} & P_{1,-1}^{N-1} \\ P_{-1,1}^{N-1} & P_{-1,-1}^{N-1} \end{pmatrix} \begin{pmatrix} e^{\beta\mu B} \\ e^{-\beta\mu B} \end{pmatrix}, \tag{5.4.14}$$

其中 $P_{ij}^{N-1} = \langle S_1 = i|P^{N-1}|S_N = j\rangle$.

利用矩阵乘法可以证明：

$$\begin{aligned} &(1,1) \begin{pmatrix} P_{1,1}^{N-1} & P_{1,-1}^{N-1} \\ P_{-1,1}^{N-1} & P_{-1,-1}^{N-1} \end{pmatrix} \begin{pmatrix} e^{\beta\mu B} \\ e^{-\beta\mu B} \end{pmatrix}, \\ &= \mathrm{Tr}\left[[P^{N-1}] \begin{pmatrix} e^{\beta\mu B} \\ e^{-\beta\mu B} \end{pmatrix} (1,1) \right] \\ &= \mathrm{Tr}\left[[P^{N-1}] \begin{pmatrix} e^{+\beta\mu B} & e^{+\beta\mu B} \\ e^{-\beta\mu B} & e^{-\beta\mu B} \end{pmatrix} \right], \end{aligned}$$

令

$$P^{N-1} = [P^{N-1}], \qquad A = \begin{pmatrix} e^{+\beta\mu B} & e^{+\beta\mu B} \\ e^{-\beta\mu B} & e^{-\beta\mu B} \end{pmatrix},$$

则

$$Z = \mathrm{Tr}(P^{N-1} \cdot A).$$

引进幺正变换 S, 使 P 对角化, 对角化后的矩阵为 Λ, 有

$$\begin{aligned} S^{-1}PS &= \Lambda, \\ P &= S\Lambda S^{-1}, \\ P^{N-1} &= (S\Lambda S^{-1})^{N-1} = S\Lambda^{N-1}S^{-1}, \\ \mathrm{Tr}(P^{N-1}A) &= \mathrm{Tr}(S\Lambda^{N-1}S^{-1}A) = \mathrm{Tr}(\Lambda^{N-1}S^{-1}AS). \end{aligned}$$

所以

$$Z = \mathrm{Tr}[\Lambda^{N-1}(S^{-1}AS)] = \mathrm{Tr}(\Lambda^{N-1}B),$$

其中,

$$\Lambda = \begin{pmatrix} \lambda_+ & 0 \\ 0 & \lambda_- \end{pmatrix}, \qquad B = S^{-1}AS,$$

$$\Lambda^{N-1}B = \begin{pmatrix} \lambda_+^{N-1}B_{11} & \lambda_+^{N-1}B_{12} \\ \\ \lambda_-^{N-1}B_{21} & \lambda_-^{N-1}B_{22} \end{pmatrix}.$$

所以

$$Z = \lambda_+^{N-1}B_{11} + \lambda_-^{N-1}B_{22} = \lambda_+^{N-1}\left(B_{11} + \left(\frac{\lambda_-}{\lambda_+}\right)^{N-1}B_{22}\right),$$

$$\frac{1}{N}\ln Z = \frac{N-1}{N}\ln\lambda_+ + \frac{1}{N}\ln\left[B_{11} + \left(\frac{\lambda_-}{\lambda_+}\right)^{N-1}B_{22}\right]. \tag{5.4.15}$$

与前面讨论的周期边界条件相类似令 $\lambda_+ > \lambda_-$ 且由矩阵 A 可看出, $B_{11} \neq 0$, 且 B_{11} 为有限. 所以取 $N \to \infty$ 的热力学极限时 $\dfrac{N-1}{N} \to 1, \dfrac{1}{N}\ln[B_{11} + \left(\dfrac{\lambda_-}{\lambda_+}\right)^{N-1}B_{22}] \to 0$.

(5.4.15) 式成为

$$\frac{1}{N}\ln Z = \ln\lambda_+. \tag{5.4.16}$$

这结果与圆链的结果完全相同. 也说明在热力学极限的条件下, 系统的边界效应并不影响热力学性质.

二维伊辛模型的严格解, 在数学形式上比一维复杂得多, 这里只简述一些主要结果.

系统的配分函数为

$$\frac{1}{N}\ln Z(0,T)=\ln[2\cosh(2\beta)]+\frac{1}{2\pi}\int_0^{\pi}\mathrm{d}\varphi\ln\left[\frac{1+\sqrt{1-\kappa^2\sin^2\theta}}{2}\right],\tag{5.4.17}$$

其中，

$$\kappa\equiv\frac{2\sinh(2\beta J)}{\cosh^2(2\beta J)}.$$

体系每个自旋的内能为

$$\frac{1}{N}U_0(T)=-J\cosh(2\beta J)\left[1+\frac{2\kappa'}{\pi}K_1(\kappa)\right],\tag{5.4.18}$$

其中 $K_1(\kappa)$ 为第一类椭圆积分：

$$K_1(\kappa)\equiv\int_0^{\pi/2}\frac{\mathrm{d}\varphi}{\sqrt{1-\kappa^2\sin\varphi}}.$$

注意 (5.4.18) 式中的 κ 与 (5.4.17) 式的相同，κ' 为

$$\kappa'\equiv 2\tanh^2 2\beta J-1.$$

κ 与 κ' 间满足关系：

$$\kappa^2+\kappa'^2=1.$$

图 5.4.3 表示函数 κ 和 κ' 的曲线.

系统的比热可以表示成

$$\frac{1}{Nk}C_{\mathrm{B=0}}(T)=\frac{2}{\pi}\left[\beta J\cosh(2\beta J)\right]^2\times\left\{2K_1(\kappa)-2E_1(\kappa)-(1-\kappa')\left[\frac{\pi}{2}+\kappa'K_1(\kappa)\right]\right\},$$

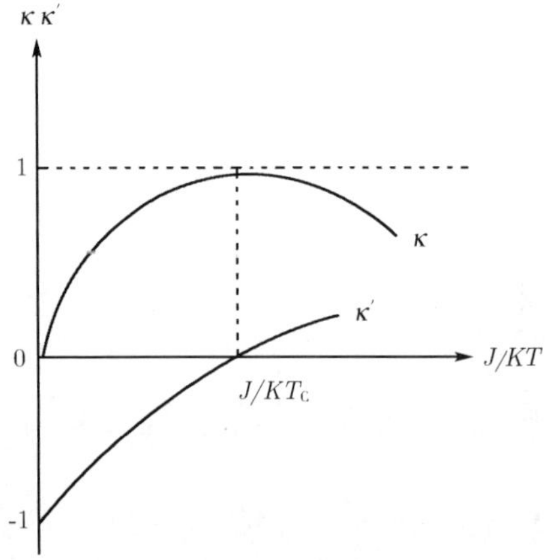

图 5.4.3　函数 κ 与 κ' 的曲线

其中 $E_1(\kappa)$ 为第二类椭圆积分：

$$E_1(\kappa)\equiv\int_0^{\pi/2}\mathrm{d}\varphi\sqrt{1-\kappa^2\sin^2\varphi}.$$

显然由于椭圆积分 $K_1(\kappa)$ 在 $\kappa=1$ (或 $\kappa'=0$) 处有奇异性，使热力学函数在 $\kappa=1$ 处均有奇异性.

系统的临界点：

$$2\tanh^2\frac{2J}{kT_{\mathrm{C}}}=1,$$

$$kT_{\mathrm{C}}=2.269J.$$

在 $\kappa=1$ 或 $\kappa'=0$ 附近，有近似式：

$$K_1(\kappa)=\ln(4/\kappa'),$$
$$E_1(\kappa)=1.$$

所以在 $T=T_{\rm C}$ 附近（即 $\kappa=1$ 附近）有

$$\begin{aligned}\frac{1}{Nk}C_{\rm B=0}(T)&\approx\frac{8}{\pi}\left(\frac{J}{kT_{\rm C}}\right)^2\left\{-\ln\left|1-\frac{T}{T_{\rm C}}\right|+\left[\ln\left(\frac{\sqrt{2}kT_{\rm C}}{J}\right)-\left(1+\frac{\pi}{4}\right)\right]\right\}\\&\approx-0.4945\ln\left|1-\frac{T}{T_{\rm C}}\right|+{\rm const.}\end{aligned}$$

图 5.4.4 画出二维伊辛模型的比热曲线，可以看出，严格解的比热是对数发散的.

要计算自发磁化与温度的依赖关系，必须计算 $B\neq 0$ 的自由能，杨振宁引入一弱磁场 B，计算自由能，最后令 $B\to 0$，得

$$\bar{\mathcal{L}}_0(T,0)=\frac{M(T,0)}{N\mu}=\begin{cases}0 & T>T_{\rm C};\\ [1-(\sinh 2\beta J)^{-4}]^{1/8}, & T\leqslant T_{\rm C}.\end{cases}\tag{2.4.5}$$

在 $T\to 0$ 及 $T\to T_{\rm C}-0$ 的渐近形式分别为

$$\bar{\mathcal{L}}_0(T,0)\approx\begin{cases}1-2\exp(-8\beta J), & T\to 0;\\ 1.224\left(1-\dfrac{T}{Tc}\right)^{1/8}, & T\to T_{\rm C}-0.\end{cases}$$

$\bar{\mathcal{L}}_0(T,0)$ 随温度变化曲线见图 5.4.5. 显然在 $T\to T_{\rm C}-0$ 端严格解比近似解变化得更快.

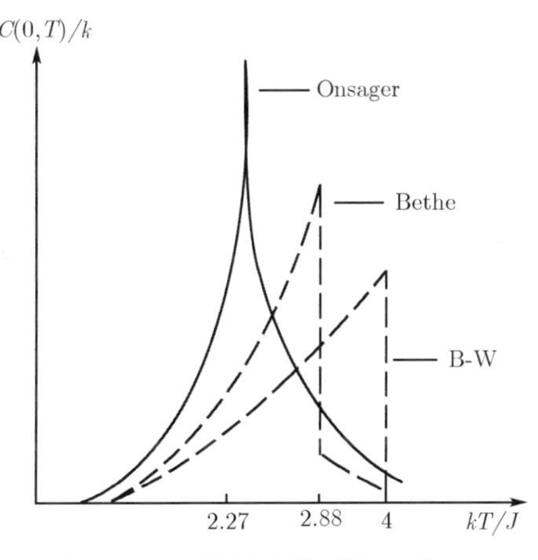

图 5.4.4 三维伊辛模型的比热

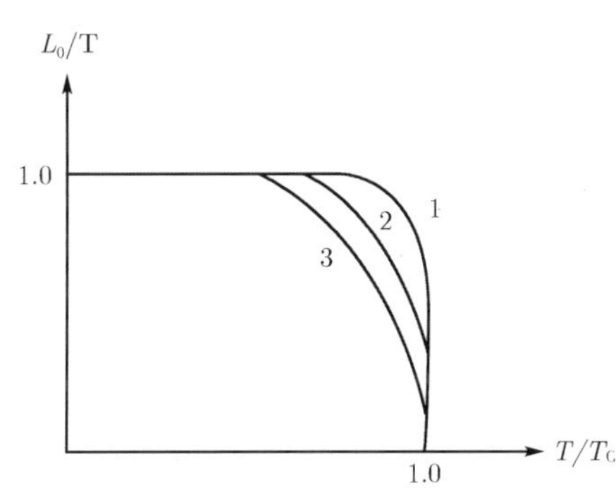

图 5.4.5 自发磁化曲线

1.Onsager;2.Bethe;3.B-W

5.5 格气模型及有序-无序相变

伊辛模型除了用来模拟铁磁相变外，有关它的理论也可用来研究其他一些模型系统的相变问题，本节将讨论格气模型及有序–无序相变模型.

格气模型：格气模型是实际气体的简化模型，在这模型中有 N_a 个粒子排列在周期点阵的 N 个格点上，每一个格点上至多能放一个粒子，且每个粒子只与最近邻粒子产生相互作用，处在格点 i,j 上两个粒子间相互作用能可写成

$$u_{ij}=\begin{cases}\infty & \text{如} r_{ij}=0,\\ \varepsilon & \text{如} r_{ij}=\text{近邻距离},\\ 0 & r_{ij}=\text{其他}.\end{cases}\tag{5.5.1}$$

体系的总能量为

$$U=\sum_{i<j}^{N_a}u_{ij},\tag{5.5.2}$$

配分函数为

$$Z_{N_a}=\frac{1}{N_a!}\sum_{\{\text{各种分布}\}}\mathrm{e}^{-\beta U}.\tag{5.5.3}$$

这样一个模型可以被看成是实际气体的一个简化模型. 也就是我们将气体粒子在空间的各种可能分布状态看成是在一个周期点阵中的各种可能占位方式，类似于用伊辛模型研究铁磁相变，我们可以用格气模型研究液气相变. 为了看出格气模型与伊辛模型的相似性，先对两个模型作一比较.

引进填充数 t_i,

$$t_i=\begin{cases}0, & \text{第}i\text{个格点是空位；}\\ 1, & \text{第}i\text{个格点被粒子占有.}\end{cases}\tag{5.5.4}$$

格气模型中近邻粒子的相互作用能可用填充数表示出来

$$u_{ij}=t_it_j\varepsilon,\tag{5.5.5}$$

系统总能量为

$$U=\sum U_{ij}=\varepsilon\sum_{\langle ij\rangle}t_it_j.\tag{5.5.6}$$

填充数与伊辛模型的自旋间的关系为

$$t_i=\frac{1}{2}(s_i+1)=\begin{cases}1, & s_i=1;\\ 0, & s_i=-1.\end{cases}\tag{5.5.7}$$

格气模型的总能量为

$$
\begin{aligned}
U &= \sum U_{ij} = \varepsilon \sum_{\langle ij \rangle} t_i t_j \\
&= \varepsilon \sum_{\langle ij \rangle} \frac{1}{2}(s_i + 1)\frac{1}{2}(s_j + 1) \\
&= \frac{\varepsilon}{4} \sum_{\langle ij \rangle} s_i s_j + \frac{\varepsilon}{4} \sum_{ij} (s_i + s_j) + 1. \qquad (5.5.8)
\end{aligned}
$$

可以看出, 格气的能量除了相差一个常数外, 与伊辛模型有完全相似的形式. 为了进一步找出两者的有关物理量之间的对应关系, 让 N_{aa} 表示在一给定的位形中近邻对之总数. 将格气系统的配分函数写成:

$$
Z_{N_a} = \sum_{N_{aa}}{}' \ g_N(N_a, N_{aa}) \mathrm{e}^{\beta E}, \qquad (5.5.9)
$$

其中 $E = -\varepsilon N_{aa}, g_N(N_a, N_{aa})$ 表示在给定 N_a 及 N_{aa} 时, 格气的 N_a 个粒子在 N 个格点中所有可能的分布方式数.$\sum{}'$ 表示在给定 N 及 N_a 时, 对 N_{aa} 所有的可能值求和. 让格气晶格的元胞体积为 1, N 就是气体的总体积. 巨配分函数为

$$
\varXi = \sum_{N_{a=0}}^{N} z^{N_a} Z_{N_a}(T, N). \qquad (5.5.10)
$$

由于

$$
\frac{PV}{kT} = \ln \varXi = \frac{PN}{kT} \qquad (5.5.11)
$$

得

$$
\mathrm{e}^{\beta PN} = \sum_{N_{a=0}}^{N} z^{N_a} \sum_{N_{aa}}{}' g_N(N_a, N_{aa}) \mathrm{e}^{\varepsilon N_{aa}/kT}. \qquad (5.5.12)
$$

另一方面由巨正则系综理论, 有

$$
\bar{N} = z \frac{\partial}{\partial z} \ln \varXi = z \left[\frac{\partial}{\partial z} \left(\frac{PV}{kT} \right) \right]_{T,V}, \qquad (5.5.13)
$$

在现在的情况下得

$$
\frac{\bar{N}_a}{N} = \frac{1}{v} = \frac{z}{kT} \left(\frac{\partial P}{\partial z} \right)_T. \qquad (5.5.14)
$$

将伊辛模型的 Bragg-Williams 近似中公式 (5.2.8) 及 (5.2.9) 写成以下形式:

$$
\begin{aligned}
\mathrm{e}^{-\beta F} = \exp[N(qJ/2 - \mu B)\beta] \sum_{N_+=0}^{N} \exp[-2(qJ - \mu B)N_+ \beta] \\
\times \sum_{N_{++}}{}' \ g_N(N_+, N_{++}) \exp(4JN_{++}\beta) \qquad (5.5.15)
\end{aligned}
$$

通过比较 (5.5.12) 式与 (5.5.15) 式可得两者的对应关系为

伊辛模型	格气模型
N_+	N_a
N_-	$N-N_a$
$4J$	ε
$-\left(\dfrac{F}{N}+\dfrac{1}{2}qJ-\mu B\right)$	P
$\dfrac{\bar{N}_+}{N}\left(=\dfrac{1}{2}\left[\dfrac{\bar{M}}{N\mu}+1\right]\right)$	$\dfrac{\bar{N}_a}{N}\left(=\dfrac{1}{v}\right)$
$\exp[-2\beta(qJ-\mu B)]$	z

下面我们利用这一对应关系来讨论格气的状态方程及 P-V 图. 由 (5.2.22b) 及 (5.2.23) 式得

$$\frac{1}{N}F(T,B)=\frac{1}{2}qJ\tilde{\mathcal{L}}^2+\frac{1}{2\beta}\ln\left(\frac{1-\tilde{\mathcal{L}}^2}{4}\right),$$

在格气模型下, 与上式对应的是

$$P=\mu B-\frac{1}{8}q\varepsilon(1+\tilde{\mathcal{L}}^2)-\frac{1}{2\beta}\ln\left(\frac{1-\tilde{\mathcal{L}}^2}{4}\right). \tag{5.5.16}$$

而又由对应关系得

$$\frac{1}{v}=\frac{1}{2}(1+\tilde{\mathcal{L}}). \tag{5.5.17}$$

于是 (5.5.16) 式及 (5.5.17) 式决定了格气的状态方程.(5.5.16) 式中参数 μB 可由下式与格气的 z 相联系:

$$z=\exp\left[-2\left(\frac{1}{4}q\varepsilon-\mu B\right)\beta\right] \tag{5.5.18}$$

现在的 $\tilde{\mathcal{L}}$ 由下式决定:

$$\tilde{\mathcal{L}}=\tanh\left(\frac{\mu B}{kT}+\frac{1}{4}\frac{q\varepsilon}{kT}\tilde{\mathcal{L}}\right).$$

为了得到系统的 P-V 图, 先考虑 $B=0$ 的情况. 当 $T<T_{\rm C}$ 时, $\tilde{\mathcal{L}}$ 有两个值, $\pm\tilde{\mathcal{L}}$ 由下式决定:

$$\tilde{\mathcal{L}}=\tanh(\tilde{\mathcal{L}}T_{\rm C}/T),$$

当 $T>T_{\mathrm{C}}$ 时 $\tilde{\mathcal{L}}=0$, 得到

$$
\begin{cases}
\left.\begin{aligned} v_1(T)&=\dfrac{2}{1+|\mathcal{L}|} \\ v_2(T)&=\dfrac{2}{1-|\mathcal{L}|} \end{aligned}\right\} & T<T_{\mathrm{C}}; \\
v=2 & T>T_{\mathrm{C}}.
\end{cases}
$$

压强在 $T<T_{\mathrm{C}}$ 时有相同值, 得

$$
\begin{cases}
P=-\dfrac{1}{8}q\varepsilon(1+\tilde{\mathcal{L}}^2)-\dfrac{kT}{2}\ln\left(\dfrac{1-\tilde{\mathcal{L}}^2}{4}\right), & T<T_{\mathrm{C}}; \\
P=-\dfrac{1}{2}kT_{\mathrm{C}}+kT\ln 2, & T>T_{\mathrm{C}}.
\end{cases}
\tag{5.5.19}
$$

图 5.5.1 画出了格气的 P-V 图, 实线部分对应于 $B=0$ 的情况, 虚线对应于 $B\neq 0$ 的各种状态. 这些等温线与实际气体的等温线非常相似. v_1 及 v_2 分别对应于液相及气相的比容; v_1 及 v_2 的极限值分别是 1 和 ∞, 这是发生在 $\tilde{\mathcal{L}}=\pm 1$ 的状态, 由长程序的定义可知, 当 $N_a=N$, 有 $\tilde{\mathcal{L}}=+1$, 即晶格点阵上的每个格点均被粒子占据, 由于每个元胞的体积为 1, 因而比容的极限值 $v=1$; 当 $N_a=0$, 说明每个格点均为空的, 此时 $\tilde{\mathcal{L}}=-1$, 有比容的另一极限 ∞.

有序 - 无序相变:

有序 - 无序相变的典型例子是二元合金, 我们以 Cu-Zn 合金为例作简单分析, Cu-Zn 合金为体心立方结构, 称角上位置为 α, 体心位置为 β(图 5.5.2). X 射线衍射实验证明, 存在一个临界温度 T_{C}(对 Cu-Zn 合金而言, T_{C}=742K). 当 $T>T_{\mathrm{C}}$ 时, 无论是 Cu 原子或 Zn 原子, 占据 α 位置与 β 位置的概率均为 $\dfrac{1}{2}$, 称这时的状态为无序相. 当 $T<T_{\mathrm{C}}$ 时, Zn 原子占据 α 位置与 β 位置的概率不等, 对 Cu 原子

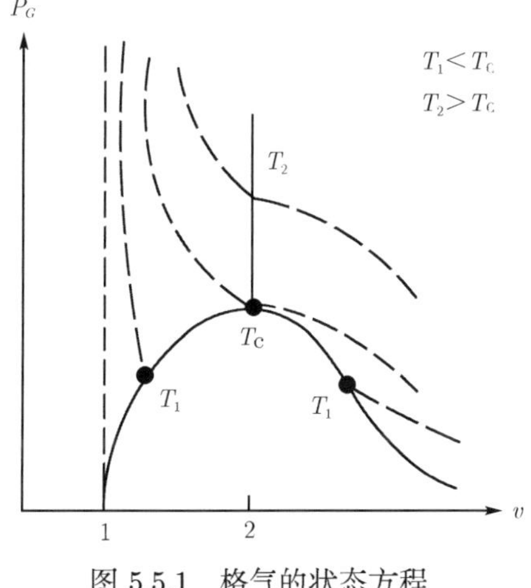

图 5.5.1　格气的状态方程

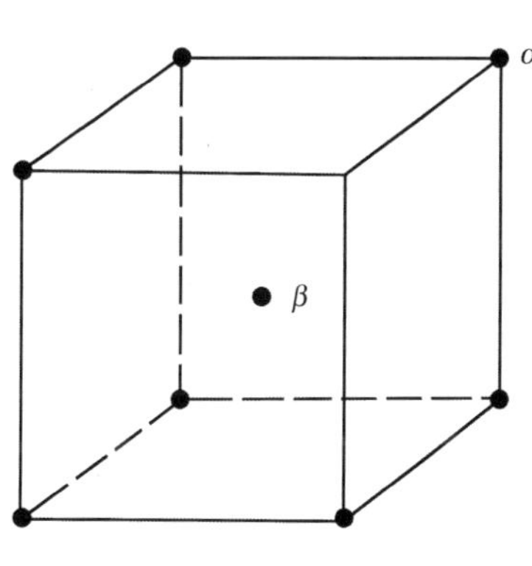

图 5.5.2

情况也类似，称这种状态为有序相，在 $T = T_C$ 时产生的相变称为有序 - 无序相变.

为了讨论方便，对一般情况，用 1, 2 表示两种不同原子，定义一个序参量 η 来表示体系的有序程序：

$$\eta = \frac{W_1 - W_2}{W_1 + W_2} \tag{5.5.20}$$

W_1, W_2 分别表示第一种及第二种原子占据特定位置的概率. 对 Cu-Zn 合金，在完全有序相 (T=0K)Cu 在 β 位置，Zn 在 α 位置，以 β 位置为标准，有 $W_{\mathrm{Cu}} = 1, W_{\mathrm{Zn}} = 0$, 得到 $\eta = 1$. 当温度升高，热运动使 Cu 和 Zn 原子的位置可以交换，只要 Cu 原子占据 α 位和 β 位的概率不等，也就是 Cu 原子占据 β 位与 Zn 原子占据 β 位的概率不等，就有 $\eta \neq 0$, 这时晶格对称不变. 当 $T > T_C$ 时有 $W_{\mathrm{Cu}} = W_{\mathrm{Zn}} = 1/2$, 得 $\eta = 0$, 系统处在无序相.

与格气模型相类似, 对有序-无序相变也可用伊辛模型理论来研究.让 N_1, N_2 表示两种原子的原子数，可以有三种不同类型的近邻对：(1,1),(2,2) 及 (1,2)((2.1) 与 (1.2) 相同)，让这三种近邻对数为 N_{11}, N_{22} 及 N_{12}；粒子间的相互作用势能可写成

$$E(N_{11}, N_{22}, N_{12}) = \varepsilon_{11}N_{11} + \varepsilon_{22}N_{22} + \varepsilon_{12}N_{12}, \tag{5.5.21}$$

$\varepsilon_{11}, \varepsilon_{22}, \varepsilon_{12}$ 分别表示不同类型近邻对的相互作用能. 这些变量并不全部独立，与伊辛模型相似，有关系式：

$$\left.\begin{aligned} N_1 + N_2 &= N, \\ qN_1 &= 2N_{11} + N_{12}, \\ qN_2 &= 2N_{22} + N_{12}, \end{aligned}\right\} \tag{5.5.22}$$

用 (5.5.22) 式将 (5.5.21) 式改写成

$$\begin{aligned} E &= (\varepsilon_{11} + \varepsilon_{22} - 2\varepsilon_{12})N_{11} \\ &\quad + \left[q(\varepsilon_{12} - \varepsilon_{22})N_1 + \frac{1}{2}q\varepsilon_{22}N\right]. \end{aligned}$$

当体系 N 及 N_1 给定时，中括弧内的项为常数. 让 N_1 与伊辛模型的 N_+ 或格气模型的 N_a, N_{11} 与 N_{++} 或 N_{aa} 相对应，就可得下述对应关系：

格气模型	二元合金
N_a	N_1
$N - N_a$	$N - N_1$
$-\varepsilon$	$\varepsilon_{11} + \varepsilon_{22} - 2\varepsilon_{12}$
F	$F - \frac{1}{2}q\varepsilon_{22}N - q(\varepsilon_{12} - \varepsilon_{22})N_1$

有了这样的对应关系，就可用伊辛模型或格气模型的理论去研究有序-无序相变.

5.6 杨-李定理

从前几节对伊辛模型的讨论中，可以看出，相变总是同热力学函数的奇异性相联系，即使是近似解，亦得出了在临界点上比热是不连续的，而昂萨格解则更清楚地显示出在热力学极限下，比热在临界点出现对数发散的奇异性. 但令人困惑的问题是根据统计力学的基本原理和公式求出的配分函数或巨配分函数是温度 T（除 $T=0$ 外）的解析函数，而由此所导出的热力学函数为什么在热力学极限下，会在有限温度出现奇异性呢？杨-李定理正是为了解决这样一个问题.

为了具体讨论杨-李定理，考虑一个由 N 个粒子组成的有相互作用系统，相互作用势为无穷硬心和短程引力两部分组成：

$$u_{ij}=\begin{cases}\infty, & r_{ij}\leqslant a;\\ u_0, & b\geqslant r_{ij}>a;\\ 0, & r_{ij}>b.\end{cases} \tag{5.6.1}$$

其中 b 是相互作用的最大范围，这类相互作用性质很接近于非理想气体. 如果系统的体积是有限的，由于粒子不能重叠，对一个给定的体积 V，存在一个最大粒子数 N_0. 系统的巨配分函数为

$$\varXi=\sum_{N=0}^{N_0}Z_N(T,V)z^N=1+Vz+\cdots+Z_{N_0}(T,V)z^{N_0}. \tag{5.6.2}$$

显然这是 z 的 N_0 次多项式，在 z 的复平面内可因式分解，让 z_K 表示 $\varXi=0$ 的根，写成

$$\varXi=\prod_{K=1}^{N_0}\left(1-\frac{z}{z_K}\right). \tag{5.6.3}$$

由于对实际系统 z 是正实数，$Z_N(T,V)$ 亦为正，所以方程的根 z_K 总是分布在 z 的复平面上，而不可能在正实轴上，由此可得下述结论：

(1) $\dfrac{P}{kT}$ 是 z 的解析函数且为正实数.

其原因就是 $\dfrac{P}{kT}=\dfrac{1}{V}\ln\varXi$，当 z 及 Z_N 为正实数时，由 (5.6.2) 式可知 $\varXi>1$，是 z 的解析函数，因而其对数亦是 z 的解析函数，且 $\ln\varXi>0$.

(2) ρ 是 z 的解析函数，且为有限正实数.

$$\rho=\frac{1}{V}z\cdot\frac{\partial}{\partial z}\ln\varXi=\frac{1}{V}\sum_{N=0}^{N_0}NZ_N(T,V)z^N=\frac{\langle N\rangle}{V}.$$

我们由 Ξ 的表达式 (5.6.2) 即可知 ρ 是 z 的解析函数，当 V 有限时，$\langle N\rangle$ 亦有限，故是有限正实数.

(3) 定义比容 $v=\rho^{-1}$, 当用 (v,T) 作自变量时 $P=P(T,v)$ 是 v 的解析函数. 则 $\left(\dfrac{\partial\rho}{\partial\ln z}\right)_T$ 及 $\left(\dfrac{\partial P}{\partial\rho}\right)_T$ 是有限的正数.

证明：

$$\begin{aligned}\frac{\partial\rho}{\partial\ln z}&=\frac{1}{V}\frac{1}{\Xi}\frac{\partial^2\Xi}{\partial\ln z^2}-\frac{1}{V}\frac{1}{\Xi^2}\left(\frac{\partial\Xi}{\partial\ln z}\right)^2\\&=\frac{1}{V}\frac{1}{\Xi}\sum z^NZ_NN^2-\frac{1}{V}\langle N\rangle^2\\&=\frac{1}{V}\left\langle(N-\langle N\rangle)^2\right\rangle.\end{aligned}$$

对粒子数有限的系统，涨落不能为 0，且有限，所以 $\dfrac{\partial\rho}{\partial\ln z}$ 是有限的正数.

$$\left(\frac{\partial P}{\partial\rho}\right)_T=\left[kT\frac{\partial}{\partial\ln z}\left(\frac{P}{kT}\right)\right]_T\Big/\left(\frac{\partial\rho}{\partial\ln z}\right)_T=\frac{\rho kT}{(\partial\rho/\partial\ln z)_T}.$$

由于上式右边分母为有限正数，分子亦为有限正数，所以 $\left(\dfrac{\partial P}{\partial\rho}\right)_T$ 为有限正数. 即用 v 作自变量 P 是 v 的单调递减函数，在 P-v 图上曲线的斜率永远为负，图 5.6.1 而不可能出现如图 5.6.2 这样的相变曲线. 我们可以得出这样结论：当系统的体积，因而粒子数，为有限时，系统不可能出现相变.

下面我们考虑当系统 $V\to\infty$ 的情况，也就是相变产生的条件和可能性.

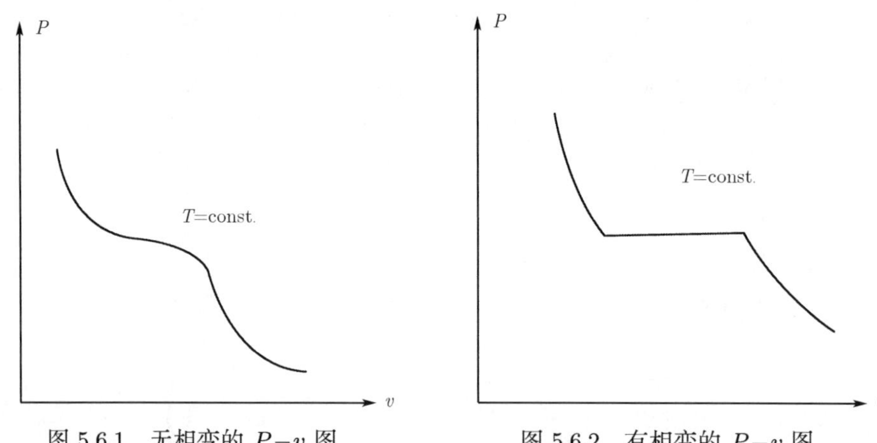

图 5.6.1 无相变的 $P-v$ 图　　图 5.6.2 有相变的 $P-v$ 图

定理一 对所有正实数 z, 当 $V\to\infty$ 时，$\left(\dfrac{1}{V}\ln\Xi\right)$ 的极限存在，这极限与 V 的形状无关，且为 z 的连续单调递增函数 (假设 $V\to\infty$ 时表面积的增长不快于 $V^{2/3}$).

有关这定理及定理二的证明可参考杨–李的文章 [5.1].

这定理证明了在现在条件下，系统的热力学极限存在，即使在 $V\to\infty$ 时，在 P-z 图上也不会出现跃变.

定理二 设在 z 的复平面内，有一个包含一段正实轴的区域 R，在 R 内不存在 $\Xi=0$ 的根，则对区域 R 中所有 z 值下述极限存在，是 z 的解析函数.

$$\left.\begin{array}{c}\lim\limits_{V\to\infty}\dfrac{1}{V}\ln\Xi,\\ \lim\limits_{V\to\infty}\dfrac{1}{V}\dfrac{\partial\ln\Xi}{\partial\ln z},\\ \cdots\cdots\\ \lim\limits_{V\to\infty}\dfrac{1}{V}\dfrac{\partial^n\ln\Xi}{\partial(\ln z)^n}.\end{array}\right\}\tag{5.6.4}$$

且在 R 中求极限与求导可以互换次序，即

$$\lim_{V\to\infty}\left[\frac{\partial}{\partial\ln z}\left(\frac{1}{V}\ln\Xi\right)\right]=\frac{\partial}{\partial\ln z}\left[\lim_{V\to\infty}\left(\frac{1}{V}\ln\Xi\right)\right].\tag{5.6.5}$$

对一个体积 V 有限的系统，最大粒子数 N_0 亦为有限，故方程 $\Xi=0$ 的根也就是 Ξ 的零点的数目亦为有限，这些根分布在 z 的复平面上而不会落在实轴上；当 $N\to\infty$ 时，N_0 必然趋于无限，即 Ξ 的零点数亦趋于无限. 如果零点的分布有这样的特点，使我们可以找到一个 R 区域，甚至 R 区域的范围可以不受限制，从而包含整个正实轴 (见图 5.6.3)，由 (5.6.4) 式所给出的这些函数的连续解析性，说明系统不会出现奇异性，即不会产生相变. 换言之如果令 $F(z)=\lim\limits_{V\to\infty}\dfrac{1}{V}\ln\Xi$ 对区域 R 中所有的 z 有

$$\begin{aligned}P&=kTF(z),\\ \frac{1}{v}&=\frac{\partial}{\partial\ln z}F(z).\end{aligned}$$

给出系统的物态方程，这些函数的连续解析性意味着在整个 R 区域内，系统为单相.

那么，在什么条件下出现相变? 虽然 Ξ 的零点不可能落在实轴上，但可能有这样的情况，当 $v\to\infty$ 时，零点的分布会无限逼近实轴上某点例 $z=z_0$ 点，不管 z_0 的邻域如何小，却总包含一些零点，因此,R 区域就不能把 z_0 点包括在内. 必须分别取 R_1 区及 R_2 区 (见图 5.6.4)，热力学函数在这两区域内分别为连续，此时当 z 沿着正实轴增加时，函数 $\dfrac{1}{V}\ln\Xi$ 在 $z=z_0$ 处可出现奇异性.

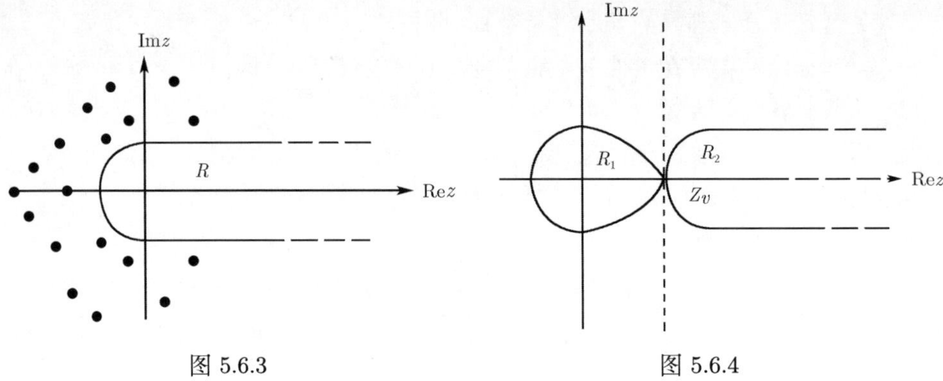

图 5.6.3　　图 5.6.4

根据杨 - 李定理，$\frac{1}{V}\ln\varXi$ 本身在 z_0 点为连续，其导数可以不连续. 这种奇异性意味着系统发生了相变. 在 R_1, R_2 两个区域内的物态方程代表了体系的两个相. 与热力学中定义相类似，若一阶导数不连续，就是一级相变；二阶导数不连续就是二级相变，依次类推，也可有高级相变. 实际发生相变的级别，则是由体系的相互作用性质等因素决定.

总之杨–李定理给出了相变产生的机制. 这一理论方法能否用来具体研究包括相变及凝聚态在内的系统的热力学性质呢？在参考文献 [5.1] 中第二篇文章杨、李讨论了伊辛模型. 他们表明，在伊辛模型下，相变问题完全可以用根的分布函数来研究.

为了具体了解相变产生过程，我们讨论一个简单例子. 考虑一个根处在单位圆上的系统，其巨配分函数有如下形式：

$$\varXi = \frac{(1+z)^V(1-z)^V}{1-z}, \qquad V\text{取整数}.$$

$\varXi = 0$ 的根是 $z = -1$ 和 $z = \mathrm{e}^{2\pi \mathrm{i}k/V}, k = 1, 2, \cdots, V-1$. 这些根分布在单位圆的圆周上，随着 V 增大，单位圆上根的密度也增加，有些根将逐渐接近 $z = 1$ 的点，该点是根分布的极限点.

函数 $\frac{1}{V}\ln\varXi$ 在 $z > 1$ 和 $z < 1$ 时有不同的极限值：

$$z<1: \qquad \lim_{V\to\infty}\frac{1}{V}\ln\varXi = \lim_{V\to\infty}\frac{1}{V}\ln\left[\frac{(1+z)^V(1-z)^V}{1-z}\right] = \ln(1+z),$$

$$z>1: \qquad \lim_{V\to\infty}\frac{1}{V}\ln\varXi = \lim_{V\to\infty}\frac{1}{V}\ln\left[\frac{z^V(1+z)^V(1-z^{-V})}{z-1}\right] = \ln z + \ln(1+z).$$

$$\frac{P}{kT} = \begin{cases} \ln(1+z), & z<1; \\ \ln(1+z)+\ln z, & z>1. \end{cases}$$

显然，在 $z=1$ 点 P 是连续的. 再看比容的方程：

$$\frac{1}{v}=z\frac{\partial}{\partial z}(P/kT)=\begin{cases}\dfrac{z}{1+z}, & z<1;\\[2ex] \dfrac{2z+1}{1+z}, & z>1.\end{cases}$$

在 $z=1$ 点，比容为不连续. 由上述结果得到状态方程为

$$\frac{P}{kT}=\begin{cases}\ln\dfrac{v}{v-1}, & v>2;\\[2ex] \ln 2, & 2\geqslant v\geqslant\dfrac{2}{3};\\[2ex] \ln\dfrac{v(1-v)}{(2v-1)^2}, & \dfrac{2}{3}>v>\dfrac{1}{2}.\end{cases}$$

画出 $P\sim v$ 曲线 (图 5.6.5)，可看出这是一个典型的一级相变曲线.

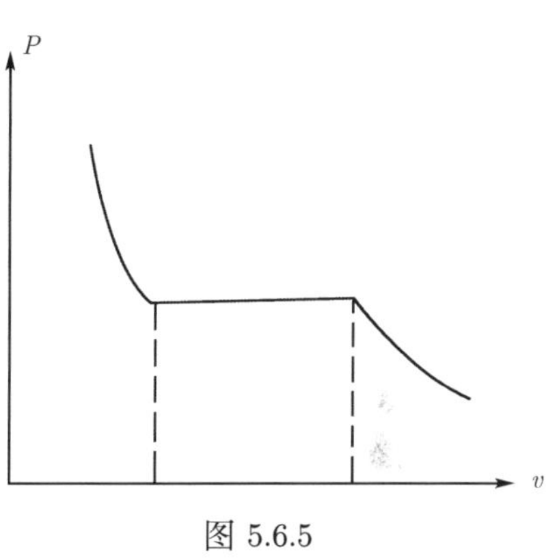

图 5.6.5

5.7 相关函数及临界散射

1. 流体系统中的密度相关函数

考虑一个由 N 个粒子组成的流体系统，宏观体积为 V，系统处在平衡态，N 个粒子的坐标和动量可以表示为

$$(\boldsymbol{r}_1\cdots\cdots\boldsymbol{r}_N,\boldsymbol{p}_1\cdots\cdots\boldsymbol{p}_N)$$

在流体中任一点 $\boldsymbol{r}$, 密度可用 δ 函数表示：

$$n(\boldsymbol{r})=\sum_{i=1}^{N}\delta(\boldsymbol{r}-\boldsymbol{r}_i),\tag{5.7.1}$$

其中 $\boldsymbol{r}_i$ 是第 i 个粒子的空间坐标. 粒子密度在巨正则系综中的平均值为

$$\langle n(\boldsymbol{r})\rangle=\frac{1}{\varXi}\sum_{N=0}^{\infty}\frac{1}{N!h^{3N}}\int\mathrm{d}^N\boldsymbol{r}\mathrm{d}^N\boldsymbol{p}n(\boldsymbol{r})\exp(-\beta E_N+\beta\mu N).\tag{5.7.2}$$

显然，对均匀系统 $\langle n(\boldsymbol{r})\rangle$ 与粒子位置无关，有

$$\langle n(\boldsymbol{r})\rangle=\left\langle\frac{N}{V}\right\rangle=n.$$

定义一个量：

$$\langle n(\boldsymbol{r})n(\boldsymbol{r}')\rangle = \frac{1}{\varXi}\sum_{N=0}^{\infty}\frac{1}{N!h^{3N}}\int \mathrm{d}^N\boldsymbol{r}\mathrm{d}^N\boldsymbol{p} \times n(\boldsymbol{r})n(\boldsymbol{r}')\exp(-\beta E_N+\beta\mu N). \tag{5.7.3}$$

从这定义不难看出，$\langle n(\boldsymbol{r})n(\boldsymbol{r}')\rangle$ 是表示了如果已经知道在 $\boldsymbol{r}'$ 点有一个粒子，在 $\boldsymbol{r}$ 点找到一个粒子的概率，从这意义上讲，这是条件概率.

定义密度相关函数为

$$G(\boldsymbol{r},\boldsymbol{r}') \equiv \Big\langle \big[n(\boldsymbol{r})-\langle n(\boldsymbol{r})\rangle\big]\big[n(\boldsymbol{r}')-\langle n(\boldsymbol{r}')\rangle\big]\Big\rangle. \tag{5.7.4}$$

可见密度相关函数是表示了 $\boldsymbol{r}$ 点与 $\boldsymbol{r}'$ 点密度涨落之间的相关. 对空间均匀系统，相关函数只依赖于两点的位置差，可写成 $G(\boldsymbol{r}-\boldsymbol{r}')$，故对均匀系，方程 (5.7.4) 可改写成

$$G(\boldsymbol{r}-\boldsymbol{r}') = \langle n(\boldsymbol{r})n(\boldsymbol{r}')\rangle - n^2. \tag{5.7.5}$$

由于当 $|\boldsymbol{r}-\boldsymbol{r}'|\to\infty$，在 $\boldsymbol{r}$ 与 $\boldsymbol{r}'$ 找到粒子的概率为独立的，也就是密度为不相关的，即

$$\langle n(\boldsymbol{r})n(\boldsymbol{r}')\rangle \to \langle n(\boldsymbol{r})\rangle\langle n(\boldsymbol{r}')\rangle = n^2, \qquad |\boldsymbol{r}-\boldsymbol{r}'|\to\infty. \tag{5.7.6}$$

由方程 (5.7.5) 可知：

$$G(\boldsymbol{r}-\boldsymbol{r}')\to 0, \qquad 当|\boldsymbol{r}-\boldsymbol{r}'|\to\infty. \tag{5.7.7}$$

从相关函数的定义不难看出，$G(\boldsymbol{r}-\boldsymbol{r}')$ 对 $|\boldsymbol{r}-\boldsymbol{r}'|$ 的依赖关系与体系的相互作用有关，图 5.7.1 及图 5.7.2 分别画出了与刚球势及 Lennard-Jones 势对应的相关

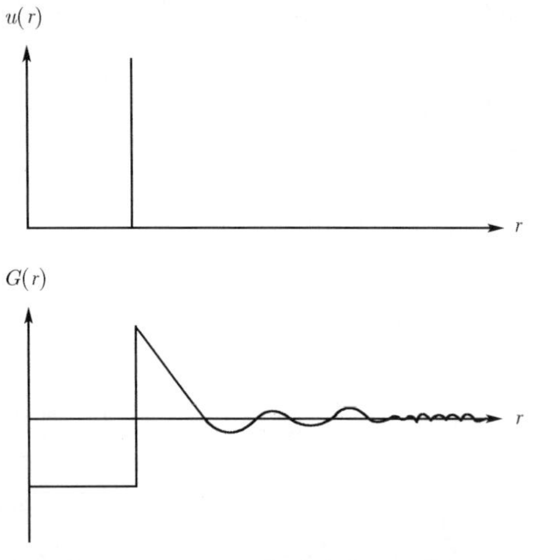

图 5.7.1　刚球势及其相关函数

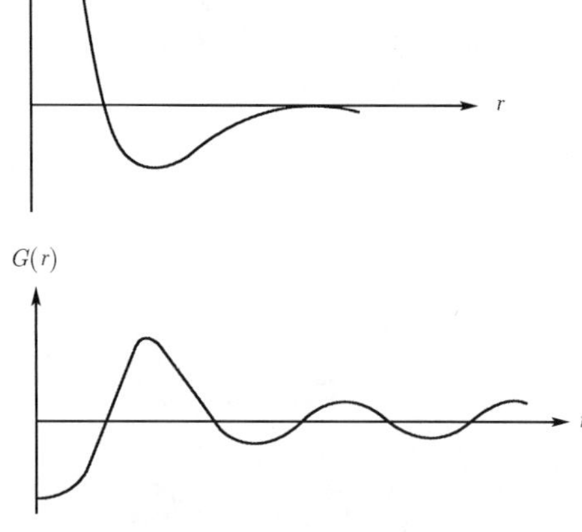

图 5.7.2　L-J 势及其相关函数

函数. 不难想到, 如果我们已经知道体系的相互作用势, 则可从定义直接计算出体系的相关函数.

2. 相关函数与等温压缩率的关系

首先考虑总粒子数的涨落:

$$\langle (N-\langle N\rangle)^2\rangle = \langle N^2\rangle - \langle N\rangle^2. \tag{5.7.8}$$

由系综理论可知:

$$\begin{aligned}
\langle N\rangle &= \frac{kT}{\Xi}\frac{\partial \Xi}{\partial \mu} = kT\left(\frac{\partial \ln\Xi}{\partial \mu}\right)_{T,V},\\
\langle N^2\rangle &= \frac{1}{\Xi}\mathrm{Tr}(\hat{\rho}\hat{N}^2) = \frac{k^2T^2}{\Xi}\left(\frac{\partial^2 \Xi}{\partial \mu^2}\right)_{T,V}\\
&= \frac{k^2T^2}{\Xi}\frac{\partial}{\partial \mu}\left(\frac{\Xi\cdot\langle N\rangle}{kT}\right)_{T,V} = \langle N\rangle^2 + kT\left(\frac{\partial\langle N\rangle}{\partial \mu}\right)_{T,V}.
\end{aligned}$$

用上述结果可将 (5.7.8) 式写成

$$\left\langle (N-\langle N\rangle)^2\right\rangle = kT\frac{\partial\langle N\rangle}{\partial \mu} = k^2T^2\left(\frac{\partial^2 \ln\Xi}{\partial \mu^2}\right)_{T,V}. \tag{5.7.9}$$

在巨正则系综, 有

$$\frac{PV}{kT} = \ln\Xi,$$

将 (5.7.9) 式写成

$$\begin{aligned}
\left\langle (N-\langle N\rangle)^2\right\rangle &= k^2T^2\left[\frac{\partial^2 (PV/kT)}{\partial \mu^2}\right]_{T,V}\\
&= kTV\left(\frac{\partial^2 P}{\partial \mu^2}\right)_{T,V}.
\end{aligned} \tag{5.7.10}$$

可以由热力学关系 $V\mathrm{d}P = S\mathrm{d}T + \langle N\rangle\mathrm{d}\mu$, 得

$$\left(\frac{\partial P}{\partial \mu}\right)_{T,V} = \frac{\langle N\rangle}{V} = n. \tag{5.7.11}$$

将 (5.7.11) 式代入 (5.7.10) 式:

$$\begin{aligned}
\left\langle (N-\langle N\rangle)^2\right\rangle &= kTV\left[\frac{\partial(\langle N\rangle/V)}{\partial \mu}\right]_{T,V}\\
&= -\frac{\langle N\rangle kTV}{V^2}\left(\frac{\partial V}{\partial \mu}\right)_{T,N}.
\end{aligned} \tag{5.7.12}$$

定义等温压缩率为

$$\kappa_T \equiv -\frac{1}{V}\left(\frac{\partial V}{\partial P}\right)_{T,N} = -\frac{1}{\langle N\rangle}\left(\frac{\partial N}{\partial \mu}\right)_{T,N}, \tag{5.7.13}$$

所以 (5.7.12) 成为

$$\left\langle (N-\langle N\rangle)^2\right\rangle = \frac{\langle N\rangle^2 kT}{V}\kappa_T = \langle N\rangle nkT\kappa_T. \tag{5.7.14}$$

理想气体的等温压缩率 κ_T^0 可由状态方程很容易得到

$$\kappa_T^0 = \frac{1}{nkT}. \tag{5.7.15}$$

最后可得等温压缩率与粒子数涨落间的关系为

$$\frac{\kappa_T}{\kappa_T^0} = \frac{\langle (N-\langle N\rangle)^2\rangle}{\langle N\rangle}. \tag{5.7.16}$$

下面我们进一步导出密度相关函数与等温压缩率之间的关系：

$$\begin{aligned}\langle (N-\langle N\rangle)^2\rangle =& \langle \int \mathrm{d}\boldsymbol{r}[n(\boldsymbol{r}) - \langle n(\boldsymbol{r})\rangle] \\ &\times \int \mathrm{d}\boldsymbol{r}'[n(\boldsymbol{r}') - \langle n(\boldsymbol{r}')\rangle]\rangle.\end{aligned}$$

用相关函数定义 (5.7.4) 得

$$\langle (N-\langle N\rangle)^2\rangle = \int \mathrm{d}\boldsymbol{r}\int \mathrm{d}\boldsymbol{r}' G(\boldsymbol{r}-\boldsymbol{r}').$$

由于对一个均匀即具有平移不变性的系统，$G(\boldsymbol{r}-\boldsymbol{r}')$ 只依赖于坐标差，对 $\boldsymbol{r}$ 及 $\boldsymbol{r}'$ 积分时，只需对其中一个变量积分，另一个只贡献一个体积因子，故上式可写成

$$\langle (N-\langle N\rangle)^2\rangle = V\int \mathrm{d}\boldsymbol{r}''\mathrm{d}\boldsymbol{r}'' G(\boldsymbol{r}'') \tag{5.7.17}$$

合并 (5.7.16) 式和 (5.7.17) 式可得

$$\frac{\kappa_T}{\kappa_T^0} = n^{-1}\int \mathrm{d}\boldsymbol{r} G(\boldsymbol{r}) \tag{5.7.18}$$

以上结果说明，当体系接近临界温度时，等温压缩率是发散的，必然使密度涨落变得很大，相关函数也变得很大，或者说，体系在很大范围内都是相关的.

3. 临界散射

当有一束光或 X 射线等入射到流体中，射线将被流体散射，假设散射是弹性的，即射线能量远大于体系的激发能，如果流体是处在临界温度下，散射强度将明显增长，这种现象就是临界散射. 用 $\boldsymbol{q} \equiv \boldsymbol{k}_s - \boldsymbol{k}_0$ 表示散射过程的动量转移 (见图 5.7.3)，有

$$q = |\boldsymbol{q}| = 2k\sin\frac{\theta}{2}, \quad k \equiv |\boldsymbol{k}_0| \approx |\boldsymbol{k}_s|.$$

散射强度可表示成

$$I(\boldsymbol{q}) = \left\langle \left| \sum_{j=1}^{N} a_j(\boldsymbol{q}) \right|^2 \right\rangle, \tag{5.7.19}$$

其中 $a_j(\boldsymbol{q})$ 是来自于第 j 个粒子的散射振幅. 来自于体系中两个不同粒子的散射振幅之间的关系可用相因子来表示：

$$a_j(\boldsymbol{q}) = a_1(\boldsymbol{q})\exp[\mathrm{i}\boldsymbol{q}\cdot(\boldsymbol{r}_j - \boldsymbol{r}_i)] \tag{5.7.20}$$

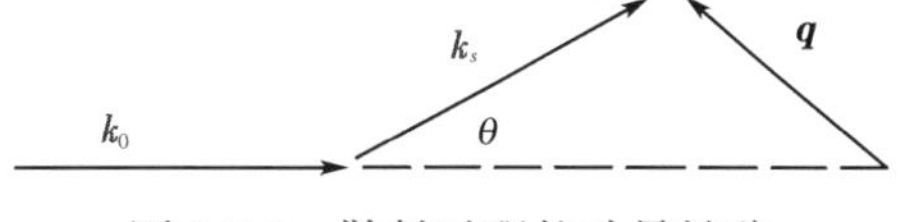

图 5.7.3 散射过程的动量转移

因此，

$$\begin{aligned} I(\boldsymbol{q}) &= \left\langle \left| a_1(\boldsymbol{q}) \sum_{j=1}^{N} \mathrm{e}^{-\mathrm{i}\boldsymbol{q}\cdot(\boldsymbol{r}_i - \boldsymbol{r}_j)} \right|^2 \right\rangle \\ &= \left| a_1(\boldsymbol{q}) \right|^2 \left\langle \left| \sum_{j=1}^{N} \mathrm{e}^{-\mathrm{i}\boldsymbol{q}\cdot\boldsymbol{r}} \right|^2 \right\rangle. \end{aligned} \tag{5.7.21}$$

如果用 $I_0(\boldsymbol{q})$ 表示粒子间不存在相关时的散射强度：

$$I_0(\boldsymbol{q}) = N|a_1(\boldsymbol{q})|^2. \tag{5.7.22}$$

从方程 (5.7.21) 和 (5.7.22) 得

$$\begin{aligned} \frac{I(\boldsymbol{q})}{I_0(\boldsymbol{q})} &= \frac{1}{N} \left\langle \sum_{i,j} \mathrm{e}^{-\mathrm{i}\boldsymbol{q}\cdot(\boldsymbol{r}_i - \boldsymbol{r}_j)} \right\rangle \\ &= \frac{1}{N} \int \mathrm{d}\boldsymbol{r} \int \mathrm{d}\boldsymbol{r}' \left\langle \sum_{i,j} \delta(\boldsymbol{r} - \boldsymbol{r}_i)\delta(\boldsymbol{r} - \boldsymbol{r}_j) \mathrm{e}^{-\mathrm{i}\boldsymbol{q}\cdot(\boldsymbol{r} - \boldsymbol{r}')} \right\rangle. \end{aligned}$$

通过用粒子数密度表示 (5.7.1) 式及 (5.7.5) 式，可将上式改写为

$$\begin{aligned}\frac{I(\boldsymbol{q})}{I_0(\boldsymbol{q})} &= \frac{1}{N}\int \mathrm{d}\boldsymbol{r}\int \mathrm{d}\boldsymbol{r}'\mathrm{e}^{-\mathrm{i}\boldsymbol{q}\cdot(\boldsymbol{r}-\boldsymbol{r}')}\langle n(\boldsymbol{r})n(\boldsymbol{r}')\rangle \\ &= \frac{1}{N}\int \mathrm{d}\boldsymbol{r}\int \mathrm{d}\boldsymbol{r}'\mathrm{e}^{\mathrm{i}\boldsymbol{q}\cdot(\boldsymbol{r}-\boldsymbol{r}')}[G(\boldsymbol{r}-\boldsymbol{r}')+n^2] \\ &= \frac{V}{N}\int \mathrm{d}\boldsymbol{r}''\mathrm{e}^{-\mathrm{i}\boldsymbol{q}\cdot\boldsymbol{r}''}G(\boldsymbol{r}'')+\frac{V^2}{N}n^2\delta(\boldsymbol{q}),\end{aligned} \tag{5.7.23}$$

(5.7.23) 式中第二项，只对 $\boldsymbol{q}=0$ 时也就是 $\theta=0$ 的向前散射才有贡献，通常可以忽略这一项. 将 (5.7.23) 式写成

$$\frac{I(\boldsymbol{q})}{I_0(\boldsymbol{q})} = \frac{1}{n}\int \mathrm{d}\boldsymbol{r}\mathrm{e}^{-\mathrm{i}\boldsymbol{q}\cdot\boldsymbol{r}'}G(\boldsymbol{r}) \equiv \frac{1}{n}S(\boldsymbol{q}). \tag{5.7.24}$$

其中 S($\boldsymbol{q}$) 很容易看出是 $G(\boldsymbol{r})$ 的傅里叶变换式，称为结构因子，这因子可从实验测量得到.(5.7.24) 式告诉我们，当考虑流体粒子之间的相关时，对动量转移为 $\boldsymbol{q}$ 的散射波强度从 $I_0(\boldsymbol{q})$ 变为 $I(\boldsymbol{q})$，特别是当体系处于临界点时，$G(\boldsymbol{r})$ 很大，积分值就会变得很大，也就是散射波强度很大，这就是临界散射.

如果在一玻璃容器里装着某种对可见光为透明的液体，当液体处在临界点附近时，从外观上看液体会变得十分混浊，这种现象称为临界乳光. 其原因就是当体系处在临界点附近时，相关函数变得很大，或者说体系的密度涨落在很大范围内都是相关的，由 (5.7.24) 式，体系对光的散射变得很强，这就是临界乳光现象.

4. Ornstein-Zernike 理论

我们将体系的相关函数表示成

$$G(\boldsymbol{r}-\boldsymbol{r}') = \left\langle \sum_{i=1}^{N}\sum_{j=1}^{N}\delta(\boldsymbol{r}-\boldsymbol{r}_i)\delta(\boldsymbol{r}-\boldsymbol{r}_j)\right\rangle - n^2, \tag{5.7.25}$$

在 (5.7.25) 式中值得注意的一点是，$G(\boldsymbol{r}-\boldsymbol{r}')$ 中并没有排除 $i=j$ 的项，这意味着相关函数不仅包括两个粒子间的相关，也包括了一个粒子与它自身的相关，我们将 $G(\boldsymbol{r}-\boldsymbol{r}')$ 分成两项：

$$G(\boldsymbol{r}-\boldsymbol{r}') \equiv n\delta(\boldsymbol{r}-\boldsymbol{r}')+n^2\Gamma(\boldsymbol{r}-\boldsymbol{r}'), \tag{5.7.26}$$

(5.7.26) 式中的第一项来自于粒子和它自身的相关，而第二项来自于两个不同粒子之间的相关，此项中加了系数 n^2, 使 $\Gamma(\boldsymbol{r}-\boldsymbol{r}')$ 成为一个量纲为一的量. 我们引进直接相关函数 $C(\boldsymbol{r})$, 通过其傅里叶变换

$$\hat{C}(\boldsymbol{q}) = \int C(\boldsymbol{r})\exp(-\mathrm{i}\boldsymbol{q}\cdot\boldsymbol{r})\mathrm{d}\boldsymbol{r}$$

来定义 $\boldsymbol{C}(\boldsymbol{r})$, 而 $\hat{C}(\boldsymbol{q})$ 为

$$\hat{C}(\boldsymbol{q}) \equiv \hat{\Gamma}(\boldsymbol{q})/(1+n\hat{\Gamma}(\boldsymbol{q})), \tag{5.7.27}$$

其中 $\hat{\Gamma}(\boldsymbol{q}) = \int \Gamma(\boldsymbol{r})\exp(-\mathrm{i}\boldsymbol{q}\cdot\boldsymbol{r})\mathrm{d}\boldsymbol{r}$. 在高温下, $\hat{\Gamma}(\boldsymbol{q}) \sim 0$ 则 $\hat{C}(\boldsymbol{q}) \sim \hat{\Gamma}(\boldsymbol{q})$, 而当 $T \to T_{\mathrm{C}}, \hat{\Gamma}(\boldsymbol{q}) \to \infty$, 则 $\hat{C}(\boldsymbol{q}=0) \equiv \int C(\boldsymbol{r})\mathrm{d}\boldsymbol{r} \sim n^{-1}$, 故 $\boldsymbol{C}(\boldsymbol{q})$ 并不很强烈地依赖于温度 T, 可见函数 $C(\boldsymbol{r})$ 是反映了短程的相关. 为了了解 $C(\boldsymbol{r})$ 的物理意义及 $C(\boldsymbol{r})$ 与 $\Gamma(\boldsymbol{r})$ 的关系, 写出 (5.7.27) 的逆变换式:

$$\Gamma(\boldsymbol{r}-\boldsymbol{r}') = C(\boldsymbol{r}-\boldsymbol{r}') + n\int C(\boldsymbol{r}-\boldsymbol{r}'')\Gamma(\boldsymbol{r}''-\boldsymbol{r}')\mathrm{d}\boldsymbol{r}''. \tag{5.7.28}$$

显而易见这是一个积分方程, 被称为 Orstein-Zernike 积分方程, 当用迭代法求解时, 可用图 5.7.4 形象地表示出来, $C(\boldsymbol{r})$ 是表示了粒子间的短程相关, 而 $\Gamma(\boldsymbol{r})$ 则是这种短程相关的传播所引起的长程相关.

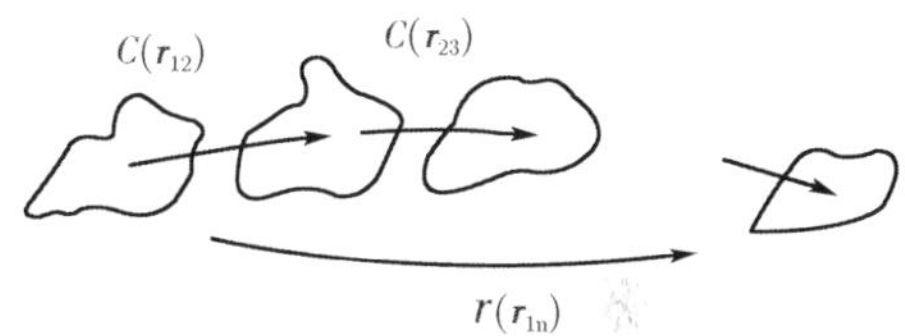

图 5.7.4 解释 $\Gamma(\boldsymbol{r})$ 与 $C(\boldsymbol{r})$ 关系的示意图

O-Z 理论的主要目的是通过计算结构因子 $S(\boldsymbol{q})$ 来表示出相关函数 $G(\boldsymbol{r})$. 假设 $\hat{C}(\boldsymbol{q})$ 在 $\boldsymbol{q}=0$ 附近可展开成泰勒级数, 对各向同性系统:

$$\hat{C}(\boldsymbol{q}) = \hat{C}(0) + \sum_{l=0}^{\infty} \hat{C}_l(n,T)q^l, \tag{5.7.29}$$

系数 $\hat{C}_l(n,T)$ 由麦克劳林展开得到

$$\begin{aligned}\hat{C}_l(n,T) &= \frac{1}{l!}\left[\frac{\partial l}{\partial q^l}\hat{C}(\boldsymbol{q})\right]_{\boldsymbol{q}=0} \\ &\propto \frac{i^l}{l!}\int_{-1}^{1}\mu^l\mathrm{d}\mu\int_0^{\infty} r^{l+2}C(r)\mathrm{d}r,\end{aligned} \tag{5.7.30}$$

其中第一个积分是对角度的积分, 当 l 为奇数时, 积分为 0, 设对所有的 l, 系数 $\hat{C}_l(n,T)$ 为有限的, 由 (5.7.26) 式的傅里叶变换及 (5.7.27) 式有

$$\frac{1}{n}S(\boldsymbol{q}) = 1 + n\hat{\Gamma}(\boldsymbol{q}) = \frac{1}{1-n\hat{C}(\boldsymbol{q})}, \tag{5.7.31}$$

也就是

$$\begin{aligned}\frac{n}{S(\boldsymbol{q})} &= 1 - n\hat{C}(\boldsymbol{q}) \\ &= 1 - n[\hat{C}(0) + \hat{C}_2(n,T)q^2 + O(q^4)] \\ &= \hat{C}_2(n,T)\left[\frac{1-n\hat{C}(0)}{\hat{C}_2(n,T)} - nq^2 + O(q^4)\right] \\ &= R^2[\kappa_1^2 + q^2 + O(q^4)],\end{aligned} \tag{5.7.32}$$

其中，

$$R^2 \equiv -n\hat{C}_2(n,T) \propto \int \boldsymbol{r}^2 C(\boldsymbol{r})\mathrm{d}\boldsymbol{r}. \tag{5.7.33a}$$

此式直接与二阶矩有关，而

$$\kappa_1^2 \equiv \frac{1-n\hat{C}(0)}{R^2} \tag{5.7.33b}$$

只与零阶矩有关. 在 (5.7.32) 中，忽略 q^4 及更高次项，得

$$\frac{S(\boldsymbol{q})}{n} = \frac{R^{-2}}{\kappa_1^2+q^2}. \tag{5.7.34}$$

通过作 (5.7.34) 式的傅里叶逆变换，得到 $\boldsymbol{r}$ 很大时相关函数 $G(\boldsymbol{r})$ 的渐近形式：

$$G(\boldsymbol{r}) \sim \frac{1}{R^2}\frac{\mathrm{e}^{-\kappa_1 r}}{\boldsymbol{r}}. \tag{5.7.35}$$

由 (5.7.34) 得当 $T\to T_{\mathrm{C}}$ 时，$\kappa_1^2\to 0$，定义：

$$\xi \equiv \kappa_1^{-1} = \kappa^{-1}, \tag{5.7.36}$$

其中 ξ 为长度量纲，称为相关长度.(5.7.35) 式给出的相关函数的形式，是 O-Z 理论的主要结果.

5. 对 O-Z 理论的修正

当我们将 O-Z 理论应用于空间维数 d 为任意的情况下，我们必须在对方程 (5.7.34) 作傅里叶逆变换时进行相应的修正:

$$G(\boldsymbol{r}) = \int S(\boldsymbol{q})\mathrm{e}^{-\mathrm{i}\boldsymbol{q}\cdot\boldsymbol{r}}\mathrm{d}\boldsymbol{q}, \qquad \boldsymbol{q}=(q_1\cdots q_d). \tag{5.7.37}$$

由于这时体积元 $\mathrm{d}q = q^{d-1}\mathrm{d}q(\sin\theta_1)^{d-2}\mathrm{d}\theta_1\mathrm{d}\Omega_{d-1}$, 其中 $q=|\boldsymbol{q}|, \mathrm{d}\Omega_{d-1}$ 是 $(d-1)$ 维的立体角元，因此 (5.7.37) 式成为

$$G(r) = \int S(q)\left[\int_0^{\pi}\mathrm{e}^{\mathrm{i}qr\cos\theta_1}(\sin\theta_1)^{d-2}\mathrm{d}\theta_1\right]\mathrm{d}\Omega_{d-1}q^{d-1}\mathrm{d}q, \tag{5.7.38}$$

(5.7.38) 式中括弧里的积分可用第一类贝塞尔函数来计算：

$$G(r) \propto \int_0^{\infty} s(q)\frac{J_{\frac{d}{2}-1}(qr)}{(qr)^{\frac{d}{2}-1}}q^{d-1}dq. \tag{5.7.39}$$

Fisher[5.2] 已作出当 d 为任意时 (5.7.39) 式的积分结果为

(1) 固定 $T>T_{\mathrm{C}}$(即 $\kappa>0$),$r\to\infty$

$$G(r) \propto \frac{\mathrm{e}^{-\kappa r}}{r^{(d-1)/2}}\left[1+O\left(\frac{d-3}{\kappa r}\right)\right]. \tag{5.7.40}$$

(2) 固定 r，让 $T \to T_{\mathrm{C}}+0$(即 $\kappa \to 0$)：

$$G(r) \propto \begin{cases} (\ln r)\mathrm{e}^{-\kappa r}\left[1+O\left(\dfrac{1}{\ln \kappa r}\right)\right], & d=2; \\ \dfrac{\mathrm{e}^{-\kappa r}}{r}, & d=3; \\ \dfrac{\mathrm{e}^{-\kappa r}}{r^{d-2}}\left[1+O(\kappa r)\right], & d>3. \end{cases} \tag{5.7.41}$$

对 $d=3$,(5.7.40) 式中高级项恒等于 0，(1) 和 (2) 得到的结果相同，为 $G(r) \propto r^{-1}\mathrm{e}^{-\kappa r}$.

当 r 很大时，由 (5.7.41) 计算相关函数为

$$G(r)\Big|_{T=T_{\mathrm{C}}} \propto \begin{cases} \ln r, & d=2; \quad (5.7.42) \\ r^{-(d-2)}, & d \geqslant 3. \quad (5.7.43) \end{cases}$$

故由 (5.7.42) 式得出了对二维流体 r 很大时相关函数随 r 增大，这结果显然是与实验不符. 对二维有最近邻相互作用的伊辛模型，可严格求解自旋相关函数，得

$$T>T_{\mathrm{C}}, G(r) \sim \mathrm{e}^{-\kappa r}/r^{\frac{1}{2}}; \tag{5.7.44}$$

$$T=T_{\mathrm{C}}, G(r) \sim \frac{1}{r^{\frac{1}{4}}}; \tag{5.7.45}$$

$$T<T_{\mathrm{C}}, G(r) \sim \mathrm{e}^{-\kappa r}/r^{2}. \tag{5.7.46}$$

显然对 $T>T_{\mathrm{C}}$ 时 (5.7.44) 式与 O-Z 理论 [(5.7.40) 式] 是一致的，而 $T=T_{\mathrm{C}}$ 时与 O-Z 理论 [(5.7.41) 式] 不一致，O-Z 理论不能给出 $T<T_{\mathrm{C}}$ 的结果.Fisker 和 Comp[5.3] 证明对一般包括次近邻相互作用的伊辛模型，相关函数可表示为 (对 $B \neq 0$ 和 $T=T_{\mathrm{C}}$)

$$G(r)=C(B)\frac{\mathrm{e}^{-\kappa r}}{r^{(d-1)/2}}+D(B)\frac{\mathrm{e}^{-\kappa r}}{r^{\alpha}} \tag{5.7.47}$$

由于对二维具有最近邻相互作用模型，$T<T_{\mathrm{C}}$ 时 $C(B)=0$, 得到了 O-Z 理论中不能得到的结果；为了解决 $T=T_{\mathrm{C}}$ 时 O-Z 理论的矛盾，Fisher[5.4] 对 O-Z 理论作了修正，当 q 小时，引进参数 η, 将 (5.7.34) 改为

$$S(q)\Big|_{T=T_{\mathrm{C}}} \sim q^{-(2+\eta)}, \qquad q \sim 0. \tag{5.7.48}$$

对 O-Z 理论 $\eta=0$, 引进 η 后，相关函数为

$$G(r)\Big|_{T=T_{\mathrm{C}}} \sim r^{-(d-2+\eta)}, \qquad r\text{大时}. \tag{5.7.49}$$

对二维伊辛模型，(5.7.49) 是严格正确的，有 $\eta=1/4$, 对三维伊辛模型，数值计算给出 $\eta=0.041$,η 被称为临界指数 (有关临界指数的详细讨论见 5.8 节).

5.8 序参量及临界指数

从 20 世纪 50 年代以后，相变理论的研究进入了一个新的阶段，从本节起我们将介绍一些最近发展起来的相变理论.

对二级相变，我们可以定义一个物理量–序参量来定量地加以描述，序参量可直观地解释为表示体系有序程度的物理量，因而对不同的体系，对应着不同的物理量. 在铁磁相变中自发磁化强度 M 为序参量，而液气相变中液相与气相的密度差 $(\rho_L - \rho_G)$ 为序参量. 各种不同相变的序参量及相应的临界温度被列在表 5.8.1 中.

表 5.8.1　各种相变的序参量及临界温度

相变	序参量	实例	T_C/K
液–气	密度差$\rho_L - \rho_G$	H_2O	647.05(P_C=218 a tm)
铁磁	M	Fe	1044.0(B=0)
反铁磁	子晶格磁化	FeF2	98.26(B=0)
λ相变	He原子概率振幅	^{4}He	1.8~2.1
超导	电子对的概率振幅	Pb	7.2(B=0)
二元溶液	$\rho_1 - \rho_2$	$Cl_4 - C_7F_{14}$	301.78
二元合金	$\frac{W_1-W_2}{W_1+W_2}$	CuZn	739
铁电	电极化强度	KH_2PO_4	120(E=0)

作为序参量，满足一个共同的特点，即在 $T < T_C$ 时，序参量是温度 T 的单调下降函数，当 $T > T_C$ 时序参量为 0. 更具体的讲，在低温有序相；序参量不为 0，随着温度升高，序参量连续下降，直到 $T \geqslant T_C$ 序参量变为 0. 在临界温度两边，序参量是连续变化，没有跃变. 这是与一级相变不同之处. 一级相变也可以定义一个序参量，但序参量在相变点二边会产生跃变.

二级相变的研究中，除了临界点和序参量外，另一个感兴趣的问题就是物理量在临界点附近的行为. 实验和理论研究表明，当温度 T 很接近于 T_C 时，一些物理量可以表示成幂函数的形式，这些数幂被称为临界指数. 首先以铁磁相变为例，给出临界指数的定义.

(1) α, α'：当外磁场 $B = 0$ 时，系统的定磁场比热 C_B 在临界点附近的奇异行为可表示成：

$$C_B \propto (T - T_C)^{-\alpha}, \qquad T \to T_C + 0;$$
$$C_B \propto (T_C - T)^{-\alpha'}, \qquad T \to T_C - 0.$$

$\propto$ 及 $\propto'$ 为临界指数. 在理论研究和实验测量的误差范围内，有 α=α'，且 α 是很小的正数，这有可能意味着比热具有的是对数奇异性.

(2) β:β 是表示序参量随温度变化的临界指数. 在磁相变中就是自发磁化 M,

当 $B=0$, 有

$$M(T,0) \propto (T_{\mathrm{C}}-T)^{\beta}, \qquad T \to T_{\mathrm{C}}-0.$$

序参量在 $T>T_{\mathrm{C}}$ 时为 0, 所以 β 与 α 不同, 只有一个指数, 而没有 β'.

(3) γ,γ': 磁系统的零场磁化率定义为

$$\lambda = \left(\frac{\partial M}{\partial B}\right)_T\bigg|_{B\to 0}.$$

当 $T \to T_{\mathrm{C}}$ 时, χ 以幂函数形式趋于无穷:

$$\chi \propto (T-T_{\mathrm{C}})^{-\gamma}, \qquad T \to T_{\mathrm{C}}+0;$$
$$\chi \propto (T_{\mathrm{C}}-T)^{-\gamma'}, \qquad T \to T_{\mathrm{C}}-0.$$

γ 与 γ' 亦为临界指数. 现有的实验和理论都发现有 $\gamma=\gamma'$.

(4) δ: 当外场 B 很小, 在 $T=T_{\mathrm{C}}$ 时序参量与外场的关系为

$$M \propto B^{1/\delta}.$$

δ 则是另一个临界指数.

(5) η: 与液汽系统相关函数相类似, 可以引进自旋密度相关函数, 定义为

$$C(\boldsymbol{r}) = \langle (S(\boldsymbol{r})-\langle S\rangle)(S(0)-\langle S\rangle)\rangle.$$

根据上节讨论及液气相变与磁相变的相似性, 按照 Fisher 理论, 自旋密度相关函数在 r 很大, $T=T_{\mathrm{C}}$ 时有

$$C(r) \propto r^{(-d-2+\eta)}.$$

其中 d 是空间维数, η 就是临界指数.

(6) ν,ν': 相关长度 ξ 是表征了体系相关区域的大小, 由 5.7 节的讨论可知, 在 $T\to T_{\mathrm{C}}$ 时相关长度发散, 可表示成

$$\xi \propto (T-T_{\mathrm{C}})^{-\nu}, \qquad T \to T_{\mathrm{C}}+0;$$
$$\xi \propto (T_{\mathrm{C}}-T)^{-\nu'}, \qquad T \to T_{\mathrm{C}}-0.$$

已有实验和理论都表明 $\nu=\nu'$, 但是 $T>T_{\mathrm{C}}$ 与 $T<T_{\mathrm{C}}$ 时, 可有不同的比例系数.

以上我们给出了临界指数的定义, 这些临界指数对不同的材料或不同类型的相变有相近的数值. 不同的理论方法得到的临界指数数值可以不同, 有时甚至差别较大. 表 5.8.2 及表 5.8.3 分别列出了临界指数的实验值及由各种不同理论得到的数值.

表 5.8.2　临界指数的部分实验值

相变	材料	临界温度/K	α	β	γ	δ	η
铁磁	Fe	1044.0	$\leqslant$0.16	0.34	1.33		0.07
反铁磁	$RbMnF_3$	83.05	$-0.139+0.007$	0.316 ± 0.008	1.397 ± 0.034		0.067 ± 0.021
液气	CO_2	304.16	1/8	0.3447 ± 0.0007	1.20 ± 0.02	4.2	
二元溶液	CCl_4-C_7F_{14}	301.78		0.335 ± 0.02	1.2	$\sim$4	
二元合金	Co-Zn	739		0.305 ± 0.005	1.25 ± 0.02		

表 5.8.3　临界指数的理论计算值

理论模型	α	β	γ	δ	η	ν
平均场理论	0	1/2	1	3	0	1/2
二维伊辛模型 (严格解)	$\sim$0	1/8	7/4	15	1/4	1
二维伊辛模型 (级数解)	0.125	0.312	1.250	5.15	0.055	0.642
三维伊辛模型 (重正化群)	0.110	0.340	1.241	4.46	0.037	0.630

但不管是各种不同的理论值或实验值，临界指数间都满足同样的关系式:

$$\alpha+2\beta+\gamma=2, \tag{5.8.1}$$

$$\alpha+\beta(\delta+1)=2, \tag{5.8.2}$$

$$d\frac{\delta-1}{\delta+1}=2-\eta, \tag{5.8.3}$$

$$\nu=\beta(1+\delta)/d, \tag{5.8.4}$$

其中 d 为空间维数. 前两个称为标度关系，后两个称为超标度关系. 这些式子的成立到目前为止，尚无法加以严格的证明. 但是在这些关系被发现之前，从热力学的角度出发，已经证明了临界指数之间存在着一些不等式的关系，称指数不等式：

$$\alpha+2\beta+\gamma\geqslant 2, \tag{5.8.5}$$

$$\alpha+\beta(1+\delta)\geqslant 2, \tag{5.8.6}$$

$$d\frac{\delta-1}{\delta+1}\geqslant 2-\eta, \tag{5.8.7}$$

$$d\cdot\nu\geqslant 2-\alpha, \tag{5.8.8}$$

其中 (5.8.8) 式与 (5.8.4) 式略有不同，但当这些不等式都以等式的形式出现时，(5.8.8) 式与 (5.8.6) 式的组合就可得到 (5.8.4) 式. 作为例子，我们从热力学关系来导出 (5.8.5) 式.

对磁系统，熵 S 可以表示成

$$\left(\frac{\partial S}{\partial T}\right)_B=\left(\frac{\partial S}{\partial T}\right)_M+\left(\frac{\partial S}{\partial M}\right)_T\left(\frac{\partial M}{\partial T}\right)_B. \tag{5.8.9}$$

S 是 B, M, T 的函数，即这三个变量间有函数关系 $f(B, M, T) = 0$(类似于液气系统中的状态方程)，从微分原理得

$$\left(\frac{\partial M}{\partial B}\right)_T \left(\frac{\partial B}{\partial T}\right)_M \left(\frac{\partial T}{\partial M}\right)_B = -1. \tag{5.8.10}$$

用 Maxwell 关系：

$$\left(\frac{\partial B}{\partial T}\right)_M = -\left(\frac{\partial S}{\partial M}\right)_T, \tag{5.8.11}$$

代入 (5.8.10) 式：

$$\left(\frac{\partial M}{\partial B}\right)_T \left(\frac{\partial S}{\partial M}\right)_T = \left(\frac{\partial M}{\partial T}\right)_B.$$

再将此式代入 (5.8.9)，有

$$\left(\frac{\partial S}{\partial T}\right)_B - \left(\frac{\partial S}{\partial T}\right)_M = \left(\frac{\partial M}{\partial T}\right)_B^2 \left(\frac{\partial B}{\partial M}\right)_T. \tag{5.8.12}$$

由下述三定义：

$$C_M = T\left(\frac{\partial S}{\partial T}\right)_M, C_B = T\left(\frac{\partial S}{\partial T}\right)_B, X_T = \left(\frac{\partial M}{\partial B}\right)_T.$$

代入 (5.8.12) 式得

$$X_T(C_B - C_M) = T\left(\frac{\partial M}{\partial T}\right)^2.$$

一个系统如果是稳定的，必须满足条件：

$$C_M \geqslant 0, \qquad X_T \geqslant 0.$$

得

$$C_B \geqslant T X_T^{-1} \left(\frac{\partial M}{\partial T}\right)_B^2. \tag{5.8.13}$$

考虑一个系统，外场 $B = 0, T \to T_\mathrm{C} - 0$，按临界指数定义：

$$C_B = A(T_\mathrm{C} - T)^{-\alpha'} \qquad \Xi_T = A'(T_\mathrm{C} - T)^{-\gamma'}$$
$$M = A''(T_\mathrm{C} - T)^{\gamma}.$$

代入 (5.8.13) 式：

$$A(T_\mathrm{C} - T)^{-\alpha'} \geqslant BT_\mathrm{C}(T_\mathrm{C} - T)^{\gamma' + 2(\beta - 1)}. \tag{5.8.14}$$

如果有函数 $f(x) \geqslant g(x)$，则 $\ln f(x) \geqslant \ln g(x)$，而 $x < 1$ 则 $\ln x < 0$，所以

$$\frac{\ln f(x)}{\ln x} \leqslant \frac{\ln g(x)}{\ln x}.$$

令 $f(x) = Ax^{\alpha}$, 得

$$\lim_{x\to 0}\frac{\ln f(x)}{\ln x} = \alpha,$$

然后将这些结果用于 (5.8.14) 式，最终得

$$-\alpha' \leqslant \gamma' + 2(\beta - 1)$$

或

$$\alpha' + 2\beta + \gamma' \geqslant 2.$$

其他几个不等式也可以类似地从热力学普遍关系出发加以证明，但数学过程更复杂，有兴趣的读者可参考文献 [5.5],[5.6],[5.7].

最后需指出的一个十分令人感兴趣而又尚未解决的问题是：为什么从热力学普遍原理导出的指数不等式在临界现象中以等式的形式出现，换言之也就是如何从数学上严格证明标度及超标度关系的问题.

5.9 朗道的唯象理论

从前面的一系列讨论中可以看出, 对不同的物质或不同的模型系统, 在临界现象中都有很多共同的特点. 因而建立一个不依赖于具体系统的唯象理论是可能的, 对了解临界现象的本质也将会是有益的. 朗道的二级相变理论就是一种唯象理论. 朗道理论是基于在临界点系统的微观对称性产生突变这想法出发, 假设系统的自由能可以展开成序参量的幂级数, 对磁系统而言, 将 F 展开成 M 的幂级数：

$$F(T, M) = F(T, 0) + aM^2 + bM^4 + \cdots,$$

其中 a, b 是温度的函数. 由于当磁化方向改变时, F 的值不变, 因而展开式中不出现 M 的奇次项. 外场 $B = (\partial F/\partial M)_T$, 当无外场时有

$$\left(\frac{\partial F}{\partial M}\right)_T = (2a + 4bM^2 + \cdots)M = 0. \tag{5.9.1}$$

因而此式决定了 M. 等温磁化率为

$$X_T^{-1} = \left(\frac{\partial^2 F}{\partial M^2}\right)_T = 2a + 12bM^2 + \cdots. \tag{5.9.2}$$

为使 $T < T_{\mathrm{C}}$ 时 $M \neq 0$, 系数 b 必须与 a 反号, 且当 $T > T_{\mathrm{C}}$ 时有 $a > 0, b > 0$, 而为了使 $T \to T_{\mathrm{C}}$ 时 X_T 发散, 要求当 $T = T_{\mathrm{C}}$ 时 $a = 0$, 由这些考虑可得出

$$\begin{aligned} &a = a'(T - T_{\mathrm{C}}) + \cdots, && a' > 0; \\ &b(T) = b(T_{\mathrm{C}}) + b'(T - T_{\mathrm{C}}) + \cdots, && b(T_{\mathrm{C}}) > 0. \end{aligned} \tag{5.9.3}$$

于是由上述分析, 可直接导出各临界指数:

当 $T < T_{\rm C}$ 时, 系统的自发磁化为

$$M = \left[\frac{a'}{2b(T_{\rm C})}\right]^{1/2}(T_{\rm C}-T)^{1/2}+\cdots. \tag{5.9.4}$$

得到指数 $\beta=\dfrac{1}{2}$;$T > T_{\rm C}$ 时由 $M=0$ 及 (5.9.2) 式得到 $\gamma=1$; 而 $T > T_{\rm C}$ 时将 (5.9.4) 式代入 (5.9.2) 式得

$$X_T^{-1}=4A'(T_{\rm C}-T).$$

此式得出 $\gamma'=1$.

由热力学关系:

$$S=-\left(\frac{\partial F}{\partial T}\right)_M, \qquad C_B=T\left(\frac{\partial S}{\partial T}\right)_B,$$

当 $T > T_{\rm C}$ 时, $M=0$ 得

$$C_B=-\frac{\partial^2 F(T,0)}{\partial T^2}, \tag{5.9.5}$$

当 $T < T_{\rm C}$ 时 M 由 (5.9.4) 式表示, 得

$$C_B=T\left(\frac{a'^2}{2b'}-\frac{\partial^2 F(T,0)}{\partial T^2}\right)-\frac{3}{2}\frac{a'^2b'}{b^2}T(T-T_{\rm C}). \tag{5.9.6}$$

通过比较 (5.9.5) 式及 (5.9.6) 式可看出, 比热在 $T_{\rm C}$ 处有一个有限的跃变. 由 (5.9.5) 式有 $\alpha=0$, 当 T 很接近于 $T_{\rm C}$ 时 $T_{\rm C}-T \ll 1$, 所以从 (5.9.6) 式可得 $\alpha'=0$.

最后, 考虑指数 δ, 由

$$B=\left(\frac{\partial F}{\partial M}\right)_T=\left[2a'(T-T_{\rm C})+4BM^2\right]M+\cdots.$$

在 $T=T_{\rm C}$ 时得 $\delta=3$.

将所得的临界指数与表 5.8.3 相比, 可看出朗道理论与平均场理论所得结果是相同的. 其原因主要是朗道理论中所考虑的物理量亦是平均值, 而没有考虑体系中各物理量的涨落. 而这理论在数学形式上比平均场近似简单得多, 且不受具体物理体系的限制.

5.10 标度理论

从热力学普遍原理导出的指数不等式, 在临界现象中均以等式的形式出现. 除了我们在 5.9 节中列出的四个指数不等式外, 还存在着很多其他的指数不等式, 这

些不等式是否均以等式的形式出现? 要回答这一问题必须对标度关系作更深入的探讨. 1965 年 Widom[5.8] 提出了标度理论, 这是一个唯象理论, 它得到了临界指数之间所满足的一些关系, 但得不到临界指数的数值.

先定义广义齐次函数的概念.

定义：如果函数 $f(x,y)$ 对参数 λ 所有值满足关系

$$f(\lambda^a x, \lambda^b y) = \lambda f(x,y). \tag{5.10.1}$$

称 $f(x,y)$ 为自变量 x,y 的广义齐次函数. a,b 称为标度参数或标度幂.

广义齐次函数有两个重要性质：

(1) 如果函数 $f(x,y)$ 是广义齐次函数，则 $f(x,y)$ 的任何次偏导数也是广义齐次函数. 即

如果

$$f(x^a x, \lambda^b y) = \lambda f(x,y), \qquad \text{对所有}\lambda;$$

则

$$f_{jk}(\lambda'^{a'} x, \lambda'^{b'} y) = \lambda' f_{jk}(x,y), \qquad \text{对所有}\lambda'.$$

证明

$$\begin{aligned}
\lambda f_{jk}(xy) &= \frac{\partial^j}{\partial x^j}\frac{\partial^k}{\partial y^k}\lambda f(x,y) = \frac{\partial^j}{\partial x^j}\frac{\partial^k}{\partial y^k} f(\lambda^a x, \lambda^b y) \\
&= \frac{\partial^j}{\partial(\lambda^a x)^j}\frac{\partial^j(\lambda^a x)}{\partial x^j}\frac{\partial^k}{\partial(\lambda^b y)^k}\frac{\partial^k(\lambda^b y)}{\partial y^k} f(a^a x, \lambda^b y) \\
&= \lambda^{aj+bk} f_{jk}(\lambda^a x, \lambda^b y).
\end{aligned}$$

令

$$\lambda^{1-aj-bk} = \lambda',$$

则

$$f_{jk}\left(\lambda'^{\frac{a}{1-aj-bk}} x, \lambda'^{\frac{b}{1-aj-bk}} y\right) = \lambda' f_{jk}(x,y).$$

令

$$a' = \frac{a}{1-aj-bk}, \qquad b' = \frac{b}{1-aj-bk}.$$

所以

$$f_{jk}(\lambda'^{a'} x, \lambda'^{b'} y) = \lambda' f_{jk}(x,y).$$

(2) 如果函数 $f(x,y)$ 是广义齐次函数, 则 f 的 Legendre 变换也是广义齐次函数.

证明：

令

$$u = \frac{\partial f}{\partial x} = f_1(x, y), \tag{5.10.2}$$

则 $g(u, y) = f(x, y) - ux$ 是 f 的 Legendre 变换. 由 (5.10.1) 式两边对 x 求导数

$$\lambda^a f_1(\lambda^a x, \lambda^b y) = \lambda f_1(x, y)$$

可写成

$$u(\lambda^a x, \lambda^b y) = \lambda^{1-a} u(x, y) \tag{5.10.3}$$

所以

$$g(\lambda^{1-a} u, \lambda^b y) = g[u(\lambda^a x, \lambda^b y), \lambda^b y]$$

令

$$\lambda^a x = x', \qquad \lambda^b y = y'. \tag{5.10.4}$$

(5.10.4) 式成为

$$\begin{aligned} g(\lambda^{1-a} u, \lambda^b y) &= g[u(x, y'), y'] \\ &= f(x', y') - x' u(x', y'). \end{aligned} \tag{5.10.5}$$

再由 (5.10.1) 式、(5.10.3) 式及 (5.10.4) 式

$$\begin{aligned} g(\lambda^{1-a} u, \lambda^b y) &= \lambda f(x, y) - \lambda^a x[\lambda^{1-a} u(x, y)] \\ &= \lambda[f(x, y) - xu]. \end{aligned}$$

为了导出标度关系, Widom 引进了标度假设：

在临界温度 T_C 附近, Gibbs 函数 $G(t, B)$ 是一个广义齐次函数; 即存在两个参数 a 和 b, 对任意 λ 值, 有

$$G(\lambda^a t, \lambda^b B) = \lambda G(t, B), \tag{5.10.6}$$

其中,

$$t = \frac{T - T_C}{T_C}.$$

将 (5.10.6) 式对 B 求导数

$$\frac{\partial}{\partial B} G(\lambda^a t, \lambda^b B) = \lambda \frac{\partial}{\partial B} G(t, B),$$

或

$$\lambda^b M(\lambda^a t, \lambda^b B) = \lambda M(t, B), \tag{5.10.7}$$

令 $B=0, T\to T_{\rm C}-0$ 时由 (5.10.7) 式得

$$M(t,0)=\lambda^{b-1}M(\lambda^a t,0). \tag{5.10.8}$$

由临界指数 β 的定义：

$$M(t,0)=C(-t)^{\beta}, \tag{5.10.9}$$

然后将 (5.10.9) 式代入 (5.10.8) 式

$$C(-t)^{\beta}=\lambda^{b-1}(-t\lambda^{a})^{\beta}=\lambda^{b-1}\cdot\lambda^{a\beta}C(-t)^{\beta}.$$

所以

$$a\beta+b=1 \text{ 或 } \beta=\frac{1-b}{a}. \tag{5.10.10}$$

与 M 有关的另一个指数为 δ, 令 (5.10.7) 中 $t=0, B\to 0$ 得

$$M(0,B)=\lambda^{b-1}M(0,\lambda^b B), \tag{5.10.11}$$

由 δ 的定义, 当 $B\to 0$ 时

$$M(0,B)=C'B^{1/\delta}. \tag{5.10.12}$$

将 (5.10.12) 式代入 (5.10.11) 式得

$$C'B'^{1/\delta}=\lambda^{b-1}C'B^{1/\delta}\lambda^{b/\delta},$$

即

$$\delta=\frac{b}{1-b}. \tag{5.10.13}$$

将 (5.10.7) 式再对 B 求导数, 得

$$\lambda^{2b}X(\lambda^a t\cdot\lambda^b B)=\lambda X(t,B) \tag{5.10.14}$$

令 $B=0, T\to T_{\rm C}-0$ 时 $X(t,0)\sim(-t)^{-\gamma'}$, 由 (5.10.14) 得

$$\lambda^{2b}\frac{1}{(\lambda^a t)\gamma'}=\frac{\lambda}{t\gamma'},$$

即

$$\gamma'=\frac{2b-1}{a}. \tag{5.10.15}$$

类似的, 也可得到

$$\gamma=\frac{2b-1}{a}. \tag{5.10.16}$$

对 (5.10.6) 式求温度的二阶导数:

$$\lambda C_B(t,0)=\lambda^{2a}C_B(\lambda^a t,0), \tag{5.10.17}$$

当 $T\to T_{\mathrm{C}}-0$ 时, $C_B(t,0)\sim(-t)^{\alpha'}$,(5.10.17) 式成为

$$\frac{\lambda}{(-t)^{\alpha}}=\frac{\lambda^{2a}}{(-\lambda^a t)^{\alpha'}},$$

得

$$\alpha'=2-\frac{1}{a}. \tag{5.10.18}$$

类似的, 当 $T\to T_{\mathrm{C}}+0$ 时, 有

$$\alpha=2-\frac{1}{a}. \tag{5.10.19}$$

上述结果使四个临界指数可以用两个标度参数来表示, 即四个量中只有两个是独立的, 从 (5.10.10) 式、(5.10.13) 式、(5.10.16) 式及 (5.10.19) 式中消去标度参数 a 和 b, 就直接得到 5.8 节给出的两个标度关系 (5.8.1) 式和 (5.8.2) 式.

为了从微观上论证 Widom 的标度理论, Kadanoff[5.9] 引进了标度变换的概念, 且在他的理论中导出了超标度关系 (5.8.3) 式及 (5.8.4) 式. 但 Kadanoff 理论依然是不严格的, 它只是将标度假设换了一种形式出现, 但这种形式上的改变, 使从物理上对标度假设有了更深的理解, Kadanoff 理论是重正化群理论产生的基础.

考虑一个 d 维伊辛模型, 配位数为 q, 自旋总数为 N, 自旋之间有最近邻相互作用. 系统的哈密顿量写成

$$H=-J\sum_{\langle ij\rangle}^{\frac{1}{2}qN}s_is_j-\mu B\sum_{i=1}^{N}s_i\equiv H\{s_i\}. \tag{5.10.20}$$

现在将晶格分成许多大小相同, 边长为 LC(C 为系统的晶格常数) 的 d 维立方体, 称这样的立方体为“元胞” (Cell). 图 5.10.1 画出 $d=2,L=3$ 的情况, N 个格点被分成 $n=N/L^d$ 个元胞, 每个元胞内有 L^d 个自旋. 我们对元胞内的所有自旋, 采取某种形式的平均, 使对每一个元胞也可以用一个自旋变量来描述, 称这变量为 S_I, S_I 的取值亦为 ±1. 在格点自旋之间有最近邻相互作用, 显然元胞自旋之间亦必然存在最近邻相互作用. 以元胞作为最基本单元, 可写出哈密顿量为

$$H\{S_I\}=-J_L\sum_{\langle IJ\rangle}^{\frac{1}{2}qNL^{-d}}S_IS_J-\mu B_L\sum_{J=1}^{\frac{1}{2}qNL^{-d}}S_I. \tag{5.10.21}$$

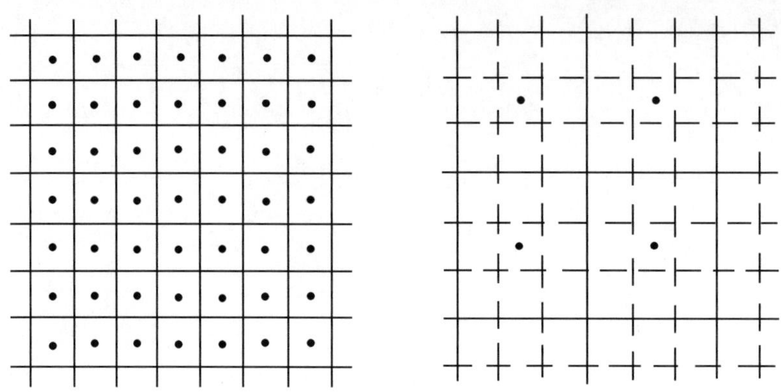

图 5.10.1 格点系统 (左) 与元胞系统 (右)

前面曾指出，当系统趋于临界点时，相关长度 ξ 趋于无穷，因而相对于 ξ 而言，体系在微观尺度上的一些差异可以忽略. 换言之，对一个物理体系，在临界点附近作尺度变换，系统具有某种不变性，这种不变性称为标度不变性. 在我们现在的情况下，可以更具体看出这种标度不变性. 比较 (5.10.21) 式与 (5.10.20) 式可以看出，如对 (5.10.20) 式中的物理量重新标度，两者的哈密顿量形式完全相同. 由此可推测，从这两系统计算出的总自由能亦应该相同. 即

$$F(t_L, B_L) = F(t, B).$$

以 $f(t, B)$ 表示一个格点的自由能，则：

$$f(t_L, B_L) = L^d f(t, B). \tag{5.10.22}$$

假定元胞系统的变量与格点系统的变量之间有如下的关系:

$$t_L = L^x t, \qquad B_L = L^y B. \tag{5.10.23}$$

(5.10.22) 式可以表示成

$$f(L^x t, L^y B) = L^d f(t, B). \tag{5.10.24a}$$

令

$$\lambda = L^d; \quad a = x/d; \quad b = y/d. \tag{5.10.25}$$

(5.10.24a) 成为

$$f(\lambda^a t, \lambda^b B) = \lambda f(t, B). \tag{5.10.24b}$$

(5.10.24b) 式就是 Widom 的标度假设. 这种从格点系统到元胞系统的变换过程，通常称为 Kadanoff 变换. 需要指出的是从形式上看，这理论导出了标度假设，但是这种推导过程依然是基于系统的标度不变性这一假设, 而这假设尚未得到理论上的严格证明.

为了导出超标度关系, 必须考虑系统的相关函数. 按 5.8 节的定义, 格点系统的相关函数可表示成

$$\begin{aligned} C(r,t) &= \langle (s_i - \langle s_i \rangle)(s_j - \langle s_j \rangle) \rangle \\ &= \langle s_i s_j \rangle - \langle s_i \rangle \langle s_j \rangle. \end{aligned} \tag{5.10.26}$$

对元胞系统的相关函数为

$$\begin{aligned} C(r_L,t_L) &= \langle (S_I - \langle S_I \rangle)(S_J - \langle S_J \rangle) \rangle \\ &= \langle S_I S_J \rangle - \langle S_I \rangle \langle S_J \rangle, \end{aligned} \tag{5.10.27}$$

其中 $r = |\boldsymbol{r}_i - \boldsymbol{r}_j|$ 是两格点距离矢量的值, 同样 $r_L = |\boldsymbol{r}_I - \boldsymbol{r}_J|$ 是两元胞距离矢量的值. 引进参量 $\mathcal{L}$, 其定义为

$$\mathcal{L} S_I = L^{-d} \sum_{i \in I} s_i, \tag{5.10.28}$$

求和是对一个元胞内的所有自旋进行. 按照 Kadanoff 理论 $S_I = \pm 1$, 可得

$$\begin{aligned} C(r_L,t_L) &= \frac{1}{\mathcal{L}^2} \frac{1}{L^{2d}} \sum_{i \in I} \sum_{j \in J} (\langle s_i s_j \rangle - \langle s_i \rangle \langle s_j \rangle) \\ &= \frac{1}{\mathcal{L}^2} C(r,t). \end{aligned} \tag{5.10.29}$$

对所有的 $i \in I, j \in J$, 我们有

$$|\boldsymbol{r}_i - \boldsymbol{r}_j| = L |\boldsymbol{r}_I - \boldsymbol{r}_J| = L r_L. \tag{5.10.30}$$

可将 (5.10.29) 式写成

$$C\left(\frac{r}{L}, L^x t\right) = \frac{1}{\mathcal{L}^2} C(r,t). \tag{5.10.31}$$

下面考虑哈密顿量 (5.10.20) 及 (5.10.21) 中与外场作用的项, 有

$$-B \sum_i s_i = -B_L \sum_I S_I. \tag{5.10.32a}$$

由 (5.10.28) 式、(5.10.32a) 式左边为

$$-B \sum_I \sum_{i \in I} s_i = -B \mathcal{L} L^d \sum_I S_I. \tag{5.10.32b}$$

令

$$B_L = \mathcal{L}L^d B, \tag{5.10.33}$$

用 (5.10.23) 式, 有

$$\mathcal{L} = L^{y-d},$$

(5.10.29) 式成为

$$C\left(\frac{r}{L}, L^x t\right) = L^{2(d-y)}C(r,t); \qquad \text{对所有}L. \tag{5.10.34}$$

这就是自旋相关函数之间的标度关系. 用 (5.10.25) 式、(5.10.10) 式及 (5.10.13) 式, 得

$$x = ad = \frac{d}{\beta(1+\delta)}, \qquad y = bd = d\frac{\delta}{1+\delta}. \tag{5.10.35}$$

令 (5.10.34) 式中的 $L = r$, 有

$$C(r,t) = r^{-2d/(1+\delta)}C(1, r^{d/\beta(1+\delta)}t).$$

根据临界指数的定义, $\xi \sim t^{-\nu}, C(r,t=0) \sim r^{-d-2+\eta}$ 及在 Kadanoff 变换下, 相关长度的变换关系为

$$\xi(r_L, t_L) = \frac{1}{L}\xi(r,t).$$

而

$$\xi(r_L, t_L) \sim t_L^{-\nu} = (L^x, t)^{-\nu}, \quad \xi(r,t) \sim t^{-\nu},$$

由于在临界点处相关长度为不变 (见 5.11 节的讨论), 得

$$\nu = \frac{1}{x} = \beta(1+\delta)/d, \tag{5.10.36}$$

及

$$d\frac{\delta-1}{\delta+1} = 2-\eta. \tag{5.10.37}$$

利用关系 $x = ad$, 及 $\alpha = 2 - \dfrac{1}{a}$, 亦可将 (5.10.36) 式写成另一等价形式:

$$d\nu = 2-\alpha. \tag{5.10.38}$$

至此, 我们由 Kadanoff 理论导出了 5.8 节所给出的四个标度关系 (5.8.1)~(5.8.4). 亦就是在所定义的六个临界指数中只有两个是独立的.

本节的最后, 简单介绍一下普适性的概念. 从 5.8 节的表 5.8.2 可看出, 对物理上非常不同的体系, 而实验测得的临界指数十分相似, 这似乎说明在二级相变中, 代表体系特征的一些性质, 如晶格结构, 相互作用性质等并不重要, 而是由某些共性在

起主导作用. 20 世纪 60 年代后期, 在总结实验资料的基础上, 提出了普适性假设: 只有两个量决定体系的临界行为, 即空间维数 d 和序参量维数 n. 具有相同的 d 和 n 的体系属同一普适类, 有相同的临界指数, 亦即有相同的临界行为.

对铁磁体, 序参量为磁化强度, 微观上对应的量是自旋, n 就是指的自旋矢量的分量数目. 如自旋只能取值 ±1, 即 $n=1$, 就是伊辛模型; 自旋取平面上的各种可能值, 为 XY 模型; 自旋取三维空间的可能值时, 为海森伯模型. 对超流及超导问题, 序参量为复数, 相当于 $n=2$; 而液气相变及合金的有序–无序相变均属 $n=1$. 需要指出, 普适性是根据实验资料总结出来的, 在理论上尚未得到严格的证明.

5.11 重正化群理论

20 世纪 70 年代初 Wilson[5,10] 建立了重正化群理论, 给标度理论以坚实的数学基础, 并解决了标度理论只能得到标度关系而不能直接计算临界指数的问题, 发展了一套计算临界指数的微观方法. 本节首先介绍重正化群理论的基本思想, 然后结合具体的模型体系讲述如何在坐标空间实现这一思想. 后面两节介绍动量空间重正化群.

考虑 d 维伊辛模型, 晶格常数为 C, 系统哈密顿量为

$$H=-J\sum_{\langle ij\rangle}^{\frac{1}{2}qN}s_is_j-\mu B\sum_{i=1}^{N}s_i,\qquad (J>0).$$

令

$$\begin{aligned}\mathcal{H}&=-H/kT\\&=K_1\sum_{\langle ij\rangle}s_is_j+K_2\sum_i s_i\\&=\mathcal{H}(\{s_i\},\boldsymbol{K},N),\end{aligned}\tag{5.11.1}$$

其中 $\boldsymbol{K}$ 为耦合常数矢量, 依赖于温度. 现在情况下

$$K_1=+J/kT,\qquad K_2=+\mu B/kT.\tag{5.11.2}$$

配分函数为

$$Z(\boldsymbol{K},N)=\sum_{\{s_i\}}\exp[\mathcal{H}(\boldsymbol{K},\{s_i\},N)].\tag{5.11.3}$$

我们将格点系统分成边长为 LC 的元胞, 即对系统作 Kadanoff 变换, $\{s_i\}$ 将换成 $\{S_I\}$. 相应的哈密顿量为

$$\mathcal{H}(\{S_I\},\boldsymbol{K}_L,NL^{-d})=K_{1L}\sum_{\langle I,J\rangle}S_IS_J+K_{2L}\sum_I S_I.\tag{5.11.4}$$

配分函数

$$Z(\boldsymbol{K}_L, NL^{-d}) = \sum_{\{S_I\}} \exp[\mathcal{H}(\{S_I\}, \boldsymbol{K}_L, NL^{-d})]. \tag{5.11.5}$$

元胞与格点系统的配分函数有相同的形式, 且应有同样的值, 即

$$Z(\boldsymbol{K}_L, NL^{-d}) = Z(\boldsymbol{K}, N). \tag{5.11.6}$$

用 $f(\boldsymbol{K})$ 表示每个格点的自由能:

$$\begin{aligned} f(\boldsymbol{K}) &= \lim_{N\to\infty} \frac{1}{N} \ln Z(\boldsymbol{K}, N) \\ &= \lim_{N\to\infty} \frac{1}{N} \ln Z(\boldsymbol{K}_L, NL^{-d}) \\ &= L^{-d} f(\boldsymbol{K}_L). \end{aligned} \tag{5.11.7}$$

元胞系统的耦合常数应是格点系统耦合常数的函数, 可用一个变换来表示:

$$\boldsymbol{K_L} = R_L(\boldsymbol{K}). \tag{5.11.8}$$

这个变换称为 RG 变换. 体系处在临界点附近时, 相关长度 $\xi(\boldsymbol{K})$ 很大, 但仍然是有限值. 当将度量体系的长度单位从 C 增大为 LC 时, 用新的长度单位来衡量, 相关长度就缩小, 即

$$\xi(K_L) = \frac{1}{L}\xi(\boldsymbol{K}),$$

或

$$\xi[R_L(\boldsymbol{K})] = \frac{1}{L}\xi(\boldsymbol{K}).$$

当系统严格处于临界点时, $\boldsymbol{K} = \boldsymbol{K}_{\mathrm{C}}$ 相关长度为无穷:

$$\xi(\boldsymbol{K}_{\mathrm{C}}) = \infty.$$

则

$$\xi[R_L(\boldsymbol{K}_{\mathrm{C}})] = \frac{1}{L}\xi(\boldsymbol{K}_{\mathrm{C}}) = \infty.$$

所以

$$R_L(\boldsymbol{K}_{\mathrm{C}}) = \boldsymbol{K}_{\mathrm{C}}. \tag{5.11.9}$$

这结果说明在临界点, 对系统作标度变换时相关长度不变; 或者说临界点是变换 R 的不动点. 从几何上看, 用参数 $\boldsymbol{K}$ 的各分量作坐标轴, 构成的空间就是参数空间. 参数 $\boldsymbol{K}$ 的每一个值, 对应空间的一个点, RG 变换 (5.11.8) 就表示将参数空间的点 $\boldsymbol{K}$ 变到另一点 $\boldsymbol{K}_{\mathrm{C}}$. 如果在参数空间有一点 $\boldsymbol{K}_{\mathrm{C}}$, 经过 RG 变换, 依然是这一点, 称

$\boldsymbol{K}_{\mathrm{C}}$ 点为变换的不动点, 即 (5.11.9) 式. 另一方面如果体系在临界点附近, 在 RG 变换下, 相关长度会变小, 相关长度越小, 意味着体系的实际状态离临界状态越远. 从参数空间来看, 如果在某不动点 $\boldsymbol{K}_{\mathrm{C}}$ 附近任取一点 $\boldsymbol{K}$, 经过多次 RG 变换得到一系列点 $\boldsymbol{K}', \boldsymbol{K}'', \cdots$, 这些点离不动点 $\boldsymbol{K}_{\mathrm{C}}$ 越来越远, 也就是相关长度越来越小, 说明系统的状态离临界状态越来越远, 故 $\boldsymbol{K}_{\mathrm{C}}$ 所对应的状态就是临界状态, 或说 $\boldsymbol{K}_{\mathrm{C}}$ 为临界点. 反过来讲就是临界点对应着参数空间中 RG 变换的不稳定不动点.

变换 R_L 的集合构成一个群, 称为重正化群. 简称 RG, 可以证明有如下性质:

(1) 封闭性, 即

$$R_L, R_{L'} \in RG \Rightarrow R_{LL'} = R_L \cdot R_{L'} \in RG.$$

(2) 结合律

$$(R_L \cdot R_{L'}) \cdot R_{L''} = R_L \cdot (R_{L'} \cdot R_{L''}).$$

(3) 变换律

$$R_L R_{L'} = R_{L'} R_L.$$

(4) 有单位元素

$$I = R_1.$$

这变换不存在逆变换, 所以是一个半群. 重正化群与其他变换群的一个重要区别是, 它必须与所作用的对象即参数空间一起讨论, 很难作为一个抽象群来单独研究其结构.

有了 RG 变换后, 寻求体系临界点的问题转为找出 RG 变换的不动点问题. 用 $\boldsymbol{K}^*$ 表示不动点, 将 (5.11.9) 式写成不动点方程形式:

$$R_L(\boldsymbol{K}^*) = \boldsymbol{K}^*. \tag{5.11.10}$$

下一步需讨论系统的临界指数. 设 $\boldsymbol{K}$ 为二维矢量, 即 $\boldsymbol{K} = (K_1, K_2)$. 一般情况下, RG 变换为非线性的, 我们通过在 $\boldsymbol{K}^*$ 附近作级数展开, 取一级项, 也就是将 R_L 线性化, 有

$$R_L(\boldsymbol{K}) = R_L(\boldsymbol{K}^*) + A(\boldsymbol{K} - \boldsymbol{K}^*).$$

即

$$\boldsymbol{K}_L - \boldsymbol{K}^* = A(\boldsymbol{K} - \boldsymbol{K}^*). \tag{5.11.11}$$

其中 A 为线性化 RG 变换矩阵, 为方便起见以后直接记为 R_L, 则

$$R_L = \begin{pmatrix} \dfrac{\partial K_{1L}}{\partial K_1} & \dfrac{\partial K_{1L}}{\partial K_2} \\ \dfrac{\partial K_{2L}}{\partial K_1} & \dfrac{\partial K_{2L}}{\partial K_2} \end{pmatrix}_{K_1=K_1^*,\ K_2=K_2^*}$$

可以将 R_L 对角化, 其本征值为 λ_1, λ_2, 本征矢 $\boldsymbol{e}_1, \boldsymbol{e}_2$,

$$\Lambda = \begin{pmatrix} \lambda_1 & 0 \\ 0 & \lambda_2 \end{pmatrix}.$$

$$\Lambda \boldsymbol{e}_1 = \lambda_1 \boldsymbol{e}_1, \qquad \Lambda \boldsymbol{e}_2 = \lambda_2 \boldsymbol{e}_2.$$

令 $\delta u_1, \delta u_2$ 及 $\delta u_{1L}, \delta u_{2L}$ 分别代表 $\delta \boldsymbol{K}, \delta \boldsymbol{K}_L$ 在本征矢上的投影, 即

$$\begin{aligned} \delta \boldsymbol{K} &= \delta u_1 \boldsymbol{e}_1 + \delta u_2 \boldsymbol{e}_2, \\ \delta \boldsymbol{K}_L &= \delta u_{1L} \boldsymbol{e}_1 + \delta u_{2L} \boldsymbol{e}_2. \end{aligned}$$

方程 (5.11.11) 可写为

$$\delta \boldsymbol{K}_L = R_L \delta \boldsymbol{K} \tag{5.11.12a}$$

或

$$\begin{pmatrix} \delta u_{1L} \\ \delta u_{2L} \end{pmatrix} = \begin{pmatrix} \lambda_1 & 0 \\ 0 & \lambda_2 \end{pmatrix} \begin{pmatrix} \delta u_1 \\ \delta u_2 \end{pmatrix} \tag{5.11.12b}$$

即

$$\delta u_{1L} = \lambda_1 \delta_1 u_1, \qquad \delta u_{2L} = \lambda_2 \delta u_2.$$

由于 δu_1 及 δu_2 分别代表 K_1 及 K_2 在参数空间离不同点的距离, 在多次 RG 变换下有

$$\begin{aligned} \delta u_1 &\to \lambda_1 \delta u_1 \to \lambda_1^2 \delta u_1 \cdots, \\ \delta u_2 &\to \lambda_2 \delta u_2 \to \lambda_2^2 \delta u_2 \cdots. \end{aligned}$$

所以如果本征值 $\lambda > 1$, 经过多次 RG 变换, 使离不动点越来越远, 说明不动点是不稳定的, 这样的本征值称有关本征值, 反之 $\lambda < 1$ 称为无关本征值.

用 δu_1 及 δu_2 作变量, (5.11.7) 式自由能为

$$f(\delta u_1, \delta u_2) = L^{-d} f(\lambda_1 \delta u_1, \lambda_2 \delta u_2).$$

与 (5.10.25) 式相比, 令 $\delta u_1 = t, \delta u_2 = B, \lambda = L^d$ 且令

$$\lambda_1 = (L^d)^a, \qquad \lambda_2 = (L^d)^b.$$

由此得出

$$a = \frac{\ln \lambda_1}{d \ln L}, \qquad b = \frac{\ln \lambda_2}{d \ln L}. \tag{5.11.13}$$

这样, 从本征值 λ_1 及 λ_2 得到了两个标度参数 a 及 b, 由此可算出全部临界指数.

5.12 实空间重正化群 [5.11](RSRG)

重正化群变换可以在动量空间亦可在坐标空间 (亦称实空间) 进行. 重正化群理论的出现, 首先是在动量空间进行, 以后才发展到实空间, 但后者更易于理解和接受, 因此我们先讨论实空间的重正化群.

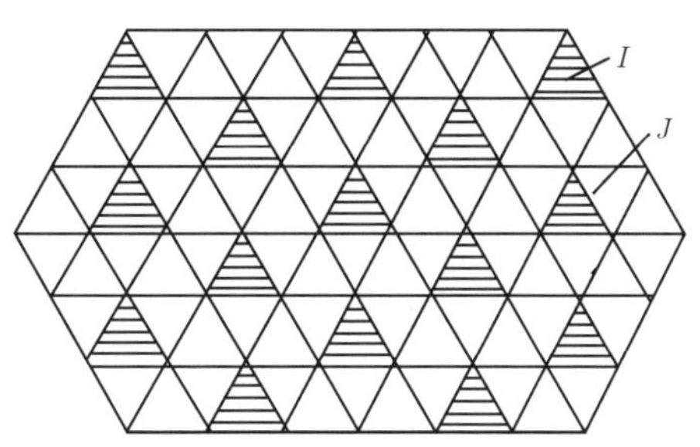

图 15.12.1 二维三角形格点

我们以二维三角形格点的伊辛模型为例, 讨论如何实现 RG 变换, 图 5.12.1 画出了这样的晶格. 格点总数 N, 配位数为 6. 可将系统哈密顿量写成

$$\mathcal{H} = -\beta H = K\sum_{\langle ij\rangle} s_i s_j + h\sum_i s_i. \tag{5.12.1}$$

首先要将格点系统划分为元胞系统, 划分的原则是:

(1) 每个格点属于一个元胞, 亦只能属于一个元胞;

(2) 元胞系统保持原来格点系统的对称性及配位数. 在满足这两个条件下, 元胞的划分有一定的任意性.

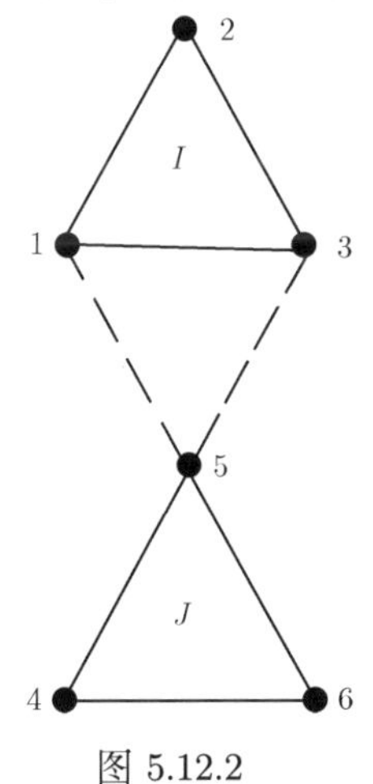

图 5.12.2

我们取三个格点为一个元胞 (图 5.12.1 中用阴影线表示的部分) 显然满足上述两个条件. 元胞总数 $N' = N/3$. 让格点系统的晶格常数为 1, 则元胞系统的晶格常数 $L = \sqrt{3}$, 每个元胞内有 $n_L = 3$ 格点.

取两个相邻元胞 I 及 J(见图 5.12.1), 为了方便将两个元胞中每个自旋给以编号 (图 5.12.2). 可以将自旋之间的相互作用分成两类: 一类是同一元胞内, 自旋之间的相互作用, 即图 5.12.2 中 1, 2, 3 之间或 4, 5, 6 之间的相互作用; 另一类为两个相邻元胞的自旋间的相互作用即图 5.12.2 中 1, 5 及 3,5 之间的相互作用. 据此, 将 $\mathcal{H}$ 分成两部分:

$$\mathcal{H} = \mathcal{H}_0 + V,$$

其中,

$$\mathcal{H}_0 = K[s_1 s_2 + s_2 s_3 + s_1 s_3 + s_4 s_5 + s_5 s_6 + s_4 s_6 + \cdots], \tag{5.12.2}$$

$$V = K[s_1 s_5 + s_3 s_5 + \cdots] + h\sum_i s_i. \tag{5.12.3}$$

为了便于描述元胞与元胞之间的相互作用, 对元胞也必须定义一个自旋变数

S'_I, 与格点自旋一样, 元胞自旋也只能取 ±1 两个值. 我们采用“多数原则”. 具体讲就是如果一个元胞内多数自旋是向上的, 则元胞自旋为向上 $S'_I=+1$, 否则元胞自旋就向下 $S'_I=-1$, 即

$$S'_I=\mathrm{sign}(s_1^I+s_2^I+\cdots+s_m^I),$$

其中 S_i^I 表示第 I 个元胞内的第 i 个格点自旋. 容易想到, 当取 $S'_I=+1$, 或 $S'_I=-1$ 时, 所对应的元胞内的自旋状态不止一个, 图 5.12.3 中画出了一个元胞内的所有自旋状态, 前四个状态对应于 $S'_I=+1$, 后四个状态对应于 $S'_I=-1$. 为了使元胞自旋描述与格点自旋描述为等价, 对元胞自旋描述必须定义一个新的自由度 σ_I, 用 δ_I 的值来区分同一个 S'_I 下的不同状态. 图 5.12.3 中 σ_I 的值为 1, 2, 3, 4. 每个元胞或者整个体系的任一自旋态既可用元胞自旋描述, 也可用格点自旋描述, 两者完全等价. 对整个体系来说, 其自旋态用格点自旋描述为

$$\{s_i\}=(s_1,s_2\cdots s_N),\qquad (s_i=\pm1).$$

用元胞自旋描述写为

$$\{S'_I,\sigma_I\}=(S'_1,\sigma_1;S'_2,\sigma'_2,\cdots S'_{N'}\sigma_{N'}).\qquad S'_I=\pm1,\qquad \sigma_I=1,2,3,4.$$

这两种描述方法对应的状态总数均为 2^N. 用元胞自旋描述的优点在于可将元胞内自由度 σ_I 与元胞自由度 S'_I 分开. 有了这两种方法, 将配分函数写成

$$Z=\sum_{\{s_i\}}\mathrm{e}^{\mathcal{H}}=\sum_{\{S'_I,\sigma_I\}}\mathrm{e}^{\mathcal{H}_0+V}=\sum_{\{S'_I\}}\sum_{\{\sigma_I\}}{}'\mathrm{e}^{\mathcal{H}_0+V},\tag{5.12.4}$$

其中 $\sum\limits_{\{\sigma_I\}}{}'$ 表示在给定 S'_I 对 σ_I 求和.

定义部分迹 (partial trace)(以下简写为 (P.T)) 为

$$(\mathrm{P.T})=\sum_{\{\sigma_I\}}{}'\mathrm{e}^{\mathcal{H}_0+V}\equiv\mathrm{e}^{\mathcal{H}'\{S'_I\}},\tag{5.12.5}$$

所以

$$Z=\sum_{\{S'_I\}}(\mathrm{P.T})=\sum_{\{S'_I\}}\mathrm{e}^{\mathcal{H}'\{S'_I\}}.\tag{5.12.6}$$

从 (5.12.5) 式看出, 求和是对 σ_I 进行, 实行求和后, 部分迹只依赖于元胞自旋 S'_I. 且由 (5.12.6) 式就可得配分函数. 为了计算 (P.T), 将 (5.12.5) 式改写成如下

形式：

$$
\begin{aligned}
(\mathrm{P.T}) &= \sum_{\{\sigma_I\}}{}'(\mathrm{e}^V)^{\mathcal{H}_0} \\
&= \sum_{\{\sigma_I\}}{}'\mathrm{e}^{\mathcal{H}_0}\frac{\sum\limits_{\{\sigma_I\}}{}'(\mathrm{e}^V)\mathrm{e}^{\mathcal{H}_0}}{\sum\limits_{\{\sigma_I\}'}\mathrm{e}^{\mathcal{H}_0}} \\
&= A\langle \mathrm{e}^V\rangle_0,
\end{aligned}
\tag{5.12.7}
$$

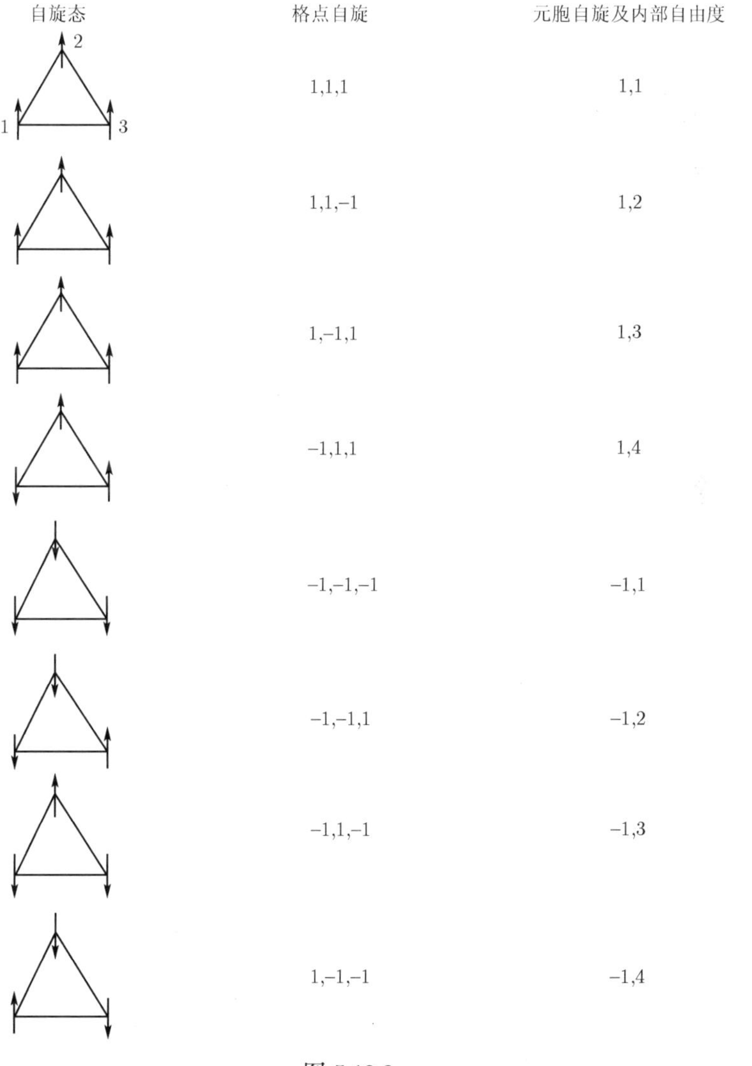

图 5.12.3

其中,

$$A \equiv \sum_{\{\sigma_I\}}{}' \mathrm{e}^{\mathcal{H}_0}, \tag{5.12.8}$$

$$\langle \mathrm{e}^V \rangle_0 = \frac{\displaystyle\sum_{\{\sigma_I\}}{}'(\mathrm{e}^V)\mathrm{e}^{\mathcal{H}_0}}{\displaystyle\sum_{\{\sigma_I\}}{}'\mathrm{e}^{\mathcal{H}_0}}. \tag{5.12.9}$$

显然 (5.12.9) 式中出现的 $\langle \mathrm{e}^V \rangle_0$, 形式上很像系综平均值, 但实际上并不是, 原因是这里出现的 $\mathcal{H}_0$ 只是哈密顿量的一部分, 且求和只对 S'_I 给定的部分状态进行.

将 e^V 作级数展开：

$$\langle \mathrm{e}^V \rangle_0 = \langle 1 + V + \frac{1}{2}V^2 + \frac{1}{3!}V^3 + \cdots \rangle_0,$$

得

$$\begin{aligned}(\mathrm{P.T}) &= A \cdot \langle 1 + V + \frac{1}{2}V^2 + \cdots \rangle_0 \\ &= A(1 + \langle V \rangle_0 + \frac{1}{2}\langle V^2 \rangle_0 + \frac{1}{3!}\langle V^3 \rangle_0 + \cdots).\end{aligned}$$

由 (5.12.5) 式可得

$$\begin{aligned}\mathcal{H}' &= \ln(\mathrm{P.T}) \\ &= \ln A + \ln\left[1 + \langle V \rangle_0 + \frac{1}{2}\langle V^2 \rangle_0 + \frac{1}{3!}\langle V^3 \rangle_0 + \cdots\right].\end{aligned} \tag{5.12.10}$$

下面对 (5.12.10) 式右边第二项用累积展开：

$$\begin{aligned}\mathcal{H}' = &\ln A + \langle V \rangle_0 + \frac{1}{2}(\langle V^2 \rangle_0 - \langle V \rangle_0^2) \\ &+ \frac{1}{3!}(\langle V^3 \rangle_0 - 3\langle V^2 \rangle_0 \langle V \rangle_0 + 2\langle V \rangle_0^3) + \cdots\end{aligned} \tag{5.12.11}$$

可以逐项计算上式的值. 考虑到 $\mathcal{H}_0$ 只包括元胞内自旋间相互作用, 有

$$\begin{aligned}A &= \sum_{\{\sigma_I\}}{}' \mathrm{e}^{\mathcal{H}_0} \\ &= \sum_{\{\sigma_i\}}{}' \exp\left(\sum_{I=1}^{N}{}' \mathcal{H}_0^I\right) \\ &= \prod_{I=1}^{N'}\left(\sum_{\sigma_I=1}^{4}{}' \mathrm{e}^{\mathcal{H}_0^I}\right),\end{aligned} \tag{5.12.12}$$

其中 $\mathcal{H}_0^I$ 表示第 I 个元胞中自旋间的相互作用, 参照 (5.12.2) 式可写为

$$\mathcal{H}_0^I = K(s_1^I s_2^I + s_2^I s_3^I + s_1^I s_3^I). \tag{5.12.13}$$

当 $S_I' = +1$ 时, 对 $\sum\limits_{\sigma_I=1}^{4}{}'$ 求和是对图 5.12.3 中前四个态进行, 相应的 $\mathcal{H}_0^I$ 的值为 $3K, -K, -K, -K$. 有

$$\sum_{\sigma_I=1}^{4}{}' \mathrm{e}^{\mathcal{H}_0^I} = \mathrm{e}^{3K} + 3\mathrm{e}^{-K}. \tag{5.12.14}$$

当 $S_I' = -1$ 时, 相应于图 5.12.3 的后四个态求和, 将得到与 (5.12.14) 式完全相同的结果. 且均与 I 无关, 于是有

$$\begin{aligned} A &= \prod_{I=1}^{N'} \left(\sum_{\sigma_I=1}^{4}{}' \mathrm{e}^{\mathcal{H}_0^I} \right) = \left(\mathrm{e}^{3K} + 3\mathrm{e}^{-K} \right)^{N'}, \\ \ln A &= N' \ln(\mathrm{e}^{3K} + 3\mathrm{e}^{-K}) \equiv N' \ln Z_0, \end{aligned} \tag{5.12.15}$$

其中,

$$Z_0 = \mathrm{e}^{3K} + 3\mathrm{e}^{-K}.$$

下一步计算 $\langle V \rangle_0$ 项, 由 (5.12.3) 式得

$$\begin{aligned} \langle V \rangle_0 =& K \sum_{\langle IJ \rangle} \left(\langle s_1^I s_5^J \rangle_0 + \langle s_3^I s_5^J \rangle_0 \right) \\ &+ h \sum_{I=1}^{N'} \left(\langle s_1^I \rangle_0 + \langle s_2^I \rangle_0 + \langle s_3^I \rangle_0 \right). \end{aligned} \tag{5.12.16}$$

由于 $\langle \cdots \rangle_0$ 平均是对 $\mathcal{H}_0$ 进行, 而 $\mathcal{H}_0$ 中只包含元胞内自旋相互相用, 而不包括元胞间自旋相互作用, 可有

$$\langle s_1^I s_5^J \rangle_0 = \langle s_1^I \rangle_0 \langle s_5^J \rangle_0.$$

且对三角形格点, 三个顶点是等价的, 所以

$$\langle s_1^I \rangle_0 = \langle s_2^I \rangle_0 = \langle s_3^I \rangle_0,$$

$$\langle s_1^I \rangle_0 = \frac{\sum\limits_{\{\sigma_I\}}{}' s_1^I \mathrm{e}^{\mathcal{H}_0^I}}{\sum\limits_{\{\sigma_I\}} \mathrm{e}^{\mathcal{H}_0^I}}.$$

参照 A 的计算过程及图 5.12.3, 求得

$$S'_I=+1:\quad \sum_{\sigma_I=1}^{4}{}'\mathrm{e}^{\mathcal{H}_0^I}=\mathrm{e}^{3K}+3\mathrm{e}^{-K},$$
$$\sum_{\sigma_I=1}^{4}{}'s_1\mathrm{e}^{\mathcal{H}_0^I}=\mathrm{e}^{3K}+\mathrm{e}^{-K};$$

$$S'_I=-1:\quad \sum_{\sigma_I=1}^{4}{}'\mathrm{e}^{\mathcal{H}_0^I}=\mathrm{e}^{3K}+3\mathrm{e}^{-K},$$
$$\sum_{\sigma_I=1}^{4}{}'S_1\mathrm{e}^{\mathcal{H}_0^I}=-(\mathrm{e}^{3K}+\mathrm{e}^{-K}).$$

因而我们可将 $\langle s_1^I\rangle_0$ 写成

$$\langle s_1^I\rangle_0=\left(\frac{\mathrm{e}^{3K}+\mathrm{e}^{-K}}{\mathrm{e}^{3K}+3\mathrm{e}^{-K}}\right)S'_I,$$

类似的有

$$\langle s_5^J\rangle_0=\left(\frac{\mathrm{e}^{3K}+\mathrm{e}^{-K}}{\mathrm{e}^{3K}+3\mathrm{e}^{-K}}\right)S'_J.$$

将这些结果代入 (5.12.16) 式

$$\begin{aligned}\langle V\rangle_0=&2K\left(\frac{\mathrm{e}^{3K}+\mathrm{e}^{-K}}{\mathrm{e}^{3K}+3\mathrm{e}^{-K}}\right)^2\sum_{\langle IJ\rangle}S'_IS'_J\\&+3h\left(\frac{\mathrm{e}^{3K}+\mathrm{e}^{-K}}{\mathrm{e}^{3K}+3\mathrm{e}^{-K}}\right)\sum_I S'_I.\end{aligned}$$

令

$$\left.\begin{aligned}K'&=2K\left(\frac{\mathrm{e}^{3K}+\mathrm{e}^{-K}}{\mathrm{e}^{3K}+3\mathrm{e}^{-K}}\right)\\h'&=3h\left(\frac{\mathrm{e}^{3K}+\mathrm{e}^{-K}}{\mathrm{e}^{3K}+3\mathrm{e}^{-K}}\right)\end{aligned}\right\}\tag{5.12.17}$$

最后得

$$\langle V\rangle_0=K'\sum_{\langle I,J\rangle}S'_IS'_J+h'\sum_I S'_I.$$

我们只计算到累积展开的一级项：

$$\begin{aligned}\mathcal{H}'&\approx\ln A+\langle V\rangle_0\\&=\ln A+K'\sum_{\langle I,J\rangle}S'_IS'_J+h'\sum_I S'_I.\end{aligned}$$

由于第一项 $\ln A$ 是 T 的光滑函数, 它对自由能的贡献为正常部分, 我们感兴趣的是奇异部分, 因而在以后的讨论中可以略去这一项. 写成

$$\mathcal{H}' = K' \sum_{\langle I,J \rangle} S'_I S'_J + h' \sum_I S'_I \tag{5.12.18}$$

比较 (5.12.18) 式与 (5.12.1) 式看出, 格点自旋的描述与元胞自旋的描述有相同形式的哈密顿量, 其差别是当自旋变量由 s_i 换成 S'_I 时, 作为参数的耦合常数作相应的代换 $(K,h) \to (K',h')$. 回忆一下上节所作的讨论, 很容易得到与 (5.11.6),(5.11.7) 式类似的结果. 一般情况下, (K',h') 是 (K,h) 的函数. 如果用 K,h 作成参数空间, $(K,h) \to (K',h')$ 之间的变换相当于在参数空间中一个点到另一点的变换. 用 R_L 表示这种变换, 令

$$\boldsymbol{K} \equiv (K,h), \qquad \boldsymbol{K}' \equiv (K',h')$$

则

$$\boldsymbol{K}' = R_L(\boldsymbol{K}).$$

这里 R_L 就是本节开始时所指出的 RG 变换. 不动点方程 (5.11.10) 现在成为

$$K^* = 2K^* \left(\frac{\mathrm{e}^{3K^*} + \mathrm{e}^{-K^*}}{\mathrm{e}^{3K^*} + 3\mathrm{e}^{-K^*}} \right)^2, \tag{5.12.19}$$

$$h^* = 3h^* \left(\frac{\mathrm{e}^{3K^*} + \mathrm{e}^{-K^*}}{\mathrm{e}^{3K^*} + 3\mathrm{e}^{-K^*}} \right). \tag{5.12.20}$$

方程 (5.12.19) 的解是

$$K^* = 0, \infty \text{ 及 } K^* = \frac{1}{4} \ln(1 + 2\sqrt{2}) \approx 0.34, \qquad h^* = 0, \infty.$$

为了讨论不动点的稳定性, 我们可以采用迭代法. 令

$$R_L(K) = 2K \left(\frac{\mathrm{e}^{3K} + \mathrm{e}^{-K}}{\mathrm{e}^{3K} + 3\mathrm{e}^{-K}} \right)^2 \tag{5.12.21}$$

以不动点 $K^* = 0.34$ 为例, 来讨论其稳定性. 在 $K = 0.34$ 附近 (可以大于或小于 0.34) 任选一点 K_0, 以 $K = K_0$. 代入 (5.12.21) 得 $R_L(K_0) \equiv K$, 再以 $K = K_1$ 代入 (5.12.21) 式得 $R_L(K_1) \equiv K_2$, 以此类推, 将得到 K 值的序列 $K_0, K_1, K_2, \cdots$ 经过多次迭代后, 所得的 K 值序列离不动点 $K^* = 0.34$ 越来越远, 则 K^* 为不稳定不动点, 否则 K^* 就是稳定不动点. 表 5.12.1 列出了 $K_0 = 0.32$ 及 $K_0 = 0.36$ 时经过五次迭代得到的 K 值序列, 证明 $K^* = 0.34$ 为不稳定不动点.

表 5.12.1 K 值的五次迭代结果

K_0	K_1	K_2	K_3	K_4	K_5
0.32	0.31	0.30	0.27	0.24	0.20
0.36	0.38	0.40	0.45	0.55	0.76

迭代法也可以在图上予以实现. 以 $R_L(K)$ 及 K 作为坐标轴, 画出 $R_L(K)=K$ 的直线及代表 (5.12.21) 式的曲线 (见图 5.12.4). 在 K 轴上 K^* 附近选择一点 K_0, 由 K_0 作 $R_L(K)$ 的平行线与曲线相交, 由交点出发再画出 $R_L(K)$ 的平行线与曲线相交, 交点的 K 值即为 K_1, 以此类推, 可得到 $K_2, K_3, \cdots$. 这样就得到与数学迭代同样的 K 值的序列. 迭代法在物理上的含义就是在参数空间选择一点作为初始点, 进行迭代的过程就是作 RG 变换的过程, 多次变换后得到的序列则表示了初始点的运动方向. 由这运动方向判断不动点的稳定性, 亦可以用流向图来表示参数的运动方向. 用一条直线表示某参数轴, 将不动点值及经过多次迭代得到的参数值序列标在直线上, 用箭头表明迭代过程, 这样得到的图就是流向图.

流出的点对应于不稳定不动点, 流入的点对应于稳定不动点. 图 5.12.5 画出参数 $\boldsymbol{K}$ 的一维流向图.

对参数 h 也可以类似的画出与图 5.12.4 及图 5.12.5 对应的两个图即图 5.12.6 与图 5.12.7. 同样也可画出二维参数空间 (K,h) 的流向图 (图 5.12.8). 箭头表示了在 (K^*,h^*) 附近, 参数空间的点在 RG 变换下的流向.

从以上分析可以得出 $(K^*,h^*)=(0.34,0)$ 为系统的不稳定不动点, 即临界点, 由

$$\frac{J}{kT_{\mathrm{C}}}=0.34, \qquad h_{\mathrm{C}}=0.$$

二维伊辛模型的严格解得到 $J/kT_{\mathrm{C}}=0.27$, 而由平均场理论得到 $J/kT_{\mathrm{C}}=0.167$. 这里所得的结果比平均场理论有所改进.

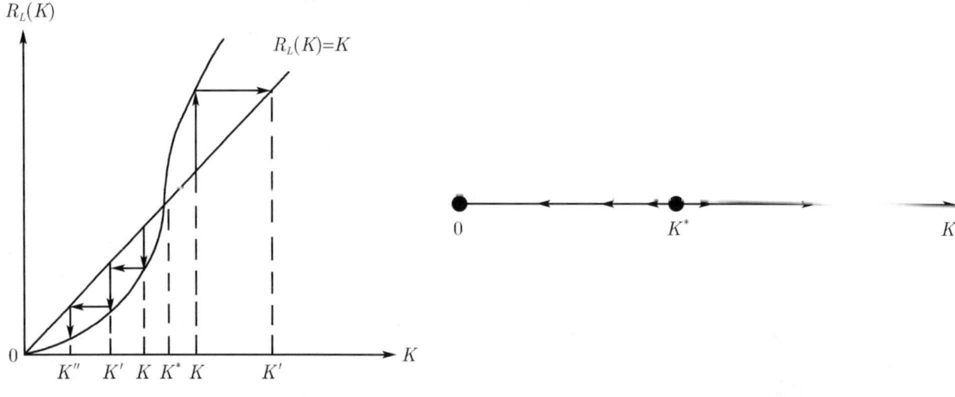

图 5.12.4 不动点的图解法

图 5.12.5 参数 $\boldsymbol{K}$ 的流向图

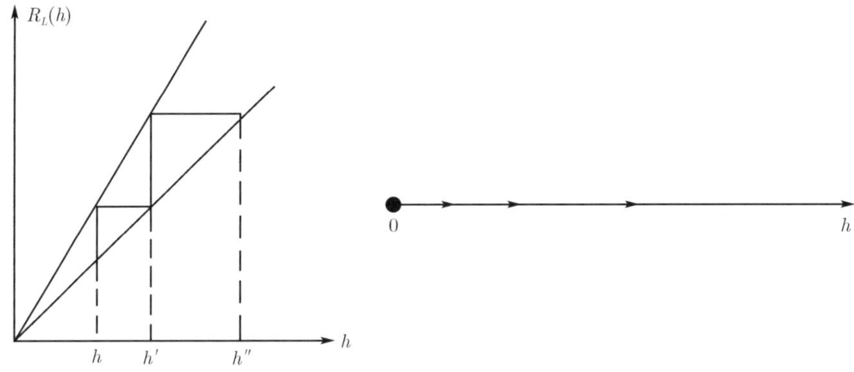

图 5.12.6 不动点 h 的图解法　　图 5.12.7 h 的流向图

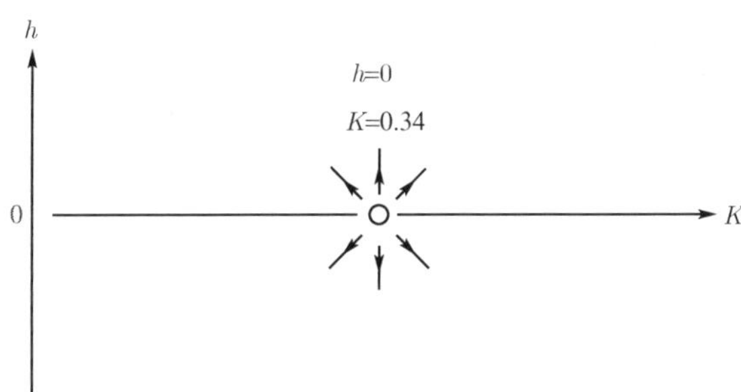

图 5.12.8 (k,h) 空间二维流向图

下一步需计算临界指数, 遵循 5.11 节所讨论过的基本思想, 让 $\boldsymbol{K}$ 为不动点 $\boldsymbol{K}^*$ 附近的点, $(\boldsymbol{K}-\boldsymbol{K}^*)$ 代表相对于不动点的差, 本例中参数空间是二维的, 即 $\boldsymbol{K}=(K_1,K_2)(K_1=K,K_2=h)$, RG 变换为 (5.12.7) 式:

$$K'=2K\left(\frac{\mathrm{e}^{3K}+\mathrm{e}^{-K}}{\mathrm{e}^{3K}+3\mathrm{e}^{-K}}\right),\qquad h'=3h\left(\frac{\mathrm{e}^{3K}+\mathrm{e}^{-K}}{\mathrm{e}^{3K}+3\mathrm{e}^{-K}}\right).$$

在不动点 $(K=0.34,h=0)$ 线性化的 RG 变换为

$$R_L=\begin{pmatrix}\dfrac{\partial K'}{\partial K} & \dfrac{\partial K'}{\partial h}\\[2ex] \dfrac{\partial h'}{\partial K} & \dfrac{\partial h'}{\partial h}\end{pmatrix}_{K=0.34,h=0}=\begin{pmatrix}1.62 & 0\\ 0 & 2.12\end{pmatrix}.$$

显然 R_L 实际已经是对角形式, 不需对角化, 直接得本征值 $\lambda_1=1.62,\lambda_2=2.12$, 由于 λ_1,λ_2 均有关本征值, 即相应的不动点是不稳定的, 也就是临界点. 由 (5.11.13) 式得标度参数为

$$a=\frac{\ln\lambda_1}{d\ln L}=0.44;\qquad b=\frac{\ln\lambda_2}{d\ln L}=0.68.$$

利用标度关系及超标度关系, 得到临界指数:

$$\alpha = -0.27 \qquad \beta = 0.73, \qquad \gamma = 0.82,$$
$$\delta = 2.13, \qquad \nu = 1.44 \qquad \eta = 1.28.$$

这些结果与严格解相比还有较大差距, 原因来自两个方面:

(1) 选择元胞太小;

(2) 累积展开中只保留了一级项.

要进一步改进这一结果, 可针对以上两方面进行. 实际计算表明. 选择大的元胞能得到较好的结果. 图 5.12.9 画出了不同大小元胞所计算的 $\nu(L)$ 与 $(\mathrm{lnL})^{-1}$ 之间的关系, 其延长线与纵轴交于 $v = 1$ 处, 这正是严格解的结果. 但增大元胞必然会大量增加计算工作量, 一般在大元胞情况下, 都采用蒙特卡罗方法计算.

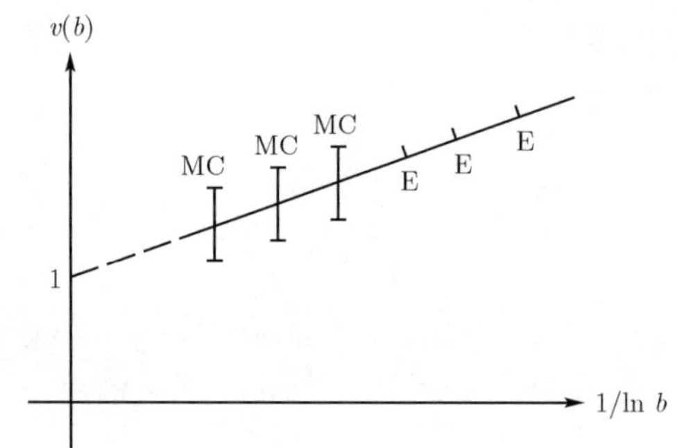

图 5.12.9　$v(b)$ 与 $\ln(b)$ 的关系

E: 准确计算 MC: 蒙特卡罗计算

选取累积展开中的高级项, 也可以改进计算结果, 随着级数增加, 并不是单调地趋向于严格解的结果, 而是以振荡形式趋近于精确解的结果, 另外考虑了高级近似项以后, 哈密顿量中不仅包括了最近邻相互作用, 也会将第二第三近邻等相互作用包括进去, 增加了新的耦合参数, 重复作 RG 变换, 使参数越来越多, 以致使计算无法进行, 必须进行适当的截断近似, 舍去某些项, 这种截断没有固定的方法, 要根据实际计算工作量及结果好坏来决定.

最后我们说明一下临界面的概念. 临界面是参数空间中包括不动点在内的一个子空间, 在这个子空间中所有的点 $\boldsymbol{K}$, 具有性质:

$$\lim_{L\to\infty} R_L(\boldsymbol{K}) = \boldsymbol{K}^*.$$

这说明在临界面上的所有点, 在重复进行 RG 变换下, 最终将趋于不动点. 临界指数是由临界点附近 R_L 的变换性质决定, 故不同的物理体系, 如果我们的临界点都落在同一临界面上, 这些体系均属同一普适类, 普适性的概念, 在重正化群理论中被很自然的反映出来了.

5.13 权重函数及连续自旋变数

为了在动量空间实行 RG 变换, 首先要将哈密顿量表示成连续变量的函数形式, 对磁系统, 也就是将自旋变量从分立的取值变为连续变数. 依然从伊辛模型出发, 哈密顿量为

$$\mathcal{H} = K\sum_{\langle ij\rangle} s_i s_j, \qquad s_i = \pm 1.$$

其中 $K = J/kT$. 相应的配分函数是

$$Z = \sum_{\{s_i\}} \mathrm{e}^{\mathcal{H}\{s_i\}}.$$

通过引入权重函数的办法, 将自旋变量改为连续变量, 即 s_i 取值为 $(-\infty,\infty)$, 求和改成积分, 配分函数写成

$$Z = \int_{-\infty}^{\infty}\cdots\int_{-\infty}^{\infty} \mathrm{d}s_1\cdots\mathrm{d}s_N W(s_1,\cdots,s_N)\mathrm{e}^{\mathcal{H}\{s_i\}}, \tag{5.13.1}$$

其中,

$$W(s_1,\cdots,s_N) = \prod_{j=1}^{N}\delta(s_j^2-1). \tag{5.13.2}$$

W 被称为权重函数, 是 N 个 δ 函数的乘积, 每个自旋相应于一个 δ 函数. 现在情况下, 形式上看自旋 s_i 的取值为连续的 $(-\infty,\infty)$, 但实际对积分有贡献的, 依然是 $s_i = \pm 1$ 两个值. 这办法既做到了自旋变量改为连续的, 但又不影响配分函数的值. 图 5.13.1 画出 $N = 2$ 的情况. 左边是对分立自旋而言, 共有四个可能的状态

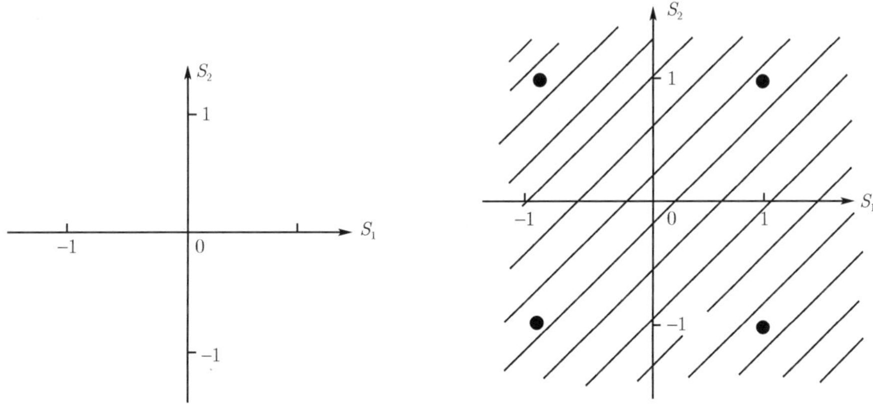

图 5.13.1

($s_1 = \pm 1$及$s_2 = \pm 1$) 图上用 “×” 表示出来; 右边则表示了连续自旋情况, 整个自旋空间 (s_1, s_2) 均为可能状态, (用阴影线表示), 但对 Z 有贡献的依然只有四个状态, 图上用 “•” 表示.

如果从伊辛模型的哈密顿量出发, 选择不同的权重函数, 就可得到不同的模型. 选择权重函数为

$$W(s_1, \cdots, s_N) = \delta(s_1^2 + \cdots + s_N^2 - N). \tag{5.13.3}$$

函数 W 限制了自旋取值必须满足条件:

$$\sum_{i=1}^{N} s_i^2 = N. \tag{5.13.4}$$

当 $N = 2$ 时, 上述条件成为

$$s_1^2 + s_2^2 = 2.$$

这是在 (s_1, s_2) 空间半径为 $\sqrt{2}$ 的圆, 它通过伊辛模型的四个分立态, 凡是圆上的点均为可能状态, 但每个状态对配分函数有相同的贡献. 当 $N = 3$ 时, 圆就变成球面, 对 $N > 3$ 就是 N 维空间的超球面, 因而称为球模型.

如果选平滑的高斯函数作为权重函数, 将得到高斯模型, 权重函数为

$$W(s_1, \cdots, s_N) \prod_{j=1}^{N} \mathrm{e}^{-\frac{1}{2} r s_j^2}. \tag{5.13.5}$$

系统的哈密顿量及配分函数为

$$\mathcal{H} = K \sum_{\langle ij \rangle} s_i s_j, \qquad (-\infty < s_i < \infty); \tag{5.13.6}$$

$$Z = \int_{-\infty}^{\infty} \cdots \int \prod_{j=1}^{N} \mathrm{d}s_j [W(s_1, \cdots, s_N) \mathrm{e}^{\mathcal{H}}]. \tag{5.13.7}$$

S^4 模型的权重函数为

$$W(s_1, \cdots, s_N) = \prod_{j=1}^{N} \exp\left(-\frac{1}{2} r s_j^2 - u s_j^4\right) \tag{5.13.8}$$

其中第一项与高斯模型相同, 多了 $-u s_j^4$ 项, 称为 S^4 模型. 有两个参数 r 及 u, 设 $u > 0, r < 0$ 则权重函数在 s_i 小时, 随 s_i 而增大, 在 s_i 的某值, W 达到极大, 然后随 s_i 而减小.

如果令 $r = -4u, W$ 成为

$$W(s_1, \cdots, s_N) = \prod_{j=1}^{N} \mathrm{e}^{-u(s_j^4 - 2s_j^2)} \propto \prod_{j=1}^{N} \mathrm{e}^{-u(s_j^2 - 1)^2}. \tag{5.13.9}$$

为了看出这一权重函数的特点, 考察 $N=2$ 的情况; 用极坐标系:

$$
\begin{aligned}
s_1 &= \rho\cos\theta, \\
s_2 &= \rho\sin\theta.
\end{aligned}
$$

得

$$s_1^4+s_2^4=\rho^4\left(\frac{3}{4}+\frac{1}{4}\cos 4\theta\right).$$

因而权重函数的极大值出现在 $\rho=+1$ 及 $\theta=45°, 135°, 225°$ 和 $315°$ 四个值上, 亦就是伊辛模型四个自旋态位置, 与球模型不同的是, 权重函数在 (s_1, s_2) 空间的所有点, 均有贡献, 而且 W 与 θ 有关.

下面我们对高斯模型作进一步的分析. 这是一个比较简单的、在讨论动量空间重正化群时经常用到的模型, 高斯模型可以严格求解.

对 (5.13.6) 的形式做一些改变, 令

$$\tilde{\mathcal{H}}=\mathcal{H}+\ln W=K\sum_{\langle ij\rangle}s_is_j-\frac{r}{2}\sum_{j=1}^{N}s_j^2. \tag{5.13.10}$$

配分函数可写成

$$
\begin{aligned}
Z_{GM} &= \int\cdots\int\prod_j \mathrm{d}s_j \mathrm{e}^{\tilde{\mathcal{H}}} \\
&= \int\cdots\int\prod_j \mathrm{d}s_j \exp\left[K\sum_{\langle ij\rangle}s_is_j-\frac{r}{2}\sum_j s_j^2\right].
\end{aligned} \tag{5.13.11}
$$

设晶格是 d 维超立方格子, 晶格常数是 a, 配位数为 Z_q, 满足:

$$Z_q=2d,$$

其中 (5.13.11) 式的积分可以严格计算, 若 $N=2$, 用化二次型为平方和的办法化为高斯型积分, 很容易计算, 对一般情况, 用傅里叶变换的方法, 到动量空间进行. 令

$$\boldsymbol{r}=(x_1,x_2,\cdots,x_d), \qquad \boldsymbol{q}=(\boldsymbol{q}_1,\cdots,\boldsymbol{q}_d).$$

两者分别代表 d 维格矢量和 d 维倒格子空间的矢量, 自旋变量的傅里叶变换为

$$s_i=\frac{1}{Na^d}\sum_{\boldsymbol{q}_1}\cdots\sum_{\boldsymbol{q}_d}s_{\boldsymbol{q}}\mathrm{e}^{\mathrm{i}\boldsymbol{q}\cdot\boldsymbol{r}}=\frac{1}{\Omega}\sum_{\boldsymbol{q}}s_{\boldsymbol{q}}\mathrm{e}^{\mathrm{i}\boldsymbol{q}\cdot\boldsymbol{r}}, \tag{5.13.12a}$$

$$s_{\boldsymbol{q}}=a^d\sum_{i=1}^{N}s_i\mathrm{e}^{-\mathrm{i}\boldsymbol{q}\cdot\boldsymbol{r}}, \tag{5.13.12b}$$

其中 N 为元胞总数, Na^d 就是体系的总体积, 对 $\boldsymbol{q}$ 求和遍及倒格子空间的第一布里渊区, 对 d 维超立方晶格, 其第一布里渊区亦为 d 维超立方格点:

$$-\frac{\pi}{a} \leqslant q_i < \frac{\pi}{a}. \qquad q_i = \frac{2\pi}{Na}n, \qquad \left(n = -\frac{N}{2}, \cdots, \frac{N}{2} - 1\right).$$

(5.13.12b) 式中对 i 求和遍及 N 个元胞. 可以将 (5.13.10) 式中两项写成相似的形式, 令

$$K(\boldsymbol{r}_i - r_j) = \begin{cases} K, & \text{若 } i, j \text{ 为近邻;} \\ 0, & \text{其他,} \end{cases} \tag{5.13.13}$$

(5.13.10) 式就可以写成

$$\tilde{\mathcal{H}} = \frac{1}{2}\sum_{ij} K(\boldsymbol{r}_i - \boldsymbol{r}_j)s_i s_j - \frac{r}{2}\sum_{ij}\delta(\boldsymbol{r}_i - \boldsymbol{r}_j)s_i s_j. \tag{5.13.14}$$

(5.13.14) 式中两项的共同形式为

$$\sum_{ij} f(\boldsymbol{r} - \boldsymbol{r}_j)s_i s_j,$$

作傅里叶变换:

$$\begin{aligned}
&\sum_{ij} f(\boldsymbol{r}_i - \boldsymbol{r}_j)s_i s_j \\
&= \sum_{ij} f(\boldsymbol{r}_i - \boldsymbol{r}_j) \times \frac{1}{\Omega}\sum_{\boldsymbol{q}_1}\delta\boldsymbol{q}_1 \mathrm{e}^{\mathrm{i}\boldsymbol{q}_1\cdot\boldsymbol{r}_i} \cdot \frac{1}{\Omega}\sum_{\boldsymbol{q}_2}\delta\boldsymbol{q}_2 \mathrm{e}^{\mathrm{i}\boldsymbol{q}_2\cdot\boldsymbol{r}_j} \\
&= \frac{1}{\Omega a^d}\sum_{\boldsymbol{q}_1\boldsymbol{q}_2}\delta\boldsymbol{q}_1\delta\boldsymbol{q}_2\frac{1}{N}\sum_i \mathrm{e}^{\mathrm{i}(\boldsymbol{q}_1+\boldsymbol{q}_2)\boldsymbol{r}_i} \\
&\quad \times \sum_j f(\boldsymbol{r}_i - \boldsymbol{r}_j)\mathrm{e}^{-\mathrm{i}\boldsymbol{q}_2\cdot(\boldsymbol{r}_i - \boldsymbol{r}_j)}.
\end{aligned} \tag{5.13.15}$$

可以看出 (5.13.15) 式中,

$$\frac{1}{N}\sum_i \mathrm{e}^{\mathrm{i}(\boldsymbol{q}_1+\boldsymbol{q}_2)\cdot\boldsymbol{r}_i} = \delta(\boldsymbol{q}_1 + \boldsymbol{q}_2),$$

$$\sum_j f(\boldsymbol{r}_i - \boldsymbol{r}_j)\mathrm{e}^{-\mathrm{i}\boldsymbol{q}_2\cdot(\boldsymbol{r}_i - \boldsymbol{r}_j)} = f(\boldsymbol{q}_2).$$

$f(\boldsymbol{q})$ 即 $f(\boldsymbol{r})$ 的傅里叶变换. 且注意 s_i 是实数:

$$s_{\boldsymbol{q}}^* = s_{-\boldsymbol{q}}.$$

将 (5.13.15) 式写成

$$\begin{aligned}\sum_{ij} f(\boldsymbol{r}_i-\boldsymbol{r}_j)s_i s_j &= \frac{1}{\Omega a^d}\sum_{\boldsymbol{q}} f(\boldsymbol{q})s_{\boldsymbol{q}}s_{-\boldsymbol{q}} \\ &= \frac{1}{\Omega a^d}\sum_{\boldsymbol{q}} f(\boldsymbol{q})|s_{\boldsymbol{q}}|^2.\end{aligned} \tag{5.13.16}$$

令 $K(\boldsymbol{r}_i-\boldsymbol{r}_j)$ 的傅氏分量为 $K(\boldsymbol{q})$, 得

$$\begin{aligned}K(\boldsymbol{q}) &= \sum_j K(\boldsymbol{r}_i-\boldsymbol{r}_j)\mathrm{e}^{-\mathrm{i}\boldsymbol{q}\cdot(\boldsymbol{r}_i-\boldsymbol{r}_j)} \\ &= K\sum_{\boldsymbol{\delta}_{ij}} \mathrm{e}^{\mathrm{i}\boldsymbol{q}\cdot\delta_{ij}},\end{aligned} \tag{5.13.17}$$

其中 $\boldsymbol{\delta}_{ij}$ 表示从格点 i 到近邻格点 j 的矢量, 且 $\delta(\boldsymbol{r}_i-\boldsymbol{r}_j)$ 的傅氏分量为 1, (5.13.14) 式成为

$$\begin{aligned}\tilde{\mathcal{H}} &= \frac{1}{2\Omega a^d}\sum_{\boldsymbol{q}} K(\boldsymbol{q})|s_{\boldsymbol{q}}|^2 - \frac{r}{2\Omega a^d}\sum_{\boldsymbol{q}}|s_{\boldsymbol{q}}|^2 \\ &= -\frac{1}{2}\frac{1}{\Omega a^d}\sum_{\boldsymbol{q}}\left[r-K(q)\right]|s_{\boldsymbol{q}}|^2.\end{aligned} \tag{5.13.18}$$

将 (5.13.18) 式代入 (5.13.17) 式我们得到的便是高斯型积分, 也就是在傅里叶变换过程中, 将交叉项对角化了.

$$\begin{aligned}Z_{GM} &= \int\cdots\int_{-\infty}^{\infty}\prod_{\boldsymbol{q}}\mathrm{d}s_{\boldsymbol{q}}\exp\left\{-\frac{1}{2\Omega a^d}\sum_{\boldsymbol{q}}[r-K(\boldsymbol{q})]|s_{\boldsymbol{q}}|^2\right\} \\ &= \prod_{\boldsymbol{q}}\int_{-\infty}^{\infty}\mathrm{d}s_{\boldsymbol{q}}\exp\left\{-\frac{1}{2\Omega a^d}[r-K(\boldsymbol{q})]|s_{\boldsymbol{q}}|^2\right\} \\ &= \prod_{\boldsymbol{q}}\left[\frac{2\pi\Omega a^d}{r-K(\boldsymbol{q})}\right]^{1/2}.\end{aligned} \tag{5.13.19}$$

体系的自由能为

$$\begin{aligned}F &= -kT\ln Z \\ &= -\frac{1}{2}kT\sum_{\boldsymbol{q}}\ln[r-K(\boldsymbol{q})] + T\mathrm{const}.\end{aligned} \tag{5.13.20}$$

其他热力学函数亦可同样求得.

可以由自由能的奇点来决定高斯模型的临界点, 奇点为 $K(\boldsymbol{q}) = r$ 处, 而当 $K(\boldsymbol{q}) > r$ 时, 对数无定义, 所以从 $K(\boldsymbol{q})$ 的极大值趋于 r 来决定临界点.

由 (5.13.17) 式:

$$K(\boldsymbol{q}) = K\sum_{\boldsymbol{\delta}_{ij}} \mathrm{e}^{-\mathrm{i}\boldsymbol{q}\cdot\delta_{ij}}$$

对 $d=2$, 显然

$$\begin{aligned}\boldsymbol{\delta}_{ij} &= (\pm a, 0), (0, \pm a).\\ K(\boldsymbol{q}) &= K(\mathrm{e}^{\mathrm{i}q_x a} + \mathrm{e}^{-\mathrm{i}q_x a} + \mathrm{e}^{\mathrm{i}q_y a} + \mathrm{e}^{-\mathrm{i}q_y a})\\ &= 2K(\cos q_x a + \cos q_y a).\end{aligned}$$

以此类推, 对 d 维超立方晶格有

$$K(\boldsymbol{q}) = 2K(\cos \boldsymbol{q}_1 a + \cdots + \cos \boldsymbol{q}_d a). \tag{5.13.21}$$

当 $\boldsymbol{q} = 0$ 时, $K(\boldsymbol{q})$ 有极大值, 为

$$K(0) = 2Kd. \tag{5.13.22}$$

临界点将由下式决定:

$$2K_{\mathrm{C}}d = r, \tag{5.13.23}$$

即

$$\frac{J}{k_B T_{\mathrm{C}}} = \frac{r}{2d}. \tag{5.13.24}$$

(5.13.24) 式为了避免混淆, 用 k_{B} 表示玻尔兹曼常数. 若 $r=1$, 对超立方格点 $z_q = 2d$, 最后得

$$\frac{J}{k_{\mathrm{B}} T_{\mathrm{C}}} = \frac{1}{z_q}. \tag{5.13.25}$$

这结果与平均场理论所得结果相同.

前面我们曾指出, 由 (5.13.20) 式得出, $K(\boldsymbol{q}) > r$ 时无意义, 由 (5.13.22), (5.13.23) 及 (5.13.24) 式看出, $K(\boldsymbol{q}) > r$ 意味着 $K > K_{\mathrm{C}}$ 或 $T < T_{\mathrm{C}}$, 说明高斯模型不适用于临界温度以下的情况.

再看临界指数 α, 按 α 定义:

$$F(h=0, T, N) \sim t^{2-\alpha}, \qquad \left(t \equiv \left|\frac{T-T_{\mathrm{C}}}{T_{\mathrm{C}}}\right|\right).$$

由量纲分析, 得到对高斯模型有

$$F \sim |t|^{d/2}.$$

即

$$\alpha = -\frac{d}{2} + 2,$$

说明高斯模型的临界指数与空间维数有关, 而平均场理论得 $\alpha = 0$ 与维数无关, 只有当 $d = 4$ 时平均场理论与高斯模型一致, 这一结论是普遍的, 也就是说平均场理论是在四维以上空间为正确的理论.

为了讨论动量空间重正化群的需要, 将 $K(\boldsymbol{q})$ 的形式作些改变, 将 (5.13.21) 式在 $\boldsymbol{q} = 0$ 处作级数展开:

$$\begin{aligned} K(\boldsymbol{q}) &= 2K\sum_{i=1}^{d}\left(1 - \frac{1}{2}q_i^2 a^2 + \cdots\right) \\ &= 2K\left(d - \frac{1}{2}a^2 q^2 + \cdots\right), \end{aligned} \tag{5.13.26}$$

$$\begin{aligned} r - K(\boldsymbol{q}) &= (r - 2dK) - Kq^2a^2 + O(q^4) \\ &= \left(r - \frac{rK}{K_{\mathrm{C}}}\right) - Kq^2a^2 + O(q^4) \\ &\equiv C_0 + C_2 q^2 + O(q^4), \end{aligned} \tag{5.13.27}$$

其中,

$$C_0 \equiv r - \frac{rK}{K_{\mathrm{C}}}.$$

由前面讨论可知, 由 $C_0 = 0$ 决定临界点, 在临界点附近的自由能为

$$F = \frac{1}{2}kT\sum_{\boldsymbol{q}} \ln\left[C_0 + C_2 q^2 + O(q^4)\right], \tag{5.13.28}$$

其中 C_0 及 C_2 是两个参数.

5.14 动量空间重正化群 (MSRG)

本节首先以高斯模型为例, 解释动量空间重正化群的方法, 设外场 $B \neq 0$, 哈密顿量为

$$\tilde{\mathcal{H}} = K\sum_{\langle ij\rangle} s_i s_j - \frac{r}{2}\sum_i s_i^2 + h\sum_i s_i. \tag{5.14.1}$$

我们对 $\tilde{\mathcal{H}}$ 作傅里叶变换, 前两项在上节已讨论过, 最后一项的傅里叶变换为

$$\begin{aligned} h\cdot\sum_i s_i &= h\sum_i \frac{1}{\Omega}\sum_{\boldsymbol{q}} s_{\boldsymbol{q}} \mathrm{e}^{\mathrm{i}\boldsymbol{q}\cdot\boldsymbol{r}} \\ &= \frac{h}{a^d}\sum_{\boldsymbol{q}} s_{\boldsymbol{q}}\delta(\boldsymbol{q}) = \frac{h}{a^d}s_0, \end{aligned} \tag{5.14.2}$$

其中 $s_0 \equiv s_{\boldsymbol{q}=0}$, 用 (5.13.18) 式、(5.13.27) 式及 (5.14.2) 式, 有

$$\tilde{\mathcal{H}} = -\frac{1}{2}\frac{1}{\Omega a^d}\sum_{\boldsymbol{q}}\left[C_0 + C_2 q^2 + O(q^4)\right]|s(\boldsymbol{q})|^2 + \frac{h}{a^d}s_0. \tag{5.14.3}$$

与前节讨论相同, 求和被限制在第一布里渊区, 对 d 维超立方晶格, 第一布里渊区为

$$-\frac{\pi}{a} \leqslant q_i < \frac{\pi}{a}, \qquad (i = 1, 2, \cdots, d).$$

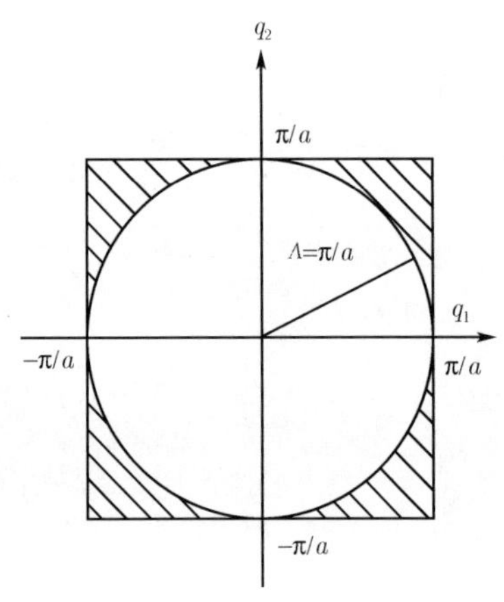

图 5.14.1 $N = 2$ 时布里渊区

由于奇异性来自于 $\boldsymbol{q} = 0$ 的长波长区, 可近似用半径为 $\Lambda = \pi/a$ 的内切超球来代替第一布里渊区. 即

$$\sum_{-\frac{\pi}{a}\leqslant q_i<\frac{\pi}{a}} \to \sum_{0\leqslant \boldsymbol{q}\leqslant \Lambda}. \tag{5.14.4}$$

图 5.14.1 画出了 $N = 2$ 的情况, 此时相当于用半径为 $\Lambda = \pi/a$ 的内切圆代替正方形. Λ 称为截止波矢, 将 (5.14.3) 式写成

$$\tilde{\mathcal{H}} = -\frac{1}{2}\sum_{0<\boldsymbol{q}<\Lambda}[C_0+C_2q^2+O(q^4)]\times|s(\boldsymbol{q})|^2+\frac{h}{a^d}s_0. \tag{5.14.5}$$

系统的配分函数为

$$Z_{GM} = \int\cdots\int\prod_{\boldsymbol{q}} s(\boldsymbol{q})\mathrm{e}^{\tilde{\mathcal{H}}}, \tag{5.14.6}$$

$\boldsymbol{q}$ 是连续变数, 故 $\tilde{\mathcal{H}}$ 是 $S(\boldsymbol{q})$ 的泛函, (5.14.6) 则是泛函积分.

下面我们对高斯模型作 RG 变换.

首先是将 $\boldsymbol{q}$ 的取值分为长波长区 $(0 \leqslant |\boldsymbol{q}| < \Lambda/b)$ 及短波长区 $(\Lambda/b \leqslant |\boldsymbol{q}| < \Lambda)$ 两部分 $(b > 1)$, 同时将自旋变量作相应的划分:

$$s(\boldsymbol{q}) = \begin{cases} s_L(\boldsymbol{q}_L), & 0 \leqslant \boldsymbol{q}_L < \Lambda/b; \\ s_s(\boldsymbol{q}_s) & \Lambda/b \leqslant \boldsymbol{q}_s \leqslant \Lambda. \end{cases} \tag{5.14.7}$$

$s(\boldsymbol{q})$ 可以写成

$$s(\boldsymbol{q}) = s_L(\boldsymbol{q}_L) + s_s(\boldsymbol{q}_s).$$

当 $d = 2$ 时, 图 5.14.2 画出这种划分方式

根据自旋的划分办法, 将 $\tilde{\mathcal{H}}$ 也分成两部分:

$$\begin{aligned}\tilde{\mathcal{H}} &= -\frac{1}{2}\frac{1}{\Omega a^d}\sum_{0\leqslant \boldsymbol{q}\leqslant \Lambda}[C_0+C_2q^2+O(q^4)]|s(\boldsymbol{q})|^2+\frac{h}{a^d}s_0\\ &= -\frac{1}{2}\frac{1}{\Omega a^d}\sum_{0\leqslant|\boldsymbol{q}_L|<\Lambda/b}[C_0+C_2q^2+O(q^4)]|s_L(\boldsymbol{q}_L)|^2+\frac{h}{a^d}s_0\\ &= -\frac{1}{2}\frac{1}{\Omega a^d}\sum_{\frac{\Lambda}{b}\leqslant|\boldsymbol{q}_s|\leqslant\Lambda}[C_0+C_2q^2+O(q^4)]|s_s(\boldsymbol{q}_s)|^2\\ &= \tilde{\mathcal{H}}_L+\tilde{\mathcal{H}}_s,\end{aligned} \tag{5.14.8}$$

其中, $\tilde{\mathcal{H}}_L$ 及 $\tilde{\mathcal{H}}_s$ 分部表示哈密顿量中长波长部分及短波长部分, 对高斯模型来说, 这样的划分是严格的.

下面我们定义部分迹. 在实空间里, 是对 Kadanoff 集团内的自旋态求平均, 以求得减少自由度, 而在动量空间里则是对短波长部分 (图 5.14.2) 积分, 同样达到减少自由度的目的. 由 (5.14.6) 式及 (5.14.8) 式得

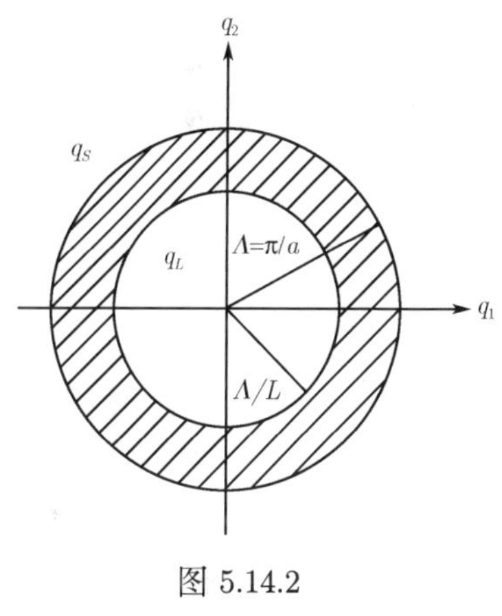

图 5.14.2

$$\begin{aligned}Z_{GM} &= \int\cdots\int\prod_{\boldsymbol{q}}D_s(\boldsymbol{q})\mathrm{e}^{\tilde{\mathcal{H}}+\tilde{\mathcal{H}}_s}\\ &= \int_{s_L}\cdots\int\prod_{\boldsymbol{q}_L}Ds_L(\boldsymbol{q}_L)\int_{s_s}\cdots\int\prod_{\boldsymbol{q}_s}Ds_s(\boldsymbol{q}_s)\mathrm{e}^{\tilde{\mathcal{H}}_L+\tilde{\mathcal{H}}_s}\end{aligned} \tag{5.14.9}$$

定义部分迹:

$$\begin{aligned}\mathrm{P.T} &\equiv \int_{s_s}\cdots\int\prod_{\boldsymbol{q}_s}Ds_s(\boldsymbol{q}_s)\mathrm{e}^{\tilde{\mathcal{H}}_L+\tilde{\mathcal{H}}_s}\\ &\equiv \mathrm{e}^{\tilde{\mathcal{H}}[s_L(\boldsymbol{q}_L)]}.\end{aligned} \tag{5.14.10}$$

对高斯模型来说 $\tilde{\mathcal{H}}_L$ 及 $\tilde{\mathcal{H}}_s$ 可严格分成两部分, 有

$$\begin{aligned}\mathrm{P.T} &= \mathrm{e}^{\tilde{\mathcal{H}}_L}\int_{s_s}\cdots\int\prod_{\boldsymbol{q}_s}Ds_s(\boldsymbol{q}_s)\mathrm{e}^{\tilde{\mathcal{H}}_s}\\ &= \mathrm{e}^{\tilde{\mathcal{H}}_L+g}=\mathrm{e}^{\tilde{\mathcal{H}}'[s_L(\boldsymbol{q}_L)]},\end{aligned} \tag{5.14.11}$$

其中,

$$\mathrm{e}^g=\int_{s_s}\cdots\int\prod_{\boldsymbol{q}_s}Ds_s(\boldsymbol{q}_s)\mathrm{e}^{\tilde{\mathcal{H}}_s}. \tag{5.14.12}$$

由于高斯模型奇异性主要来自于 $\boldsymbol{q}=0$, 因而上式积分 (e^g) 是一光滑函数, 只对自由能的正常部分有贡献, 对奇异部分没有贡献, 如果只讨论临界现象, 可以略去这一因子, 写成

$$\mathrm{P.T}=\mathrm{e}^{\tilde{\mathcal{H}}'}=\mathrm{e}^{\tilde{\mathcal{H}}_L}.$$

因此在计算部分迹 g 后, 可以将新的哈密顿量表示成

$$\begin{aligned}\tilde{\mathcal{H}}'&=\tilde{\mathcal{H}}_L+g=\tilde{\mathcal{H}}_L\\&=-\frac{1}{2}\frac{1}{\Omega a^d}\sum_{0\leqslant|\boldsymbol{q}_L|<\Lambda/b}[C_0+C_2q^2+O(q^4)]|s_L(\boldsymbol{q}_L)|^2+\frac{h}{a^d}s_0.\end{aligned}\tag{5.14.13}$$

将 (5.14.13) 式与 (5.14.3) 比较可知, 两者的哈密顿量主要差别有以下两点:

(1) 波矢的范围不同, 对 $\boldsymbol{q}$ 为 $(0,\Lambda)$ 而 $\boldsymbol{q}_L$ 为 $(0,\Lambda/b)$;

(2) 相应的自旋变数取值不同, 即 $s(\boldsymbol{q})$ 与 $s_L(\boldsymbol{q}_L)$.

为了使两者的哈密顿量有相似形式, 作变换:

$$\boldsymbol{q}'=b\cdot\boldsymbol{q}_L,\tag{5.14.14}$$

对 $\boldsymbol{q}'$ 来说, 取值范围成为 $(0,\Lambda)$, 自旋变量亦作相应的变换:

$$s_L(\boldsymbol{q}_L)=s_L(\boldsymbol{q}'/b)=\zeta(b)s'(\boldsymbol{q}').\tag{5.14.15}$$

这里引进了一个新的函数 $\zeta(b)$, 它表示对体系作尺度变换时, 自旋长度的变换因子, ζ 称为自旋重标度因子, 在上述变换下, 我们有

$$\begin{gathered}|s_L(\boldsymbol{q}_L)|^2\to\zeta^2|s'(\boldsymbol{q}')|^2,\\C_0\to C_0',\\C_2\boldsymbol{q}_L^2\to C_2(\boldsymbol{q}'/b)^2,\\\sum_{\boldsymbol{q}_L'}\to b^{-d}\sum_{\boldsymbol{q}'},\end{gathered}$$

其中最后一个变换式中 b^{-d} 因子来自于变数变换:

$$\begin{aligned}\sum_{\boldsymbol{q}_L}\equiv\sum_{\boldsymbol{q}_{1L}}\cdots\sum_{q_dL}&\Rightarrow\frac{\Omega}{(2\pi)^d}\int\cdots\int^{\mathrm{d}\boldsymbol{q}_1L\cdots\mathrm{d}\boldsymbol{q}_dL}\\&=b^{-d}\frac{\Omega}{(2\pi)^d}\int\cdots\int^{\mathrm{d}\boldsymbol{q'}_1\cdots\mathrm{d}\boldsymbol{q}_d'=b^{-d}}\sum_{\boldsymbol{q}'}\end{aligned}$$

有了这些关系, 可将哈密顿量写成

$$\begin{aligned}\tilde{\mathcal{H}}' &= -\frac{1}{2}\frac{b^{-d}}{\Omega_a a^d}\sum_{\boldsymbol{q}'}[C_0 + C_2 b^{-2}q'2 + O(q^4)]|s'(\boldsymbol{q}')|^2\zeta^2 \\ &\quad + \frac{1}{a^d}h\cdot\zeta s'(q'=0) \\ &= -\frac{1}{2}\frac{1}{\Omega a^d}\sum_{\boldsymbol{q}'}[C_0' + C_2' q'^2 + O(q'^4)]|s'(\boldsymbol{q}')|^2 \\ &\quad + \frac{h'}{a^d}s'(\boldsymbol{q}'=0),\end{aligned} \tag{5.14.16}$$

其中参数之间有下述关系:

$$\left.\begin{aligned} &C_0' = b^{-d}\zeta^2 C_0, \\ &C_2' = b^{-d-2}\zeta^2 C_2, \\ &C_4' = b^{-d-4}\zeta^2 C_4, \\ &\qquad \cdots\cdots \\ &h' = \zeta\cdot h. \end{aligned}\right\} \tag{5.14.17}$$

参数 C 的普遍变换式可写成

$$C_j' = b^{-d-j}\zeta^2 C_j. \tag{5.14.18}$$

(5.14.18) 式称为递推关系.

$\zeta(b)$ 的选择有一定困难, 不同选择可导致不同的结果. 正确的选择是

$$\zeta(b) = b^{\frac{d}{2}+1}, \tag{5.14.19}$$

(5.14.18) 式成为

$$C_j' = b^{2-j}C_j. \tag{5.14.20}$$

由 (5.14.17) 式可看出, 参数有无穷多个, 但互相之间并不耦合, C_j' 只与 C_j 有关, 故可以分别观察每一个参数.

当 $j=0$ 时, $C_0' = b^2 C_0$.

与 RSRG 的做法相似, 可用作图法决定其不动点. 以 C_0 作横坐标, C_0' 作纵坐标, 画出 $C_0' = C_0$ 及 $C_0' = R(C_0) = b^2 C_0$ 的直线, 两直线交点即为不动点. 交点为

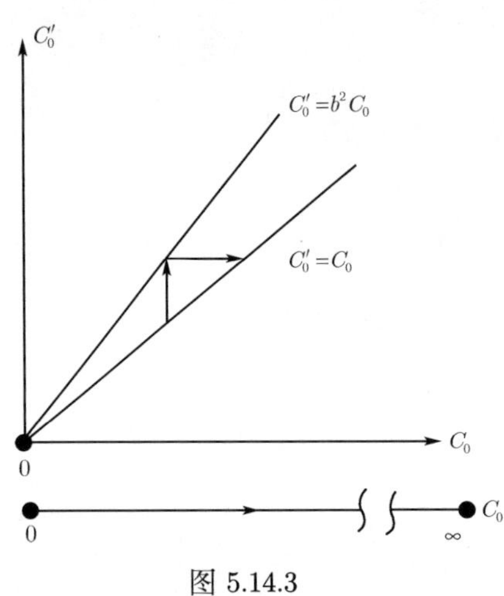

图 5.14.3

$C_0^*=0$ 及 $C_0^*=\infty$(图 5.14.3), 由作图法也可决定参数在 RG 变换下的流向, 显然, $C_0^*=0$ 是不稳定不动点, 而 $C_0^*=\infty$ 是稳定不动点.

当 $j=2$, 由 (5.14.20) 式得

$$C_2'=C_2.$$

此时 $C_2'=C_2$ 及 $C_2'=R(C_2)=C_2$ 两条线重合, 任何一点均为不动点, 没有流动现象, 稳定或不稳定都没有意义.

当 $j=4$, 有

$$C_4'=b^{-2}C_4.$$

有两个不动点：0 及 ∞, 其中 $C_4^*=0$ 为稳定不动点, 而 $C_4^*=\infty$ 为不稳定不动点.

当 $j>4$ 时, 任何 C_j 都与 C_4 相似.

可以看出, 当 $j\geqslant 4$ 时, 重复作 RG 变换, 均有 $C_j\to 0, C_j$ 为无关参数, 计算临界指数时可不必考虑.

对参数 h 可以完全类似的分析, 得 h 的不动点为 $h^*=0,\infty$; 其中 $h^*=0$ 是不稳定不动点. 故高斯模型的 RG 变换为

$$C_0'=b^2C_0,\qquad h'=b^{\frac{d}{2}+1}h, \tag{5.14.21}$$

在 (C_0,h) 构成的参数空间不稳定不动点是

$$\boldsymbol{K}^*=R(\boldsymbol{K}^*)=(C_0^*,h^*)=(0,0).$$

由 C_0 及 h 的定义得临界点为

$$\begin{cases} J/k_{\mathrm{B}}T_{\mathrm{C}}=\dfrac{r}{2d} \\ B_{\mathrm{C}}=0. \end{cases} \tag{5.14.22}$$

将 RG 变换在不动点附近线性化, 计算临界指数. 线性化的变换矩阵为

$$R=\begin{pmatrix} \dfrac{\partial C_0'}{\partial C_0} & \dfrac{\partial C_0'}{\partial h} \\ \dfrac{\partial h'}{\partial C_0} & \dfrac{\partial h'}{\partial h} \end{pmatrix}_{C_0=0,h=0}=\begin{pmatrix} b^2 & 0 \\ 0 & b^{\frac{d}{2}+1} \end{pmatrix}=\begin{pmatrix} \lambda, & 0 \\ 0 & \lambda_2 \end{pmatrix}.$$

由于 $b>1,\lambda_1,\lambda_2$ 均为有关本征值. 标度参数为

$$p=\frac{\ln\lambda_1}{d\ln b}=\frac{2}{d},$$

$$q=\frac{\ln\lambda_2}{d\ln b}=\frac{2+d}{2d}.$$

由 p 及 q 可得高斯模型的临界指数:

$$\begin{aligned}\alpha&=2-\frac{d}{2}, &\qquad \beta&=\frac{d-2}{d+2},\\ r&=1, & \delta&=\frac{d+2}{d-2},\\ \eta&=0, & \nu&=\frac{1}{2}.\end{aligned}$$

由此可以看出当 $d=4$ 时, 临界指数与平均理论得到的结果完全一样, 再次说明平均场理论是在四维以上空间才准确的理论.

5.15 S^4 模型

在 5.13 节已经给出了 S^4 模型的权重函数, 其哈密顿量在无外磁场时为

$$\tilde{\mathcal{H}}=K\sum_{\langle ij\rangle}s_is_j-\frac{r}{2}\sum_j s_j^2-u\sum_j s_j^4.$$

对自旋变量作傅里叶变换, 得

$$\begin{aligned}\tilde{\mathcal{H}}&=-\frac{1}{2}\frac{1}{\Omega a^d}\sum_{\boldsymbol{q}}[r-k(\boldsymbol{q})]|s(\boldsymbol{q})|^2\\ &\quad -u\sum_{\boldsymbol{q}_1,\boldsymbol{q}_2,\boldsymbol{q}_3,\boldsymbol{q}_4}s(\boldsymbol{q}_1)s(\boldsymbol{q}_2)s(\boldsymbol{q}_3)s(\boldsymbol{q}_4)\delta(\boldsymbol{q}_1+\boldsymbol{q}_2+\boldsymbol{q}_3+\boldsymbol{q}_4)\\ &=\tilde{\mathcal{H}}^0+V,\end{aligned}\tag{5.15.1}$$

其中 $\tilde{\mathcal{H}}^0$ 与无外场时的高斯模型相同, V 是与 S^4 相对应的项.

用 MSRG 解 S^4 模型.

首先要将 $\boldsymbol{q}$ 划分成长波长及短波长部分, 对自旋变量亦作同样的划分, 这些做法与高斯模型完全相同; 但当划分 $\tilde{\mathcal{H}}$ 时, 就会遇到问题. 在 $\tilde{\mathcal{H}}$ 中的 $\tilde{\mathcal{H}}^0$ 部分可以同高斯模型同样划分;

$$\tilde{\mathcal{H}}^0=\tilde{\mathcal{H}}_L^0+\tilde{\mathcal{H}}_s^0,\tag{5.15.2}$$

但在 V 中有四个自旋乘积, 不能严格划分, 将在后面处理这问题. 先定义部分迹:

$$
\begin{aligned}
Z &= \int \cdots \int \prod_{\boldsymbol{q}} Ds(\boldsymbol{q}) \mathrm{e}^{\tilde{\mathcal{H}}} \\
&= \int \cdots \int \prod_{\boldsymbol{q}_L} D_{S_L}(\boldsymbol{q}L) \int \cdots \int \prod_{\boldsymbol{q}_s} D_S(\boldsymbol{q}_s) \mathrm{e}^{\tilde{\mathcal{H}}^0 + V}.
\end{aligned} \tag{5.15.3}
$$

定义 P.T 为

$$
\mathrm{P.T} \equiv \int \cdots \int \prod_{\boldsymbol{q}_s} D_{s_s}(\boldsymbol{q}_s) \mathrm{e}^{\tilde{\mathcal{H}}^0 + V} \equiv \mathrm{e}^{\tilde{\mathcal{H}}'}. \tag{5.15.4}
$$

在 (5.15.4) 式中通过分子, 分母同时乘上一数写成

$$
\begin{aligned}
&\int \cdots \int \prod_{\boldsymbol{q}} Ds_s(\boldsymbol{q}) \mathrm{e}^{\tilde{\mathcal{H}}^0} \frac{\int \cdots \int \prod_{\boldsymbol{q}_s} \mathrm{D}s_s(\boldsymbol{q}_s) \mathrm{e}^{\tilde{\mathcal{H}}^0 + V}}{\int \cdots \int \prod_{\boldsymbol{q}_s} Ds(\boldsymbol{q}_s s) \mathrm{e}^{\tilde{\mathcal{H}}^0}} \\
&= [\mathrm{P.T}]_{\mathrm{G}} \cdot \langle \mathrm{e}^V \rangle_0,
\end{aligned} \tag{5.15.5}
$$

其中 $[\mathrm{P.T}]_{\mathrm{G}}$ 表示高斯模型的部分迹, 而

$$
\langle \mathrm{e}^V \rangle_0 = \frac{\int \cdots \int \prod_{\boldsymbol{q}_s} Ds_s(\boldsymbol{q}_s) \mathrm{e}^{\tilde{\mathcal{H}}^0 + V}}{\int \cdots \int \prod_{\boldsymbol{q}_s} Ds_s(\boldsymbol{q}_s) \mathrm{e}^{\tilde{\mathcal{H}}^0}}. \tag{5.15.6}
$$

所以

$$
\ln(\mathrm{P.T}) = \ln[\mathrm{P.T}]_{\mathrm{G}} + \ln\langle e^V \rangle_0.
$$

将 (5.15.6) 式右边第二项作累积展开:

$$
\begin{aligned}
\ln\langle \mathrm{e}^V \rangle_0 &= \ln \left\langle 1 + V + \frac{V^2}{2!} + \cdots \right\rangle_0 \\
&= \langle V \rangle_0 + \frac{1}{2!}(\langle V^2 \rangle_0 - \langle V \rangle_0^2) + \cdots,
\end{aligned} \tag{5.15.7}
$$

于是

$$
\ln(\mathrm{P.T}) = \ln[\mathrm{P.T}]_{\mathrm{G}} + \langle V \rangle_0 + \frac{1}{2!}(\langle V^2 \rangle_0 - \langle V \rangle_0^2) + \cdots \tag{5.15.8}
$$

下面分别计算零级及一级项:

零级项与高斯模型相同, 由 (5.14.11) 式略去平滑部分得到

$$
\ln[\mathrm{P.T}]_{\mathrm{G}} = \tilde{\mathcal{H}}_L^0. \tag{5.15.9}
$$

一级展开项为

$$\langle V\rangle_0=\frac{\int\cdots\int\prod\limits_{\boldsymbol{q}_s}Ds_s(\boldsymbol{q}_s)V\mathrm{e}^{\tilde{\mathcal{H}}^0}}{\int\cdots\int\prod\limits_{\boldsymbol{q}_s}Ds_s(\boldsymbol{q})_s\mathrm{e}^{\tilde{\mathcal{H}}^0}}$$

$$=\frac{\int\cdots\int\prod\limits_{\boldsymbol{q}_s}Ds_s(\boldsymbol{q}_s)V\mathrm{e}^{\tilde{\mathcal{H}}_s^0}}{\int\cdots\int\prod\limits_{\boldsymbol{q}_s}Ds_s(\boldsymbol{q}_s)\mathrm{e}^{\tilde{\mathcal{H}}_s^0}}$$

$$=\frac{\int\cdots\int\prod\limits_{\boldsymbol{q}_s}Ds_s(\boldsymbol{q}_s)\mathrm{e}^{\tilde{\mathcal{H}}_s^0}\left[-u\sum\limits_{\boldsymbol{q}_1\cdots\boldsymbol{q}_4}s(\boldsymbol{q}_1)s(\boldsymbol{q}_2)s(\boldsymbol{q}_3)s(\boldsymbol{q}_4)\times\delta(\boldsymbol{q}_1+\boldsymbol{q}_2+\boldsymbol{q}_3+\boldsymbol{q}_4)\right]}{\left(\int\cdots\int\prod\limits_{\boldsymbol{q}_s}Ds_s(\boldsymbol{q}_s)\mathrm{e}^{\tilde{\mathcal{H}}_s^0}\right)}$$

(5.15.10)

现在将每个自旋变量分成长波长部分及短波长部分, 即 $s_L(\boldsymbol{q}_L)$ 及 $s_s(\boldsymbol{q}_s)$, 总共有 $2^4=16$ 项, 可分成下述各种不同类型 (为了方便, 略去 s 中的变量 $\boldsymbol{q}_L$及$\boldsymbol{q}_s$):

(1) $s_L\cdot s_L\cdot s_L\cdot s_L$: 四个自旋均为长波长部分, 这样的项仅一项:

(2) $s_s\cdot s_L\cdot s_L\cdot s_L$: 一个自旋在短波长区, 其余为长波长区, 这样的项共四项;

(3) $s_s\cdot s_s\cdot s_L\cdot s_L$: 共六项;

(4) $s_s\cdot s_s\cdot s_s\cdot s_L$: 共四项;

(5) $s_s\cdot s_s\cdot s_s\cdot s_s$: 共一项.

注意到 $\mathrm{e}^{\tilde{\mathcal{H}}_s^0}$ 是 $S(\boldsymbol{q})$ 的偶函数, 积分在对称区间进行, 故 (2) 和 (4) 的积分为零; 而 (5) 中四个自旋均在短波长区, 积分为高斯型, 积分结果是平滑函数, 与高斯模型相似, 可略去, 对 (1) 项因四个自旋在长波长区, 积分对短波长进行, 可将分子分母的相同部分消去, 得

$$-u\sum_{\boldsymbol{q}_1\cdots\boldsymbol{q}_4}s_L(\boldsymbol{q}_{1L})s_L(\boldsymbol{q}_{2L})s_L(\boldsymbol{q}_{3L})s_L(\boldsymbol{q}_{4L})\delta(\boldsymbol{q}_{1L}+\boldsymbol{q}_{2L}+\boldsymbol{q}_{3L}+\boldsymbol{q}_{4L}).\tag{5.15.11}$$

而 (3) 项共有六项, 每项有相同贡献, 取其中一项进行计算:

$$-u\sum_{\boldsymbol{q}_1\cdots\boldsymbol{q}_4}s_L(\boldsymbol{q}_{3L})s_L(\boldsymbol{q}_{4L})\cdot\delta(\boldsymbol{q}_1+\boldsymbol{q}_2+\boldsymbol{q}_3+\boldsymbol{q}_4)\times\left[\frac{\int\cdots\int\prod\limits_{\boldsymbol{q}_s}Ds_s(\boldsymbol{q}_s)\cdot s_s(\boldsymbol{q}_{1s})s_s(\boldsymbol{q}_{2s})\mathrm{e}^{\tilde{\mathcal{H}}_s^0}}{\int\cdots\int\prod\limits_{\boldsymbol{q}_s}D_s(\boldsymbol{q}_s)\mathrm{e}^{\tilde{\mathcal{H}}_s^0}}\right]$$

(5.15.12)

(5.15.12) 式中 $[\cdots]=\langle s_s(\boldsymbol{q}_{1s})\cdot s_s(\boldsymbol{q}_{2s})\rangle_0$; 直接计算很容易证明:

$$\langle s_s(\boldsymbol{q}_{1s})s_s(\boldsymbol{q}_{2s})\rangle_0=\frac{1}{C_0+C_2q_1^2+\cdots}\delta(\boldsymbol{q}_1+\boldsymbol{q}_2). \tag{5.15.13}$$

将 (5.15.13) 式代入 (5.15.12) 式, 乘 6 得 (3) 项为

$$-6u\sum_{\boldsymbol{q}_L}J_1|s_L(\boldsymbol{q}_L)|^2,$$

其中,

$$\begin{aligned}J_1&=\sum_{\boldsymbol{q}_s}\frac{1}{C_0+C_2\boldsymbol{q}_s^2+\cdots}\\&=\frac{1}{(2\pi)^d}\int_{\Lambda/b}^{\Lambda}\cdots\int \mathrm{d}\boldsymbol{q}_s\frac{1}{C_0+C_2\boldsymbol{q}_s^2+\cdots}.\end{aligned} \tag{5.15.14}$$

积分只对短波长部分进行, 所以没有奇异性, 是参数 $C_0,C_2,\cdots$ 的函数. 于是最后得

$$\begin{aligned}\langle V\rangle_0=&-u\sum_{\boldsymbol{q}_{1L}\cdots\boldsymbol{q}_{4L}}s_L(\boldsymbol{q}_{1L})s_L(\boldsymbol{q}_{2L})s_L(\boldsymbol{q}_{3L})s_L(\boldsymbol{q}_{4L})\delta(\boldsymbol{q}_{1L}+\boldsymbol{q}_{2L}+\boldsymbol{q}_{3L}+\boldsymbol{q}_{4L})\\&-6u\sum_{\boldsymbol{q}_L}J_1(C_0,C_2,\cdots)|s_L(\boldsymbol{q}_L)|^2.\end{aligned} \tag{5.15.15}$$

二阶累积展开计算较复杂, Wilson 和 Kogut[5,12] 用费恩曼图方法求得

$$\begin{aligned}&\frac{1}{2}(\langle V^2\rangle_0-\langle V\rangle_0^2)\\&\approx 36J_2u^2\int_{\boldsymbol{q}_L}\cdots\int s_L(\boldsymbol{q}_{1L})s_L(\boldsymbol{q}_{2L})s_L(\boldsymbol{q}_{3L})s_L(\boldsymbol{q}_{4L})\\&\quad\times\delta(\boldsymbol{q}_{1L}+\boldsymbol{q}_{2L}+\boldsymbol{q}_{3L}+\boldsymbol{q}_{4L}),\end{aligned} \tag{5.15.16}$$

其中,

$$J_2\approx\int_{\boldsymbol{q}_s}\left(\frac{1}{C_0+C_2q^2+\cdots}\right)^2\mathrm{d}\boldsymbol{q}_s. \tag{5.15.17}$$

于是可得精确到二阶累积展开的结果:

$$\begin{aligned}\tilde{\mathcal{H}}'&=\ln(\mathrm{P.T})=\ln[\mathrm{P.T}]_G+\langle V\rangle_0+\frac{1}{2}(\langle V^2\rangle_0-\langle V\rangle_0^2)\\&\approx-\frac{1}{2}\sum_{\boldsymbol{q}_L}\left[\frac{1}{\Omega a^d}(C_0+C_2\boldsymbol{q}_L^2)+12J_1u\right]|s_L(\boldsymbol{q}_L)|^2\\&\quad-(u-36J_2u^2)\sum_{\boldsymbol{q}_L}s_L(\boldsymbol{q}_{1L})s_L(\boldsymbol{q}_{2L})s_L(\boldsymbol{q}_{3L})s_L(\boldsymbol{q}_{4L})\\&\quad\times\delta(\boldsymbol{q}_{1L}+\boldsymbol{q}_{2L}+\boldsymbol{q}_{3L}+\boldsymbol{q}_{4L}).\end{aligned} \tag{5.15.18}$$

与高斯模型相类似, 对 $\tilde{\mathcal{H}}'$ 作标度变换:

$$\left.\begin{aligned} q &= \frac{1}{b}q', \\ S_L(\boldsymbol{q}_L) &= \zeta(b)s(\boldsymbol{q}'). \end{aligned}\right\} \tag{5.15.19}$$

自然选

$$\zeta(b) = b^{\frac{d}{2}+1}. \tag{5.15.20}$$

在标度变换下, 系统的哈密顿量成为

$$\begin{aligned} \tilde{\mathcal{H}}' =& \frac{1}{2}\sum_{0<\boldsymbol{q}'<\Lambda}\frac{1}{\Omega a^d}(C_0' + C_2'q'^2)|s'(\boldsymbol{g}')|^2 \\ &- u'\sum_{\boldsymbol{q}_1'-\boldsymbol{q}_4'} s'(\boldsymbol{q}_1')s'(\boldsymbol{q}_2')s'(\boldsymbol{q}_3')s'(\boldsymbol{q}_4')\delta(\boldsymbol{q}_1' + \boldsymbol{q}_2' + \boldsymbol{q}_3' + \boldsymbol{q}_4'), \end{aligned} \tag{5.15.21}$$

其中,

$$u' = \zeta(b)^4(b^{-d})^3u(1 - 36J_2u) = b^{4-d}u[1 - A(b)u], \tag{5.15.22}$$

$$C_0' = \zeta(b)^2b^{-d}C_0 = (C_0 + 12J_1u)b^2, \tag{5.15.23}$$

$$C_j' = \zeta(b)^2b^{-d}C_j = b^{2-j}C_j, \qquad (j \geqslant 2). \tag{5.15.24}$$

为了决定系统的不动点, 分两种情况讨论:

(1) $d \geqslant 4 : b^{4-d} < 1$, 当重复进行 RG 变换时, $u' \to 0$, 即四自旋相互作用项在重复进行 RG 变换后趋于 0, 仍回到高斯模型, 其不动点与高斯模型不动点相同为 $u^* = 0, C_0^* = 0$, 称为高斯不动点, 记为 $u_{\mathrm{G}}^* = 0, C_{0\mathrm{G}}^* = 0$. 或者说 $d \geqslant 4$ 时, S^4 模型与高斯模型属于同一普适类, 具有相同临界行为.

(2) $d < 4$: 当 $d < 4$ 时, $u^* = 0$ 依然为不动点, 流向与 (1) 相反, 在现在情况下, 重复作 RG 变换参数 u 越变越大, 四自旋相互作用项不能忽略. 考虑 d 很接近于 4 的情况, 即

$$\varepsilon = 4 - d,$$

ε 为小量, 用 ε 展开的方法作近似处理. 对 u 来说, 这时的不动点方程为

$$u^* = b^{\varepsilon}u^*[1 - Au^*], \tag{5.15.25}$$

得

$$u_{\mathrm{WF}}^* = \frac{1}{A}(1 - b^{-\varepsilon}). \tag{5.15.26}$$

u_{WF}^* 称为 Wilson-Fisher(W-F) 不动点, 是稳定不动点. 由于 ε 为小量, 将 (5.15.26) 式近似写成

$$u_{\mathrm{WF}}^* \approx \frac{1}{A}\varepsilon \ln b \tag{5.15.27}$$

为了得出 C_0 的不动点, 首先要决定 J_1 与 C_0 的关系.

$$\frac{1}{C_0+C_2q^2}\equiv\frac{1}{C_0+B}=\frac{1}{B}\frac{1}{1+\dfrac{C_0}{B}}.$$

当 $d\sim 4$ 时, $u\sim O(\varepsilon)$, 而 C_0 表示两自旋相互作用, 与四自旋相互作用应有同数量级, 即 $C_0\sim O(\varepsilon)$, 将上式按 C_0/B 展开相当于按 ε 展开, 取最低级:

$$J_1\approx\frac{1}{(2\pi)^d}\int_{\Lambda/b}^{\Lambda}\cdots\int\frac{\mathrm{d}^dq}{C_2q^2},$$

其中,

$$\mathrm{d}^dq=\mathrm{d}q_1\cdots\mathrm{d}q_d=S_dq^{d-1}\mathrm{d}q.$$

$S_d\cdot q^{d-1}$ 为 d 维超球面的面积, 有

$$S_d=\frac{2\pi^{d/2}}{r(d/2)}.$$

所以

$$\begin{aligned}J_1&=\frac{1}{(2\pi)^d}\frac{S_d}{C_2}\int_{\Lambda/b}^{\Lambda}\frac{q^{d-1}}{q^2}\mathrm{d}q=E\int_{\Lambda/b}^{\Lambda}q^{d-3}\mathrm{d}q\\&=E\frac{\Lambda^{2-\varepsilon}}{2-\varepsilon}(1-b^{\varepsilon-2}),\end{aligned}\tag{5.15.28}$$

其中 $E=\dfrac{1}{(2\pi)^d}\dfrac{S_d}{C_2}=\mathrm{const.}$ 按 ε 展开, 只保留 ε^0 项:

$$J_1\approx=E\frac{\Lambda^2}{2}(1-b^{-2}).\tag{5.15.29}$$

C_0 的不动点方程为

$$C_0^*=(C_0^*+12J_1u_{\mathrm{WF}}^*)b^2,$$

得

$$C_0^*=\frac{12u_{\mathrm{WF}}^*J_1b^2}{1-b^2}=-6u_{\mathrm{WF}}^*\Lambda^2E<0.\tag{5.15.30}$$

于是得到了 S^4 模型除高斯不动点外的另一不动点即 Wilson-Fisher 不动点:

$$\begin{cases}C_{0\mathrm{WF}}^*=-6u_{\mathrm{WF}}^*\Lambda^2E,\\u_{\mathrm{WF}}^*=\dfrac{1}{A}\varepsilon\ln b.\end{cases}$$

由决定高斯模型临界点的方法可知, $C_0^*<0$ 意味着 S^4 模型的 T_{C} 下降, 这是四自旋相互作用引起的; 在 $d<4$ 时 C_0 与 u 之间有耦合, 使不动点从原点沿直线

移开, 移开的距离 $u^* \sim 0(\varepsilon), C_0^* \sim 0(\varepsilon)$, 维数越低移开得越远. 图 5.15.1 及图 5.15.2 画出了高斯不动点及 W-F 不动点, 且在不动点附近表明了流向.

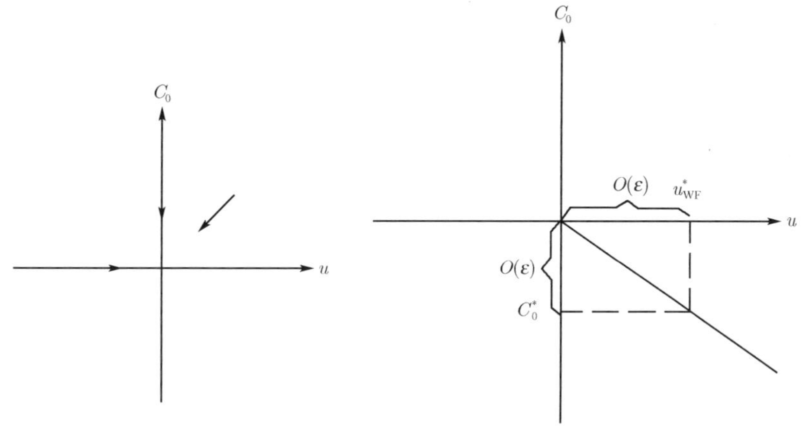

图 5.15.1　二维流向图　　图 5.15.2　S^4 模型的不动点

最后我们在 $d \sim 4$ 时计算临界指数.

在 W-F 不动点 RG 变换线性化的矩阵为

$$R = \begin{pmatrix} \dfrac{\partial C_0'}{\partial C_0} & \dfrac{\partial C_0'}{\partial u} \\ \dfrac{\partial u'}{\partial C_0} & \dfrac{\partial u'}{\partial u} \end{pmatrix}_{C_0=C^*_{0\rm WF}, u=u^*_{\rm WF}}$$

由 (5.15.14) 式及 (5.15.23) 式可得

$$\frac{\partial C_0'}{\partial C_0} = b^2 + 12b^2 u \left(\frac{\partial J_1}{\partial C_0}\right)_{C^*_{0\rm WF}},$$

其中 $(\partial J_1/\partial C_0)$ 计算到 ε^0 级有

$$\frac{\partial J_1}{\partial C_0} = -E \ln b.$$

所以

$$\begin{aligned} \frac{\partial C_0'}{\partial C_0} &= b^2 + 12b^2 u(-E \ln b) \\ &= b^2 \left[1 - 12\frac{E}{A}\varepsilon(\ln b)^2\right]. \end{aligned}$$

对其他项也同样计算到 ε 一级：

$$\frac{\partial C_0'}{\partial u} = 12b^2 J_1 = 6E\Lambda^2(b^2-1),$$

$$\frac{\partial u'}{\partial C_0} = 0,$$

$$\frac{\partial u'}{\partial u} = b^\varepsilon - 2b^\varepsilon A u = 1 - 2\varepsilon \ln b.$$

得到对角化的矩阵为

$$R = \begin{pmatrix} \lambda_k & 0 \\ 0 & \lambda_u \end{pmatrix} = \begin{pmatrix} b^2\left[1 - \dfrac{12E}{A}\varepsilon(\ln b)^2\right] & 0 \\ 0 & 1-2\varepsilon\ln b \end{pmatrix}.$$

显然有

$$\lambda_k > 1, \qquad 为有关本征值;$$

$$\lambda_u < 1, \qquad 为无关本征值.$$

由 λ_k 计算临界指数：

$$\nu = \frac{\ln b}{\ln \lambda_k} \approx \frac{1}{2}\left(1 + 6\varepsilon\frac{E}{A}\ln b\right).$$

通过计算二阶累积展开得到 A 值, 有

$$\nu = \frac{1}{2}\left(1 + \frac{1}{6}\varepsilon\right).$$

其他临界指数的计算必须加进外场, 不再作进一步讨论.

图 5.15.3 画出了临界指数 ν 与维数 d 的关系. 当 $d \geqslant 4$ 时 ν 与 d 无关, 为 1/2; $d < 4$ 时, 在 ε 的一级近似下, ν 随 d 的减小以 1/12 的斜率上升, 这一结果只在 ε 很小时才成立. Wilson 最初计算时曾取 $\varepsilon = 1$, 得 $\eta = 0.5889$. 在 Pade 近似下得 $\nu = 0.63$. 比平均场结果有明显的改进.

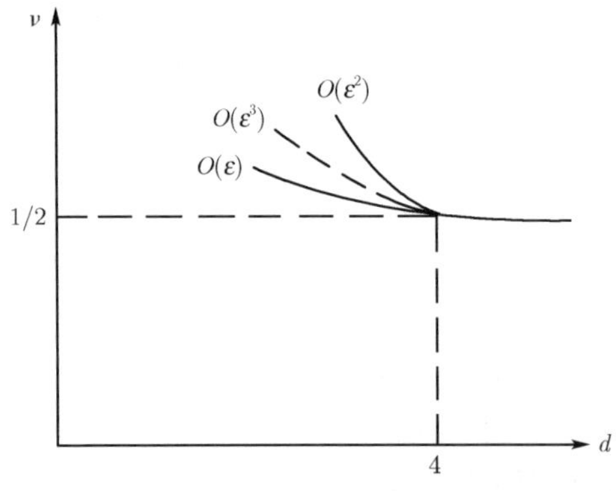

图 5.15.3　指数 ν 与空间维数 d 的关系

如果进一步计算 ε^2 及 ε^3 级近似, 得到的结果是收敛为不均匀的, $O(\varepsilon^3)$ 比 $O(\varepsilon^2)$ 的结果更坏. 其他临界指数的计算也有类似的问题, 只有当 d 十分接近 4 时结果才是好的.

第 6 章　量子统计中的格林函数方法

量子场论中的微扰论及费恩曼图方法被移植到统计物理中, 用来研究多粒子系统的性质, 形成了一套格林函数理论, 对统计物理的发展起了重大的促进作用. 费恩曼图方法的最大优点是它的直观性, 这个方法可以确定任意级近似的结构, 并借助于对应规则写出所需的表达式, 解决了很多过去理论所无法考虑的问题. 到 20 世纪 60 年代后期, 格林函数理论已在许多方面取得了重要成就, 成为一种被普遍采用的重要理论工具.

本章主要介绍基态及有限温度格林函数的基本概念及计算方法, 有关格林函数在各领域中的应用, 将在固体理论等相应的课程中去讨论.

6.1　基态格林函数

1. 定义

定义单粒子格林函数为 [6.1]:

$$\mathrm{i}G_{\alpha\beta}(\boldsymbol{x}t;\boldsymbol{x}'t')=\frac{\langle\psi_0|T[\hat{\psi}_{H\alpha}(\boldsymbol{x},t)\hat{\psi}^+_{H\beta}(\boldsymbol{x}',t')]|\psi_0\rangle}{\langle\psi_0|\psi_0\rangle},\tag{6.1.1}$$

其中 $|\psi_0\rangle$ 是有相互作用系统在海森伯表象中的基态, 满足方程:

$$\hat{H}|\psi_0\rangle=E|\psi_0\rangle.\tag{6.1.2}$$

$\hat{\psi}_{H\alpha}(\boldsymbol{x},t)$ 是海森伯表象中的场算符, 与时间的关系可表示成

$$\hat{\psi}_{H\alpha}(\boldsymbol{x},t)=\mathrm{e}^{\mathrm{i}\hat{H}t/\hbar}\psi_\alpha(\boldsymbol{x})\mathrm{e}^{-\mathrm{i}\hat{H}t/\hbar}.\tag{6.1.3}$$

α,β 表示场算符的分量, 对自旋为 1/2 的粒子, α,β 可取两个值, 而对自旋为 0 的粒子, 只有一个值, 可略去此下标.

矩阵元中算符 T 表示场算符的编时乘积, 其定义为

$$T[\hat{\psi}_{H\alpha}(\boldsymbol{x},t)\hat{\psi}^+_{H\beta}(\boldsymbol{x}',t')]=\begin{cases}\hat{\psi}_{H\alpha}(\boldsymbol{x},t)\hat{\psi}^+_{H\beta}(\boldsymbol{x}',t'), & t>t'\\ \pm\hat{\psi}^+_{H\beta}(\boldsymbol{x}',t')\hat{\psi}_{H\alpha}(\boldsymbol{x},t), & t<t'\end{cases}\tag{6.1.4}$$

其中正号是对玻色子, 负号是对费米子.

利用编时乘积的定义, 可将格林函数写成

$$
\mathrm{i}G_{\alpha\beta}(\boldsymbol{x},t;\boldsymbol{x}'t')=\begin{cases}\dfrac{\langle\psi_0|\hat{\psi}_{H\alpha}(\boldsymbol{x},t)\hat{\psi}^{+}_{H\beta}(\boldsymbol{x}'t')|\psi_0\rangle}{\langle\psi_0|\psi_0\rangle}, & t>t';\\ \pm\dfrac{\langle\psi_0|\hat{\psi}^{+}_{H\beta}(\boldsymbol{x}',t')\hat{\psi}_{H\alpha}(\boldsymbol{x}t)|\psi_0\rangle}{\langle\psi_0|\psi_0\rangle}, & t<t'.\end{cases} \tag{6.1.5}
$$

可以看出, 格林函数实际上就是场算符的编时乘积对基态的平均值, 是 $\boldsymbol{x},t$ 及 $\boldsymbol{x}',t'$ 的函数. 如果 $\hat{H}$ 不依赖于时间, 则格林函数只依赖于时间差, 这是因为由 (6.1.2) 及 (6.1.3) 式可得

$$
\mathrm{i}G_{\alpha\beta}(\boldsymbol{x},t;\boldsymbol{x}'t')=\begin{cases}\mathrm{e}^{\mathrm{i}E(t-t')/\hbar}\dfrac{\langle\psi_0|\hat{\psi}_{\alpha}(\boldsymbol{x})\mathrm{e}^{-\frac{\mathrm{i}}{\hbar}\hat{H}(t-t')}\hat{\psi}^{+}_{\beta}(\boldsymbol{x}')|\psi_0\rangle}{\langle\psi_0|\psi_0\rangle}, & t>t';\\ \pm\,\mathrm{e}^{-\mathrm{i}E(t-t')/\hbar}\dfrac{\langle\psi_0|\hat{\psi}^{+}_{\beta}(\boldsymbol{x}')\mathrm{e}^{\frac{\mathrm{i}}{\hbar}\hat{H}(t-t')}\hat{\psi}_{\alpha}(\boldsymbol{x})|\psi_0\rangle}{\langle\psi_0|\psi_0\rangle}, & t<t';\end{cases} \tag{6.1.6}
$$

2. 格林函数的解析性

考虑费米子系统, 因基态波函数为归一化的, 即

$$
\langle\psi_0|\psi_0\rangle=1.
$$

格林函数定义 (6.1.1) 式可写成

$$
\mathrm{i}G_{\alpha,\beta}(\boldsymbol{x},t;\boldsymbol{x}',t')=\langle\psi_0|T[\hat{\psi}_{H\alpha}(\boldsymbol{x},t)\hat{\psi}^{+}_{H\beta}(\boldsymbol{x}',t')]|\psi_0\rangle.
$$

在场算符中间插入一组海森伯表象态矢量的完全集合, 这些态矢量是哈密顿量的本征态, 包括所有可能的粒子数. 格林函数成为

$$
\begin{aligned}
&\mathrm{i}G_{\alpha\beta}(\boldsymbol{x},t;\boldsymbol{x}',t')\\
&=\sum_n[\theta(t-t')\langle\psi_0|\hat{\psi}_{H\alpha}(\boldsymbol{x},t)|\psi_n\rangle\langle\psi_n|\hat{\psi}^{+}_{H\beta}(\boldsymbol{x}',t')|\psi_0\rangle\\
&\quad-\theta(t'-t)\langle\psi_0|\hat{\psi}^{+}_{H\beta}(\boldsymbol{x}',t')|\psi_n\rangle\langle\psi_n|\hat{\psi}_{H\alpha}(\boldsymbol{x},t)|\psi_0\rangle].
\end{aligned} \tag{6.1.7}
$$

其中我们引进了阶跃函数 θ, 其定义为

$$
\theta(x)=\begin{cases}1, & x>0;\\ 0, & x<0.\end{cases} \tag{6.1.8}
$$

由于海森伯场算符可以写成

$$
\hat{O}_H(t)=\mathrm{e}^{\mathrm{i}\hat{H}t/\hbar}\hat{O}_S\mathrm{e}^{-\mathrm{i}\hat{H}t/\hbar}
$$

$\hat{O}_S$ 为薛定谔表象中的场算符. (6.1.7) 式可以写成

$$\begin{aligned}
\mathrm{i}G_{\alpha\beta}(\boldsymbol{x},t;\boldsymbol{x}',t')=&\sum_n[\theta(t-t')\mathrm{e}^{-\mathrm{i}(E_n-E)(t-t')/\hbar}\langle\psi_0|\hat{\psi}_\alpha(\boldsymbol{x})|\psi_n\rangle\\
&\times\langle\psi_n|\hat{\psi}_\beta^+(\boldsymbol{x}')|\psi_0\rangle-\theta(t'-t)\mathrm{e}^{\mathrm{i}(E_n-E)(t-t')}\\
&\times\langle\psi_0|\hat{\psi}_\beta^+(\boldsymbol{x}')|\psi_n\rangle\langle\psi_n|\hat{\psi}_\alpha(\boldsymbol{x})|\psi_0\rangle]. \qquad (6.1.9)
\end{aligned}$$

为了使问题简单, 假设系统具有空间平移不变性, 也就是动量算符与 $\hat{H}$ 对易. 对这样的体系, 采用平面波作为基矢, 动量算符 $\hat{P}$ 为

$$\begin{aligned}
\hat{P}=&\sum_\alpha\int\mathrm{d}^3x\hat{\psi}_\alpha^+(\boldsymbol{x})(-\mathrm{i}\hbar\nabla)\hat{\psi}_\alpha(\boldsymbol{x})\\
=&\sum_{k,\lambda}\hbar\boldsymbol{k}c_{k\lambda}^+c_{k\lambda}. \qquad (6.1.10)
\end{aligned}$$

算符 $\hat{P}$ 与场算符 ψ 的对易子为

$$[\hat{\psi}_\alpha(\boldsymbol{x}),\hat{P}]=-\mathrm{i}\hbar\nabla\hat{\psi}_\alpha(\boldsymbol{x}),$$

此式写成积分形式为

$$\hat{\psi}_\alpha(\boldsymbol{x})=\mathrm{e}^{-\mathrm{i}\hat{P}\boldsymbol{x}/\hbar}\psi_\alpha(0)\mathrm{e}^{\mathrm{i}\hat{P}\boldsymbol{x}/\hbar}. \qquad (6.1.11)$$

$\hat{P}$ 与 $\hat{H}$ 对易, 所以 $\hat{H}$ 的本征态同时也是 $\hat{P}$ 的本征态. 将 (6.1.11) 式代入 (6.1.9) 式, 并注意到 $\hat{P}|\psi_0\rangle=0$, 可得到 (6.1.9) 式对 $\boldsymbol{x}$ 的依赖关系为

$$\begin{aligned}
\mathrm{i}G_{\alpha\beta}(\boldsymbol{x},t;\boldsymbol{x}',t')=&\sum_n[\theta(t-t')\mathrm{e}^{-\mathrm{i}(E_n-E)(t-t')/\hbar}\cdot\mathrm{e}^{\mathrm{i}P_n(x-x')/\hbar}\\
&\times\langle\psi_0|\hat{\psi}_\alpha(0)|\psi_n\rangle\langle\psi_n|\hat{\psi}_\beta^+(0)|\psi_0\rangle-\theta(t'-t)\mathrm{e}^{-\mathrm{i}(E_n-E)(t-t')/\hbar}\\
&\times\mathrm{e}^{\mathrm{i}P_n(x-x')/\hbar}\langle\psi_0|\psi_\beta^+(0)|\psi_n\rangle\langle\psi_n|\hat{\psi}_\alpha(0)|\psi_0\rangle]. \qquad (6.1.12)
\end{aligned}$$

(6.1.12) 式说明对均匀系统 (具有空间平移不变性) 格林函数只依赖于坐标差 $(\boldsymbol{x}-\boldsymbol{x}')$ 及时间差 $(t-t')$.

对 (6.1.12) 式作傅里叶变换:

$$\begin{aligned}
G_{\alpha,\beta}(\boldsymbol{k},\omega)=&\int\mathrm{d}^3(\boldsymbol{x}-\boldsymbol{x}')\int\mathrm{d}(t-t')\mathrm{e}^{-\mathrm{i}\boldsymbol{k}\cdot(\boldsymbol{x}-\boldsymbol{x}')}\mathrm{e}^{\mathrm{i}\omega(t-t')}G_{\alpha\beta}(\boldsymbol{x},t;\boldsymbol{x}',t')\\
=&V\sum_n\delta_{k,P_n/\hbar}\frac{\langle\psi_0|\hat{\psi}_\alpha(0)|\psi_n\rangle\langle\psi_n|\hat{\psi}_\beta^+(0)|\psi_0\rangle}{\omega-(E_n-E)/\hbar+\mathrm{i}\eta}\\
&+V\sum_n\delta_{k,-P_n/\hbar}\frac{\langle\psi_0|\hat{\psi}_\beta^+(0)|\psi_n\rangle\langle\psi_n|\hat{\psi}_\alpha(0)|\psi_0\rangle}{\omega+(E_n-E)/\hbar-\mathrm{i}\eta}
\end{aligned}$$

$$
\begin{aligned}
&= V\sum_n\left[\frac{\langle\psi_0|\hat{\psi}_\alpha(0)|n,\boldsymbol{k}\rangle\langle n,\boldsymbol{k}|\hat{\psi}_\beta^+(0)|\psi_0\rangle}{\omega-(E_n-E)/\hbar+\mathrm{i}\eta}\right.\\
&\quad\left.+\frac{\langle\psi_0|\hat{\psi}_\beta^+(0)|n,-\boldsymbol{k}\rangle\langle n,-\boldsymbol{k}|\hat{\psi}_\alpha(0)|\psi_0\rangle}{\omega-(E_n-E)/\hbar-\mathrm{i}\eta}\right],
\end{aligned}
\tag{6.1.13}
$$

其中, $\mathrm{i}\eta$ 是为了保证对 $(t-t')$ 的积分收敛而引进的收敛因子.

下面我们来证明如果状态 $|\psi_0\rangle$ 包括了 N 个粒子, 则状态 $|\psi_n\rangle$ 将包括 $(N\pm1)$ 个粒子. 因粒子数算符为

$$
\hat{N}=\sum_\alpha\int \mathrm{d}^3x\hat{\psi}_\alpha^+(\boldsymbol{x})\hat{\psi}_\alpha(\boldsymbol{x}),
$$

$\hat{N}$ 与场算符的对易子为

$$
[\hat{N},\hat{\psi}_\beta(\boldsymbol{z})]=-\hat{\psi}_\beta(\boldsymbol{z}),
$$

也可以将上式写成

$$
\hat{N}\hat{\psi}_\beta(\boldsymbol{z})=-\hat{\psi}_\beta(\boldsymbol{z})(\hat{N}-1).
$$

将上式作用在态矢量 $|\psi_0\rangle$ 上, 有

$$
\hat{N}\hat{\psi}_\beta(\boldsymbol{z})|\psi_0\rangle=\hat{\psi}_\beta(\boldsymbol{z})(\hat{N}-1)|\psi_0\rangle=(N-1)\hat{\psi}_\beta(\boldsymbol{z})|\psi_0\rangle. \tag{6.1.14}
$$

(6.1.14) 式说明 $|\psi_0\rangle$ 是粒子数算符的本征态, 本征值为 N, 则 $\hat{\psi}|\psi_0\rangle$ 也是粒子数算符的本征态, 本征值为 $(N-1)$; 同样 $\hat{\psi}^+$ 作用在状态 $|\psi_0\rangle$ 上, 使粒子数增加 1.

用以上结果对 (6.1.13) 式分母作进一步分析. (6.1.13) 式第一项中间态有 $(N+1)$ 个粒子, 可以将分母写成

$$
\begin{aligned}
&\omega-[E_n(N+1)-E(N)]/\hbar\\
&=\omega-[E_n(N+1)-E(N+1)]/\hbar-[E(N+1)-E(N)]/\hbar,
\end{aligned}
\tag{6.1.15}
$$

其中 $[E(N+1)-E(N)]$ 表示了当系统增加一个粒子时基态能量的改变, 由于系统的体积是固定的, 根据热力学关系:

$$
\mu=\left(\frac{\partial E}{\partial N}\right)_V.
$$

这一能量的变化正好是化学势. 而 $[E_n(N+1)-E(N+1)]$ 是 $(N+1)$ 个粒子系统的激发能, 可以定义:

$$
E_n(N+1)-E(N+1)=\varepsilon_n(N+1),
$$

于是可将 (6.1.15) 式写成

$$\omega - \hbar^{-1}[E_n(N+1) - E(n)] = \omega - \mu/\hbar - \varepsilon_n(N+1)/\hbar. \tag{6.1.16}$$

对 (6.1.13) 式中第二项的分母, 当考虑到粒子数 N 很大时, $[E(N+1) - E(N)]$ 与 $[E(N) - E(N-1)]$ 的差别很小, 即两者的化学势可以看成是相同的, 与 (6.1.16) 式相类似的, 可得到

$$\omega + \hbar^{-1}[E(N-1) - E(N)] = \omega - \mu/\hbar + \varepsilon_n(N-1)/\hbar. \tag{6.1.17}$$

将 (6.1.16) 式及 (6.1.17) 式代入 (6.1.13) 式, 得

$$G_{\alpha\beta}(\boldsymbol{k},\omega) = \hbar V \sum_n \left[\frac{\langle\psi_0|\hat{\psi}_\alpha(0)|n,\boldsymbol{k}\rangle\langle n,\boldsymbol{k}|\hat{\psi}^+_\beta(0)|\psi_0\rangle}{\hbar\omega - \mu - \varepsilon_{n,\boldsymbol{k}}(N+1) + \mathrm{i}\eta} + \frac{\langle\psi_0|\hat{\psi}^+_\beta(0)|n,-\boldsymbol{k}\rangle\langle n,-\boldsymbol{k}|\hat{\psi}_\alpha(0)|\psi_0\rangle}{\hbar\omega - \mu + \varepsilon_{n,-\boldsymbol{k}}(N-1) - \mathrm{i}\eta} \right]. \tag{6.1.18}$$

格林函数的这种表述形式被称为 Lehmann[6.2] 表示. 我们就从这种表示形式来考察格林函数的解析性. 由 (6.1.18) 式可以看出, 当 $\hbar\omega > \mu$ 时, 第二项是解析的, 第一项可能出现极点, 由于 η 是很小的正数, 故极点在实轴下方, 很靠近实轴的地方; 类似的, 当 $\hbar\omega < \mu$ 时, 第一项是解析的, 第二项可能出现极点, 极点的位置在实轴上方很靠近实轴的地方 (见图 6.1.1). 因此格林函数对 ω 的不同值, 分别在上半平面或下半平面为解析的. 为了方便起见, 将格林函数分成两部分, 引进超前 (advanced) 及推迟 (retarded) 格林函数.

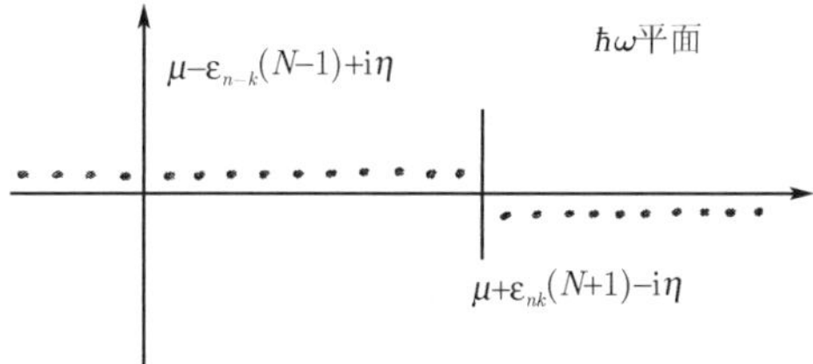

图 6.1.1 格林函数在复 ω 平面上的奇点

定义:

$$\mathrm{i}G^R_{\alpha\beta}(\boldsymbol{x},t;\boldsymbol{x}',t') = \langle\psi_0|\{\hat{\psi}_{H\alpha}(\boldsymbol{x},t), \hat{\psi}^+_{H\beta}(\boldsymbol{x}',t')\}|\psi_0\rangle\theta(t-t'), \tag{6.1.19}$$

$$\mathrm{i}G^A_{\alpha\beta}(\boldsymbol{x},t;\boldsymbol{x}',t') = -\langle\psi_0|\{\hat{\psi}_{H\alpha}(\boldsymbol{x},t), \hat{\psi}^+_{H\beta}(\boldsymbol{x}',t')\}|\psi_0\rangle\theta(t'-t), \tag{6.1.20}$$

其中 G^R 表示推迟格林函数, G^A 表示超前格林函数, 花括弧 { } 表示反对易关系.

对均匀系与推导 (6.1.18) 式相类似, 可将 (6.1.19) 及 (6.1.20) 式写成

$$G_{\alpha\beta}^{R.A}(\boldsymbol{k},\omega)=\hbar V\sum_{n}\left[\frac{\langle\psi_0|\hat{\psi}_\alpha(0)|n,\boldsymbol{k}\rangle\langle n,\boldsymbol{k}|\hat{\psi}_\beta^+(0)|\psi_0\rangle}{\hbar\omega-\mu-\varepsilon_{n,\boldsymbol{k}}(N+1)\pm\mathrm{i}\eta}\right.$$
$$\left.+\frac{\langle\psi_0|\hat{\psi}_\beta^+(0)|n,-\boldsymbol{k}\rangle\langle n,-\boldsymbol{k}|\hat{\psi}_\alpha(0)\rangle}{\hbar\omega-\mu+\varepsilon_{n,-\boldsymbol{k}}(N-1)\pm\mathrm{i}\eta}\right], \tag{6.1.21}$$

(6.1.21) 式分母中 $+\mathrm{i}\eta$ 是对 G^R 而言, 故 G^R 在上半平面是解析的, 同样 $-\mathrm{i}\eta$ 是对 G^A, 在下半面解析的. 显然, 对实数 ω, 有

$$[G_{\alpha\beta}^R(\boldsymbol{k},\omega)]^*=G_{\beta\alpha}^A(\boldsymbol{k},\omega). \tag{6.1.22}$$

为了区别, 我们将 (6.1.18) 式称为编时格林函数. 超前、推迟及编时格林函数的差别仅在于因子 $\mathrm{i}\eta$, 在接近于极点时这因子是重要的, 但如果 ω 是实数, 且 $\hbar\omega>\mu$, 这时 (6.1.18) 式及 (6.1.21) 式中第二项的无限小虚部 ($\mathrm{i}\eta$) 是不重要的, 因而在 ω 的复平面上有

$$G_{\alpha\beta}^R(\boldsymbol{k},\omega)=G_{\alpha\beta}(\boldsymbol{k},\omega),\quad \hbar\omega\text{为实数, 且}\hbar\omega>\mu; \tag{6.1.23}$$

完全类似地, 有

$$G_{\alpha\beta}^A(\boldsymbol{k},\omega)=G_{\alpha\beta}(\boldsymbol{k},\omega),\quad \hbar\omega\text{为实数, 且}\hbar\omega<\mu; \tag{6.1.24}$$

下面我们讨论格林函数在 $|\omega|\to\infty$ 时的渐近行为. 由于粒子数 N 很大, 体系的能级可以看成近似连续的, 对 n 的求和可以用积分代替, (6.1.18) 式成为

$$G_{\alpha\beta}(\boldsymbol{k},\omega)=\hbar V\int_0^\infty \mathrm{d}n\left[\frac{\langle\psi_0|\hat{\psi}_\alpha(0)|n,\boldsymbol{k}\rangle\langle n,\boldsymbol{k}|\hat{\psi}_\beta^+(0)|\psi_0\rangle}{\hbar\omega-\mu-\varepsilon_{n,\boldsymbol{k}}+\mathrm{i}\eta}\right.$$
$$\left.+\frac{\langle\psi_0|\hat{\psi}_\beta^+(0)|n,-\boldsymbol{k}\rangle\langle n,-\boldsymbol{k}|\hat{\psi}_\alpha(0)|\psi_0\rangle}{\hbar\omega-\mu+\varepsilon_{n,-\boldsymbol{k}}-\mathrm{i}\eta}\right]. \tag{6.1.25}$$

对具有空间反射及旋转不变性的体系, 格林函数在自旋空间为对角的, 即

$$G_{\alpha\beta}=G\delta_{\alpha\beta}.$$

规定重复指标表示求和, 格林函数可写成

$$G=(2s+1)^{-1}G_{\alpha\alpha}=(2s+1)^{-1}\sum_{\alpha}G_{\alpha\alpha}.$$

用 $\mathrm{d}n/\mathrm{d}\varepsilon$ 表示能量间隔为 $\varepsilon<\varepsilon_{n,\boldsymbol{k}}<\varepsilon+\mathrm{d}\varepsilon$ 中的能级数, (6.1.25) 式成为

$$G(\boldsymbol{k},\omega)=\hbar V\int_0^\infty \mathrm{d}\varepsilon\left[\frac{|\langle n,\boldsymbol{k}|\hat{\psi}_\alpha^+(0)|\psi_0\rangle|^2}{\hbar\omega-\mu-\varepsilon_{n,\boldsymbol{k}}+\mathrm{i}\eta}\right.$$
$$\left.+\frac{|\langle n,-\boldsymbol{k}|\hat{\psi}_\alpha(0)|\psi_0\rangle|^2}{\hbar\omega-\mu+\varepsilon_{n,\boldsymbol{k}}-\mathrm{i}\eta}\right]\frac{1}{2s+1}\frac{\mathrm{d}n}{\mathrm{d}\varepsilon}. \tag{6.1.26}$$

定义权重函数：

$$\mathrm{A}(\boldsymbol{k},\omega') \equiv (2s+1)^{-1}V\hbar|\langle n,\boldsymbol{k}|\hat{\psi}_\alpha^+(0)|\psi_0\rangle|^2\frac{\mathrm{d}n}{\mathrm{d}\varepsilon}, \tag{6.1.27}$$

$$\mathrm{B}(\boldsymbol{k},\omega') \equiv (2s+1)^{-1}V\hbar|\langle n,-\boldsymbol{k}|\hat{\psi}_\alpha(0)|\psi_0\rangle|^2\frac{\mathrm{d}n}{\mathrm{d}\varepsilon}, \tag{6.1.28}$$

其中 $\omega'=\varepsilon/\hbar$, 将 (6.1.27) 式及 (6.1.28) 式代入 (6.1.26) 式：

$$G(\boldsymbol{k},\omega)=\int_0^\infty \mathrm{d}\omega'\left[\frac{\mathrm{A}(\boldsymbol{k},\omega')}{\omega-\mu/\hbar-\omega'+\mathrm{i}\eta}+\frac{\mathrm{B}(\boldsymbol{k},\omega')}{\omega-\mu/\hbar+\omega'-\mathrm{i}\eta}\right]. \tag{6.1.29}$$

对推迟及超前格林函数有同样结果：

$$G^{R,A}(\boldsymbol{k},\omega)=\int_0^\infty \mathrm{d}\omega'\left[\frac{\mathrm{A}(\boldsymbol{k},\omega')}{\omega-\mu/\hbar-\omega'\pm\mathrm{i}\eta}+\frac{\mathrm{B}(\boldsymbol{k},\omega')}{\omega-\mu/\hbar+\omega'\pm\mathrm{i}\eta}\right]. \tag{6.1.30}$$

当 $|\omega|\to\infty$ 时, 由 (6.1.29) 式及 (6.1.30) 式得到格林函数的渐近行为：

$$\begin{aligned}G(\boldsymbol{k},\omega)&=G^R(\boldsymbol{k},\omega)=G^A(\boldsymbol{k},\omega)\\&\sim\frac{1}{\omega}\int_0^\infty \mathrm{d}\omega'[\mathrm{A}(\boldsymbol{k},\omega')+\mathrm{B}(\boldsymbol{k},\omega')]\\&\sim\frac{1}{\omega},\quad |\omega|\to\infty.\end{aligned} \tag{6.1.31}$$

这一结果对任意有相互作用系统均成立.

(6.1.31) 式的证明是不难的, 考虑一个反对易子的基态平均值：

$$\langle\psi_0|\{\hat{\psi}_\alpha(\boldsymbol{x}),\hat{\psi}_\beta^+(\boldsymbol{x}')\}|\psi_0\rangle=\delta_{\alpha\beta}\delta(\boldsymbol{x}-\boldsymbol{x}').$$

用前面推导 Lehmann 表示完全相同的过程, 可将上式写成

$$\begin{aligned}\delta(\boldsymbol{x}-\boldsymbol{x}')=(2s+1)^{-1}\sum_n[&\mathrm{e}^{\mathrm{i}\hat{P}_n(\boldsymbol{x}-\boldsymbol{x}')/\hbar}|\langle\psi_n|\hat{\psi}_\alpha^+(0)|\psi_0\rangle|^2\\&+\mathrm{e}^{-\mathrm{i}\hat{P}_n(\boldsymbol{x}-\boldsymbol{x}')/\hbar}|\langle\psi_n|\hat{\psi}_\alpha(0)|\psi_0\rangle|^2],\end{aligned}$$

对 $(\boldsymbol{x}-\boldsymbol{x}')$ 作傅里叶变换：

$$\begin{aligned}1&=(2s+1)^{-1}V\sum_n[|\langle n\boldsymbol{k}|\hat{\psi}_\alpha^+(0)|\psi_0\rangle|^2+|\langle n,-\boldsymbol{k}|\hat{\psi}_\alpha(0)|\psi_0\rangle|^2]\\&=\int_0^\infty \mathrm{d}\omega[\mathrm{A}(\boldsymbol{k},\omega)+\mathrm{B}(\boldsymbol{k},\omega)].\end{aligned}$$

由此式即得到 (6.1.31) 式.

3. 自由费米子体系

作为一个例子, 讨论一下自由费米子组成的均匀体系的格林函数.

场算符在二次量子化形式中的定义为

$$\hat{\psi}(\boldsymbol{x})=\sum_{\boldsymbol{k},\lambda}\psi_{\boldsymbol{k},\lambda}(x)c_{\boldsymbol{k},\lambda} \tag{6.1.32}$$

对费米子算符, 我们定义 $c_{\boldsymbol{k},\lambda}$ 为

$$c_{\boldsymbol{k},\lambda}=\begin{cases}a_{\boldsymbol{k},\lambda}, & k>k_{\mathrm{F}};\\ b^{+}_{\boldsymbol{k},\lambda}, & k<k_{\mathrm{F}}.\end{cases} \tag{6.1.33}$$

其中 a 和 b 均满足反对易关系：

$$\{a_{\boldsymbol{k}},a^{+}_{\boldsymbol{k}'}\}=\{b_{\boldsymbol{k}},b^{+}_{\boldsymbol{k}'}\}=\delta_{\boldsymbol{k},\boldsymbol{k}'}.$$

从定义很容易看出, a^{+} 和 a 表示费米面以上粒子的产生及湮没算符; b^{+} 和 b 表示费米面以下空穴的产生及湮没算符. 用 (6.1.33) 式可将场算符表示成

$$\begin{aligned}\hat{\psi}_S(\boldsymbol{x})&=\sum_{\boldsymbol{k},\lambda>k_{\mathrm{F}}}\psi_{\boldsymbol{k},\lambda}(\boldsymbol{x})a_{\boldsymbol{k},\lambda}+\sum_{\boldsymbol{k},\lambda<k_{\mathrm{F}}}\psi_{\boldsymbol{k},\lambda}(\boldsymbol{x})b^{+}_{-\boldsymbol{k},\lambda},\\ \hat{\psi}_I(\boldsymbol{x},t)&=\sum_{\boldsymbol{k},\lambda>k_{\mathrm{F}}}\psi_{\boldsymbol{k},\lambda}(\boldsymbol{x})\mathrm{e}^{-\mathrm{i}\omega_k^t}a_{\boldsymbol{k},\lambda}+\sum_{\boldsymbol{k},\lambda<k_{\mathrm{F}}}\psi_{\boldsymbol{k},\lambda}(\boldsymbol{x})\mathrm{e}^{-\mathrm{i}\omega_k t}b^{+}_{-\boldsymbol{k},\lambda}.\end{aligned} \tag{6.1.34}$$

上述第一式是对薛定谔表象、第二式是对相互作用表象而言, 两个表象的产生、湮没算符之间的关系可由两个表象中场算符之间的变换关系直接导出.

系统的哈密顿量可以写成

$$\begin{aligned}\hat{H}_0&=\sum_{\boldsymbol{k},\lambda}\hbar\omega_k c^{+}_{\boldsymbol{k},\lambda}c_{\boldsymbol{k},\lambda}\\ &=\sum_{\boldsymbol{k},\lambda>k_{\mathrm{F}}}\hbar\omega_k a^{+}_{\boldsymbol{k},\lambda}a_{k,\lambda}-\sum_{\boldsymbol{k},\lambda<k_{\mathrm{F}}}\hbar\omega_k b^{+}_{\boldsymbol{k},\lambda}b_{k,\lambda}+\sum_{\boldsymbol{k},\lambda<k_{\mathrm{F}}}\hbar\omega_k,\end{aligned} \tag{6.1.35}$$

(6.1.35) 式中第一项表示费米面以上粒子的能量, 第二项表示费米面以下空穴的能量, 第三项表示没有粒子也没有空穴时, 填满费米海的能量, 也就是体系基态的能量. 显然, 如果体系的总粒子数是固定的, 则每产生一个粒子、空穴对就使体系能量增加.

自由费米子体系的格林函数为

$$\mathrm{i}G^0_{\alpha\beta}(\boldsymbol{x},t;\boldsymbol{x}',t')=\langle\phi_0|T[\hat{\psi}_{I\alpha}(\boldsymbol{x},t)\hat{\psi}^{+}_{I\beta}(\boldsymbol{x}',t')]|\phi_0\rangle, \tag{6.1.36}$$

G 中的上标 0 表示没有相互作用体系, 对这样的体系, $\hat{H}$ 中没有 $\hat{H}_I$, 故相互作用表象与海森伯表象相同, 且体系的基态为归一化的, 因而格林函数写成 (6.1.36) 的形式.

体系处在基态时, 在费米面以上没有粒子, 在费米面以下没有空穴, 因而有下述关系:

$$a_{\boldsymbol{k},\lambda}|\phi_0\rangle = b_{\boldsymbol{k},\lambda}|\phi_0\rangle = 0. \tag{6.1.37}$$

将 (6.1.34) 式代入 (6.1.36) 式, 先考虑在 $t > t'$ 的情况, 两个场算符乘积展开成四项, 由 (6.1.37) 式, 其中三项为 0, 唯一不为 0 的项是

$$\psi_{\boldsymbol{k},\lambda}(\boldsymbol{x})\mathrm{e}^{-\mathrm{i}\omega_k t}a_{\boldsymbol{k},\lambda}\cdot\psi^*{}_{\boldsymbol{k}',\lambda'}(\boldsymbol{x}')\mathrm{e}^{\mathrm{i}\omega_k t'}a^{\dagger}_{\boldsymbol{k}',\lambda'}\cdot\theta(k-k_{\mathrm{F}})\theta(k'-k_{\mathrm{F}}). \tag{6.1.38}$$

将 (6.1.38) 式作用在态矢量 $|\phi_0\rangle$ 上, 有

$$\langle\phi_0|a_{\boldsymbol{k},\lambda}a^{\dagger}_{\boldsymbol{k}',\lambda'}|\phi_0\rangle = \delta_{\boldsymbol{k}\boldsymbol{k}'}\delta_{\lambda\lambda'}.$$

对体积为 V 的费米子, $\psi_{\boldsymbol{k},\lambda(\boldsymbol{x})}$ 可以用平面波的形式:

$$\psi_{\boldsymbol{k},\lambda}(\boldsymbol{x}) = \frac{1}{\sqrt{V}}\mathrm{e}^{\mathrm{i}\boldsymbol{k}\cdot\boldsymbol{x}}\eta\lambda.$$

将以上结果代入 (6.1.38) 式, 把自旋指标 λ, λ' 改为格林函数中通常使用的符号 α, β,

并加上表示时间次序的阶跃函数 $\theta(t-t')$, (6.1.38) 式成为

$$\frac{1}{V}\mathrm{e}^{\mathrm{i}\boldsymbol{k}\cdot(\boldsymbol{x}-\boldsymbol{x}')}\mathrm{e}^{-\mathrm{i}\omega_k(t-t')}\theta(t-t')\theta(k-k_{\mathrm{F}})\delta_{\alpha\beta}.$$

对时间次序 $t < t'$, 可以得到同样结果, 于是自由费米子系统的格林函数可以写成

$$\begin{aligned}\mathrm{i}G^0_{\alpha\beta}(\boldsymbol{x},t;\boldsymbol{x}',t') = {} & \frac{\delta_{\alpha\beta}}{V}\sum_{\boldsymbol{k}}\mathrm{e}^{\mathrm{i}\boldsymbol{k}\cdot(\boldsymbol{x}-\boldsymbol{x}')}\mathrm{e}^{-\mathrm{i}\omega(t-t')}\\ & \times[\theta(t-t')\theta(k-k_{\mathrm{F}})-\theta(k_{\mathrm{F}}-k)\theta(t'-t)].\end{aligned} \tag{6.1.39}$$

当体积 $V\to\infty$ 对 $\boldsymbol{k}$ 的求和换成积分:

$$\begin{aligned}\mathrm{i}G^0_{\alpha\beta}(\boldsymbol{x},t;\boldsymbol{x}',t') = {} & \frac{\delta_{\alpha\beta}}{2\pi}\int\mathrm{d}^3k\mathrm{e}^{\mathrm{i}\boldsymbol{k}\cdot(\boldsymbol{x}-\boldsymbol{x}')}\mathrm{e}^{-\mathrm{i}\omega_k(t-t')}\\ & \times[\theta(t-t')\theta(k-k_{\mathrm{F}})-\theta(t'-t)\theta(k_{\mathrm{F}}-k)].\end{aligned} \tag{6.1.40}$$

引进阶跃函数的积分表示:

$$\theta(t-t') = -\int_{-\infty}^{\infty}\frac{\mathrm{d}\omega}{2\pi\mathrm{i}}\frac{\mathrm{e}^{-\mathrm{i}\omega(t-t')}}{\omega+\mathrm{i}\eta} \tag{6.1.41}$$

(6.1.41) 式可以这样证明：对 $t > t'$, 在 ω 的下半平面选择一个封闭回路, 在回路内有一奇点 $\omega = -\mathrm{i}\eta$. 留数为 -1, 如果 $t < t'$, 在 ω 的上半平面选择一个封闭回路, 回路中没有奇点, 积分结果为 0, 于是 (6.1.41) 式得证. 将 (6.1.41) 式代入 (6.1.40) 式得到

$$\begin{aligned}G^0_{\alpha\beta}(\boldsymbol{x},t;\boldsymbol{x}',t') = &(2\pi)^{-4}\int \mathrm{d}^3k\int_{-\infty}^{\infty}\mathrm{d}\omega \mathrm{e}^{\mathrm{i}\boldsymbol{k}\cdot(\boldsymbol{x}-\boldsymbol{x}')}\mathrm{e}^{-\mathrm{i}\omega(t-t')}\\ &\times\delta_{\alpha\beta}\left[\frac{\theta(k-k_\mathrm{F})}{\omega-\omega_{\boldsymbol{k}}+\mathrm{i}\eta}+\frac{\theta(k_\mathrm{F}-k)}{\omega-\omega_{\boldsymbol{k}}-\mathrm{i}\eta}\right].\end{aligned} \tag{6.1.42}$$

对 (6.1.42) 式作傅里叶变换得

$$G^0_{\alpha\beta}(\boldsymbol{k},\omega) = \delta_{\alpha\beta}\left[\frac{\theta(k-k_\mathrm{F})}{\omega-\omega_{\boldsymbol{k}}+\mathrm{i}\eta}+\frac{\theta(k_\mathrm{F}-k)}{\omega-\omega_{\boldsymbol{k}}-\mathrm{i}\eta}\right]. \tag{6.1.43}$$

以上我们从格林函数的定义出发, 求出了自由费米子系统的格林函数.

6.2 格林函数的物理意义

6.1 节讨论了格林函数的定义及主要的数学性质, 本节将说明研究格林函数的目的及格林函数的物理意义.

1. 格林函数与可观察量之间的关系

研究格林函数的目的首先是因为很多感兴趣的物理量与格林函数有直接联系, 也就是找到了体系的格林函数, 就可以求出相应的物理量. 其次是由于用费恩曼图方法计算格林函数的微扰展开式比用过去理论直接计算各物理量更容易, 甚至某些过去理论无法解决的问题, 用格林函数方法可以得到解决.

考虑一个单粒子算符:

$$\hat{J} = \int \mathrm{d}^3x\hat{j}(\boldsymbol{x}), \tag{6.2.1}$$

其中 $\hat{j}(\boldsymbol{x})$ 是第一次量子化的算符 $J_{\alpha\beta}(\boldsymbol{x})$ 在二次量子化形式下的算符密度. 有

$$\hat{j}(\boldsymbol{x}) = \sum_{\alpha\beta}\hat{\psi}^+_\beta(\boldsymbol{x})J_{\beta\alpha}(\boldsymbol{x})\hat{\psi}_\alpha(\boldsymbol{x}). \tag{6.2.2}$$

算符密度的基态平均值为

$$\begin{aligned}\langle\hat{j}(\boldsymbol{x})\rangle &= \frac{\langle\psi_0|\hat{j}(\boldsymbol{x})|\psi_0\rangle}{\langle\psi_0|\psi_0\rangle}\\ &= \lim_{\boldsymbol{x}'\to\boldsymbol{x}}\sum_{\alpha\beta}J_{\beta\alpha}(\boldsymbol{x})\frac{\langle\psi_0|\hat{\psi}^+_\beta(\boldsymbol{x}')\hat{\psi}_\alpha(\boldsymbol{x})|\psi_0\rangle}{\langle\psi_0|\psi_0\rangle}.\end{aligned}$$

对上式作表象变换, 将场算符及态矢量用海森伯表象形式来表示, 上式可写成

$$\begin{aligned}\langle\hat{j}(\boldsymbol{x})\rangle &= \pm\mathrm{i}\lim_{t'\to t^+}\lim_{\boldsymbol{x}'\to\boldsymbol{x}}\sum_{\alpha\beta}J_{\beta\alpha}(\boldsymbol{x})G_{\alpha\beta}(\boldsymbol{x},t;\boldsymbol{x}',t')\\ &= \pm\mathrm{i}\lim_{t'\to t^+}\lim_{\boldsymbol{x}'\to\boldsymbol{x}}\mathrm{Tr}[J(\boldsymbol{x})G(\boldsymbol{x},t;\boldsymbol{x}',t')].\end{aligned}\tag{6.2.3}$$

由于 J 可以包括空间微分等, 因此必须在取极限之前先作用在格林函数上; t^+ 表示比 t 晚无限小时刻, 以保证算符的时间次序与格林函数定义所要求的时间次序一致; 对自旋变数的求和用 Tr 来表示. 因可观察量是相应算符的平均值, (6.2.3) 式说明这平均值可用格林函数来求出. 这是普遍的结果, 可将这结果用到具体物理量上. 例如, 粒子数密度算符 $\hat{n}(\boldsymbol{x})$, 自旋密度算符 $\hat{\sigma}(\boldsymbol{x})$ 及总动能算符 $\hat{T}$ 的平均值与格林函数之间的关系为

$$\langle\hat{n}(\boldsymbol{x})\rangle = \pm\mathrm{i}\mathrm{Tr}[G(\boldsymbol{x},t;\boldsymbol{x}',t^+)],\tag{6.2.4}$$

$$\langle\hat{\sigma}(\boldsymbol{x})\rangle = \pm\mathrm{i}\mathrm{Tr}[\hat{\sigma}\cdot G(\boldsymbol{x},t;\boldsymbol{x},t^+)],\tag{6.2.5}$$

$$\langle\hat{T}\rangle = \pm\mathrm{i}\int\mathrm{d}^3x\lim_{\boldsymbol{x}'\to\boldsymbol{x}}\left[-\frac{\hbar^2\nabla^2}{2m}\mathrm{Tr}G(\boldsymbol{x},t;\boldsymbol{x}',t')\right].\tag{6.2.6}$$

与此类似, 我们也可以求出势能的平均值:

$$\langle\hat{V}\rangle = \frac{1}{2}\sum_{\substack{\alpha\alpha'\\ \beta\beta'}}\int\mathrm{d}^3x\mathrm{d}^3x'\frac{\langle\psi_0|\hat{\psi}_\alpha^+(\boldsymbol{x})\hat{\psi}_\beta^+(\boldsymbol{x}')V(\boldsymbol{x},\boldsymbol{x}')_{\alpha\alpha',\beta\beta'}\hat{\psi}_{\beta'}(\boldsymbol{x}')\hat{\psi}_{\alpha'}(\boldsymbol{x}|\psi_0)\rangle}{\langle\psi_0|\psi_0\rangle}\tag{6.2.7}$$

(6.2.7) 式中包括了四个场算符, 形式上看似乎需要用双粒子格林函数, 但由于薛定谔方程本身包括势能, 使我们可以只用单粒子格林函数来表 $\langle\hat{V}\rangle$.

系统哈密顿量为

$$\begin{aligned}\hat{H} =& \sum_\alpha\int\mathrm{d}^3x\hat{\psi}_\alpha^+(\boldsymbol{x})T(\boldsymbol{x})\hat{\psi}_\alpha(\boldsymbol{x})\\ &+\frac{1}{2}\sum_{\substack{\alpha\alpha'\\ \beta\beta'}}\int\mathrm{d}^3x\mathrm{d}^3x'\hat{\psi}_\alpha^+(\boldsymbol{x})\hat{\psi}_\beta^+(\boldsymbol{x}')V(\boldsymbol{x},\boldsymbol{x}')_{\alpha\alpha',\beta\beta'}\hat{\psi}_{\beta'}(\boldsymbol{x}')\hat{\psi}_{\alpha'}(\boldsymbol{x}).\end{aligned}\tag{6.2.8}$$

由全同性原理, 粒子变换时相互作用不变, 即

$$V(\boldsymbol{x},\boldsymbol{x}')_{\alpha\alpha',\beta\beta'} = V(\boldsymbol{x}',\boldsymbol{x})_{\beta\beta',\alpha\alpha'}$$

海森伯表象场算符的运动方程为

$$\mathrm{i}\hbar\frac{\partial}{\partial t}\hat{\psi}_{H\alpha}(\boldsymbol{x},t) = [\hat{\psi}_{H\alpha}(\boldsymbol{x},t),\hat{H}] = \mathrm{e}^{\mathrm{i}\hat{H}t/\hbar}[\hat{\psi}_\alpha(\boldsymbol{x}),\hat{H}]\mathrm{e}^{-\mathrm{i}\hat{H}t/\hbar},\tag{6.2.9}$$

其中,

$$
\begin{aligned}
[\hat{\psi}_\alpha(\boldsymbol{x}),\hat{H}]=&\sum_\beta\int \mathrm{d}^3z[\hat{\psi}_\alpha(\boldsymbol{x}),\hat{\psi}^+_\beta(\boldsymbol{z})T(\boldsymbol{z})\hat{\psi}_\beta(\boldsymbol{z})]\\
&+\frac{1}{2}\sum_{\substack{\beta\beta'\\ \gamma'\gamma}}\int \mathrm{d}^3z\mathrm{d}^3z'[\hat{\psi}_\alpha(\boldsymbol{x}),\hat{\psi}^+_\beta(\boldsymbol{z})\hat{\psi}^+_\gamma(\boldsymbol{z}')\\
&\times V(\boldsymbol{z},\boldsymbol{z}')_{\beta\beta',\gamma\gamma'}\hat{\psi}_{\gamma'}(\boldsymbol{z}')\hat{\psi}_{\beta'}(\boldsymbol{z})].
\end{aligned}
\tag{6.2.10}
$$

为了计算对易关系, 用等式:

$$
[A,BC]=\begin{cases}[A,B]C-B[C,A], & \text{玻色子;}\\ \{A,B\}C-B\{C,A\}, & \text{费米子.}\end{cases}
\tag{6.2.11}
$$

显然, 上述关系式对玻色子及费米子有相同形式. 为确定起见, 我们只讨论费米子, 对玻色子情况更简单一些.

用 (6.2.11) 式及费米子的反对易关系, 可算出 (6.2.10) 式中的对易子:

$$
\begin{aligned}
[\hat{\psi}_\alpha(\boldsymbol{x}),\hat{H}]=&T(\boldsymbol{x})\hat{\psi}_\alpha(\boldsymbol{x})\\
&-\frac{1}{2}\sum_{\beta\beta'\gamma'}\int \mathrm{d}^3z\hat{\psi}^+_\beta(\boldsymbol{z})V(\boldsymbol{z},\boldsymbol{x})_{\beta\beta',\alpha\gamma'}\hat{\psi}_{\gamma'}(\boldsymbol{x})\hat{\psi}_{\beta'}(\boldsymbol{z})\\
&+\frac{1}{2}\sum_{\beta'\gamma\gamma'}\int \mathrm{d}^3z'\hat{\psi}^+_\gamma(\boldsymbol{z}')V(\boldsymbol{x},\boldsymbol{z}')_{\alpha\beta',\gamma\gamma'}\hat{\psi}_{\gamma'}(\boldsymbol{z}')\hat{\psi}_{\beta'}(\boldsymbol{x})
\end{aligned}
\tag{6.2.12}
$$

对势能中第一项作变数变换; $\beta\to\gamma,\beta'\to\gamma',\gamma'\to\beta',z\to z'$, 可得

$$
[\hat{\psi}_\alpha(\boldsymbol{x}),\hat{H}]=T(\boldsymbol{x})\hat{\psi}_\alpha(\boldsymbol{x})+\sum_{\beta'\gamma\gamma'}\int \mathrm{d}^3z'\hat{\psi}^+_\gamma(\boldsymbol{z}')V(\boldsymbol{x},\boldsymbol{z}')_{\alpha\beta',\gamma\gamma'}\hat{\psi}_{\gamma'}(\boldsymbol{z}')\hat{\psi}_{\beta'}(\boldsymbol{x}). \tag{6.2.13}
$$

方程 (6.2.9) 成为

$$
\begin{aligned}
&\left[\mathrm{i}\hbar\frac{\partial}{\partial t}-T(\boldsymbol{x})\right]\hat{\psi}_{H\alpha(\boldsymbol{x},t)}\\
=&\sum_{\beta'\gamma\gamma'}\int \mathrm{d}^3z'\hat{\psi}^+_{H\gamma}(\boldsymbol{z}',t)V(\boldsymbol{x},\boldsymbol{z}')_{\alpha\beta',\gamma\gamma'}\hat{\psi}_{H\gamma'}(\boldsymbol{z}',t)\hat{\psi}_{H\beta'}(\boldsymbol{x},t).
\end{aligned}
\tag{6.2.14}
$$

(6.2.13) 式及 (6.2.14) 式的结果对玻色了同样正确.

在 (6.2.14) 式左边乘 $\hat{\psi}^+_{H\alpha}(\boldsymbol{x}',t')$, 取基态平均值:

$$
\begin{aligned}
&\left[\mathrm{i}\hbar\frac{\partial}{\partial t}-T(\boldsymbol{x})\right]\frac{\langle\psi_0|\hat{\psi}^+_{H\alpha}(\boldsymbol{x}',t')\hat{\psi}_{H\alpha}(\boldsymbol{x},t)|\psi_0\rangle}{\langle\psi_0|\psi_0\rangle}\\
=&\sum_{\beta'\gamma\gamma'}\int \mathrm{d}^3z'\times\frac{\langle\psi_0|\hat{\psi}^+_{H\alpha}(\boldsymbol{x}',t')\hat{\psi}_{H\gamma}(\boldsymbol{z}',t)V(\boldsymbol{x},\boldsymbol{z}')_{\alpha\beta',\gamma\gamma'}\hat{\psi}_{H\gamma'}(\boldsymbol{z}',t)\hat{\psi}_{H\beta'}(\boldsymbol{x},t)\rangle}{\langle\psi_0|\psi_0\rangle}.
\end{aligned}
\tag{6.2.15}
$$

取 $\boldsymbol{x}'\to\boldsymbol{x},t'\to t$ 的极限, (6.2.15) 式左边为

$$\pm\mathrm{i}\lim_{t'\to t^+}\lim_{\boldsymbol{x}'\to\boldsymbol{x}}\left[\mathrm{i}\hbar\frac{\partial}{\partial t}-T(\boldsymbol{x})\right]G_{\alpha\alpha}(\boldsymbol{x},t;\boldsymbol{x}'t'),$$

(6.2.15) 式右边将海森伯表象的场算符变为薛定谔表象的场算符, 与 (6.2.7) 式比较, 作相应的变数变换, 最后对 α 求和对 $\boldsymbol{x}$ 积分, 得

$$\langle\hat{V}\rangle=\pm\frac{\mathrm{i}}{2}\int\mathrm{d}^3x\lim_{t'\to t^+}\lim_{\boldsymbol{x}'\to\boldsymbol{x}}\sum_{\alpha}\left[\mathrm{i}\hbar\frac{\partial}{\partial t}-T(\boldsymbol{x})\right]G_{\alpha\alpha}(\boldsymbol{x},t;\boldsymbol{x}',t'). \tag{6.2.16}$$

将 (6.2.6) 式及 (6.2.16) 式组合, 用单粒子格林函数表示出系统基态的总能量为

$$\begin{aligned}E&=\langle\hat{T}+\hat{V}\rangle=\langle\hat{H}\rangle\\&=\pm\frac{1}{2}\mathrm{i}\int\mathrm{d}^3x\lim_{t'\to t^+}\lim_{\boldsymbol{x}'\to\boldsymbol{x}}\left[\mathrm{i}\hbar\frac{\partial}{\partial t}+T(\boldsymbol{x})\right]\mathrm{Tr}G(\boldsymbol{x},t;\boldsymbol{x}',t')\\&=\pm\frac{1}{2}\mathrm{i}\int\mathrm{d}^3x\lim_{t'\to t^+}\lim_{\boldsymbol{x}'\to\boldsymbol{x}}\left[\mathrm{i}\hbar\frac{\partial}{\partial t}-\frac{\hbar^2\nabla^2}{2m}\right]\mathrm{Tr}G(\boldsymbol{x},t;\boldsymbol{x}',t').\end{aligned} \tag{6.2.17}$$

由以上分析可知, 如果已经求出物理体系的格林函数, 就可求出系统的物理量.

2. 格林函数的物理意义

为了了解格林函数的物理意义, 考虑一个在 $t=0$ 时刻处在基态的体系, 体系在时刻 t' 的状态, 在相互作用表象用态矢量 $|\psi_I(t')\rangle$ 来表示, 如果在 t' 时刻, $\boldsymbol{x}'$ 处加进一个粒子到体系中去, 体系的态矢量成为 $\hat{\psi}^+_{I\beta}(\boldsymbol{x}',t')|\psi_I(t')\rangle$, 随着时间的发展, 粒子将在体系中传播, 状态随时间的变化可以用幺正变换来表示.

$$U(t,t')\hat{\psi}^+_{I\beta}(\boldsymbol{x}',t')|\psi_I(t')\rangle.$$

现在要问：在 t 时刻、$\boldsymbol{x}$ 处有一个粒子的概率为多大?

所谓"在 t 时刻, 在 $\boldsymbol{x}$ 处有一个粒子"的状态为 $\hat{\psi}^+_{I\alpha}(\boldsymbol{x},t)|\psi_I(t)\rangle$, 从量子力学原理可知这概率应为

$$\langle\psi_I(t)|\hat{\psi}_{I\alpha}(\boldsymbol{x},t)U(t,t')\hat{\psi}^+_{I\beta}(\boldsymbol{x}',t')|\psi_I(t')\rangle. \tag{6.2.18}$$

由表象理论可知：

$$\left.\begin{aligned}&\hat{\psi}_{I\alpha}(\boldsymbol{x},t)=U(t,0)\hat{\psi}_{H\alpha}(\boldsymbol{x},t)U(0,t),\\&|\psi_I(t)\rangle=U(t,0)|\psi_I(0)\rangle=|\psi_H\rangle=|\psi_0\rangle.\end{aligned}\right\} \tag{6.2.19}$$

将 (6.2.19) 式代入 (6.2.18) 式, 可得

$$\begin{aligned}&\langle\psi_I(t)|\hat{\psi}_{I\alpha}(\boldsymbol{x},t)U(t,t')\psi^+_{I\beta}(\boldsymbol{x}',t')|\psi_I(t')\rangle\\=&\langle\psi_I(0)|U(0,t)[U(t,0)\hat{\psi}_{H\alpha}(\boldsymbol{x},t)U(0,t)]U(t,t')\\&\times[U(t',0)\hat{\psi}^+_{H\beta}(\boldsymbol{x}',t')U(0,t')]U(t',0)|\psi_I(0)\rangle\\=&\langle\psi_0|\hat{\psi}_{H\alpha}(\boldsymbol{x},t)\hat{\psi}^+_{H\beta}(\boldsymbol{x}',t')|\psi_0\rangle,\end{aligned}\tag{6.2.20}$$

此式正是 $t>t'$ 时的格林函数; 换言之, 单粒子格林函数表示我们在 $(\boldsymbol{x}',t')$ 给体系加进一个粒子, 粒子将在体系中传播, 在 $(\boldsymbol{x},t)$ 找到一个粒子的概率. 也正是在此意义上, 格林函数也被称为传播子.

完全类似的, 当 $t<t'$ 时格林函数表示在 $(\boldsymbol{x},t)$ 处产生一个空穴, 在 $(\boldsymbol{x}',t')$ 找到一个空穴的概率.

6.1 节讨论了格林函数的解析性, 决定了极点的位置, 现在将阐明格林函数极点的物理意义.

由傅里叶变换的定义, 有

$$G(\boldsymbol{k},t)=\int_{-\infty}^{\infty}\frac{\mathrm{d}\omega}{2\pi}\mathrm{e}^{-\mathrm{i}\omega t}G(\boldsymbol{k},\omega).\tag{6.2.21}$$

由于 $G(\boldsymbol{k},\omega)$ 有复杂的解析结构, 遵循 6.1 节对极点位置的分析, 根据 $\hbar\omega>\mu$ 或 $\hbar\omega<\mu$, 将积分分成两部分.

$$G(\boldsymbol{k},t)=\int_{-\infty}^{\mu/\hbar}\frac{\mathrm{d}\omega}{2\pi}\mathrm{e}^{-\mathrm{i}\omega t}G(\boldsymbol{k},\omega)+\int_{\mu/\hbar}^{\infty}\frac{\mathrm{d}\omega}{2\pi}\mathrm{e}^{-\mathrm{i}\omega t}G(\boldsymbol{k},\omega),\tag{6.2.22}$$

其中第一项当 ω 为实数, $\omega<\mu/\hbar$ 时, 被积函数与超前格林函数 $G^{\mathrm{A}}(\boldsymbol{k},\omega)$ 重合, 积分写成

$$\int_{-\infty}^{\mu/\hbar}\frac{\mathrm{d}\omega}{2\pi}\mathrm{e}^{-\mathrm{i}\omega t}G(\boldsymbol{k},\omega)=\int_{-\infty}^{\mu/\hbar}\frac{\mathrm{d}\omega}{2\pi}\mathrm{e}^{-\mathrm{i}\omega t}G^{\mathrm{A}}(\boldsymbol{k},\omega),$$

$G^{\mathrm{A}}(\boldsymbol{k},\omega)$ 在下半面为解析的, 可将积分路径从 c_1 变为 c_1'(见图 6.2.1(a)), 由于 G^{A} 在 $|\omega|\to\infty$ 时的渐近行为$\sim\dfrac{1}{\omega}$, 由 Jordan 引理, 在大圆弧上的积分为 0, 所以有

$$\int_{-\infty}^{\mu/\hbar}\frac{\mathrm{d}\omega}{2\pi}\mathrm{e}^{-\mathrm{i}\omega t}G(\boldsymbol{k},\omega)=\int_{\mu/\hbar-\mathrm{i}\infty}^{\mu/\hbar}\frac{\mathrm{d}\omega}{2\pi}\mathrm{e}^{-\mathrm{i}\omega t}G^{\mathrm{A}}(\boldsymbol{k},\omega).\tag{6.2.23}$$

(6.2.22) 式的第二项也可以作类似处理, 当 ω 为实数, $\omega>\mu/\hbar$ 时, $G(\boldsymbol{k},\omega)$ 与 $G^{\mathrm{R}}(\boldsymbol{k},\omega)$ 重合, 但 G^{R} 在下半平面有极点. 为了简单起见, 取相互作用系统的最简单模型, 设 $G^{\mathrm{R}}(\boldsymbol{k},\omega)$ 在下半平面靠近实轴处有一孤立奇点 —— 极点, 位置为 $\omega=\dfrac{\varepsilon_k}{\hbar}-\mathrm{i}\gamma_k$ 留数为 a. (如果 G^{R} 有不止一个极点, 则对每一个极点都可以进行同样

的分析). 积分路径由 c_2, 改为 c_2'(图 6.2.1(b)), 同样在大圆弧上的积分为 0, (6.2.22) 式第二项成为

$$\int_{\mu/\hbar}^{\infty} \frac{\mathrm{d}\omega}{2\pi} \mathrm{e}^{-\mathrm{i}\omega t} G(\boldsymbol{k},\omega) = \int_{\mu/\hbar}^{\mu/\hbar-\mathrm{i}\infty} \frac{\mathrm{d}\omega}{2\pi} \mathrm{e}^{-\mathrm{i}\omega t} G^{\mathrm{R}}(\boldsymbol{k},\omega) - \mathrm{i}a\mathrm{e}^{-\mathrm{i}\varepsilon_{\boldsymbol{k}} t/\hbar} \mathrm{e}^{-\gamma_{\boldsymbol{k}} t}, \tag{6.2.24}$$

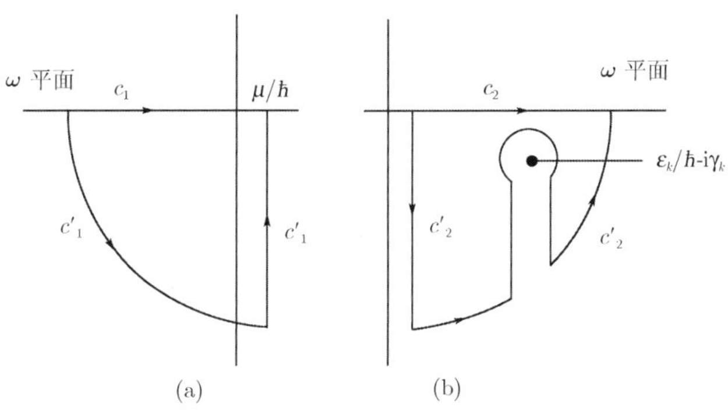

图 6.2.1 计算 $G(\boldsymbol{k},t)$ 的积分回路 $(t>0)$

将 (6.2.23) 式与 (6.2.24) 式合并

$$G(\boldsymbol{k},t) = \int_{\mu/\hbar-\mathrm{i}\infty}^{\mu/\hbar} \frac{\mathrm{d}\omega}{2\pi} \mathrm{e}^{-\mathrm{i}\omega t} [G^{\mathrm{A}}(\boldsymbol{k},\omega) - G^{\mathrm{R}}(\boldsymbol{k},\omega)] - \mathrm{i}a\mathrm{e}^{-\mathrm{i}\varepsilon_{\boldsymbol{k}} t/\hbar} \mathrm{e}^{-\gamma_{\boldsymbol{k}} t}. \tag{6.2.25}$$

在下述条件下可以证明 (6.2.25) 式右边第一项与第二项相比是可以忽略的:

(1) $|t|(\varepsilon-\mu) \gg \hbar$ $(\varepsilon_{\boldsymbol{k}}-\mu)$ 是表示了从费米面算起的激发态的能量, 这条件意味着时间不是太短, 测不准关系不起显著作用.

(2) $|t|\gamma_{\boldsymbol{k}} \leqslant 1$ 即时间不是太长, 粒子在传播过程中没有很大衰减.

(3) $\varepsilon_{\boldsymbol{k}}-\mu$ 很小 说明体系的激发能很小.

在 (6.2.25) 式等号右边的被积函数中有 $\mathrm{e}^{-\mathrm{i}\omega t}$ 的因子, 它在 $\mathrm{Im}\omega$ 很大时为指数衰减, 故积分主要贡献来自于靠近实轴处. 由条件 (1) 及 (2) 可知 $\varepsilon-\mu \gg \gamma_{\boldsymbol{k}}$, 又由条件 (3), $(\varepsilon_{\boldsymbol{k}}-\mu)$ 很小, 因而 $\gamma_{\boldsymbol{k}}$ 很小, 也就是极点很靠近实轴处, 所以积分中的 $G^R(\boldsymbol{k},\omega)$ 可用极点附近的值代入, 在极点附近的实轴上有

$$G^R(\boldsymbol{k},\omega) \approx \frac{a}{\omega - \varepsilon_{\boldsymbol{k}/\hbar} + \mathrm{i}\gamma_{\boldsymbol{k}}}. \tag{6.2.26}$$

又由于

$$G^A(\boldsymbol{k},\omega) = [G^{\mathrm{R}}(\boldsymbol{k},\omega)]^*, \tag{6.2.27}$$

得到

$$\begin{aligned}&\int_{\mu/\hbar-\mathrm{i}\infty}^{\mu/\hbar}\frac{\mathrm{d}\omega}{2\pi}\mathrm{e}^{-\mathrm{i}\omega t}[G^{\mathrm{A}}(\boldsymbol{k},\omega)-G^{\mathrm{R}}(\boldsymbol{k},\omega)]\\&=-2\mathrm{i}\int_{\mu/\hbar-\mathrm{i}\infty}^{\mu/\hbar}\frac{\mathrm{d}\omega}{2\pi}\mathrm{e}^{\mathrm{i}\omega t}\mathrm{I}_mG^{\mathrm{R}}(\boldsymbol{k},\omega)\\&=2\mathrm{i}a\gamma_k\int_{\mu/\hbar-\mathrm{i}\infty}^{\mu/\hbar}\frac{\mathrm{d}\omega}{2\pi}\frac{\mathrm{e}^{-\mathrm{i}\omega t}}{(\omega-\varepsilon_k/\hbar)^2+\gamma_k^2}.\end{aligned}$$

作变数变换, 令 $u=\mathrm{i}(\omega-\mu/\hbar)$,

$$上式=-\frac{\gamma_k a\mathrm{e}^{-\mathrm{i}\mu t/\hbar}}{\pi}\int_0^{\infty}\mathrm{d}u\frac{\mathrm{e}^{-ut}}{\gamma_k^2+\left[\dfrac{\mu-\varepsilon_k}{\hbar}-\mathrm{i}u\right]^2}.$$

由被积函数的分子可知 $\mu\leqslant\dfrac{1}{t}$ 时, 积分贡献是主要的, 而 $\hbar^{-1}(\varepsilon_k-\mu)\gg\dfrac{1}{t}$, 故可以忽略分母中 γ_k^2 及 $\mathrm{i}u$ 的项, 得

$$\approx-\frac{1}{\pi t}\gamma_k a\hbar^2(\mu-\varepsilon_k)^{-2}\mathrm{e}^{-\mathrm{i}\mu t/\hbar},$$

此式的绝对值为

$$(\pi t)^{-1}\gamma_k a\hbar^2(\mu-\varepsilon_k)^{-2}\leqslant\frac{1}{\pi t^2}\frac{\hbar^2}{(\mu-\varepsilon_k)^2}a.$$

(6.2.25) 式第二项的绝对值为

$$a\mathrm{e}^{-\gamma_k t}\approx a.$$

由于 $|t|(\varepsilon_k-\mu)\gg\hbar$, 比较上面两式, 可得

$$\frac{1}{\pi t^2}\frac{\hbar^2}{(\mu-\varepsilon_k)^2}a\ll a.$$

所以可以忽略 (6.2.25) 式中第一项, 只保留第二项:

$$G(\boldsymbol{k},t)\approx-\mathrm{i}a\mathrm{e}^{-\mathrm{i}\varepsilon_k t/\hbar}\mathrm{e}^{-\gamma_k\cdot t}.\tag{6.2.28}$$

作为对比, 回忆一下在 6.1 节中讨论的自由费米子体系的例子, 在 $(t>t')$ 及 $(k>k_{\mathrm{F}})$ 的条件下, 作出 (6.1.43) 式对频率的积分, 得到

$$G^0(\boldsymbol{k},t)=-\mathrm{i}\mathrm{e}^{-\mathrm{i}\varepsilon_k^0 t/\hbar}.\tag{6.2.29}$$

(6.2.29) 式表明对没有相互作用的系统, 粒子的传播不受干扰, 粒子的能量是不变的, 找到粒子的概率随时间变化是简谐式的振荡; 而 (6.2.28) 式表示的是有相互作

用的系统, 找到粒子的概率是随时间衰减的, 此时的激发已不是单粒子激发, 而是集体激发, 称 ε_k 为元激发能量, γ_k 则表示了元激发的寿命. ε_k 及 γ_k 的值是由格林函数的极点所决定, 最终得到的结论是格林函数的极点是表示了体系元激发的能谱及寿命.

6.3 维克定理

对自由费米子系统, 已经在 6.1 节从格林函数的定义出发, 严格计算了体系的格林函数, 但对更多的体系, 无法严格计算其格林函数, 必须采用各种近似方法, 微扰论是一种主要的近似方法, 维克定理是用微扰展开计算格林函数的工具. 对玻色子系统, 在绝对零度时存在着凝聚现象, 其格林函数较为复杂, 我们只限于讨论费米子的情况.

1. 格林函数的微扰展开式

在表象变换理论中已经知道, 如果体系的哈密顿量可以写成

$$\hat{H} = \hat{H}_0 + \hat{H}_I$$

的形式, 则算符 $U(t,t_0)$ 可用微扰展开式表示:

$$U(t,t_0) = \sum_{n=0}^{\infty}\left(\frac{-\mathrm{i}}{\hbar}\right)^n \frac{1}{n!}\int_{t_0}^{t}\mathrm{d}t_1\cdots\int_{t_0}^{t}\mathrm{d}t_n T[\hat{H}_I(t_1)\cdots\hat{H}_I(t_n)]. \tag{6.3.1}$$

为了导出格林函数的微扰展开式, 先证明以下的等式 (用 $|\phi_0\rangle$ 表示相互作用表象的基态):

$$\begin{aligned}\frac{\langle\psi_0|\hat{O}_H(t)|\psi_0\rangle}{\langle\psi_0|\psi_0\rangle} =& \frac{1}{\langle\phi_0|\hat{S}|\phi_0\rangle}\left\langle\phi_0\left|\sum_{\nu=0}^{\infty}\left(\frac{-\mathrm{i}}{\hbar}\right)^{\nu}\frac{1}{\nu!}\right.\right.\\ &\left.\left.\times\int_{-\infty}^{\infty}\mathrm{d}t_1\cdots\int_{-\infty}^{\infty}\mathrm{d}t_\nu T[\hat{H}_I(t_1)\cdots\hat{H}_I(t_\nu)]O_I(t)\right|\phi_0\right\rangle,\end{aligned} \tag{6.3.2}$$

(6.3.2) 式左边为

$$\begin{aligned}&\frac{\langle\psi_0|\hat{O}_H(t)|\psi_0\rangle}{\langle\psi_0|\psi_0\rangle}\\ =&\frac{\langle\phi_0|U(\infty,0)U(0,t)\hat{O}_I(t)U(t,0)U(0,-\infty)|\phi_0\rangle}{\langle\phi_0|U(\infty,-\infty)|\phi_0\rangle}\\ =&\frac{\langle\phi_0|U(\infty,t)\hat{O}_I(t)U(t,-\infty)|\phi_0\rangle}{\langle\phi_0|\hat{S}|\phi_0\rangle},\end{aligned} \tag{6.3.3}$$

其中 $\hat{S}\equiv U(\infty,-\infty)$ 称为 S 矩阵.

(6.3.3) 式中分子部分将 U 算符展开成级数形式：

$$\begin{aligned}&U(\infty,t)O_I(t)U(t,-\infty)\\&=\sum_{n=0}^{\infty}\left(\frac{-\mathrm{i}}{\hbar}\right)^n\frac{1}{n!}\int_t^{\infty}\mathrm{d}t_1\cdots\int_t^{\infty}\mathrm{d}t_nT[\hat{H}_I(t_1)\cdots\hat{H}_I(t_n)]\cdot\hat{O}_I(t)\\&\quad\times\sum_{m=0}^{\infty}\left(-\frac{\mathrm{i}}{\hbar}\right)^m\frac{1}{m!}\int_{-\infty}^{t}\mathrm{d}t_1\cdots\int_{-\infty}^{t}\mathrm{d}t_mT[\hat{H}_I(t_1)\cdots\hat{H}_I(t_m)].\end{aligned}\tag{6.3.4}$$

(6.3.2) 式右边将求和式第 ν 项分成 $(m+n)$ 两组, 其中 n 个时间次序为 $t_i>t,m$ 个时间次序为 $t_j<t$, 这种分法总共有 $\dfrac{\nu!}{m!n!}$ 种, 然后对各种可能的 m,n 值求和, 满足条件 $\nu=m+n$, 保证了整个积分与 ν 重积分相同. 即将 (6.3.2) 式右边写成

$$\begin{aligned}&\sum_{\nu=0}^{\infty}\sum_{n=0}^{\infty}\sum_{m=0}^{\infty}\left(\frac{-\mathrm{i}}{\hbar}\right)^{\nu}\frac{1}{\nu!}\delta_{\nu,m+n}\frac{\nu!}{m!n!}\int_t^{\infty}\mathrm{d}t_1\cdots\int_t^{\infty}\mathrm{d}t_nT[\hat{H}_I(t_n)\cdots\hat{H}_I(t_n)]\\&O_I(t)\int_{-\infty}^{t}\mathrm{d}t_1\cdots\int_{-\infty}^{t}\mathrm{d}t_mT[\hat{H}_I(t_1)\cdots\hat{H}_I(t_m)]\end{aligned}\tag{6.3.5}$$

δ 函数的存在保证了条件 $\nu=m+n$, 而最后需要对 ν 求和, 因此可以不要 δ 函数, 也不需对 ν 求和, 而是改为对各种可能的 m,n 值求和, (6.3.5) 式与 (6.3.4) 式完全相同, 也就是证明了 (6.3.2) 式成立.

由 (6.3.2) 式不难推广到分子上有两个场算符的情况, 只需将 (6.3.2) 式右边分成 $\nu=m+n+p$ 三段, 完全类似地可以证明在海森伯表象两个场算符编时乘积对基态的平均值可用微扰展开表示：

$$\begin{aligned}&\frac{\langle\psi_0|T[\hat{O}_H(t)\hat{O}_H(t')]|\psi_0\rangle}{\langle\psi_0|\psi_0\rangle}\\&=\frac{1}{\langle\phi_0|\hat{S}|\phi_0\rangle}\times\left\langle\phi_0\left|\sum_{\nu=0}^{\infty}\left(\frac{-\mathrm{i}}{\hbar}\right)^{\nu}\frac{1}{\nu!}\int_{-\infty}^{\infty}\mathrm{d}t_1\cdots\int_{-\infty}^{\infty}\mathrm{d}t_{\nu}T[\hat{H}_I(t_1)\right.\right.\\&\quad\cdots\hat{H}_I(t_\nu)\hat{O}_I(t)\hat{O}_I(t')],\end{aligned}$$

上式即给出了格林函数的微扰展开式,

$$\begin{aligned}\mathrm{i}G_{\alpha\beta}(x,y)=&\sum_{\nu=0}^{\infty}\left(\frac{-\mathrm{i}}{\hbar}\right)^{\nu}\frac{1}{\nu!}\int_{-\infty}^{\infty}\mathrm{d}t_1\cdots\int_{-\infty}^{\infty}\mathrm{d}t_{\nu}\\&\times\frac{\langle\phi_0|T[\hat{H}_I(t_1)\hat{H}_I(t_2)\cdots\hat{H}_I(t_\nu)\hat{\psi}_\alpha(x)\hat{\psi}_\beta^{+}(y)]|\phi_0\rangle}{\langle\phi_0|\hat{S}|\phi_0\rangle},\end{aligned}\tag{6.3.6}$$

其中 $x \equiv (\boldsymbol{x}, x_0) \equiv (\boldsymbol{x}, t_x)$, 上述表示式是在相互作用表象, 相互作用势可以表示成

$$U(x_1, x_2) \equiv V(\boldsymbol{x}_1, \boldsymbol{x}_2)\delta(t_1 - t_2). \tag{6.3.7}$$

用 (6.3.7) 式可将 (6.3.6) 式的逐级展开式写成

$$\begin{aligned}\mathrm{i}\tilde{G}_{\alpha\beta}(x,y) =& \langle\phi_0|T[\hat{\psi}_\alpha(x)\hat{\psi}^+_\beta(y)]|\phi_0\rangle \\ &+\left(\frac{-\mathrm{i}}{\hbar}\right)\sum_{\substack{\lambda\lambda'\\ \mu\mu'}}\frac{1}{2}\int \mathrm{d}^4x_1\mathrm{d}^4x'_1 U(x_1, x'_1)_{\lambda\lambda',\mu\mu'} \\ &\times\langle\phi_0|T[\hat{\psi}^+_\lambda(x_1)\hat{\psi}^+_\mu(x'_1)\hat{\psi}_{\mu'}(x'_1)\hat{\psi}_{\lambda'}(x_1)\hat{\psi}_\alpha(x)\hat{\psi}^+_\beta(y)]|\phi_0\rangle + \cdots,\end{aligned} \tag{6.3.8}$$

其中 $\tilde{G}$ 表示只写出了 (6.3.6) 式中的分子部分. 从 (6.3.8) 式看出, 计算格林函数也就是计算一系列算符编时乘积的基态平均值.

2. 维克定理

首先给出几种算符特殊乘积的定义:

(1) 编时乘积. 将场算符按时间次序排列, 时间早的在右边, 每次费米子算符的交换增加因子 (−1). 编时乘积用符号 T 表示, 写成

$$T(\hat{A}\hat{B}\hat{C}\hat{D}\cdots) = (-1)^P(\hat{C}\hat{A}\hat{D}\hat{B}\cdots), \tag{6.3.9}$$

其中因子 P 是将一个给定的算符排列改为按时间次序排列所需要对费米子算符进行交换的次数.

(2) 正规乘积. 将场算符按产生算符在左边, 湮没算符在右边的次序排列, 每次费米子算符的交换增加因子 (−1). 用符号 N 表示, 写成

$$N(\hat{A}\hat{B}\hat{C}\hat{D}\cdots) = (-1)^P N(\hat{C}\hat{A}\hat{D}\hat{B}\cdots). \tag{6.3.10}$$

与 T 乘积类似, P 表示费米子算符的交换次数.

例, 对费米算符有

$$N[\hat{\psi}(x)\hat{\psi}^+(y)] = -\hat{\psi}^+(y)\hat{\psi}(x)$$

正规乘积的方便之处是在于其对未受微扰的基态 $|\phi_0\rangle$ 的平均值为 0; 这结果对即使是全部由产生算符组成的 N 乘积也是正确的. 因而算符 T 乘积的基态平均值可以通过将 T 乘积变成 N 乘积来求, 当然, 这种改变会引起一些附加项.

(3) 算符的收缩. 两个算符的收缩定义为两个算符的 T 乘积与 N 乘积之差, 用 $\underbrace{\hat{U}\hat{V}}$ 来表示. 即

$$\underbrace{\hat{U}\hat{V}} \equiv T(\hat{U}\hat{V}) - N(\hat{U}\hat{V}), \tag{6.3.11}$$

(6.3.11) 式就是将 T 乘积改为 N 乘积所引起的附加项.

由以上性质, 再利用相互作用表象中场算符的展开式:

$$
\begin{aligned}
\hat{\psi}_I(\boldsymbol{x},t) = & \frac{1}{\sqrt{V}}\sum_{\boldsymbol{k}} \hat{a}_{\boldsymbol{k}} \mathrm{e}^{\mathrm{i}\boldsymbol{k},\boldsymbol{x}-\mathrm{i}\omega_k t}\theta(k-k_\mathrm{F}) \\
& + \frac{1}{\sqrt{V}}\sum_{\boldsymbol{k}} \hat{b}^+_{\boldsymbol{k}} \mathrm{e}^{\mathrm{i}\boldsymbol{k},\boldsymbol{x}-\mathrm{i}\omega_k t}\theta(k_\mathrm{F}-k)
\end{aligned}
$$

立即可以求出

$$
\begin{aligned}
& \underbracket{\psi_I(\boldsymbol{x},t)\psi_I^+}(\boldsymbol{x}',t') \\
= & T[\hat{\psi}_I(\boldsymbol{x},t)\hat{\psi}_I^+(\boldsymbol{x}',t')] - N[\hat{\psi}_I(\boldsymbol{x},t)\hat{\psi}_I^+(\boldsymbol{x}',t')] \\
= & \frac{1}{V}\sum_{\boldsymbol{k}} \mathrm{e}^{\mathrm{i}\boldsymbol{k},(\boldsymbol{x}-\boldsymbol{x}')-\mathrm{i}\omega_k(t-t')}[\theta(k-k_\mathrm{F})\theta(t-t')-\theta(k_\mathrm{F}-k)\theta(t'-t)] \\
= & \mathrm{i}G^0(\boldsymbol{x},t;\boldsymbol{x}',t') \equiv \mathrm{i}G^0(x,x').
\end{aligned}
\tag{6.3.12}
$$

(6.3.12) 式最后一步利用了 6.1 节的 (6.1.39) 式. 与此类似可得

$$
\underbracket{\hat{\psi}_I(\boldsymbol{x},t)\hat{\psi}_I}(\boldsymbol{x}',t') = \underbracket{\hat{\psi}_I^+(\boldsymbol{x},t)\hat{\psi}_I^+}(\boldsymbol{x}',t') = 0.
$$

可以看出, 两个算符的收缩不再是算符, 而是 C 数; 或者是 0, 或者是 $\mathrm{i}G^0$.

在正规乘积内的算符之间也可以发生收缩, 其定义为

$$
\begin{aligned}
N(X\underbracket{YZ\cdots UVW}) = & (-1)^P N(X\underbracket{YW}Z\cdots UV) \\
= & (-1)^P(\underbracket{YW})N(XZ\cdots UV).
\end{aligned}
\tag{6.3.13}
$$

$$
\begin{aligned}
& N(\underbracket{A\underbracket{BCD}\cdots \underbracket{TUV\cdots XY}Z}) \\
= & (-1)^P N(\underbracket{AV}\,\underbracket{BD}C\cdots \underbracket{TY}U\cdots XZ) \\
= & (-1)^P(\underbracket{AV})(\underbracket{BD})(\underbracket{TY})\cdot N(C\cdots U\cdots XZ).
\end{aligned}
\tag{6.3.14}
$$

以上两定义中因子 P 依然是费米子算符的交换次数.

下面我们先证明一个引理.

引理　设 $N(UV\cdots XY)$ 是一个正规乘积, Z 是一个算符, 它的时间比 N 中任何一个算符的时间都早, 则有

$$
\begin{aligned}
N(UV\cdots XY)Z = & N(UV\cdots X\underbracket{YZ}) + N(UV\cdots \underbracket{XYZ}) \\
& + \cdots + N(U\underbracket{V\cdots XYZ}) + N(\underbracket{UV\cdots XYZ}) \\
& + N(UV\cdots XYZ).
\end{aligned}
\tag{6.3.15}
$$

证明:

(6.3.15) 式等号两边的算符 $(UV\cdots XY)$ 均按同一次序排列, 因而这些算符之间的任意次交换, 只要保证每项中算符的次序相同, 不会影响等式的成立, 也就是每

项由于算符交换而产生的 $(-1)^P$ 因子都可消去, 故可以认为算符 $(UV\cdots XY)$ 已经是按照正规乘积的次序排列.

算符 Z 可以是产生或湮没算符, 先考虑当 Z 是湮没算符的情况. 用 W 表示算符 $(UV\cdots XY)$ 中的任意一个, 按照引理的条件有 $t_W > t_Z$, 因而

$$\underbrace{WZ} = T(WZ) - N(WZ) = WZ - WZ = 0.$$

也就是 (6.3.15) 式右边所有算符与 Z 的收缩均为 0, 因而 (6.3.15) 式成立.

当 Z 为产生算符时, 只需证明 $(UV\cdots XY)$ 的所有算符均为湮没算符的情况即可. 原因是如果这些算符中包括产生算符, 则产生算符与 Z 的收缩为 0, 不会影响等式的成立. 下面用数学归纳法证明当 Z 为产生算符, 其他均为湮没算符时, (6.3.15) 式成立.

当 $N(UV\cdots XY)$ 中只有一个算符时, (6.3.15) 式显然是正确的, 因为

$$N(Y)Z = YZ = T(YZ) = (\underbrace{YZ}) + N(YZ).$$

假设 $N(UV\cdots XY)$ 中包括 n 个算符时, (6.3.15) 式为正确的, 在 (6.3.15) 式各项的左边乘上一个湮没算符 R, 并设 $t_R > t_Z$, 有

$$\begin{aligned}RN(UV\cdots XY)Z = &RN(UV\cdots X\underbrace{YZ}) + \cdots \\ &+RN(\underbrace{UV\cdots XYZ}) + RN(UV\cdots XYZ),\end{aligned}$$

由于 $UV\cdots XY$ 均为湮没算符, 上式中除右边最后一项外, 都可将 R 移到 N 乘积内, 即

$$\begin{aligned}N(RUV\cdots XY)Z = &N(RUV\cdots X\underbrace{YZ}) + \cdots \\ &+N(R\underbrace{UV\cdots XYZ}) + RN(UV\cdots XYZ),\end{aligned}\qquad(6.3.16)$$

(6.3.16) 式中最后一项有

$$N(UV\cdots XYZ) = (-1)^P ZUV\cdots XY,$$

而

$$RZ = T(RZ) = \underbrace{RZ} + N(RZ) = \underbrace{RZ} + (-1)^q ZR.$$

所以

$$\begin{aligned}RN(UV\cdots XYZ) &= (-1)^p RZUV\cdots XY \\ &= (-1)^P \underbrace{RZ}UV\cdots XY + (-1)^p(-1)^q ZRUV\cdots XY \\ &= N(\underbrace{RUV\cdots XYZ}) + N(RUV\cdots XYZ).\end{aligned}$$

将此结果代入 (6.3.16) 式, 得

$$
\begin{aligned}
N(RUV\cdots XY)Z = & N(RUV\cdots X\underbrace{YZ}) + \cdots + N(R\underbrace{UV\cdots XYZ}) \\
& + N(\underbrace{RUV\cdots XYZ}) + N(RUV\cdots XYZ).
\end{aligned}
$$

因此我们证明了当 $N(UV\cdots XY)$ 中有 $(n+1)$ 个算符时, (6.3.15) 式成立, 也就是引理成立.

可以进一步将上述引理扩充, 在 (6.3.15) 式各项中相同的地方加入若干对算符的收缩, 引理显然是成立的. 即

$$
\begin{aligned}
N(UV\underbrace{R\cdots Q}XY)Z = & N(UV\underbrace{R\cdots Q}X\underbrace{YZ}) + \cdots \\
& + N(\underbrace{UV\underbrace{R\cdots Q}XYZ}) + N(UVR\cdots QXYZ)
\end{aligned}
$$

维克定理

算符的编时乘积可以按照下述方式改写为一系列正规乘积之和.

$$
\begin{aligned}
T(UVW\cdots XYZ) = & N(UVW\cdots XYZ) + N(\underbrace{UV}W\cdots XYZ) \\
& + N(\underbrace{UVW}\cdots XYZ) + \cdots + N(UVW\cdots X\underbrace{YZ}) + \cdots \\
& + N(\underbrace{UV}\underbrace{W\cdots XYZ}) + \cdots + N(\underbrace{U\underbrace{V\underbrace{W\cdots X}Y}Z}). \quad (6.3.17)
\end{aligned}
$$

(6.3.17) 式等号右边是包括一切可能收缩的项. “一切可能收缩”的意思是指包含各种可能的两个算符的收缩, 四个算符的收缩等等, 直到全部收缩完毕.

定理的证明依然用数学归纳法.

当 T 乘积中包含两个算符时, 定理显然成立, 这是因为

$$
T(UV) = N(UV) + \underbrace{UV}
$$

假设 T 乘积中有 n 个算符时定理依然成立, 在 (6.3.17) 式等号两边每一项右乘一个算符 R, 令标志算符 R 的时间比标志算符 $U, V, W\cdots X, Y$ 和 Z 的时间都早, 则有

$$
\begin{aligned}
T(UVW\cdots XYZR) = & N(UVW\cdots XYZ)R + N(\underbrace{UV}W\cdots XYZ)R \\
& + \cdots + N(\underbrace{U\underbrace{V\underbrace{W\cdots X}Y}Z})R, \quad (6.3.18)
\end{aligned}
$$

(6.3.18) 式中对等号右边每一项都应用引理 (6.3.15) 式, 可将算符 R 移到正规乘积内, 在右乘 R 之前, 等式右边包括了各种可能的收缩项, 当右乘 R 且应用 (6.3.15) 式后, 等号右边也包括了所有算符与 R 之间收缩的项, 这就是 $(n+1)$ 个算符的维克定理. 最后需指出一点, 在证明过程中对算符 R 所作的时间次序的规定, 并不影响定理的普遍性, 这是因为只要在上述情况下, 证明定理是成立的, 则对 (6.3.17) 式中每一项算符作相同的置换, 产生的 $(-1)^P$ 因子都可消掉, 定理依然成立.

维克定理使我们可以用微扰论的级数展开来计算格林函数, 在格林函数的微扰展开式 (6.3.8) 中, 需要计算的就是一些算符的编时乘积对没有相互作用基态的平均值. 现在可以将 T 乘积改为一系列 N 乘积之和, 在这些项中, 除算符全部收缩的

那些项外, 其余的对基态平均值均为 0; 在算符全部收缩的那些项中, 只有当收缩是发生在一个产生算符与一个湮没算符之间的项才不为 0. 这样就使我们的计算大为简化.

以 (6.3.8) 式中一级项为例, 来解释这一计算过程. 一级项可写成

$$
\begin{aligned}
\mathrm{i}\tilde{G}^{(1)}_{\alpha\beta} = & -\frac{\mathrm{i}}{\hbar}\sum_{\substack{\lambda\lambda' \\ \mu\mu'}}\frac{1}{2}\int \mathrm{d}^4x_1\mathrm{d}^4x_1' U(x_1,x_1')_{\lambda\lambda',\mu\mu'} \\
& \times\langle\phi_0|T[\hat{\psi}^+_\lambda(x_1)\hat{\psi}^+_\mu(x_1')\hat{\psi}_{\mu'}(x_1')\hat{\psi}_{\lambda'}(x_1)\hat{\psi}_\alpha(x)\hat{\psi}^+_\beta(y)]|\phi_0\rangle. \qquad (6.3.19)
\end{aligned}
$$

(6.3.19) 式有六个场算符的编时乘积, 应用维克定理改成 N 乘积后, 全部收缩的项应为 15 项, 但不等于 0 的项只有六项, 每对不为 0 的收缩得到一个自由粒子的格林函数, 可将 (6.3.19) 式写成 (为简单起见, 只写出算符部分):

$$
\begin{aligned}
& \langle\phi_0|T[\hat{\psi}^+_\lambda(x_1)\hat{\psi}^+_\mu(x_1')\hat{\psi}_{\mu'}(x_1')\hat{\psi}_{\lambda'}(x_1)\hat{\psi}_\alpha(x)\hat{\psi}^+_\beta(y)]|\phi_0\rangle \\
= & \langle\phi_0|N[\hat{\psi}^+_\lambda(x_1)\hat{\psi}^+_\mu(x_1')\hat{\psi}_{\mu'}(x_1')\hat{\psi}_{\lambda'}(x_1)\hat{\psi}_\alpha(x)\hat{\psi}^+_\beta(y)]|\phi_0\rangle & \text{(A)} \\
& +\langle\phi_0|N[\hat{\psi}^+_\lambda(x_1)\hat{\psi}^+_\mu(x_1')\hat{\psi}_{\mu'}(x_1')\hat{\psi}_{\lambda'}(x_1)\hat{\psi}_\alpha(x)\hat{\psi}^+_\beta(y)]|\phi_0\rangle & \text{(B)} \\
& +\langle\phi_0|N[\hat{\psi}^+_\lambda(x_1)\hat{\psi}^+_\mu(x_1')\hat{\psi}_{\mu'}(x_1')\hat{\psi}_{\lambda'}(x_1)\hat{\psi}_\alpha(x)\hat{\psi}^+_\beta(y)]|\phi_0\rangle & \text{(C)} \\
& +\langle\phi_0|N[\hat{\psi}^+_\lambda(x_1)\hat{\psi}^+_\mu(x_1')\hat{\psi}_{\mu'}(x_1')\hat{\psi}_{\lambda'}(x_1)\hat{\psi}_\alpha(x)\hat{\psi}^+_\beta(y)]|\phi_0\rangle & \text{(D)} \\
& +\langle\phi_0|N[\hat{\psi}^+_\lambda(x_1)\hat{\psi}^+_\mu(x_1')\hat{\psi}_{\mu'}(x_1')\hat{\psi}_{\lambda'}(x_1)\hat{\psi}_\alpha(x)\hat{\psi}^+_\beta(y)]|\phi_0\rangle & \text{(E)} \\
& +\langle\phi_0|N[\hat{\psi}^+_\lambda(x_1)\hat{\psi}^+_\mu(x_1')\hat{\psi}_{\mu'}(x_1')\hat{\psi}_{\lambda'}(x_1)\hat{\psi}_\alpha(x)\hat{\psi}^+_\beta(y)]|\phi_0\rangle & \text{(F)} \\
= & \mathrm{i}G^0_{\alpha\beta}(x,y)\cdot\mathrm{i}G^0_{\mu'\mu}(x_1',x_1')\cdot\mathrm{i}G^0_{\lambda'\lambda}(x_1,x_1) & \text{(A)} \\
& -\mathrm{i}G^0_{\alpha\beta}(x,y)\cdot\mathrm{i}G^0_{\mu'\lambda}(x_1',x_1)\cdot\mathrm{i}G^0_{\lambda'\mu}(x_1,x_1') & \text{(B)} \\
& -\mathrm{i}G^0_{\alpha\mu}(x,x_1')\cdot\mathrm{i}G^0_{\mu'\beta}(x_1',y)\cdot\mathrm{i}G^0_{\lambda'\lambda}(x_1,x_1) & \text{(C)} \\
& +\mathrm{i}G^0_{\alpha\lambda}(x,x_1)\cdot\mathrm{i}G^0_{\lambda'\mu}(x_1,x_1')\cdot\mathrm{i}G^0_{\mu'\beta}(x_1',y) & \text{(D)} \\
& -\mathrm{i}G^0_{\alpha\lambda}(x,x_1)\cdot\mathrm{i}G^0_{\lambda'\beta}(x_1,y)\cdot\mathrm{i}G^0_{\mu'\mu}(x_1',x_1') & \text{(E)} \\
& +\mathrm{i}G^0_{\alpha\mu}(x,x_1')\cdot\mathrm{i}G^0_{\mu'\lambda}(x_1',x_1)\cdot\mathrm{i}G^0_{\lambda'\beta}(x_1,y) & \text{(F)} \qquad (6.3.20)
\end{aligned}
$$

所以对一级项, 余下的工作就是对上述六项进行积分. 从这一例子说明了格林函数微扰展开式的计算被简化了.

6.4 有限温度格林函数

基态格林函数是场算符 T 乘积对基态的平均值, 基态只有一个状态, 平均值就是直接取矩阵元, 也就是格林函数的定义. 当考虑有限温度时, 系统处在激发态, 可有不止一个状态, 计算统计平均时, 需要用系综的密度矩阵来求平均. 为普遍起见,

考虑系统的粒子数是可变的, 所以用巨正则系综. 密度矩阵为

$$\hat{\rho}_G = \exp[-\zeta - \beta(\hat{H} - \mu\hat{N})] \tag{6.4.1}$$

令

$$\hat{K} = \hat{H} - \mu\hat{N}; \quad \zeta = -\beta\Omega, \tag{6.4.2}$$

得

$$\hat{\rho}_G = \mathrm{e}^{\beta(\Omega - \hat{K})}. \tag{6.4.3}$$

相应的巨配分函数为

$$Z_G = \mathrm{Tr}(\mathrm{e}^{-\beta\hat{K}}).$$

把 $\hat{K}$ 看成是巨正则系综中等效哈密顿量, 将海森伯表象与薛定谔表象之间算符的变换关系推广到巨正则系综情况:

$$\hat{O}_k(\boldsymbol{x}, \tau) = \mathrm{e}^{\hat{K}\tau/\hbar}\hat{O}_S(\boldsymbol{x})\mathrm{e}^{-\hat{K}\tau/\hbar}, \tag{6.4.4}$$

其中算符 $\hat{O}_k$ 的下标 k 代替过去的 H; $\tau = \mathrm{i}t$, 用虚时 τ 以后, 场算符之间的变换关系为

$$\begin{aligned} \hat{\psi}_{k\alpha}(\boldsymbol{x}\tau) &= \mathrm{e}^{\hat{K}\tau/\hbar}\hat{\psi}_\alpha(\boldsymbol{x})\mathrm{e}^{-\hat{K}\tau/\hbar}, \\ \hat{\psi}^+_{k\alpha}(\boldsymbol{x}'\tau) &= \mathrm{e}^{\hat{K}\tau/\hbar}\hat{\psi}^+_\alpha(\boldsymbol{x})\mathrm{e}^{-\hat{K}\tau/\hbar}. \end{aligned} \tag{6.4.5}$$

1. 有限温度格林函数的定义 [6.3]

定义单粒子有限温度格林函数为

$$\mathcal{G}_{\alpha\beta}(\boldsymbol{x}\tau, \boldsymbol{x}'\tau') \equiv -\mathrm{Tr}\{\hat{\rho}_G T_\tau[\hat{\psi}_{k\alpha}(\boldsymbol{x}, \tau)\hat{\psi}^+_{k\beta}(\boldsymbol{x}', \tau')]\}, \tag{6.4.6}$$

其中 T_τ 是对时间 τ 的编时算符, 按 τ 的值的先后排序, 与基态算符 T 相类似, 费米子算符的交换会产生负号; tr 不是对自旋空间的指标求迹, 而是对巨正则系综求平均的迹, 也就是对状态完全集合进行, 相当于

$$\mathrm{Tr} \sim \sum_{N,n} \langle N, n| \cdots |N, n\rangle.$$

为了避免混淆, 以后对自旋空间求迹改用 tr 表示.

2. 与可观察量的关系

如果系统的 $\hat{H}$ 不显含 t, 格林函数只依赖于 $(\tau-\tau')$, 而不是分别依赖于 τ 及 τ'. 证明过程与基态格林函数完全类似, 不再重复.

令

$$\sum_{\alpha}\mathcal{G}_{\alpha\alpha}(\boldsymbol{x}\tau,\boldsymbol{x}\tau^{+})=\mathrm{tr}\mathcal{G}(\boldsymbol{x}\tau,\boldsymbol{x}\tau^{+}).$$

其中 τ^{+} 是 $\tau+\eta$ 当 η 从正方向趋于 0 的极限值.

由定义可知:

$$\begin{aligned}\mathrm{tr}\mathcal{G}(\boldsymbol{x}\tau,\boldsymbol{x}\tau^{+})&=\mp\sum_{\alpha}\mathrm{Tr}[\hat{\rho}_G\hat{\psi}^{+}_{k\alpha}(\boldsymbol{x}\tau)\hat{\psi}_{k\alpha}(\boldsymbol{x}\tau)]\\&=\mp\mathrm{e}^{\beta\Omega}\sum_{\alpha}\mathrm{Tr}[\mathrm{e}^{-\beta\hat{K}}\mathrm{e}^{\hat{K}\tau/\hbar}\hat{\psi}^{+}_{\alpha}(\boldsymbol{x})\hat{\psi}_{\alpha}(\boldsymbol{x})\mathrm{e}^{-\hat{K}\tau/\hbar}]\\&=\mp\mathrm{e}^{\beta\Omega}\sum_{\alpha}\mathrm{Tr}[\mathrm{e}^{-\beta\hat{K}}\hat{\psi}^{+}_{\alpha}(\boldsymbol{x})\hat{\psi}_{\alpha}(\boldsymbol{x})]\\&=\mp\langle\hat{n}(\boldsymbol{x})\rangle.\end{aligned}\tag{6.4.7a}$$

(6.4.7) 式证明过程中利用了 Tr 的循环性质; 等号右边的负号表示玻色子, 正号适用于费米子, 在有限温度下, 讨论的格林函数对玻色子及费米子同样适用. (6.4.7) 式表示了粒子数密度在巨正则系综的平均值与格林函数之间的关系.

粒子数平均值可表示成

$$N(T,V,\mu)=\mp\int\mathrm{d}^3x\mathrm{Tr}\mathcal{G}(\boldsymbol{x}\tau,\boldsymbol{x}\tau^{+}).\tag{6.4.7b}$$

对更普遍情况, 任意单粒子算符对巨正则系综的平均值可以表示成

$$\begin{aligned}\langle\hat{J}\rangle&=\mathrm{Tr}(\hat{\rho}_G\hat{J})\\&=\sum_{\alpha,\beta}\int\mathrm{d}^3x\lim_{\boldsymbol{x}'\to\boldsymbol{x}}J_{\beta\alpha}(\boldsymbol{x})\mathrm{tr}[\hat{\rho}_G\hat{\psi}^{+}_{\beta}(\boldsymbol{x}')\hat{\psi}_{\alpha}(\boldsymbol{x})]\\&=\mp\sum_{\alpha,\beta}\int\mathrm{d}^3x\lim_{\boldsymbol{x}'\to\boldsymbol{x}}\lim_{\tau'\to\tau^{+}}J_{\beta\alpha}(\boldsymbol{x})\mathcal{G}_{\alpha\beta}(\boldsymbol{x}\tau,\boldsymbol{x}'\tau')\\&=\mp\int\mathrm{d}^3x\lim_{\boldsymbol{x}'\to\boldsymbol{x}}\lim_{\tau'\to\tau^{+}}\mathrm{tr}[J(\boldsymbol{x})\mathcal{G}(\boldsymbol{x}\tau,\boldsymbol{x}'\tau')]\end{aligned}\tag{6.4.8}$$

由 (6.4.8) 可得到

$$\langle\hat{\sigma}\rangle=\mp\int\mathrm{d}^3x\mathrm{tr}[\hat{\sigma}\mathcal{G}(\boldsymbol{x}\tau,\boldsymbol{x}\tau^{+})],\tag{6.4.9}$$

$$\langle\hat{T}\rangle=\mp\int\mathrm{d}^3x\lim_{\boldsymbol{x}'\to\boldsymbol{x}}\frac{-\hbar^2\nabla^2}{2m}\mathrm{tr}\mathcal{G}(\boldsymbol{x}\tau,\boldsymbol{x}'\tau^{+}).\tag{6.4.10}$$

与基态情况相类似, 位能算符也可以用单粒子格林函数来表示, 从海森伯表象场算符的运动方程出发：

$$\hbar\frac{\partial}{\partial\tau}\hat{\psi}_{k\alpha}(\boldsymbol{x}\tau)=\hbar\frac{\partial}{\partial\tau}[\mathrm{e}^{\hat{K}\tau/\hbar}\psi_{\alpha}(\boldsymbol{x})\mathrm{e}^{-\hat{K}\tau/\hbar}]=[\hat{K},\hat{\psi}_{k\alpha}(\boldsymbol{x}\tau)]. \tag{6.4.11}$$

为简单起见, 假设势能与自旋无关, 与基态情况相类似, 计算 (6.4.11) 式右边的对易子, 得到

$$\begin{aligned}\hbar\frac{\partial}{\partial\tau}\hat{\psi}_{k\alpha}(\boldsymbol{x}\tau)=&\frac{\hbar^2\nabla^2}{2m}\hat{\psi}_{k\alpha}(\boldsymbol{x}\tau)+\mu\hat{\psi}_{k\alpha}(\boldsymbol{x}\tau)\\&-\int\mathrm{d}^3x''\hat{\psi}^+_{k\gamma}(\boldsymbol{x}''\tau)\hat{\psi}_{k\gamma}(\boldsymbol{x}''\tau)V(\boldsymbol{x}-\boldsymbol{x}'')\hat{\psi}_{k\alpha}(\boldsymbol{x}\tau).\end{aligned} \tag{6.4.12}$$

(6.4.12) 式两边乘 $\hat{\psi}^+_{k\beta}(\boldsymbol{x}'\tau)$, 对巨正则系综求平均：

$$\begin{aligned}&\mp\mathrm{Tr}[\hat{\rho}_G\hat{\psi}^+_{k\beta}(\boldsymbol{x}'\tau)\hbar\frac{\partial}{\partial\tau}\hat{\psi}_{k\alpha}(\boldsymbol{x}\tau)]\\=&\mp\mathrm{Tr}\left\{\hat{\rho}_G\hat{\psi}^+_{k\beta}(\boldsymbol{x}'\tau)\left[\left(\frac{\hbar^2\nabla^2}{2m}+\mu\right)\hat{\psi}_{k\alpha}(\boldsymbol{x}\tau)\right.\right.\\&\left.\left.-\int\mathrm{d}^3x''\hat{\psi}^+_{k\gamma}(\boldsymbol{x}''\tau)\hat{\psi}_{k\gamma}(\boldsymbol{x}''\tau)V(\boldsymbol{x}-\boldsymbol{x}'')\hat{\psi}_{k\alpha}(\boldsymbol{x}\tau)\right]\right\},\end{aligned}$$

等号左边就是格林函数：

$$\mp\mathrm{Tr}[\hat{\rho}_G\hat{\psi}^+_{k\beta}(\boldsymbol{x}'\tau)\hbar\frac{\partial}{\partial\tau}\hat{\psi}_{k\alpha}(\boldsymbol{x}\tau)]=\lim_{\tau'\to\tau^+}\left[\hbar\frac{\partial}{\partial\tau}\mathcal{G}_{\alpha\beta}(\boldsymbol{x}\tau,\boldsymbol{x}'\tau')\right].$$

等号右边将 $\hat{\rho}_G\hat{\psi}^+_{k\beta}$ 因子放进去, 将海森伯表象场算符换成薛定谔表象, 利用 tr 的循环性质, 第一项得到格林函数, 第二项就是相互作用势能的平均值, 即

$$\begin{aligned}\langle\hat{V}\rangle\equiv&\frac{1}{2}\int\mathrm{d}^3x\mathrm{d}^3x''V(\boldsymbol{x}-\boldsymbol{x}'')\mathrm{Tr}[\hat{\rho}_G\hat{\psi}^+_{\alpha}(\boldsymbol{x})\hat{\psi}^+_{\gamma}(\boldsymbol{x}'')\times\hat{\psi}_{\gamma}(\boldsymbol{x}'')\hat{\psi}_{\alpha}(\boldsymbol{x})]\\=&\mp\frac{1}{2}\int\mathrm{d}^3x\lim_{\boldsymbol{x}'\to\boldsymbol{x}}\lim_{\tau'\to\tau^+}\left[\mathrm{i}\hbar\frac{\partial}{\partial\tau}+\frac{\hbar^2\nabla^2}{2m}+\mu\right]\mathrm{tr}\mathcal{G}(\boldsymbol{x}\tau,\boldsymbol{x}'\tau').\end{aligned} \tag{6.4.13}$$

由此可得哈密顿量的系综平均值也就是系统的内能为

$$E=\langle\hat{H}\rangle=\mp\frac{1}{2}\int\mathrm{d}^3x\lim_{\boldsymbol{x}'\to\boldsymbol{x}}\lim_{\tau'\to\tau^+}\left[-\hbar\frac{\partial}{\partial\tau}-\frac{\hbar^2\nabla^2}{2m}+\mu\right]\mathrm{tr}\mathcal{G}(\boldsymbol{x}\tau,\boldsymbol{x}'\tau'). \tag{6.4.14}$$

势能的平均值可用来计算热力学势 $\varOmega$. 引进带耦合常数的哈密顿量：

$$\hat{H}(\lambda)=\hat{H}_0+\lambda\hat{H}_I,\quad \hat{K}(\lambda)=\hat{K}_0+\lambda\hat{K}_I, \tag{6.4.15}$$

其中,

$$\hat{K}_0=\hat{H}_0-\mu\hat{N};\quad \hat{K}_I=\hat{H}_I.$$

当 $\lambda=0$ 描述了没有相互作用的体系, 而 $\lambda=1$ 则是描述了有相互作用的体系. 对 $\hat{K}$ 的巨配分函数为

$$Z_{G\lambda}=\mathrm{e}^{-\beta\Omega_\lambda}=\mathrm{tre}^{-\beta\hat{K}(\lambda)}. \tag{6.4.16}$$

将 (6.4.16) 式对 λ 求导数

$$\frac{\partial\Omega_\lambda}{\partial\lambda}=-k_{\mathrm{B}}\frac{T}{Z_{G\lambda}}\frac{\partial Z_{G\lambda}}{\partial\lambda}. \tag{6.4.17}$$

将 (6.4.16) 式指数上的算符展开:

$$Z_{G\lambda}=\sum_{n=0}^{\infty}(n!)^{-1}(-\beta)^n\mathrm{tr}(\hat{K}_0+\lambda\hat{K}_1)^n.$$

所以

$$\begin{aligned}\frac{\partial Z_{G\lambda}}{\partial\lambda}&=\sum_{n=1}^{\infty}(n!)^{-1}(-\beta)^n\frac{\partial}{\partial\lambda}\mathrm{Tr}(\hat{K}_0+\lambda\hat{K}_I)^n\\&=\sum_{n=1}^{\infty}(n!)^{-1}(-\beta)^n n\mathrm{Tr}[(\hat{K}_0+\lambda\hat{K}_I)^{n-1}\hat{K}_I]\\&=-\beta\sum_{n=1}^{\infty}[(n-1)!]^{-1}(-\beta)^{n-1}\mathrm{Tr}[(\hat{K}_0+\lambda\hat{K}_I)^{n-1}\hat{K}_I]\\&=-\beta\mathrm{tr}(\mathrm{e}^{-\beta\hat{K}(\lambda)}\hat{K}_I)\\&=-\frac{\beta}{\lambda}\mathrm{e}^{-\beta\Omega_\lambda}\langle\lambda\hat{K}_I\rangle_\lambda,\end{aligned} \tag{6.4.18}$$

其中 $\langle\cdots\cdots\rangle_\lambda$ 表示以 $\hat{K}(\lambda)$ 为哈密顿量的系综平均值, 将 (6.4.18) 式代入 (6.4.17) 式, 得

$$\frac{\partial\Omega_\lambda}{\partial\lambda}=\frac{\langle\lambda\hat{K}_I\rangle_\lambda}{\lambda}=\frac{\langle\lambda\hat{H}_I\rangle_\lambda}{\lambda}.$$

从 $\lambda=0$ 到 $\lambda=1$ 积分:

$$\Omega-\Omega_0=\int_0^1\lambda^{-1}\mathrm{d}\lambda\langle\lambda\hat{H}_I\rangle_\lambda, \tag{6.4.19}$$

其中 Ω_0 是没有相互作用系统的热力学势, 是可以求出来的. (6.4.19) 式给出了 Ω 的一个表示式, 可以改写成用格林函数表达的形式:

$$\begin{aligned}\Omega(T,V,\mu)=&\Omega_0(T,V,\mu)\mp\int_0^1\lambda^{-1}\mathrm{d}\lambda\int\mathrm{d}^3x\\&\times\lim_{\boldsymbol{x}'\to\boldsymbol{x}}\lim_{\tau'\to\tau^+}\frac{1}{2}\left[-\hbar\frac{\partial}{\partial\tau}+\frac{\hbar^2\nabla^2}{2m}+\mu\right]\mathrm{tr}\mathcal{G}^\lambda(\boldsymbol{x}\tau,\boldsymbol{x}'\tau').\end{aligned} \tag{6.4.20}$$

值得注意的是, (6.4.20) 式表示的是与 $\langle\hat{H}\rangle$ 不同的物理量, Ω 对计算有限温度系统的热力学性质是有用的.

3. 没有相互作用系统

在 6.1 节我们以自由费米子系统为例, 计算了体系的基态格林函数, 现在也以没有相互作用系统为例, 计算有限温度格林函数.

没有外场时, 单粒子态可以用平面波来表示:

$$\hat{\psi}(\boldsymbol{x}) = \frac{1}{\sqrt{V}}\sum_{\boldsymbol{k},\lambda} \mathrm{e}^{\mathrm{i}\boldsymbol{k}\cdot\boldsymbol{x}}\eta_\lambda a_{\boldsymbol{k},\lambda},$$
$$\hat{\psi}^{+}(\boldsymbol{x}) = \frac{1}{\sqrt{V}}\sum_{\boldsymbol{k},\lambda} \mathrm{e}^{-\mathrm{i}\boldsymbol{k}\cdot\boldsymbol{x}}\eta_\lambda^{+} a_{\boldsymbol{k},\lambda}^{+}, \tag{6.4.21}$$

其中 λ 为自旋指标, η_λ 为自旋波函数, 对自旋为 0 的玻色子, 可以不需要 λ 及 η_λ. 对没有相互作用系统, 海森伯表象的场算符为

$$\hat{\psi}_k(\boldsymbol{x}\tau) = \frac{1}{\sqrt{V}}\sum_{\boldsymbol{k},\lambda} \mathrm{e}^{\mathrm{i}\boldsymbol{k}\cdot\boldsymbol{x}}\eta_\lambda \mathrm{e}^{\hat{K}_0\tau/\hbar} a_{\boldsymbol{k},\lambda}\mathrm{e}^{-\hat{K}_0\tau/\hbar},$$
$$\hat{\psi}_k^{+}(\boldsymbol{x}\tau) = \frac{1}{\sqrt{V}}\sum_{\boldsymbol{k},\lambda} \mathrm{e}^{-\mathrm{i}\boldsymbol{k}\cdot\boldsymbol{x}}\eta_\lambda^{+} \mathrm{e}^{\hat{K}_0\tau/\hbar} a_{\boldsymbol{k},\lambda}^{+}\mathrm{e}^{-\hat{K}_0\tau/\hbar}. \tag{6.4.22}$$

算符 a 的运动方程:

$$\hbar\frac{\partial}{\partial\tau}a_{\boldsymbol{k},\lambda}(\tau) = \mathrm{e}^{\hat{K}_0\tau/\hbar}[\hat{K}_0, a_{\boldsymbol{k},\lambda}]\mathrm{e}^{-\hat{K}_0\tau/\hbar} = -(\varepsilon_k^0 - \mu)a_{\boldsymbol{k},\lambda}(\tau), \tag{6.4.23}$$

其中 $\varepsilon_k^0 = \hbar^2k^2/2m$, 方程 (6.4.23) 的解为

$$a_{\boldsymbol{k},\lambda}(\tau) = a_{\boldsymbol{k},\lambda}\exp\frac{-(\varepsilon_k^0-\mu)\tau}{\hbar}, \tag{6.4.24a}$$

类似的可有

$$a_{\boldsymbol{k},\lambda}^{+}(\tau) = a_{\boldsymbol{k},\lambda}^{+}\exp\frac{(\varepsilon_k^0-\mu)\tau}{\hbar}. \tag{6.4.24b}$$

按照有限温度格林函数的定义:

$$\mathcal{G}_{\alpha\beta}^0(\boldsymbol{x}\tau, \boldsymbol{x}'\tau') = -\mathrm{e}^{\beta\Omega_0}\mathrm{tr}\{\mathrm{e}^{-\beta\hat{K}_0}\mathrm{tr}[\hat{\psi}_{k\alpha}(\boldsymbol{x}\tau)\hat{\psi}_{k\beta}^{+}(\boldsymbol{x}'\tau')]\}.$$

对没有相互作用系统, 具有平移及旋转不变性. 先考虑当 $\tau > \tau'$ 的情况:

$$\begin{aligned}\mathcal{G}_{\alpha\beta}^0(\boldsymbol{x}\tau, \boldsymbol{x}'\tau) =& -\frac{1}{V}\sum_{\boldsymbol{k}\boldsymbol{k}'}\sum_{\lambda\lambda'} \mathrm{e}^{\mathrm{i}(\boldsymbol{k}\cdot\boldsymbol{x}-\boldsymbol{k}'\cdot\boldsymbol{x}')}(\eta\lambda)_\alpha(\eta_{\lambda'}^{+})_\beta \\ &\times\exp\left[\frac{-(\varepsilon_k^0-\mu)\tau}{\hbar} + \frac{(\varepsilon_{k'}^0-\mu)\tau'}{\hbar}\right]\langle a_{\boldsymbol{k},\lambda}a_{\boldsymbol{k}',\lambda'}^{+}\rangle_0 \\ =& -\frac{1}{V}\delta_{\alpha\beta}\sum_{\boldsymbol{k}} \mathrm{e}^{\mathrm{i}\boldsymbol{k}\cdot(\boldsymbol{x}-\boldsymbol{x}')}\exp\left[\frac{-(\varepsilon_k^0-\mu)(\tau-\tau')}{\hbar}\right]\langle a_{\boldsymbol{k},\lambda}a_{\boldsymbol{k},\lambda}^{+}\rangle_0,\end{aligned} \tag{6.4.25}$$

其中,

$$\langle a_{\boldsymbol{k},\lambda}a^{\dagger}_{\boldsymbol{k},\lambda}\rangle_0 = 1 \pm \langle a^{\dagger}_{\boldsymbol{k},\lambda}a_{\boldsymbol{k},\lambda}\rangle_0 = 1 \pm n^0_{\boldsymbol{k}}. \tag{6.4.26}$$

(6.4.26) 式中正号是对玻色子, 负号对费米子, 由系综理论可知:

$$n^0_{\boldsymbol{k}} = \{\exp[\beta(\varepsilon^0_k - \mu)] \mp 1\}^{-1} \tag{6.4.27}$$

将 (6.4.26) 式代入 (6.4.25) 式得

$$\mathcal{G}^0_{\alpha\beta}(\boldsymbol{x}\tau, \boldsymbol{x}'\tau') = -\frac{\delta_{\alpha\beta}}{V}\sum_{\boldsymbol{k}} \mathrm{e}^{\mathrm{i}\boldsymbol{k}\cdot(\boldsymbol{x}-\boldsymbol{x}')}\exp\left[\frac{-(\varepsilon^0_k - \mu)(\tau-\tau')}{\hbar}\right](1 \pm n^0_{\boldsymbol{k}}).$$

与上述过程相类似, 可得到当 $\tau < \tau'$ 时:

$$\mathcal{G}^0_{\alpha\beta}(\boldsymbol{x}\tau, \boldsymbol{x}'\tau') = \mp\frac{\delta_{\alpha\beta}}{V}\sum_{\boldsymbol{k}} \mathrm{e}^{\mathrm{i}\boldsymbol{k}\cdot(\boldsymbol{x}-\boldsymbol{x}')}\exp\left[\frac{-(\varepsilon^0_k - \mu)(\tau-\tau')}{\hbar}\right] n^0_{\boldsymbol{k}}.$$

从以上结果可以看出, 格林函数在自旋空间是对角的, 在普通空间只依赖于 $(\boldsymbol{x} - \boldsymbol{x}', \tau - \tau')$.

用普遍公式 (6.4.7′) 及 (6.4.14) 可得粒子数及总能量的平均值为

$$N_0(T, V, \mu) = \sum_{\boldsymbol{k}} n^0_{\boldsymbol{k}} = \sum_{\boldsymbol{k}}\{\exp[\beta(\varepsilon^0_k - \mu)] \mp 1\}^{-1};$$

$$E_0(T, V, \mu) = \sum_{\boldsymbol{k}} \varepsilon^0_k n^0_{\boldsymbol{k}} = \sum_{\boldsymbol{k}} \varepsilon^0_k\{\exp[\beta(\varepsilon^0_k - \mu)] \mp 1\}^{-1}.$$

6.5 有限温度的微扰展开

1. 微扰展开

计算有限温度的微扰展开式, 依然是在相互作用表象中进行. 定义相互作用表象的算符 $\hat{O}_I(\tau)$ 和海森伯表象的算符 $\hat{O}_K(\tau)$ 与薛定谔表象的算符 $\hat{O}_S$ 之间的关系为

$$\begin{aligned}\hat{O}_I(\tau) &\equiv \mathrm{e}^{\hat{K}_0\tau/\hbar}\hat{O}_S\mathrm{e}^{-\hat{K}_0\tau/\hbar};\\ \hat{O}_k(\tau) &\equiv \mathrm{e}^{\hat{K}\tau/\hbar}\hat{O}_S\mathrm{e}^{-\hat{K}\tau/\hbar}.\end{aligned} \tag{6.5.1}$$

得到 $\hat{O}_k(\tau)$ 与 $\hat{O}_I(\tau)$ 之间的关系为

$$\hat{O}_k(\tau) = \mathrm{e}^{\hat{K}\tau/\hbar}\mathrm{e}^{-\hat{K}_0\tau/\hbar}\hat{O}_I(\tau)\mathrm{e}^{\hat{K}_0\tau/\hbar}\mathrm{e}^{-\hat{K}\tau/\hbar} = \hat{u}(0,\tau)\hat{O}_I(\tau)\hat{u}(\tau,0), \tag{6.5.2}$$

其中算符 $\hat{u}$ 被定义为

$$\hat{u}(\tau_1,\tau_2)=\mathrm{e}^{\hat{K}_0\tau_1/\hbar}\mathrm{e}^{-\hat{K}(\tau_1-\tau_2)/\hbar}\mathrm{e}^{-\hat{K}_0\tau_2/\hbar} \tag{6.5.3}$$

$\hat{u}$ 不是幺正算符, 但有以下性质:

$$\begin{aligned}&\hat{u}(\tau_1,\tau_2)\hat{u}(\tau_2,\tau_3)=\hat{u}(\tau_1,\tau_3),\\&\hat{u}(\tau_1,\tau_1)=1.\end{aligned} \tag{6.5.4}$$

另外有

$$\hat{u}(\tau,0)=\mathrm{e}^{\hat{K}_0\tau/\hbar}\mathrm{e}^{-\hat{K}\tau/\hbar},$$

$$\hat{u}(0,\tau)=\mathrm{e}^{\hat{K}\tau/\hbar}\mathrm{e}^{-\hat{K}_0\tau/\hbar}.$$

$\hat{u}(\tau,0)$ 及 $\hat{u}(0,\tau)$ 互为逆算符. $\hat{u}(\tau,\tau')$ 对 τ 的微分为

$$\begin{aligned}\hbar\frac{\partial}{\partial\tau}\hat{u}(\tau,\tau')&=\mathrm{e}^{\hat{K}_0\tau/\hbar}(\hat{K}_0-\hat{K})\mathrm{e}^{-\hat{K}(\tau-\tau')/\hbar}\mathrm{e}^{-\hat{K}_0\tau'/\hbar}\\&=\mathrm{e}^{\hat{K}_0\tau/\hbar}(\hat{K}_0-\hat{K})\mathrm{e}^{-\hat{K}_0\tau/\hbar}\hat{u}(\tau,\tau')\\&=-\hat{K}_I(\tau)\hat{u}(\tau,\tau'),\end{aligned} \tag{6.5.5}$$

其中,

$$\hat{K}_I(\tau)=\mathrm{e}^{\hat{K}_0\tau/\hbar}\hat{K}_I\mathrm{e}^{-\hat{K}_0\tau/\hbar}.$$

方程 (6.5.5) 的解可以写成

$$\hat{u}(\tau,\tau')=\sum_{n=0}^{\infty}\left(-\frac{1}{\hbar}\right)^n\frac{1}{n!}\int_{\tau'}^{\tau}\mathrm{d}\tau_1\cdots\int_{\tau'}^{\tau}\mathrm{d}\tau_n T_\tau[\hat{K}_I(\tau_1)\cdots\hat{K}_I(\tau_n)]. \tag{6.5.6}$$

将 $\hat{u}$ 的定义 (6.5.3) 式改写成

$$\mathrm{e}^{-\hat{K}\tau/\hbar}=\mathrm{e}^{-\hat{K}_0\tau/\hbar}\hat{u}(\tau,0). \tag{6.5.7}$$

(6.5.7) 式中用 $\beta\hbar$ 代替 τ, 得到巨配分函数的微扰展开式为

$$\begin{aligned}\mathrm{e}^{-\beta\Omega}=\mathrm{Tr}\mathrm{e}^{-\beta\hat{K}}&=\mathrm{Tr}[\mathrm{e}^{-\beta\hat{K}_0}u(\beta\hbar,0)]\\&=\sum_{n=0}^{\infty}\left(-\frac{1}{\hbar}\right)^n\frac{1}{n!}\int_0^{\beta\hbar}\mathrm{d}\tau_1\cdots\int_0^{\beta\hbar}\mathrm{d}\tau_n\mathrm{Tr}\{\mathrm{e}^{-\beta\hat{K}_0}\\&\quad\times T_\tau[\hat{K}_I(\tau_1)\cdots\hat{K}_I(\tau_n)]\}.\end{aligned} \tag{6.5.8}$$

用相互作用表象写出有限温度格林函数, 对 $\tau > \tau'$:

$$\begin{aligned}\mathcal{G}_{\alpha\beta}(\boldsymbol{x}\tau,\boldsymbol{x}'\tau') &= -\mathrm{e}^{\beta\Omega}\mathrm{Tr}[\mathrm{e}^{-\beta\hat{K}}\hat{\psi}_{k\alpha}(\boldsymbol{x}\tau)\hat{\psi}^{+}_{k\beta}(\boldsymbol{x}'\tau')] \\ &= -\mathrm{e}^{\beta\Omega}\mathrm{Tr}\{\mathrm{e}^{-\beta\hat{K}_0}\hat{u}(\beta\hbar,0)[\hat{u}(0,\tau)\hat{\psi}_{I\alpha}(\boldsymbol{x}\tau)\hat{u}(\tau,0)] \\ &\quad\times[u(0,\tau')\hat{\psi}^{+}_{I\beta}(\boldsymbol{x}',\tau)\hat{u}(\tau',0)]\} \\ &= \frac{-\mathrm{Tr}[\mathrm{e}^{-\beta\hat{K}_0}\hat{u}(\beta\hbar,\tau)\hat{\psi}_{I\alpha}(\boldsymbol{x}\tau)\hat{u}(\tau,\tau')\hat{\psi}^{+}_{I\beta}(\boldsymbol{x}',\tau')\hat{u}(\tau',0)]}{\mathrm{Tr}[\mathrm{e}^{-\beta\hat{K}_0}\hat{u}(\beta\hbar,0)]} \end{aligned} \tag{6.5.9}$$

同样, 对 $\tau < \tau'$.

$$\begin{aligned}&\mathcal{G}_{\alpha\beta}(\boldsymbol{x}\tau,\boldsymbol{x}'\tau') \\ &= \frac{\mp\mathrm{Tr}[\mathrm{e}^{-\beta\hat{K}_0}\hat{u}(\beta\hbar,\tau')\hat{\psi}^{+}_{I\beta}(\boldsymbol{x}'\tau')\hat{u}(\tau',\tau)\hat{\psi}_{I\alpha}(\boldsymbol{x}\tau)\hat{u}(\tau,0)]}{\mathrm{Tr}[\mathrm{e}^{-\beta\hat{K}_0}\hat{u}(\beta\hbar,0)]}\end{aligned} \tag{6.5.10}$$

与基态格林函数的证明过程相类似, 可得 $\mathcal{G}$ 的展开式为

$$\begin{aligned}&\mathcal{G}_{\alpha\beta}(\boldsymbol{x}\tau,\boldsymbol{x}'\tau') \\ &= \frac{\begin{aligned}-\mathrm{Tr}\Big\{\mathrm{e}^{-\beta\hat{K}_0}\sum_{n=0}^{\infty}(-\hbar)^{-n}(n!)^{-1}\int_0^{\beta\hbar}\mathrm{d}\tau_1\cdots\int_0^{\beta\hbar}\mathrm{d}\tau_n T_\tau[\hat{K}_I(\tau_1)\cdots\hat{K}_I(\tau_n) \\ \times\hat{\psi}_{I\alpha}(\boldsymbol{x}\tau)\hat{\psi}_{I\beta}(\boldsymbol{x}'\tau')]\Big\}\end{aligned}}{\mathrm{Tr}\Big\{\mathrm{e}^{-\beta\hat{K}_0}\sum_{n=0}^{\infty}(-\hbar)^{-n}(n!)^{-1}\int_0^{\beta\hbar}\mathrm{d}\tau_1\cdots\int_0^{\beta\hbar}\mathrm{d}\tau_n T_\tau[\hat{K}_I(\tau_1)\cdots\hat{K}_I(\tau_n)]\Big\}}\end{aligned} \tag{6.5.11}$$

(6.5.11) 式的分母就是 $\mathrm{e}^{-\beta\Omega}$ 的展开式.

2. 有限温度格林函数的周期性

由 (6.5.11) 式看出, τ_i 的积分区间是 0 到 $\beta\hbar$, 故 τ 及 τ' 也被限制在这区间内, $(\tau-\tau')$ 满足 $-\beta\hbar < (\tau-\tau') < \beta\hbar$. 在这区域内, 有限温度格林函数有一个重要特性: 周期性. 为了确定起见, 先固定 $\tau'(0<\tau'<\beta\hbar)$.

$$\begin{aligned}\mathcal{G}_{\alpha\beta}(\boldsymbol{x}0,\boldsymbol{x}'\tau') &= \mp\mathrm{e}^{\beta\Omega}\mathrm{Tr}[\mathrm{e}^{-\beta\hat{K}}\hat{\psi}^{+}_{k\beta}(\boldsymbol{x}'\tau')\hat{\psi}_{kx}(\boldsymbol{x}0)] \\ &= \mp\mathrm{e}^{\beta\Omega}\mathrm{Tr}[\hat{\psi}_{k\alpha}(\boldsymbol{x}0)\mathrm{e}^{-\beta\hat{K}}\hat{\psi}^{+}_{k\beta}(\boldsymbol{x}'\tau')] \\ &= \mp\mathrm{e}^{\beta\Omega}\mathrm{Tr}[\mathrm{e}^{-\beta\hat{K}}\hat{\psi}_{k\alpha}(\boldsymbol{x}\beta\hbar)\hat{\psi}^{+}_{k\beta}(\boldsymbol{x}'\tau')] \\ &= \pm\mathcal{G}_{\alpha\beta}(\boldsymbol{x}\beta\hbar,\boldsymbol{x}'\tau'). \end{aligned} \tag{6.5.12}$$

类似地, 固定 τ 可得

$$\mathcal{G}_{\alpha\beta}(\boldsymbol{x}\tau,\boldsymbol{x}'0) = \pm\mathcal{G}_{\alpha\beta}(\boldsymbol{x}\tau,\boldsymbol{x}'\beta\hbar). \tag{6.5.13}$$

因此, 单粒子有限温度格林函数对时间变数是周期性的 (对玻色子为正周期性, 对费米子为反周期性), 周期长度是 $\beta\hbar$.

当 $\hat{H}$ 不显含时间, $\mathcal{G}$ 只依赖于 $\tau-\tau'$, 周期性可表示成

$$\mathcal{G}_{\alpha\beta}(\boldsymbol{x},\boldsymbol{x}',\tau-\tau'<0)=\pm\mathcal{G}_{\alpha\beta}(\boldsymbol{x},\boldsymbol{x}',\tau-\tau'+\beta\hbar) \tag{6.5.14}$$

由于 τ 及 τ' 被限制在 $0\leqslant\tau,\tau'\leqslant\beta\hbar$, 故 $\tau-\tau'<0$ 必然有 $\tau-\tau'+\beta\hbar>0$.

对没有相互作用的系统, 由 $\mathcal{G}^0$ 的周期性可得

$$n_{\boldsymbol{k}}^0\mathrm{e}^{\beta(\varepsilon_k^0-\mu)}=1\pm n_{\boldsymbol{k}}^0. \tag{6.5.15}$$

3. 有限温度下的维克定理

基态格林函数的微扰展开式可以通过维克定理而加以简化, 其原因是算符的正规乘积对基态平均值为 0; 但在有限温度下计算的是系综平均值, 因而不能简单地作同样简化. Matsubara[6.3] 将维克定理作了推广, 使对有限温度格林函数也可以得到简化.

首先看微扰展开的前几项, 分子可写成

$$\begin{aligned}
&-\mathrm{Tr}\{\mathrm{e}^{-\beta\hat{K}_0}T_\tau[\hat{\psi}_{I\alpha}(\boldsymbol{x}\tau)\hat{\psi}_{I\beta}^+(\boldsymbol{x}'\tau')]\}\\
&+\hbar^{-1}\mathrm{Tr}\left\{\mathrm{e}^{-\beta\hat{K}_0}\int_0^{\beta\hbar}\mathrm{d}\tau_1T_\tau[\hat{K}_I(\tau_1)\hat{\psi}_{I\alpha}(\boldsymbol{x}\tau)\hat{\psi}_{I\beta}^+(\boldsymbol{x}'\tau')]\right\}\\
&-\frac{1}{2\hbar^2}\mathrm{Tr}\left\{\mathrm{e}^{-\beta\hat{K}_0}\int_0^{\beta\hbar}\mathrm{d}\tau_1\int_0^{\beta\hbar}\mathrm{d}\tau_2T_\tau[\hat{K}_I(\tau_1)\hat{K}_I(\tau_2)\hat{\psi}_{I\alpha}(\boldsymbol{x}\tau)\hat{\psi}_{I\beta}^+(\boldsymbol{x}'\tau')]\right\}\\
&+\cdots\cdots.
\end{aligned}$$

这里第一项是没有相互作用系统的格林函数:

$$\mathrm{e}^{-\beta\Omega}\mathcal{G}_{\alpha\beta}^0(\boldsymbol{x}\tau,\boldsymbol{x}'\tau').$$

如果 $\hat{K}_I=0$, 这一项就是严格的格林函数. 而第二项是六个场算符的系综平均值, 可以通过统计算符 $\mathrm{e}^{\beta\hat{K}_0}$ 来计算. 从上式可以看出, 每项都具有与第一项相同的结构, 推广的维克定理就是为了处理这样的问题.

为了表示出相互作用表象场算符, 我们选择单粒子基矢为 $\{\phi_j^0(\boldsymbol{x})\}$, 满足方程:

$$K_0\phi_j^0(\boldsymbol{x})=(\varepsilon_j^0-\mu)\phi_j^0(\boldsymbol{x}).$$

场算符可以表示成

$$\hat{\psi}(\boldsymbol{x})=\sum_j\phi_j^0(\boldsymbol{x})a_j,$$

$$\hat{\psi}^{+}(\boldsymbol{x})=\sum_{j}\phi_{j}^{0}(\boldsymbol{x})^{+}a_{j}^{+},$$

其中 j 表示空间及自旋的全部量子数, 为了方便起见, 令

$$e_{j}\equiv\varepsilon_{j}^{0}-\mu. \tag{6.5.16}$$

相互作用表象的场算符则为

$$\begin{aligned}\hat{\psi}_{I}(\boldsymbol{x}\tau)&=\sum_{j}\phi_{j}^{0}(\boldsymbol{x})a_{j}\mathrm{e}^{-e_{j}\tau/\hbar};\\ \hat{\psi}_{I}^{+}(\boldsymbol{x}\tau)&=\sum_{j}\phi_{j}^{0}(\boldsymbol{x})^{+}a_{j}^{+}\mathrm{e}^{e_{j}\tau/\hbar}.\end{aligned} \tag{6.5.17}$$

相应的单粒子格林函数为

$$\mathcal{G}_{\alpha\beta}^{0}(\boldsymbol{x}\tau,\boldsymbol{x}'\tau')=-\sum_{j}\phi_{j}^{0}(\boldsymbol{x})\phi_{j}^{0}(\boldsymbol{x}')^{+}\mathrm{e}^{-e_{j}(\tau-\tau')/\hbar}\times\begin{cases}1\pm n_{j}^{0}, & \tau>\tau';\\ \pm n_{j}^{0}, & \tau<\tau'.\end{cases} \tag{6.5.18}$$

其中,

$$n_{j}^{0}=\mathrm{e}^{\beta\Omega_{0}}\mathrm{Tr}(\mathrm{e}^{-\beta\hat{K}_{0}}a_{j}^{+}a_{j})=(\mathrm{e}^{\beta e_{j}}\pm1)^{-1} \tag{6.5.19}$$

微扰展开式中的一般项可以表示成这样的形式:

$$\mathrm{Tr}\{\rho_{G_{0}}T_{\tau}[\hat{A}\hat{B}\hat{C}\cdots\cdots\hat{F}]\}\equiv\langle T_{\tau}[\hat{A}\hat{B}\hat{C}\cdots\cdots\hat{F}]\rangle_{0}, \tag{6.5.20}$$

其中 $\hat{A},\hat{B},\hat{C},\cdots,\hat{F}$ 是相互作用表象中的场算符, 每个算符有自己的时间变数 τ

$$\rho_{G_{0}}=\mathrm{e}^{\beta(\Omega_{0}-\hat{K}_{0})}. \tag{6.5.21}$$

定义两个算符的收缩为

$$\underbrace{\hat{A}\hat{B}}=\langle T_{\tau}[\hat{A}\hat{B}]\rangle_{0}=\mathrm{Tr}\{\rho_{G_{0}}T_{\tau}[\hat{A}\hat{B}]\}. \tag{6.5.22}$$

按照这样定义的收缩, 与基态一样, 两算符的收缩就是 $\mathcal{G}^{0}$. 例如:

$$\underbrace{\hat{\psi}_{I\alpha}(\boldsymbol{x}\tau)\hat{\psi}_{I\beta}^{+}}(\boldsymbol{x}'\tau')=-\mathcal{G}_{\alpha\beta}^{0}(\boldsymbol{x}\tau,\boldsymbol{x}'\tau'). \tag{6.5.23}$$

维克定理:

算符编时 (对 τ 而言) 乘积对巨正则系综的平均值等于所有可能的全部收缩项之和.

$$\langle T_{\tau}[\hat{A}\hat{B}\hat{C}\cdots\cdots\hat{F}]\rangle_{0}=[\underbrace{\hat{A}\hat{B}}\underbrace{\hat{C}\cdots}\underbrace{\cdots\hat{F}}]+[\underbrace{A\underbrace{BC}}\cdots\underbrace{\cdots F}]+\cdots. \tag{6.5.24}$$

(对费米子算符的交换, 会产生一个负号.)

证明：

由于等式两边算符的次序可以任意排列, 只要保证每项的算符次序相同即可; 因而可以认为这里的算符已经按照编时次序排列. 即

$$\tau_A > \tau_B > \tau_C \cdots > \tau_F.$$

于是需证明的维克定理成为代数式：

$$\langle \hat{A}\hat{B}\hat{C}\cdots\hat{F}\rangle_0 = [\underbrace{AB}\underbrace{C\cdots F}] + [\underbrace{ABC\cdots F}] + \cdots \tag{6.5.25}$$

为了方便, 引进相互作用表象场算符的一个普遍表示式：

$$\hat{\psi}_I\text{或}\hat{\psi}_I^+ = \sum_j \chi_j(\boldsymbol{x}\tau)\alpha_j, \tag{6.5.26}$$

其中 α_j 表示 a_j 或 $a_j^+, \chi_j(\boldsymbol{x}\tau)$ 表示 $\phi_j^0(\boldsymbol{x})\mathrm{e}^{-e_j\tau/\hbar}$ 或 $\phi_j^0(\boldsymbol{x})^+\mathrm{e}^{e_j\tau/\hbar}$. 用 (6.5.26) 式可将 (6.5.25) 式左边写成

$$\begin{aligned}\langle \hat{A}\hat{B}\hat{C}\cdots\hat{F}\rangle_0 = &\sum_a\sum_b\sum_c\cdots\sum_f \chi_a\chi_b\chi_c\cdots\chi_f \\ &\times \mathrm{Tr}(\hat{\rho}_{G_0}\alpha_a\alpha_b\alpha_c\cdots\alpha_f).\end{aligned} \tag{6.5.27}$$

在 tr 中的算符, 如果产生及湮没算符数目不等, 则由于 $\hat{K}_0$ 与 $\hat{N}$ 对易, tr 必然为 0, 故产生与湮没算符个数必须相等.

利用算符 α 的对易或反对易关系, 将 (6.5.27) 式等号右边的最后一部分改写成

$$\begin{aligned}&\mathrm{Tr}(\hat{\rho}_{G_0}\alpha_a\alpha_b\alpha_c\cdots\alpha_f) \\ =&\mathrm{Tr}\{\hat{\rho}_{G_0}[\alpha_a,\alpha_b]_\mp\alpha_c\cdots\alpha_f\} \pm \mathrm{Tr}\{\hat{\rho}_{G_0}\alpha_b[\alpha_a,\alpha_c]_\mp\cdots\alpha_f\} \\ &+\cdots+\mathrm{Tr}\{\hat{\rho}_{G_0}\alpha_b\alpha_c\cdots[\alpha_a,\alpha_f]_\mp\} \pm \mathrm{Tr}\{\hat{\rho}_{G_0}\alpha_b\alpha_c\cdots\alpha_f\alpha_a\}\end{aligned} \tag{6.5.28}$$

(6.5.28) 式对易子的值总是 +1, −1 或 0, 不论哪一种都可以放到 tr 前面去. 由方程 (6.4.24) 的简单推广, 有

$$\mathrm{e}^{\beta\hat{K}_0}\alpha_a\mathrm{e}^{-\beta\hat{K}_0} = \alpha_a\mathrm{e}^{\lambda_a\beta e_g}, \tag{6.5.29}$$

其中,

$$\lambda_a = \begin{cases} 1, & \text{如果}\alpha_a\text{是产生算符;} \\ -1, & \text{如果}\alpha_a\text{是湮没算符.}\end{cases}$$

(6.5.29) 式等价于

$$\alpha_a\hat{\rho}_{G_0} = \hat{\rho}_{G_0}\alpha_a\mathrm{e}^{\lambda_a\beta e_g}. \tag{6.5.30}$$

(6.5.28) 式最后一项利用 Tr 的循环性质：

$$\pm\mathrm{Tr}(\alpha_a\hat{\rho}_{G_0}\alpha_b\alpha_c\cdots\alpha_f)=\pm\mathrm{e}^{\lambda_a\beta e_a}\mathrm{Tr}(\rho_{G_0}\alpha_a\alpha_b\alpha_c\cdots\alpha_f). \tag{6.5.31}$$

将 (6.5.31) 式代入 (6.5.28) 式得到

$$\begin{aligned}\mathrm{tr}(\hat{\rho}_{G_0}\alpha_a\alpha_b\alpha_c\cdots\alpha_f)=&\frac{[\alpha_a,\alpha_b]_\mp}{1\mp\mathrm{e}^{\lambda_a\beta e_a}}\mathrm{tr}(\hat{\rho}_{G_0}\alpha_c\cdots\alpha_f)\\&\pm\frac{[\alpha_a,\alpha_c]_\mp}{1\mp\mathrm{e}^{\lambda_a\beta e_a}}\mathrm{tr}(\hat{\rho}_{G_0}\alpha_b\cdots\alpha_f)+\cdots\\&+\frac{[\alpha_a,\alpha_f]_\mp}{1\mp\mathrm{e}^{\lambda_a\beta e_a}}\mathrm{tr}(\hat{\rho}_{G_0}\alpha_b\alpha_c\cdots).\end{aligned} \tag{6.5.32}$$

对算符 α 引进收缩的定义：

$$\underbrace{\alpha_a\alpha_b}=\frac{[\alpha_a,\alpha_b]}{1\mp\mathrm{e}^{\lambda_a\beta e_a}}. \tag{6.5.33}$$

将 (6.5.33) 式代回 (6.5.32) 式, 得到

$$\begin{aligned}&\mathrm{Tr}(\hat{\rho}_{G_0}\alpha_a\alpha_b\alpha_c\cdots\alpha_f)\\=&\underbrace{\alpha_a\alpha_b}\mathrm{tr}(\hat{\rho}_{G_0}\alpha_c\cdots\alpha_f)\pm\underbrace{\alpha_a\alpha_c}\mathrm{tr}(\hat{\rho}_{G_0}\alpha_b\cdots\alpha_f)\\&+\cdots+\underbrace{\alpha_a\alpha_f}\mathrm{tr}(\hat{\rho}_{G_0}\alpha_b\alpha_c\cdots)\\=&\mathrm{Tr}(\hat{\rho}_{G_0}\underbrace{\alpha_a\alpha_b}\alpha_c\cdots\alpha_f)+\mathrm{Tr}(\hat{\rho}_{G_0}\underbrace{\alpha_a\alpha_b\alpha_c}\cdots\alpha_f)\\&+\cdots+\mathrm{Tr}(\hat{\rho}_{G_0}\underbrace{\alpha_a\alpha_b\alpha_c\cdots\alpha_f}).\end{aligned} \tag{6.5.34}$$

(6.5.34) 式中由对易或反对易关系可知, 大部分收缩为 0, 不为 0 的项只有

$$\begin{aligned}&\underbrace{\alpha_j^+\alpha_j}=\frac{[\alpha_j^+,\alpha_j]_\mp}{1\mp\mathrm{e}^{\beta e_j}}=\frac{\mp1}{1\mp\mathrm{e}^{\beta e_j}}=n_j^0;\\&\underbrace{\alpha_j\alpha_j^+}=1\mp n_j^0.\end{aligned} \tag{6.5.35}$$

(6.5.35) 式表明, 算符收缩等于相应算符的系综平均值, 一般情况可以写成

$$\underbrace{\alpha_a\alpha_b}=\langle\alpha_a\alpha_b\rangle_0=\langle T_\tau[\alpha_a\alpha_b]\rangle_0 \tag{6.5.36}$$

将 (6.5.34) 式代入 (6.5.27) 式：

$$\begin{aligned}\langle\hat{A}\hat{B}\hat{C}\cdots\hat{F}\rangle_0=&\sum_a\sum_b\sum_c\cdots\sum_f\chi_a\chi_b\chi_c\cdots\chi_f\\&\times\{\mathrm{Tr}[\hat{\rho}_{G_0}\underbrace{\alpha_a\alpha_b}\alpha_c\cdots\alpha_f]+\mathrm{Tr}[\hat{\rho}_{G_0}\underbrace{\alpha_a\alpha_b\alpha_c}\cdots\alpha_f]\}\\&+\cdots+\mathrm{Tr}[\rho_{G_0}\underbrace{\alpha_a\alpha_b\alpha_c\cdots\alpha_f}]\\=&\langle\underbrace{\hat{A}\hat{B}}\hat{C}\cdots\hat{F}\rangle_0+\langle\underbrace{\hat{A}\hat{B}\hat{C}}\cdots\hat{F}\rangle_0\\&+\cdots+\langle\underbrace{\hat{A}\hat{B}\hat{C}\cdots\hat{F}}\rangle_0.\end{aligned} \tag{6.5.37}$$

两个算符的收缩是 C 数, 可以提到平均值符号的前面去, 对剩下的没有收缩的算符平均值, 继续实行上述运算过程, 直到算符全部被收缩, 最终将得到

$$\langle \hat{A}\hat{B}\hat{C}\cdots\hat{F}\rangle_0 = [\hat{A}\hat{B}\hat{C}\cdots\hat{F}] + [\hat{A}\hat{B}\hat{C}\cdots\hat{F}] + \cdots.$$

上式就是我们要证明的维克定理.

推广的维克定理是十分普遍的, 可用于任何性质的相互作用情况, 唯一的条件是存在一个不依赖于时间的单粒子哈密顿量 $\hat{H}_0$, 由 $\hat{H}_0$ 决定了统计算符 $\mathrm{e}^{\beta(\Omega_0-\hat{K}_0)}$.

最后需指出, 就维克定理本身而言, 有限温度情况与基态情况略有差别, 前者只包括全部收缩的项, 后者将全部收缩项及未全部收缩项两者均包括在内, 但未全部收缩项对基态的平均值为 0, 故从计算格林函数的效果来看, 两者完全相同.

6.6 费恩曼图

前面我们已经讨论了格林函数的微扰展开及用维克定理将微扰展式简化的办法, 在具体计算微扰级数中每一级的值时, 较好的办法是费恩曼图方法, 本节将介绍坐标空间费恩曼图及动量空间费恩曼图.

1. 坐标空间费恩曼图

6.3 节的 (6.3.20) 式给出了基态格林函数微扰展开式一级项的分子部分, 由六项组成, 为了计算这六项的值, 对其中每一项用一个图形与其对应, 给出画图的原则是:

(1) 表达式中算符 ψ 或 ψ^+ 的每一个时空与自旋坐标用平面上的一个点来表示; 就 (6.3.20) 式而言, 六个场算符共有四个时空 (包括自旋) 坐标, 即 $(x_1,\lambda\lambda')$, $(x_1',\mu\mu')$, (x,α) 及 (y,β).

(2) 将与同一格林函数 G^0 的两个变量对应的点用实线连接起来, 每条实线有一个表示方向的箭头, 从 G^0 中的第二个变数指向第一个变数, 如果 G^0 中两个变数是同一时空点, 则划一个圆圈.

(3) 函数 $U(x_1,x_2)$ 内的 x_1 与 x_2 两点之间用虚线连接起来.

(4) 每个图中有两个点被称为外点, 经过每个外点的线只有一条实线, 其余的被称为顶点, 经过每个顶点的线有两条实线和一条虚线. 对每个顶点坐标积分, 对相应的自旋变量求和. 在 (6.3.20) 式中 x,y 为外点, 其余的为顶点.

按照这一规则, 微扰展开式中每一项可以画出一个图, 这种图被称为费恩曼图. 图 6.6.1 画出了与 (6.3.20) 式相对应的六个图.

由以上分析不难看出, 微扰级数的计算被归结为画出一切可能的费恩曼图, 然后根据图形计算相应的积分. 显然, 上面所讲的画图规则不足以解决这一问题, 必须进一步找到画出一切可能的图形以及写出相应解析式的一套方法, 才能有效地用于

计算格林函数. 图形与解析式之间的对应规则, 与相互作用的具体形式有关. 下面我们先对图形与解析式之间的关系作进一步的分析, 这些分析将会使计算更为简单.

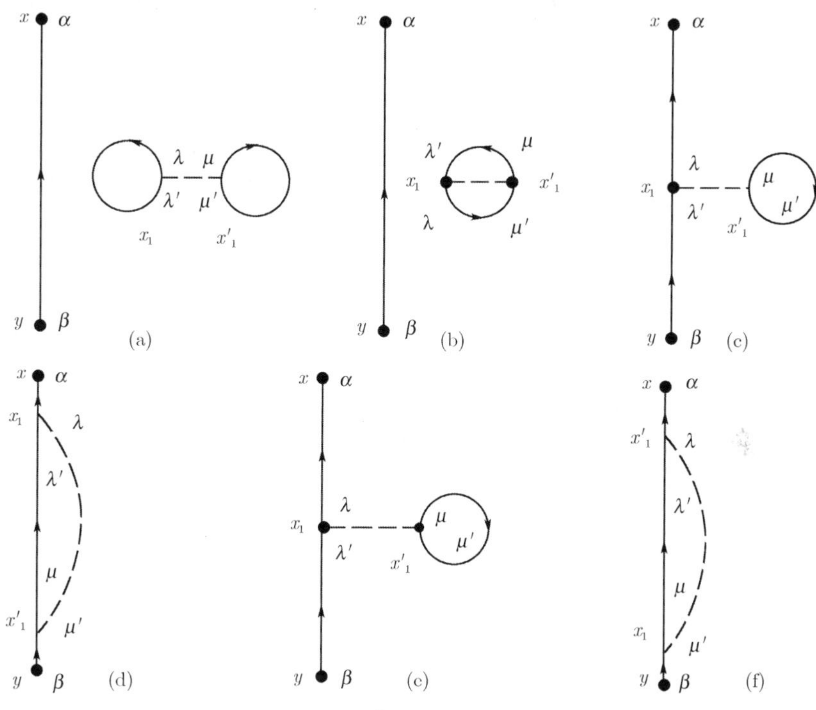

图 6.6.1 对 $\tilde{G}_{\alpha\beta}(x,y)$ 的一级贡献

(1) 从方程 (6.3.20) 及相应的费恩曼图可以看出, 有些格林函数的两个时间变数是相同的, 例如 (6.3.20) 式的 (a), (c) 和 (e), 这种情况来自于同一个 $\hat{H}_I$ 中两个有相同时空坐标的算符之间的收缩, 图形上的表现就是从一个顶点出发, 又回到原顶点的封闭圈, 在 H_I 中算符的次序一般是 $\hat{\psi}^+\psi$, 因而格林函数应理解为下述极限：

$$
\begin{aligned}
\mathrm{i}G^0_{\alpha\beta}(x,x) &= \lim_{t'\to t^+}\langle\phi_0[T|\psi_\alpha(\boldsymbol{x},t)\hat{\psi}^+_\beta(\boldsymbol{x},t')]\rangle \\
&= -\langle\phi_0|\hat{\psi}^+_\beta(x)\hat{\psi}_\alpha(x)|\phi_0\rangle \\
&= -(2s+1)^{-1}\delta_{\alpha\beta}n^0(x). \qquad (6.6.1)
\end{aligned}
$$

(以上是对费米子而言)

其中 $n^0(x)$ 是没有微扰时基态的粒子密度, 在有相互作用系统中, 一般来说并不等于 $n(x)$, 原因是相互作用可以改变粒子分布, 但对均匀系来说, 相互作用不改变粒子数, 所以

$$
n^0 = n = N/V.
$$

(2) 所有的费恩曼图可以分为相连图及不相连图两种, 所谓相连图就是任何一个顶点总是直接或间接地用某种线与外点相连接, 不相连图就是图中某一部分无论直接或间接都不与外点相连, 这两种图形的区别从图上容易加以区分, 例如：图 6.6.1 中 (a) 及 (b) 为不相连图, 其余的为相连图. 在解析式中同样可以加以区别, 在任意级微扰项中, 如果对每个 $\hat{H}_I$, 其中的场算符都直接或间接地与 $\hat{\psi}_\alpha(x)$ 或 $\hat{\psi}^+_\beta(y)$ 产生收缩, 这样的项所对应的就是相连图. 而如果展开式中有一部分 $\hat{H}_I$ 其场算符不论直接或间接都不与 $\hat{\psi}_\alpha(x)$ 或 $\hat{\psi}^+_\beta(y)$ 产生收缩, 这样的项所对应的就是不相连图.

考虑微扰展开中第 ν 级项, 将 ν 个 $\hat{H}_I$ 分成 m 及 n 两组, 满足 $\nu=m+n$, 其中 m 个 $\hat{H}_I$ 构成的是相连图, n 个构成的是不相连图, 对各种可能的 m 及 n 值求和, 得到对格林函数的第 ν 级贡献, 为 (只写出分子部分)

$$\begin{aligned}\mathrm{i}\tilde{G}^{(\nu)}_{\alpha\beta}(x,y)=&\sum_{n=0}^{\infty}\sum_{m=0}^{\infty}\left(\frac{-\mathrm{i}}{\hbar}\right)^{\nu}\frac{1}{\nu!}\frac{\nu!}{m!n!}\delta_{\nu,m+n}\int_{-\infty}^{\infty}\mathrm{d}t_1\cdots\int_{-\infty}^{\infty}\mathrm{d}t_m\\&\times\langle\phi_0|T[\hat{H}_I(t_1)\cdots\hat{H}_I(t_m)\hat{\psi}_\alpha(x)\hat{\psi}^+_\beta(y)]|\phi_0\rangle_{\mathrm{c}}\\&\times\int_{-\infty}^{\infty}\mathrm{d}t_1\cdots\int_{-\infty}^{\infty}\mathrm{d}t_n\langle\phi_0|T[\hat{H}_I(t_1)\cdots\hat{H}_I(t_n)]|\phi_0\rangle,\end{aligned}$$

其中 $\langle\cdots\rangle_{\mathrm{c}}$ 表示相连图, 上式的证明只需将等号两边用维克定理展开就可得到. 对整个格林函数, 需对 ν 求和, 由于 $\delta_{\nu,m+n}$ 因子的存在, 求和很容易做到, 得

$$\begin{aligned}\mathrm{i}\tilde{G}_{\alpha\beta}(x,y)=&\sum_{m=0}^{\infty}\left(\frac{-\mathrm{i}}{\hbar}\right)^{m}\frac{1}{m!}\int_{-\infty}^{\infty}\mathrm{d}t_1\cdots\int_{-\infty}^{\infty}\mathrm{d}t_m\\&\times\langle\phi_0|T[\hat{H}_I(t_1)\cdots\hat{H}_I(t_m)\hat{\psi}_\alpha(x)\hat{\psi}^+_\beta(y)]|\phi_0\rangle_{\mathrm{c}}\\&\times\sum_{n=0}^{\infty}\left(\frac{-\mathrm{i}}{\hbar}\right)^{n}\frac{1}{n!}\int_{-\infty}^{\infty}\mathrm{d}t_1\cdots\int_{-\infty}^{\infty}\mathrm{d}t_n\\&\times\langle\phi_0|T[\hat{H}_I(t_1)\cdots\hat{H}_I(t_n)]|\phi_0\rangle\end{aligned}\qquad(6.6.2)$$

再看一下 (6.3.6) 式的分母部分, 写出 $U(-\infty,\infty)$ 的微扰展开式, 恰好与 (6.6.2) 式中第二个因子, 即代表不相连图的因子相同, 将这两部分消去, 只剩下 (6.6.2) 式中第一个因子, 这项就是相连图形之和. 于是得到一个重要结论：格林函数的微扰展开式等于所有相连图形之和. 即

$$\begin{aligned}\mathrm{i}G_{\alpha\beta}(x,y)=&\sum_{m=0}^{\infty}\left(\frac{-\mathrm{i}}{\hbar}\right)^{m}\frac{1}{m!}\int_{-\infty}^{\infty}\mathrm{d}t_1\cdots\int_{-\infty}^{\infty}\mathrm{d}t_m\\&\times\langle\phi_0|T[\hat{H}_I(t_1)\cdots\hat{H}_I(t_m)\hat{\psi}_\alpha(x)\hat{\psi}^+_\beta(y)]|\phi_0\rangle_{\mathrm{c}}.\end{aligned}\qquad(6.6.3)$$

也可以用图形来表示上面讨论的过程. 以 (6.3.6) 式的零级及一级项为例, 零级项只有一个图: $G^{(0)} = G^0$, 一级项有六个图, 其中 (a) 和 (b) 为不相连图, 其余是相连图. 对两个不相连图, 因子 $\mathrm{i}G^0_{\alpha\beta}(x,y)$ 可以提到积分号外, 积分表示另一个因子, 也就是将格林函数分成两部分, 再考虑到一级项的其余部分, 将格林函数表示成

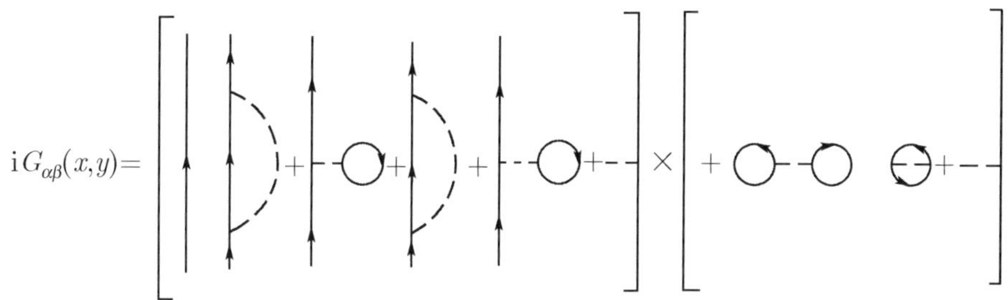

图 6.6.2 $\tilde{G}_{\alpha\beta}(x,y)$ 一级贡献的因式分解

显然, 将 (6.6.3) 式展开, 忽略二级项就得到零级及一级的图. 而 (6.3.6) 式的分母可以表示成

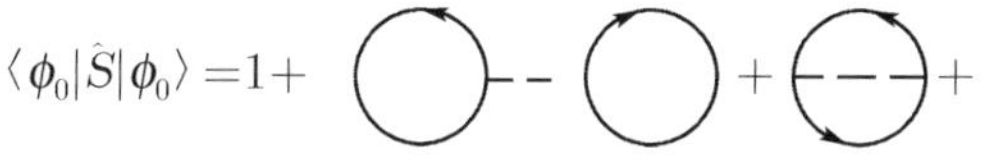

$$\langle\phi_0|\hat{S}|\phi_0\rangle = 1 +$$

图 6.6.3 $G_{\alpha\beta}(x,y)$ 的分母部分

将分子分母中共同因子消去, 就得到我们上面所得的结论.

(3) 对一个任意给定的图, 通过交换 $\hat{H}_I$ 中的标号 $1,\cdots,m$, 就可以得到一个类似的图, 这些图都有同样的数值 (见图 6.6.4), 而且由于 $\hat{H}_I$ 中总是有偶数个费米场算符, 因此交换后两者的符号也相同. 在 m 级项中就有 $m!$ 个这种类似的图, 它们的数值都相同, 因此我们可以只计算一个这样的图, 而消去前面 $(m!)^{-1}$ 的因子.

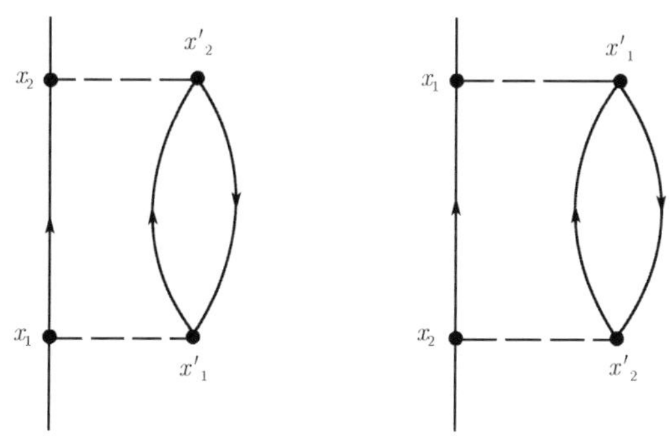

图 6.6.4

需要注意的是, 这里的结果只适用于相连图, 对不相连图 (图 6.6.5) 只表示一项, 而没有类似的项, 原因是由于相连图有固定的外点所造成的.

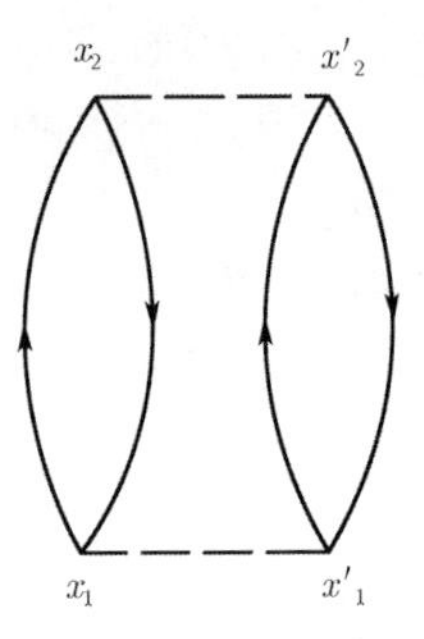

图 6.6.5　不相连图

另外, 在同一个 $\hat{H}_I$ 内部通过指标交换可得到两个有相同贡献的图, 这时可以只计算一个而消去用相互作用势 U 代替 $\hat{H}_I$ 时出现的 1/2 的因子. 在图 6.6.1 画出的一级项四个相连图中, 两两是等价的, 因而只需计算其中的两个即可.

由以上分析可以总结出对费米子两体相互作用的费恩曼图与格林函数的对应规则:

(a) 对微扰展开的第 n 级项, 画出有 $2n$ 个顶点及两条外线的所有拓扑不等价的相连图, 每个这样的图形有 $(2n+1)$ 条实线和 n 条虚线, 每个顶点只能联结两条实线和一条虚线.

(b) 每条实线表示一个格林函数 $G^0_{\alpha\beta}(x,y)$, 方向从 y 到 x.

(c) 每条虚线表示一个相互作用因子:

$$U(x,y)_{\lambda\lambda',\mu\mu'} = V(\boldsymbol{x},\boldsymbol{y})_{\lambda\lambda',\mu\mu'}\delta(t_x - t_y),$$

其中矩阵指标的写法如图 6.6.6 所示.

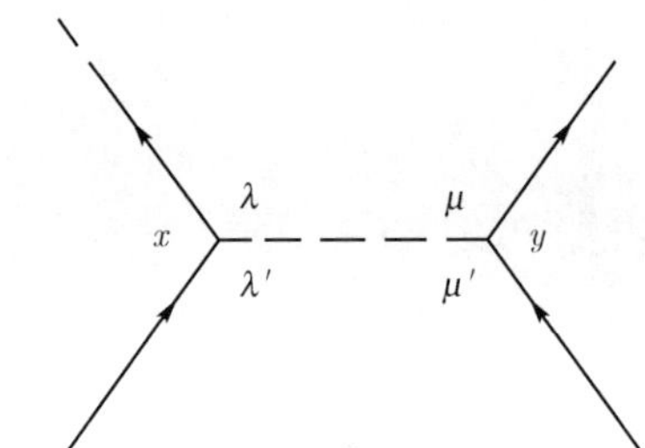

图 6.6.6　相互作用线的矩阵指标

(d) 对所有顶点的变数在四维空间积分, 对内部自旋指标求和.

(e) 所得表达式乘以因子 $\left(\dfrac{\mathrm{i}}{\hbar}\right)^n(-1)^F$, F 表示封闭圈的数目.

$(-1)^F$ 因子的来源是由于要实现同一时空点两个算符的收缩, 其中湮没 (或产生) 算符必须经过奇数次的交换, 带来一个负号. 因子 $\left(\dfrac{\mathrm{i}}{\hbar}\right)^n$ 的来源则是由于展开式中本身有一个因子为 $\left(\dfrac{-\mathrm{i}}{\hbar}\right)^n$, 场算符的 $(2n+1)$ 个收缩又引进因子 (i^{2n+1}), 且格林函数中有因子 $-\mathrm{i}$, 最后得

$$(-\mathrm{i})(-\mathrm{i}/\hbar)^n(\mathrm{i}^{2n+1}) = \left(\frac{\mathrm{i}}{\hbar}\right)^n.$$

(f) 同一变数的格林函数应理解为下述的极限,

$$G^0_{\alpha\beta}(xt, x't^+).$$

有了以上规则, 就可以根据所画出的拓扑不等价的相连图写出格林函数的展开式.

例：费米子两体相互作用的格林函数 $G_{\alpha\beta}(x,y)$ 的一级微扰项.

画出一级项的费恩曼图是两个 (图 6.6.7).

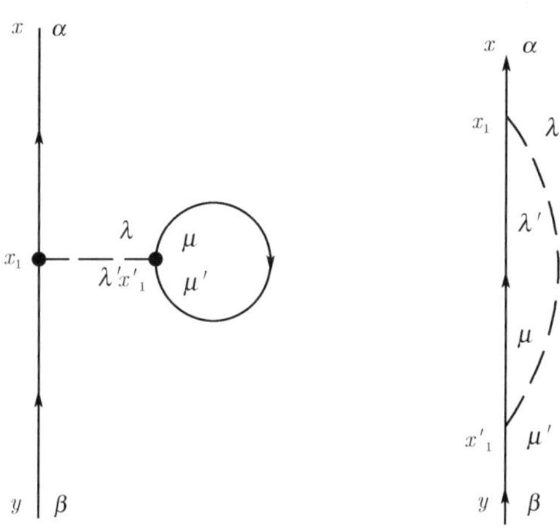

图 6.6.7 $G_{\alpha\beta}(x,y)$ 的一级费恩曼图

相应的解析式为

$$G_{\alpha\beta}^{(1)}(x,y)=\frac{\mathrm{i}}{\hbar}\int \mathrm{d}^4x_1\int \mathrm{d}^4x_1'\Big\{(-1)\times G_{\alpha\lambda}^0(x,x_1)U(x_1,x_1')_{\lambda\lambda',\mu\mu'}G_{\lambda'\beta}^0(x_1,y)$$
$$\times G_{\mu'\mu}^0(x_1',x_1')+G_{\alpha\lambda}^0(x,x_1)U(x_1,x_1')_{\lambda\lambda',\mu\mu'}$$
$$\times G_{\lambda'\mu}^0(x_1,x_1')G_{\mu'\beta}^0(x_1',y)\Big\} \tag{6.6.4}$$

如果需要进一步计算二级项, 可以画出其费恩曼图, 总共 10 个 (图 6.6.8).

根据这 10 个图形, 用上面讲过的对应规则, 就可以完全类似地写出其相应的解析式.

对有限温度的格林函数, 其微扰展开式与基态格林函数基本上是一样的; 两者的维克定理, 正如我们前面曾指出, 就计算格林函数的效果来说是相同的. 因此可以预期两者的图解法亦应该是相似的, 除了注意到以下两点差别外：

(a) 将基态自由粒子格林函数 G^0 换成有限温度自由粒子格林函数 $\mathcal{G}^0$;

(b) 对变数 τ 的积分区间应为 $0\sim\beta\hbar$.

例如, 计算四个场算符编时乘积的系综平均值, 有

$$\begin{aligned}&\langle T\tau[\hat\psi_\alpha(1)\hat\psi_\beta(2)\hat\psi^+_{\beta'}(2)\hat\psi^+_{\alpha'}(1)]\rangle_0\\&=\langle\underline{\hat\psi_\alpha(1)\hat\psi_\beta(2)\hat\psi^+_{\beta'}(2)}\hat\psi^+_{\alpha'}(1)\rangle_0+\langle\hat\psi_\alpha(1)\underline{\hat\psi_\beta(2)\hat\psi^+_{\beta'}}(2)\hat\psi^+_{\alpha'}(1)\rangle_0\\&=\mathcal{G}^0_{\alpha\alpha'}(1,1')\mathcal{G}^0_{\beta\beta'}(2,2')\pm\mathcal{G}^0_{\alpha\beta'}(1,2')\mathcal{G}^0_{\beta\alpha'}(2,1'),\end{aligned}$$

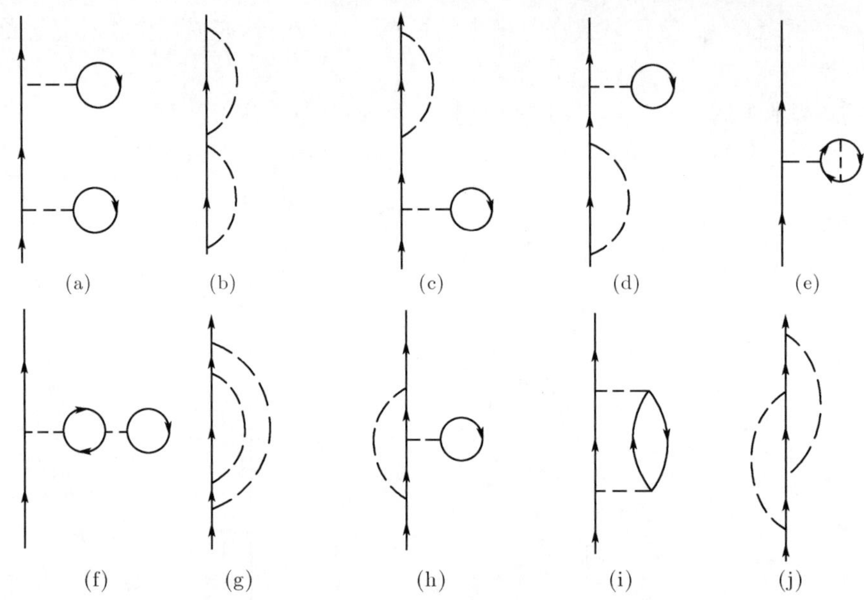

图 6.6.8　$G_{\alpha\beta}(x,y)$ 的二级费恩曼图

其中数字 1 表示 $(\boldsymbol{x}_1,\tau_1)$; 数字 2 表示 $(\boldsymbol{x}_2,\tau_2)$. 可以看出, 这一展开式与基态的形式相同. 故有限温度格林函数微扰展开式的分子部分亦可以分成相连图及不相连图两类, 不相连图与分母抵消, 得到与基态相同的结论：有限温度格林函数等于所有相连图之和.

$$\begin{aligned}\mathcal{G}_{\alpha\beta}(1,2)=&-\sum_{n=0}^{\infty}\left(-\frac{1}{\hbar}\right)^n\frac{1}{n!}\int_0^{\beta\hbar}\mathrm{d}\tau_1'\cdots\int_0^{\beta\hbar}\mathrm{d}\tau_n'\\&\times\mathrm{Tr}\{\rho_{G_0}T\tau[K_I(\tau_1')\cdots K_I(\tau_n')\hat{\psi}_\alpha(1)\hat{\psi}_\beta^+(2)]\}_{\mathrm{c}}.\end{aligned}\tag{6.6.5}$$

基于以上分析, 可以得到有限温度下, 费恩曼图与解析式的对应规则与基态时完全相同, 此处不再重复. 唯一需注意的是图-式规则中第 (e) 点, 对 n 级微扰项, 表达式应乘以因子 $(-1/\hbar)^n(-1)^F$, 其中 F 只指费米子封闭圈的数目, 而不是原来因子 $(\mathrm{i}/\hbar)^n(-1)^F$. 作这样改变的原因很清楚, 对有限温度情况, i 被放进变数 $\tau(\tau=\mathrm{i}t)$ 中, 而 F 来自算符次序的变换, 对玻色子算符交换不产生负号, F 只指费米子封闭圈的数目.

作为一个例子, 讨论具有两体相互作用的粒子组成的体系, 有限温度格林函数的零级及一级项.

画出体系的费恩曼图 (图 6.6.9), 相应的解析式为

$$\begin{aligned}\mathcal{G}_{\alpha\beta}(1,2)=&\mathcal{G}^0_{\alpha\beta}(1,2)-\frac{1}{\hbar}\int\mathrm{d}^3x_3\mathrm{d}^3x_4\int_0^{\beta\hbar}\mathrm{d}\tau_3\mathrm{d}\tau_4[\pm\mathcal{G}^0_{\alpha\lambda}(1,3)\mathcal{G}^0_{\lambda\beta}(3,2)\mathcal{G}^0_{\mu\mu}(4,4)\\&\times\nu_0(3,4)+\mathcal{G}^0_{\alpha\lambda}(1,3)\mathcal{G}^0_{\lambda\mu}(3,4)\mathcal{G}^0_{\mu\beta}(4,2)\nu_0(3,4)],\end{aligned}\tag{6.6.6}$$

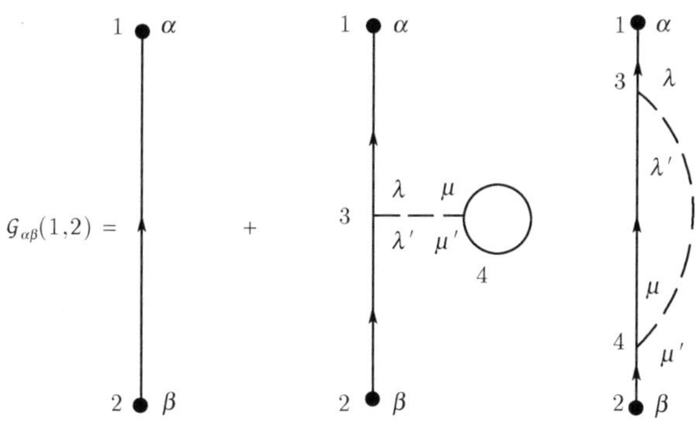

图 6.6.9 $\mathcal{G}_{\alpha\beta}(1.2)$ 的零级及一级贡献

其中,

$$\nu_0(\boldsymbol{x}_3,\tau_3,\boldsymbol{x}_4,\tau_4)=V(\boldsymbol{x}_3-\boldsymbol{x}_4)\delta(\tau_3-\tau_4)$$

(6.6.6) 式中正号对玻色子, 负号对费米子.

2. 动量空间费恩曼图

用费恩曼图方法计算格林函数的微扰展开被归结为计算自由粒子格林函数的积分, 但这样的积分在坐标空间不容易进行, 较好的办法是通过傅里叶变换, 在动量空间进行.

为了简单起见, 只考虑均匀系, 即格林函数有形式: $G(x-y)\delta_{\alpha\beta}$, 但所用的方法, 完全可以推广到非均匀系.

格林函数的傅里叶变换为

$$G_{\alpha\beta}(x,y)=(2\pi)^{-4}\int \mathrm{d}^4k\mathrm{e}^{\mathrm{i}k(x-y)}G_{\alpha\beta}(k);\tag{6.6.7}$$

$$G^0_{\alpha\beta}(x,y)=(2\pi)^{-4}\int \mathrm{d}^4k\mathrm{e}^{\mathrm{i}k(x-y)}G^0_{\alpha\beta}(k),\tag{6.6.8}$$

其中,

$$kx\equiv\boldsymbol{k}\cdot\boldsymbol{x}-\omega t;\quad \mathrm{d}^4k\equiv\mathrm{d}^3k\mathrm{d}\omega.$$

依然考虑粒子的两体相互作用.

$$U(x,x')=V(\boldsymbol{x}-\boldsymbol{x}')\delta(t-t'),$$

其傅里叶变换为

$$\begin{aligned}U(x,x')_{\alpha\alpha',\beta\beta'}&=(2\pi)^{-4}\int \mathrm{d}^4k\mathrm{e}^{\mathrm{i}k(x-x')}U(k)_{\alpha\alpha',\beta\beta'}\\&=(2\pi)^{-3}\int \mathrm{d}^3k\mathrm{e}^{\mathrm{i}\boldsymbol{k}\cdot(\boldsymbol{x}-\boldsymbol{x}')}V(\boldsymbol{k})_{\alpha\alpha',\beta\beta'}\delta(t-t'),\end{aligned}\tag{6.6.9}$$

其中,

$$U(k)_{\alpha\alpha',\beta\beta'}=V(\boldsymbol{k})_{\alpha\alpha',\beta\beta'}=\int\mathrm{d}^3x\mathrm{e}^{-\mathrm{i}\boldsymbol{k}\cdot\boldsymbol{x}}V(\boldsymbol{x})_{\alpha\alpha',\beta\beta'}. \tag{6.6.10}$$

用这些傅里叶变换式, 可将坐标空间的格林函数表示成动量空间的形式, 以一级项的图 6.6.7(b) 为例, 写出其解析式:

$$\begin{aligned}G^{(1b)}_{\alpha\beta}(x,y)=&\frac{\mathrm{i}}{\hbar}\int\mathrm{d}^4x_1\mathrm{d}^4x_1'(2\pi)^{(-16)}\int\mathrm{d}^4p\mathrm{d}^4k\mathrm{d}^4p_1\mathrm{d}^4q\\&\times G^0_{\alpha\lambda}(k)U(q)_{\lambda\lambda',\mu\mu'}G^0_{\lambda'\mu}(p)G^0_{\mu'\beta}(p_1)\\&\times\mathrm{e}^{\mathrm{i}k(x-x_1)}\mathrm{e}^{\mathrm{i}q(x_1-x_1')}\mathrm{e}^{\mathrm{i}p(x_1-x_1')}\mathrm{e}^{\mathrm{i}p_1(x_1'-y)}\\=&\frac{\mathrm{i}}{\hbar}(2\pi)^{-8}\int\mathrm{d}^4k\mathrm{d}^4p\mathrm{d}^4p_1\mathrm{d}^4qG^0_{\alpha\lambda}(k)U(q)_{\lambda\lambda',\mu\mu'}\\&\times G^0_{\lambda'\mu}(p)G^0_{\mu'\beta}(p_1)\mathrm{e}^{\mathrm{i}kx}\mathrm{e}^{-\mathrm{i}p_1y}\delta^4(p+q-k)\delta^4(p_1-q-p)\\=&(2\pi)^{-4}\int\mathrm{d}^4k\mathrm{e}^{\mathrm{i}k(x-y)}\left[\frac{\mathrm{i}}{\hbar}G^0_{\alpha\lambda}(k)(2\pi)^{-4}\int\mathrm{d}^4p\right.\\&\left.\times U(k-p)_{\lambda\lambda',\mu\mu'}G^0_{\lambda'\mu}(p)G^0_{\mu'\beta}(k)\right],\end{aligned} \tag{6.6.11}$$

其中,

$$\delta^{(4)}(p)=(2\pi)^{-4}\int\mathrm{d}^4x\mathrm{e}^{\mathrm{i}px}.$$

比较 (6.6.7) 式与 (6.6.11) 式可以看出, (6.6.11) 式中方括弧内的量就是格林函数一级项在动量空间的表示式, 即

$$\begin{aligned}G^{(1)}_{\alpha\beta}(x,y)&=(2\pi)^{-4}\int\mathrm{d}^4k\mathrm{e}^{\mathrm{i}k(x-y)}G^{(1)}_{\alpha\beta}(k)\\G^{(1)}_{\alpha\beta}(k)&=\frac{\mathrm{i}}{\hbar}(2\pi)^{-4}\int\mathrm{d}^4pG^0_{\alpha\lambda}(k)U(k-p)_{\lambda\lambda',\mu\mu'}\\&\quad\times G^0_{\lambda'\mu}(p)G^0_{\mu'\beta}(k)\end{aligned} \tag{6.6.12}$$

从上述计算过程可以注意到以下各点:

(a) 为了与相互作用的傅里叶展开式相一致, 可以对 $U(x,x')$ 规定一个方向, 由 $x'\to x$, 由于相互作用势是对称的:

$$U(x-x')_{\lambda\lambda',\mu\mu'}=U(x'-x)_{\mu\mu',\lambda\lambda'},$$

作这样规定并不会带来其他问题.

(b) 坐标 x_1,x_1' 等现在只出现在平面波展开的指数上, 将这结果可以推广到任意顶角上 (图 6.6.10), 对每个入射线对应于一个因子 $\mathrm{e}^{\mathrm{i}qx}$, 对每个出射线, 有因子

$e^{iq'x}, q, q', \cdots$ 等为入射线、出射线的四维动量. x 为顶点的坐标, 对顶点坐标的积分, 将保证顶点处的动量、能量守恒.

$$\int d^4x e^{i(q-q'+q'')x} = (2\pi)^4 \delta^{(4)}(q - q' + q'').$$

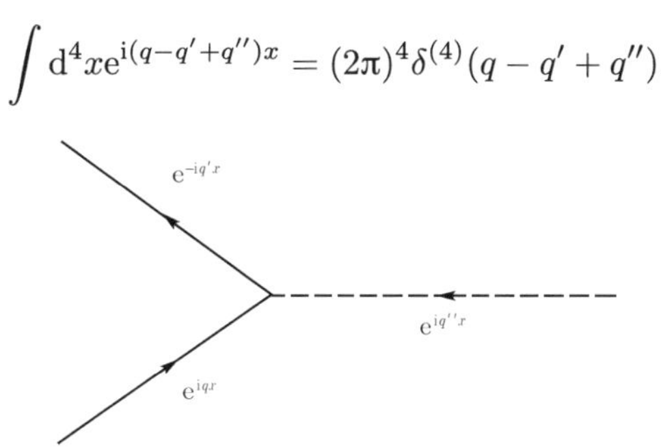

图 6.6.10 动量空间费恩曼图

(c) 对两个外点的问题, 典型结构如图 6.6.11 所示, 根据上面所讲, 对入射线有因子 $e^{iq'x}$, 对出射线有因子 $e^{-iq''y}$, (这里的入射及出射是相对于外点而言). 体系的反射不变性要求 $q' = q''$, 所以对两个外点有因子 $e^{iq'(x-y)}$, 这因子正好是 $G_{\alpha\beta}(q')$ 的傅里叶变换的定义所需要的, 因此当我们只写出 $G_{\alpha\beta}(k)$ 的表达式时, 不需这因子, 而由 $G_{\alpha\beta}(k)$ 写出 $G_{\alpha\beta}(x,y)$ 时就用上这一因子.

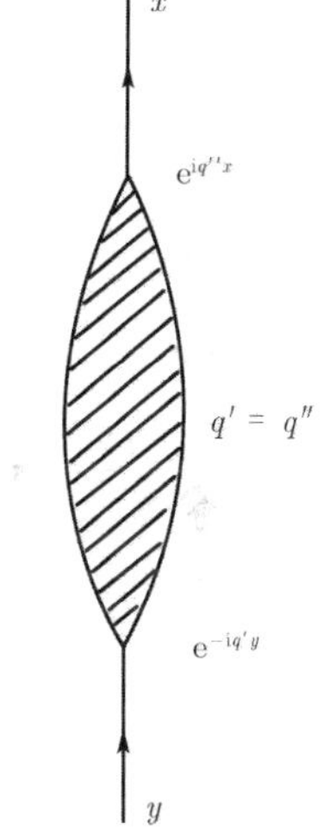

图 6.6.11 费恩曼图的结构

由这些讨论, 可以总结出动量空间费恩曼图与格林函数之间的对应规则：

(a) 对微扰展开的 n 级项, 画出有 $(2n+1)$ 个格林函数线及 n 个相互作用线的拓扑不等价相连图.

(b) 对每个线 (包括相互作用线) 给定一个方向, 并且给定一个四维动量, 在顶角处要保证四维动量守恒. (格林函数线的方向同坐标空间一样决定)

(c) 对每个格林函数线对应于一个因子：

$$G^0_{\alpha\beta}(\boldsymbol{k},\omega) \equiv \delta_{\alpha\beta} G^0(\boldsymbol{k},\omega) = \delta_{\alpha\beta}\left[\frac{\theta(|\boldsymbol{k}| - k_F)}{\omega - \omega_k + i\eta} + \frac{\theta(k_F - |\boldsymbol{k}|)}{\omega - \omega_k - i\eta}\right].$$

(d) 每个相互作用线对应因子：

$$U(q)_{\lambda\lambda',\mu\mu'} = V(\boldsymbol{q})_{\lambda\lambda',\mu\mu'},$$

其中矩阵指标标记法如图 6.6.12 所示.

(e) 对 n 个独立的内部四维动量积分, 对内部自旋求和.

(f) 对单粒子封闭圈或由粒子线与同一相互作用线构成的封闭圈, 在格林函数中要引进收敛因子：$\mathrm{e}^{\mathrm{i}\omega\eta}G_{\alpha\beta}(\boldsymbol{k},\omega)$, 计算的最后取 $\eta\to 0^+$ 的极限.

(g) 整个表达式加因子 $\left(\dfrac{\mathrm{i}}{\hbar}\right)^n(2\pi)^{-4n}(-1)^F$.

其中 F 是费米子封闭圈的数目.

作为一个例子, 计算格林函数微扰展开式中一级项的贡献 $G^{(1)}_{\alpha\beta}(\boldsymbol{k},\omega)$.

其拓扑不等价的相连图只有两个 (图 6.6.12), 每条线上标出了方向及四维动量.

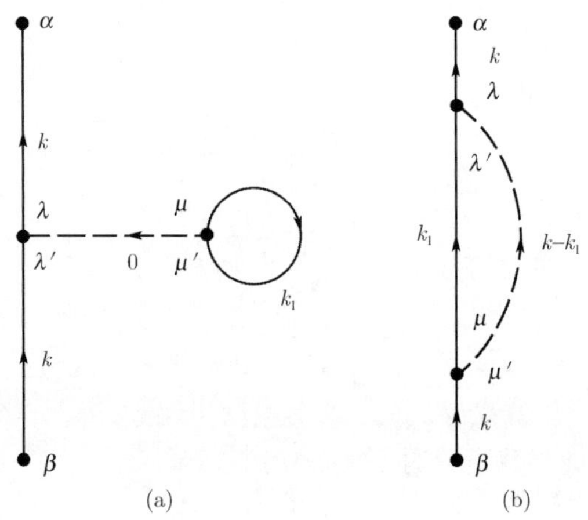

图 6.6.12　$G_{\alpha\beta}(k)$ 的一级图

写出其相应的解析式：

$$
\begin{aligned}
G^{(1)}_{\alpha\beta}(k)=&\frac{\mathrm{i}}{\hbar}\frac{(-1)}{(2\pi)^4}\int \mathrm{d}^4k_1 G^0_{\alpha\lambda}(k)U(0)_{\lambda\lambda',\mu\mu'}G^0_{\lambda'\beta}(k)G^0_{\mu'\mu}(k_1)\mathrm{e}^{\mathrm{i}\omega_1\eta}\\
&+\frac{\mathrm{i}}{\hbar}\frac{1}{(2\pi)^4}\int \mathrm{d}^4k_1 G^0_{\alpha\lambda}(k)U(k-k_1)_{\lambda\lambda',\mu\mu'}G^0_{\lambda'\mu}(k_1)G^0_{\mu'\beta}(k)\mathrm{e}^{\mathrm{i}\omega_1\eta}\\
&\frac{\mathrm{i}}{\hbar}G^0(k)\Big\{(2\pi)^{-4}\int \mathrm{d}^4k_1[-U(0)_{\alpha\beta,\mu\mu}G^0(k_1)\mathrm{e}^{\mathrm{i}\omega_1\eta}\\
&+U(k-k_1)_{\alpha\mu,\mu\beta}G^0(k_1)\mathrm{e}^{\mathrm{i}\omega_1\eta}]\Big\}G^0(k)
\end{aligned}
\tag{6.6.13}
$$

其中自旋求和由于每个 G^0 有一个 δ 函数而简化了, 相互作用势中用了符号：

$$U(0)\equiv U(k=0)$$

$$V(0)\equiv V(\boldsymbol{k}=0)$$

对有限温度的情况, 当我们写出 $\mathcal{G}^0(i,j)$ 的具体形式时, 由于 $\tau_i\gtrless\tau_j$ 时有不同形式, 使问题复杂化了, 而采用傅里叶变换后, 能自动包含时间次序, 使问题得到简化, 因而动量空间的表达形式对有限温度格林函数有更大作用.

为了简单起见, 考虑格林函数只依赖于时间差, 即

$$\mathcal{G}(\boldsymbol{x}_1\tau_1,\boldsymbol{x}_2\tau_2)=\mathcal{G}(\boldsymbol{x}_1\boldsymbol{x}_2,\tau_1-\tau_2),$$

对两种统计, $\mathcal{G}$ 具有周期性, 可展开成傅里叶级数:

$$\mathcal{G}(\boldsymbol{x}_1,\boldsymbol{x}_2,\tau)=(\beta\hbar)^{-1}\sum_n \mathrm{e}^{-\mathrm{i}\omega_n\tau}\mathcal{G}(\boldsymbol{x}_1,\boldsymbol{x}_2,\omega_n),\tag{6.6.14}$$

其中,

$$\tau\equiv\tau_1-\tau_2,\quad \omega_n=\frac{n\pi}{\beta\hbar}.\tag{6.6.15}$$

这表示式保证了 $\mathcal{G}$ 的周期性:

$$\mathcal{G}(\boldsymbol{x}_1,\boldsymbol{x}_2,\tau+2\beta\hbar)=\mathcal{G}(\boldsymbol{x}_1,\boldsymbol{x}_2,\tau).$$

傅里叶系数为

$$\mathcal{G}(\boldsymbol{x}_1,\boldsymbol{x}_2,\omega_n)=\frac{1}{2}\int_{-\beta\hbar}^{\beta\hbar}\mathrm{d}\tau\mathrm{e}^{\mathrm{i}\omega_n\tau}\mathcal{G}(\boldsymbol{x}_1,\boldsymbol{x}_2,\tau).\tag{6.6.16}$$

将 (6.6.16) 式分成两部分:

$$\begin{aligned}\mathcal{G}(\boldsymbol{x}_1,\boldsymbol{x}_2,\omega_n)&=\frac{1}{2}\int_{-\beta\hbar}^{0}\mathrm{d}\tau\mathrm{e}^{\mathrm{i}\omega_n\tau}\mathcal{G}(\boldsymbol{x}_1,\boldsymbol{x}_2,\tau)+\frac{1}{2}\int_{0}^{\beta\hbar}\mathrm{d}\tau\mathrm{e}^{\mathrm{i}\omega_n\tau}\mathcal{G}(\boldsymbol{x}_1,\boldsymbol{x}_2,\tau)\\&=\pm\frac{1}{2}\int_{-\beta\hbar}^{0}\mathrm{d}\tau\mathrm{e}^{\mathrm{i}\omega_n\tau}\mathcal{G}(\boldsymbol{x}_1,\boldsymbol{x}_2,\tau+\beta\hbar)+\frac{1}{2}\int_{0}^{\beta\hbar}\mathrm{d}\tau\mathrm{e}^{\mathrm{i}\omega_n\tau}\mathcal{G}(\boldsymbol{x}_1,\boldsymbol{x}_2,\tau).\end{aligned}$$

对上式等号右边第一项作变数变换, 令

$$\tau'=\tau+\beta\hbar.$$

上式 $=\pm\frac{1}{2}\int_{0}^{\beta\hbar}\mathrm{d}\tau'\mathrm{e}^{\mathrm{i}\omega_n(\tau'-\beta\hbar)}\mathcal{G}(\boldsymbol{x}_1,\boldsymbol{x}_2,\tau')+\frac{1}{2}\int_{0}^{\beta\hbar}\mathrm{d}\tau\mathrm{e}^{\mathrm{i}\omega_n\tau}\mathcal{G}(\boldsymbol{x}_1,\boldsymbol{x}_2,\tau)$. 令 $\tau'=\tau$, 得

$$\mathcal{G}(\boldsymbol{x}_1,\boldsymbol{x}_2,\omega_n)=\frac{1}{2}(1\pm\mathrm{e}^{-\mathrm{i}\omega_n\beta\hbar})\int_{0}^{\beta\hbar}\mathrm{d}\tau\mathrm{e}^{\mathrm{i}\omega_n\tau}\mathcal{G}(\boldsymbol{x}_1,\boldsymbol{x}_2,\tau).$$

由 (6.6.15) 式对 ω_n 的表示式, 得到

$$\frac{1}{2}(1\pm\mathrm{e}^{-\mathrm{i}\omega_n\beta\hbar})=\frac{1}{2}(1\pm(-1)^n)=\left\{\begin{array}{ll}\left.\begin{array}{ll}1 & n\text{:偶数}\\ 0 & n\text{:奇数}\end{array}\right\} & \text{玻色子}\\ \left.\begin{array}{ll}0 & n\text{:偶数}\\ 1 & n\text{:奇数}\end{array}\right\} & \text{费米子.}\end{array}\right.$$

由此可将傅里叶系数 (6.6.16) 式改写成

$$\mathcal{G}(\boldsymbol{x}_1,\boldsymbol{x}_2,\omega_n)=\int_0^{\beta\hbar}\mathrm{d}\tau\mathrm{e}^{\mathrm{i}\omega_n\tau}\mathcal{G}(\boldsymbol{x}_1,\boldsymbol{x}_2,\tau), \tag{6.6.17}$$

其中,

$$\omega_n=\begin{cases}\dfrac{2n\pi}{\beta\hbar} & \text{玻色子;}\\[2ex] \dfrac{(2n+1)\pi}{\beta\hbar} & \text{费米子.}\end{cases} \tag{6.6.18}$$

因此, 在傅里叶级数中, 玻色子只出现偶次项而费米子只出现奇次项.

将以上结果用于没有相互作用系统, 得到 $\mathcal{G}$ 的傅里叶级数为

对玻色子:

$$\begin{aligned}\mathcal{G}^0(\boldsymbol{x},\boldsymbol{x}',\omega_n)&=-\sum_j\varphi_j^0(\boldsymbol{x})\varphi_j^0(\boldsymbol{x}')^+\int_0^{\beta\hbar}\mathrm{d}\tau\mathrm{e}^{\mathrm{i}\omega_n\tau}\mathrm{e}^{-(\varepsilon_j^0-\mu)\tau/\hbar}(1+n_j^0)\\&=-\sum_j\frac{\varphi_j^0(\boldsymbol{x})\varphi_j^0(\boldsymbol{x}')^+(1+n_j^0)}{\mathrm{i}\omega_n-(\varepsilon_j^0-\mu)/\hbar}[\mathrm{e}^{\mathrm{i}\omega_n\beta\hbar-\beta(\varepsilon_j^0-\mu)}-1].\end{aligned} \tag{6.6.19}$$

由 (6.6.18) 式得

$$\mathrm{e}^{\mathrm{i}\omega_n\beta\hbar-\beta(\varepsilon_j^0-\mu)}-1=\mathrm{e}^{-\beta(\varepsilon_j^0-\mu)}-1=-(1+n_j^0)^{-1},$$

(6.6.19) 式成为

$$\mathcal{G}^0(\boldsymbol{x},\boldsymbol{x}',\omega_n)=\sum_j\frac{\varphi_j^0(\boldsymbol{x})\varphi_j^0(\boldsymbol{x}')^+}{\mathrm{i}\omega_n-(\varepsilon_j^0-\mu)/\hbar}.$$

对费米子:

与以上完全类似的计算, 可得

$$\mathcal{G}^0(\boldsymbol{x},\boldsymbol{x}',\omega_n)=\sum_j\frac{\varphi_j^0(\boldsymbol{x})\varphi_j^0(\boldsymbol{x}')^+}{\mathrm{i}\omega_n-(\varepsilon_j^0-\mu)/\hbar}.$$

可以看出, 对两种统计得到完全相同的形式, 唯一的区别在于 ω_n 中取偶数或奇数.

为了导出动量空间费恩曼图规则, 首先看一下费恩曼图中一个任意顶角对 $\mathcal{G}$ 的贡献.

考虑图 6.6.13 的顶角, 两体相互作用势的傅里叶变换为

$$\nu_0(\boldsymbol{x}_1\tau_1,\boldsymbol{x}_2\tau_2)=(\beta\hbar)^{-1}\sum_{n=\text{偶数}}\mathrm{e}^{-\mathrm{i}\omega_n(\tau_1-\tau_2)}\times\nu_0(\boldsymbol{x}_1,\boldsymbol{x}_2,\omega_n), \tag{6.6.20}$$

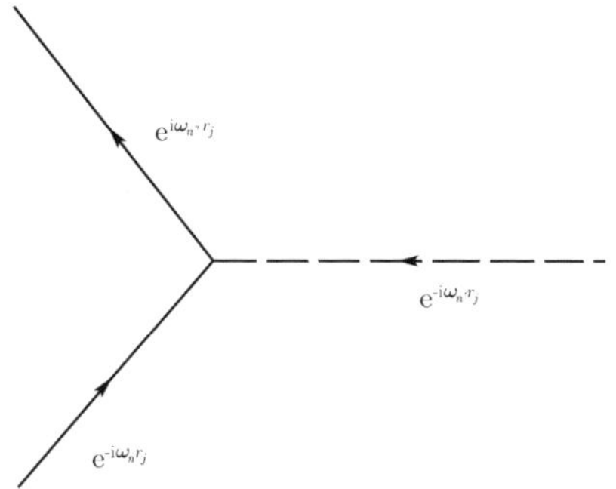

图 6.6.13 有限温度格林函数的顶角

其中,

$$\nu_0(\boldsymbol{x}_1,\boldsymbol{x}_2,\omega_n)\equiv V(\boldsymbol{x}_1-\boldsymbol{x}_2). \tag{6.6.21}$$

以上展开式中我们用了 δ 函数的展开式

$$\delta(\tau)=(\beta\hbar)^{-1}\sum_{n=\text{偶数}}\mathrm{e}^{-\mathrm{i}\omega_n\tau},\quad(-\beta\hbar<\tau<\beta\hbar).$$

分析图 6.6.13 可以看出, 每个顶点有两条粒子线和一条相互作用线, 时间因子 τ 均出现在指数上, 对 τ 的积分成为 δ 函数:

$$\int_0^{\beta\hbar}\mathrm{d}\tau_j\mathrm{e}^{-\mathrm{i}(\omega_n+\omega_{n'}-\omega_{n''})\tau_j}=\beta\hbar\delta_{\omega_n+\omega_{n'},\omega_{n''}},$$

上式中的 δ 函数保证了频率守恒.

可以写出 $\mathcal{G}$ 的展开式, 为了简单起见, 考虑具有空间平移不变性的体系:

$$\mathcal{G}_{(\boldsymbol{x},\boldsymbol{x}',\tau)}=(\beta\hbar)^{-1}(2\pi)^{-3}\int\mathrm{d}^3k\mathrm{e}^{\mathrm{i}\boldsymbol{k}(\boldsymbol{x}-\boldsymbol{x}')}\sum_n\mathrm{e}^{-\mathrm{i}\omega_n\tau}\mathcal{G}_{\alpha\beta}(\boldsymbol{k},\omega_n) \tag{6.6.22}$$

$$\begin{aligned}\mathcal{G}^0_{(\boldsymbol{x},\boldsymbol{x}',\tau)}=&(\beta\hbar)^{-1}(2\pi)^{-3}\delta_{\alpha\beta}\int\mathrm{d}^3k\mathrm{e}^{\mathrm{i}\boldsymbol{k}(\boldsymbol{x}-\boldsymbol{x}')}\\&\times\sum_n\mathrm{e}^{-\mathrm{i}\omega_n\tau}[\mathrm{i}\omega_n-(\varepsilon^0_k-\mu)\hbar]^{-1}.\end{aligned} \tag{6.6.23}$$

由以上分析, 可总结出费恩曼图与解析式之间的对应规则:

(a) 对 n 级项, 画出有 $2n+1$ 条粒子线及 n 条相互作用线的所有拓扑不等价相连图.

(b) 对每条线给定方向, 并给出一个三维波矢量及分立的频率, 在顶角处保证波矢量及频率守恒.

(c) 对每条粒子线给一个因子:

$$\mathcal{G}^0_{\alpha\beta}(\boldsymbol{k},\omega_m)=\frac{\delta_{\alpha\beta}}{\mathrm{i}\omega_m-(\varepsilon^0_{\boldsymbol{k}}-\mu)/\hbar},$$

其中对玻色子 m 为偶数, 对费米子 m 为奇数.

(d) 对每条相互作用线给因子

$$\nu_0(\boldsymbol{k},\omega_m)=V(\boldsymbol{k}).$$

(e) 对 n 个独立的波矢量积分, 对 ω 求和, 对自旋指标求和.

(f) 表达式乘上因子 $[-\beta\hbar^2(2\pi)^3]^{-n}(-1)^F, F$ 为费米子封闭圈的数目.

(g) 对每个由粒子线构成的封闭圈或同一相互作用线与粒子线构成的封闭圈, 插入收敛因子 $\mathrm{e}^{\mathrm{i}\omega_n\eta}$.

有了这一规则, 就可由图形得出任意级微扰项.

依然以 $\mathcal{G}_{\alpha\beta}(x,y)$ 的零级及一级项为例, 画出图形及写出解析式. 其费恩曼图如图 6.6.14.

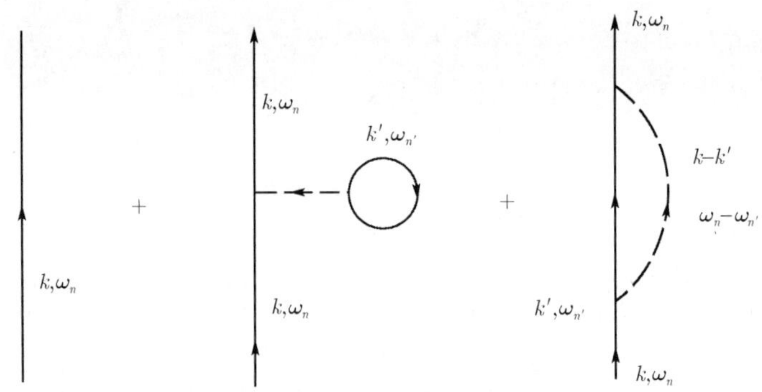

图 6.6.14 $\mathcal{G}(\boldsymbol{k},\omega_n)$ 的零级及一级图

相应的解析式在对自旋求和后, 可写成

$$\mathcal{G}(\boldsymbol{k},\omega_n)=\mathcal{G}^0(\boldsymbol{k},\omega_n)-\frac{1}{\beta\hbar^2}[\mathcal{G}^0(\boldsymbol{k},\omega_n)]^2(2\pi)^{-3}\sum_{n'}\mathrm{e}^{\mathrm{i}\omega_{n'}\eta}$$
$$\times\int\mathrm{d}^3k'[\pm(2s+1)V(0)\mathcal{G}^0(\boldsymbol{k}',\omega_{n'})+V(\boldsymbol{k}-\boldsymbol{k}')\mathcal{G}^0(\boldsymbol{k}',\omega_{n'})]. \quad (6.6.24)$$

回忆我们在本节开始时曾指出, 费恩曼图方法的图-式规则, 与相互作用具体形式有关, 本节中所讨论的均匀粒子的两体相互作用, 但稍作修正不难推广到其他一些相互作用的情况, 如电子-声子相互作用、粒子与外场的相互作用等. 下面以粒子与外场的作用为例, 作简单的分析.

当有外场存在时, 按外场势作微扰展开, 格林函数不再是坐标差的函数, 原因是外场破坏了系统的空间平移不变性. 设粒子与外场的相互作用哈密顿量为

$$\hat{H}_I = \int \psi^+(\boldsymbol{x}) V^e(\boldsymbol{x}) \hat{\psi}(\boldsymbol{x}) \mathrm{d}^3 x,$$

在图上用斜十字加虚线表示外场 $V^e(\boldsymbol{x})$, 可以画出零级、一级及两级微扰项的费恩曼图 (图 6.6.15).

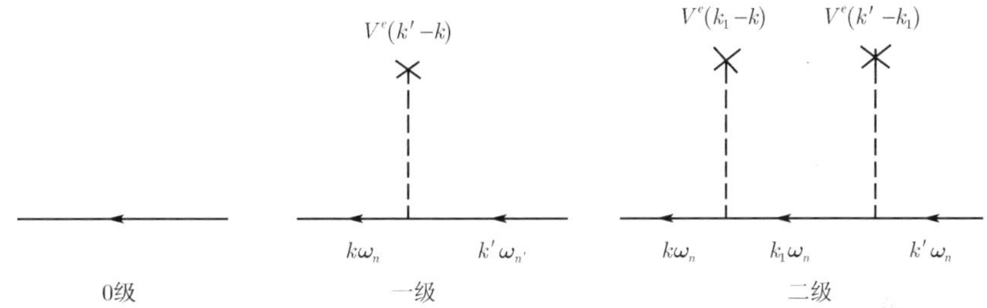

图 6.6.15 有外场时的费恩曼图

有限温度格林函数 $\mathcal{G}(\boldsymbol{x}\tau, \boldsymbol{x}'\tau')$ 的傅里叶展开式有如下形式:

$$\begin{aligned} \mathcal{G}(\boldsymbol{x}\tau, \boldsymbol{x}'\tau') = & \frac{1}{\beta\hbar} \sum_n (2\pi)^{-6} \int \mathrm{d}^3 k \mathrm{d}^3 k' \mathrm{e}^{\mathrm{i}\boldsymbol{k}\boldsymbol{x} - \mathrm{i}\boldsymbol{k}'\boldsymbol{x}' - \mathrm{i}\omega_n(\tau-\tau')} \\ & \times \mathcal{G}(\boldsymbol{k}, \boldsymbol{k}', \mathrm{i}\omega_n). \end{aligned} \tag{6.6.25}$$

$\mathcal{G}$ 的任意阶微扰展开 $\mathcal{G}^{(n)}$ 必然与 (6.6.25) 式有相同的形式, 很容易得到 $\mathcal{G}^{(n)}(\boldsymbol{x}\tau, \boldsymbol{x}'\tau')$ 本身及其表示式的傅里叶展开式, 用讨论两体相互作用时完全类似的过程, 可总结出图-式规则:

(a) 对 n 级微扰项, 画出有 $(n+1)$ 条粒子线, n 条相互作用线及两条外线的拓扑不等价相连图.

(b) 每条粒子线指定方向, 代表自由粒子格林函数 $\mathcal{G}^0_{\alpha\beta}(\boldsymbol{k}, \mathrm{i}\omega_n)$.

(c) 设相互作用与自旋无关, 每个带斜十字的虚线代表相互作用 $V^e_{\alpha\beta}(\boldsymbol{p}, \omega_n) = V^e(\boldsymbol{p})\delta_{\alpha\beta}\delta\omega_n$.

(d) 在每个顶点保证动量和频率守恒.

(e) 对 $(n-1)$ 个独立动量积分, 对自旋求和.

(f) 对表达式乘以因子 $[(2\pi)^{-3}]^{n-1}$.

例如, 写出图 6.6.15 中二级项的格林函数为

$$\begin{aligned} \mathcal{G}^{(2)}_{\alpha\beta}(\boldsymbol{k}, \boldsymbol{k}', \mathrm{i}\omega_n) = & \frac{\delta_{\alpha\beta}}{(2\pi)^3} \int \mathrm{d}^3 k_1 \mathcal{G}^0(\boldsymbol{k}, \mathrm{i}\omega_n) \mathcal{G}^0(\boldsymbol{k}_1, \mathrm{i}\omega_n) \\ & \times \mathcal{G}^0(\boldsymbol{k}', \mathrm{i}\omega_n) V^e(\boldsymbol{k}_1 - \boldsymbol{k}) V^e(\boldsymbol{k}' - \boldsymbol{k}_1). \end{aligned}$$

需要注意的是, 体系不存在空间反演不变性, 故两条外线的动量不相等.

本节最后我们给出动量空间格林函数与几个物理量之间的关系式：

$$N = \mp V(2\pi)^{-3}(\beta\hbar)^{-1}\int \mathrm{d}^3k\sum_n \mathrm{e}^{\mathrm{i}\omega_n\eta}\mathrm{tr}\mathcal{G}(\boldsymbol{k},\omega_n), \tag{6.6.26}$$

$$E = \langle\hat{H}\rangle = \mp V(2\pi)^{-3}(\beta\hbar)^{-1}\int \mathrm{d}^3k\sum_n \mathrm{e}^{\mathrm{i}\omega_n\eta} \times\frac{1}{2}(\mathrm{i}\hbar\omega_n + \varepsilon_{\boldsymbol{k}}^0 + \mu)\mathrm{tr}\mathcal{G}(\boldsymbol{k},\omega_n), \tag{6.6.27}$$

$$\Omega = \Omega_0 \mp V\int_0^1 \frac{\mathrm{d}\lambda}{\lambda}(2\pi)^{-3}(\beta\hbar)^{-1}\int \mathrm{d}^3k\sum_n \mathrm{e}^{\mathrm{i}\omega_n\eta} \times\frac{1}{2}(\mathrm{i}\hbar\omega_n - \varepsilon_{\boldsymbol{k}}^0 + \mu)\mathrm{tr}\mathcal{G}^\lambda(\boldsymbol{k},\omega_n). \tag{6.6.28}$$

6.7 戴逊方程

在量子统计中许多问题往往不能只考虑微扰级数的前几级，而需要对很多级求和，由图解法可知，展开式的每一级中都包含着许多个图形，而这些图形中的每一个对我们所讨论的问题并不都有相同的贡献，有些图形的贡献是主要的，另外的图形则是可以忽略的. 因而在求和时只需对某些主要的图形求和，且计算到很多级，忽略掉次要的图形，这种求和的方法被称为“部分求和”. 本节讨论的戴逊方程就是解决这样的问题.

先引进几个定义.

自能：

从前面的图形分析中可以看出，严格的格林函数是由没有微扰的格林函数加上所有的与外点的自由格林函数连接的部分组成，这结构可以用图 6.7.1 来表示，其中双线表示 G，单线表示 G^0，阴影部分就是自能.

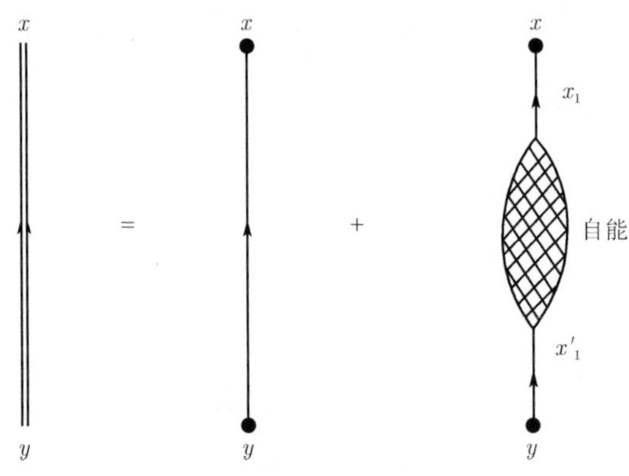

图 6.7.1　$G_{\alpha\beta}(x,y)$ 的普遍结构

将图 6.7.1 写成解析式为

$$G_{\alpha\beta}(x,y)=G^0_{\alpha\beta}(x,y)+\int \mathrm{d}^4x_1\mathrm{d}^4x_1' G^0_{\alpha\lambda}(xx_1)\times \Sigma_{\lambda\mu}(x_1,\boldsymbol{x}_1')G^0_{\mu\beta}(x_1',y) \tag{6.7.1}$$

(6.7.1) 式中 $\Sigma_{\lambda\mu}(x_1,x_1')$ 就是自能. 自能部分：

自能图中的任意一部分, 称为自能部分.

本征自能部分：

如果一个自能部分不能通过切断一条粒子线而分成两个部分, 这样的自能部分称为本征自能部分. 否则就是非本征自能部分.

例如, 前面给出的格林函数二级项的 10 个图 (见图 6.6.8) 中, (a), (b), (c) 及 (d) 4 个为非本征自能部分, 其余 6 个为本征自能部分.

本征自能：

所有本征自能部分之和称为本征自能. 用符号 $\Sigma^*(x_1,x_1')_{\alpha\beta}$ 来表示.

基态格林函数中一级及二级本征自能如图 6.7.2,

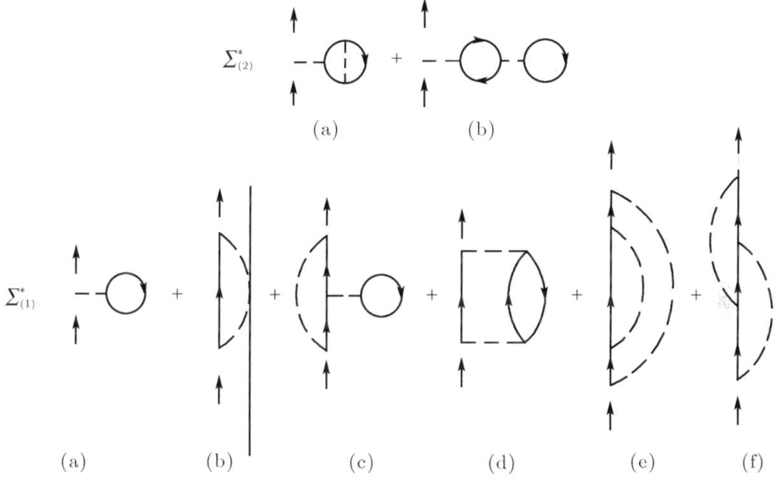

图 6.7.2 一级及二级本征自能

图上两个小箭头表示与外点连接的地方.

由上面这些定义, 可以得出结论：自能是所有本征自能的可能重复之和. 其原因是自能是由所有本征自能加非本征自能组成的, 而非本征自能可以看成是前几级的本征自能重复组成的. 上述结论可以表示成

$$\Sigma(x_1,x_1')=\Sigma^*(x_1,x_1')+\int \mathrm{d}^4x_2\mathrm{d}^4x_2'\Sigma^*(x_1,x_2)G^0(x_2,x_2')\Sigma^*(x_2',x_1')+\cdots, \tag{6.7.2}$$

(6.7.2) 式中每个量都是自旋空间中的矩阵, 这里省略了其下标. 图 6.7.3 表示出了 (6.7.2) 式的结构.

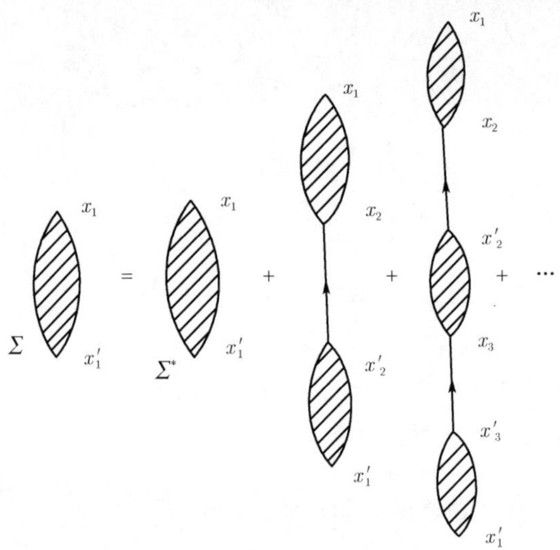

图 6.7.3　自能与本征自能的关系

用 (6.7.2) 式, 基态格林函数可表示成

$$
\begin{aligned}
G(x,y)=&G^0(x,y)+\int \mathrm{d}^4x_1\mathrm{d}^4x_1'G^0(x,x_1)\Sigma^*(x_1,x_1')G^0(x_1',y)\\
&+\int \mathrm{d}^4x_1\mathrm{d}^4x_1'\mathrm{d}^4x_2\mathrm{d}^4x_2'G^0(x,x_1)\Sigma^*(x_1,x_1')G^0(x_1',x_2)\\
&\times\Sigma^*(x_2,x_2')G^0(x_2',y)+\cdots.
\end{aligned}
\tag{6.7.3}
$$

将此方程写成积分方程的形式:

$$
G_{\alpha\beta}(x,y)=G^0_{\alpha\beta}(x,y)+\int \mathrm{d}^4x_1\mathrm{d}^4x_1'G^0_{\alpha\lambda}(x,x_1)\Sigma^*(x_1,x_1')_{\lambda\mu}G_{\mu\beta}(x_1',y). \tag{6.7.4}
$$

将 (6.7.3) 式及 (6.7.4) 式用图形表示即图 6.7.4.

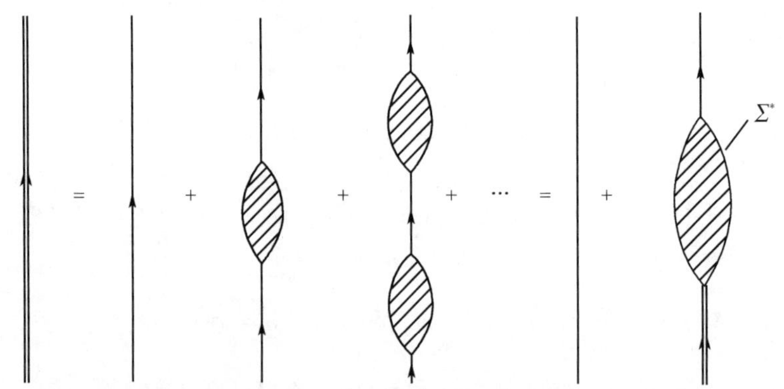

图 6.7.4　$G_{\alpha\beta}(x,y)$ 的戴逊方程

方程 (6.7.4) 是严格的格林函数 G 所满足的积分方程, 称为戴逊方程. 方程的正确性只需将 (6.7.4) 式右边的 G 进行迭代就可以得到.

当我们考虑空间均匀的系统, 具有平移不变性, 可以用动量空间来表示, 戴逊方程的形式就会变得更简单. 格林函数只依赖于坐标差, 可以引进四维傅里叶变换:

$$\Sigma^*(x,y)_{\alpha\beta}=(2\pi)^{-4}\int \mathrm{d}^4k\mathrm{e}^{\mathrm{i}k(x-y)}\Sigma^*(k)_{\alpha\beta},$$

代入方程 (6.7.4), 对时空坐标的积分为 δ 函数, 最后可得

$$G_{\alpha\beta}(k)=G^0_{\alpha\beta}(k)+G^0_{\alpha\lambda}(k)\Sigma^*(k)_{\lambda\mu}G_{\mu\beta}(k). \tag{6.7.5}$$

可以看出, 戴逊方程在动量空间成为代数方程的形式. 很多情况下, G,G^0 及 Σ^* 在自旋空间为对角的, 戴逊方程可以简单地被求解:

$$G(k)=\frac{1}{[G^0(k)]^{-1}-\Sigma^*(k)}, \tag{6.7.6}$$

其中,

$$[G^0(k)]^{-1}\equiv[G^0(\boldsymbol{k},\omega)]^{-1}=\omega-\omega_{\boldsymbol{k}}\equiv\omega-\varepsilon^0_{\boldsymbol{k}}/\hbar,$$

所以有

$$G_{\alpha\beta}(k)=G_{\alpha\beta}(\boldsymbol{k},\omega)=\frac{1}{\omega-\varepsilon^0_{\boldsymbol{k}}/\hbar-\Sigma^*(k,\omega)}\delta_{\alpha\beta}. \tag{6.7.7}$$

对更一般的情况, G 需要通过求解 (6.7.5) 式的矩阵方程来得到. 同前面讨论格林函数奇异性一样, 严格格林函数 $G(\boldsymbol{k},\omega)$ 作为 ω 的函数, 其奇点表示了元激发能谱 ε_k 及寿命 γ_k, 对实数 ω,

$$\begin{aligned}\mathrm{Im}\Sigma^*(\boldsymbol{k},\omega)&\geqslant 0\quad \omega<\mu/\hbar,\\ \mathrm{Im}\Sigma^*(\boldsymbol{k},\omega)&\leqslant 0\quad \omega>\mu/\hbar,\end{aligned} \tag{6.7.8}$$

因而化学势 μ 可以由 $\mathrm{Im}\Sigma^*(\boldsymbol{k},\omega)$ 改变符号的点决定.

作为一个例子, 我们考虑对 G 的一级贡献. 一级的两个图都可以看成是本征自能部分, 一级本征自能就是两个图的相加.

在方程 (6.7.7) 中, 采用最简单近似, 即令

$$\Sigma^*(\boldsymbol{k},\omega)\approx\Sigma^*_{(1)}(\boldsymbol{k},\omega)\equiv\Sigma^*_{(1)}(\boldsymbol{k}) \tag{6.7.9}$$

在动量空间格林函数一级项的方程 (6.6.13) 中, 有两个相互作用函数, 先写出这两个 U 在自旋空间的矩阵元; 考虑与自旋无关的体系, 在自旋空间为两个单位矩阵的乘积, 即 $I(1)\cdot I(2)$, 则

$$U(q)_{\alpha\beta,\lambda\mu}=U(q)\delta_{\alpha\beta}\delta_{\lambda\mu}.$$

所以 (6.6.13) 式中两个 U 为

$$U_{\alpha\beta,\mu\mu}=2U\delta_{\alpha\beta};\quad U_{\alpha\mu,\mu\beta}=U\delta_{\alpha\beta}.$$

比较方程 (6.6.13), (6.7.1) 及图 6.7.2 不难得到

$$\hbar\Sigma^*_{(1)}(\boldsymbol{k})=\mathrm{i}(2\pi)^{-4}\int \mathrm{d}^4k_1[-2V(0)+V(\boldsymbol{k}-\boldsymbol{k}_1)]G^0(k_1)\mathrm{e}^{\mathrm{i}\omega_1\eta},$$

其中对频率积分得 θ 函数, 第一项中对动量积分给出粒子密度, $n=N/V$. 所以有

$$\hbar\Sigma^*_{(1)}(\boldsymbol{k})=nV(0)-(2\pi)^{-3}\int \mathrm{d}^3k_1V(\boldsymbol{k}-\boldsymbol{k}_1)\theta(k_\mathrm{F}-|\boldsymbol{k}_1|)\tag{6.7.10}$$

将 (6.7.10) 式代入 (6.7.7) 式, 得 G 为

$$\begin{aligned}G^{[1]}_{\alpha\beta}(\boldsymbol{k},\omega)&=\frac{1}{\omega-\varepsilon^0_k/\hbar-\Sigma^*_{(1)}(\boldsymbol{k},\omega)}\\&=\frac{1}{\omega-\varepsilon^0_k/\hbar-nV(0)+(2\pi)^3\displaystyle\int \mathrm{d}^3k_1V(\boldsymbol{k}-\boldsymbol{k}_1)\theta(k_\mathrm{F}-|\boldsymbol{k}_1|)}\end{aligned}\tag{6.7.11}$$

需指出, 由方程 (6.7.11) 求得的 $G^{[1]}(\boldsymbol{k},\omega)$ 并不是格林函数微扰展开的一级项, 而是由一级本征自能通过戴逊方程得到的, 这一个过程用图形来表示为图 6.7.5.

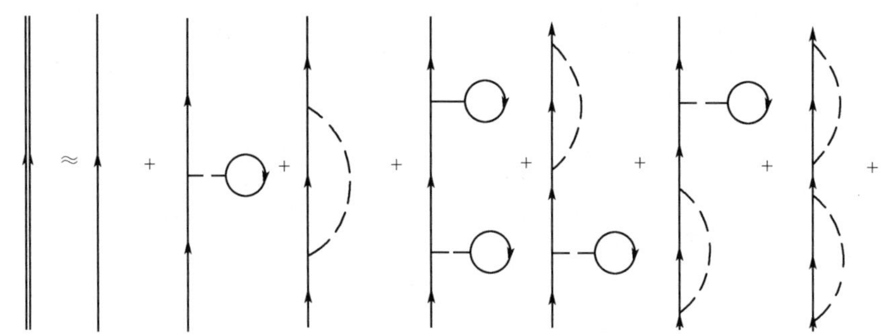

图 6.7.5 由 $\Sigma^*\approx\Sigma^*_{(1)}$ 得到的近似格林函数

从图上可以看出, 虽然对 Σ 只取了最低级近似项, 但由戴逊方程求出的近似格林函数依然是无限多图形之和, 但这无限多图形并不是严格格林函数所应包含的全部图形, 而只是其中挑出来的某一部分, 这就是体现了“部分求和”的含义.

下面由 (6.7.11) 式来分析一下格林函数的极点. 格林函数的极点为

$$\begin{aligned}\varepsilon^{(1)}_k&=\varepsilon^{(0)}_k+\hbar\Sigma^*_{(1)}(\boldsymbol{k})\\&=\frac{\hbar^2k^2}{2m}+nV(0)-(2\pi)^{-3}\int \mathrm{d}^3k_1V(\boldsymbol{k}-\boldsymbol{k}_1)\theta(k_\mathrm{F}-|\boldsymbol{k}_1|)\end{aligned}\tag{6.7.12}$$

$\varepsilon_{\boldsymbol{k}}^{(1)}$ 为元激发能谱, 也就是当体系增加一个动量为 $\boldsymbol{k}$ 的粒子时的能量, (6.7.12) 式中第二项为常数的能移, 来自于图 6.7.2 中 (a) 图的贡献, (a) 图也被称为"蝌蚪图", 也就是粒子向前散射项; (6.7.12) 中的积分项, 与 $\boldsymbol{k}$ 有关, 来自于图 6.7.2 的 (b) 图也就是牡蛎图的贡献, 表示粒子的交换散射. 可以看出, 在现在的近似下, 本征自能是实数, 系统在传播过程中没有阻尼, 元激发寿命为无限大. 从 (6.7.10) 与 (6.7.12) 式进一步可以看出, Σ 的作用相当于外加一个动量为 $\boldsymbol{k}$ 的粒子时, 体系得到的附加势能, 在现在的一级近似下, $\Sigma^{(1)}$ 与 ω 无关, 对 $\Sigma^{(1)}$ 作傅里叶变换的逆变换, 可看出这相当于 $\Sigma^{(1)}$ 与时间无关; 从物理上来看, 这意味着外加粒子在体系中传播时, 别的粒子是不动的, 在静止条件下与外部粒子发生相互作用, 但这只是最低级近似的情况. 实际情况是入射粒子对体系有扰动, 也就是体系中原有粒子与外来粒子的相互作用与时间有关, 要考察这一过程必须进一步考虑二级近似.

与自能图相类似, 对两粒子间的相互作用可引进极化概念. 两粒子间的相互作用总是由最低级的相互作用加上一系列与最低级的相互作用相连接的极化图所组成 (图 6.7.6), 用符号 $\sqcap$ 表示极化图.

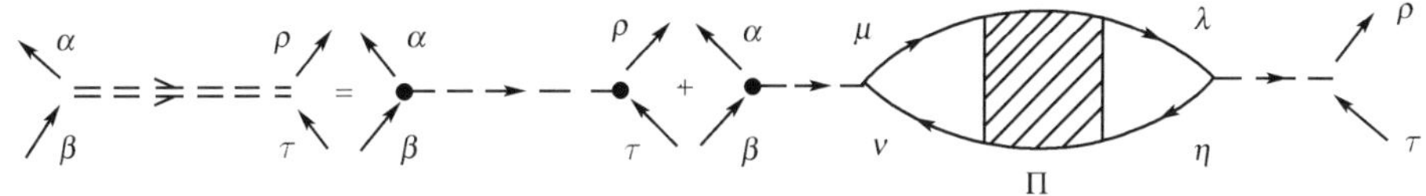

图 6.7.6　有效相互作用的结构

可以很容易写出与图 6.7.6 对应的方程. 如果体系是均匀的, 可以用动量空间的形式, 方程就变得很简单. 用 $U(q)_{\alpha\beta,\rho\tau}$ 及 $U_0(q)_{\alpha\beta,\rho\tau}$ 分别表示严格的及最低级的相互作用, 相应的方程为

$$U(q)_{\alpha\beta,\rho\tau} = U_0(q)_{\alpha\beta,\rho\tau} + U_0(q)_{\alpha\beta,\mu\nu} \sqcap_{\mu\nu,\eta\lambda}(q) U_0(q)_{\eta\lambda,\rho\tau}, \tag{6.7.13}$$

其中 $\sqcap_{\mu\nu,\eta\lambda}(q)$ 即为极化图.

与讨论自能图相类似, 引进几个定义:

极化部分:

任意一个不带外相互作用线, 且可以插入任意一个相互作用线中间的图称为极化部分.

本征极化部分:

不能通过切断一条相互作用线而分成两个不相连部分, 称为本征极化部分. 图 6.7.7(a) 为非本征极化部分, (b) 为本征极化部分.

现在可以将方程 (6.7.13) 改写成严格的相互作用与本征极化之间的一个方程:

$$U(q)_{\alpha\beta,\rho\tau} = U_0(q)_{\alpha\beta,\rho\tau} + U_0(q)_{\alpha\beta,\mu\nu} \sqcap^*_{\mu\nu,\eta\lambda}(q) U(q)_{\eta\lambda,\rho\tau}. \tag{6.7.14}$$

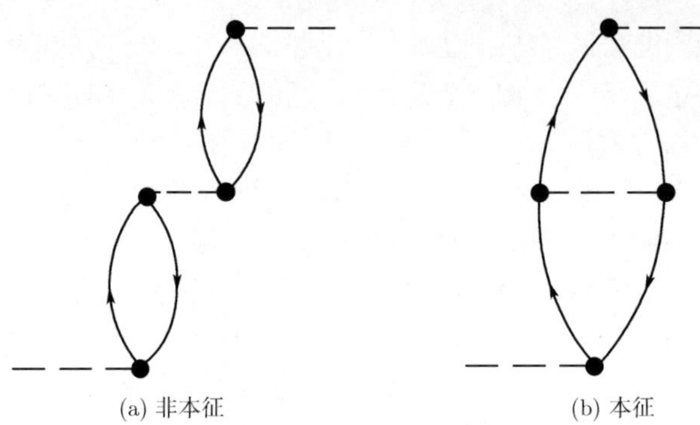
(a) 非本征　　(b) 本征

图 6.7.7　本征及非本征极化

这方程被称为相互作用的戴逊方程. 与此方程对应的图就是图 6.7.8.

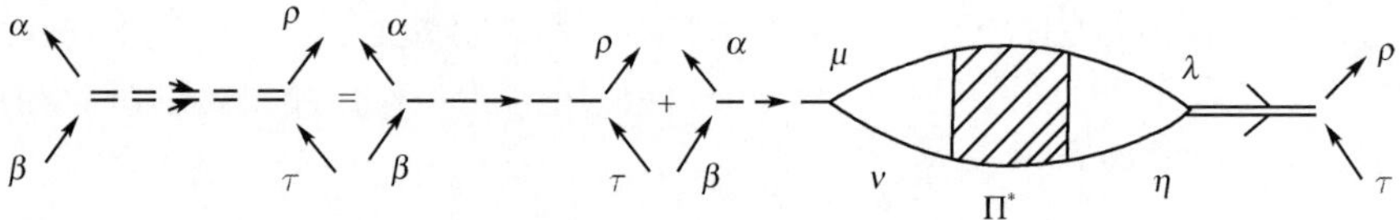

图 6.7.8　相互作用的戴逊方程

通常考虑相互作用与自旋无关的情况, 有

$$U_0(q)_{\alpha\beta,\rho\tau} = U_0(q)\delta_{\alpha\beta}\delta_{\rho\tau};$$

$$U(q)_{\alpha\beta,\rho\tau} = U(q)\delta_{\alpha\beta}\delta_{\rho\tau}.$$

方程 (6.7.13) 及 (6.7.14) 变得更为简单:

$$U(q) = U_0(q) + U_0(q) \sqcap (q) U_0(q); \tag{6.7.15}$$

$$U(q) = U_0(q) + U_0(q) \sqcap^* (q) U(q). \tag{6.7.16}$$

其中引进了简化写法:

$$\sqcap(q) \equiv \sqcap_{\alpha\alpha,\lambda\lambda}(q); \quad \sqcap^*(q) \equiv \sqcap^*_{\alpha\alpha,\lambda\lambda}(q).$$

由方程 (6.7.16) 得

$$U(q) = \frac{1}{1 - \sqcap^*(q) U_0(q)} \tag{6.7.17}$$

这就是戴逊方程的解.

定义广义介电函数 $\kappa(q)$ 为

$$\kappa(q) = \frac{U_0(q)}{U(q)}.$$

很容易得到

$$\kappa(q) = 1 - U_0(q) \sqcap^* (q).$$

在有限温度下, 戴逊方程的形式与基态时完全相同, 用基态情况下关于自能及本征自能的相同的定义, 可将 $\mathcal{G}$ 写成普遍的形式：

$$\mathcal{G}(1,2) = \mathcal{G}^0(1,2) + \int \mathrm{d}3\mathrm{d}4\mathcal{G}^0(1,3)\Sigma(3,4)\mathcal{G}^0(4,2).$$

其中积分不仅包括了对空间, 时间的积分, 也包括了对自旋的求和, 对时间 τ 的积分区间为 $0 \sim \beta\hbar$. 用本征自能来表示自能, 可写成

$$\Sigma(1,2) = \Sigma^*(1,2) + \int \mathrm{d}3\mathrm{d}4\Sigma^*(1,3)\mathcal{G}^0(3,4)\Sigma^*(4,2) + \cdots. \tag{6.7.18}$$

相应的戴逊方程为

$$\mathcal{G}(1,2) = \mathcal{G}^0(1,2) + \int \mathrm{d}3\mathrm{d}4\mathcal{G}^0(1,3)\Sigma^*(3,4)\mathcal{G}(4,2). \tag{6.7.19}$$

对均匀系, 用动量空间来表示：

$$\mathcal{G}(\boldsymbol{k},\omega_n) = \mathcal{G}^0(\boldsymbol{k},\omega_n) + \mathcal{G}^0(\boldsymbol{k},\omega_n)\Sigma^*(\boldsymbol{k},\omega_n)\mathcal{G}(\boldsymbol{k},\omega_n). \tag{6.7.20}$$

上述方程的解为

$$\mathcal{G}(\boldsymbol{k},\omega_n) = [\mathcal{G}^0(\boldsymbol{k},\omega_n)^{-1} - \Sigma^*(\boldsymbol{k},\omega_n)]^{-1}.$$

由 $\mathcal{G}^0(\boldsymbol{k},\omega_n)$ 的表示式：

$$\mathcal{G}^0(\boldsymbol{k},\omega_n) = \frac{1}{\mathrm{i}\omega_n - (\varepsilon_k^0 - \mu)/\hbar},$$

可将戴逊方程的解改写为

$$\mathcal{G}_{\alpha\beta}(\boldsymbol{k},\omega_n) = \delta_{\alpha\beta}[\mathrm{i}\omega_n - (\varepsilon_k^0 - \mu)/\hbar - \Sigma^*(\boldsymbol{k},\omega_n)]^{-1}. \tag{6.7.21}$$

这一表示式与基态形式十分相似, 存在的一个重要差别是现在 ω_n 为分立的.

与格林函数直接相关的物理量, 即方程 (6.6.26) 式、(6.6.27) 式及 (6.6.28) 式可借助于戴逊方程而加以简化：

$$N(T,V,\mu) = \mp V(2s+1)\int \frac{\mathrm{d}^3k}{(2\pi)^3}\frac{1}{\beta\hbar}\sum_n \frac{\mathrm{e}^{\mathrm{i}\omega_n\eta}}{\mathrm{i}\omega_n - (\varepsilon_k^0 - \mu)/\hbar - \Sigma^*(\boldsymbol{k},\omega_n)}, \tag{6.7.22}$$

$$\begin{aligned}E(T,V,\mu)&=\mp V(2s+1)\int\frac{\mathrm{d}^3k}{(2\pi)^3}\frac{1}{\beta\hbar}\sum_n \mathrm{e}^{\mathrm{i}\omega_n\eta}\\&\quad\times\frac{1}{2}\hbar\left[\frac{\mathrm{i}\omega_n+(\varepsilon_k^0+\mu)/\hbar}{\mathrm{i}\omega_n-(\varepsilon_k^0-\mu)/\hbar-\Sigma^*(\boldsymbol{k},\omega_n)}\right]\\&=\mp V(2s+1)\int\frac{\mathrm{d}^3k}{(2\pi)^3}\frac{1}{\beta\hbar}\sum_n \mathrm{e}^{\mathrm{i}\omega_n\eta}\\&\quad\times\left[\frac{1}{2}\hbar+\frac{\varepsilon_k^0+\frac{1}{2}\hbar\Sigma^*(\boldsymbol{k},\omega_n)}{\mathrm{i}\omega_n-(\varepsilon_k^0-\mu)/\hbar-\Sigma^*(\boldsymbol{k},\omega_n)},\right]\end{aligned}\tag{6.7.23}$$

$$\begin{aligned}\Omega(T,V,\mu)&=\Omega_0(T,V,\mu)\mp V(2s+1)\int_0^1\frac{\mathrm{d}\lambda}{\lambda}\int\frac{\mathrm{d}^3k}{(2\pi)^3}\frac{1}{\beta\hbar}\sum_n \mathrm{e}^{\mathrm{i}\omega_n\eta}\\&\quad\times\left[\frac{1}{2}\hbar+\frac{\frac{1}{2}\hbar\Sigma^{*\lambda}(\boldsymbol{k},\omega_n)}{\mathrm{i}\omega_n-(\varepsilon_k^0-\mu)/\hbar-\Sigma^{*\lambda}(\boldsymbol{k},\omega_n)}\right].\end{aligned}\tag{6.7.24}$$

在方程 (6.7.23) 及 (6.7.24) 中, 收敛因子起了重要作用, 由这因子可以消去两式中的常数项, 考虑玻色子情况:

$$\begin{aligned}\textstyle\sum_n \mathrm{e}^{\mathrm{i}\omega_n\eta}&=\sum_n \mathrm{e}^{2\pi\mathrm{i}n\eta/\beta\hbar}\\&=\sum_{n=0}^{\infty}(\mathrm{e}^{2\pi\mathrm{i}\eta/\beta\hbar})^n+\sum_{n=0}^{\infty}(\mathrm{e}^{2\pi\mathrm{i}\eta/\beta\hbar})^{-n}-1\\&=(1-\mathrm{e}^{2\pi\mathrm{i}\eta/\beta\hbar})^{-1}+(1-\mathrm{e}^{-2\pi\mathrm{i}\eta/\beta\hbar})^{-1}-1\\&=0.\end{aligned}$$

上式最后一步来自于 $0<\eta<\beta\hbar$. 对费米子也有同样的结果. 最后可得

$$\begin{aligned}E&=\mp V(2s+1)(2\pi)^{-3}(\beta\hbar)^{-1}\int\mathrm{d}^3k\sum_n \mathrm{e}^{\mathrm{i}\omega_n\eta}\left[\varepsilon_k^0+\frac{1}{2}\hbar\Sigma^*(\boldsymbol{k},\omega_n)\right]\\&\quad\times\mathcal{G}(\boldsymbol{k},\omega_n),\end{aligned}\tag{6.7.25}$$

$$\begin{aligned}\Omega&=\Omega_0\mp V(2s+1)\int_0^1\frac{\mathrm{d}\lambda}{\lambda}\int\frac{\mathrm{d}\lambda}{(2\pi)^3}(\beta\hbar)^{-1}\sum_n \mathrm{e}^{\mathrm{i}\omega_n\eta}\frac{1}{2}\hbar\Sigma^{*\lambda}(\boldsymbol{k},\omega_n)\\&\quad\times\mathcal{G}^{\lambda}(\boldsymbol{k},\omega_n).\end{aligned}\tag{6.7.26}$$

与自能相似, 对相互作用 V 可以引进极化 Π 及本征极化 Π^*, 相应的戴逊方程为

$$V(\boldsymbol{q},\omega_n)=V_0(\boldsymbol{q},\omega_n)+V_0(\boldsymbol{q},\omega_n)\Pi^*(\boldsymbol{q},\omega_n)V(\boldsymbol{q},\omega_n),$$

方程的解是

$$V(\boldsymbol{q},\omega_n) = V_0(\boldsymbol{q},\omega_n)[1 - V_0(\boldsymbol{q},\omega_n)\Pi^*(\boldsymbol{q},\omega_n)]^{-1}.$$

6.8 简并电子气

前面介绍了格林函数的定义、性质及具体的计算方法. 作为一个例子, 我们在本节讨论一个较为简单和较为常见的体系：简并电子气的问题. 讨论将从问题的最初形式开始, 以便对如何去研究一个实际的物理体系有比较完整的了解.

1. 哈密顿量

考虑一个在均匀分布正电荷背景中有相互作用的电子气问题. 此问题可以作为金属或等离子体的最低级近似. 在实际金属或等离子体中, 正电荷是集中在分立的离子中, 由于离子的质量比电子大得多, 因而可以忽略离子的运动; 而均匀背景则是一个粗略的近似, 可以预期, 我们由这一简化模型只能得到定性上与实验相符的结果.

让体系处在一个边长为 L 的立方盒中, 在计算的最后, 让 $L \to \infty$. 采用周期性边界条件, 单粒子的波函数可用平面波来表示：

$$\psi_{\boldsymbol{k},\lambda}(\boldsymbol{x}) = V^{-1/2}\mathrm{e}^{\mathrm{i}\boldsymbol{k}\cdot\boldsymbol{x}}\eta\lambda,$$

其中 V 为体系的体积, $\eta\lambda$ 是两个自旋函数：

$$\eta_+ = \begin{pmatrix} 1 \\ 0 \end{pmatrix}, \quad \eta_- = \begin{pmatrix} 0 \\ 1 \end{pmatrix}.$$

系统哈密顿量可以写成三项之和：

$$H = H_e + H_b + H_{e-b}, \tag{6.8.1}$$

其中 H_e 是电子哈密顿量, H_b 是粒子数密度为 $n(\boldsymbol{x})$ 的正电荷背景的能量, H_{e-b} 是电子与正电荷背景的相互作用能量.

$$H_e = \sum_{i=1}^{N} \frac{p_i^2}{2m} + \frac{1}{2}e^2 \sum_{i\neq j}^{N} \frac{\mathrm{e}^{-\mu|\boldsymbol{r}_i - \boldsymbol{r}_j|}}{|\boldsymbol{r}_i - \boldsymbol{r}_j|}, \tag{6.8.2}$$

$$H_b = \frac{1}{2}e^2 \int \mathrm{d}^3x \int \mathrm{d}^3x' \frac{n(\boldsymbol{x})n(\boldsymbol{x}')\mathrm{e}^{\mu|\boldsymbol{x}-\boldsymbol{x}'|}}{|\boldsymbol{x}-\boldsymbol{x}'|}, \tag{6.8.3}$$

$$H_{e-b} = -e^2 \sum_{i=1}^{N} \int \mathrm{d}^3x \frac{n(\boldsymbol{x})\mathrm{e}^{-\mu|\boldsymbol{x}-\boldsymbol{r}_i|}}{|\boldsymbol{x}-\boldsymbol{r}_i|}. \tag{6.8.4}$$

以上表示式中插进一个指数收敛因子 μ, 使积分有确定的意义, μ 最终趋于 0. 这样做的原因是库仑力是长程力, 在 $V\to\infty, N\to\infty$ 的热力学极限下, 哈密顿量三项中每一项都是发散的, 但整个体系是电中性的, $n=N/V$ 为常数, 因此三项求和在热力学极限下应该有意义, 收敛因子 μ 的存在使处理过程中每一步在数学上为有意义的, 最终将抵消每一项的发散性. 因而取极限过程应该先令 $L\to\infty$, 然后令 $\mu\to 0$. 计算中的每一步可以假设 $\mu^{-1}\ll L$. 上述考虑中也忽略了表面效应.

方程 (6.8.1) 中唯一的动力学变数是对电子的, 正电荷被看成是不动的, 因而 H_b 是纯 C 数, 利用均匀分布条件 $n(x)=N/V$ 可以很快求出 H_b 的值：

$$\begin{aligned}H_b&=\frac{1}{2}e^2\iint \mathrm{d}^3x\mathrm{d}^3x'\frac{n(\boldsymbol{x})n(\boldsymbol{x}')\mathrm{e}^{-\mu|\boldsymbol{x}-\boldsymbol{x}'|}}{|\boldsymbol{x}-\boldsymbol{x}'|}\\&=\frac{1}{2}e^2\left(\frac{N}{V}\right)^2\iint \mathrm{d}^3x\mathrm{d}^3x'\frac{\mathrm{e}^{-\mu}|\boldsymbol{x}-\boldsymbol{x}'|}{|\boldsymbol{x}-\boldsymbol{x}'|}.\end{aligned}$$

先进行对 $\boldsymbol{x}'$ 的积分, 利用系统的空间平移不变性, 将坐标原点换到某个 $\boldsymbol{x}$ 矢量的端点, 改为球坐标, 令 $|\boldsymbol{x}-\boldsymbol{x}'|=r$, 有

$$\begin{aligned}&\int \mathrm{d}^3x'\frac{\mathrm{e}^{-\mu|\boldsymbol{x}-\boldsymbol{x}'|}}{|\boldsymbol{x}-\boldsymbol{x}'|}=\int r^2\sin\theta\frac{\mathrm{e}^{-\mu r}}{r}\mathrm{d}r\mathrm{d}\theta\mathrm{d}\varphi=\frac{4\pi}{\mu^2},\\&\int \mathrm{d}^3x\frac{4\pi}{\mu^2}=\frac{4\pi V}{\mu^2}.\end{aligned}$$

得到

$$H_b=\frac{1}{2}e^2\frac{4\pi N^2}{V\mu^2}. \tag{6.8.5}$$

显然, 当 $\mu\to 0$ 时, (H_b/N) 为发散的, 原因是正电荷的每一点都可与全空间的正电荷产生相互作用, 结果就是发散的.

对 H_{e-b} 项, 由于 H_{e-b} 是作用在每个电子上, 原则上也是单粒子算符, 可以求出其值：

$$\begin{aligned}H_{e-b}&=-e^2\sum_{i=1}^{N}\int \mathrm{d}^3x\frac{n(\boldsymbol{x})\mathrm{e}^{-\mu|\boldsymbol{x}-\boldsymbol{r}_i|}}{|\boldsymbol{x}-\boldsymbol{r}_i|}\\&=-e^2\frac{N}{V}\sum_{i=1}^{N}\int r^2\mathrm{sim}\theta\frac{\mathrm{e}^{-\mu r}}{r}\mathrm{d}r\mathrm{d}\theta\mathrm{d}\varphi\\&=-e^2\frac{N^2}{V}\frac{4\pi}{\mu^2}.\end{aligned} \tag{6.8.6}$$

说明 H_{e-b} 也是 C 数, (6.8.1) 式成为

$$H=-\frac{e^2}{2}\frac{N^2}{V}\frac{4\pi}{\mu^2}+H_e. \tag{6.8.7}$$

从 (6.8.7) 看出, 系统的全部物理效应被包括在 H_e 中, 将 (6.8.2) 式用二次量子化形式来表示, 动能项为

$$\hat{T}=\sum_{k\lambda}\frac{\hbar^2k^2}{2m}a_{k\lambda}^{+}a_{k\lambda}. \tag{6.8.8}$$

势能项的矩阵元为

$$\langle \boldsymbol{k}_1\lambda_1,\boldsymbol{k}_2\lambda_2|V|\boldsymbol{k}_3\lambda_3,\boldsymbol{k}_4\lambda_4\rangle=\frac{e^2}{V^2}\iint \mathrm{d}^3x_1\mathrm{d}^3x_2\mathrm{e}^{-\mathrm{i}\boldsymbol{k}_1\cdot\boldsymbol{x}_1}\eta\lambda_1(1)^{+}$$
$$\times\mathrm{e}^{-\mathrm{i}\boldsymbol{k}_2\cdot\boldsymbol{x}_2}\eta\lambda_2(2)^{+}\frac{\mathrm{e}^{-\mu|\boldsymbol{x}_1-\boldsymbol{x}_2|}}{|\boldsymbol{x}_1-\boldsymbol{x}_2|}\mathrm{e}^{\mathrm{i}\boldsymbol{k}_3\cdot\boldsymbol{x}_1}\eta\lambda_3(1)\mathrm{e}^{\mathrm{i}\boldsymbol{k}_4\cdot\boldsymbol{x}_2}\eta\lambda_4(2). \tag{6.8.9}$$

作变数变换, 令

$$\boldsymbol{x}_2=\boldsymbol{x},\quad \boldsymbol{x}_1-\boldsymbol{x}_2=\boldsymbol{y}.$$

对 (6.8.9) 式积分, 得

$$\langle \boldsymbol{k}_1\lambda_1,\boldsymbol{k}_2\lambda_2|V|\boldsymbol{k}_3\lambda_3,\boldsymbol{k}_4\lambda_4\rangle=\frac{e^2}{V}\frac{4\pi}{(\boldsymbol{k}_1-\boldsymbol{k}_3)^2+\mu^2}\delta_{\lambda_1\lambda_3}\delta_{\lambda_2\lambda_4}\delta_{\boldsymbol{k}_1+\boldsymbol{k}_2,\boldsymbol{k}_3+\boldsymbol{k}_4}.$$

上式最后一个 δ 函数表示了均匀系统中动量守恒. 总哈密顿量可写成

$$\hat{H}=-\frac{1}{2}\frac{e^2N^2}{V}\frac{4\pi}{\mu^2}+\sum_{k,\lambda}\frac{\hbar^2k^2}{2m}a_{\boldsymbol{k}\lambda}^{+}a_{\boldsymbol{k}\lambda}$$
$$+\frac{e^2}{2V}\sum_{\substack{\boldsymbol{k},\boldsymbol{p},\boldsymbol{q}\\ \lambda_1,\lambda_2}}\frac{4\pi}{q^2+\mu^2}a_{\boldsymbol{k}+\boldsymbol{q},\lambda_1}^{+}a_{\boldsymbol{p}-\boldsymbol{q},\lambda_2}^{+}a_{\boldsymbol{p}\lambda_2}a_{\boldsymbol{k}\lambda_1}, \tag{6.8.10}$$

其中,

$$\boldsymbol{k}_1=\boldsymbol{k}+\boldsymbol{q},\quad \boldsymbol{k}_2=\boldsymbol{p}-\boldsymbol{q},$$

$$\boldsymbol{k}_3=\boldsymbol{k},\quad \boldsymbol{k}_4=\boldsymbol{p}.$$

上述关系保证了动量守恒, 即 $\boldsymbol{k}_1+\boldsymbol{k}_2=\boldsymbol{k}_3+\boldsymbol{k}_4$, 而 $\hbar(\boldsymbol{k}_1-\boldsymbol{k}_3)=\hbar\boldsymbol{q}$ 则是两个相互作用粒子之间的动量转移.

为了方便, 将 (6.8.10) 式分成 $\boldsymbol{q}=0$ 及 $\boldsymbol{q}\neq 0$ 两项, 只写出位能部分就是:

$$\hat{V}=\frac{e^2}{2V}\sum_{\substack{\boldsymbol{k},\boldsymbol{p}\\ \lambda_1,\lambda_2}}\frac{4\pi}{\mu^2}a_{\boldsymbol{k},\lambda_1}^{+}a_{\boldsymbol{p}\lambda_2}^{+}a_{\boldsymbol{p}\lambda_2}a_{\boldsymbol{k}\lambda_1}$$
$$+\frac{e^2}{2V}\sum_{\boldsymbol{k},\boldsymbol{p},\boldsymbol{q}}{}'\sum_{\lambda_1,\lambda_2}\frac{4\pi}{q^2+\mu^2}a_{\boldsymbol{k}+\boldsymbol{q},\lambda_1}^{+}a_{\boldsymbol{p}-\boldsymbol{q},\lambda_2}^{+}a_{\boldsymbol{p}\lambda_2}a_{\boldsymbol{k}\lambda_1}.$$

上述第二项带撇的求和不包括 $\boldsymbol{q}=0$ 的项, 第一项利用反对易关系得到

$$\begin{aligned}&\frac{e^2}{2V}\sum_{\substack{\boldsymbol{k},\boldsymbol{p}\\ \lambda_1,\lambda_2}}\frac{4\pi}{\mu^2}a^+_{\boldsymbol{k},\lambda_1}a^+_{\boldsymbol{p}\lambda_2}a_{\boldsymbol{p}\lambda_2}a_{\boldsymbol{k}\lambda_1}\\ =&\frac{e^2}{2V}\frac{4\pi}{\mu^2}\sum_{\boldsymbol{k},\lambda_1}\sum_{\boldsymbol{p},\lambda_2}(a^+_{\boldsymbol{k}\lambda_1}a_{\boldsymbol{k}\lambda_1}a^+_{\boldsymbol{p}\lambda_2}a_{\boldsymbol{p}\lambda_2}-a^+_{\boldsymbol{k}\lambda_1}a_{\boldsymbol{k}\lambda_1}\delta_{\boldsymbol{kp}}\delta_{\lambda_1\lambda_2})\\ =&\frac{e^2}{2V}\frac{4\pi}{\mu^2}(\hat{N}^2-\hat{N}).\end{aligned}$$

考虑系统的总粒子数不变, 算符 $\hat{N}$ 可用本征值 N 代替, 也就是这一项对哈密顿量的贡献为一 C 数, 将上式写成

$$\frac{e^2}{2}\frac{N^2}{V}\frac{4\pi}{\mu^2}-\frac{e^2}{2}\frac{N}{V}\frac{4\pi}{\mu^2},$$

其中第一项与(6.8.7)式第一项抵消, 第二项则是表示了每个粒子能量 $-\dfrac{e^2}{2}4\pi(V\mu^2)^{-1}$, 按照前面所指出的取极限的方法, 先令 $L\to\infty$, 然后令 $\mu\to 0$ 并注意到 $\mu^{-1}\ll L$, 则上式第二项趋于 0. 说明在热力学极限下, 哈密顿量中发散部分全部被抵消, 反映了系统是电中性的, 在热力学极限下有确定意义. 于是得到了在均匀正电荷背景上电子气的哈密顿量:

$$\hat{H}=\sum_{\boldsymbol{k},\lambda}\frac{\hbar^2k^2}{2m}a^+_{\boldsymbol{k}\lambda}a_{\boldsymbol{k}\lambda}+\frac{e^2}{2V}\sum_{\boldsymbol{k},\boldsymbol{p},\boldsymbol{q}}\sum_{\lambda_1,\lambda_2}\frac{4\pi}{q^2}a^+_{\boldsymbol{k}+\boldsymbol{q},\lambda_1}a^+_{\boldsymbol{p}-\boldsymbol{q},\lambda_2}a_{\boldsymbol{p}\lambda_2}a_{\boldsymbol{k}\lambda_1}. \tag{6.8.11}$$

对这哈密顿量作些分析. 引进新的变数: r_0, a_0 及 r_s. 定义长度 r_0 为

$$V\equiv\frac{4}{3}\pi r_0^3N,$$

r_0 则是表示了粒子间的距离; a_0 为玻尔半径:

$$a_0=\hbar^2/me^2;$$

定义 r_s 为

$$r_s\equiv r_0/a_0,$$

r_s 为量纲为一的量, r_s 的值反映了粒子的密度大小. 让 r_0 作为长度单位, 令

$$\tilde{V}=r^{-3}V;\quad \tilde{k}=r_0\boldsymbol{k};\quad \tilde{p}=r_0\boldsymbol{p};\quad \tilde{q}=r_0\boldsymbol{q}.$$

可将 (6.8.11) 式写成量纲为一的形式:

$$\hat{H}=\frac{e^2}{a_0r_s^s}\left(\sum_{\tilde{k},\lambda}\frac{1}{2}\tilde{k}^2a^+_{\tilde{k}\lambda}a_{\tilde{k}\lambda}+\frac{r_s}{2\tilde{V}}\sum_{\tilde{k},\tilde{p},\tilde{q}}{}'\sum_{\lambda_1\lambda_2}\frac{4\pi}{\tilde{q}^2}a^+_{\tilde{k}+\tilde{q},\lambda_1}\times a^+_{\tilde{p}-\tilde{q},\lambda_2}a_{\boldsymbol{p}\lambda_2}a_{\tilde{k}\lambda_1}\right). \tag{6.8.12}$$

(6.8.12) 式说明, 当 $r_s \to 0$ 时, 相互作用势能可以看成是微扰项, 而这正是电子气在 $r_0 \to 0$ 的高密度极限, 尽管库仑相互作用是长程力, 且相互作用是较强的, 在高密度的电子气中, 这种作用可被看成是微扰, 故可以用微扰论来计算体系的物理性质.

2. 基态能量及一级修正

为了计算基态能量, 从 (6.8.11) 式出发, 写成

$$\hat{H} \equiv \hat{H}_0 + \hat{H}_I = \hat{H}_0 + \hat{V}.$$

首先计算基态能量的最低级近似:

$$E^{(0)} = \langle\phi_0|\hat{H}_0|\phi_0\rangle,$$

由泡利原理的限制, 每一个动量态只能有自旋向上及自旋向下两个粒子, 系统的基态就是粒子从动量最低态开始向上填充, 直到填满费米海为止, 粒子动量的最大值为 $p_{\mathrm{F}} = \hbar k_{\mathrm{F}}, k_{\mathrm{F}}$ 即为费米动量:

$$k_{\mathrm{F}} = \left(\frac{3\pi^2 N}{V}\right)^{1/3} = \left(\frac{9\pi}{4}\right)^{\frac{1}{3}} r_0^{-1},$$

$$\begin{aligned}
E^{(0)} &= \langle\phi_0|\hat{H}_0|\phi_0\rangle = \langle\phi_0|\hat{T}|\phi_0\rangle \\
&= \frac{\hbar^2}{2m}\sum_{k,\lambda} k^2\langle\phi_0|\hat{n}_{k\lambda}|\phi_0\rangle \\
&= \frac{\hbar^2}{2m}\sum_{k,\lambda} k^2\theta(k_{\mathrm{F}} - k).
\end{aligned}$$

当系统体积 $V \to \infty$ 时, 将求和换成积分:

$$\begin{aligned}
E^{(0)} &= \frac{\hbar^2}{2m}\sum_{\lambda}\frac{V}{(2\pi)^3}\int \mathrm{d}^3k k^2\theta(k_{\mathrm{F}} - k) \\
&= \frac{3}{5}\frac{\hbar^2 k_{\mathrm{F}}^2}{2m}N = \frac{e^2}{2a_0}\frac{N}{r_s^2}\frac{3}{5}\left(\frac{9\pi}{4}\right)^{2/3} = \frac{e^2}{2a_0}N\frac{2.21}{r_s^2}.
\end{aligned} \tag{6.8.13}$$

为了计算能量修正, 将相互作用势 V 的形式作一些改变, 考虑到系统是均匀的, 相互作用与自旋无关, 有

$$U(x,x')_{\lambda\lambda',\mu\mu'} = V(\boldsymbol{x} - \boldsymbol{x}')\delta(t - t')\delta_{\lambda\lambda'}\delta_{\mu\mu'}$$

两粒子的相互作用能为

$$\begin{aligned}
\langle\hat{V}\rangle &= \frac{1}{2}\int \mathrm{d}^3x\mathrm{d}^3x' V(\boldsymbol{x} - x')\langle\hat{\psi}_\alpha^+(\boldsymbol{x})\hat{\psi}_\beta^+(\boldsymbol{x}')\hat{\psi}_\beta(\boldsymbol{x}')\hat{\psi}_\alpha(\boldsymbol{x})\rangle \\
&= \frac{1}{2}\int \mathrm{d}^3x\mathrm{d}^3x' V(\boldsymbol{x} - \boldsymbol{x}')[\langle n(\boldsymbol{x})n(\boldsymbol{x}')\rangle - \delta(\boldsymbol{x} - \boldsymbol{x}')\langle n(\boldsymbol{x})\rangle].
\end{aligned} \tag{6.8.14}$$

引进涨落算符：

$$\tilde{n}(\boldsymbol{x}) \equiv \hat{n}(\boldsymbol{x}) - \langle \hat{n}(\boldsymbol{x}) \rangle$$

方程 (6.8.14) 成为

$$\begin{aligned}\langle \hat{V} \rangle = &\frac{1}{2}\int \mathrm{d}^3x\mathrm{d}^3x' V(\boldsymbol{x}-\boldsymbol{x}')[\langle \tilde{n}(\boldsymbol{x})\tilde{n}(\boldsymbol{x}')\rangle \\ &+\langle \hat{n}(\boldsymbol{x})\rangle\langle \hat{n}(\boldsymbol{x}')\rangle - \delta(\boldsymbol{x}-\boldsymbol{x}')\langle \hat{n}(\boldsymbol{x})\rangle].\end{aligned} \tag{6.8.15}$$

对均匀系：$\langle \hat{n}(\boldsymbol{x})\rangle = n = N/V$, 因而 (6.8.15) 式后两项成为很简单的, 可以集中注意密度相关函数, 这函数中包括了我们感兴趣的物理效应.

定义一个编时相关函数：

$$\mathrm{i}D(x,x') = \frac{\langle \psi_0|T[\tilde{n}_H(\boldsymbol{x})\tilde{n}_H(\boldsymbol{x}')]|\psi_0\rangle}{\langle \psi_0|\psi_0\rangle},$$

这函数对变数是对称的,

$$D(x,x') = D(x',x).$$

函数 D 称为极化传播子. 对均匀介质及哈密顿量不依赖于时间的情况下, D 只依赖于 $x-x'$. 方程 (6.8.15) 可写成

$$\langle \hat{V} \rangle = \frac{1}{2}\int \mathrm{d}^3x\mathrm{d}^3x' V(\boldsymbol{x}-\boldsymbol{x}')[\mathrm{i}D(\boldsymbol{x}'t,\boldsymbol{x}t) + n^2 - \delta(\boldsymbol{x}-\boldsymbol{x}')n],$$

其中利用了 D 的对称性可直接令 $t=t'$. 如果 D^0 表示对没有相互作用系统所对应的相关函数, 则

$$\mathrm{i}D^0(x',x) = \langle \phi_0|T[\tilde{n}_I(x')\tilde{n}_I(x)]|\phi_0\rangle$$

相互作用能可被分成最低级贡献和所有高级贡献之和：

$$\begin{aligned}\langle \hat{V} \rangle = &\frac{1}{2}\int \mathrm{d}^3x\mathrm{d}^3x' V(\boldsymbol{x}-\boldsymbol{x}')[\mathrm{i}D^0(\boldsymbol{x}'t,\boldsymbol{x}t) + n^2 - \delta(\boldsymbol{x}-\boldsymbol{x}')n] \\ &+\frac{1}{2}\int \mathrm{d}^3x\mathrm{d}^3x' V(\boldsymbol{x}-\boldsymbol{x}')[\mathrm{i}D(\boldsymbol{x}'t,\boldsymbol{x}t) - \mathrm{i}D^0(\boldsymbol{x}'t,\boldsymbol{x}t)] \\ = &\langle \phi_0|\hat{V}|\phi_0\rangle + \frac{1}{2}\int \mathrm{d}^3x\mathrm{d}^3x' V(\boldsymbol{x}-\boldsymbol{x}') \\ &\times[\mathrm{i}D(\boldsymbol{x}'t,\boldsymbol{x}t) - \mathrm{i}D^0(\boldsymbol{x}'t,\boldsymbol{x}t)],\end{aligned} \tag{6.8.16}$$

其中第一项是对基态能量的一级修正, 第二项被称为相关能量.

下面计算 (6.8.16) 式的第一项

$$\begin{aligned}E^{(1)} = &\langle \phi_0|\hat{V}|\phi_0\rangle \\ = &\frac{e^2}{2V}\sum_{\boldsymbol{k},\boldsymbol{p},\boldsymbol{q}}{}'\sum_{\lambda_1,\lambda_2}\frac{4\pi}{q^2}\langle \phi_0|a^+_{\boldsymbol{k}+\boldsymbol{q},\lambda_1}a^+_{\boldsymbol{p}-\boldsymbol{q},\lambda_2}a_{\boldsymbol{p}\lambda_2}a_{\boldsymbol{k}\lambda_1}|\phi_0\rangle.\end{aligned} \tag{6.8.17}$$

先对矩阵元作如下分析：由于湮没算符的作用，状态 $|\phi_0\rangle$ 中必须包括 $\boldsymbol{k}\lambda_1, \boldsymbol{p}\lambda_2$ 两个粒子，又由于产生算符的作用，$\langle\phi_0|$ 中也必须包括这样两个粒子，否则矩阵元为 0，这现象说明，两个产生算符必须去填充两个湮没算符所造的空穴，也就是算符的作用必须是成对的. 这只有两种可能：

$$\boldsymbol{k}+\boldsymbol{q}, \lambda_1 = \boldsymbol{k}, \lambda_1; \quad \boldsymbol{p}-\boldsymbol{q}, \lambda_2 = \boldsymbol{p}, \lambda_2. \tag{6.8.18a}$$

或

$$\boldsymbol{k}+\boldsymbol{q}, \lambda_1 = \boldsymbol{p}, \lambda_2; \quad \boldsymbol{p}-\boldsymbol{q}, \lambda_2 = \boldsymbol{k}, \lambda_1. \tag{6.8.18b}$$

其中第一种情况由于求和中限制 $q \neq 0$，因而是不可能的；第二种情况要求 $\boldsymbol{p} = \boldsymbol{k}+\boldsymbol{q}$，矩阵元成为

$$\begin{aligned}
&\langle\phi_0|a^{\dagger}_{\boldsymbol{k}+\boldsymbol{q},\lambda_1}a^{\dagger}_{\boldsymbol{k},\lambda_1}a_{\boldsymbol{k}+\boldsymbol{q},\lambda_1}a_{\boldsymbol{k},\lambda_1}|\phi_0\rangle\delta_{\boldsymbol{k}+\boldsymbol{q},\boldsymbol{p}}\delta_{\lambda_1\lambda_2}\\
&=-\langle\phi_0|\hat{n}_{\boldsymbol{k}+\boldsymbol{q},\lambda_1}\hat{n}_{\boldsymbol{k},\lambda_1}|\phi_0\rangle\delta_{\boldsymbol{k}+\boldsymbol{q},\boldsymbol{p}}\delta_{\lambda_1\lambda_2}\\
&=-\theta(k_{\mathrm{F}}-|\boldsymbol{k}+\boldsymbol{q}|)\theta(k_{\mathrm{F}}-k)\delta_{\boldsymbol{k}+\boldsymbol{q},\boldsymbol{p}}\delta_{\lambda_1\lambda_2}.
\end{aligned} \tag{6.8.19}$$

由 (6.8.17) 式及 (6.8.19) 式得

$$\begin{aligned}
E^{(1)} &= -\frac{e^2}{2V}\sum_{\boldsymbol{k},\boldsymbol{q}}{}'\sum_{\lambda_1}\frac{4\pi}{q^2}\theta(k_{\mathrm{F}}-|\boldsymbol{k}+\boldsymbol{q}|)\theta(k_{\mathrm{F}}-k)\\
&= -\frac{e^2}{2}\frac{4\pi V}{(2\pi)^6}2\int \mathrm{d}^3k\mathrm{d}^3q\cdot\frac{1}{q^2}\theta(k_{\mathrm{F}}-|\boldsymbol{k}+\boldsymbol{q}|)\theta(k_{\mathrm{F}}-k).
\end{aligned} \tag{6.8.20}$$

作变数变换，令

$$\boldsymbol{p}_0 = \boldsymbol{k}+\frac{1}{2}\boldsymbol{q}.$$

将 (6.8.20) 写成更对称的形式：

$$E^{(1)} = -\frac{4\pi e^2 V}{(2\pi)^6}\int \mathrm{d}^3q\cdot\frac{1}{q^2}\int \mathrm{d}^3p_0\theta\left(k_{\mathrm{F}}-\left|\boldsymbol{p}_0+\frac{1}{2}\boldsymbol{q}\right|\right)\theta\left(k_{\mathrm{F}}-\left|\boldsymbol{p}_0-\frac{1}{2}\boldsymbol{q}\right|\right).$$

对 p_0 的积分区域表示在图 6.8.1 中，由于 $\left|\boldsymbol{p}_0+\frac{1}{2}\boldsymbol{q}\right|$ 及 $\left|\boldsymbol{p}_0-\frac{1}{2}\boldsymbol{q}\right|$ 两者都必须小于 k_{F}，因此积分区间就是两球相交部分，结果为

$$\begin{aligned}
&\int \mathrm{d}^3p_0\theta\left(k_{\mathrm{F}}-\left|\boldsymbol{p}_0+\frac{1}{2}\boldsymbol{q}\right|\right)\theta\left(k_{\mathrm{F}}-\left|\boldsymbol{p}_0-\frac{1}{2}\boldsymbol{q}\right|\right)\\
&=\frac{4\pi}{3}k_p^3\left(1-\frac{3}{2}x+\frac{1}{2}x^3\right)\theta(1-x),
\end{aligned}$$

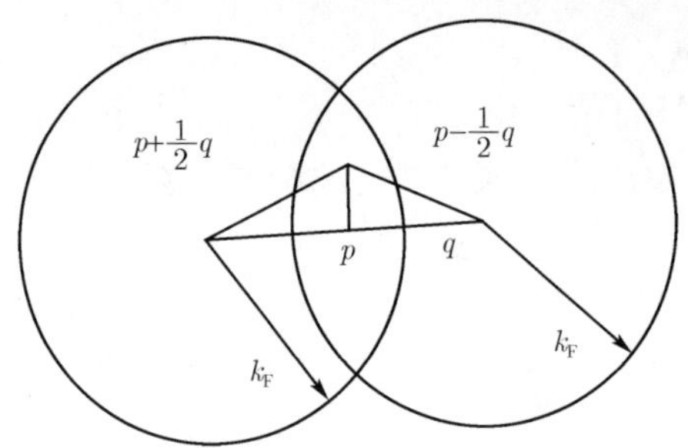

图 6.8.1　$E^{(1)}$ 的积分区

其中 $x \equiv \frac{q}{2k_F}$. 然后再对 q 积分：

$$
\begin{aligned}
E^{(1)} &= -\frac{4\pi e^2 V}{(2\pi)^6}\frac{4}{3}k_F^3 2k_F \int_0^1 dx \cdot 4\pi \left(1-\frac{3}{2}x+\frac{1}{2}x^3\right) \\
&= -\frac{e^2}{2a_0}\frac{N}{r_s}\left(\frac{9\pi}{4}\right)^{1/3}\frac{3}{2\pi} = -\frac{e^2}{2a_0}N\frac{0.916}{r_s}
\end{aligned} \tag{6.8.21}
$$

所以考虑到一级修正时的基态能量为

$$
\frac{E}{N} \underset{r_s\to 0}{=} \frac{e^2}{2a_0}\left[\frac{2.21}{r_s^2}-\frac{0.916}{r_s}\right]. \tag{6.8.22}
$$

显然, 在高密度极限下, 每个粒子的能量是有限的, (6.8.22) 式第一项来自于动能的贡献, 这一项是主要的, 第二项是负的, 来自于矩阵元计算中的 (6.8.18b) 式, 被称为交换能, 即 $q \neq 0$ 的情况; 而 (6.8.18a) 式所对应的 $q=0$ 的情况, 正如前面指出的, 与正电荷背景相抵消了. 从格林函数的角度来看, 在一级本征自能中有两个图, 交换能来自于牡蛎图的贡献, 而蝌蚪图对应于 $q=0$ 的情况, 对能量没有贡献.

对电子气能量的高级修正需计算相关能, 即 (6.8.16) 式的第二项.

3. 相关能

由 (6.8.16) 式, 系统的相关能为

$$
E_{co} = \frac{1}{2}\int d^3x d^3x' V(\boldsymbol{x}-\boldsymbol{x}')[iD(\boldsymbol{x}'t,\boldsymbol{x}t) - iD^0(\boldsymbol{x}'t,\boldsymbol{x}t)]. \tag{6.8.23}
$$

采用与 (6.4.15) 式相类似的方法, 在哈密顿量中引进可变耦合常数 λ：

$$
\hat{H}(\lambda) = \hat{H}_0 + \lambda \hat{H}_I
$$

则

$$
\hat{H}(1) = \hat{H};\quad \hat{H}(0) = \hat{H}_0.
$$

对任意 λ 值, 薛定谔方程为

$$\hat{H}(\lambda)|\psi_0(\lambda)\rangle = E(\lambda)|\psi_0(\lambda)\rangle,$$

态矢量为归一化的

$$\langle\psi_0(\lambda)|\psi_0(\lambda)\rangle = 1,$$

可得

$$E(\lambda) = \langle\psi_0(\lambda)|\hat{H}(\lambda)|\psi_0(\lambda)\rangle,$$
$$\frac{\mathrm{d}E(\lambda)}{\mathrm{d}\lambda} = \langle\psi_0(\lambda)|\hat{H}_1|\psi_0(\lambda)\rangle.$$

两边对 λ 积分, 令 $E(0) = E_0, E(1) = E$, 有

$$E - E_0 = \int_0^1 \frac{\mathrm{d}\lambda}{\lambda}\langle\psi_0(\lambda)|\lambda\hat{H}_1|\psi_0(\lambda)\rangle.$$

将这一结果用于现在的情况, (6.8.16) 式成为

$$\begin{aligned} E = \ &\langle\phi_0|\hat{H}|\phi_0\rangle + \frac{1}{2}\int_0^1 \frac{\mathrm{d}\lambda}{\lambda}\int \mathrm{d}^3x\mathrm{d}^3x'\lambda V(\boldsymbol{x}-\boldsymbol{x}') \\ &\times[\mathrm{i}D^\lambda(\boldsymbol{x}'t,\boldsymbol{x}t) - \mathrm{i}D^0(\boldsymbol{x}'t,\boldsymbol{x}t)], \end{aligned} \tag{6.8.24}$$

其中第一项就是已经计算过的基态能量及其一级修正; 第二项则是带耦合常数形式的相关能量, 换言之就是 (6.8.23) 式改写成带耦合常数的形式:

$$E_{\mathrm{co}} = \frac{1}{2}\int_0^1 \frac{\mathrm{d}\lambda}{\lambda}\int \mathrm{d}^3x\mathrm{d}^3x'\lambda V(\boldsymbol{x}-\boldsymbol{x}')[\mathrm{i}D^\lambda(\boldsymbol{x}'t,\boldsymbol{x}t) - \mathrm{i}D^0(\boldsymbol{x}'t,\boldsymbol{x}t)]. \tag{6.8.25}$$

作傅里叶变换, 对均匀系

$$\begin{aligned} D^\lambda(x,x') &= D^\lambda(\boldsymbol{x}-\boldsymbol{x}', t-t') \\ &= (2\pi)^{-4}\int \mathrm{d}^4q\mathrm{e}^{\mathrm{i}\boldsymbol{q}\cdot(\boldsymbol{x}-\boldsymbol{x}')}\mathrm{e}^{-\mathrm{i}\omega(t-t')}D^\lambda(\boldsymbol{q},\omega). \end{aligned}$$

由于 D 的对称性, 可以不要收敛因子. (6.8.25) 式在动量空间的表示为

$$E_{\mathrm{co}} = \frac{1}{2}V(2\pi)^{-4}\int_0^1 \frac{\mathrm{d}\lambda}{\lambda}\int \mathrm{d}^4q\lambda V(\boldsymbol{q})[\mathrm{i}D^\lambda(\boldsymbol{q},\omega) - \mathrm{i}D^0(\boldsymbol{q},\omega)] \tag{6.8.26}$$

下面计算 $D^0(x,x')$ 的值:

$$\begin{aligned} \mathrm{i}D^0(x,x') &= \langle\phi_0|T[\hat{\psi}_\alpha^+(x)\hat{\psi}_\alpha(x)\hat{\psi}_\beta^+(x')\hat{\psi}_\beta(x')]|\phi_0\rangle \\ &\quad -\langle\phi_0|\hat{\psi}_\alpha^+(x)\hat{\psi}_\alpha(x)|\phi_0\rangle\langle\phi_0|\hat{\psi}_\beta^+(x')\hat{\psi}_\beta(x')|\phi_0\rangle. \end{aligned}$$

用维克定理, 可以求出

$$
\begin{aligned}
\mathrm{i}D^0(x,x') &= \mathrm{i}G^0_{\alpha\alpha}(x,x^+)\mathrm{i}G^0_{\beta\beta}(x',x'^+) - \mathrm{i}G^0_{\alpha\beta}(xx')G^0_{\beta\alpha}(x',x) - \langle\hat{n}(\boldsymbol{x})\rangle\langle\hat{n}(x')\rangle \\
&= (2s+1)G^0(x,x')G^0(x',x), \qquad (6.8.27)
\end{aligned}
$$

(6.8.27) 式可以用图形来表示 (见图 6.8.2), 左边为坐标空间, 右边为动量空间. 可以看出这是一个典型的极化部分图. 将这图看成是相互作用势 $U(x,x')$ 的微扰展开式中的一部分, 可以找到 D^0 与 $\sqcap^0$ 之间的联系, 从而用于计算 D^λ 的值.

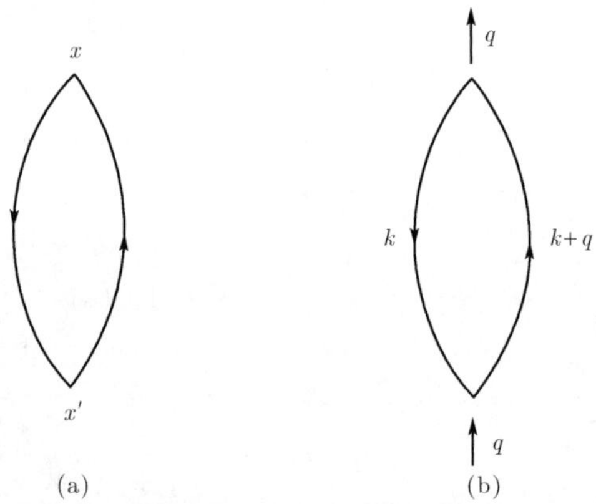

图 6.8.2　D_0 的低级贡献

$U(x,x')$ 的展开式：

$$
\begin{aligned}
U(x,x') &= U_0(x,x') + \int \mathrm{d}^4x_1\mathrm{d}^4x_1' U_0(x,x_1) \sqcap^0 (x_1,x_1')U_0(x_1',x') + \cdots \\
&= U_0(x,x') - \frac{\mathrm{i}}{\hbar}\int \mathrm{d}^4x_1\mathrm{d}^4x_1' U_0(x,x_1)G^0_{\alpha\beta}(x_1,x_1')G^0_{\beta\alpha}(x_1',x_1) \\
&\quad \times U_0(x_1',x') + \cdots. \qquad (6.8.28)
\end{aligned}
$$

图 6.8.3 是方程 (6.8.28) 的图形表示.

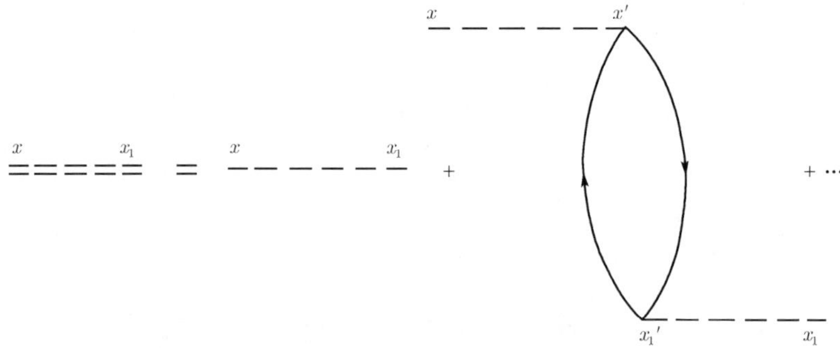

图 6.8.3　有效相互作用的展开式

比较 (6.8.27) 式与 (6.8.28) 式得

$$D^0(x,x') = -\mathrm{i}G^0_{\alpha\beta}(xx')G^0_{\beta\alpha}(x'x) = \hbar\sqcap^0(x,x'). \tag{6.8.29}$$

这结果可以推广到所有级, 因此 $D(x,x')$ 为

$$D(x,x') = \hbar\sqcap(x,x') = \hbar\sqcap(x',x). \tag{6.8.30}$$

用戴逊方程, 将 $\sqcap(x,x')$ 用 $\sqcap^*(x,x')$ 来表示, 在动量空间为

$$U_0(q)\sqcap(q) = U(q)\sqcap^*(q),$$

(6.8.26) 式成为

$$E_{co} = \frac{1}{2}\mathrm{i}V\hbar(2\pi)^{-4}\int_0^1\frac{\mathrm{d}\lambda}{\lambda}\int\mathrm{d}^4q[U^\lambda(q)\sqcap^{*\lambda}(q) - \lambda U_0(q)\sqcap^0(q)]. \tag{6.8.31}$$

(6.8.31) 式中

$$\sqcap^0(q) \equiv \sqcap^*_{(0)}(q), \tag{6.8.32}$$

$\sqcap^*_{(0)}(q)$ 是最低级本征极化传播子.

(6.8.31) 式中 $U\sqcap^*$ 可以展开成微扰级数:

$$\begin{aligned} U\sqcap^* &= U_0\sqcap^* + U_0\sqcap^* U_0\sqcap^* + \cdots \\ &= U_0\sqcap^*_{(0)} + U_0\sqcap^*_{(1)} + U_0\sqcap^*_{(0)} U_0\sqcap^*_{(0)} + \cdots, \end{aligned} \tag{6.8.33}$$

其中 $\sqcap^*_{(1)}(q)$ 为一级本征极化, 由图 6.8.4 表示.

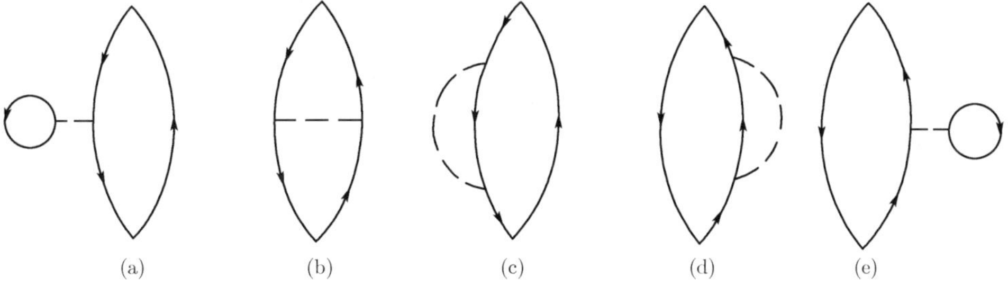

图 6.8.4 本征极化的一级贡献

对简并电子气来说, $V(q=0)=0$, 图 6.8.4 中 (a) 及 (e) 图的贡献为 0, 只剩 (b), (c), (d) 三个图. 将 (6.8.33) 代入 (6.8.31) 式, 保留到二级项为

$$E_{co} = E_2^r + E_2^b + E_2^c + E_2^d + \cdots. \tag{6.8.34}$$

用 $\sqcap^*_{(1)b}, \sqcap^*_{(1)c}$ 及 $\sqcap^*_{(1)d}$ 分别表示图 6.8.4 的三个图:

$$E_2^r = \frac{1}{2}\mathrm{i}V\hbar(2\pi)^{-4}\int_0^1 \frac{\mathrm{d}\lambda}{\lambda}\int \mathrm{d}^4q[\lambda U_0(q)\sqcap^0(q)]^2, \tag{6.8.35}$$

$$E_2^{b,c,d} = \frac{1}{2}\mathrm{i}V\hbar(2\pi)^{-4}\int_0^1 \frac{\mathrm{d}\lambda}{\lambda}\int \mathrm{d}^4q[\lambda U_0(q)\sqcap^*_{(1)b,c,d}(q)]. \tag{6.8.36}$$

由于库仑相互作用 $U(q) = V(\boldsymbol{q}) = 4\pi e^2/q^2$, 方程 (6.8.35) 中 $U_0^2 \sim q^{-4}$, 对 q 积分后为对数发散, 类似的发散行为将在微扰展开的所有级中出现, 这是由于在任意的 n 级项中, 总是存在着 $[U_0\sqcap^0]^n$ 的项. 而 (6.8.36) 式的贡献则是有限的.

为了解决发散的问题, 引进有效相互作用的概念. 在极化图的戴逊方程中, 取本征极化的最低级近似, 即

$$\sqcap^*(q) \approx \sqcap_0^*(q) \equiv \sqcap^0(q).$$

用这一近似得到的相互作用称为有效相互作用, 用 $U_r(q)$ 表示, 有

$$\begin{aligned} U_r(q) &= U_0(q) + U_0(q)\sqcap^0(q)U_0(q) + \cdots \\ &= \frac{U_0(q)}{1-\sqcap^0(q)U_0(q)}. \end{aligned} \tag{6.8.37}$$

图 6.8.5 是方程 (6.8.37) 的图形表示.

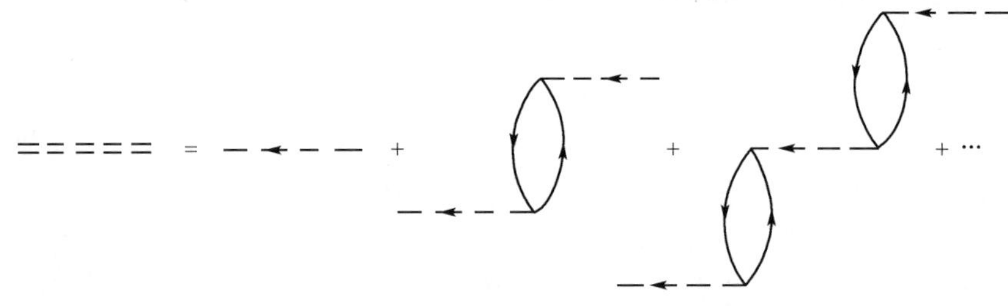

图 6.8.5 有效相互作用的圈图近似

$U_r(q)$ 是对实际相互作用的一个近似, 被称为圈图近似. 用 $U_r(q)$ 代替 (6.8.35) 式中的 U_0 就是将所有级的发散项包括在内.

选择了圈图近似, 对基态能量的贡献为

$$\begin{aligned} E_r &= \sum_{n=2}^{\infty} E_n^r = \frac{1}{2}\mathrm{i}V\hbar(2\pi)^{-4}\int_0^1 \frac{\mathrm{d}\lambda}{\lambda}\int \mathrm{d}^4q \sum_{n=2}^{\infty}[\lambda U_0(q)\sqcap^0(q)]^n \\ &= \frac{1}{2}\mathrm{i}V\hbar(2\pi)^{-4}\int_0^1 \frac{\mathrm{d}\lambda}{\lambda}\int \mathrm{d}^4q \frac{[\lambda U_0(q)\sqcap^0(q)]^2}{1-\lambda U_0(q)\sqcap^0(q)} \\ &= \frac{1}{2}\mathrm{i}V\hbar(2\pi)^{-4}\int_0^1 \frac{\mathrm{d}\lambda}{\lambda}\int \mathrm{d}^4q\lambda U_0(q)\sqcap^0(q)U_r^\lambda(q)\sqcap^0(q). \end{aligned} \tag{6.8.38}$$

从 (6.8.38) 式的最后一行看出, E_r 就是用没有奇异性的有效相互作用代替了裸相互作用所得到的. 从形式上看 E_r 类似于相互作用势的二级项, 但 $U_r(q)$ 是由戴逊方程所得到的, 它具有与任何有限级微扰展开项之和所完全不同的解析结构.

在圈图近似下, 简并电子气的相关能量为

$$E_{\text{co}} = E_r + E_2^b + E_2^c + E_2^d.$$

由方程 (6.8.35) 及 (6.8.36) 可看出, 上式中每项的极化部分的两端点与一个裸相互作用 $U_0(q)$ 相连, 图 6.8.6 给出了上述方程的费恩曼图.

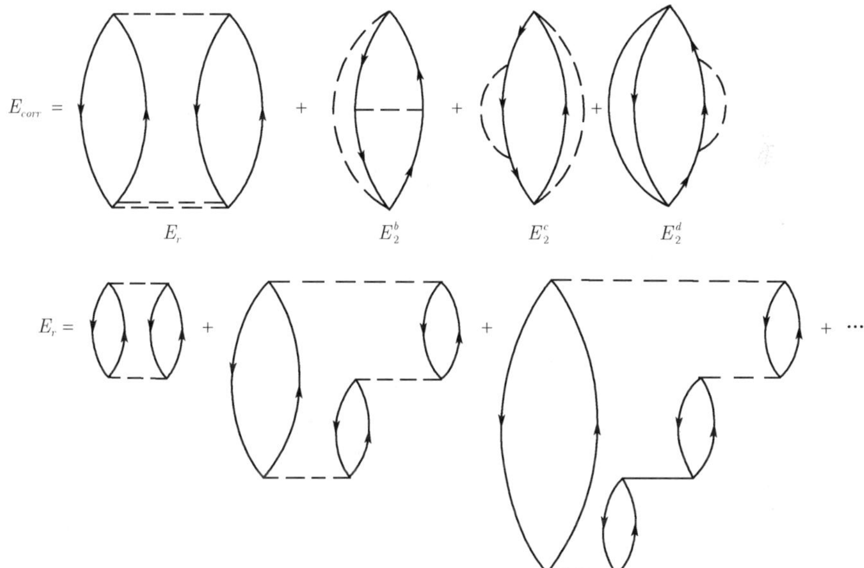

图 6.8.6 相关能量的主要贡献

E_r 的计算被归结为计算 $\sqcap^0$ 的值, 它不依赖于粒子间的相互作用势, 完全由没有相互作用的费米子系统的性质所决定. 对自旋为 1/2 的费米子, 对 α, β 的求和给出因子 2, 有

$$\sqcap^0(x, x') = -2\mathrm{i}\hbar^{-1}G^0(x, x')G^0(x', x),$$

用动量空间来计算.

$$\begin{aligned}\sqcap^0(q) &= -2\mathrm{i}\hbar^{-1}(2\pi)^{-4}\int \mathrm{d}^4k G^0(k)G^0(k+q)\\&= -2\frac{\mathrm{i}}{\hbar}\int\frac{\mathrm{d}^3k}{(2\pi)^3}\int\frac{\mathrm{d}\omega}{2\pi}\left[\frac{\theta(|\boldsymbol{k}|-k_{\mathrm{F}})}{\omega-\omega_k+\mathrm{i}\eta}+\frac{\theta(k_{\mathrm{F}}-|\boldsymbol{k}|)}{\omega-\omega_k-\mathrm{i}\eta}\right]\\&\quad\times\left[\frac{\theta(|\boldsymbol{k}+\boldsymbol{q}|-k_{\mathrm{F}})}{\omega'-\omega_{k+q}+\mathrm{i}\eta}+\frac{\theta(k_{\mathrm{F}}-|\boldsymbol{k}+\boldsymbol{q}|)}{\omega'-\omega_{k+q}-\mathrm{i}\eta}\right],\end{aligned} \tag{6.8.39}$$

其中,

$$\omega' = \omega + q_0; \quad q = (\boldsymbol{q}, q_0).$$

上式对频率积分总共包括四项, 其中两项的极点位置在实轴同一侧, 可以在实轴另一侧选择一个积分回路; 另两项的极点位置在实轴的两边, 无论在实轴哪边选择一个积分回路均可. 实行对频率积分后得

$$\sqcap^0(\boldsymbol{q}, q_0) = \frac{2}{\hbar}\int \frac{\mathrm{d}^3 k}{(2\pi)^3}\theta(|\boldsymbol{k}+\boldsymbol{q}| - k_{\mathrm{F}})\theta(k_{\mathrm{F}} - |\boldsymbol{k}|) \times \left(\frac{1}{q_0 + \omega_k - \omega_{q+k} + \mathrm{i}\eta} - \frac{1}{q_0 + \omega_{k+q} - \omega_k - \mathrm{i}\eta}\right). \tag{6.8.40}$$

定义量纲为一的变数:

$$\nu = \hbar q_0 m / \hbar^2 k_{\mathrm{F}}^2.$$

对 k 积分, 得到 $\sqcap^0$ 的实部为

$$\mathrm{Re}\,\sqcap^0(\boldsymbol{q}, \nu) = \frac{2mk_{\mathrm{F}}}{4\pi^2\hbar^2}\left\{-1 + \frac{1}{2q}\left[1 - \left(\frac{\nu}{q} - \frac{q}{2}\right)^2\right]\ln\left|\frac{1 + \left(\frac{\nu}{q} - \frac{q}{2}\right)}{1 - \left(\frac{\nu}{q} - \frac{q}{2}\right)}\right| - \frac{1}{2q}\left[1 - \left(\frac{\nu}{q} + \frac{q}{2}\right)^2\right]\ln\left|\frac{1 + \left(\frac{\nu}{q} + \frac{q}{2}\right)}{1 - \left(\frac{\nu}{q} + \frac{q}{2}\right)}\right|\right\}. \tag{6.8.41}$$

由 (6.8.40) 式, 对 $\sqcap^0$ 的虚部为

$$\mathrm{Im}\,\sqcap^0(\boldsymbol{q}, q_0) = -\frac{1}{(2\pi)^2\hbar}\int \mathrm{d}^3 k\theta(|\boldsymbol{k}+\boldsymbol{q}| - k_{\mathrm{F}})\theta(k_{\mathrm{F}} - |\boldsymbol{k}|) \times[\delta(q_0 - \omega_{qk}) + \delta(q_0 + \omega_{qk})], \tag{6.8.42}$$

其中,

$$\omega_{qk} \equiv \omega_{q+k} - \omega_k = \frac{\hbar}{2m}[(\boldsymbol{k}+\boldsymbol{q})^2 - \boldsymbol{k}^2] = \frac{\hbar}{m}\left(\boldsymbol{q}\cdot\boldsymbol{k} + \frac{1}{2}q^2\right).$$

虚部的积分需对不同的 q 值分别进行, 结果为

(1) $q > 2, \frac{1}{2}q^2 + q \geqslant \nu \geqslant \frac{1}{2}q^2 - q$.

$$\mathrm{Im}\,\sqcap^0(\boldsymbol{q}, \nu) = -\frac{mk_{\mathrm{F}}}{\hbar^2}\frac{1}{4\pi q}\left[1 - \left(\frac{\nu}{q} - \frac{q}{2}\right)^2\right].$$

(2) $q < 2, \frac{1}{2}q^2 + q \geqslant \nu \geqslant q - \frac{1}{2}q^2$.

$$\mathrm{Im}\,\sqcap^0(\boldsymbol{q}, \nu) = -\frac{mk_{\mathrm{F}}}{\hbar^2}\frac{1}{4\pi q}\left[1 - \left(\frac{\nu}{q} - \frac{q}{2}\right)^2\right].$$

(3) $q<2, 0\leqslant\nu\leqslant q-\frac{1}{2}q^2$.

$$\mathrm{Im}\,\sqcap^0(\boldsymbol{q},\nu)=-\frac{mk_{\mathrm{F}}}{\hbar^2}\frac{1}{4\pi q}2\nu.$$

有了 $\sqcap^0(q)$ 的值, 经过积分及一些数值计算, 可以得出 E_r 的值; 类似地通过计算格林函数可以得到 $E_2^{b,c,d}$ 的贡献, 从而得到体系的相关能量为 [6.4]

$$\frac{E_{\mathrm{co}}}{N}=\frac{e^2}{2a_0}\left[\frac{2}{\pi^2}(1-\ln 2)\ln r_s-0.094+O(r_s\ln r_s)\right].$$

本节的最后, 我们对有效相互作用的意义作简单的讨论.

在圈图近似下, 用有效相互作用 $U_r(q)$ 代替实际的裸相互作用, 改变了长波长时的行为, 使积分为有限. 为了看清 $U_r(q)$ 的物理意义, 在 $q_0=0$ 的静态极限下来讨论这一问题.

当 $q_0=0$ 时, 有 $\nu=0$, 方程 (6.8.41) 简化成

$$\mathrm{Re}\,\sqcap^0(\boldsymbol{q},0)=\frac{mk_{\mathrm{F}}}{2\pi^2\hbar^2}\left[-1+\frac{1}{q}\left(1-\frac{1}{4}q^2\right)\ln\left|\frac{1-\frac{q}{2}}{1+\frac{q}{2}}\right|\right].$$

而由 (6.8.42) 得

$$\mathrm{Im}\,\sqcap^0(\boldsymbol{q},0)=0.$$

所以,

$$\begin{aligned}U_r(\boldsymbol{q},0)&=\frac{U_0(q)}{1-U_0(q)\sqcap^0(q)}=\frac{4\pi e^2}{q^2+\dfrac{4me^2k_{\mathrm{F}}}{\pi\hbar^2}g(q/k_{\mathrm{F}})}\\&=\frac{4\pi e^2}{q^2+\left(\dfrac{4\alpha r_s}{\pi}\right)k_{\mathrm{F}}^2g(q/k_{\mathrm{F}})},\end{aligned}$$

其中,

$$g(x)=\frac{1}{2}-\frac{1}{2x}\left(1-\frac{1}{4}x^2\right)\ln\left|\frac{1-x/2}{1+x/2}\right|.$$

可以看出, U_r 与 U_0 的主要差别来自于 $(q/k_{\mathrm{F}})^2\leqslant r_s$ 的长波长部分, 在 $r_s\to 0$ 的高密度极限, 近似的有

$$U_r(\boldsymbol{q},0)\underset{r_s\to 0}{\approx}\frac{4\pi e^2}{q^2+(4\alpha r_s/\pi)k_{\mathrm{F}}^2}. \tag{6.8.43}$$

(6.8.43) 式说明波长被截断, 即 $q=0$ 时, $U_r(\boldsymbol{q},0)$ 为有限, 不具有库仑势的奇异性. 对 (6.8.43) 式作傅里叶变换, 得到在坐标空间有效相互作用的定性图像:

$$V_r(\boldsymbol{x})\approx\frac{e^2}{x}\mathrm{e}^{-q_{\mathrm{TF}}^x}.$$

上式是两电荷间的屏蔽库仑势, q_{TF}^{-1} 是屏蔽长度. 表示成

$$q_{\mathrm{TF}}^2 = \frac{4\alpha r_s}{\pi} k_{\mathrm{F}}^2 = 0.66 r_s k_{\mathrm{F}}^2.$$

简言之, 在圈图近似中用有效相互作用代替裸相互作用, 物理上意味着用屏蔽库仑相互作用代替实际相互作用.

第 7 章　低维系统统计力学

在第 5 章有关相变问题的讨论中已经看到, 体系的很多物理性质与空间维数紧密相关. 近年来新材料、新器件的研究广泛地显示了一、二维体系与三维体系有不同的特点. 因而对低维物理体系的研究, 引起了很大的兴趣, 取得了许多重要的进展. 本章通过介绍低维系统的一些特性, 使读者了解物理体系与空间维数之间的关系.

7.1　低维系统的特点

在 5.4 节已经证明, 一维伊辛模型不存在相变, 这一结论是普遍的, 即不仅对伊辛模型, 对其他只有短程相互作用的一维系统亦不存在相变. 正如该节所指出, 体系是否产生相变, 或者说体系是否存在长程序, 是由系统的内能趋于极小, 熵趋于极大两个因素所决定的. 对一维系统, 相互作用只能沿一条线传播, 每个粒子的近邻数很少, 当系统中出现局部的无序态时, 系统能量改变不足以抵消熵增加的因素, 以致使体系整个处在无序态.

以一维伊辛模型为例, 体系处在绝对零度时, 自旋将按同一方向排列, 当 $T>0$ 时, 热运动使系统有一定概率出现反向排列的自旋, 相邻两自旋间的相互作用, 使反向排列的自旋会引起系统能量的增加, 以 J 表示每一个反向自旋与近邻自旋相互作用的耦合常数, n 表示体系中出现的反向自旋的界面数, 则系统能量改变为

$$\Delta E=nJ. \tag{7.1.1}$$

另一方面, 反向自旋的出现, 使系统微观态数增加, 也就是使系统的熵增加. 按照系综理论附加熵为

$$\Delta S=k\ln W=k\ln\frac{N!}{(N-n)!n!}. \tag{7.1.2}$$

系统总自由能改变为

$$\Delta F=\Delta E-T\Delta S=Jn-kT\ln\frac{N!}{(N-n)!n!}.$$

由斯特林公式:

$$\Delta F=nJ-kT[N\ln N-(N-n)\ln(N-n)-n\ln n],$$

系统自由能随 n 的变化为

$$\frac{\partial \Delta F}{\partial n} = J - kT \ln \frac{N-n}{n}, \tag{7.1.3}$$

系统的 J 为有限值, $N \gg n$, 则上式成为

$$\frac{\partial \Delta F}{\partial n} \approx J - kT \ln \frac{N}{n} < 0. \tag{7.1.4}$$

说明当系统随着反向自旋界面的增加, 自由能减少, 因此当 $T \neq 0$ 时, 系统不可能出现有序相, 亦即不会有相变.

对大于一维系统, 反向自旋出现时, 将增加系统的表面能, 设体系的边长为 L, 维数为 D, 表面能的改变为

$$\Delta E \propto JL^{D-1}, \tag{7.1.5}$$

而系统的熵改变依然与 $\ln N$ 成比例, 在热力学极限条件下, $L \to \infty, N \to \infty$, 只要 $D > 1$ 就有

$$\Delta E \to \infty, \qquad \Delta S \to \infty.$$

但 ΔE 是按幂函数趋于无穷, 比对数函数增长更快, 说明当 $D > 1$ 时, 反向自旋界面的出现, 使系统的自由能增加, 也就是热运动引起的涨落受到自旋间相互作用的抑制, 不会破坏体系的长程序, 使体系依然处于有序态. 只有到热运动激烈到一定程度, 熵增加超过了能量的增长速度, 才能使系统处于无序态, 也就是对大于一维的系统, 就有可能产生相变.

就伊辛模型而言, 自旋只取十、一两个值, 或者说自旋具有分立对称的状态, 对其他具有分立对称的体系, 上述结论同样适用. 但对具有连续对称的体系, 情况就不一样. 这时自旋取向可以连续变化 (见图 7.1.1), 对一个边长为 L 的 D 维晶格, 设晶格两端面的自旋方位角相差有限的 θ 角, 这角度分配到 L 层上, 每层只相差 θ/L 角, 与自旋平行的状态相比, 系统能量改变可表示成

$$J\left(1 - \cos\frac{\theta}{L}\right) L^{D-1}.$$

整个晶格的能量改变为

$$\Delta E \propto J\left(1 - \cos\frac{\theta}{L}\right) L^{D-1}, L \propto JL^{D-2}. \tag{7.1.6}$$

说明在连续对称的情况, 只有 $D > 2$ 才可能出现 $\Delta E \to \infty$ 的情况, 也就是说在连续对称的情况下, 只有大于二维的体系才可能出现相变.

我们也可以从另一角度考察空间维数与体系有序度之间的关系.

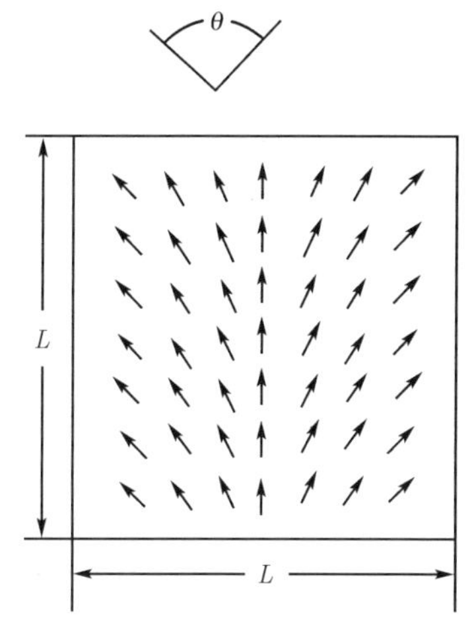

图 7.1.1 连续对称下自旋方向的改变

当温度大于零时, 体系有一定概率处在激发态, 其中起主要作用的是低能激发态. 考虑低能激发态的态密度与空间维数间的关系.

设体系的边长为 L, 满足周期性边界条件, 则波矢量为

$$k_x, k_y, k_z = \frac{m}{L}, \qquad (m = 0, \pm1, \pm2, \cdots).$$

相邻两波矢之间的间隔为 $1/L$, 对不同的空间维数在动量空间处于 $k \to k + \mathrm{d}k$ 之间的状态数为

$$\mathrm{d}n = \begin{cases} \mathrm{d}k \Big/ \dfrac{1}{L} = L\mathrm{d}k, & \text{一维;} \\ 2\pi k\mathrm{d}k \Big/ \left(\dfrac{1}{L}\right)^2 = 2\pi L^2 k\mathrm{d}k, & \text{二维;} \\ 4\pi k^2\mathrm{d}k \Big/ \left(\dfrac{1}{L}\right)^3 = 4\pi L^3 k^2\mathrm{d}k, & \text{三维.} \end{cases} \tag{7.1.7}$$

让体系的元激发能谱为

$$E(\boldsymbol{k}) = ak^2, \tag{7.1.8}$$

于是态密度为

$$\rho(E) = \frac{\mathrm{d}n}{\mathrm{d}E} \approx \begin{cases} 1/\sqrt{E}, & \text{一维;} \\ \text{常数}, & \text{二维;} \\ \sqrt{E}, & \text{三维.} \end{cases} \tag{7.1.9}$$

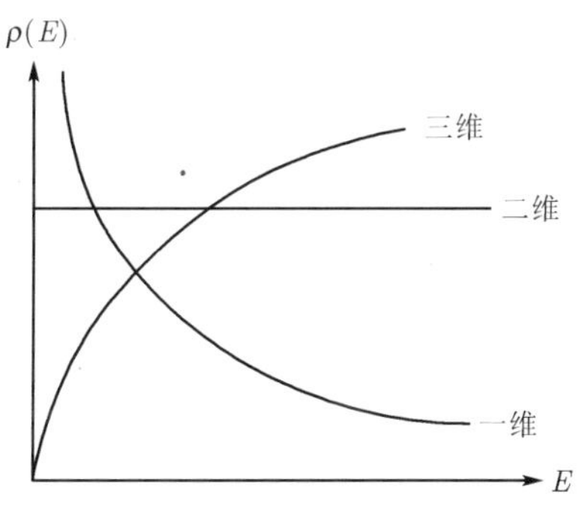

图 7.1.2 各种空间维数的态密度

$\rho(E)$ 与 E 的关系用曲线表示如图 7.1.2, 对一维系统, E 很小时, $\rho(E)$ 趋于无穷, 无论温度多低, 热激发引起的涨落都将是十分强烈, 系统不能出现有序态, 即体系没有相变. 三维系统则相反, 低能态密度 $\rho(E) \sim 0$, 在低温涨落很小, 使体系可以保持有序, 也就是有相变. 二维系统的低能态密度为常数, 介于一维与三维之间, 故比这两者更为复杂. 对具有分立对称的二维系统, 正如前面所指出, 其自旋状态只能取有限个值, 激发态能量不能连续变化, (7.1.8) 式不再

适用, 换言之, 系统存在能隙, 当温度足够低时, 体系可以保持长程有序; 而对具有连续对称的二维系统, 显然当 $V \to \infty$ 时, 不能保持长程有序, 但在局部区域可以为有序, 这种序被称为准长程序. 当温度升高, 热运动可以破坏这种准长程序, 因而具有连续对称的二维系统, 不存在通常意义下的相变, 而出现另一类相变, 将在后面做进一步分析.

造成低维系统与三维系统不同性质的另一个重要原因是费米面的不同. 考虑在晶格周期场中运动的电子体系, 基态时电子填充的最高能态就是费米面. 三维系统的费米面是曲面, 二维系统的费米面是曲线, 而一维系统只是两个点. 这些体系的布里渊区的边界, 在三维及二维情况下, 分别由平面及直线所组成, 与费米面只能相交或相切, 而对一维系统, 其布里渊区边界亦为两个点, 故有可能与费米面完全重合 (图 7.1.3). 这一特点使一维晶格显示出二、三维晶格所没有的新现象, 这就是下节要讨论的 Peierls 相变.

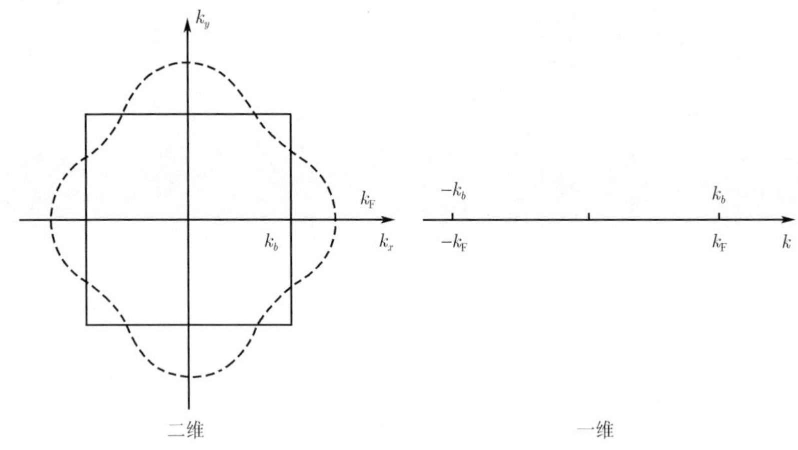

图 7.1.3 一维及二维体系的布里渊区与费米面

除上述两方面外, 三维与一、二维系统在物理本质上还存在其他一些不同之处, 正是这些差异, 决定了体系的相变等一系列物理性质与空间维数紧密相关.

7.2 Peierls 相变

考虑一个一维体系, 即由 N 个原子等距排列成的直线链, 其晶格常数为 a, 总长度 $L = Na$. 由固体物理可知, 在晶格周期场的作用下, 价电子的能级形成能带, 其布里渊区边界为

$$k_b = \pm\frac{1}{2a}. \tag{7.2.1}$$

设每个原子有一个价电子, 第一布里渊区的状态数为

$$\frac{2k_b}{\left(\frac{1}{L}\right)} = N. \tag{7.2.2}$$

因此 N 个价电子只填满了第一布里渊区中的一半状态, 此时费米动量 $k_{\mathrm{F}} = \frac{1}{4a}$. 这一状态能量较高, 是不稳定的, 体系必然会趋向能量更低的状态, 这就是原子产生一定位移后, 重新排列的状态. 这一现象被称为 Peierls 不稳定性 [7.1]. 设链中偶数原子向右移动距离 u, 奇数原子向左移动距离 $-u$, 原子构成两两配对的结构, 新原胞的晶格常数为 a'(见图 7.2.1), 则

$$a' = 2a, \tag{7.2.3}$$

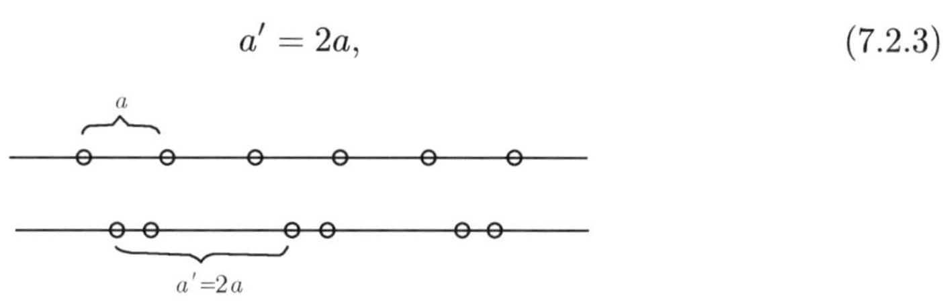

图 7.2.1 原子位移前后的元胞

相应第一布里渊区边界成为

$$k_b' = \pm\frac{1}{2a'} = \pm\frac{1}{4a}. \tag{7.2.4}$$

对这样的一维体系, 只考虑原子间的近邻相互作用, 电子可在近邻原子间跃迁, 电子-晶格相互作用的哈密顿量为

$$\hat{H} = -\sum_n V_{n+1,n}(a_{n+1}^+ a_n + a_n^+ a_{n+1}) + \frac{C}{2}\sum_n (u_{n+1} - u_n)^2. \tag{7.2.5}$$

其中 u_n 表示第 n 个格点上原子的位移; a_n^+ 及 a_n 是第 n 个格点上电子的产生及湮没算符; $V_{n+1,n}$ 是第 n 个原子与第 $n+1$ 个原子之间相互作用矩阵元. 当原子位移比晶格常数小得多时, 可作近似展开:

$$V_{n+1,n} = V_0 - g(u_{n+1} - u_n), \tag{7.2.6}$$

V_0 是当原子为等距排列时相邻原子间相互作用矩阵元; g 是电子-晶格相互作用用耦合常数, 为简单起见, 可近似看成为常数. (7.2.5) 式第二项则表示晶格位移产生的弹性能. 且在这哈密顿量中, 由于我们只讨论定态问题, 故忽略了晶格原子运动的能量.

将 (7.2.6) 式代入 (7.2.5) 式, 有

$$\hat{H}=-\sum_n\left[V_0(a_{a+1}^+a_n+a_n^+a_{n+1})-g(u_{n+1}-u_n)(a_{n+1}^+a_n+a_n^+a_{n+1})\right]$$
$$+\frac{C}{2}\sum_n(u_{n+1}-u_n)^2. \tag{7.2.7}$$

(7.2.5) 式中第一项被分解成两项, 前一项表示电子运动能量, 后一项是电子-晶格相互作用能. 如果原子不发生位移, 即处在等距排列的状态下, 有 $u=0$, (7.2.7) 式成为

$$\hat{H}_0=-\sum_n V_0(a_{n+1}^+a_n+a_n^+a_{n+1}), \tag{7.2.8}$$

作傅里叶变换, 令

$$a_n=\frac{1}{\sqrt{N}}\sum_k \mathrm{e}^{-\mathrm{i}2\pi nka}a_k. \tag{7.2.9}$$

代入 (7.2.8) 式, 得

$$\hat{H}_0=-\sum_k \varepsilon(k)a_k^+a_k, \tag{7.2.10}$$

其中,

$$\varepsilon(k)=-2V_0\cos(2\pi ka). \qquad \left(-\frac{1}{2a}\leqslant k\leqslant\frac{1}{2a}\right). \tag{7.2.11}$$

这就是当原子等距排列时的电子能谱 (见图 7.2.2 中虚线).

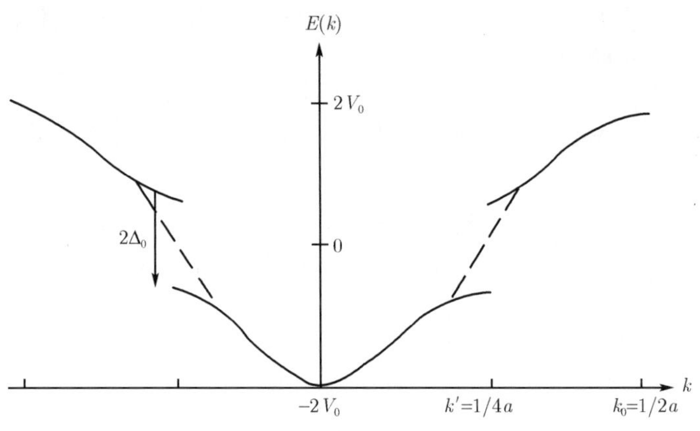

图 7.2.2　原子位移前后的能带

当原子产生位移后, 两个靠近的原子形成配对状态, 新的元胞与原来的元胞不一样, 此时 $u\neq 0$, 有

$$u_n=(-1)^n u,$$

代入 (7.2.7) 式:

$$\hat{H} = -\sum_n [V_0 - 2(-1)^n gu](a_{n+1}^+ a_n + a_n^+ a_{n+1}) + 2NCu^2. \tag{7.2.12}$$

对偶数 n_e 及奇数 n_0 算符需分别处理, 作变换:

$$\begin{aligned} a_{n_0} &= \frac{1}{\sqrt{N}} \sum_k (a_k^c + a_k^v) \mathrm{e}^{-2\mathrm{i}\pi k n_0 a}, \\ a_{n_e} &= \frac{1}{\sqrt{N}} \sum_k (a_k^c - a_k^v) \mathrm{e}^{-2\mathrm{i}\pi k n_e a}. \end{aligned} \tag{7.2.13}$$

将 (7.2.13) 式代入 (7.2.12) 式:

$$\begin{aligned} \hat{H} =& \sum_k \varepsilon(k)(a_k^{c+} a_k^c - a_k^{v+} a_k^v) \\ &+ \mathrm{i} \sum_k \Delta(k)(a_k^{v+} a_k^c - a_k^{c+} a_k^v) + 2NCu^2, \end{aligned} \tag{7.2.14}$$

其中,

$$\Delta(k) = 4gu \sin 2\pi ka. \tag{7.2.15}$$

(7.2.14) 式中第一项为对角的; 第三项为常数项; 而第二项为非对角的. 为了将哈密顿量对角化, 引入变换:

$$\begin{aligned} b_k^v &= -\mathrm{i}\alpha_k a_k^v + \beta_k a_k^c, \\ b_k^c &= \alpha_k^* a_k^c + \mathrm{i}\beta_k^* a_k^v. \end{aligned} \tag{7.2.16}$$

其中 α_k 及 β_k 为参数, 满足条件:

$$|\alpha_k|^2 + |\beta_k|^2 = 1. \tag{7.2.17}$$

(7.2.16) 式的逆变换为

$$\begin{aligned} a_k^v &= -\mathrm{i}(\beta_k b_k^c - \alpha_k^* b_k^v), \\ a_k^c &= (\alpha_k b_k^c + \beta_k^* b_k^v). \end{aligned} \tag{7.2.18}$$

将 (7.2.18) 式代入 (7.2.14) 式, 得

$$\begin{aligned} \hat{H} =& \sum_k \Big\{ [\Delta(k)(\alpha_k \beta_k^* + \alpha_k^* \beta_k) - \varepsilon(k)(\alpha_k \alpha_k^* - \beta_k \beta_k^*)]\, b_k^{v^+} b_k^v \\ &- [\Delta(k)(\alpha_k \beta_k^* + \alpha_k^* \beta_k) + \varepsilon(k)(\beta_k^* \beta_k - \alpha_k^* \alpha_k)]\, b_k^{c+} b_k^c \\ &+ [\Delta(k)(\alpha_k \alpha_k - \beta_k \beta_k) + 2\varepsilon(k) \alpha_k \beta_k]\, b_k^{v+} b_k^c \\ &+ [\Delta(k)(\alpha_k^* \alpha_k^* - \beta_k^* \beta_k^*) + 2\varepsilon(k) \alpha_k^* \beta_k^*]\, b_k^{c+} b_k^v \Big\} \\ &+ 2NCu^2. \end{aligned} \tag{7.2.19}$$

(7.2.19) 式中前两项为对角的, 第三、第四项依然为非对角的. 但变换 (7.2.16) 式中有两个参数 α_k 及 β_k,(7.2.17) 式给出了这两个参数满足的一个条件, 可令第三、第四项的系数为零 (这两项系数实际上是相同的), 给出 α_k, β_k 满足的另一个条件, 即

$$\varDelta(k)(\alpha_k\alpha_k - \beta_k\beta_k) + 2\alpha_k\beta_k\varepsilon(k) = 0. \tag{7.2.20}$$

由 (7.2.17) 式及 (7.2.20) 式可解出系数为

$$\begin{aligned} \alpha_k &= \frac{1}{\sqrt{2}}\sqrt{1 + \frac{\varepsilon(k)}{E(k)}}, \\ \beta_k &= \frac{-1}{\sqrt{2}}\sqrt{1 - \frac{\varepsilon(k)}{E(k)}}. \end{aligned} \tag{7.2.21}$$

其中,

$$E(k) = \sqrt{\varepsilon(k)^2 + \Delta(k)^2}. \tag{7.2.22}$$

系统的哈密顿量简单地成为

$$\hat{H} = \sum_k E(k)(b_k^{c^+} b_k^c - b_k^{v^+} b_k^v). \tag{7.2.23}$$

原子产生位移后能谱被分为两支:

$$\begin{aligned} E^c(k) &= \sqrt{\varepsilon(k)^2 + \Delta(k)^2}, \\ E^v(k) &= -\sqrt{\varepsilon(k)^2 + \Delta(k)^2}, \end{aligned} \tag{7.2.24}$$

其中 $E^c(k)$ 对应于导带, 而 $E^v(k)$ 对应于价带. 位移后新原胞的布里渊区边界 $k_b' = \dfrac{1}{4a}$ 上, 系统出现了能隙 2Δ(见图 7.2.2 实线所示). 由 (7.2.15) 式可知能隙的宽度为

$$2\Delta_b = 8ag.$$

以上分析说明原子位移后, 原来能带被分成两个, 下面能带的能量比原能带的能量低, 而上面能带的能量比原能带的能量高. 故原子等距排列的一维体系是不稳定的, 系统将趋于能量更低的状态, 即原子产生位移的状态, 这就是 Peierls 不稳定性. 自然, 晶格原子产生位移时, 系统的弹性能增加, 由系统总能量 (包括电能及弹性能) 为极小可以决定稳定位移 u_0. 在绝对零度时, 体系的电子将全部填满下一个能带, 而上一个能带空着, 呈半导体状态. 随着温度升高, 晶格原子的振动加剧, 当温度超过某一临界温度 T_{C}, 原子振动的振幅可与原子位移 u 相比, 晶格畸变不再显示, 体系又呈现导体状态, 这种由半导体变为导体的相变称为 Peierls 相变, T_{C} 就是相变温度.

对二维及三维体系, 正如 7.1 节所指出, 其费米面与布里渊区边界不会重合, 也就是不会出现能隙, 因而能带依然是半满的, 不会出现 Peierls 相变.

一维体系发生 Peierls 相变后, 晶格周期发生变化, 由 a 变为 a', 新的晶格被称为超晶格. 与此相应的晶格周期场也发生改变, 形成周期为 a' 的势场, 在这一场中运动的电子已不再是均匀分布, 电荷密度形成以波长 $\lambda = a'$ 的周期性分布, 这种分布称为电荷密度波, 简称 CDW. 波长可表示成

$$\lambda = \frac{1}{2k_{\mathrm{F}}}.$$

对一维体系, 电子密度 n 和费米动量 k_{F} 间有关系:

$$k_{\mathrm{F}} = \frac{n}{4},$$

所以

$$\lambda = \frac{2}{n}.$$

显然, CDW 的波长只决定于 k_{F} 或电子密度 n, 而与晶格常数 a 无关.

最后需指出的是在前一节已说明一维体系没有长程序, 也不会产生通常意义上的相变. 本节所讨论的 Peierls 相变理论, 只解释了在绝对零度时体系产生能隙的过程, 而不能解释在非零度下产生的 Peierls 相变, 需要考虑体系的三维效应, 即链与链之间的耦合, 才能得到相变的结论, 有关这方面的讨论, 可参阅文献 [7.2].

7.3 二维体系

7.1 节中已经看到, 从低能激发态的态密度来分析, 二维体系具有不同于一维及三维的特点, 在具体讨论具有连续对称的二维体系之前, 先简述一下分立对称二维体系的情况, 以做对比.

具有分立对称的二维体系的典型代表是二维伊辛模型, Onsager 解已经得出了系统的相变的结论 (见第 5 章). 对更普遍的情况, 将自旋看成为经典矢量, 可以取 q 个 (q 为有限数) 分立值, 这种模型被称为 Potts 模型. 如果自旋矢量被限制在一个平面上, 称为平面 Potts 模型; 自旋矢量在三维空间, 称为标准 Potts 模型, 或简称为 Potts 模型. 系统的哈密顿量可以分别写成

$$H = \begin{cases} -\sum_{\langle ij\rangle} J\cos(\theta_i, \theta_j) = -\sum_{\langle ij\rangle} J\cos\theta_{ij}, & \text{平面;} \\ -\sum_{\langle ij\rangle} J\delta(\boldsymbol{s}_i, \boldsymbol{s}_j), & \text{标准.} \end{cases} \tag{7.3.1}$$

各种不同理论 (级数展开, 重正化群等) 都得到了二维 Potts 模型有相变的结论.

Potts 模型的序参量被定义为 [7.3]

$$m = (qM - 1)/(q - 1), \tag{7.3.2}$$

其中 M 为磁化强度, q 为自旋态数.

无外场时体系的相关函数为 [7.4]

$$G_{\alpha\alpha}(\boldsymbol{r}_1, \boldsymbol{r}_2) = p_{\alpha\alpha}(\boldsymbol{r}_1, \boldsymbol{r}_2) - q^{-2}, \tag{7.3.3}$$

其中 $\boldsymbol{r}_1, \boldsymbol{r}_2$ 为格点的位置矢量, $p_{\alpha\alpha}(\boldsymbol{r}_1, \boldsymbol{r}_2)$ 是在 $\boldsymbol{r}_1$ 和 $\boldsymbol{r}_2$ 两格点上具有相同自旋态 α 的概率. 显然, 在完全有序和完全无序的状态下, G 的取值为

$$(q-1)/q^2 \ \text{和}\ 0.$$

当 $|\boldsymbol{r}_1 - \boldsymbol{r}_2| \to \infty$ 时, 相关函数与无外场时的序参量间的关系为

$$\lim_{|\boldsymbol{r}_1 - \boldsymbol{r}_2| \to \infty} G_{\alpha\alpha}(\boldsymbol{r}_1, \boldsymbol{r}_2) = (q-1)(m_0/q)^2, \tag{7.3.4}$$

m_0 为无外场时的序参量. 尽管到目前为止, 对各种空间维数和各种 q 值的 Potts 模型尚未全部解决, 但其物理实质与伊辛模型一样, 产生相变的边界维数为一维.

有关 Potts 模型的综述性评论可参阅文献 [7.5].

当经典自旋矢量的取向可连续变化, 也就是体系有连续对称性时, 与上述情况不同, 体系表现了更复杂的性质.

若自旋矢量被限制在平面上, 称 X-Y 模型; 而如果自旋矢量可在三维空间连续改变时, 称海森伯模型. 需注意的是这里的维数是指自旋矢量的维数, 或者说是体系的内部自由度, 与体系的空间维数是不同的概念. 下面以二维 X-Y 模型为例, 解释具有连续对称二维体系的特点.

二维 X-Y 模型的哈密顿量为

$$\mathcal{H} = -J \sum_{\langle ij \rangle} \boldsymbol{s}_i \cdot \boldsymbol{s}_j, \tag{7.3.5}$$

其中 $\boldsymbol{s} = s^x \mathbf{e}_x + s^y \mathbf{e}_y$, 是 X-Y 平面上的经典矢量, 满足条件

$$(s^x)^2 + (s^y)^2 = 1.$$

而 $\mathbf{e}_x, \mathbf{e}_y$ 是自旋空间的基矢. i, j 为格点的标号, 被限制在二维平面上, 求和只对近邻对 $\langle i, j \rangle$ 进行. $\mathcal{H}$ 为经典哈密顿量, 在 $\mathcal{H}$ 中出现的是两个矢量的标量积, 因此具有

xy 平面上的连续旋转不变性. 如果格点 i,j 分布在一维或三维晶格上, 就是一维或三维 X-Y 模型.

60 年代中, Mermin[7.6] 等人严格证明了二维连续对称系统不存在长程序. 但几乎与此同时 Stanley 和 Kaplan[7.7] 用级数展开得到了二维连续对称体系的物理量在有限温度下可以有奇异性, 磁化率可以趋于无限, 也就是系统存在相变. 这两个结论看来似乎是矛盾的, 但实际并非如此, 他们两者都只抓住了事物的一个方面. 以后的一系列工作表明, 二维连续对称体系虽然没有长程序, 但可以有准长程序, 存在另一种类型相变. 在具体讨论这种相变之前, 先计算二维 X-Y 模型自旋偏转角的涨落及相关函数, 以便考察什么是准长程序.

为了计算平均值, 将系统的哈密顿量 (7.3.5) 式改写一下. 令 $\boldsymbol{s}_i$ 与 x 轴的夹角为 $\varphi_i, \boldsymbol{s}_j$ 与 x 轴的夹角为 φ_j, 则

$$\begin{aligned}\boldsymbol{s}_i &= s_i^x \mathbf{e}_x + \boldsymbol{s}_i^y \mathbf{e}_y = s\cos\varphi_i \mathbf{e}_x + s\sin\phi_i \mathbf{e}_y,\\ \boldsymbol{s}_j &= s_j^x \mathbf{e}_x + s_j^y \mathbf{e}_y = s\cos\varphi_j \mathbf{e}_x + s\sin\varphi_j \mathbf{e}_y.\end{aligned}$$

代入 (7.3.5) 式, 有

$$\mathcal{H} = -J\sum_{\langle ij\rangle}\cos(\varphi_i - \varphi_j), \tag{7.3.6}$$

其中 $(\varphi_i - \varphi_j)$ 为两个自旋之间的夹角. 当 $(\varphi_i - \varphi_j) = 0$ 时, 意味着所有自旋为平行排列, 体系有最低能量, 这就是体系的基态; 随着角度增大, 能量随之增加. 在低温下, 能量高的状态难以激发, 故 $(\varphi_i - \varphi_j)$ 为小量, 将 $\cos(\varphi_i - \varphi_j)$ 展开成级数, 保留前两项, 得

$$\cos(\varphi_i - \varphi_j) \approx 1 - \frac{1}{2}(\varphi_i - \varphi_j)^2. \tag{7.3.7}$$

将 (7.3.10) 式代入 (7.3.9) 式:

$$\mathcal{H} = -\frac{NqJ}{2} + \frac{J}{2}\sum_{\langle ij\rangle}(\varphi_i - \varphi_j)^2, \tag{7.3.8a}$$

其中 q 为配位数, N 为格点总数. 第一项是系统基态能量, 为一常数, 对讨论相关函数不发生影响, 以后忽略这一项, 写成

$$H = \frac{J}{2}\sum_{\langle ij\rangle}(\varphi_i - \varphi_j)^2. \tag{7.3.8b}$$

对 (7.3.8b) 式作傅里叶变换:

$$\varphi_i = \frac{1}{\sqrt{N}}\sum_{\boldsymbol{k}}\varphi(\boldsymbol{k})\mathrm{e}^{2\pi \mathrm{i}\boldsymbol{k}\cdot\boldsymbol{r}}, \tag{7.3.9}$$

其中 $\boldsymbol{r}_i$ 是第 i 个格点的位置矢量, 代入 (7.3.8b) 式:

$$\begin{aligned} H &= \frac{J}{2}\sum_{\langle ij\rangle}\frac{1}{N}\sum_{k}\left|\varphi(\boldsymbol{k})(\mathrm{e}^{2\pi\mathrm{i}\boldsymbol{k}\cdot\boldsymbol{r}_i}-\mathrm{e}^{2\pi\mathrm{i}\boldsymbol{k}\cdot\boldsymbol{r}_j})\right|^2 \\ &= \sum_{\boldsymbol{k}}E(\boldsymbol{k})|\varphi(\boldsymbol{k})|^2, \end{aligned} \tag{7.3.10}$$

其中,

$$E(\boldsymbol{k}) = \frac{J}{2}\sum_{a}\left[1-\cos(2\pi\boldsymbol{k}\boldsymbol{a})\right]. \tag{7.3.11}$$

$\boldsymbol{a}$ 为晶格基矢, $E(\boldsymbol{k})$ 就是自旋波能谱. 在二维正方形格点中, 由 (7.3.14) 式易得

$$E(\boldsymbol{k}) = 2\pi^2 Ja^2k^2 \qquad (ak \ll 1). \tag{7.3.12}$$

由 (7.3.10) 式可以看出, 哈密顿量由平方项组成, 故体系有高斯分布形式, 每个自由度有能量:

$$\langle E(\boldsymbol{k})|\varphi(\boldsymbol{k})^2\rangle = \frac{k_{\mathrm{B}}T}{2},$$

即

$$\langle|\varphi(\boldsymbol{k})|^2\rangle = \frac{k_{\mathrm{B}}T}{2E(\boldsymbol{R})}. \tag{7.3.13}$$

为避免混淆, (7.3.13) 式中将玻尔兹曼常数写成 k_{B}.

首先来观察一下自旋偏转角的涨落. 由于基态时自旋的方向沿 x 轴, φ_i 为自旋实际指向与 x 轴的偏离角度, 故可计算出温度 T 时自旋的热涨落形成的自旋偏离角的平方平均值 $\langle\varphi_i^2\rangle$.

由于体系是均匀的, 各自旋偏离角的平方平均值是相同的, 于是

$$\langle\varphi_i^2\rangle = \frac{1}{N}\sum_{\boldsymbol{k}}\langle|\varphi(\boldsymbol{k})|^2\rangle. \tag{7.3.14}$$

由 (7.3.12) 式和 (7.3.16) 式并将求和换成积分 ($\sum\limits_{\boldsymbol{k}} \to L^d\int \mathrm{d}\boldsymbol{k}$):

$$\langle\varphi_i^2\rangle = \frac{1}{N}\sum_{\boldsymbol{k}}\langle|\varphi(\boldsymbol{k})|^2\rangle = \frac{L^d}{2N}k_{\mathrm{B}}T\int\frac{\mathrm{d}\boldsymbol{k}}{E(\boldsymbol{k})}. \tag{7.3.15}$$

由自旋波能谱 (7.3.15) 式得

$$\langle\varphi_i^2\rangle = \frac{L^dk_{\mathrm{B}}T}{4\pi^2NJa^2}\int\frac{\mathrm{d}\boldsymbol{k}}{k^2} \tag{7.3.16}$$

为了保持自由度为 N, k 的积分上限取 $\dfrac{1}{2a}$, 而对不同的空间维数, 在动量空间中积分 $\int \mathrm{d}\boldsymbol{k}$ 不同:

$$\int \mathrm{d}\boldsymbol{k} = \begin{cases} \displaystyle\int_{1/L}^{1/2a} 2\mathrm{d}k, & \text{一维;} \\ \displaystyle\int_{1/L}^{1/2a} 2\pi k\mathrm{d}k, & \text{二维;} \\ \displaystyle\int_{1/L}^{1/2a} 4\pi k^2\mathrm{d}k, & \text{三维.} \end{cases} \tag{7.3.17}$$

将 (7.3.19) 式代入 (7.3.18) 式, 考虑到对一维情况有 $Na = L$, 对二维为 $Na^2 = L^2$, 对三维为 $Na^3 = L^3$ 可得

$$\langle \varphi_i^2 \rangle = \begin{cases} (k_{\mathrm{B}}T/2\pi^2 J)\dfrac{L}{a}, & \text{一维;} \\ \dfrac{k_{\mathrm{B}}T}{2\pi J}\ln\dfrac{L}{2a}, & \text{二维;} \\ \dfrac{k_{\mathrm{B}}T}{2\pi J}, & \text{三维.} \end{cases}$$

由上式可以看出, 对三维系统 $\langle \varphi_i^2 \rangle$ 与 L 无关, 在低温下即 $k_{\mathrm{B}}T \ll J$ 时, 自旋偏离度很小, 各自旋基本上都指向同一方向, 序参量 M (x 方向的磁化强度) 不为零, 且当 L 很大时系统依然保持有序, 因而三维 X-Y 模型有长程序.

对一维系统, $\langle \varphi_i^2 \rangle$ 与 L 成正比, 当 L 很大时, 自旋取向的偏离也很大, 也就是自旋可以指向任意方向, 不能维持在 x 轴附近, 序参量 M 趋于零, 说明一维 X-Y 模型是无序的.

对二维系统, 介于三维与一维之间. 在热力学极限 (即 $L \to \infty$) 下, 自旋取向的偏离也将趋于无限, 因而亦为无序的, 但与一维的情况有明显的差别, 此时 $\langle \varphi_i^2 \rangle$ 随 L 为对数增长, 故增加得很慢. 低温下在不太大的范围内, 自旋方向偏离并不大, 在此范围内自旋取向的平均值在一定程度上依然沿着 x 轴方向. 这说明对于二维情况, 在小范围内序参量 M 可以不等于零, 这就是准长程序.

以上我们论证了由于态密度的不同导致了对二维系统与一、三维系统的差别, 尽管序参量 M 为零, 但可以存在准长程序. 这一证明过程理论上是不严格的, 更严格的理论证明得到的结果是相同的.

下面我们再从相关函数的角度来进一步分析一下准长程序的问题.

对磁系统, 自旋相关函数被定义为 i, j 两格点间自旋涨落之间的相关, 即

$$G(\boldsymbol{r}_i, \boldsymbol{r}_j) = \langle (\boldsymbol{s}_i - \langle \boldsymbol{s}_j \rangle)(\boldsymbol{s}_j - \langle \boldsymbol{s}_j \rangle) \rangle$$

依据 Mermin 的结果, 具有连续对称二维体系的序参量为零, 对二维 X-Y 模型有 $\langle \boldsymbol{s}_i\rangle=\langle \boldsymbol{s}_j\rangle=0$. 相关函数可以表示成

$$G(\boldsymbol{r}_i,\boldsymbol{r}_j)=\langle \boldsymbol{s}_i\cdot \boldsymbol{s}_j\rangle$$

取格点 j 的位置为坐标原点, 格点 $\boldsymbol{i}$ 的位置矢量表示成 $\boldsymbol{r}$ 上式可以改写成

$$G(\boldsymbol{r})=\langle \boldsymbol{s}(\boldsymbol{r})\cdot \boldsymbol{s}(0)\rangle=\langle\cos[\phi(\boldsymbol{r})-\phi(0)]\rangle=\mathrm{Re}\langle \mathrm{e}^{\mathrm{i}[\varphi(\boldsymbol{r})-\varphi(0)]}\rangle$$

对任意高斯分布: $P(y)=\dfrac{1}{\sqrt{2\pi\alpha^2}}\mathrm{e}^{-y^2/2\alpha^2}$, 求平均值可得

$$\langle y^{2n}\rangle=\int_{-\infty}^{\infty}P(y)y^{2n}\mathrm{d}y=\frac{(2n)!}{2^n n!}\alpha^{2n} \tag{7.3.18}$$

$$\langle y^{2n+1}\rangle=0 \tag{7.3.19}$$

由 (7.3.18) 式及 (7.3.19) 式得

$$\begin{aligned}\langle \mathrm{e}^{\mathrm{i}ky}\rangle&=\sum_{n=0}^{\infty}\frac{1}{n!}(\mathrm{i}k)^n\langle y^n\rangle\\&=\sum_{m=0}^{\infty}\frac{(\mathrm{i}k)^{2m}}{(2m)!}\cdot\frac{(2m)!}{2^m m!}\alpha^{2m}\\&=\sum_{m=0}^{\infty}\frac{(-1)^m}{m!}\left(\frac{k^2\alpha^2}{2}\right)^m\mathrm{e}^{-k^2\alpha^2/2}\end{aligned} \tag{7.3.20}$$

通过直接计算可得

$$\langle k^2y^2\rangle=k^2\alpha^2.$$

于是 (7.3.20) 式可写成

$$\langle \mathrm{e}^{\mathrm{i}ky}\rangle=\mathrm{e}^{-\frac{1}{2}\langle(ky)^2\rangle}. \tag{7.3.21}$$

将 (7.3.21) 式的结果用于 (7.3.17) 式, 有

$$G(\boldsymbol{r})=\mathrm{e}^{-\frac{1}{2}\langle[\varphi(\boldsymbol{r})-\varphi(0)]^2\rangle}, \tag{7.3.22}$$

与 (7.3.13) 式类似的作傅里叶变换:

$$\langle[\varphi(\boldsymbol{r})-\varphi(0)]^2\rangle=\frac{1}{N}\sum_{\boldsymbol{k}}[2-2\cos(\boldsymbol{k}\cdot\boldsymbol{r})]\langle|\varphi(\boldsymbol{k})|^2\rangle. \tag{7.3.23}$$

将 (7.3.16) 式代入 (7.3.23) 式得

$$\langle[\varphi(\boldsymbol{r})-\varphi(0)]^2\rangle=\frac{1}{N}\sum_{\boldsymbol{k}}[2-2\cos(\boldsymbol{k}\cdot\boldsymbol{r})]\frac{k_{\mathrm{B}}T}{2E(\boldsymbol{k})},$$

求和换成积分, 并考虑到 (7.3.15) 式, 有

$$\langle[\varphi(\boldsymbol{r})-\varphi(0)]^2\rangle=\frac{k_{\rm B}T}{NJa^2}\left(\frac{L}{2\pi}\right)^d\int\frac{2-2\cos(\boldsymbol{k}\cdot\boldsymbol{r})}{k^2}{\rm d}^d\boldsymbol{k}. \tag{7.3.24}$$

对二维系统, $d=2, L=Na^2$, 则

$$\begin{aligned}\langle[\varphi(\boldsymbol{r})-\varphi(0)]^2\rangle&=\frac{k_{\rm B}T}{2\pi^2J}\int\frac{1-\cos(\boldsymbol{k}\cdot\boldsymbol{r})}{k^2}{\rm d}^2\boldsymbol{k}\\&=\frac{k_{\rm B}T}{2\pi^2J}\int_0^{2\pi/a}\frac{1}{k}{\rm d}k\int_0^{2\pi}{\rm d}\theta[1-\cos(kr\cos\theta)]\\&=\frac{k_{\rm B}T}{\pi J}\int_0^{2\pi/a}\frac{{\rm d}k}{k}[1-J_0(kr)],\end{aligned}$$

其中 $J_0(kr)$ 为贝塞尔函数. 作变数变换, 令 $x=kr$, 上式成为

$$\begin{aligned}\langle[\varphi(\boldsymbol{r})-\phi(0)]^2\rangle&=\frac{k_{\rm B}T}{\pi J}\int_0^{2\pi r/a}\frac{{\rm d}x}{x}[1-J_0(x)]\\&=\frac{k_{\rm B}T}{\pi J}\int_0^{2\pi}\frac{{\rm d}x}{x}[1-J_0(x)]+\frac{k_{\rm B}T}{\pi J}\int_{2\pi}^{2\pi r/a}\frac{{\rm d}x}{x}[1-J_0(x)]\\&=\frac{k_{\rm B}T}{\pi J}\ln\frac{r}{a}+\frac{k_{\rm B}T}{\pi J}\int_0^{2\pi}\frac{{\rm d}x}{x}[1-J_0(x)]\\&\quad-\frac{k_{\rm B}T}{\pi J}\int_{2\pi}^{2\pi r/a}\frac{{\rm d}x}{x}J_0(x).\end{aligned} \tag{7.3.25}$$

(7.3.25) 式中第一项是相关函数中的主要项, 第二项用贝塞尔函数的级数展开式有

$$\begin{aligned}\frac{k_{\rm B}T}{\pi J}\int_0^{2\pi}\frac{{\rm d}x}{x}[1-J_0(x)]&=\frac{k_{\rm B}T}{\pi J}\int_0^{2\pi}\left[1-\sum_{n=0}^{\infty}(-1)^n\frac{x^{2n}}{2^{2n}(n!)^2}\right]\frac{{\rm d}x}{x}\\&=\frac{k_{\rm B}T}{\pi J}\sum_{n=1}^{\infty}\int_0^{2\pi}(-1)^n\frac{x^{2n-1}}{2^{2n}(n!)^2}{\rm d}x\\&=\frac{k_{\rm B}T}{\pi J}\sum_{n=1}^{\infty}(-1)^n\frac{(2\pi)^{2n}}{2n\cdot2^{2n}(n!)^2}.\end{aligned}$$

显然, 上述级数是收敛的, 且与 r 无关, 可令其为 Q_1. 第三项积分上限为 r/a, 我们感兴趣的是当两个自旋相隔很远时, 体系的相关函数, 即 $\dfrac{r}{a}\gg1$, 故积分上限可用 ∞ 代替, 用贝塞尔函数 $J_0(x)$ 当 $x\to\infty$ 时的渐近式:

$$J_0\approx\sqrt{\frac{2}{\pi}}\frac{1}{\sqrt{x}}\cos\left(x-\frac{\pi}{4}\right).$$

(7.3.25) 式第三项积分成为

$$\frac{k_{\rm B}T}{\pi J}\int_{2\pi}^{\infty}\sqrt{\frac{2}{\pi}}x^{-3/2}\cos\left(x-\frac{\pi}{4}\right){\rm d}x,$$

这积分趋于一个与 r 无关的常数, 令其为 Q_2, 综合以上结果, 得

$$\langle[\varphi(\boldsymbol{r})-\varphi(0)]^2=\frac{k_{\mathrm{B}}T}{\pi J}\ln\frac{r}{a}+Q_1+Q_2. \tag{7.3.26}$$

于是得二维 X-Y 模型的相关函数为

$$\begin{aligned}G(\boldsymbol{r})&=\exp\left\{-\frac{1}{2}\langle[\varphi(\boldsymbol{r})-\varphi(0)]^2\rangle\right\}\\&=C\cdot\left(\frac{r}{a}\right)^{-\frac{k_{\mathrm{B}}T}{2\pi J}}\propto\left(\frac{r}{a}\right)^{-\frac{k_{\mathrm{B}}T}{2\pi J}},(C=\text{const.}).\end{aligned} \tag{7.3.27}$$

由 (7.3.27) 式可以看出, 当 r 很大时, 相关函数趋于零, 即体系没有长程序. 当 T 很小时, $G(\boldsymbol{r})$ 趋于零很慢, 换言之, 在低温下, 体系在相当大范围内依然相关, 这种序被称为准长程序. 为了更清楚看出这一点, 可以与一维及三维 X-Y 模型作一比较. 在 (7.3.24) 式中令 $d=1$:

$$\begin{aligned}\langle[\varphi(\boldsymbol{r})-\phi(0)]^2\rangle&=\frac{Lk_{\mathrm{B}}T}{N\pi Ja^2}s\int_0^{2\pi r/a}\frac{1-\cos(kr)}{k^2}\mathrm{d}k\\&=\frac{2k_{\mathrm{B}}Tr}{\pi Ja}\int_0^{2\pi r/a}\frac{1-\cos x}{x^2}\mathrm{d}x\end{aligned}$$

当 $r\gg a$ 时

$$\int_0^{2\pi r/a}\frac{1-\cos x}{x^2}\mathrm{d}x\approx\int_0^{\infty}\frac{1-\cos x}{x^2}\mathrm{d}x=\frac{\pi}{2},$$

由此可得

$$\langle[\varphi(\boldsymbol{r})-\varphi(0)]^2\rangle=\frac{k_{\mathrm{B}}T}{J}\left(\frac{r}{a}\right). \tag{7.3.28}$$

相关函数为

$$G(\boldsymbol{r})=\mathrm{e}^{-\frac{k_{\mathrm{B}}T}{2J}\frac{r}{a}}. \tag{7.3.29}$$

对三维情况, 令 (7.3.24) 式中 $d=3$, 通过计算积分, 不难得到

$$G(\boldsymbol{r})=\mathrm{e}^{-k_{\mathrm{B}}T/\pi J}. \tag{7.3.30}$$

比较 (7.3.27) 式、(7.3.29) 式及 (7.3.30) 式可以看出, 对一维体系, (7.3.29) 式得到的是 r 很大时相关函数为指数衰减, 亦就是只有短程序, 而 (7.3.30) 式给出三维系统的相关函数与 r 无关, 即 r 大时不衰减, 系统有长程序.

由相关函数, 我们可以分析一下二维 X-Y 模型的序参量 M 及磁化率 x.

由于

$$G(\boldsymbol{r}) = \langle \boldsymbol{s}(\boldsymbol{r}) \cdot \boldsymbol{s}(0) \rangle$$

当 r 很大时, 可近似的取:

$$\langle \boldsymbol{s}(\boldsymbol{r}) \cdot \boldsymbol{s}(0) \rangle \to \langle \boldsymbol{s}(\boldsymbol{r}) \rangle \cdot \langle \boldsymbol{s}(0) \rangle = M^2$$

故

$$M^2 = \lim_{r\to\infty} G(\boldsymbol{r}) \tag{7.3.31}$$

由 (7.3.27) 式及 (7.3.31) 式得

$$M = \left(\frac{a}{L}\right)^{k_{\mathrm{B}}T/4\pi J}$$

可以看出, 随 L 增加 M 趋于 0, 但在低温下, $k_{\mathrm{B}}T/4\pi J$ 很小, 因而 $\left(\frac{a}{L}\right)$ 衰减很慢, 在不太大的 L 范围内, M 不等于零, 这就是准长程序.

根据临界指数的定义:

$$G(\boldsymbol{r}) \backsim r^{-\eta}, \tag{7.3.32}$$

η 为临界指数. 比较 (7.3.32) 式与 (7.3.27) 式得

$$\eta = \frac{k_{\mathrm{B}}T}{2\pi J}.$$

由第 5 章的讨论可知, 体系磁化率:

$$X \propto \int \langle \boldsymbol{s}(\boldsymbol{r})\boldsymbol{s}(0) \rangle \mathrm{d}^2\boldsymbol{r} \propto \int_a^\infty \frac{r\mathrm{d}r}{r^{k_{\mathrm{B}}T/2\pi J}} = \begin{cases} \infty, & T \leqslant \dfrac{4\pi J}{k_{\mathrm{B}}} \equiv T_{\mathrm{C}}; \\ \text{有限}, & T > T_{\mathrm{C}}. \end{cases}$$

这结果说明在某一温度以下, 体系的磁化率发散, 而超过这一温度, 磁化率为有限, 这是相变的一种表现, 温度 T_{C} 即临界温度. 这是在没有长程序而只有准长程序条件下发生的相变, 显然不同于我们在第 5 章所讨论过的通常意义下的相变, 被称为 K−T 相变.

7.4 K-T 相变

依然以二维 X-Y 模型为例, 讨论体系的 K-T 相变. 当系统中所有自旋沿同一方向, 例如 x 轴方向排列时, 就是体系的基态. 当处在激发态时, 自旋不再按同一方向排列, 而是有一定的分布, 设第 i 个格点上自旋与 x 轴方向的夹角为 φ_i, 则给定一个自旋分布 $\{\varphi_i\}$ 就是给出了一个体系的激发态.

设对体系给定一个自旋分布 $\{\varphi_i\}$, 在体系中任取一闭合回路 L, 沿回路 L 逆时针方向绕行一周, 在回路通过的各格点上, 自旋方位角 φ_i 将逐渐变化, 相邻两格点的角度变化为

$$\Delta\varphi_i = \varphi_{i+1} - \varphi_i$$

(见图 7.4.1), 当绕行一周时总的角度改变为

$$\varPhi_L = \sum_L \Delta\varphi_i. \tag{7.4.1}$$

对格点 i 来说, 绕行一周后其自旋的方位角由 φ_i 变为 $\varPhi_L + \varphi_i$, 而 i 为给定的格点, 其方位角必须是确定的, 绕行一周后, 方位角应该不变, 或改变 2π 的整数倍, 故可得

$$\varPhi_L = \sum_L \Delta\varphi_i = \begin{cases} 0; \\ 2\pi q, (q = \pm1, \pm2, \cdots). \end{cases} \tag{7.4.2}$$

(7.4.2) 式的前一结果 $\varPhi_L = 0$ 说明体系自旋方位角的分布是单值的, 将这类分布所对应的体系的激发态称为非拓扑性元激发. 由图 7.4.2 可看出, 沿任何一条闭合回路自旋方位角的改变 $\Delta\varphi_i$ 的总和 ϕ_L 为零.

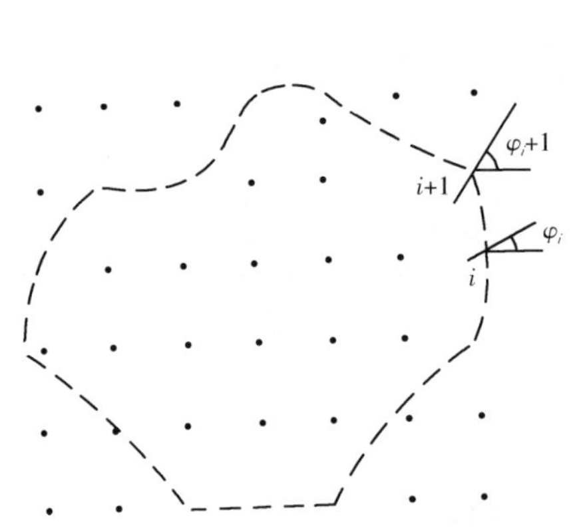

图 7.4.1　任一回路上自旋方位角的改变

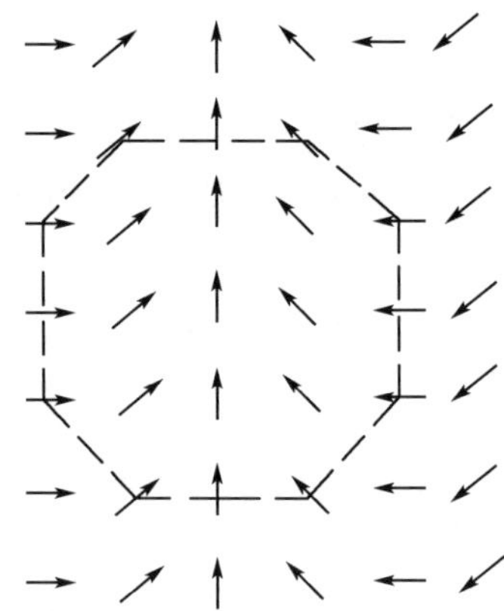
图 7.4.2　自旋波的自旋分布

当 $\varPhi_L = 2\pi q$ 时, 说明每个格点方位角在绕行一周后改变了 $2\pi q$, 即每个格点上自旋方位角是多值的, 不同值之间相差 $2\pi q$ 倍. 与这类位形对应的元激发称为拓扑性元激发. 自旋分布形状从整体来看类似于涡旋, 故拓扑性元激发也称为涡旋 (Vortex). 图 7.4.3 画出了 $q = +1$ 和 $q = -1$ 时的分布图形.

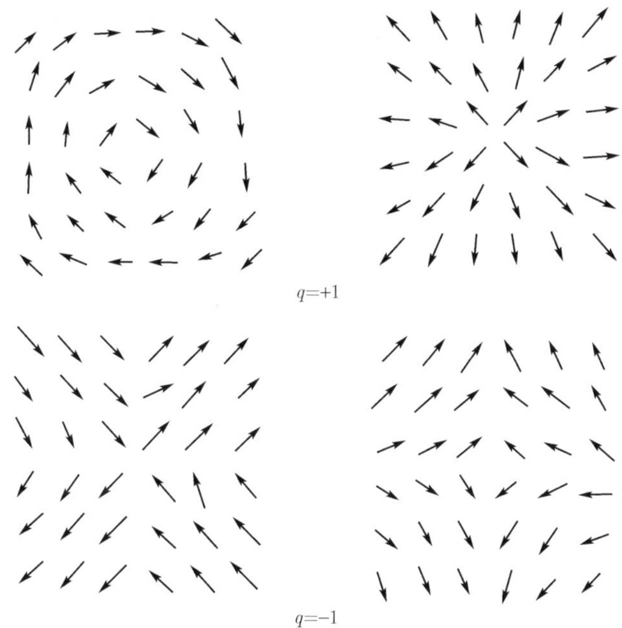

图 7.4.3 $q=\pm 1$ 的拓扑性元激发的自旋分布

(7.4.2) 式中整数 q 表示了绕行一周后自旋方位角改变的大小, 也就是涡旋强度, 称为拓扑荷. 涡旋的中心就是拓扑荷的位置. 可以证明, 当给定一个自旋分布的拓扑荷 q, 连续地改变各格点的自旋方位角, 其拓扑荷保持不变, 称为拓扑荷不变性.

设对一给定的自旋位形分布, 其拓扑荷为 q, 有 $\sum\limits_L \Delta\varphi_i = 2\pi q$, 当各自旋方位角连续改变时, 在一给定回路上经过的每个格点的 $\Delta\varphi_i$ 亦将连续地改变, 其总和 $\sum\limits_L \Delta\varphi_i$ 也会产生连续变化, 不可能出现跳跃式突变. 另一方面 $\sum\limits_L \Delta\varphi_i$ 是表示了同一格点上的自旋在绕行一周后方位角的改变, 这种改变只能是 0 或 $2\pi q$, 不会出现连续变化, 这两个不同的要求使 $\delta\left(\sum\limits_L \varphi_i\right)$ 只能为零, 而不可能是 2π 的整数倍. 这就证明了拓扑荷的不变性.

由方程 (7.3.11), 系统的哈密顿量写成

$$H - E_0 = \frac{1}{2} J \sum_{\langle i,j \rangle} (\varphi_i - \varphi_j)^2, \tag{7.4.3}$$

E_0 为基能态量. 为了方便, 近似地将自旋方位角分布 $\{\varphi_i\}$ 看成为一个连续的标量场 $\varphi(\boldsymbol{r}), \varphi(\boldsymbol{r})$ 是格点位置矢量 $\boldsymbol{r}$ 的函数. 相邻两格点的角度差即标量场的差分可用

$\varphi(\boldsymbol{r})$ 的梯度 $\nabla\varphi(\boldsymbol{r})$ 来表示, (7.4.3) 式中求和号换成积分, 写成

$$H - E_0 = J\int \mathrm{d}\boldsymbol{r}[\nabla\varphi(\boldsymbol{r})]^2 \tag{7.4.4}$$

与流体力学对比, 可将 $\nabla\varphi(\boldsymbol{r})$ 看成为速度势为 $\varphi(\boldsymbol{r})$ 的速度场, 将此速度场分为非旋场及无源场两部分, 即

$$\nabla\varphi(\boldsymbol{r}) = \nabla\psi(\boldsymbol{r}) + \nabla\bar{\varphi}(\boldsymbol{r}), \tag{7.4.5}$$

其中 $\nabla\psi(\boldsymbol{r})$ 为非旋场, $\nabla\bar{\varphi}(\boldsymbol{r})$ 为无源场. 由非旋场的定义有

$$\oint_L \nabla\psi(\boldsymbol{r})\cdot \mathrm{d}\boldsymbol{l} = 0,$$

将其写成分立格点形式, 有

$$\sum \Delta\psi(\boldsymbol{r}) = 0. \tag{7.4.6}$$

说明 $\psi(\boldsymbol{r})$ 所对应的是非拓扑性元激发, 也就是铁磁体中的自旋波. 对无源场, 令

$$\boldsymbol{V}(\boldsymbol{r}) = \nabla\bar{\varphi}(\boldsymbol{r}), \tag{7.4.7}$$

在边界上满足

$$\boldsymbol{V}\cdot\boldsymbol{n} = 0, \tag{7.4.8a}$$

$\boldsymbol{n}$ 是边界上法向的单位矢量, 且有

$$\nabla\cdot\boldsymbol{V} = 0. \tag{7.4.8b}$$

$\boldsymbol{V}(\boldsymbol{r})$ 是与 $\bar{\varphi}(\boldsymbol{r})$ 相对应的速度场, 让其旋度为

$$\nabla\times\boldsymbol{V} = 2\pi\rho(\boldsymbol{r})\mathbf{e}_z, \tag{7.4.8c}$$

$\mathbf{e}_z$ 是垂直于 X-Y 平面上单位矢量, 于是

$$\begin{aligned}\oint_L \nabla\bar{\varphi}(\boldsymbol{r})\cdot \mathrm{d}\boldsymbol{l} &= \oint_L \boldsymbol{V}\cdot\mathrm{d}\boldsymbol{l}\\ &= \iint_S \nabla\times\boldsymbol{V}\cdot\mathrm{d}\boldsymbol{s} = 2\pi\iint_S \rho(\boldsymbol{r})\mathrm{d}s = 2\pi\omega_L,\end{aligned} \tag{7.4.9}$$

其中,

$$\omega_L = \iint_S \rho(\boldsymbol{r})\mathrm{d}s. \tag{7.4.10}$$

将 (7.4.9) 式写成分立格点形式为

$$\sum_{L}\Delta\bar{\varphi}_i = 2\pi\omega_L. \tag{7.4.11}$$

比较 (7.4.11) 与 (7.4.12) 式可知, $\bar{\varphi}(\boldsymbol{r})$ 正是对应着拓扑性元激发即涡旋, 且 $\omega_L = q$ 为涡旋的拓扑荷. 进一步由 (7.4.10) 式可看出, $\rho(\boldsymbol{r})$ 是回路 L 所包围区域中拓扑的面密度.

将 (7.4.5) 式代入 (7.4.4) 式, 考虑到 (7.4.6) 式得

$$H - E_0 = J\sum_{\boldsymbol{r}}[\Delta\psi(\boldsymbol{r})]^2 + J\sum_{\boldsymbol{r}}[\Delta\varphi(\boldsymbol{r})]^2. \tag{7.4.12}$$

(7.4.12) 式说明, 系统的激发态是由非拓扑性及拓扑性两种元激发所组成. (7.4.12) 式中交叉项为零, 说明两类元激发之间没有相互作用. 当然这只在低能激发态的条件下才成立, 其原因在于将哈密顿量写成 (7.4.3) 式的形式, 只在低能激发态的条件下才成立.

下面我们进一步讨论在拓扑性元激发之间的相互作用. 为了方便, 下面讨论中略去非拓扑性元激发部分, (7.4.12) 式简写成

$$H - E_0 = J\sum_{\boldsymbol{r}}[\Delta\varphi(\boldsymbol{r})]^2 = J\int \boldsymbol{V}^2\mathrm{d}\boldsymbol{r}. \tag{7.4.13}$$

1. 静电模拟

首先考察一个由带电粒子构成的二维系统中, 粒子间的静电相互作用问题. 设体系的电场为 $\boldsymbol{E}$, $\boldsymbol{E}$ 满足的静电场方程为

$$\nabla\times\boldsymbol{E} = 0, \tag{7.4.14}$$

$$\nabla\cdot\boldsymbol{E} = 4\pi\tilde{\rho}(\boldsymbol{r}), \tag{7.4.15}$$

$$\boldsymbol{E}\times\boldsymbol{n} = 0. \tag{7.4.16}$$

其中 $\boldsymbol{n}$ 为边界上法向的单位矢量. 为了保证体系的总能量为有限, 整个体系是电中性的.

由体系的电场可得静电能为

$$\tilde{H} = \frac{J}{4}\iint_S \boldsymbol{E}^2(\boldsymbol{r})\mathrm{d}s. \tag{7.4.17}$$

另一方面静电能也可以看成是电荷间的相互作用能, 用电荷分布来表示, 将 (7.4.17) 改写成用电荷分布表示形式. 由 (7.4.14) 式可令与电场 $\boldsymbol{E}$ 对应的电势为 $\tilde{\varphi}$, 即

$$\boldsymbol{E} = -\nabla\tilde{\varphi}. \tag{7.4.18}$$

(7.4.17) 式成为

$$\begin{aligned}\tilde{H}&=\frac{J}{4}\iint\limits_S \boldsymbol{E}^2\mathrm{d}s=-\frac{J}{4}\iint\limits_S \boldsymbol{E}\cdot\nabla\tilde{\varphi}\mathrm{d}s\\&=-\frac{J}{4}\iint\limits_S[\nabla\cdot(\tilde{\varphi}\boldsymbol{E})-\tilde{\varphi}\nabla\cdot\boldsymbol{E}]\mathrm{d}s\\&=-\frac{J}{4}\oint_L\tilde{\varphi}\boldsymbol{E}\cdot\mathrm{d}\boldsymbol{l}+\frac{J}{4}\iint\limits_S\tilde{\varphi}\nabla\cdot\boldsymbol{E}\mathrm{d}s.\end{aligned}\tag{7.4.19}$$

对电中性体系, 当系统趋于无限大时 $|\boldsymbol{E}|\sim\dfrac{1}{r^2},\tilde{\varphi}\sim\dfrac{1}{r}$, 故 (7.4.19) 式第一个积分趋于零, 只剩第二项. 让体系中带电粒子的位置矢量为 $\boldsymbol{r}_l$, 电荷为 $\tilde{q}_l$, 则体系的面电荷密度可表示成

$$\tilde{\rho}(\boldsymbol{r})=\sum_l\tilde{q}_l\delta(\boldsymbol{r}-\boldsymbol{r}_l).\tag{7.4.20}$$

将 (7.4.20) 式代入 (7.4.19) 式, 有

$$\tilde{H}=\frac{J}{4}\iint\tilde{\varphi}4\pi\tilde{\rho}(\boldsymbol{r})\mathrm{d}s=\pi J\sum_l\tilde{q}_l\tilde{\varphi}(\boldsymbol{r}_l).\tag{7.4.21}$$

由 (7.4.18) 及 (7.4.15) 得到 $\tilde{\varphi}(\boldsymbol{r}_l)$ 满足的方程为

$$\nabla^2\tilde{\varphi}(\boldsymbol{r})=-4\pi\tilde{\rho}(\boldsymbol{r})=-4\pi\sum_l\tilde{q}_l\delta(\boldsymbol{r}-\boldsymbol{r}_l).\tag{7.4.22}$$

这是二维泊松方程, 由格林函数得其解为

$$\tilde{\varphi}(\boldsymbol{r})=\sum_{l'}q_{l'}G(\boldsymbol{r},\boldsymbol{r}_{l'}),\tag{7.4.23}$$

其中,

$$G(\boldsymbol{r},\boldsymbol{r}_{l'})=-2\ln[|\boldsymbol{r}-\boldsymbol{r}_{l'}|/a]+C.\tag{7.4.24}$$

C 为积分常数, a 是 $\boldsymbol{r}$ 到 $\boldsymbol{r}_{l'}$ 的距离. 将 (7.4.23) 式、(7.4.24) 式代入 (7.4.21) 式有

$$\begin{aligned}\tilde{H}&=\pi J\sum_{\substack{l,l'\\l\neq l'}}\tilde{q}_l,\tilde{q}_{l'}G(\boldsymbol{r}_l,\boldsymbol{r}_{l'})\\&=-2\pi J\sum_{\substack{l,l'\\l\neq l'}}\tilde{q}_l\tilde{q}_{l'}\ln\frac{|\boldsymbol{r}_l-\boldsymbol{r}_{l'}|}{a}+C\pi J\sum_{\substack{l,l'\\l\neq l'}}\tilde{q}_l\tilde{q}_{l'}.\end{aligned}\tag{7.4.25}$$

由于整个系统是处于电中性的, 故有

$$\sum_l\tilde{q}_l=0.$$

将此式两边平方, 易得

$$\sum_{\substack{l,l'\\l\neq l'}}\tilde{q}_l\tilde{q}_{l'}=-\sum\tilde{q}_l^2.$$

方程 (7.4.25) 可写成

$$\tilde{H}=-2\pi J\sum_{\substack{l,l'\\l\neq l'}}\tilde{q}_l\tilde{q}_{l'}\ln\frac{|\boldsymbol{r}_l-\boldsymbol{r}_{l'}|}{a}-C\pi J\sum_l\tilde{q}_l^2. \tag{7.4.26}$$

方程 (7.4.26) 给出了二维带电粒子系统的静电相互作用能. 这一系统与我们研究的拓扑性元激发组成的体系有直接的对应关系.

让拓扑性元激发体系的速度场 V 与静电场 E 之间建立起下述联系：

$$\boldsymbol{E}=-2\mathbf{e}_z\times\boldsymbol{V}(\boldsymbol{r}) \tag{7.4.27a}$$

$\mathbf{e}_z$ 是垂直于 X-Y 平面方向的单位矢量. 于是 $\boldsymbol{V}$ 所满足的方程 (7.4.8), (7.4.8′) 及 (7.4.8″) 导致 $\boldsymbol{E}$ 所满足的方程 (7.4.14), (7.4.15) 及 (7.4.16), 且拓扑荷面密度的表示式可以写成

$$\rho(\boldsymbol{r})=\sum_l q_l\delta(\boldsymbol{r}-\boldsymbol{r}_l). \tag{7.4.27b}$$

与电荷面密度的表示式 (7.4.20) 形式上完全相同. 因此由静电场方程导出的点电荷间的相互作用对应到铁磁体中就是拓扑性元激发之间的相互作用. 为了决定 (7.4.26) 式中积分常数 C, 考虑由单位正电荷及单位负电荷组成的体系, 两电荷间相距 a, 由 (7.4.26) 式可得

$$\tilde{H}_0=-2C\pi J. \tag{7.4.28}$$

另一方面, 我们考虑由拓扑荷为 $+1$ 及 -1 的两个元激发组成的体系, 系统的晶格常数为 a, 这两个拓扑性元激发的最小距离就是 a. 这样一个体系的能量, 由哈密顿量 (7.4.3) 式容易算得

$$H_0=2\pi^2J. \tag{7.4.29}$$

比较 (7.4.28) 与 (7.4.29) 式有

$$C=-\pi. \tag{7.4.30}$$

于是拓扑性元激发之间的相互作用能为

$$H=\frac{1}{2}\sum_{\substack{l,l'\\l\neq l'}}U(\boldsymbol{r}_l,\boldsymbol{r}_{l'})+\sum_l\mu q_l^2,\quad(|\boldsymbol{r}_l-\boldsymbol{r}_{l'}|\geqslant a) \tag{7.4.31}$$

其中,

$$U(\boldsymbol{r}_l,\boldsymbol{r}_{l'})=-4\pi Jq_lq_{l'}\ln\frac{|\boldsymbol{r}_l-\boldsymbol{r}_{l'}|}{a}, \tag{7.4.32}$$

$$\mu = \pi^2 J. \tag{7.4.33}$$

$U(\boldsymbol{r}_l, \boldsymbol{r}_{l'})$ 是位于 $\boldsymbol{r}_l$ 及 $\boldsymbol{r}_{l'}$ 的两个元激发之间的相互作用能, μ 为拓扑性元激发的自能. 晶格常数为 a, 故有条件 $|\boldsymbol{r}_l - \boldsymbol{r}_{l'}| \geqslant a$.

2. K-T 相变的临界温度

通过以上分析可看出, 拓扑元激发间相互作用与静电相互作用类似, 是一种长程力, 且其相互作用能随距离增大而单调增加. Kosterlitz 和 Thouless 理论 [7.8] 揭示了这种体系的特点. 低温下带有正、负拓扑荷的元激发互相吸引, 形成束缚态, 类似于偶极矩形式, 整个体系的拓扑荷是中性的, 所有的元激发都以配对形式存在. 当温度升高, 超过某临界温度时, 热运动破坏了束缚态, 形成独立运动的单个元激发. 体系的一些物理性质如相关函数, 在临界温度两边出现突变, 磁化率发散等. 表现出相变的特性, 这种相变就是 K-T 相变.

下面我们讨论一个简单的情况, 即只考虑一对具有异号拓扑荷的元激发. 设两元激发之间的距离为 r, 拓扑荷 $q_1 = -q_2 = q$, 由 (7.4.31) 式系统哈密顿量可以简化成

$$H = 4\pi q^2 J \ln\frac{r}{a} + 2\mu q^2 \tag{7.4.34}$$

由于讨论的是经典磁系统, 可用玻尔兹曼统计计算出两元激发之间距离的平方平均值, 为

$$\langle r^2 \rangle = \frac{\displaystyle\int_a^\infty r^2 \mathrm{e}^{-\beta H} 2\pi r \mathrm{d}r}{\displaystyle\int_a^\infty \mathrm{e}^{\beta H} 2\pi r \mathrm{d}r}, \tag{7.4.35}$$

将 (7.4.34) 式代入 (7.4.35) 式, 不难得到

$$\langle r^2 \rangle = \begin{cases} a^2 \left(1 + \dfrac{k_\mathrm{B} T}{2\pi q^2 J - 2k_\mathrm{B} T}\right), & T < \dfrac{\pi q^2 J}{k_\mathrm{B}}; \\ \infty, & T \geqslant \dfrac{\pi q^2 J}{k_\mathrm{B}}. \end{cases} \tag{7.4.36}$$

这结果说明, 当体系温度 $T < \pi q^2 J / k_\mathrm{B} \equiv T_\mathrm{C}$ 时偶极子的距离为有限, 系统处在束缚态, 而当 $T \geqslant T_\mathrm{C}$ 时, $\langle r^2 \rangle \to \infty$, 拓扑元激发构成的偶极子被拆散, 成为单个的运动. 温度 T_C 就是 K-T 相变的临界温度.

显然, 我们这里只考虑了一个偶极子的体系, 但实际系统中必然会存在大量的偶极子, 因此必须考虑偶极子之间的相互作用. 有关这方面的理论可参看 K-T 原来的文章 [7.8]. 所得结论与这里的结果一致, 由 (7.4.36) 式给出的临界温度 T_C 可作为 K-T 理论的零级近似.

3. 拓扑长程序

由 7.3 节看到, 具有连续对称的二维系统没有长程序, 只有准长程序, 换言之, 其序参量为零. 但对这样的体系依然存在相变, 即 K-T 相变. 因此为了描述这类相变, 不能只考虑两点相关函数, 必须考虑系统的拓扑性质, 为此 Kosterlitz 和 Thouless 引进了拓扑长程序的概念.

所谓拓扑长程序就是描写系统拓扑性质的序. 在低温相拓扑元激发是配对的, 形成束缚态; 而在高温相存在单个拓扑元激发. 这种拓扑元激发完全配对的有序性就是拓扑长程序.

在系统内部取一闭合回路, 绕这回路一周, 自旋方位角的改变由 (7.4.2) 式给出:

$$\varPhi_L = \oint \nabla\varphi \cdot \mathrm{d}\boldsymbol{l} = 2\pi q.$$

当系统存在拓扑长程序时, 回路内的元激发是配对的, 拓扑荷为大小相等、符号相反, 故对自旋方位角的改变没有贡献. 与回路相交的偶极子一个元激发在回路内, 另一个在回路外, 无论在回路内或回路外的元激发, 其拓扑荷都可以是正或负, 故对一个均匀系统完全随机分布的情况下, 与回路相交的偶极子数目同周长成比例, 在回路内的元激发其拓扑荷的数量应该是正负相抵. 但实际系统中总是存在涨落, 造成正负拓扑荷不等, 不论是正拓扑荷或负拓扑荷其涨落的平均值, 由涨落理论可知, 总是与回路线度的平方根成正比, 即

$$\sqrt{(\Delta q_+)^2} \sim \sqrt{L}, \quad \sqrt{(\Delta q_-)^2} \sim \sqrt{L}.$$

因此自旋方位角的改变为

$$\varPhi_L \sim \left(\sqrt{(\Delta q_+)^2} - \sqrt{(\Delta q_-)^2}\right) \sim \sqrt{L}.$$

对不存在拓扑长程序的体系, 其内部存在不配对的单独运动的元激发, 与上述过程相类似, 在体系内部作一闭合回路, 回路内将包括偶极子及单独运动的元激发, 偶极子的正、负拓扑荷相等, 整个系统是拓扑荷中性的, 且为均匀的, 因此回路内包含的单独运动元激发也必然是正、负两种拓扑荷数量相等. 但当体系存在涨落时, 回路内单独运动元激发的正负拓扑荷可以不相等. 回路内元激发数量与回路所包围的面积 $\varSigma$ 成正比, 因而涨落引起的拓扑荷方均值与 $\sqrt{\varSigma}$, 也就是系统的尺度 L 成正比, 即

$$\sqrt{(\Delta q_+)^2} \sim L, \quad \sqrt{(\Delta q_-)^2} \sim L.$$

所以自旋方位角的改变与 L 成正比:

$$\varPhi_L \sim \left(\sqrt{(\Delta q_+)^2} - \sqrt{(\Delta q_-)^2}\right) \sim L.$$

由以上分析可以看出, 体系是否存在拓扑长程序, 将表现出不同的拓扑性质, 这也就是拓扑长程序所产生的效应.

需要指出的是 K-T 相变与第 5 章中所讨论的相变不同. 在产生 K-T 相变时, 其比热及各阶导数均连续, 按通常相变的定义, K-T 相变是无穷级相变, 说明 K-T 相变是一种很弱的相变.

本节所讨论的 K-T 相变, 是以二维 X-Y 模型为例, 但这种相变也可发生在其他一些二维体系中, 如: 超流薄膜、二维晶格等. 在超流薄膜的流线中, 无旋流动是非拓扑性元激发, 而有旋流动是拓扑性元激发; 二维晶格中格波是非拓扑性元激发, 位错是拓扑性元激发. 这些体系都有一个共同的特点, 不仅体系的空间维数是二维的, 其内部自由度也是二维的, 因而也被称为双二维系统, K-T 相变是双二维系统的特点. 对空间维数为二维、而内部自由度为三维的系统, 如海森伯模型, 已证明不存在 K-T 相变. 其主要原因是自旋方位角将由两个角度 θ, φ 来决定, 这两个角度均有涨落, 且互相影响, 总的涨落大于一个角度产生的涨落, 破坏了体系的准长程序, 不会产生 K-T 相变.

7.5 分形维数

前几节我们讨论的低维系统其空间维数为一维及二维. 在动量空间重正化群理论中, 用到 ε 展开, ε 是小量且 $\varepsilon = 4 - d$. 可以看出在这里空间维数 d 已经不再是整数. 这种非整数维数在数学上早在 1919 年由数学家豪斯多夫引入, 而在物理上则在近几十年才引起了广泛的兴趣. 1975 年首先由 Mandelbrot[7.9] 提出了 “分形” (fractal) 这一名词来描述这类现象.

1. 豪斯多夫维数

取一立方体, 将其每边长度放大二倍, 放大后的图形为原来的八部, 可表示成

$$2^3 = 8.$$

一般地, 对 D 维物体, 将每一维的尺度放大 L 倍, 得到的新图形体积为原来的 K 倍. 与上述关系相类似的有

$$L^d = K,$$

取对数, 得

$$D = \ln K / \ln L. \tag{7.5.1}$$

(7.5.1) 式可以看成是空间维数的定义, 这定义很自然可被推广到空间维数为非整数的情况, 这就是豪斯多夫引进的空间维数的概念, 被称为豪斯多夫维数. Mandelbrot 将豪斯多夫维数称为 “分维”, 其含意就是空间维数为分数.

也可以从另一个角度来定义分维. 如果有一个几何对象, 维数为 D, 体积为 V, 用半径为 R 的小球去填充它, 则所需的小球数为

$$N \propto V/R^D. \tag{7.5.2}$$

如果将 $\boldsymbol{V}$ 的每一边扩大 L 倍, 则几何对象的体积扩大 K 倍, 仍然用半径为 R 的小球去填充, 所需的小球数 N' 应为

$$N' \propto \frac{KV}{R^D} \tag{7.5.3a}$$

另一方面, 若保持所研究几何对象的体积 V 不变, 用以填充的小球半径缩小 L 倍, 用缩小后的小球去填充 V, 所需的小球数亦应为 N', 有

$$N' \propto \frac{V}{\left(\dfrac{R}{L}\right)^D} = \frac{L^D V}{R^D}. \tag{7.5.3b}$$

比较 (7.5.3a) 式与 (7.5.3b) 式得

$$K = L^D,$$

取对数得

$$D = \frac{\ln K}{\ln L}.$$

这定义与 (7.5.1) 式的定义完全一样.

2. 分维的例子

有了分形维数的定义, 来看几个典型的例子.

取一线段, 将其三等分, 舍掉中间一段, 保留两边的两段, 对剩下的两段的每一段作同样的分割, 如此无限的进行下去, 最后剩下的几何图形称为 Cantor 集合, 这时有 $L = 3, k = 2$, 豪斯多夫维数为

$$D = \frac{\ln 2}{\ln 3} = 0.6309\cdots$$

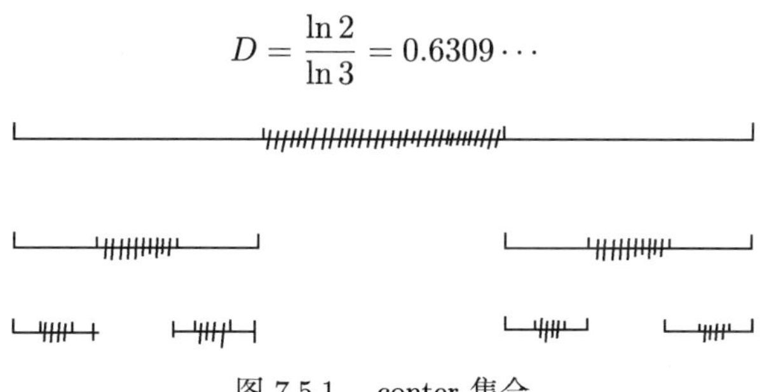

图 7.5.1　conter 集合

考虑一个欧氏空间为二维的例子. 取一个等边三角形, 将其四等分, 舍去中间的一个三角形, 保留其余三个三角形 (见图 7.5.2), 然后对剩下的每个三角形作同样的分割, 这样无限地分割下去, 最后剩下的部分组成的图形称为谢尔平斯基镂垫. 如果将其中一个边长为 1/2 的三角形的高和底边都扩大二倍, 则为原来三角形的三倍 (中间被舍去的三角形不计在内), 故有 $L=2, K=3$, 得豪斯多夫维数为

$$D=\frac{\ln 3}{\ln 2}=1.5849\cdots$$

图 7.5.2　谢尔平斯基镂垫

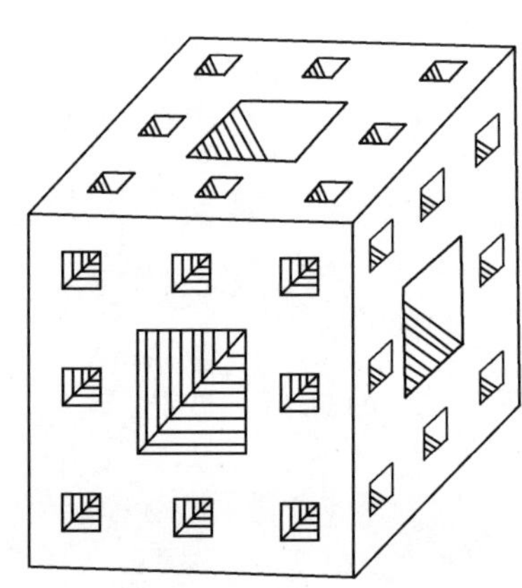

图 7.5.3　谢尔平斯基海绵

立方体在欧氏空间中为三维, 将立方体的每个面等分成九块, 舍去处于每面中间的小方块以及立方体中心的小方块, 原来的 27 个小方块剩下 20 个小方块, 对剩下的小方块进行同样的分割, 无限分割下去, 最后剩下的图形称谢尔平斯基海绵. 其豪斯多夫维数为

$$D=\frac{\ln K}{\ln L}=\frac{\ln 20}{\ln 3}=2.7768\cdots$$

上述三个例子均属正规几何图形, 但分维体系远不止存在于几何图形中, 下面以布朗运动为例, 来看一下随机过程中的分形维数. 设布朗粒子在 D_E 维欧氏空间中运动, 取某一时刻的位置为原点, 当粒子运动 N 步后, 粒子与原点的距离为 $\boldsymbol{R}$, 显然

$$\boldsymbol{R}=\sum_{i=1}^{N}\boldsymbol{r}_i$$

$\boldsymbol{r}_i$ 为第 i 步运动的矢量, 由于 $\langle\boldsymbol{R}\rangle=0$, 用 $\langle R^2\rangle$ 来量度粒子运动轨迹的大小:

$$\langle R^2\rangle=\left\langle\sum_{\substack{i,j=1\\ i\neq j}}^{N}(\boldsymbol{r}_i,\boldsymbol{r}_i+\boldsymbol{r}_i\cdot\boldsymbol{r}_j)\right\rangle.$$

由于布朗运动不具有记忆性, 每一步均为独立的, 上式第二项的平均值为

$$\left\langle \sum_{i \neq j} \boldsymbol{r}_i \cdot \boldsymbol{r}_j \right\rangle = \sum_{i \neq j} \langle \boldsymbol{r}_i \rangle \langle \boldsymbol{r}_j \rangle = 0.$$

设每一步步长相同, 均为 b, 则

$$\langle R^2 \rangle = N b^2,$$

即

$$N = \frac{\langle R^2 \rangle}{b^2}.$$

将上式与 (7.5.2) 式相比, 可得豪斯多夫维数 $D = 2$.

3. 分维格点上的临界现象

由以上例子可以看出, 分维系统都具有自相似的特征, 也就是体系具有标度不变性. 对一个具有平移对称的体系, 只有当系统处于临界点时才显示了标度不变性, 体系的临界性质主要由体系的整体特性即维度性所决定. 而对一个分维系统, 在任何温度下均有标度不变性, 可以预期, 其临界性质除与体系的维度有关外, 还会与体系的附加几何特性有关. 对分维系统上临界现象的研究, 将会有助于进一步了解临界现象及标度不变性的实质. 也正因为此, 对分维系统临界现象的研究, 引起了广泛的兴趣. 另一方面分维系统的标度不变性也给我们提供了一个重要启示: 研究分维系统临界现象的较为合适的方法是重正化群理论.

以谢尔平斯基镂垫 (gasket) 为例, 研究其临界现象. 系统结构如图 7.5.4 所示, 欧氏空间的维数 $D_E = 2$, 长度的标度因子为 2, 图中画出了这一结构的前两步. 谢尔平斯基镂垫的两个主要特征是豪斯多夫维数 $D = 1.6$ 及最大分支数 $R_{\max} = 4$. 这两个特征决定了系统的普适类.

我们所讨论的模型是在谢尔平斯基镂垫 (简称 SG) 的每一个顶点上有一个自旋 $\boldsymbol{s}_i = \pm 1$, 自旋之间有近邻相互作用, 可以写出体系的哈密顿量为

$$H[s] = K_1 \sum_{\langle i,j \rangle} s_i s_j + BM[s] + K_2 M_3[s], \tag{7.4.4}$$

其中,

$$M[s] = \sum_i s_i, \tag{7.4.5}$$

$$M_3[s] = \sum_{ijk} s_i s_j s_k. \tag{7.4.6}$$

B 为外磁场, K_1 为耦合常数, 因子 $-\beta$ 被吸收到耦合常数中, 故 $K_1 > 0$ 为铁磁体, $K_1 < 0$ 为反铁磁体. 我们只讨论 $K_1 > 0$ 的情况. K_2 起了与外磁场 B 相似的作用.

可将哈密顿量分成两部分：

$$H[s] = H_e[s] + H_o[s], \tag{7.4.7}$$

$H_e[s]$ 与 $H_o[s]$ 分别表示当自旋反号时, H 为偶的或奇的部分. 显然, 哈密顿量 H 在变换 $(K_1, B, K_2) \to (-K_1, -B, -K_2)$ 及 $s \to -s$ 下为不变的.

$\sum\limits_{\langle i,j\rangle}$ 指近邻对求和, 但不包括两格点间没有键连接的近邻对, 如图 7.5.4 中的 $(a, 6), (b, 6)$ 等. 三自旋求和项只包括向上的且每个格点间均有键相连的三角形, 如 $(1, 4, 5)$、$(2, 4, 6) \cdots$ 等; 而不包括 (4.5.6) 等向下的三角形, 以及没有全部被连接的三角形, 如 (2, 6, a) 及 (a, 6, b) 等.

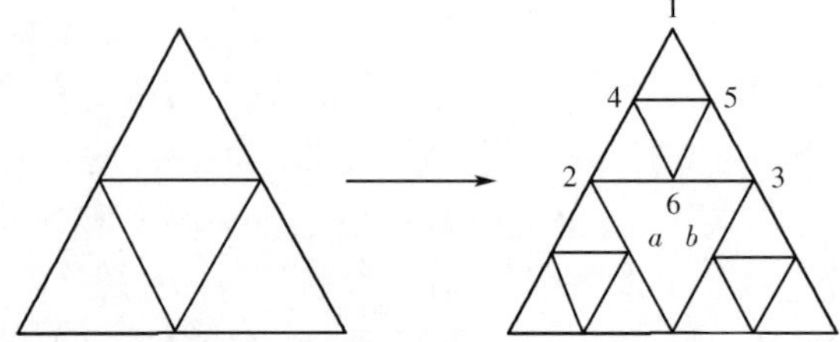

图 7.5.4　谢尔平斯基镂垫的结构格点 1, 2, 3 构成的三角形为作 RG 变换的元胞

这是体系的完整的哈密顿量. 为简单起见只考虑没有外场的情况, 即 $B = K_2 = 0$. 哈密顿量被简化为

$$H[s] = K_1 \sum_{\langle i,j\rangle} s_i s_j \tag{7.4.8}$$

用第 5 章讲述的实空间重正化群方法, 可得到重正化参数 K' 与 K 之间的 RG 变换递推关系 [7.10]：

$$\mathrm{e}^{4'} = \frac{\mathrm{e}^{8K} - \mathrm{e}^{4K} + 4}{\mathrm{e}^{4K} + 3} \tag{7.4.9}$$

系统的不动点是 $K^* = 0, \infty$. 其中 $K^* = 0$ 对应于 $T = \infty$, 是稳定不动点, 而 $K^* = \infty$ 对应于 $T = 0$ 为不稳定不动点. 说明系统不存在有限温度的相变, 这是由 SG 结构的几何特征所决定的. 如果对系统的结构作些小的改变, 就会得到有限温度相变. 这也说明了对 fractal 系统, 其普适类不仅与空间维数有关, 也与体系的几何结构有关.

我们可以在 $T = 0$ 附近讨论系统的临界性质. 令 $t = \mathrm{e}^{-4K}$, (7.5.9) 式成为

$$t' = t + 4t^2 + 0(t^3).$$

线性化 RG 变换, 得标度参数：

$$p = 0.$$

由此可得临界指数 $\alpha=-\infty,\nu=\infty$.

在外场不为零的情况下, $B\neq 0,K_2\neq 0$. 可选择图 7.5.4 中上部的三角形为一个元胞, 元胞内的哈密顿量为

$$\begin{aligned}H^i[s]=&K_1[s_1(s_4+s_5)+s_2(s_4+s_6)+(s_3+s_4)(s_5+s_6)+s_5s_6]\\&+\frac{B}{2}(s_1+s_2+s_3)+B(s_4+s_5+s_6)\\&+K_2(s_1s_4s_5+s_2s_4s_6+s_3s_5s_6).\end{aligned}$$

其中第二项 $B/2$ 中分母 2 的出现是由于 s_1,s_2,s_3 三个格点将分属于两个不同元胞, 故每个元胞中包含有 9/2 个格点. 元胞之间的相互作用只出现在 s_1,s_2,s_3 三个格点上. 如果在重正化过程中, 忽略元胞间的相互作用, 可以预料, 将得到临界温度为 $T=0$, 若计及元胞间的相互作用, 重正化过程会导致新的耦合常数及高级相互作用项的出现, 最终可能导致有限温度相变.

分形维数不仅出现在平衡相变的临界现象的研究中, 也被推广到一些远离平衡的不可逆生长过程中, 如金属的电解沉积过程, 烟灰、胶体及肿瘤等实际生长过程, 关于这些问题的讨论已超过本书的范围, 不加详述. 总之, 关于分维系统的研究, 目前正在发展, 很多问题尚未解决, 有待于进一步的发展和开拓.

作为本章的结束语, 需说明的是, 低维系统不同于三维系统的物理特性, 远不只这里所介绍的这些内容, 本书只选择与我们课程直接有关的部分作了简单讨论. 其他还有很多内容, 像量子霍尔效应, 非线性元激发等, 都是十分令人感兴趣的问题, 这些问题将在其他有关课程中讨论.

参考文献

[1.1] YANG C N. Rev. Mod. Phys., 1962(34)：694.

[2.1] LANDSBERG P T. J. Chem. Phys., 1953(21)：2228.

[2.2] ANDERSON M H. et al. Science, 1995(269)：198; Petrich W, et al. Phys. Rev. Lett., 1995(74)：3352.

[3.1] LEE T D, YANG C N. Phys. Rev., 1959(113)：1165; Phys. Rev., 1959(116)：25; Phy. Rev., 1960(117)：12, 22, 827.

[4.1] БОГОПЮЬОВ. Н. Н. Изв. Ансссp. Сеp. Фдэ., 1947(11)：77.

[4.2] CHOHEN M, FEYNMAN R P. Phys. Rev., 1957(107)：13.

[4.3] YARNELL J L. Phys. Rev., 1959(113)：1379.

[4.4] HENSHAW D G, WOODS A D B. Phys. Rev., 1961(121)：1266.

[4.5] FEYNMAN R P. Prog. in Low Temp. Phys., 1955(1)：17.

[4.6] FEYNMAN R P, COHEN M. Phys. Rev., 1956(102)：1189.

[4.7] ONSAGER L. Nuovo Cimento., 1949(6)：Suppl 2, 249.

[4.8] VINEN W F. Prog. Roy. Soc., 1961(A260)：218.

[4.9] OSHORNE D V. Prog. Phys. Soc., 1950(A63)：909; Can. J. Phys., 1963(41)：820.

[4.10] FETTER A L. Phys. Rev. Lett., 1963(10)：507. KAWATA M P, PATHRIA R K. Phys. Rev., 1966(151)：132.

[4.11] HUANG K, YANG C N, LUTTINGER J M. Phys. Rev., 1957(105)：776.

[4.12] LEE T D, YANG C N. Phys. Rev., 1957(105)：1119.

[4.13] GALITSKII V M. Sov. Phys. J. E. T. P., 1958(7)：104.

[4.14] ЛАНДАУЛД. ЖЭТФ. 1957(32)：59.

[4.15] SILIN V P. Sov. Phys. J. E. T. P., 1957(6)：387. 985.

[4.16] NOZIERES P. Theory of interacting fermi systems. New York：W. A. Benjamin, 1964.

[4.17] BRUECKER K A, GAMMEL J L. Phys. Rev., 1958(109)：1040.

[4.18] OSHEROFF D D, RICHARDSON R C, LEE D M. Phys. Rev. Lett., 1972(28)：885.

[5.1] YANG C N, LEE T D. Phys. Rev., 1952(87)：404, 410.

[5.2] FISHER M E. Physica, 1962(28)：172.

[5.3] FISHER M E, CAMP W J. Phys. Rev. Lett., 1971(26)：565.

[5.4] FISHER M E. J. Math. Phys., 1964(5)：944.

[5.5] GRIFFITHS R B. Phys. Rev., 1965(14)：623; J. Chem. Phys., 1965(43)：1558.

[5.6] BUKINGHAM M J, GUNTON J D. Phys. Rev., 1969(178)：848.

[5.7] FISHER M E. Phys. Rev., 1969(180)：594.

[5.8] WIDOM B. J. Chem. Phys., 1965(43)：3898.

[5.9] KADANOFF L P. Physica. 1966(2)：263.

[5.10] WILSON K G. Rev. Mod. Phys., 1983(55)：583.

[5.11] NIEMEIJER T H, VAN LEEUWEN J M J. Phys. Rev. Lett., 1973(31)：1411.

[5.12] WILSON K G, KOGUT J. Phys. Rep., 1974(12c)：75.

[6.1] GALITSKI V M, MIGDOL A B. Sov. Phys. JETP., 1958(7)：96; MARTIN C, SCHWINGER J. Phys. Rev., 1959(115)：1342.

[6.2] LEHMANN H. Nuovo Cimento. 1954(11)：342.

[6.3] MATSUBARA T. Prog. Theo. Phys., 1955(14): 351.

[6.4] GELL-MANN M, BRUECKNER K A. Phys. Rev., 1957(106): 764; ONSAGER L. MITTAG L, STEPHEN M T. Amm. Physik, 1966(18): 71.

[7.1] PEIERLS P E. Quantum theory of solids. London: Oxford University Press, 1955: 108.

[7.2] WANG Z, WU C, SUN X. Chin. Phys. Lett., 1985(2): 141.

[7.3] STANLEY J P, FISHER M E. J. Phys. A., 1973(6): 1310.

[7.4] WANG Y K, WU F Y. J. Phys. A., 1976(9): 593.

[7.5] WU F Y. Rev. Mod. Phys., 1982(54): 235.

[7.6] MERMIN N D, WANGNER H. Phys. Rev. Lett., 1966(17): 1133.

[7.7] STANLEY H E, KAPLAN T. Phys. Rev. Lett. 1966(17): 913.

[7.8] KOSTERLITZ J, THOULESS D. J. Phys. C, 1973(6): 1181.

[7.9] MANDELBROT B B. Fractals: form, chance and dimension. San Frasisco: Freeman Press, 1977.

[7.10] GEFEN Y, et al. J. Phys. A, 1984(17): 435.

《现代物理基础丛书·典藏版》书目

1. 现代声学理论基础　　马大猷　著
2. 物理学家用微分几何（第二版）　　侯伯元　侯伯宇　著
3. 计算物理学　　马文淦　编著
4. 相互作用的规范理论（第二版）　　戴元本　著
5. 理论力学　　张建树　等　编著
6. 微分几何入门与广义相对论（上册·第二版）　　梁灿彬　周　彬　著
7. 微分几何入门与广义相对论（中册·第二版）　　梁灿彬　周　彬　著
8. 微分几何入门与广义相对论（下册·第二版）　　梁灿彬　周　彬　著
9. 辐射和光场的量子统计理论　　曹昌祺　著
10. 实验物理中的概率和统计（第二版）　　朱永生　著
11. 声学理论与工程应用　　何　琳　等　编著
12. 高等原子分子物理学（第二版）　　徐克尊　著
13. 大气声学（第二版）　　杨训仁　陈　宇　著
14. 输运理论（第二版）　　黄祖洽　丁鄂江　著
15. 量子统计力学（第二版）　　张先蔚　编著
16. 凝聚态物理的格林函数理论　　王怀玉　著
17. 激光光散射谱学　　张明生　著
18. 量子非阿贝尔规范场论　　曹昌祺　著
19. 狭义相对论（第二版）　　刘　辽　等　编著
20. 经典黑洞和量子黑洞　　王永久　著
21. 路径积分与量子物理导引　　侯伯元　等　编著
22. 全息干涉计量——原理和方法　　熊秉衡　李俊昌　编著
23. 实验数据多元统计分析　　朱永生　编著
24. 工程电磁理论　　张善杰　著
25. 经典电动力学　　曹昌祺　著
26. 经典宇宙和量子宇宙　　王永久　著
27. 高等结构动力学（第二版）　　李东旭　编著
28. 粉末衍射法测定晶体结构（第二版·上、下册）　　梁敬魁　编著
29. 量子计算与量子信息原理　　Giuliano Benenti　等　著
——第一卷：基本概念　　王文阁　李保文　译

30. 近代晶体学（第二版） 张克从 著
31. 引力理论（上、下册） 王永久 著
32. 低温等离子体 B. M. 弗尔曼 И. M. 扎什京 编著
——等离子体的产生、工艺、问题及前景 邱励俭 译
33. 量子物理新进展 梁九卿 韦联福 著
34. 电磁波理论 葛德彪 魏 兵 著
35. 激光光谱学 W. 戴姆特瑞德 著
——第1卷：基础理论 姬 扬 译
36. 激光光谱学 W. 戴姆特瑞德 著
——第2卷：实验技术 姬 扬 译
37. 量子光学导论（第二版） 谭维翰 著
38. 中子衍射技术及其应用 姜传海 杨传铮 编著
39. 凝聚态、电磁学和引力中的多值场论 H. 克莱纳特 著 姜 颖 译
40. 反常统计动力学导论 包景东 著
41. 实验数据分析（上册） 朱永生 著
42. 实验数据分析（下册） 朱永生 著
43. 有机固体物理 解士杰 等 著
44. 磁性物理 金汉民 著
45. 自旋电子学 翟宏如 等 编著
46. 同步辐射光源及其应用（上册） 麦振洪 等 著
47. 同步辐射光源及其应用（下册） 麦振洪 等 著
48. 高等量子力学 汪克林 著
49. 量子多体理论与运动模式动力学 王顺金 著
50. 薄膜生长（第二版） 吴自勤 等 著
51. 物理学中的数学方法 王怀玉 著
52. 物理学前沿——问题与基础 王顺金 著
53. 弯曲时空量子场论与量子宇宙学 刘 辽 黄超光 编著
54. 经典电动力学 张锡珍 张焕乔 著
55. 内应力衍射分析 姜传海 杨传铮 编著
56. 宇宙学基本原理 龚云贵 编著
57. B介子物理学 肖振军 著